INTERMEDIATE FINANCIAL ACCOUNTING

高等学校会计学与财务管理专业系列教材

中级财务会计

（第四版）

ZHONGJI CAIWU KUAIJI

主　编　吕学典　张俊民
副主编　滕晓梅　吴雯洁

高等教育出版社·北京

内容提要

本书是高等学校会计学与财务管理专业系列教材之一。本书共12章,主要分为:总论,货币资金,存货,金融资产,长期股权投资,固定资产,无形资产及其他长期资产,流动负债,非流动负债,所有者权益,收入、费用和利润以及财务报告。本书全面体现了2014版《企业会计准则》和《营业税改增值税试点实施办法》的相关规定,更加注重实践能力的培养,凸显素质教育的要求。本书既可以作为高等学校会计学与财务管理专业中级财务会计课程的教材,也可以作为相关从业人员的参考用书。

图书在版编目(CIP)数据

中级财务会计 / 吕学典, 张俊民主编. —4版. —北京:高等教育出版社, 2019.5
ISBN 978-7-04-051769-9

Ⅰ. ①中… Ⅱ. ①吕… ②张… Ⅲ. ①财务会计—高等学校—教材 Ⅳ. ①F234.4

中国版本图书馆 CIP 数据核字(2019)第 081432 号

策划编辑 刘自挥	责任编辑 林 荫	封面设计 张文豪	责任印制 高忠富	

出版发行	高等教育出版社	网 址	http://www.hep.edu.cn	
社 址	北京市西城区德外大街4号		http://www.hep.com.cn	
邮政编码	100120		http://www.hep.com.cn/shanghai	
印 刷	上海师范大学印刷厂	网上订购	http://www.hepmall.com.cn	
开 本	787mm×1092mm 1/16		http://www.hepmall.com	
印 张	29		http://www.hepmall.cn	
字 数	770千字	版 次	2007年9月第1版	
			2019年6月第4版	
购书热线	010-58581118	印 次	2019年6月第1次印刷	
咨询电话	400-810-0598	定 价	56.00元	

本书如有缺页、倒页、脱页等质量问题,请到所购图书销售部门联系调换
版权所有 侵权必究
物 料 号 51769-00

第四版前言

自 2017 年 2 月本教材第三版出版以来,我国企业会计准则和相关法规等又发生了许多变化,特别是企业会计准则,在 2014 年首次修订和完善的基础上,2017 年和 2018 年再次进行修订和完善,新颁布了《企业会计准则第 42 号——持有待售的非流动资产、处置组和终止经营》,修订了《企业会计准则第 22 号——金融工具确认和计量》《企业会计准则第 23 号——金融资产转移》《企业会计准则第 24 号——套期会计》《企业会计准则第 37 号——金融工具列报》《企业会计准则第 14 号——收入》《企业会计准则第 21 号——租赁》6 个准则;2019 年 4 月 1 日起开始执行的新的增值税税率(制造业等行业现行 16% 的税率降至 13%,交通运输业、建筑业等行业现行 10% 的税率降至 9%);2019 年 4 月 30 日财政部印发了《关于修订印发 2019 年度一般企业财务报表格式的通知》。因此,原第三版教材已经不能适应新的企业会计准则和相关法规变化的要求。为满足教学需要,体现企业会计准则和相关法规最新内容,本次修订着力解决了三个问题:

(1) 以相关准则为依据,对涉及租赁、金融资产和收入的相关内容进行了全面修订。
(2) 对所有涉及增值税的内容进行了相应的调整。
(3) 按照最新财务报表格式修订了财务报告的内容。

囿于作者水平,本次修订可能存在不足或者谬误,敬请读者批评指正。

编 者
2019 年 5 月

第一版前言

中级财务会计学是会计学、财务管理等相关财经类专业的一门专业必修课。在基础会计学、中级财务会计学、高级财务会计学课程体系中,中级财务会计学起着承上启下的作用,是整个财务会计学科知识内容体系的主体,它运用基本会计原理,系统介绍对企业发生的经济业务和会计事项进行会计确认、计量、记录、报告和披露的基本原理与技术方法,并对财务会计领域中的一些特殊事项、特殊业务等进行简单说明与介绍。

本书在编写过程中,根据本系列教材编写的总体要求与思路,本着既要将中级财务会计基础原理、基本概念、基本技术方法讲深讲透,又要注重实务操作;既要依据我国现行财务会计准则与会计制度规定,又要适当介绍我国与国际会计处理相异之处;既要满足素质教育(突出基础理论、基本概念、基本方法与技能)要求,又要兼顾学员应试(注册会计师考试及会计职称考试)需要,在全面介绍我国现行财务会计准则及制度的基础上,适当进行基本原理的介绍与分析,以使学习本书的读者不仅系统掌握我国现行财务会计实务,而且能够适应进一步学习西方财务会计及从事外资企业财务会计工作的需要。由此本书的编写将突出理论与实务并重、中西合璧、现实与前瞻兼顾、应试与素质教育结合、难度适中等几个方面。

本书参加初稿编写的人员及编写分工如下:第一、十二章张俊民;第二、六、十章方海芹;第三章李旭、方海芹;第四章杨雪;第五章张清玉、叶映红、张晋芳、刘欣;第七章方海芹、王璐;第八章文琪、张俊民;第九章张俊民、黄莎莎;第十一章李维斌;初稿完成后恰逢我国颁布"三十八项"新准则及《企业会计准则讲解2006》,张俊民、方海芹根据新准则及讲解的内容对各章内容进行了全面的修改和总纂,张俊民最后总纂。

为了便于教学和读者自学,各章后均附有练习题。本书适用于大学财经类各专业开设中级财务会计学或会计学课程的教学需要,还可以作为财经类各专业经济管理干部培训及成人教学或自学用书或参考书。

由于作者水平有限,书中不当之处在所难免,请读者批评指正。

编　者

2007 年 5 月

目 录

第1章 总论 — 1
第一节 财务会计概述 — 1
第二节 会计要素及会计信息质量要求 — 3
第三节 财务会计的内容 — 7
第四节 财务会计的服务对象及其要求 — 8
第五节 财务会计的目标 — 10
第六节 企业会计准则持续趋同路线 — 11

第2章 货币资金 — 14
第一节 库存现金 — 14
第二节 银行存款 — 20
第三节 其他货币资金 — 29

第3章 存货 — 33
第一节 存货概述 — 33
第二节 取得存货的计量 — 35
第三节 发出存货的计量 — 50
第四节 存货的计划成本法 — 60
第五节 存货的估价法 — 67
第六节 期末存货的计量 — 72
第七节 存货清查 — 78

第4章 金融资产 — 80
第一节 金融资产概述 — 80
第二节 以摊余成本计量的债权投资 — 84
第三节 以摊余成本计量的应收款项 — 95
第四节 以公允价值计量的金融资产 — 127

第5章 长期股权投资 — 138
- 第一节 长期股权投资概述 — 138
- 第二节 长期股权投资的初始计量 — 142
- 第三节 长期股权投资的后续计量 — 149
- 第四节 长期股权投资核算方法的转换 — 159
- 第五节 长期股权投资的减值与处置 — 163

第6章 固定资产 — 166
- 第一节 固定资产概述 — 166
- 第二节 固定资产的初始计量 — 169
- 第三节 固定资产的后续计量 — 178
- 第四节 固定资产的处置 — 187
- 第五节 固定资产的期末计量 — 191
- 第六节 固定资产的清查 — 196

第7章 无形资产及其他长期资产 — 198
- 第一节 无形资产 — 198
- 第二节 其他长期资产 — 208

第8章 流动负债 — 209
- 第一节 流动负债概述 — 209
- 第二节 短期借款 — 210
- 第三节 应付及预收款项 — 211
- 第四节 职工薪酬 — 215
- 第五节 应交税费 — 226
- 第六节 其他流动负债 — 240
- 第七节 或有负债 — 241

第9章 非流动负债 — 246
- 第一节 长期借款 — 246
- 第二节 应付债券 — 251
- 第三节 长期及专项应付款 — 257
- 第四节 借款费用 — 260

第10章 所有者权益 — 265
- 第一节 投入资本 — 265
- 第二节 资本公积 — 272
- 第三节 留存收益 — 273

第11章 收入、费用和利润 — 277
- 第一节 收入 — 277
- 第二节 费用 — 310
- 第三节 利得与损失 — 312
- 第四节 利润 — 315
- 第五节 所得税 — 317
- 第六节 利润分配 — 334

第12章 财务报告 — 336
- 第一节 财务报告概述 — 336
- 第二节 资产负债表 — 338
- 第三节 利润表 — 352
- 第四节 现金流量表 — 357
- 第五节 所有者权益变动表 — 375
- 第六节 会计报表附注 — 377

附录 各章练习题 — 379

主要参考文献 — 451

第 1 章 总 论

本 章 提 要

本章主要叙述财务会计的基本理论和方法。通过本章的学习,应了解财务会计的形成、特征和概念,掌握财务会计目标、对象和会计要素及会计核算基本假设与一般原则。

重 点 难 点

财务会计的特征;会计信息质量要求;财务会计核算的基本原则;财务会计服务对象及其要求。

第一节 财务会计概述

一、财务会计的形成

在会计的历史发展过程中,会计学随经济及会计实践活动的发展而发展。20 世纪 20 年代后,企业规模不断扩大,科学管理广泛运用,出现了以企业内部规划控制为主要内容的管理会计,而传统会计则演进为财务会计。在经营规模小的企业单位中,不需要过多严格规范的数据记录和报告的会计规则,就可以满足业主兼经营者等利益相关者对会计的要求。但是,法人公司的产生与发展,使得大型企业中出现企业所有权与经营管理权相分离的趋势,并且投资者利益越来越分离和分散。明确落实企业经营管理责任、合理配置经济资源、严格保护投资者及利益相关者经济利益,削弱受托方与委托方信息不对称程度,越来越成为会计的基本内在要求。会计所提供的信息资料对决策的影响越来越重要,会计的经济后果特征也愈来愈明显。这不仅日益增强了会计的重要性,而且使得会计更具对外报告财务信息的功能和作用,同时建立健全并严格遵循会计准则也成为一种必然的选择和要求。所以,通常人们把规范财务会计行为的"公认会计原则"(generally accepted accounting principles,GAAP)的出现,视为财务会计逐步成熟为一门系统会计学科并与管理会计相区分的标志。

二、财务会计的概念

财务会计(financial accounting)是现代会计的一个分支,是与管理会计(management accounting)相对称的概念。它是指以会计准则等会计法规为主要依据,确认、计量、记录、报告和控制会计对象内容及其结果的一种经济管理活动。其实质表现为：确认、计量、报告、解释、说明已经发生和正在发生的经济业务及会计事项；通过确认、计量、记录和报告及其披露，落实经营管理责任、实施经济利益分割以解脱受托人受托责任；维护和实现经济资源配置、资本市场秩序及经济社会秩序。对内实施内部会计控制，对外披露财务会计信息资料、实施会计监管，是财务会计的主要任务和基本职责。

按照财务会计所阐述内容的难易程度及其涉及的内容范围，财务会计分为初级财务会计（通常与会计原理合并）、中级财务会计和高级财务会计。其中，中级财务会计主要阐述财务会计的一般概念，资产、负债、所有者权益、收入、费用及利润等会计要素的确认、计量、记录和报告及其财务信息披露等内容，以一般工商企业、政府及非营利组织等单位的一般业务及事项为范围。高级财务会计主要阐述有关特殊行业、一般工商企业特殊业务和事项等内容。财务会计有时也按照行业或核算主体规模的大小来划分，如金融企业财务会计、小型企业会计、石油及天然气企业会计、政府及非营利组织会计等。本书主要介绍中级财务会计中一般企业财务会计内容。随着企业纳税业务内容及其会计处理的日益复杂，很多理论工作者赞成税务会计作为财务会计的一个专门分支。

三、财务会计的特征

与管理会计相比，财务会计具有以下几个明显的特征：

（1）财务会计的空间范围一般是某一特定的经济实体，其核算与监督的对象是某一特定经济实体的资金运动过程及其结果，包括：反映企业单位某一特定日期资产、负债及所有者权益的财务状况；反映企业单位某一特定时期收入、费用及利润的经营成果情况；反映企业单位某一会计期间现金流入、现金流出及其现金净流量的现金流量情况。

（2）财务会计服务的对象不仅仅限于特定经济实体内部利益相关者，而且还包括众多的外部利益相关者，具有较明显的"对外报告"与披露财务信息的功能与特征，使得财务会计在"信息不对称""信息不完全"的条件下具有"信号显示"作用。

（3）基于公众利益的要求，财务会计必须坚持客观、公正、公允、公平的基本原则和要求，必须遵循权威会计准则的规范要求。

（4）由于会计政策的选择及其变化会影响公司经营管理策略，进而影响公司的价值，从而实现对相关经济利益的安排，因而财务会计具有明显的经济后果。

（5）由于财务会计具有经营管理责任落实、经济利益分割等性质，财务会计又是企业单位内部控制的重要内容和组成部分。

（6）由于存在利益差别和"信息不对称""信息不完全"，企业单位管理当局作为信息优势一方存在"盈余管理"动机和行为。"盈余管理"是指管理当局在允许选择的会计政策中，选择了使自身效用或公司市场价值最大化的会计政策的行为。

（7）由于财务会计规则制定过程及其监管、财务会计处理过程及其监管，是涉及利益相关者经济利益分配的过程，各利益相关者围绕着自身利益最大化不可避免地存在冲突，因此，财务会计从规则制定与监管到日常会计处理与监管直至会计信息披露与监管，在一定程度上不仅仅是经济决策过程，同时也是一个政治决策与活动过程。

四、财务会计理论体系

财务会计理论体系或理论结构或概念体系是财务会计性质、内容、方法的知识及其逻辑体系，是会计实务工作者确认、计量和报告企业单位财务状况、经营成果及现金流量情况的依据，是会计准则制定者选定会计方法、原则的基础。其主要内容包括财务会计的基本目标、次级目标、基本的约束条件、财务会计信息质量特征、核算前提条件、财务会计核算基础及财务会计要素、财务会计确认标准、计量属性及财务会计报告等,具体体现在财务会计准则、财务会计准则解释和惯例及剩余规则中。

第二节　会计要素及会计信息质量要求

一、会计要素

会计要素是对会计对象的基本分类,是会计核算对象的具体化,是用于反映企业财务状况和经营成果的基本单位,也是会计报表的基本构件。会计要素包括资产、负债、所有者权益、收入、费用和利润六个。会计六要素可归并为反映企业财务状况的会计要素和反映企业经营成果的会计要素两大类,其中,反映财务状况的会计要素包括资产、负债和所有者权益,是资产负债表的基本构件;反映经营成果的会计要素包括收入、费用和利润,是利润表的基本构件。

(一) 反映财务状况的会计要素:资产、负债和所有者权益

1. 资产

资产是指企业过去的交易或者事项形成的、由企业拥有或者控制的、预期会给企业带来经济利益的资源。资产的主要特征有:

(1) 资产是由过去的交易或者事项形成的,预期在未来发生的交易或者事项不形成资产。交易是指本企业与外部之间所发生的价值交换行为,如赊购的款项、销货未收的款项等;事项是指本企业内部所发生的价值转移行为,如生产车间领用材料、产品完工验收入库、费用的摊提等。企业过去的交易或者事项包括购买、生产、建造行为或其他交易或者事项。

(2) 资产必须由企业拥有或者控制。由企业拥有或者控制是指企业享有某项资源的所有权,或者虽然不享有某项资源的所有权,但该资源能被企业所控制。

(3) 资产预期会给企业带来经济利益。预期会给企业带来经济利益是指直接或者间接导致现金和现金等价物流入企业的潜力。

符合资产定义的资源,在同时满足"与该资源有关的经济利益很可能流入企业和该资源的成本或者价值能够可靠地计量"两个条件时确认为资产。

资产按流动性可分为流动资产和非流动资产。流动资产是指预计在一个正常营业周期中变现、出售或耗用,或者主要为交易目的而持有,或者预计在资产负债表日起 1 年内(含 1 年)变现的资产,以及自资产负债表日起 1 年内交换其他资产或清偿负债的能力不受限制的现金或现金等价物。主要包括货币资金、交易性金融资产、应收票据、应收及预付款项、应收利息、应收股利、其他应收款和存货等。除流动资产以外的其他各项资产统称为非流动资产,主要包括债权投资、其他债权投资、其他权益工具投资、长期股权投资、投资性房地产、固定资产、生物资产、递延所得税资产、无形资产及其他资产等。

资产按其在企业经营中的功能与作用,可分为金融资产和经营资产。金融资产是指企业持有金融工具而形成的资产,包括库存现金、银行存款、应收账款、应收票据、贷款、股权投资、债券投资等。经营资产是指除金融资产以外直接在企业提供商品或劳务过程中涉及的各种资产,包括存货、固定资产、无形资产等。

2. 负债

负债是指企业过去的交易或者事项形成的、预期会导致经济利益流出企业的现时义务。负

债的主要特征有:

(1) 负债是企业过去的交易或事项的一种结果。该项义务是企业实实在在承担的,未来发生的交易或者事项形成的义务不属于现时义务,不应当确认为负债。

(2) 清偿负债会导致经济利益流出企业。企业无论以现金资产、产品或其他资产,还是以提供劳务或是以举借新债偿还旧债等方式偿还债务,最终都会导致经济利益流出企业。

(3) 负债的清偿一定要有确切的金额,未来流出的经济利益的金额能够可靠地计量。

符合负债定义的义务,在同时满足"与该义务有关的经济利益很可能流出企业和未来流出的经济利益的金额能够可靠地计量"两个条件时确认为负债。

负债按清偿期限可分为流动负债和非流动负债。流动负债是指预计在一个正常营业周期中清偿,或者自资产负债表日起一个会计年度内(含1年)到期应予以清偿,或者企业无权自主地将清偿期推迟至资产负债日后一个会计年度以上的债务,主要包括短期借款、应付票据、应付账款、预收账款、应付职工薪酬、应交税费、应付股利、应付利息、其他暂收及应付款项等。除流动负债以外的各项负债统称为非流动负债,包括长期借款、长期应付款、应付债券、递延所得税负债等。

负债按其在企业经营中的功能与作用,可分为金融负债和经营负债。金融负债是指企业以金融工具形式而形成的负债,包括短期借款、应付账款、应付票据、应付债券、长期借款等。经营负债是指除金融负债以外的各种负债,包括递延所得税负债、应付股利、优先股、少数股东权益等。

3. 所有者权益

所有者权益是指企业资产扣除负债后由所有者享有的剩余权益。股份公司的所有者权益又称为股东权益。所有者权益的主要特征有:

(1) 所有者权益表明企业的产权关系,即企业归谁所有。所有者权益只有在整体上、在抽象的意义上与企业资产保持数量关系,它与企业特定的具体资产并无直接关系,也不与企业特定的具体资产项目发生相对应的关系。

(2) 所有者仅对企业的净资产享有所有权,净资产是资产减去负债后的余额。除非发生减资、清算,企业不需要偿还所有者权益;企业清算时,只有在清偿所有的负债后,所有者权益才能返还给所有者;所有者凭借所有者权益能够参与企业利润的分配。

(3) 所有者权益不是一个独立的要素,其非独立性表现在所有者权益金额的确认、计量需要依赖于资产和负债。

所有者权益包括所有者投入的资本、直接计入所有者权益的利得和损失、留存收益等。其中,所有者投入的资本包括企业发行的普通股以及在资本公积项下核算的认股权等权益工具。直接计入所有者权益的利得和损失是指不应计入当期损益、会导致所有者权益发生增减变动的、与所有者投入资本或者向所有者分配利润无关的利得或者损失。利得是指由企业非日常活动所形成的、会导致所有者权益增加的、与所有者投入资本无关的经济利益的流入。损失是指由企业非日常活动所发生的、会导致所有者权益减少的、与向所有者分配利润无关的经济利益的流出。直接计入所有者权益的利得和损失主要包括其他债权投资和其他权益工具投资的公允价值变动额、现金流量套期中套期工具公允价值变动额(有效套期部分)等。

(二) 反映经营成果的会计要素:收入、费用和利润

1. 收入

收入是指企业在日常活动中形成的、会导致所有者权益增加的、与所有者投入资本无关的经济利益的总流入。收入的主要特征有:

(1) 收入从企业日常活动中产生,而不是从偶发的交易或事项中产生。日常活动是指企业正常的经营活动,如工业企业制造和销售产品、商品流通企业从事购销活动等。有些活动在企业不

经常发生,但与日常活动有关,如工业企业销售原材料所取得的经济利益也作为收入确认。有些偶尔发生的交易或事项也能为企业带来经济利益,但不属于企业日常活动,其流入的经济利益应作为营业外收入,而不能作为收入确认。如企业债务重组、接受捐赠等而取得的收益就不作为收入,而作为营业外收入处理。

(2) 收入可能表现为企业资产的增加,也可能表现为企业负债的减少,还可能表现为两者兼而有之。例如,企业销售产品取得银行存款,就表现为资产的增加;企业销售预收货款的商品,就表现为负债的减少;企业销售商品,部分抵债,部分收回款项,就表现为资产的增加和负债的减少。

(3) 经济利益的流入金额能够可靠计量时,才能确认为收入。

收入包括商品销售收入、劳务收入、让渡资产使用权收入等。符合收入定义和收入确认条件的项目,应当列入利润表。

2. 费用

费用是指企业在日常活动中发生的、会导致所有者权益减少的、与向所有者分配利润无关的经济利益的总流出。费用的主要特征有:

(1) 费用是企业日常活动产生的。虽然有些交易或事项也会发生经济利益的流出,但如果这些经济利益的流出是属于偶然发生的,就不能确认为费用,而应作为损失处理,如自然灾害损失、企业违约支付的罚款等。

(2) 费用的发生可能表现为企业资产的减少,也可能表现为企业负债的增加,或者两者兼而有之。

(3) 经济利益的流出额能够可靠计量时才能确认为费用。

企业为生产产品、提供劳务等发生的可归属于产品成本、劳务成本等的费用,应当在确认产品销售收入、劳务收入等时,将已销售产品、已提供劳务的成本等计入当期损益。企业发生的支出不产生经济利益的,或者即使能够产生经济利益但不符合或者不再符合资产确认条件的,应当在发生时确认为费用,计入当期损益。企业发生的交易或者事项导致其承担了一项负债而又不确认为一项资产的,应当在发生时确认为费用,计入当期损益。

符合费用定义和费用确认条件的项目,应当列入利润表。

3. 利润

利润是指企业在一定会计期间的经营成果。利润的主要特征有:

(1) 利润表示企业一定时期的经营成果。

(2) 根据收入与费用之间的差额确定,与收入和费用要素密切相关。

利润包括收入减去费用后的净额、直接计入当期利润的利得和损失等。其中,直接计入当期利润的利得和损失是指应当计入当期损益、会导致所有者权益发生增减变动的、与所有者投入资本或者向所有者分配利润无关的利得(如公允价值变动收益、非流动资产处置收益等)或者损失(如公允价值变动损失、资产减值损失、非流动资产处置损失等)。利润金额取决于收入和费用、直接计入当期利润的利得和损失金额的计量。利润项目应当列入利润表。

利润包括营业利润、利润总额和净利润,其中:

营业利润＝营业收入－营业成本－税金及附加－销售费用－管理费用－研发费用
　　　　－财务费用－资产减值损失－信用减值损失＋投资收益＋净敞口套期收益
　　　　＋公允价值变动收益＋资产处置收益

利润总额＝营业利润＋营业外收入－营业外支出

净利润＝利润总额－所得税费用

二、会计信息质量要求

会计信息质量要求是对会计核算提供信息的基本要求,是处理具体会计业务的基本依据。会计信息质量要求包括:

(1) 可靠性,又称为"客观性"。企业应当以实际发生的交易或者事项为依据进行会计确认、计量和报告,如实反映符合确认和计量要求的各项会计要素及其他相关信息,保证会计信息真实可靠、内容完整。

(2) 相关性,又称为"有用性"。企业提供的会计信息应当与财务会计报告使用者的经济决策需要相关,有助于财务会计报告使用者对企业过去、现在或者未来的情况作出评价或预测。

(3) 可理解性,又称为"清晰性"。企业提供的会计信息应当清晰明了,便于财务会计报告使用者理解和使用。

(4) 可比性。企业提供的会计信息应当相互可比。可比性包括两层含义:一层含义是不同时期的会计信息应保持一贯性,即同一企业不同时期发生的相同或者相似的交易或者事项,应当采用一致的会计政策,不得随意变更,确需变更的,应当在附注中说明;另一层含义是不同企业的会计信息应保持可比性,即不同企业发生的相同或者相似的交易或者事项,应当采用规定的会计政策,确保会计信息口径一致、相互可比。

(5) 实质重于形式。企业应当按照交易或者事项的经济实质进行会计确认、计量和报告,不应仅以交易或者事项的法律形式为依据。

(6) 重要性。企业提供的会计信息应当反映与企业财务状况、经营成果和现金流量等有关的所有重要交易或者事项。

(7) 谨慎性。企业对交易或者事项进行会计确认、计量和报告应当保持应有的谨慎,不应高估资产或者收益、低估负债或者费用。

(8) 及时性。企业对于已经发生的交易或者事项,应当及时进行会计确认、计量和报告,不得提前或者延后。

三、财务会计核算的基本原则

(一) 财务会计核算的基础

企业应当以权责发生制为基础进行会计确认、计量和报告。权责发生制是指凡是当期已经实现的收入和已经发生或应负担的费用,不论款项是否收付,都应作为当期收入和费用处理;凡是不属于当期的收入和费用,即使款项已经在当期收付,也不应作为当期的收入和费用。

按照权责发生制,对于收入的确认应以实现为原则。判断收入是否实现,应以产品是否已经完成销售过程或劳务是否已经提供为标准,如果产品已经完成销售过程或劳务已经提供并已取得收款的权利,收入即实现,不论是否已经收到款项,都应计入当期收入。对于费用的确认应以发生为原则。判断费用是否发生,应以与其相关的收入是否已经实现为标准,如果收入已经实现,那么与之相关的费用就已经发生,而不论其是否已经付出。根据权责发生制进行收入与成本费用的核算,能够更加准确地反映特定会计期间真实的财务状况及经营成果。

收付实现制是与权责发生制相对应的一种确认基础,它是以收到或支付现金作为确认收入和费用的依据。

(二) 财务会计确认、计量的基本原则

1. 历史成本原则

历史成本原则又称实际成本原则,是指企业的各种资产应当按取得或购建时发生的实际成本计价,当物价变动时,除"会计准则"另有规定外,不得调整其账面价值。

2. 配比原则

配比原则是指一定时期的收入与其相关的成本、费用应当相互配比。它要求一个会计期间的各项收入与其相关联的成本、费用,应当在同一个会计期间内进行确认、计量。实行配比原则有利于正确反映企业的财务成果,正确地计算当期损益。

3. 划分收益性支出与资本性支出的原则

凡支出的效益仅及于本年度(或本营业周期)的,因而应在本会计年度实现的收入中得到补偿的支出,称为收益性支出;凡支出的效益及于几个会计年度(或几个营业周期)的,因而应在多个会计年度所实现的收益中逐步得到补偿的支出,称为资本性支出。

按照配比原则,收益性支出应全部作为本期费用,而资本性支出则应按一定比例(标准)分别作为多个会计期间的费用。由此可见,严格划分收益性支出与资本性支出的界限,是正确计算企业当期损益的重要基础。在会计核算中,在其他有关因素一定的情况下,若将收益性支出误作资本性支出,就会减少本期成本和费用,增加盈利,使本期多交税金;反之,若将资本性支出误作收益性支出,就会增加本期成本和费用,减少盈利,少交税金。

第三节 财务会计的内容

财务会计的基本内容主要包括企业、事业及机关单位已经或正在发生的经济业务与事项的确认、计量、记录和报告及其信息披露,具体包括资产、负债、所有者权益、收入、费用及利润等六要素的确认、计量、记录、报告及其信息披露等。

一、确认

财务会计确认是指依据一定财务会计基础和标准判断某项交易或事项归属的会计要素及列入财务报表的时间,解决如何记录与报告问题。确认的基础通常有权责发生制和收付实现制,确认的标准是符合会计要素定义,具有可计量性、相关性、可靠性等基本特征。

二、计量

财务会计计量是指对符合会计要素定义的项目予以货币量化的过程,包括计量单位(尺度)和计量属性。计量单位(尺度)是货币量化标准,如人民币、美元等,有名义货币和一般购买力货币可供选择;计量属性是被计量对象的特性或外在表现形式。我国2014年修订的《企业会计准则——基本准则》第43条规定:"企业在对会计要素进行计量时,一般应当采用历史成本,采用重置成本、可变现净值、现值、公允价值计量的,应当保证所确定的会计要素金额能够取得并可靠计量。"我国财务会计计量属性主要包括:

(1) 历史成本。在历史成本计量下,资产按照购置时支付的现金或者现金等价物的金额,或者按照购置资产时所付出的对价的公允价值计量。负债按照因承担现时义务而实际收到的款项或者资产的金额,或者承担现时义务的合同金额,或者按照日常活动中为偿还负债预期需要支付的现金或者现金等价物的金额计量。

(2) 重置成本。在重置成本计量下,资产按照现在购买相同或者相似资产所需支付的现金或者现金等价物的金额计量。负债按照现在偿付该项债务所需支付的现金或者现金等价物的金额计量。

(3) 可变现净值。在可变现净值计量下,资产按照其正常对外销售所能收到现金或者现金等价物的金额扣减该资产至完工时估计将要发生的成本、估计的销售费用以及相关税费后的金额计量。

(4) 现值。在现值计量下,资产按照预计从其持续使用和最终处置中所产生的未来净现金流入量的折现金额计量。负债按照预计期限内需要偿还的未来净现金流出量的折现金额计量。

(5) 公允价值。在公允价值计量下,资产和负债按照市场参与者在计量日发生的有序交易中,出售资产所能收到或者转移负债所需支付的价格。

三、记录

财务会计记录是指运用复式记账方法填制会计凭证、登记会计账簿、编制会计报表等的过程。财务会计记录属于会计确认的延伸。

四、报告

财务报告是指企业对外提供的反映企业某一特定日期的财务状况和某一会计期间的经营成果、现金流量等财务会计信息的表式文件。财务报告属于会计确认的一项内容。财务报告至少应当包括资产负债表、利润表、现金流量表、所有者权益变动表以及财务报表附注等,但小企业可以不编制现金流量表。

第四节 财务会计的服务对象及其要求

财务会计的服务对象通常称为利害关系者或利益相关者或利益集团,包括企业所有者、企业经营管理者、企业债权人、国家经济管理部门、顾客、社会公众等。

一、企业所有者

企业所有者又称企业资本投资者,通常包括:国有资产管理部门,它们是国有企业的主要投资者(代表),其基本职责是代表国家管理国有资产;金融机构,各级金融机构特别是各种基金公司、投资公司等除向企业贷款外,有时还可以以投资者的身份参与对企业的直接投资;参股、控股企业法人,即以参股、控股等方式形成的企业法人投资者;持有股份或其他产权的个人、职工;外商投资者。

企业所有者最关心的是其投入企业资本的安全性和收益性,要求实现其资本保值、增值目标,他们期望获得真实、可靠的会计信息,据此客观评价企业的经营成果,正确评估企业的财务状况以便进行正确的投资决策,这一目标的实现必须依靠有效的、高质量的财务会计作保证。因此,企业所有者实施会计监管的要求主要是:规范企业会计行为,保证会计资料真实、完整,提高会计信息质量。真实、完整、相关、及时的会计信息是所有者了解、查证受托经营者是否诚实、可靠,是否尽职尽责履行其受托职责的基本依据。所有者通过会计信息可以及时了解企业的财务状况和经营情况,通过对会计信息的分析能够了解掌握其资本的安全性、收益性和对企业长远发展的影响因素,从而实施对企业经营管理活动及经营管理者的必要干预和控制。

二、企业经营管理者

企业经营管理者最关心的是如何加强企业内部经营管理,全面履行其受托经管责任,实现企业经济效益最大化,确保企业经营管理目标的实现。企业经营管理者要实现这些目标,没有财务会计是不可想象的,因此,企业经营管理者实施会计监管的要求主要是:建立和完善符合现代经营管理要求的内部管理组织结构,形成科学的决策机制、执行机制和监督机制,确保企业经营管理目标的实现;建立行之有效的风险控制机制,强化风险管理,确保企业各项业务活动的健康运行;堵塞漏洞、消除隐患,防止并及时发现和纠正各种欺诈、舞弊行为,保护企业财产的安全完整;及时向企业所有者提供为企业所有者接受的财务报告及其他会计信息,以解脱其受托责任。

三、与企业所有者及经营管理者相关的其他利益者

按照企业治理结构原理,上述企业所有者和经营管理者内部会计目标,还可以具体划分为股东、股东会、董事会、监事会、经理、财会经理、内部审计等若干层次具体实施的内部会计监管的目标。

(1) 股东作为企业资本的出资者和股份的持有人享有所有权和股东权,在内部会计控制上拥有审查财务账簿和股东大会决议以及监督公司经营管理的权利;股东会是公司的最高法定权力机构,享有决议权、听取报告权和查核权,股东会可以查核董事会所出具的财务会计报告,查核监事对这些财务会计报告及账册审核后所提出的报告。因此,股东及股东会实施内部会计监管的要求主要是:通过企业管理当局提供真实、完整、有用的会计报告及其他会计信息,监督管理当局的经营管理行为,作出正确的投资及管理决策。

(2) 董事是指由公司股东会选举产生的具有实际权力和权威的管理公司事务的人员,是公司内部治理的主要力量,对内管理公司事务,对外代表公司进行经济活动。董事会是依照有关法律、行政法规和政策规定,按公司或企业章程设立并由全体董事组成的业务执行机关。董事会接受股东的委托,负责公司的战略和资产经营,监督和制约经营决策。因此,董事及董事会实施内部会计控制的要求主要是:保证计划、投资方案、财务预决算方案、利润分配方案等的科学、公平、合理,保证公司内部管理机构设置合理,制定高效可行的公司基本管理制度。

(3) 企业经理人员由董事会委任,是企业的代理人,具体负责企业经营管理的日常工作,主要包括:协助董事会制定企业战略并负责具体实施,如制定企业长短期计划;制定、建议并实施企业财务总战略;制定并实施有关企业预算和管理控制程序,确保企业管理者能够掌握正确信息,以明确目标、作出决策、监督绩效;具体管理企业的劳动人事、生产经营、市场营销以及财务事项。因此,企业经理实施内部会计控制的要求主要是:建立和完善符合现代经营管理要求的内部经营管理组织机构,建立经营风险控制系统,堵塞漏洞、消除隐患、保护企业财产安全完整,保证会计资料真实完整,及时提供会计信息,确保国家有关法律、法规和企业内部规章制度的贯彻执行,提高企业经济效益。

(4) 监事是由公司董事会或股东大会选任并对股东大会负责,对董事和经理行使监督职能的机关或个人。监事会是对董事会、董事和经理人员等管理人员行使监督职能的机关,其主要职权是对公司普通业务的监察和财务会计监察。因此,监事及监事会实施企业内部会计控制的要求主要是:对企业经营管理决策、日常经营管理活动及行为、财务会计工作及会计资料实施监督,保证会计信息真实完整,确保股东及股东大会目标的实现。

(5) 按照《中华人民共和国公司法》及《中华人民共和国会计法》的有关规定,单位财务负责人(或主管财务的副总经理)与其他副总经理一样由总经理提名、由董事会聘任或者解聘,单位财务负责人报酬事项由董事会决定。显然,财务负责人既要对总经理负责,又要对董事会负责,但最终或主要是对董事会负责。因此,企业财务负责人实施内部会计控制的要求主要是:实现董事会的内部会计目标并接受监事会的监督。

(6) 企业会计人员及会计机构实施内部会计控制的要求主要是:认真实施会计监督,履行自身职责,在正常的、不违规的前提下对财务负责人负责。

(7) 内部审计是企业内部会计监管的基本内容和方式,我国内部审计主要是对所在单位的主要负责人负责,对企业总经理或董事会负责。因此,内部审计实施内部会计监管的要求主要是:对内部控制制度执行情况进行检查,监督单位内部各项规定的落实和执行,了解执行中存在的问题,及时反馈,促进单位领导及时改进工作、完善制度。

需要指出的是,会计监督寓于会计核算之中。因此,明确企业内部会计机构及会计人员的内

部会计具体要求也是十分重要的。按照分权制约原则,企业内部会计机构及会计人员应对企业会计负责人负责,对企业所发生的日常经济业务和会计事项实施内部会计核算与监督。按照社会审计的基本职责,聘请、委托注册会计师的权利及有关事项应由企业监事会负责,以保证社会审计维持社会经济秩序和促使强化企业内部会计控制的职能作用。

四、企业债权人

企业债权人是指向企业提供商品或劳务的供应单位、拥有债权的客户和职工、企业债券持有人以及金融机构。作为债权人,其要求权是对企业资产及其变现能力、偿债能力的要求,他们最为关心的是企业能否按期支付债务本金及债务利息。因此,债权人对真实、客观、及时的财务会计信息的要求主要是:全面、准确掌握企业的支付能力和偿债能力,特别是短期偿债能力,从而对提供信贷资金的风险进行评价,以便作出正确的授信决策。当然,企业偿债能力强弱受企业获利能力及成长能力的影响较大,债权人通过对财务会计信息的分析,详细了解企业的盈利能力也是债权人对真实、客观、及时的财务会计信息要求的目标之一。同时,财务会计信息也是债权人进行证券市场债权投资价格分析的补充和基础,为债权投资决策提供依据。

此外,其他利益相关者如员工、工会、顾客和社会公众等,也都会从各自的切身利益角度提出不同要求,这里不再详细介绍。

各利益相关者及其对财务会计信息的要求如表1-1所示。

表1-1 各利益相关者及其对财务会计信息的要求

利益相关者	主要财务会计目的与要求
股东	资本保值增值、股票或股权定价、股利分配及其政策、投资决策、重大生产经营决策、经济利益分割等
债权人	授信决策,允许的信贷水平、信贷安全、信贷政策
政府	整体经济安全、整体经济发展、宏观经济政策、宏观经济决策、企业社会责任、税收政策、违规违法检查等
准则制定者及立法当局	会计准则制定及立法效果、会计准则制定及立法决策等
会计监管者及司法当局	会计监管及司法效果、会计监管及司法决策、财务舞弊防范、交易欺诈处罚
企业管理当局	企业财务状况检查、评价,产品或劳务定价决策、企业管理效率、风险鉴别与防范等
员工	职业和就业的稳定性及就业机会、工薪支付及福利保障、工薪水平及其与经济增长的适应性
工会	企业员工应有合理福利待遇等谈判决策及工会行动
顾客	公司产品或劳务信用、财务信用决策
社会公众	企业活动对国家及社区的影响、潜在投资、信贷决策等
市场中介组织	提供财务分析服务产品与劳务、维持经济秩序

第五节 财务会计的目标

在理论界,财务会计的目标是一个有争议的问题,比较常见的观点主要有受托责任观、决策有用观、双目标观和节约交易成本观等几种。

一、受托责任观

受托责任观认为财务会计所提供的会计资料及会计信息应有助于企业管理当局向企业投资者等利益相关者报告其受托责任的履行情况,进而解脱其受托责任。在这种观点下,坚持认为财务会计主要应坚持历史成本原则。

二、决策有用观

决策有用观认为财务会计应向会计资料及会计信息使用者提供有助于他们进行经济决策的财务信息资料,满足投资者的信息需要是企业财务报告编制的首要出发点。在这种观点下,坚持认为财务会计应在坚持历史成本原则的同时,更多地遵循公允价值或未来价值原则。

三、双目标观

双目标观认为财务会计应满足两个方面的需求:一是提供对决策有用的财务信息资料;二是反映管理当局受托责任的履行情况,即受托责任观与决策有用观同时并存。事实上,受托责任观与决策有用观并不互相排斥,委托人通过财务会计信息资料评价受托责任的履行情况,目的在于作出是否继续维持或终止委托、受托关系的决策。受托责任的作用从属于决策有用性,受托责任观构成决策有用观的一部分。

四、节约交易成本观

节约交易成本观认为,财务会计所提供的财务信息资料能够最大限度地有利于节约由于信息不对称而造成的"交易成本"。这一观点的实质是从委托代理成本的角度分析并界定财务会计的目标。

上述每种观点都有一定的合理性和科学性,单纯坚持某一种观点都是有失偏颇甚至是不正确的。因此,本书认为财务会计目标应是"三目标论",即决策有用观、受托责任观及节约交易成本观的综合观。亦即在财务会计报告解脱受托责任的同时,有助于财务信息及其资料使用者作出正确决策,并有助于节约由于信息不对称而造成的"交易成本"。因此,财务会计在遵循历史成本原则的基础上应尽可能运用公允价值甚至未来价值,以便有助于决策有用性的提高。

第六节 企业会计准则持续趋同路线

一、企业会计准则持续趋同路线发布背景

我国与国际财务报告准则(IFRS)趋同的企业会计准则体系形成于2005年,2007年1月1日起首先在上市公司实施,并逐步在其他大中型企业推广。新版企业会计准则持续、平稳、有效的实施,使得与国际财务报告准则趋同的我国企业会计准则体系正式建立。但是,随着2008年美国次贷危机演化成全球金融危机,国际会计趋同受到了较大的影响。为推动发达国家和新兴市场国家之间就实质性问题进行讨论和研究,以寻求合作并促进国际金融稳定和经济持续发展,2008年11月15日,由美国、日本、英国、德国、法国、意大利、加拿大、欧盟、中国、巴西、印度、俄罗斯、韩国、阿根廷、澳大利亚、印度尼西亚、墨西哥、沙特阿拉伯、南非和土耳其在内的20国集团(G20)领导人在华盛顿举行金融市场和世界经济峰会。2009年4月2日,在伦敦举行的20国集团金融峰会上,将7个发达国家(G7)成立的金融稳定论坛(FSF)成员扩大至20国集团并正式更名为金融稳定理事会(FSB)。20国集团峰会和金融稳定理事会在系统研究金融危机产生原因及应对策略后,倡议建立全球统一的高质量会计准则,并希望20国集团各成员国及其他有关国家或地区加快趋同步伐。美国、日本、巴西等国家或地区纷纷表态支持趋同倡议并提出路线图或者行动计划。

为响应20国集团峰会和金融稳定理事会的倡议,总结我国多年会计改革成就与经验,进一步深化会计改革,推动我国企业会计准则建设及其持续国际趋同,2010年4月1日,财政部发布了《中国企业会计准则与国际财务报告准则持续趋同路线图》(以下简称持续趋同路线图),确立了我国企业会计准则改革的思路。我国持续趋同路线图的出台,主要是基于以下三个方面的需要:

(一)积极响应20国集团峰会和金融稳定理事会倡议的需要

20国集团峰会和金融稳定理事会在认真分析和总结金融危机的根源后认为,经济结构失衡、金融创新过度、金融机构疏于风险管理和金融监管缺位等是产生此次金融危机的根本原因。20国集团峰会和金融稳定理事会同时认为,提升金融市场透明度、维护全球经济和金融体系稳定,必须以高质量的财务报告为基础。为此,应制定一套全球统一的高质量会计准则并严格执行以确保财务报告的高质量。会计准则及其国际趋同已经超越了会计专业领域,成为一个涉及公共受托责任的政治议题。作为20国集团峰会和金融稳定理事会成员国的我国,积极响应倡议,参与国际财务报告准则的重大修改,全力推进我国企业会计准则与国际财务报告准则持续趋同的进程。

(二)明确我国会计国际趋同态度的需要

有关资料显示,世界上已经有110多个国家和地区要求或允许采用国际财务报告准则,如欧盟各成员国、澳大利亚、南非等。2008年国际金融危机爆发后,国际会计趋同的步伐加快。2008年11月14日,美国证券交易委员会(SEC)推出趋同路线图征求意见稿,2010年2月24日又发布声明重申对建立一套全球统一的高质量会计准则的支持,并将于2011年就美国上市公司是否采用国际财务报告准则作出正式决定。2009年12月11日,日本金融厅正式发布采用国际财务报告准则的路线图,为部分日本上市公司在自2010年3月31日或之后结束的财务年度自愿提前采用"指定的国际财务报告准则"提供了可操作的框架。2010年1月28日,巴西联邦会计委员会和巴西会计准则理事会与国际会计准则理事会(IASB)签署备忘录,承诺巴西争取在2010年底前消除巴西会计准则与国际财务报告准则的差异,并于2010年年报实现所有上市公司和金融机构采用与国际财务报告准则趋同的巴西会计准则编制合并财务报表。此外,加拿大、印度、韩国等也纷纷表示将于2011年在公共利益主体或上市公司范围内采用国际财务报告准则或者与国际财务报告准则趋同。会计准则国际趋同已为许多国家所认可和支持,作为发展中国家和新兴市场经济国家的我国,理应顺应会计国际趋同的潮流,实现我国会计准则持续国际趋同的目标。

(三)完善我国会计准则体系的需要

改革开放以来,我国始终以积极的态度加快推进会计准则的改革,努力实现与国际财务报告准则的协调与趋同。2006年2月15日,与国际会计趋同的《企业会计准则》颁布并于2007年1月1日首先在上市公司实施,并且在几乎所有大中型企业得到了平稳有效的推行。此举标志着我国企业会计准则建设、实施、趋同、等效等工作取得了突破性进展,得到了国际会计准则理事会、世界银行等国际组织的认可和高度评价。但是,我国企业会计准则体系还不完善,特别是在2008年国际金融危机的爆发、国际财务报告准则正在作重大修改和调整的背景下,许多问题都暴露出来。如何深化我国会计改革、完善准则体系,全力推进我国企业会计准则与国际财务报告准则的持续趋同就显得特别重要。

二、企业会计准则持续趋同路线内容

路线图的主要内容包括以下几个方面:

(一)金融工具分类

将所有金融工具按照计量模式不同分为两大类:以摊余成本计量和以公允价值计量,且不允许在两类之间进行重分类。如果金融资产和金融负债只具有基本的贷款特征并以合同利率为基础管理,应以摊余成本计量;所有其他金融工具则以公允价值计量。如果能够消除或显著降低确认或计量的不一致性,主体可以选择对任何金融工具以公允价值计量。

(二)会计报表列报

1. 财务报表列报的目标

为财务报表列报制定了三个目标:一是刻画一个主体活动的具有内在一致性的财务图景;二是分解信息有助于预测主体的未来现金流量;三是帮助报表使用者评估主体的流动性和财务弹性。

2. 报表格式及内容

建议的列报模式要求主体将其价值创造方式(业务活动)方面的信息与募集和筹措资金(筹资活动)方面的信息分开列报,即资产负债表和利润表内容分为经营活动、投资活动和筹资活动三大类,以便与现金流量表的内容结构及口径相一致。

需要说明的是,持续趋同路线图只是确立了我国企业会计准则改革的思路,改革思路的目标并非能够一步到位,近几年相继颁布和修订具体准则的工作正是实现改革思路目标的过程。

第 2 章 货币资金

本 章 提 要

本章主要叙述货币资金的概念、种类及其会计核算方法。通过本章的学习,应掌握现金和银行存款的会计处理,熟悉常用银行结算方式的基本内容及会计处理,掌握银行存款核对方法及银行存款余额调节表编制方法,了解其他货币资金的内容,掌握其他货币资金的会计处理。

重 点 难 点

现金和银行存款的核算内容及会计处理;银行结算方式的基本内容及会计处理;现金管理的主要内容。

货币资金是指企业在生产经营过程中处于货币形态的那部分资金,包括库存现金、银行存款和其他货币资金。库存现金是指企业拥有的由出纳员保管的货币;银行存款是指企业存放在开户银行的、可随时支用的货币资金;其他货币资金是指除库存现金和银行存款以外的货币资金,包括企业的外埠存款、银行本票存款、银行汇票存款、信用卡存款、信用证存款、存出投资款等。

货币资金是收益率较低、流动性很强的一项流动资产。企业必须加强货币资金的核算与管理,一方面要在保障其支付的及时性和足额性的基础上确保其安全,明确落实其经管责任,保证其入账的及时性、准确性,严格执行检查制度,避免差错,防止贪污舞弊挪用;另一方面应尽量减少存放过多的货币资金,缩短资金停留在货币资金状态的时间,以便使有限的货币资金发挥最大的效用。

第一节 库存现金

一、库存现金的管理

现金是通用的交换媒介,是非现金资产计量的一般尺度。会计上的现金有狭义和广义现金之分,狭义的现金是指库存现金,即企业财会部门保管的现金,包括纸币、硬币等;广义的现金包括库存现金、银行存款以及其他可以普遍接受的流通手段。我国会计上所界定的现金概念,除特别说明外,通常是指库存现金。

(一) 现金的使用范围

一个企业日常的支出业务既多且杂,为了加强对现金的管理,除在规定的范围内可以用现金直接支付的款项外,在经营过程中所发生的一切货币收支业务,都必须通过银行存款账户进行转账。现金的使用要遵循其使用范围的规定,这是现金管理的一项重要内容。国务院发布的《现金管理暂行条例》和中国人民银行发布的《现金管理暂行条例实施细则》中对现金的使用范围作了明确的规定。在银行开立账户的企业可以用现金办理结算的具体经济业务包括:

(1) 职工工资、津贴。
(2) 个人劳动报酬。
(3) 根据国家规定颁发给个人的科学技术、文化艺术、体育等各种奖金。
(4) 各种劳保、福利费用以及国家规定的对个人的其他支出。
(5) 向个人收购农副产品和其他物资的价款。
(6) 出差人员必须随身携带的差旅费。
(7) 结算起点以下的零星支出(结算起点为 1 000 元)。
(8) 中国人民银行确定需要支付现金的其他支出。

(二) 库存现金的限额

库存现金的限额是指为了保证单位日常零星开支的需要,允许企业留存现金的最高数额。企业库存现金的限额由银行根据企业的实际需要进行核定,一般能够满足 3~5 天日常零星开支所需的现金。边远地区和交通不便地区的企业,库存现金可多于 5 天,但最多不能超过 15 天的日常零星开支。企业每日的现金结存数不得超过核定的限额,超过的部分应当及时送存银行。企业如需要增加或减少库存限额的,应当向开户银行提出申请,由开户银行核定。

(三) 现金的内部控制

现金的流动性决定了企业必须加强现金的内部控制。建立健全现金内部控制制度,严格现金内部控制措施与手段,是现金管理的重要内容。通过严密的内部控制,防止现金的丢失、被盗以及违法乱纪行为的发生,在确保其安全的基础上保持现金流动的合理性,以提高现金的使用效果与获利能力。现金内部控制的主要内容是:

(1) 不相容职务必须分离。不相容职务是指那些如果由一个人担任,既可能发生错误和舞弊行为,又可能掩盖其错误和弊端行为的职务。不相容职务必须分离的要求是:库存现金实物的管理与账务的记录应分开进行,不能由一个人兼任。企业库存现金收支与保管应由出纳人员负责,经管现金的出纳人员不得兼管收入、费用、债权、债务等账簿的登记工作以及会计稽核和会计档案保管工作;填写银行结算凭证的有关印鉴,不能集中由出纳人员保管,应实行印鉴分管制度。只有这样,才能分清责任,形成一种相互牵制的控制机制,防止挪用现金以及隐藏流入的现金。

(2) 以合法的原始凭证为依据。企业现金收、付业务都必须办理有关凭证手续,即取得或填制证明收、付款的原始凭证。收到现金时要有现金收入的原始凭证,以保证现金收入的来源合法;支付现金时要按规定的授权程序进行并符合现金开支范围的规定。取得合法的原始凭证并由主管会计人员或其指定人员审核后,据以填制现金收款凭证或现金付款凭证,并要在原始凭证与收付款凭证上盖上"现金收讫"与"现金付讫"印章。

(3) 建立票据领用制度。领用票据(发票、收据等)必须登记领用数量和领用起讫号码,并由领用人员签字;收回票据存根,应由保管人员办理签收手续。对空白票据应定期检查,以防止短号或用于非法业务。

(4) 强化检查与监督工作。对企业的库存现金,出纳人员应在每日营业终了进行盘点,做到日清月结;审计部门以及会计部门应对现金管理工作进行经常性的和突击性的检查与监督。对发现的现金溢余、短缺,应认真及时地查明原因,并按规定的要求进行处理。

(5) 坚持工作岗位轮换制度。企业的出纳人员应定期进行轮换,不可一人长期从事出纳工作。一个人长期从事一项工作,不仅不利于提高工作效率,还会隐藏工作中的问题和不足。出纳人员每日都与现金打交道,时间久了,容易产生麻痹和侥幸心理,甚至会增加犯罪的可能。通过工作岗位的及时轮换,可以避免上述情况的产生,对出纳人员本身也是一种保护。

(四)现金管理的其他规定

(1) 企业现金收入应于当日送存开户银行。

(2) 企业支付现金,可以从本企业库存现金限额中支付或者从开户银行提取,不得从本企业收到的销货款现金收入中直接支付,即不得坐支现金。如有特殊情况确需坐支现金的,则应事先报经开户银行审查批准,在银行批准的限额和使用范围内坐支现金。

(3) 企业从开户银行提取现金,应当开出现金支票,写明用途,由本单位财会部门负责人签字盖章,加盖预留银行印鉴,经开户银行审核后,予以支付现金。

(4) 企业因采购地点不固定、交通不便以及其他特殊情况必须使用现金的,应向开户银行提出申请,经开户银行审核后,予以支付现金。

(5) 不得"白条顶库",即不准用不符合财务制度的凭证顶替库存现金。

(6) 不得私设"小金库",不得"公款私存",不准用单位收入的现金以个人名义存入银行,不准保留账外公款。

二、库存现金的核算

(一)库存现金的总分类核算

为了总括地反映和监督企业库存现金的收入、支出和结存情况,企业应设置"库存现金"科目进行总分类核算。"库存现金"科目属于资产类科目,用于核算企业的库存现金,其借方登记企业库存现金的增加,贷方登记企业库存现金的减少,期末借方余额反映期末库存现金的余额。"库存现金"总分类账可以根据通用记账凭证中涉及现金收、付业务的记账凭证直接登记,也可根据库存现金收、付款凭证和银行存款付款凭证直接登记,如果企业日常现金收支量较大,为了简化核算工作,还可以采用科目汇总表或汇总记账凭证的核算形式,根据科目汇总表或汇总收、付款凭证定期或月终登记。

1. 库存现金收支的账务处理

库存现金收入主要包括销货款收入、劳务收入、其他业务收入以及从银行提取现金等。收取不足转账起点的小额销货款或劳务款或其他销售款时借记"库存现金"科目,贷记"主营业务收入"或"其他业务收入""应交税费——应交增值税(销项税额)"等科目;从开户银行提取现金备用时借记"库存现金"科目,贷记"银行存款"科目。

【例 2-1】 2020 年 12 月 2 日,恒易机电设备股份有限公司(以下简称恒易公司)发生如下现金收入业务:收到零星销售收入 113 元(含增值税销项税额 13 元),收到职工张建树交回公司垫付款 500 元。恒易公司的会计处理如下:

借:库存现金	613.00
贷:主营业务收入	100.00
应交税费——应交增值税(销项税额)	13.00
其他应收款——张建树	500.00

库存现金支出主要包括日常零星开支或找零等。支付零星支出时借记"管理费用""制造费

用"等科目,贷记"库存现金"科目;出差人员预借差旅费时借记"其他应收款"科目,贷记"库存现金"科目;出差人员出差返回报销差旅费并补付不足现金时借记"管理费用"科目,贷记"其他应收款""库存现金"等科目。

【例2-2】 2020年12月2日,恒易公司发生如下现金支出业务:支付职工祁华预借差旅费1 000元,以现金购买行政办公用品200元,现金送存银行2 000元。恒易公司的会计处理如下:

借:其他应收款——祁华	1 000.00
管理费用	200.00
银行存款	2 000.00
贷:库存现金	3 200.00

2. 库存现金清查的账务处理

为了保证现金的安全完整,企业应加强对库存现金的定期和不定期的清查,以保证账实相符。库存现金的清查是指对库存现金的盘点与核对,包括出纳人员每日的清点核对和清查小组定期或不定期的清查。现金清查的基本方法是清点库存现金,并将现金实存数与现金日记账上的余额进行核对。每日的清点核对一般由出纳人员进行,在每日营业终了时对库存现金实存数进行盘点并与账面余额进行核对,以验证其是否相符。清查小组的定期或不定期清查,一般由清查小组负责现金清查工作。清查小组清查时,出纳人员必须在清查现场。清查小组清查结束后,应根据清查结果填制"现金盘点报告单",注明实存数与账面余额。如发现现金账实不符或有其他问题,应查明原因,及时报告主管负责人或上级领导部门处理。

对于现金清查中发现的账实不符即现金溢缺情况,应通过"待处理财产损溢——待处理流动资产损溢"科目进行核算。现金清查中发现短缺的现金,应按短缺的金额,借记"待处理财产损溢——待处理流动资产损溢"科目,贷记"库存现金"科目;现金清查中发现溢余的现金,应按溢余的金额,借记"库存现金"科目,贷记"待处理财产损溢——待处理流动资产损溢"科目。待查明库存现金溢缺的原因后根据其原因作相应的处理:

(1) 如为现金短缺,属于应由责任人赔偿的部分借记"其他应收款——应收现金短缺款"或"库存现金"等科目,贷记"待处理财产损溢——待处理流动资产损溢"科目;属于无法查明的其他原因,根据管理权限,经批准后作为盘亏损失处理,借记"管理费用"科目,贷记"待处理财产损溢——待处理流动资产损溢"科目。

(2) 如为现金溢余,属于应支付给有关人员或单位的,借记"待处理财产损溢——待处理流动资产损溢"科目,贷记"其他应付款——应付现金溢余"或"库存现金"科目;属于无法查明原因的现金溢余,经批准后作为盘盈利得处理,借记"待处理财产损溢——待处理流动资产损溢"科目,贷记"营业外收入——盘盈利得"科目。

【例2-3】 2020年12月10日,恒易公司在对库存现金进行突击清查时发现短缺60元,原因尚需进一步调查。恒易公司的会计处理如下:

借:待处理财产损溢——待处理流动资产损溢	60.00
贷:库存现金	60.00

【例2-4】 2020年12月10日,经综合分析,上述现金短缺原因已无法查明,经批准转入管理费用。恒易公司的会计处理如下:

借:管理费用	60.00
贷:待处理财产损溢——待处理流动资产损溢	60.00

【例2-5】 2020年12月20日,恒易公司在对库存现金进行突击清查时发现溢余10元,原

因尚需进一步调查。恒易公司的会计处理如下:

借:库存现金　　　　　　　　　　　　　　　　　　　　　　　10.00
　　贷:待处理财产损溢——待处理流动资产损溢　　　　　　　　10.00

【例 2-6】 2020 年 12 月 20 日,经综合分析,上述现金溢余原因无法查明,经批准计入营业外收入。恒易公司的会计处理如下:

借:待处理财产损溢——待处理流动资产损溢　　　　　　　　10.00
　　贷:营业外收入——盘盈利得　　　　　　　　　　　　　　10.00

清查小组对库存现金清查时,除了进行账实核对并分析原因作出相应处理外,还应对库存现金管理是否符合现金管理制度规定进行审核,如有无白条入账、有无超过库存现金限额等现象。

(二)库存现金的明细分类核算

为了全面、连续地反映和监督库存现金的收支和结存情况,企业在进行总分类核算的同时,应设置库存现金日记账进行现金的序时核算。库存现金的序时核算由出纳人员根据审核无误的现金收付款记账凭证,按照现金收、付业务发生的时间顺序,逐日逐笔地登记库存现金日记账。每日营业终了,应计算当日的现金收入合计数、现金支出合计数和结余数,并将结余数与实际库存现金数相核对,做到账实相符。月份终了,"库存现金日记账"的余额须与"库存现金"总分类账的余额核对相符,即库存现金必须日清月结。

库存现金的明细分类核算是通过库存现金日记账来实现的。库存现金日记账是根据库存现金的收支业务逐日逐笔登记的分类账簿,它可以全面、连续地反映企业每日现金的收支动态和库存余额情况,为日常分析、检查企业的现金收支活动提供资料。库存现金日记账一般采用收入、付出及结余三栏式,其格式如表 2-1 所示。

表 2-1 库存现金日记账——人民币户

| 2020 年 | | 凭证种类及号数 | 摘　要 | 对方科目 | 收　入 | 付　出 | 结　余 |
月	日						
11	30		本月合计		12 890.00	12 800.00	4 500.00
12	2	现收 1212	零星销货款收入	主营业务收入	100.00		
	2	现收 1213	零星销售销项税额	应交税费	13.00		
	2	现收 1214	收回垫付款	其他应收款	500.00		
	2	现付 1219	预借差旅费	其他应收款		1 000.00	
	2	现付 1220	行政办公费	管理费用		200.00	
	2	现付 1221	现金送存银行	银行存款		2 000.00	
			本日合计		613.00	3 200.00	1 913.00

库存现金日记账"收入"和"付出"栏是根据审核无误并签字后的现金收、付款凭证和从银行提取现金时填制的银行存款付款凭证,按照经济业务发生的时间顺序,由出纳人员逐日逐笔进行登记的。为了简化现金日记账的登记手续,对同日发生的相同经济业务,可以汇总一笔登记。每日终了时,出纳人员应做好以下各项工作:

(1)在库存现金日记账中分别结出本日"收入"和"付出"合计数,并计算本日余额,记入"结余"栏。本日余额的计算公式为:

本日余额=昨日余额+本日收入合计-本日付出合计=4 500+613-3 200=1 913

(2) 以库存现金日记账本日余额与库存现金实有额核对。若不一致,应及时查明原因并进行调整,做到账实相符。

(3) 以库存现金日记账本日余额与库存现金限额对比,验证有无超过限额。若超过限额,应及时将超过限额部分送存银行;若不足限额,应根据需要从开户银行提取,以保证日常开支的需要。

库存现金日记账的格式也可以采用多栏式。

有外币现金的企业,应分别按人民币和各种外币设置现金日记账。

(三) 备用金的核算

备用金是指企业会计部门预付给有关职能部门或有关人员用于日常零星开支、支付零星采购款以及差旅费支出,用后报销的款项。备用金的拨付和报销,要在保证经济业务正常进行的前提下建立完善的手续制度并严格执行。备用金的拨付、使用和报销的手续制度如下:

(1) 拨付备用金时,有关职能部门或有关人员要填写一式三联的"借款单",说明借款的用途和金额,并经本部门和有关领导的批准后,方可领取。

(2) 拨付备用金的数额应根据实际需要确定,数额较大的应以转账方式划拨,防止携带过多的现金而不安全。备用金应严格按照规定的用途使用,不得挪作他用。

(3) 备用金使用后,要在规定期限内到会计部门报销,剩余备用金要及时交回。报销时,应由报销人填写"报销单"并附有关原始凭证,经有关领导审批。

会计部门对备用金的拨付、使用和报销,要以有关财经制度为依据进行严格的审核,不得任意提高开支标准。对于违反国家规定的开支,要坚持原则,拒绝支付或不予报销。

备用金的总分类核算,应设置"其他应收款"科目。"其他应收款"科目属于资产类科目,用来核算企业除应收票据、应收账款、预付账款以外的其他各种应收、暂付款项,包括各种赔款、罚款、存出保证金、备用金、应向职工收取的各种垫付款项等。如果企业备用金业务较多且金额较大,也可将备用金业务从"其他应收款"科目中划分出来,单独设置"备用金"科目进行核算。

备用金的明细分类核算,一般是按领取备用金的单位或个人设置三栏式明细账,根据拨付和报销凭证进行登记。

备用金的核算与管理有两种制度:一是随借随用、用后报销制度;二是定额备用金制度。前者适用于不经常使用备用金的单位和个人;后者适用于经常使用备用金的单位和个人。

1. **随借随用、用后报销制度**

【例 2-7】 2020 年 12 月 12 日,恒易公司业务员周建国因零星采购业务的需要借用 5 000 元,会计部门当即办妥借款手续,以现金付讫。12 月 16 日,周建国报销零星采购款 4 520 元(其中增值税进项税额 520 元),剩余现金 480 元交回会计部门。恒易公司的会计处理如下:

(1) 预借时:

借:其他应收款(或备用金)——周建国	5 000.00
贷:库存现金	5 000.00

(2) 报销时:

借:原材料	4 000.00
应交税费——应交增值税(进项税额)	520.00
库存现金	480.00
贷:其他应收款(或备用金)——周建国	5 000.00

2. **定额备用金制度**

定额备用金制度是对经常使用备用金的部门或人员核定一个备用金定额,按定额拨付。按定额拨付现金时记入"其他应收款"或"备用金"科目的借方和"库存现金"科目的贷方。报销时,会计部门根据报销单据付给现金,补足定额,使备用金仍保持原有的定额数。报销的金额直接记入"库存现金"科目的贷方和有关科目的借方,不需要通过"其他应收款"或"备用金"科目核算。

【例 2-8】 2020 年 12 月 12 日,恒易公司会计部门拨付库存现金 10 000 元给后勤处用于日常维修款项的开支。12 月 16 日,后勤处报销 2 000 元,当即以现金付讫。恒易公司的会计处理如下:

(1) 根据核定定额拨付备用金时:

借:其他应收款(或备用金)——后勤处　　　　　　　　　　10 000.00
　　贷:库存现金　　　　　　　　　　　　　　　　　　　　10 000.00

(2) 报销时:

借:管理费用　　　　　　　　　　　　　　　　　　　　　 2 000.00
　　贷:库存现金　　　　　　　　　　　　　　　　　　　　 2 000.00

第二节　银行存款

银行存款是指企业存放在银行或其他金融机构的货币资金。根据银行账户管理制度的有关规定,凡是独立核算的企业都必须在银行开设账户。凡是在银行开设账户的企业,收入的所有款项都必须送存银行,支付的所有款项除按规定可用现金外,都必须通过银行办理转账结算。

一、银行账户的管理

除开户备案试点省份外,企业在银行开户时,应提交开户申请书和当地市场监督管理部门核发的《营业执照》正本等有关文件。为了维护金融秩序,规范银行账户的开立与使用行为,中国人民银行发布的《银行账户管理办法》规定,一个企业可以根据需要在银行开立基本存款账户、一般存款账户、临时存款账户和专用存款账户四种账户。

基本存款账户是企业办理日常结算和现金收、付业务的账户,企业职工薪酬等现金的支取只能通过本账户办理;一般存款账户是企业在基本存款账户以外的银行借款转存、与基本存款账户的企业不在同一地点的附属非独立核算单位的账户,该账户可以办理转账结算和现金交存,但不能支取现金;临时存款账户是企业因临时经营活动需要而开立的账户,企业可以通过本账户办理转账结算和根据国家现金管理的规定办理现金收付;专用存款账户是企业因特殊用途需要而开立的账户。

《银行账户管理办法》规定,一个企业只能在一家银行开立一个基本账户,不得在同一家银行的几个分支机构开立一般存款账户。在银行开立账户的企业在使用账户时应严格执行银行结算纪律的规定,包括:合法使用银行账户,不得转借给其他单位或个人使用;不得利用银行账户进行非法活动;不得签发没有资金保证的票据和远期支票、套取银行信用;不得签发、取得和转让没有真实交易和债权债务的票据、套取银行和他人的资金;不准无理拒绝付款、任意占用他人资金;不准违反规定开立和使用账户。

二、支付结算办法

支付结算是指单位、个人在社会经济活动中使用票据、信用卡和汇兑、托收承付、委托收款等结算方式进行货币给付及其资金清算的行为。

(一) 支付结算的基本规定

(1) 银行、城市信用合作社、农村信用合作社(以下统称银行)以及单位和个人(含个体工商户),办理支付结算必须遵守国家的法律、行政法规和支付结算办法的各项规定,不得损害社会公共利益。

(2) 票据和结算凭证是办理支付结算的工具。单位、个人和银行办理支付结算,必须使用按中国人民银行统一规定印制的票据凭证和统一规定的结算凭证。未使用按中国人民银行统一规定印制的票据,票据无效;未使用中国人民银行统一规定格式的结算凭证,银行不予受理。单位、个人和银行签发票据、填写结算凭证,应按照《支付结算办法》和《正确填写票据和结算凭证的基本规定》记载,单位和银行的名称应当记载全称或者规范化简称。

(3) 票据和结算凭证上的签章,为签名、盖章或者签名加盖章。单位、银行在票据上的签章和单位在结算凭证上的签章,为该单位、银行的盖章加其法定代表人或其授权的代理人的签名或盖章。个人在票据和结算凭证上的签章,应为该个人本人的签名或盖章。

(4) 票据和结算凭证的金额、出票或签发日期、收款人名称不得更改,更改的票据无效;更改的结算凭证,银行不予受理。对票据和结算凭证上的其他记载事项,原记载人可以更改,更改时应当由原记载人在更改处签章证明。

(5) 票据和结算凭证金额以中文大写和阿拉伯数字同时记载,两者必须一致,两者不一致的票据无效;两者不一致的结算凭证,银行不予受理。少数民族地区和外国驻华使领馆根据实际需要,金额大写可以使用少数民族文字或者外国文字记载。

(6) 票据和结算凭证上的签章和其他记载事项应当真实,不得伪造、变造。票据上有伪造、变造签章的,不影响票据上其他当事人真实签章的效力。伪造是指无权限人假冒他人或虚构他人名义签章的行为。签章的变造属于伪造。变造是指无权更改票据内容的人,对票据上签章以外的记载事项加以改变的行为。

(7) 单位、个人和银行办理支付结算必须遵守"恪守信用,履约付款;谁的钱进谁的账,由谁支配;银行不垫款"的原则。

(二) 票据

在我国,票据是指支票、银行本票、银行汇票和商业汇票。

1. 票据签发、取得和转让的规定

(1) 票据的签发、取得和转让,必须具有真实的交易关系和债权债务关系。票据的取得,必须给付对价。但因税收、继承、赠与可以依法无偿取得票据的,不受给付对价的限制。

(2) 单位在票据上的签章,应为该单位的财务专用章或者公章加其法定代表人或其授权的代理人的签名或者盖章。个人在票据上的签章,应为该个人的签名或者盖章。出票人在票据上的签章不符合《票据法》《票据管理实施办法》和《支付结算办法》规定的,票据无效;承兑人、保证人在票据上的签章不符合《票据法》《票据管理实施办法》和《支付结算办法》规定的,其签章无效,但不影响其他符合规定签章的效力;背书人在票据上的签章不符合《票据法》《票据管理实施办法》和《支付结算办法》规定的,其签章无效,但不影响其前手符合规定签章的效力。

(3) 出票人在票据上的记载事项必须符合《票据法》《票据管理实施办法》和《支付结算办法》的规定。票据上可以记载《票据法》和《支付结算办法》规定事项以外的其他出票事项,但是该记载事项不具有票据上的效力,银行不负审查责任。

(4) 票据背书转让时,由背书人在票据背面签章、记载被背书人名称和背书日期。背书未记载日期的,视为在票据到期日前背书。持票人委托银行收款或以票据质押的,除按相关规定记载背书外,还应在背书人栏记载委托收款或质押字样。票据出票人在票据正面记载不得转让字样的,票据不得转让。票据被拒绝承兑、拒绝付款或者超过付款提示期限的,不得背书转让。背书不得附有条件,背书附有条件的,所附条件不具有票据上的效力。

(5) 票据债务人对下列情况的持票人可以拒绝付款：对不履行约定义务的、与自己有直接债权债务关系的持票人；以欺诈、偷盗或者胁迫等手段取得票据的持票人；对明知有欺诈、偷盗或者胁迫等情形，出于恶意取得票据的持票人；明知债务人与出票人或者持票人的前手之间存在抗辩事由而取得票据的持票人；因重大过失取得不符合《票据法》规定的票据的持票人；对取得背书不连续票据的持票人；符合《票据法》规定的其他抗辩事由。票据债务人对下列情况不得拒绝付款：与出票人之间有抗辩事由的；与持票人的前手之间有抗辩事由的。

(6) 票据到期被拒绝付款或者在到期前被拒绝承兑；承兑人或付款人死亡、逃匿的；承兑人或付款人被依法宣告破产的；或者因违法被责令终止业务活动的，持票人可以对背书人、出票人以及票据的其他债务人行使追索权。持票人行使追索权，应当提供被拒绝承兑或者被拒绝付款的拒绝证明或者退票理由书以及其他有关证明。持票人应当自收到被拒绝承兑或者被拒绝付款的有关证明之日起3日内，将被拒绝事由书面通知其前手；其前手应当自收到通知之日起3日内书面通知其再前手。持票人也可以同时向各票据债务人发出书面通知。未按照前款规定期限通知的，持票人仍可以行使追索权。

(7) 允许挂失止付的票据丧失，失票人需要挂失止付的，应填写挂失止付通知书并签章。挂失止付通知书应当记载下列事项：票据丧失的时间、地点、原因；票据的种类、号码、金额、出票日期、付款日期、付款人名称、收款人名称；挂失止付人的姓名、营业场所或者住所以及联系方法。欠缺上述记载事项之一的，银行不予受理。付款人或者代理付款人收到挂失止付通知书后，查明挂失票据确未付款时，应立即暂停支付。付款人或者代理付款人自收到挂失止付通知书之日起12日内没有收到人民法院的止付通知书的，自第13日起，持票人提示付款并依法向持票人付款的，不再承担责任。付款人或者代理付款人在收到挂失止付通知书之前，已经向持票人付款的，不再承担责任。但是，付款人或者代理付款人以恶意或者重大过失付款的除外。

2. 支票

支票是出票人签发的，委托办理支票存款业务的银行在见票时无条件支付确定的金额给收款人或者持票人的票据。支票的出票人，为在经中国人民银行当地分支行批准办理支票业务的银行机构开立可以使用支票的存款账户的单位和个人。

支票上印有"现金"字样的为现金支票，现金支票只能用于支取现金；支票上印有"转账"字样的为转账支票，转账支票只能用于转账；支票上未印有"现金"或"转账"字样的为普通支票，普通支票可以用于支取现金，也可以用于转账；在普通支票左上角划两条平行线的，为划线支票，划线支票只能用于转账，不得支取现金。

单位、个体经济户和个人如果在同城或同一票据交换地区，其商品交易和劳务供应以及其他款项的结算均可使用支票结算方式。支票的提示付款期限为自出票日起10日，但中国人民银行另有规定的除外。超过提示付款期限提示付款的，持票人开户银行不予受理，付款人不予付款。

签发支票应使用碳素墨水或墨汁填写；签发支票的金额不得超过付款时在付款人处实有的存款金额；出票人签发空头支票、签章与预留银行签章不符的支票、使用支付密码而支付密码错误的支票，银行应予以退票，并按票面金额处以5%但不低于1 000元的罚款，持票人有权要求出票人赔偿支票金额2%的赔偿金。对屡次签发问题支票的，银行应停止其签发支票；支票一律记名，转账支票可以根据需要在票据交换区域内背书转让，但用于支取现金的支票不得背书转让，支票仅限于在其票据交换区域内背书转让。

收款单位对于收到的支票，应填制进账单连同支票送交银行，根据银行盖章退回给收款单位的进账单回单和有关的原始凭证编制收款凭证，或根据银行转来由签发人送交银行的支票后，经银行审查盖章的收款凭证联和有关的原始凭证编制收款凭证，借记"银行存款"科目，贷记有关科目;付款单位对于付出款项而签发的支票,应根据支票存根和有关原始凭证编制付款凭证,借记有关科目,贷记"银行存款"科目。

3. 银行本票

银行本票是银行签发的,承诺自己在见票时无条件支付确定金额给收款人或持票人的票据。银行本票的出票人,为经中国人民银行当地分支行批准办理银行本票业务的银行机构。

银行本票分定额银行本票和不定额银行本票两种,定额银行本票有 1 000 元、5 000 元、10 000 元和 50 000 元四种面值,不定额银行本票根据实际结算金额确定,由银行用压数机压印出票金额。银行本票可以用于转账,注明现金字样的银行本票可以用于支取现金。

单位和个人在同一票据交换区域需要支付各种款项均可以使用银行本票。银行本票的提示付款期限自出票日起最长不得超过 2 个月。持票人超过付款期限提示付款的,代理付款人不予受理。

银行本票一律记名,可以根据需要在票据交换区域内背书转让。银行本票丧失,失票人可以凭人民法院出具的其享有票据权利的证明,向出票银行请求付款或退款。银行本票见票即付。

收款单位按规定受理银行本票后,应将本票连同进账单送交银行办理转账,根据银行盖章退回给收款单位的进账单回单和有关原始凭证编制收款凭证,借记"银行存款"科目,贷记有关科目;付款单位在填送"银行本票申请书"并将款项交存银行,收到银行签发的银行本票后,根据申请书存根联编制付款凭证,借记"其他货币资金"科目,贷记"银行存款"科目,使用银行本票办理结算后,根据有关凭证借记"银行存款"科目和有关科目,贷记"其他货币资金"科目,因银行本票超过付款期限或其他原因要求退款时,在交回本票和填制的进账单经银行审核盖章后,根据银行退回给收款单位的收账通知联编制收款凭证,借记"银行存款"科目,贷记"其他货币资金"科目。

4. 银行汇票

银行汇票是出票银行签发的,由其见票时按照实际结算金额无条件支付给收款人或者持票人的票据。银行汇票的出票银行为银行汇票的付款人。

单位和个人各种款项结算均可使用银行汇票。银行汇票可以用于转账,填明"现金"字样的银行汇票也可以用于支取现金。银行汇票的提示付款期限为自出票日起 1 个月,持票人超过付款期限提示付款的,代理付款人不予受理。

银行汇票可以背书转让,但背书转让以不超过出票金额的实际结算金额为准;持票人向银行提示付款时,必须同时提交银行汇票和解讫通知,缺少任何一联,银行不予受理;银行汇票丧失,失票人可以凭人民法院出具的其享有票据权利的证明,向出票银行请求付款或退款。

收款单位应当将汇票、解讫通知和进账单送交银行,根据银行退回的进账单和有关的原始凭证编制收款凭证,借记"银行存款"科目,贷记有关科目;付款单位应在收到银行签发的银行汇票后,根据"银行汇票申请书(存根联)"编制付款凭证,借记"其他货币资金"科目,贷记"银行存款"科目,使用银行汇票办理结算后,根据有关凭证借记"银行存款"科目和有关科目,贷记"其他货币资金"科目,因银行汇票超过付款期限或其他原因要求退款时,根据银行退回给收款单位的收账通知联编制收款凭证,借记"银行存款"科目,贷记"其他货币资金"科目。

5. 商业汇票

商业汇票是出票人签发的,委托付款人在指定日期无条件支付确定的金额给收款人或者持票人的票据。商业汇票分为商业承兑汇票和银行承兑汇票。商业承兑汇票由银行以外的付款人承兑,可以由付款人签发并承兑,也可以由收款人签发交由付款人承兑;银行承兑汇票应由在承兑银行开立存款账户的存款人签发,由银行承兑。

在银行开立存款账户的法人以及其他组织之间,必须具有真实的交易关系或债权债务关系才能使用商业汇票,出票人不得签发无对价的商业汇票用以骗取银行或者其他票据当事人的资金;商业汇票的付款期限最长不得超过6个月;商业汇票的提示付款期限为自汇票到期日起10日。

商业承兑汇票的出票人为在银行开立存款账户的法人以及其他组织,与付款人具有真实的委托付款关系,具有支付汇票金额的可靠资金来源;银行承兑汇票的出票人必须是在承兑银行开立存款账户的法人以及其他组织,并与承兑银行具有真实的委托付款关系,且资信状况良好,具有支付汇票金额的可靠资金来源。

付款人承兑商业汇票不得附有条件,承兑附有条件的视为拒绝承兑。银行承兑汇票的承兑银行应按票面金额向出票人收取万分之五的手续费。

银行承兑汇票的出票人应于汇票到期前将票款足额交存其开户银行,承兑银行应在汇票到期日或到期日后的见票当日支付票款。银行承兑汇票的出票人于汇票到期日未能足额交存票款时,承兑银行除凭票向持票人无条件付款外,对出票人尚未支付的汇票金额按照每天万分之五计收利息。

商业汇票的持票人可持未到期的商业汇票连同贴现凭证向银行申请贴现,银行实付贴现金额按票面金额扣除贴现日至汇票到期前1日的利息计算。

收款单位收到商业汇票时,根据发货票记账联及其他有关凭证,借记"应收票据"科目,贷记"主营业务收入"科目和"应交税费"科目等,将要到期的商业汇票连同填制的邮划或电划委托收款凭证,一并送交银行办理转账,在收到银行的收账通知后据以编制收款凭证,借记"银行存款"科目,贷记"应收票据"科目;付款单位在商业汇票经承兑人承兑后,根据发货票发票联及其他有关凭证,借记"原材料"科目和"应交税费"科目等,贷记"应付票据"科目;商业汇票到期,收到银行的付款通知时,据以编制付款凭证,借记"应付票据"科目,贷记"银行存款"科目。

(三) 结算方式

1. 汇兑

汇兑是汇款人委托银行将其款项支付给收款人的结算方式。汇兑分为信汇和电汇两种,由汇款人选择使用。信汇是指汇款人委托银行通过邮寄方式将款项划转给收款人;电汇是指汇款人委托银行通过电报将款项划给收款人。

异地之间的单位和个人的各种款项的结算,均可使用汇兑结算方式。

收款单位对于汇入的款项,应在收到银行的收账通知时据以编制收款凭证,借记"银行存款"科目,贷记有关科目;付款单位对于汇出的款项,应在向银行办理汇款后根据汇款回单编制付款凭证,借记有关科目,贷记"银行存款"科目。

2. 托收承付

托收承付是根据购销合同由收款人发货后委托银行向异地付款人收取款项,由付款人向银行承认付款的结算方式。托收承付结算款项的划回方法分为邮划和电划两种,由收款人选用。托收承付结算每笔的金额起点为10 000元。

办理托收承付结算的异地收款单位和付款单位是国有企业、供销合作社以及经营管理较好并经开户银行审查同意的城乡集体所有制工业企业,因商品交易以及因商品交易而产生的劳务供应的款项,均可使用托收承付结算方式。代销、寄销、赊销商品的款项,不得办理托收承付结算。

托收承付的付款期限,验单付款的承付期为3天,从付款人开户银行发出承付通知的次日算起;验货付款的承付期为10天,从运输部门向付款人发出提货通知的次日算起,付款人在承付期内未向银行表示拒绝付款,银行即视作承付,并在承付期满的次日(法定休假日顺延)上午银行开始营业时,将款项主动从付款人的账户内付出,按照收款人指定的划款方式,划给收款人。付款人在承付期满日银行营业终了时如无足够资金支付,其不足部分,即为逾期未付款项,按逾期付款处理。付款人开户银行对付款人逾期支付的款项,应根据逾期付款金额和逾期天数,按每天万分之五计算逾期付款赔偿金。逾期付款天数从承付期满日算起,承付期满日银行营业终了时付款人无足够资金支付的不足部分,按逾期1天计算赔偿金;在承付期满次日(如为法定休假日,逾期付款赔偿金的天数计算相应顺延,但在以后遇法定休假日时不再顺延,按逾期天数计算)银行营业终了时付款人仍无足够资金支付的不足部分,按逾期2天计算赔偿金,以此类推。但银行审查拒绝付款理由期间不作付款人逾期付款,无理拒绝付款而增加银行审查时间的,仍然按承付期满日起计算逾期付款赔偿金。

付款人在承付期内有下列情况之一的,可向银行提出全部或部分拒绝付款:没有签订购销合同或购销合同未订明托收承付结算方式的款项;未经双方事先达成协议而收款人提前交货或因逾期交货付款人不再需要该项货物的款项;未按合同规定的到货地址发货的款项;代销、寄销、赊销商品的款项;验单付款时发现所列货物的品种、规格、数量、价格与合同规定不符或货物已到但经查验货物与合同规定或发货清单不符的款项;验货付款时经查验货物与合同规定或与发货清单不符的款项;货款已经支付或计算有错误的款项。银行同意部分或全部拒绝付款的,应在拒绝付款理由书上签注意见。部分拒绝付款的,除办理部分付款外,应将拒绝付款理由书连同拒付证明和拒付商品清单邮寄收款人开户银行转交收款人。全部拒绝付款,应将拒绝付款理由书连同拒付证明和有关单证邮寄收款人开户银行转交收款人。

收款单位办妥托收手续取得回单时,根据托收回单及其他有关凭证借记"应收账款"科目,贷记"主营业务收入"科目和"应交税费"科目等,收回其托收款项时根据银行的收账通知编制收款凭证,借记"银行存款"科目,贷记"应收账款"科目;付款单位对于承付的款项,应于承付时根据托收凭证的付款通知和有关发票账单等凭证编制付款凭证,借记"原材料""库存商品""应交税费"等科目,贷记"银行存款"科目。

3. 委托收款

委托收款是收款人委托银行向付款人收取款项的结算方式。委托收款结算款项的划回方式分为邮划和电划两种,由收款人选用。

单位和个人凭已承兑商业汇票、债券、存单等付款人债务证明办理款项的结算,均可以使用委托收款结算方式,且在同城、异地均可以使用。在同城范围内,收款人收取公用事业费或根据国务院的规定,可以使用同城特约委托收款。收取公用事业费,必须具有收付双方事先签订的经济合同,由付款人向开户银行授权,并经开户银行同意,报经中国人民银行当地分支行批准。

收款单位办妥委托收款手续取得回单时,根据委托收款回单及其他有关凭证借记"应收账款"科目,贷记有关科目,收回其委托收款的款项时根据银行的收账通知编制收款凭证,借记"银行存款"科目,贷记"应收账款"科目;付款单位在收到银行转来的委托收款凭证后,根据委托收款凭证的付款通知和有关的原始凭证编制付款凭证,借记有关科目,贷记"银行存款"科目。

(四)信用卡

信用卡是指商业银行向个人和单位发行的,凭其向特约单位购物、消费和向银行存取现金,且具有消费信用的特制载体卡片。信用卡按使用对象分为单位卡和个人卡,按信誉等级分为金卡和普通卡。

凡在中国境内金融机构开立基本存款账户的单位可申领单位卡。单位卡可申领若干张,持卡人资格由申领单位法定代表人或其委托的代理人书面指定和注销。持卡人可持信用卡在特约单位购物、消费,但不得用于10万元以上的商品交易、劳务供应款项的结算。

单位卡账户的资金一律从其基本存款账户转账存入,不得交存现金,不得将销货收入的款项存入其账户。单位卡在使用过程中需要向其账户续存资金的,一律从其基本存款账户转账存入。单位卡一律不得支取现金。

收款单位(特约单位)每日营业终了将当日受理的信用卡签购单汇总,计算手续费和净计金额,并填写汇(总)计单和进账单,连同签购单一并送交收单银行办理进账,根据进账单的收账通知联编制收款凭证,借记"银行存款"科目,贷记有关科目;付款单位在交存信用卡资金后根据银行盖章退回的进账单回单及其他有关凭证编制付款凭证,借记"其他货币资金"科目,贷记"银行存款"科目;用信用卡购物或支付有关费用时,根据有关付款凭证,借记"管理费用""原材料"等科目,贷记"其他货币资金"科目;向信用卡账户续存资金时,根据进账单回单,借记"其他货币资金"科目,贷记"银行存款"科目。

除此之外,还有信用证、托收和汇付等国际结算方式和银行卡国内结算方式,其中,信用证结算方式是国际结算的一种主要方式。

信用证是银行作出的有条件的付款承诺,是开证行根据申请人的要求,向受益人开立的一种有条件的书面付款保证,即开证行保证在收到受益人交付完全符合信用证规定的单据的条件下,向受益人或其指定人履行付款的责任。

托收是指出口商开立汇票连同货运单据委托出口地银行通过进口地代收银行向进口企业收款的结算方式。托收也称跟单托收,根据交单条件不同分为付款交单和承兑交单。付款交单是指进口商付清货款后才能取得单据;承兑交单是指进口商在承兑汇票后就能取得单据。

汇付是指交款人按约定的条件和时间通过银行把款项交收款人的结算方式。汇付分为信汇、电汇和票汇。汇付一般可用于预付货款,也可用于支付佣金、赔款和样品费等。

银行卡是指由商业银行(含邮政金融机构)向社会发行的具有消费信用、转账结算、存取现金等全部或部分功能的信用支付工具。银行卡结算是指收单机构与特约商户签订银行卡受理协议,在特约商户按约定受理银行卡并与持卡人达成交易后,为特约商户提供交易资金结算服务的一种结算方式。

三、银行存款的账务处理

为了总括地反映企业银行存款的收支及结存情况,应设置"银行存款"科目。"银行存款"科目属于资产类科目,其借方登记银行存款的增加数,贷方登记银行存款的减少数,期末借方余额表示企业银行存款的结余数额。

企业将款项存入银行或收到银行存款时,应根据银行存款收款凭证及有关单据借记"银行存款"科目,贷记有关科目;企业支出银行存款时,应根据银行存款付款凭证及有关单据借记有关科目,贷记"银行存款"科目。

【例 2-9】 2020 年 12 月 1 日,恒易公司销售产品一批,不含税价款为 500 000 元,增值税销项税额为 65 000 元。收到转账支票一张,当日存入银行。恒易公司的会计处理如下:

借:银行存款	565 000.00
贷:主营业务收入	500 000.00
应交税费——应交增值税(销项税额)	65 000.00

【例 2-10】 2020 年 12 月 1 日,恒易公司签发转账支票支付前欠 A 企业货款 200 000 元。恒易公司的会计处理如下:

| 借:应付账款——A 企业 | 200 000.00 |
| 贷:银行存款 | 200 000.00 |

为了详细地反映各种银行存款的收入、支出和结存情况,企业应按照存款的开户行和种类分别设置"银行存款日记账",进行银行存款的序时核算。

银行存款日记账是用来逐日逐笔反映银行存款的增加、减少和结存情况的账簿。通过银行存款日记账,可以全面、连续地了解和掌握企业每日银行存款的收支动态和余额,为日常分析、检查企业的银行存款收支活动提供资料。

银行存款日记账由出纳人员根据银行存款收、付款凭证按照时间顺序逐笔进行登记,一般采用收入、付出及结余三栏式,其格式如表2-2所示。

表2-2 银行存款日记账

2020年		凭证号数	摘 要	结算凭证		对方科目	收 入	付 出	结 余
月	日			种类	号数				
11	30		本月合计						1 739 200.00
12	1	银收字1	销货款存入银行	进账单	001	主营业务收入、应交税费	565 000.00		2 304 000.00
	1	银付字1	支付前欠货款	转支	Ⅳ007	应付账款		200 000.00	2 104 200.00

银行存款日记账根据银行存款收、付款凭证,按照经济业务发生时间的先后顺序逐日逐笔登记,每日营业终了,要加计本日收入合计和本日付出合计并计算结余数,月末还应结出本月收入合计、本月付出合计数和月末结余数,以便将银行存款日记账的余额与银行存款总分类账余额互相核对,以做到账账相符,同时与银行对账单互相核对,以做到账单相符。

有外币业务的企业,应在"银行存款"科目下分别按人民币和各种外币设置"银行存款日记账"进行明细核算。

四、银行存款的核对

银行存款的核对是指企业银行存款日记账的账面余额与其开户银行转来的对账单的余额进行的核对。企业每月至少应将银行存款日记账与银行对账单核对一次,以检查银行存款收付及结存情况。实际工作中,银行存款日记账与银行对账单同日余额往往是不相符的,其不相符的原因除一方或双方记账错误外,主要是因为存在未达账项。所谓未达账项,是指由于企业与银行取得收付款凭证的时间不同而产生的一方已经取得收付款凭证登记入账,另一方由于未取得收付款凭证尚未入账的款项。未达账项有以下四种情况:

(1)企业送存银行的款项,企业已作银行存款增加入账,而银行尚未办妥收款手续,未记入企业的银行存款户,即企业已收、银行未收。

(2)企业开出了付款凭证,企业已作银行存款减少入账,而银行尚未办妥付款手续,未记入企业的银行存款户,即企业已付、银行未付。

(3)银行已为企业收进款项,增加企业银行存款的账户,而企业尚未收到收款凭证,未记入企业的银行存款户,即银行已收、企业未收。

(4)银行已为企业支付款项,减少企业银行存款的账户,而企业尚未收到付款凭证,未记入企业的银行存款户,即银行已付、企业未付。

上述第(1)、(4)种情况会使得企业银行存款日记账余额大于银行对账单存款余额,第(2)、(3)种情况会使得企业银行存款日记账余额小于银行对账单存款余额。

未达账项的存在,使得企业银行存款日记账的余额与银行对账单的余额出现不一致,也就无法判断其正确与否。为此,必须采用一定的方法对双方的余额进行调整,以验证其是否正确。验证的方法可通过编制银行存款余额调节表来实现,具体有三种方法:

第一种方法,根据错记金额和未达账项,同时将企业银行存款日记账余额和银行对账单余额调整到银行存款实有数。计算公式如下：

银行对账单余额＋企业已收银行未收款项－企业已付银行未付款项±银行错减或错增金额＝企业银行存款日记账余额＋银行已收企业未收款项－银行已付企业未付款项±企业错减或错增金额

第二种方法，根据错记金额和未达账项，以企业银行存款日记账余额为准，将银行对账单余额调整到银行存款日记账余额。计算公式如下：

企业银行存款日记账余额＝银行对账单余额＋企业已收银行未收款项－企业已付银行未付款项±银行错减或错增金额－（银行已收企业未收款项－银行已付企业未付款项±企业错减或错增金额）

第三种方法，根据错记金额和未达账项，以银行对账单余额为准，将企业银行存款日记账余额调整到对账单余额。计算公式如下：

银行对账单余额＝企业银行存款日记账余额＋银行已收企业未收款项－银行已付企业未付款项±企业错减或错增金额－（企业已收银行未收款项－企业已付银行未付款项±银行错减或错增金额）

其中，第二、第三种方法的计算程序是相反的，其计算过程可以检验企业或银行的记录是否准确，但却不能确定企业银行存款的实有数；第一种方法既可以检验企业或银行的记录是否准确，又可以确定企业银行存款的实有数，因而，实务工作中使用该种方法的企业居多。

现以第一种方法为例说明银行存款余额调节表的编制方法。

银行存款余额调节表的编制原理是：在企业与银行双方账面余额的基础上各自补记增加对方已收款而己方尚未收款的款项，补记减少对方已付款而己方尚未付款的款项。

【例 2-11】 2020 年 12 月 31 日，恒易公司企业银行存款日记账余额为 1 567 210 元，银行对账单余额为 1 601 410 元，经逐笔核对，发现下列未达账项：

(1) 31 日，企业将零星销货款收入的库存现金 16 800 元存入银行，根据进账单，企业已记银行存款增加，而银行尚未入账。

(2) 31 日，企业开出转账支票 12 000 元支付前欠的货款，根据转账支票存根，企业已记银行存款减少，而银行尚未入账。

(3) 31 日，委托银行代收的货款 85 000 元已收到，银行已记企业的银行存款增加，而企业尚未收到托收承付的收款通知联而尚未入账。

(4) 31 日，银行代付的企业水电费 46 000 元，银行已记企业的银行存款减少，而企业尚未收到委托收款的支款通知联而尚未入账。

依据以上资料，编制银行存款余额调节表，如表 2-3 所示。

表 2-3　银行存款余额调节表
2020 年 12 月 31 日

项　目	金　额	项　目	金　额
企业银行存款日记账余额	1 567 210	银行对账单余额	1 601 410
加：银行已收企业未收	85 000	加：企业已收银行未收	16 800
减：银行已付企业未付	46 000	减：企业已付银行未付	12 000
调节后余额	1 606 210	调节后余额	1 606 210

从表 2-3 可以看出,表中左右两方调节后的余额相等,说明该公司银行存款的实有数既不是 1 567 210 元,也不是 1 601 410 元,而是 1 606 210 元。但是,对于银行已经入账而企业尚未入账的未达账项,应在收到有关收付款原始凭证后才能进行账务处理,不能直接以银行转来的对账单作为原始凭证记账。

经过调节,如果双方调节后的余额相等,则可以认为双方的记录是正确的,但不能肯定一定没有问题;如果双方调节后的余额不相等,则可以肯定一方或双方记录存在错误,应找出错误所在并予以更正。

第三节 其他货币资金

其他货币资金是指除库存现金、银行存款之外的货币资金,包括外埠存款、银行汇票存款、银行本票存款、信用卡存款、信用证保证金存款以及存出投资款等。

由于其他货币资金的存放地点、用途与库存现金和银行存款不同,因而对其核算单独设置"其他货币资金"科目进行。"其他货币资金"科目属于资产类科目,借方登记其他货币资金的增加数,贷方登记其他货币资金的减少数,期末借方余额反映其他货币资金的结余数额。

"其他货币资金"科目可以按照其内容分设外埠存款、银行汇票存款、银行本票存款、信用卡存款、信用证保证金存款和存出投资款等明细科目进行明细核算。

一、外埠存款

外埠存款是指企业到外地进行临时或零星采购时,以汇兑结算方式汇往采购地银行开立采购专户的款项。企业汇出款项时须填写汇款委托书,加盖"采购资金"字样。汇入银行对汇入的临时或零星采购款项,以汇款单位名义开立采购专户。该专户存款只付不收,不计利息,付完销户,除采购员差旅费可以支取少量现金外,一律转账。

企业将款项委托当地银行汇往采购地开立专户时借记"其他货币资金——外埠存款"科目,贷记"银行存款"科目。收到采购员交来供应单位发票账单等报销凭证时借记"在途物资""原材料""库存商品""应交税费——应交增值税(进项税额)"等科目,贷记"其他货币资金——外埠存款"科目。如果该专户有多余的款项,应通过银行转回汇款人所在地银行,根据银行的收账通知借记"银行存款"科目,贷记"其他货币资金——外埠存款"科目。

【例 2-12】 恒易公司为采购原材料在采购地银行开立临时采购专户,以电汇方式汇出款项。其相关经济业务的会计处理如下:

(1) 2020 年 12 月 10 日,以电汇方式汇出款项 200 000 元。

| 借:其他货币资金——外埠存款 | 200 000.00 |
| 贷:银行存款 | 200 000.00 |

(2) 2020 年 12 月 12 日,采购员陈正国支取差旅费 3 000 元。

| 借:其他应收款——陈正国 | 3 000.00 |
| 贷:其他货币资金——外埠存款 | 3 000.00 |

(3) 2020 年 12 月 16 日,采购员陈正国交来供应单位增值税专用发票及差旅费报销凭证等,增值税专用发票列明原材料价款 150 000 元,增值税进项税额 19 500 元,差旅费报销单列明差旅费 2 800 元,退回现金 200 元。原材料已验收入库。

借：原材料	150 000.00
应交税费——应交增值税(进项税额)	19 500.00
贷：其他货币资金——外埠存款	169 500.00
借：管理费用	2 800.00
库存现金	200.00
贷：其他应收款——陈正国	3 000.00

(4) 2020 年 12 月 20 日，收到银行转来收账通知，采购专户尾款 27 500 元如数划回。

借：银行存款	27 500.00
贷：其他货币资金——外埠存款	27 500.00

二、银行汇票存款

银行汇票存款是指企业为取得银行汇票，按照规定存入银行的款项。

企业在填送"银行汇票申请书"并将相应款项交存银行取得银行汇票后，根据银行盖章退回的申请书存根联借记"其他货币资金——银行汇票"科目，贷记"银行存款"科目。企业使用银行汇票后，根据发票账单等有关凭证借记"在途物资""原材料""库存商品""应交税费——应交增值税(进项税额)"等科目，贷记"其他货币资金——银行汇票"科目；如有多余款或因汇票超过付款期等原因而退回款项，根据开户行转来的银行汇票多余款收账通知联借记"银行存款"科目，贷记"其他货币资金——银行汇票"科目。

【例 2－13】 恒易公司以银行汇票结算方式采购原材料，其有关经济业务的会计处理如下：

(1) 2020 年 12 月 9 日，恒易公司向银行提交"银行汇票申请书"，并交存款项 500 000 元，银行受理后签发银行汇票和解讫通知。

借：其他货币资金——银行汇票	500 000.00
贷：银行存款	500 000.00

(2) 2020 年 12 月 16 日，恒易公司用银行签发的银行汇票支付采购材料货款 474 600 元，其中，增值税进项税额 54 600 元，现已收到银行转来的银行汇票第四联及所附发货票账单等凭证，材料由仓库如数验收入库。

借：原材料	420 000.00
应交税费——应交增值税(进项税额)	54 600.00
贷：其他货币资金——银行汇票	474 600.00

(3) 2020 年 12 月 18 日，收到银行转来的银行汇票多余款收账通知，退回余款 25 400 元。

借：银行存款	25 400.00
贷：其他货币资金——银行汇票	25 400.00

三、银行本票存款

银行本票存款是指企业为取得银行本票，按照规定存入银行的款项。

企业向银行提交"银行本票申请书"并将款项交存银行取得银行本票后，根据银行盖章退回的申请书存根联借记"其他货币资金——银行本票"科目，贷记"银行存款"科目。企业使用银行本票后，根据发票账单等有关凭证借记"在途物资""原材料""库存商品""应交税费——应交增值税(进项税额)"等科目，贷记"其他货币资金——银行本票"科目。因本票超过付款期等原因而要求退款时，应当填制进账单连同本票一并送交银行，根据银行盖章退回的进账单第一联借记"银行存款"科目，贷记"其他货币资金——银行本票"科目。

【例2-14】 恒易公司以银行本票结算方式采购原材料,其有关经济业务的会计处理如下:

(1) 2020年12月11日,恒易公司向银行提交"银行本票申请书",并交存款项100 000元,银行受理后签发银行本票。

借:其他货币资金——银行本票　　　　　　　　　　　　　100 000.00
　　贷:银行存款　　　　　　　　　　　　　　　　　　　　100 000.00

(2) 2020年12月12日,恒易公司用银行本票支付采购材料货款90 400元,其中,增值税进项税额10 400元,现已收到有关发货票账单等凭证,材料由仓库如数验收入库。

借:原材料　　　　　　　　　　　　　　　　　　　　　　80 000.00
　　应交税费——应交增值税(进项税额)　　　　　　　　　10 400.00
　　贷:其他货币资金——银行本票　　　　　　　　　　　　90 400.00

(3) 2020年12月12日,收到银行转来的银行本票多余款收账通知,退回余款9 600元。

借:银行存款　　　　　　　　　　　　　　　　　　　　　9 600.00
　　贷:其他货币资金——银行本票　　　　　　　　　　　　9 600.00

四、信用卡存款

信用卡存款是指企业为取得信用卡而存入银行信用卡专户的款项。

企业申请使用信用卡时,应按规定填写申请表,连同支票和有关资料一并送交发卡银行,根据银行盖章退回的进账单第一联借记"其他货币资金——信用卡"科目,贷记"银行存款"科目。企业用信用卡购物或支付有关费用时借记有关科目,贷记"其他货币资金——信用卡"科目。企业信用卡在使用过程中,需要向信用卡账户续存款项的,根据续存款项的进账单第一联借记"其他货币资金——信用卡"科目,贷记"银行存款"科目。

【例2-15】 恒易公司向银行申领信用卡,其有关经济业务的会计处理如下:

(1) 2020年12月2日,恒易公司向银行申领信用卡,交存款项20 000元,银行受理后发给信用卡。

借:其他货币资金——信用卡　　　　　　　　　　　　　　20 000.00
　　贷:银行存款　　　　　　　　　　　　　　　　　　　　20 000.00

(2) 2020年12月10日,恒易公司以信用卡支付销售产品的市内运费15 000元,其运费发票已经领导审批。

借:销售费用　　　　　　　　　　　　　　　　　　　　　15 000.00
　　贷:其他货币资金——信用卡　　　　　　　　　　　　　15 000.00

(3) 2020年12月12日,根据需要向信用卡账户结存20 000元,收到进账单第一联。

借:其他货币资金——信用卡　　　　　　　　　　　　　　20 000.00
　　贷:银行存款　　　　　　　　　　　　　　　　　　　　20 000.00

五、信用证保证金存款

信用证保证金存款是指采用信用证结算方式的企业为开具信用证而存入银行信用证保证金专户的款项。

企业向银行交纳保证金,根据银行退回的进账单第一联借记"其他货币资金——信用证保证金"科目,贷记"银行存款"科目。根据开证行交来的信用证来单通知书及有关单据列明的金额借记"在途物资""原材料""库存商品""应交税费——应交增值税(进项税额)"等科目,贷记"其他货币资金——信用证保证金"科目。如果企业收到未用完的信用证保证金存款余款,应借记"银行存款"科目,贷记"其他货币资金——信用证保证金"科目。

六、存出投资款

存出投资款是指企业存入证券公司但尚未进行投资的资金。

企业向证券公司划出资金时,应按实际划出的金额借记"其他货币资金——存出投资款"科目,贷记"银行存款"科目;购买股票、债券等时,按实际发生的金额借记"交易性金融资产"等科目,贷记"其他货币资金——存出投资款"科目。

【例 2-16】 恒易公司向 D 证券公司划出投资款,用于短期投资,其有关经济业务的会计处理如下:

(1) 2020 年 12 月 18 日,恒易公司向 D 证券公司划出投资款 500 000 元,款项已通过开户行转入 D 证券公司银行账户。

借:其他货币资金——存出投资款 500 000.00
 贷:银行存款 500 000.00

(2) 2020 年 12 月 20 日,恒易公司委托 D 证券公司购入 A 上市公司股票 6 万股,每股市价 8 元,另发生相关费用 5 000 元。企业将该股票划归为交易性金融资产。

借:交易性金融资产 480 000.00
  投资收益 5 000.00
 贷:其他货币资金——存出投资款 485 000.00

第 3 章 存 货

本 章 提 要

本章主要叙述取得存货的计量、发出存货的计量、存货的计划成本法、存货的估价法、期末存货的计量和存货清查等内容。通过本章的学习,应掌握存货取得、发出和期末的计量方法,熟悉存货的计划成本法和估价法的会计处理方法。

重 点 难 点

取得存货的入账价值的确定及其会计处理;发出存货的各种计价方法的计算及会计处理;期末存货价值的"成本与可变现净值孰低法"的计算及运用;原材料按计划成本计价的会计处理;周转材料发出的摊销及会计处理。

第一节 存货概述

一、存货的概念及其确认

存货是指企业在日常活动中持有以备出售的产成品或商品、处在生产过程中的在产品、在生产过程或提供劳务过程中耗用的材料和物料等,包括各类材料、周转材料、库存商品、在产品、半成品、产成品等。

存货同时满足以下两个条件的,才能予以确认:

(一)与该存货有关的经济利益很可能流入企业

存货是企业一项重要的流动资产,资产的重要特征之一是预期会给企业带来经济利益。如果某项资源预期不能给企业带来经济利益,就不能确认为企业的资产。因此,对存货的确认,首先是判断其是否很可能给企业带来经济利益,或所包含的经济利益是否很可能流入企业。通常情况下,存货的所有权是存货包含的经济利益很可能流入企业的一个重要标志,随着存货实物的交付和存货所有权的转移,其主要风险和报酬也会一并转移。因此,凡是企业拥有所有权的货物,无论存放何处,都应包括在本企业的存货之中,而尚未取得所有权或者已将所有权转移给其他企业的货物,即使存放在本企业,也不应包括在本企业的存货之中。例如,根据销售合同已经售出(取得现金或收取现金的权利),所有权已经转移的存货,因其所包含的经济利益已不能流入本企业,因而不能再作为企业的存货进行核算,即使该存货尚未运离企业;再如,委托代销商品,由于其所有权并未转移至受托方,因而委托代销的商品是委托企业存货的一部分。

总之,企业在判断存货所包含经济利益能否流入企业时,通常以该项存货所有权的归属为依据,如果有些交易方式出现存货实物的交付及所有权的转移与所有权上主要风险和报酬的转移不同步,则应当注重交易的经济实质,而不能仅仅依据其所有权的归属。

(二) 该存货的成本能够可靠地计量

成本能够可靠地计量是资产确认的另一项基本条件。存货作为企业资产的组成部分,要予以确认,也必须能够对其成本进行可靠地计量。存货成本能够可靠地计量必须以取得确凿、可靠的证据为依据,并且具有可验证性。如果存货成本不能可靠地计量,则不能确认为一项存货。例如,企业承诺的订货合同,由于并未实际发生,不能可靠确定其成本,因此就不能确认为购买企业的存货。

二、存货的特征

存货的基本特征是持有存货的最终目的是为了出售,包括可供直接出售和进一步加工后出售。与其他资产相比,存货具有以下特征:

(1) 存货是一项有形资产,它不同于企业持有的商标权、专利权等无形资产。

(2) 存货是一项流动资产,它将在一年或一个营业周期内被出售或耗用而转换成另一项新的资产。因此,存货经常处于不断销售或耗用、重置之中,具有较强的变现能力和较大的流动性。

(3) 以销售或耗用为目的而取得。企业持有存货的目的是准备在正常经营过程中予以出售,如商品、产成品以及准备直接出售的半成品等;或者仍处在生产过程中,待制成产成品后再予以出售,如在产品、半成品等;或者将在生产过程或提供劳务过程中被耗用,如材料和物料、周转材料等。企业在判断一个资产项目是否属于存货时,必须考虑取得该资产项目的目的,即在生产经营过程中的用途或所起的作用。例如,企业为生产产品或提供劳务而购入的材料属于存货,但为建造固定资产而购入的材料(工程物资)就不属于存货;再如,对于生产和销售机器设备的企业来说,机器设备属于存货,而对于使用机器设备进行生产的企业来说,机器设备则属于固定资产。

三、存货的分类

不同行业的企业,其存货的类别不尽相同。制造业的存货构成最为复杂,种类繁多,用途各异,存在于生产经营过程的各个环节,一般可分为以下几类:

(1) 原材料,是指企业在生产过程中经加工改变其形态或性质并构成产品主要实体的各种原料及主要材料、辅助材料、外购半成品、修理用备件、包装材料、燃料等。

(2) 在产品,是指企业正在加工尚未完工入库的生产物,包括正在各个生产工序加工的产品和已加工完毕但尚未检验或已检验但尚未办理入库手续的产品。

(3) 半成品,是指经过一定生产过程并已检验合格交付半成品仓库保管,但尚未制造完工成为产成品,仍需进一步加工的中间产品。从一个生产车间转给另一个生产车间继续加工的半成品以及不能单独计算成本的半成品属于在产品,不包括在半成品之内。

(4) 产成品,是指工业企业已经完成全部生产过程并验收入库,可以按照合同规定的条件送交订货单位,或者可以作为商品对外销售的产品。企业接受外来原材料加工制造的代制品和为外单位加工修理的代修品,制造和修理完成验收入库后,应视同企业的产成品。

（5）商品，是指商品流通企业外购或委托加工完成验收入库用于销售的各种商品。

（6）周转材料，是指企业能够多次使用、逐渐转移其价值但仍保持原有形态、不确认为固定资产的材料，主要包括包装物和低值易耗品。其中，包装物是指为了包装本企业商品而储备的各种包装容器，如桶、箱、瓶、坛、袋等；低值易耗品是指在使用过程中基本保持其原有实物形态但单位价值相对较低、使用期限相对较短，或在使用过程中容易损坏而不列入固定资产的各种用具物品，如工具、管理用具、玻璃器皿、劳动保护用品以及在经营过程中周转使用的包装容器等。此外，企业（建造承包商）的钢模板、木模板、脚手架等也作周转材料处理。

（7）委托代销商品，是指企业委托其他单位代销的商品。

需要说明的是，企业为建造固定资产而储备的各种工程物资虽然同属于原材料，但其目的是为了建造固定资产，并不符合存货的定义，不能作为存货进行核算；企业的特种储备以及国家指令的专项储备也不符合存货的定义，也不属于企业的存货。

存货的上述分类是基于存货经济用途进行的，除此之外，存货还可按照存放地点分为在库存货、在途存货、在制存货和在售存货。① 在库存货是指已经购进或生产完工并验收入库的各种存货。② 在途存货是指已经取得所有权但尚在运输途中或虽已运抵企业但尚未验收入库的各种存货。③ 在制存货是指正处于各生产工序加工制造过程中的存货。④ 在售存货是指已发运给购货方但尚未完全满足收入确认条件的存货。

实务工作中，为了便于组织存货的核算，一般将存货按取得方式或来源分为外购存货、自制存货、委托加工存货、投资者投入存货、接受捐赠取得存货、债务重组取得存货、非货币性资产交换取得存货、盘盈存货等类别。

第二节 取得存货的计量

取得存货的计量是指企业在取得存货时对存货入账价值的确定。取得存货的计量以取得存货的历史成本（即实际成本，下同）为基础，包括采购成本、加工成本和其他成本。

从理论上讲，存货可以按历史成本、重置成本等投入价值计价，也可按售价、变现价值等产出价值计价。但国际会计的惯例是，如果不出现持续性的通货膨胀，财务会计以名义货币为计量单位，以历史成本为计量属性。因此，我国企业会计准则规定，存货一般以历史成本进行计量。以历史成本计量存货，主要是基于以下考虑：

（1）实际成本是企业为取得存货而实际耗费的支出，具有客观性和可验证性。

（2）存货是企业收入的主要来源，存货的售价补偿成本后的差额即销售毛利，是反映企业盈利能力的重要指标，用实际成本对存货进行计价，并将其与售价相比较，可以如实反映企业的盈利能力。

（3）在难以确定存货的销售价格时，实际成本可作为预测存货变现价值的基础，因而为预测企业未来现金流量提供一定的依据。

存货的取得方式或来源渠道很多，因而其历史成本的具体构成内容并不完全相同。

一、外购存货

外购存货的历史成本是指存货的采购成本，主要包括购买价款、运杂费、相关税费以及其他可归属于存货采购成本的费用。

购买价款是指购货发票账单上所列明的价款，但不包括按规定可予抵扣的增值税进项税额；

运杂费是指运输货物应由购货方承担的运输费用、装卸费用、保险费用以及大宗货物的市内运杂费等;相关税费是指进口关税以及购买、自制或委托加工存货发生的消费税、资源税和不能从增值税销项税额中抵扣的进项税额;其他可归属于存货采购成本的费用是指存货采购过程中发生的除上述各项费用以外的仓储费、包装费、运输途中的合理损耗、入库前的挑选整理费用等可直接归属于存货采购成本的费用。

存货在运输途中发生的短缺应根据其具体原因作不同的处理。其中,属于过失人造成的损失应向过失人索取赔偿;属于自然灾害造成的非常损失应将扣除保险赔款及可收回残值后的净损失计入营业外支出;属于暂时无法查明原因的途中损耗应先转入待处理财产损溢核算,待查明原因后再作相应处理。

需要说明的是,市内零星运杂费、采购人员差旅费、专设采购机构经费以及供应部门经费等,一般作管理费用计入当期损益,不计入存货的采购成本;商品流通企业采购商品过程中发生的大宗运输费、装卸费、保险费以及其他可归属于存货采购成本的费用等进货费用,可直接计入存货采购成本,或先进行归集,期末根据所购商品的存销情况进行分摊。对于已售商品的进货费用,计入当期损益(主营业务成本);对于未售商品的进货费用,计入期末存货成本。如果其进货费用金额较小,也可在发生时直接计入当期损益。

企业外购的存货,由于受采购地点、结算方式等因素的影响,使得存货验收入库和货款结算的时间并不总是同步完成,同时,外购存货还可能采用预付货款、赊购等方式。因此,企业外购的存货应根据具体情况,分别进行会计处理。

(一)验收存货的同时结算货款

在存货验收入库和货款结算同时完成的情况下,企业应于支付货款或开出、承兑商业汇票并在存货验收入库后,按发票账单等结算凭证确定的采购成本借记"原材料""周转材料""库存商品"等科目,按当月已认证的增值税专用发票上注明的增值税税额借记"应交税费——应交增值税(进项税额)"科目,如果取得的增值税专用发票暂时未认证的,则借记"应交税费——待认证进项税额"科目,按应付或实际支付的金额贷记"银行存款""应付票据"等科目。

【例3-1】 2020年12月2日,恒易公司向A公司购入甲材料一批,增值税专用发票(假设已认证,以下案例如果不作特殊说明,均假设为已认证)上注明的材料价款为100 000元,增值税税额为13 000元。货款已通过银行转账支付,材料已验收入库。恒易公司的会计处理如下:

借:原材料——甲材料　　　　　　　　　　　　　　100 000.00
　　应交税费——应交增值税(进项税额)　　　　　　 13 000.00
　　贷:银行存款　　　　　　　　　　　　　　　　　113 000.00

(二)先结算货款,后验收存货

在已经支付货款或开出、承兑商业汇票,存货尚在运输途中或虽已运达但尚未验收入库的情况下,企业应于支付货款或开出、承兑商业汇票时,按发票账单等结算凭证确定的采购成本借记"在途物资"科目,按增值税专用发票注明的增值税税额借记"应交税费——应交增值税(进项税额)"科目(当月已认证),或借记"应交税费——待认证进项税额"科目(暂时未认证),按应付或实际支付的金额贷记"银行存款""应付票据"等科目;待存货运达企业并验收入库后,再根据有关验货凭证借记"原材料""周转材料""库存商品"等科目,贷记"在途物资"科目。

【例3-2】 2020年12月3日,恒易公司向B公司购入乙材料一批,增值税专用发票注明的材料价款为60 000元,增值税税额为7 800元,B公司代垫运输费3 270元(其中,增值税进项税额270元),取得增值税专用发票,价税费款已通过银行转账支付。12月5日,所购材料如数验收入

库。恒易公司的会计处理如下:

(1) 2020 年 12 月 3 日:

增值税进项税额＝7 800＋270＝8 070(元)

原材料采购成本＝60 000＋3 000＝63 000(元)

借:在途物资——B公司	63 000.00
应交税费——应交增值税(进项税额)	8 070.00
贷:银行存款	71 070.00

(2) 2020 年 12 月 5 日:

借:原材料——乙材料	63 000.00
贷:在途物资——B公司	63 000.00

(三) 先验收存货,后结算货款

在存货已运达企业并验收入库,但发票账单等结算凭证尚未到达、货款尚未结算的情况下,企业在收到存货时可先不进行会计处理。如果在当月内收到结算凭证,则在支付货款或开出、承兑商业汇票后,按发票账单等结算凭证确定的采购成本借记"原材料""周转材料""库存商品"等科目,按增值税专用发票注明的增值税税额借记"应交税费——应交增值税(进项税额)"科目(当月已认证),或借记"应交税费——待认证进项税额"科目(暂时未认证),按应付或实际支付的金额贷记"银行存款""应付票据"等科目;如果月末结算凭证仍未到达,应对收到的存货按暂估价值借记"原材料""周转材料""库存商品"等科目,贷记"应付账款——暂估应付账款"科目,下月初再用红字作相同的处理,冲回原暂估记录,待结算凭证到达并支付或开出、承兑商业汇票后,按发票账单等结算凭证确定的采购成本借记"原材料""周转材料""库存商品"等科目,按增值税专用发票上注明的增值税税额借记"应交税费——应交增值税(进项税额)"科目,按实际支付的款项或应付票据面值贷记"银行存款""应付票据"等科目。

【例 3-3】 2020 年 11 月 26 日,恒易公司收到 C 公司发来的丙材料一批,材料已验收入库,但发票账单等结算凭证尚未到达;月末,该批材料的结算凭证仍未到达,根据相同材料的实际成本,估价 40 000 元入账。12 月 6 日,该批材料的结算凭证到达企业,增值税专用发票注明的材料价款为 40 000 元,增值税税额为 5 200 元,货款通过银行转账支付。恒易公司的会计处理如下:

(1) 2020 年 11 月 26 日,暂不作会计处理。

(2) 2020 年 11 月 30 日:

借:原材料——丙材料	40 000.00
贷:应付账款——暂估应付账款	40 000.00

(3) 2020 年 12 月 1 日:

借:原材料——丙材料	40 000.00
贷:应付账款——暂估应付账款	40 000.00

(4) 2020 年 12 月 6 日:

借:原材料——丙材料	40 000.00
应交税费——应交增值税(进项税额)	5 200.00
贷:银行存款	45 200.00

(四）预付货款购入存货

在采用预付货款方式购入存货的情况下，企业应在预付货款时按照实际预付金额借记"预付账款"科目，贷记"银行存款"科目；收到购入存货的发票账单等结算凭证并将存货验收入库时，按发票账单等结算凭证确定的采购成本借记"原材料""周转材料""库存商品"等科目，按增值税专用发票注明的增值税税额借记"应交税费——应交增值税（进项税额）"科目（当月已认证），或借记"应交税费——待认证进项税额"科目（暂时未认证），按应付或实际支付的金额，按应付价款总额与增值税进项税额之和贷记"预付账款"科目；补付预付货款不足的差额款时，按照实际补付的金额借记"预付账款"科目，贷记"银行存款"科目，或退回预付货款多付的差额款时，按照实际收到的金额借记"银行存款"科目，贷记"预付账款"科目。

【例3-4】 2020年11月10日，恒易公司与B公司签订购销合同，合同规定：恒易公司向B公司购买乙材料一批，总价款100 000元，合同生效时预付价款的40%，其余款项待收到货物后3日内结清。2020年11月10日，以转账方式支付货款40 000元；2020年12月6日，收到B公司开来的增值税专用发票，发票标明材料价款为100 000元，增值税税额为13 000元，B公司代垫运输费4 796元（其中，增值税进项税额396元），取得增值税专用发票，所购材料如数验收入库；2020年12月8日，以转账方式补付差额款77 796元。恒易公司的会计处理如下：

（1）2020年11月10日：

借：预付账款——B公司　　　　　　　　　　　　　　　40 000.00
　　贷：银行存款　　　　　　　　　　　　　　　　　　40 000.00

（2）2020年12月6日：

增值税进项税额=13 000+396=13 396（元）

原材料采购成本=100 000+4 400=104 400（元）

借：原材料——乙材料　　　　　　　　　　　　　　　104 400.00
　　应交税费——应交增值税（进项税额）　　　　　　 13 396.00
　　贷：预付账款——乙公司　　　　　　　　　　　　117 796.00

（3）2020年12月8日：

借：预付账款——B公司　　　　　　　　　　　　　　　77 796.00
　　贷：银行存款　　　　　　　　　　　　　　　　　　77 796.00

（五）赊购存货

赊购是指所购存货已验收入库，发票账单等结算凭证也已收到，但因资金暂时性困难而暂时未支付货款的存货购买行为。在采用赊购方式购入存货的情况下，企业应在存货验收入库后按发票账单等结算凭证确定的采购成本借记"原材料""周转材料""库存商品"等科目，按增值税专用发票上注明的增值税税额借记"应交税费——应交增值税（进项税额）"科目（当月已认证），或借记"应交税费——待认证进项税额"科目（暂时未认证），按应付货款贷记"应付账款"科目；按照信用期限规定实际支付款项或开出、承兑商业汇票后，以实际支付的货款金额或应付票据面值借记"应付账款"科目，贷记"银行存款""应付票据"等科目。

【例3-5】 2020年12月10日，恒易公司从C公司赊购丙材料一批，增值税专用发票上注明的原材料价款为80 000元，增值税税额为10 400元。根据购货合同约定的信用期限，2021年1月20日结算货款。恒易公司的会计处理如下：

(1) 2020 年 12 月 10 日：

借：原材料——丙材料		80 000.00
应交税费——应交增值税(进项税额)		10 400.00
贷：应付账款——C 公司		90 400.00

(2) 2021 年 1 月 20 日：

借：应付账款——C 公司		90 400.00
贷：银行存款		90 400.00

因赊购所产生的应付账款如果附有现金折扣条件的，应选择总价法或净价法进行核算。

在总价法下，应付账款按实际交易金额入账，如果购货方在现金折扣期限内付款，其取得的现金折扣视为购货价格的扣减，冲减购货成本；在净价法下，应付账款按实际交易金额扣除最高现金折扣后的净额入账，如果购货方超过现金折扣期限付款，其丧失的现金折扣视为购货价格的增加，应追加购货成本。我国《企业会计准则》规定使用总价法核算现金折扣。

【例 3-6】 依[例 3-5]资料，假定双方约定的付款条件为：3/10,2/20,1/30,N/40，且只对价款进行折扣。

如果采用总价法，恒易公司的会计处理如下：

(1) 2020 年 12 月 10 日，同上。

(2) 在不同的折扣期限内付款：

假设在 10 天内付款：

借：应付账款——C 公司		90 400.00
贷：银行存款		88 000.00
原材料——丙材料		2 400.00

假设在 11～20 天内付款：

借：应付账款——C 公司		90 400.00
贷：银行存款		88 800.00
原材料——丙材料		1 600.00

假设在 21～30 天内付款：

借：应付账款——C 公司		90 400.00
贷：银行存款		89 600.00
原材料——丙材料		800.00

假设在 31～40 天内付款：

借：应付账款——C 公司		90 400.00
贷：银行存款		90 400.00

如果购入存货超过正常信用条件延期支付价款（如分期付款购买存货）的，其实质上具有了融资的性质，应通过"长期应付款"科目核算，具体核算方法参见第 9 章非流动负债的核算。

(六) 外购存货的短缺和毁损

企业在存货采购过程中如果发生短缺和毁损的，应及时查明原因并据其进行会计处理：

(1) 属于运输途中的合理损耗，应计入有关存货的采购成本。

(2) 属于供货单位或运输单位的责任造成的存货短缺，应由责任人补足存货或赔偿货款，不计入存货的采购成本。

(3) 属于自然灾害或意外事故等非常原因造成的存货毁损,先转入"待处理财产损溢"科目核算,待报经批准处理后,将扣除保险公司和过失人赔款后的净损失计入营业外支出。

(4) 尚待查明原因的存货短缺,先转入"待处理财产损溢"科目核算,待查明原因后,再按上述要求进行会计处理。

(5) 短缺和毁损存货涉及增值税的,应一并进行相应处理。

【例 3-7】 2020 年 12 月 8 日,恒易公司从 D 公司购入丁材料 20 000 千克,单位不含税进价为 20 元,增值税率为 13%。根据发票账单等结算凭证,通过银行转账方式支付全部款项,材料尚在运输途中。12 月 15 日,所购丁材料运达企业后,验收时发现短缺 510 千克,原因尚需进一步调查,其余材料验收入库。12 月 20 日,短缺丁材料原因已查明并作出了相应的处理,其中,400 千克系 D 公司少发,D 公司已同意补发;100 千克系运输途中被盗,运输公司已同意照价赔偿;10 千克系运输途中的合理损耗,经批准计入采购成本。12 月 22 日,收到 D 公司补发的丁材料。恒易公司的会计处理如下:

(1) 2020 年 12 月 8 日:

借:在途物资——D 公司	400 000.00
应交税费——应交增值税(进项税额)	52 000.00
贷:银行存款	452 000.00

(2) 2020 年 12 月 15 日:

借:原材料——丁材料	389 800.00
待处理财产损溢——待处理流动资产损溢	10 200.00
贷:在途物资——D 公司	400 000.00

(3) 2020 年 12 月 20 日:

借:原材料——丁材料	200.00
应付账款——D 公司	8 000.00
其他应收款——×运输公司	2 260.00
贷:待处理财产损溢——待处理流动资产损溢	10 200.00
应交税费——应交增值税(进项税额转出)	260.00

(4) 2020 年 12 月 22 日:

借:原材料——丁材料	8 000.00
贷:应付账款——D 公司	8 000.00

二、自制存货

企业自制存货主要是生产产品,其成本一般由材料成本、加工成本和其他成本构成。

材料成本是生产产品所使用或消耗的原材料成本。加工成本是在产品生产过程中发生的直接人工和制造费用,其中,直接人工是企业在生产过程中直接支付给从事产品生产的工人的薪酬;制造费用是企业为生产产品而发生的各项间接费用,包括生产车间管理人员的薪酬、固定资产的折旧费、办公费、水电费、机物料消耗、劳动保护费、修理费等。如果企业同时生产两种或两种以上的产品,并且每种产品的加工成本不能直接区分的,加工成本应当按照合理的方法在各种产品之间进行分配。其他成本是除材料成本和加工成本以外的,使存货达到目前场所和状态所发生的其他支出,如产品设计费用、应予以资本化的借款费用等。

企业自制存货完成加工过程并验收入库时,按确定的实际生产成本借记"库存商品"等科目,贷记"生产成本"科目。

【例3-8】 2020年12月31日,恒易公司的基本生产车间制造完成一批产成品已验收入库,实际生产成本为400 000元。恒易公司的会计处理如下:

借:库存商品	400 000.00
贷:生产成本——基本生产成本	400 000.00

三、委托加工存货

委托加工存货的成本一般包括加工过程中耗用的材料成本、支付的加工费、运输费、装卸费等以及按规定应计入加工成本的相关税金。

根据委托加工合同,企业拨付待加工的材料给受托加工单位时,按拨付材料的实际成本借记"委托加工物资"科目,贷记"原材料"等科目;支付加工费和往返运杂费时借记"委托加工物资"科目,贷记"银行存款"科目;支付由受托加工方代收代交的增值税时借记"应交税费——应交增值税(进项税额)"科目,贷记"银行存款"科目;需要交纳消费税的委托加工存货,由受托加工方代收代交的消费税,应分别以下两种情况进行处理:

(1)委托加工存货收回后直接对外销售的,其受托加工方代收代交的消费税计入委托加工存货的成本,借记"委托加工物资"科目,贷记"银行存款""应付账款"等科目,以后销售委托加工的存货时不再交纳消费税;

(2)委托加工存货收回后用于继续生产应税消费品的,其受托加工方代收代交的消费税按规定准予抵扣,借记"应交税费——应交消费税"科目,贷记"银行存款""应付账款"等科目,待继续加工应税消费品销售时,从其应纳消费税中抵扣。

如果委托加工存货原拨付的材料有剩余或边角料等,应在收回时借记"原材料""周转材料"等科目,贷记"委托加工物资"科目。

委托加工存货加工完成并验收入库时,根据委托加工存货实际成本借记"原材料""周转材料""库存商品"等科目,贷记"委托加工物资"科目。

【例3-9】 2020年12月1日,恒易公司与Y公司签订合同,委托Y公司加工一批应税消费品B,当日将F材料45 000元(实际成本)运送至Y公司,并以银行存款支付运输费1 000元和增值税进项税额90元;2020年12月20日,恒易公司以银行存款支付加工费8 000元和增值税1 040元;2020年12月25日,以银行存款支付Y公司代收代交的消费税6 000元;2020年12月26日,Y公司将委托加工存货送到恒易公司。恒易公司适用的增值税税率为13%,应税消费品B适用的消费税税率为10%。恒易公司的会计处理如下:

(1)委托加工的B作为原材料收回后继续加工应税消费品。

① 2020年12月1日:

借:委托加工物资——Y公司	46 000.00
应交税费——应交增值税(进项税额)	90.00
贷:原材料——F材料	45 000.00
银行存款	1 090.00

② 2020年12月20日:

借:委托加工物资——Y公司	8 000.00
应交税费——应交增值税(进项税额)	1 040.00
贷:银行存款	9 040.00

③ 2020年12月25日：

消费税组成计税价格＝（拨付材料的成本＋支付的加工费＋其他相关税费）÷
（1－适用消费税税率）
＝（45 000＋8 000＋1 000）÷（1－10％）＝60 000（元）

应交消费税＝60 000×10％＝6 000（元）

借：应交税费——应交消费税	6 000.00
贷：银行存款	6 000.00

④ 2020年12月26日：

B材料加工成本＝45 000＋1 000＋8 000＝54 000（元）

借：原材料——B材料	54 000.00
贷：委托加工物资——Y公司	54 000.00

（2）委托加工的B作为库存商品直接对外出售。

① 2020年12月1日的会计处理同上。

② 2020年12月20日的会计处理同上。

③ 2020年12月25日：

借：委托加工物资——Y公司	6 000.00
贷：银行存款	6 000.00

④ 2020年12月26日：

B产品加工成本＝45 000＋1 000＋8 000＋6 000＝60 000（元）

借：库存商品——B产品	60 000.00
贷：委托加工物资——Y公司	60 000.00

四、投资者投入存货

投资者投入存货的入账价值应当按照投资合同或协议约定的价值确定，如果投资合同或协议约定价值不公允，则应按照投入存货的公允价值确定。

企业收到投资者投入的存货，按照投资合同或协议约定价值或公允价值借记"原材料""周转材料""库存商品"等科目，按增值税专用发票注明的增值税税额借记"应交税费——应交增值税（进项税额）"科目，按投资者在注册资本中所占的份额贷记"实收资本"科目，按其差额贷记"资本公积"科目。

【例3－10】 2020年12月1日，恒易公司收到华城机械股份有限公司作为资本投入的乙材料，双方约定以1 130 000元（含税价）开具增值税专用发票，税率为13％。经股东大会批准，将其折换为每股面值1元的普通股股票600 000股，已办妥所有的增资手续。恒易公司的会计处理如下：

借：原材料	1 000 000.00
应交税费——应交增值税（进项税额）	130 000.00
贷：实收资本——华城机械股份有限公司	600 000.00
资本公积——资本溢价	530 000.00

五、接受捐赠取得存货

企业接受捐赠取得存货的入账价值应分别以下情况确定：

(1) 如果捐赠方提供有关凭据(如发票、报关单、有关协议),则以其标明的价值加上应支付的相关税费作为入账价值。

(2) 如果捐赠方未提供有关凭据,则按下列顺序确定入账价值:

① 同类或类似存货存在活跃市场的,按同类或类似存货的市场价格估计的金额加上应支付的相关税费作为入账价值。

② 同类或类似存货不存在活跃市场的,按接受捐赠存货预计未来现金流量的现值作为入账价值。

企业收到捐赠的存货时,按照确定的入账价值借记"原材料""周转材料""库存商品"等科目,按实际支付或应付的相关税费贷记"银行存款""应交税费"等科目,按其差额贷记"营业外收入——捐赠利得"科目。

【例3-11】 2020年12月10日,恒易公司接受捐赠丙材料一批,捐赠方提供的报关单上标明关税完税价格为300 000元,增值税进项税额为39 000元。另以银行存款支付港口至公司的运输费2 000元和增值税进项税额180元。恒易公司的会计处理如下:

借:原材料——丙材料	302 000.00
应交税费——应交增值税(进项税额)	39 180.00
贷:银行存款	2 180.00
营业外收入——捐赠利得	339 000.00

需要说明的是,如果捐赠方提供的不是增值税专用发票,则不能确认可予以抵扣的进项税额。

六、非货币性资产交换取得存货

货币性资产是指企业持有的货币资金和将以固定或可确定的金额收取的资产,包括库存现金、银行存款、应收账款和应收票据以及准备持有至到期的债券投资等;非货币性资产是指货币性资产以外的资产,包括存货、固定资产、无形资产、长期股权投资、不准备持有至到期的债券投资等。因此,非货币性资产交换是指交易双方主要以存货、固定资产、无形资产和长期股权投资等非货币性资产进行的交换,是一种非经常性的交易行为。

非货币性资产交换一般不涉及货币性资产或只涉及少量的货币性资产。涉及少量的货币性资产,会计上称为补价。认定涉及少量货币性资产的交换为非货币性资产交换,通常以补价占整个资产交换金额的比例是否低于25%作为参考比例。如果支付的补价占换入资产公允价值(或占换出资产公允价值与支付补价之和)的比例低于25%,或收到的补价占换出资产公允价值(或占换入资产公允价值与收到补价之和)的比例低于25%,即视为非货币性资产交换;大于或等于25%,即视为货币性资产交换,不执行非货币性资产交换准则。

企业以非货币性资产交换取得资产的入账价值,应当根据其交换是否具有商业实质和换入或换出资产的公允价值是否能够可靠地计量,分别以公允价值为基础进行计量和以账面价值(历史成本)为基础进行计量。

(一)换入的资产以公允价值为基础进行计量

1. 换入资产以公允价值为基础进行计量的条件

企业通过非货币性资产交换取得的资产,在同时满足下列条件时,其入账价值应当以公允价值为基础进行计量:

(1)该项交换具有商业实质。能够满足下列条件之一的非货币性资产交换具有商业实质:

① 换入资产的未来现金流量在风险、时间和金额方面与换出资产显著不同。通常有三种情况:一是未来现金流量的风险、金额相同,时间不同,如A公司以一批存货换入B公司一项设备,

两者产生现金流量的时间明显不同;二是未来现金流量的时间、金额相同,风险不同,如 A、B 公司都以经营出租方式出租公寓楼一幢,A 将公寓楼租给某公司作单身公寓,B 将公寓楼租给单个的散户,A、B 公司将其各自持有的公寓楼进行交换,两者收回租金的风险明显不同;三是未来现金流量的风险、时间相同,金额不同,如 A 公司以一项商标权换入 B 公司的一项专利技术,商标权各期产生的现金流量比较均衡,专利技术产生的现金流量前期少后期多,现金流量的金额存在明显差异。

② 换入资产与换出资产的预计未来现金流量现值不同,且其差额与换入资产和换出资产的公允价值相比是重大的。例如,A 公司以一项专利权换入 B 公司持有的长期股权投资(C 公司股份),即使该专利权与该长期股权投资的未来现金流量在风险、时间和金额上相同,但 A 公司换入长期股权投资后对 C 公司由重大影响变为控制关系,由此产生的预计未来现金流量现值与换出的专利权有较大差异。同时,B 公司换入专利权后能够解决生产中的技术难题,由此产生的预计未来现金流量现值与换出的长期股权投资有明显差异。因而,该项交换具有商业实质。

在确定非货币性资产交换是否具有商业实质时,企业应当关注交易各方之间是否存在关联方关系。关联方关系的存在可能导致发生的非货币性资产交换不具有商业实质。

(2) 换入资产或换出资产的公允价值能够可靠地计量。符合下列情形之一的,表明换入资产或换出资产的公允价值能够可靠地计量:

① 换入资产或换出资产存在活跃市场。对于存在活跃市场的存货、长期股权投资、固定资产、无形资产等非货币性资产,应当以该资产的市场价格为基础确定其公允价值。

② 换入资产或换出资产不存在活跃市场,但同类或类似资产存在活跃市场。对于同类或类似资产存在活跃市场的存货、长期股权投资、固定资产、无形资产等非货币性资产,应当以同类或类似资产市场价格为基础确定其公允价值。

③ 换入资产或换出资产不存在同类或类似资产的可比交易市场,应当采用估值技术确定其公允价值。该公允价值估计数的变动区间很小,或者在公允价值估计数变动区间内,各种用于确定公允价值估计数的概率能够合理确定的,视为公允价值能够可靠计量。

换入资产和换出资产的公允价值均能够可靠计量的,应当以换出资产的公允价值作为确定换入资产成本的基础,但有确凿证据表明换入资产的公允价值更加可靠的除外。

2. 换入资产以公允价值为基础进行计量的会计处理

在没有发生补价的情况下,企业应当以换出资产的公允价值加上应支付的相关税费作为换入资产的入账成本,如果换入资产和换出资产涉及增值税的,还应加上增值税的销项税额,减去可抵扣的增值税进项税额;或以换入资产的公允价值加上应支付的相关税费,作为换入资产的入账成本。换出资产的公允价值与其账面价值之间的差额,视换出资产的类别不同,分别下列情况处理:

(1) 换出资产为存货的,应当作为销售处理,以其公允价值确认收入,同时结转相应的成本。

(2) 换出资产为固定资产、无形资产的,换出资产公允价值与其账面价值的差额,计入资产处置损益。

(3) 换出资产为长期股权投资、可供出售金融资产的,换出资产公允价值与其账面价值的差额,计入投资收益。

换入资产与换出资产涉及相关税费的,如换出资产的销项税额、换入资产的进项税额等,均应按照相关税收规定进行处理。

【例 3-12】 2020 年 12 月 20 日,恒易公司与 B 公司签订资产交换协议,恒易公司以长期股权投资(C 公司股份)与 B 公司的乙材料进行交换。长期股权投资的账面余额为 570 000 元,已提长期股权投资减值准备 40 000 元,公允价值为 542 400 元;乙材料的账面价值为 400 000 元,公允价值为 480 000 元,可抵扣的增值税进项税额为 62 400 元。B 公司换入长期股权投资后,与 C 公司成为联营企业。另外,恒易公司以银行存款支付股票交易税费 2 000 元,B 公司以银行存款支付乙材料运输费 1 000 元和增值税进项税额 90 元。

(1) 恒易公司的会计处理。

换入乙材料的入账成本 = 542 400 + 2 000 − 62 400 = 482 000(元)

或 = 480 000 + 2 000 = 482 000(元)

换出长期股权投资公允价值与账面价值之差 = 542 400 − (570 000 − 40 000) = 12 400(元)

借:原材料——乙材料	482 000.00
应交税费——应交增值税(进项税额)	62 400.00
长期股权投资减值准备	40 000.00
贷:长期股权投资——C 公司(成本)	570 000.00
银行存款	2 000.00
投资收益	12 400.00

(2) B 公司的会计处理。

换入长期股权投资的入账成本 = 480 000 + 62 400 + 1 000 = 543 400(元)

或 = 542 400 + 1 000 = 543 400(元)

借:长期股权投资——C 公司(投资成本)	543 400.00
应交税费——应交增值税(进项税额)	90.00
贷:其他业务收入	480 000.00
应交税费——应交增值税(销项税额)	62 400.00
银行存款	1 090.00

同时:

借:其他业务成本	400 000.00
贷:原材料——乙材料	400 000.00

如果非货币性资产交换发生了补价,则应按下列方法确定换入资产的成本:

(1) 支付补价方应当以换出资产的公允价值加上支付的补价和应支付的相关税费作为换入资产的入账成本,如果换入资产和换出资产涉及增值税的,还应加上增值税的销项税额,减去可抵扣的增值税进项税额;或者以换入资产的公允价值加上应支付的相关税费作为换入资产的入账成本。

(2) 收到补价方应当以换出资产的公允价值减去收到的补价加上应支付的相关税费作为换入资产的入账成本,如果换入资产和换出资产涉及增值税的,还应加上增值税的销项税额,减去可抵扣的增值税进项税额;或者以换入资产的公允价值加上应支付的相关税费作为换入存货的入账成本。

【例 3-13】 2020 年 12 月 12 日,恒易公司与 C 公司签订资产交换协议,恒易公司以其生产的 M 产品与 C 公司的丙材料进行交换。M 产品的账面价值为 980 000 元(其中,M 产品的实际成本为 1 000 000 元,存货跌价准备为 20 000 元),公允价值为 1 200 000 元,增值税税额为 156 000 元;丙材料的账面价值为 1 000 000 元,公允价值为 1 150 000 元,增值税税额为 149 500 元。C 公司另以银行存款支付补价 56 500 元。

(1) 恒易公司的会计处理。

换入丙材料的入账成本＝1 200 000－56 500＋156 000－149 500＝1 150 000(元)

借：原材料——丙材料	1 150 000.00
应交税费——应交增值税(进项税额)	149 500.00
银行存款	56 500.00
贷：主营业务收入	1 200 000.00
应交税费——应交增值税(销项税额)	156 000.00

同时：

借：主营业务成本	980 000.00
存货跌价准备	20 000.00
贷：库存商品——M产品	1 000 000.00

(2) C公司的会计处理。

换入库存商品的入账成本＝1 150 000＋56 500＋149 500－156 000＝1 200 000(元)

借：库存商品——M产品	1 200 000.00
应交税费——应交增值税(进项税额)	156 000.00
贷：其他业务收入	1 150 000.00
应交税费——应交增值税(销项税额)	149 500.00
银行存款	56 500.00

同时：

借：其他业务成本	1 000 000.00
贷：原材料——丙材料	1 000 000.00

(二) 换入的资产以账面价值(历史成本)为基础进行计量

企业通过非货币性资产交换取得的资产，如果不能同时满足以公允价值为基础进行计量的条件，则应当以历史成本为基础进行计量。非货币性资产交换以历史成本为基础进行计量时，无论是否发生了补价，均不确认损益。

在没有发生补价的情况下，企业应当以换出资产的账面价值加上应支付的相关税费作为换入资产的入账成本，如果换入资产和换出资产涉及增值税的，还应加上增值税的销项税额，减去可抵扣的增值税进项税额。

【例3-14】 2020年12月10日，恒易公司以一台设备换入D公司的一批丁材料。恒易公司换出设备的账面原价为200 000元，累计折旧为50 000元，以银行存款支付设备清理费用10 000元；D公司换出丁材料的实际成本为120 000元，按市场价格计算的增值税税额为18 200元。假定该项交换不具有商业实质。

(1) 恒易公司的会计处理。

借：固定资产清理	160 000.00
累计折旧	50 000.00
贷：固定资产	200 000.00
银行存款	10 000.00

换入丁材料的入账成本＝150 000＋10 000－18 200＝141 800(元)

借：原材料——丁材料	141 800.00
应交税费——应交增值税(进项税额)	18 200.00
贷：固定资产清理	160 000.00

(2) D公司的会计处理。

换入设备的入账价值＝120 000＋18 200＝138 200(元)

借：固定资产	138 200.00
贷：原材料——丁材料	120 000.00
应交税费——应交增值税(销项税额)	18 200.00

如果非货币性资产交换发生了补价，则应按下列方法确定换入资产的成本：

(1) 支付补价方应当以换出资产的账面价值加上支付的补价和应支付的相关税费作为换入资产的入账成本，如果换入资产和换出资产涉及增值税的，还应加上增值税的销项税额，减去可抵扣的增值税进项税额。

(2) 收到补价方应当以换出资产的账面价值减去收到的补价加上应支付的相关税费作为换入资产的入账成本，如果换入资产和换出资产涉及增值税的，还应加上增值税的销项税额，减去可抵扣的增值税进项税额。

【例3-15】 依[例3-13]资料，假设该交换不具有商业实质，其他资料不变。

(1) 恒易公司的会计处理。

换入丙材料的入账成本＝980 000－56 500＋156 000－149 500＝930 000(元)

借：原材料——丙材料	930 000.00
应交税费——应交增值税(进项税额)	149 500.00
银行存款	56 500.00
存货跌价准备	20 000.00
贷：库存商品——M产品	1 000 000.00
应交税费——应交增值税(销项税额)	156 000.00

(2) C公司的会计处理。

换入库存商品的入账成本＝1 000 000＋56 500＋149 500－156 000＝1 050 000(元)

借：库存商品——M产品	1 050 000.00
应交税费——应交增值税(进项税额)	156 000.00
贷：原材料——丙材料	1 000 000.00
应交税费——应交增值税(销项税额)	149 500.00
银行存款	56 500.00

上述非货币性资产交换是以一项非货币性资产交换另一项非货币性资产，此外，还可能出现一项非货币性资产交换多项非货币性资产，或多项非货币性资产交换另一项非货币性资产，或多项非货币性资产交换另外多项非货币性资产的情况。对于非单项非货币性资产交换，与单项非货币性资产交换一样，应首先判断是否符合以公允价值计量的两个条件，再分别情况确定各项换入资产的成本：

(1) 非货币性资产具有商业实质,且各项换出资产和各项换入资产的公允价值均能够可靠计量的,换入资产的总成本应当按照换出资产的公允价值总额为基础确定,各项换入资产的成本以各项换入资产的公允价值占换入资产公允价值总额的比例,对换入资产总成本进行分配,确定各项换入资产的成本。

(2) 非货币性资产具有商业实质,且换入资产的公允价值能够可靠计量、换出资产的公允价值不能够可靠计量的,换入资产的总成本应当按照换入资产的公允价值总额为基础确定,各项换入资产的成本以各项换入资产的公允价值占换入资产公允价值总额的比例,对换入资产总成本进行分配,确定各项换入资产的成本。

(3) 非货币性资产具有商业实质,且换出资产的公允价值能够可靠计量、换入资产的公允价值不能可靠计量的,换入资产的总成本应当按照换出资产的公允价值总额为基础确定,各项换入资产的成本以各项换入资产的原账面价值占换入资产原账面价值总额的比例,对换入资产总成本进行分配,确定各项换入资产的成本。

(4) 非货币性资产不具有商业实质,或换入资产和换出资产的公允价值均不能可靠计量的,换入资产的总成本应当按照换出资产的账面价值总额为基础确定,各项换入资产的成本以各项换入资产的原账面价值占换入资产原账面价值总额的比例,对换入资产总成本进行分配,确定各项换入资产的成本。

【例 3-16】 2020 年 12 月 10 日,恒易公司与 E 公司签订资产交换协议,恒易公司以厂房、设备和库存商品换入 E 公司的办公楼、小汽车和客车。恒易公司换出资产的账面记录为:厂房原价 18 000 000 元、累计折旧 3 600 000 元、公允价值 12 000 000 元,设备原价 7 200 000 元、累计折旧 5 760 000 元、公允价值 1 200 000 元,库存商品账面余额 3 600 000 元、公允价值 4 200 000 元;E 公司换出资产的账面记录为:办公楼原价 24 000 000 元、累计折旧 12 000 000 元、公允价值 13 200 000 元,小汽车原价 3 600 000 元、累计折旧 2 280 000 元、公允价值 1 200 000 元,客车原价 3 600 000 元、累计折旧 2 160 000 元、公允价值 1 800 000 元。E 公司另向恒易公司支付现金 1 746 000 元。假设交换双方均未对换出资产计提减值准备,未发生除增值税以外的其他相关税费,增值税税率均为 13%,除 E 公司换入的库存商品作原材料核算外,其他均作固定资产核算(不考虑增值税)。

首先应判断是否属于非货币性资产交换,根据"补价÷换出资产公允价值<25%"的公式可知:

1 746 000÷[12 000 000+1 200 000+4 200 000×(1+13%)]=9.73%<25%

由此可以认定,该交换属于非货币性资产交换,应根据非货币性资产交换准则进行会计处理。

(1) 恒易公司的会计处理。

换入资产的总成本=(12 000 000+1 200 000+4 200 000)−1 746 000+4 200 000×13%
　　　　　　　　=16 200 000(元)

换入资产公允价值总额=13 200 000+1 200 000+1 800 000=16 200 000(元)

办公楼公允价值占换入资产公允价值总额的比例=13 200 000÷16 200 000=81.5%

小汽车公允价值占换入资产公允价值总额的比例=1 200 000÷16 200 000=7.4%

客车公允价值占换入资产公允价值总额的比例=1 800 000÷16 200 000=11.1%

办公楼的成本=16 200 000×81.5%=13 200 000(元)

小汽车的成本=16 200 000×7.4%=1 200 000(元)

客车的成本=16 200 000×11.1%=1 800 000(元)

借：固定资产清理	15 840 000.00
累计折旧	9 360 000.00
贷：固定资产——厂房	18 000 000.00
——设备	7 200 000.00
借：固定资产——办公楼	13 200 000.00
——小汽车	1 200 000.00
——客车	1 800 000.00
银行存款	1 746 000.00
资产处置损益	2 640 000.00
贷：固定资产清理	15 840 000.00
主营业务收入	4 200 000.00
应交税费——应交增值税(销项税额)	546 000.00

同时：

| 借：主营业务成本 | 3 600 000.00 |
| 贷：库存商品 | 3 600 000.00 |

(2) E公司的会计处理。

换入资产的总成本＝(13 200 000＋1 200 000＋1 800 000)＋1 746 000－4 200 000×13%
　　　　　　　＝17 400 000(元)

换入资产公允价值总额＝12 000 000＋1 200 000＋4 200 000×(1＋13%)＝17 946 000(元)

厂房公允价值占换入资产公允价值总额的比例＝12 000 000÷17 946 000＝66.9%

设备公允价值占换入资产公允价值总额的比例＝1 200 000÷17 946 000＝6.7%

库存商品公允价值占换入资产公允价值总额的比例＝4 200 000×(1＋13%)÷17 946 000＝26.4%

厂房的成本＝17 946 000×66.9%＝12 000 000(元)

设备的成本＝17 946 000×6.7%＝1 200 000(元)

库存商品的成本＝17 946 000×26.4%＝4 746 000(元)

借：固定资产清理	14 760 000.00
累计折旧	16 440 000.00
贷：固定资产——办公楼	24 000 000.00
——小汽车	3 600 000.00
——客车	3 600 000.00
借：固定资产——厂房	12 000 000.00
——设备	1 200 000.00
原材料	4 200 000.00
应交税费——应交增值税(进项税额)	546 000.00
贷：固定资产清理	14 760 000.00
资产处置损益	1 440 000.00
银行存款	1 746 000.00

企业取得存货的渠道除了上述的外购存货、自制存货、委托加工存货、投资者投入存货、接受捐赠存货和以非货币性资产交换取得存货外,还可通过债务重组方式取得存货(参见第4章第三节)以及盘盈存货(参见本章第七节)等。

第三节 发出存货的计量

发出存货的计量是指企业在发出存货时对发出存货入账价值的确定。我国企业会计准则规定,在存货按实际成本法核算时,存货发出入账价值的确定方法有个别计价法、先进先出法、月末一次加权平均法和移动加权平均法。

一、存货发出的计价方法

(一)个别计价法

个别计价法也称个别认定法或具体辨认法,是指本期发出存货和期末结存存货的成本,完全按照该存货所属购进批次或生产批次入账时的实际成本进行确定的一种方法。由于采用该方法要求各批发出存货必须可以逐一辨认所属的购进批次或生产批次,因此,需要对每一存货的品种规格、入账时间、单位成本、存放地点等做详细记录。

【例3-17】 恒易公司2020年12月份丁材料收、发、存资料如表3-1所示。

表3-1 原材料明细账

材料类别:　　　　　　　　　　　　　　　　　　　　　　　　　　计量单位:千克
材料编号:　　　　　　　　　　　　　　　　　　　　　　　　　　最高存量:
材料名称及规格:丁材料　　　　　　　　　　　　　　　　　　　　最低存量:

2020年		凭证编号	摘要	收入			发出			结存		
月	日			数量	单价	金额	数量	单价	金额	数量	单价	金额
12	1		期初结存							2 000	20.00	40 000
	5	略	购进	3 000	19.80	59 400				5 000		
	7		发出				4 000			1 000		
	16		购进	4 000	19.50	78 000				5 000		
	18		发出				3 000			2 000		
	27		购进	2 000	19.60	39 200				4 000		
	29		发出				2 000			2 000		
12	31		本月合计	9 000		176 600	9 000			2 000		

具体辨认的结果如下:12月7日发出的4 000千克丁材料中,有1 000千克属于期初结存的材料,有3 000千克属于12月5日购进的材料;12月18日发出的3 000千克丁材料中,有1 000千克属于期初结存的材料,有2 000千克属于12月16日购进的材料;12月29日发出的2 000千克丁材料均属于12月27日购进的材料。

采用个别计价法计算的丁材料本月发出和期末结存成本如下:

12月7日发出丁材料成本=1 000×20+3 000×19.80=79 400(元)

12月18日发出丁材料成本=1 000×20+2 000×19.50=59 000(元)

12月29日发出丁材料成本=2 000×19.60=39 200(元)

期末结存丁材料成本=2 000×19.50=39 000(元)

根据上述计算,本月丁材料的收入、发出和结存情况如表3-2所示。

表3-2 原材料明细账(个别计价法)

材料类别: 计量单位:千克
材料编号: 最高存量:
材料名称及规格:丁材料 最低存量:

2020年		凭证编号	摘要	收入			发出			结存		
月	日			数量	单价	金额	数量	单价	金额	数量	单价	金额
12	1		期初结存							2 000	20.00	40 000
	5	略	购进	3 000	19.80	59 400				5 000		99 400
	7		发出				4 000		79 400	1 000		20 000
	16		购进	4 000	19.50	78 000				5 000		98 000
	18		发出				3 000		59 000	2 000		39 000
	27		购进	2 000	19.60	39 200				4 000		78 200
	29		发出				2 000		39 200	2 000		39 000
12	31		本月合计	9 000		176 600	9 000		177 600	2 000	19.50	39 000

个别计价法的特点是成本流转与实物流转完全一致,因而能准确地反映本期发出存货和期末结存存货的成本。但采用该方法必须具备详细的存货收、发、存记录,日常核算非常繁琐,存货实物流转的操作程序也相当复杂。因而,个别计价法适用于不能替代使用的存货或为特定项目专门购入或制造的存货的计价,以及品种数量不多、单位价值较高或体积较大、容易辨认的存货的计价,如房产、船舶、飞机、重型设备以及珠宝、名画等贵重物品。

(二)先进先出法

先进先出法是以先入库的存货先发出去这一存货实物流转假设为前提,对先发出的存货按先入库的存货单位成本计价,后发出的存货按后入库的存货单位成本计价,据以确定本期发出存货和期末结存存货成本的一种方法。

【例3-18】 依表3-1资料。

采用先进先出法计算的丁材料本月发出和期末结存成本如下:

12月7日发出丁材料成本=2 000×20+2 000×19.80=79 600(元)

12月18日发出丁材料成本=1 000×19.80+2 000×19.50=58 800(元)

12月29日发出丁材料成本=2 000×19.50=39 000(元)

期末结存丁材料成本=2 000×19.60=39 200(元)

根据上述计算,本月丁材料的收入、发出和结存情况如表3-3所示。

表 3-3　原材料明细账(先进先出法)

材料类别：　　　　　　　　　　　　　　　　　　　　　　　　　　计量单位：千克
材料编号：　　　　　　　　　　　　　　　　　　　　　　　　　　最高存量：
材料名称及规格：丁材料　　　　　　　　　　　　　　　　　　　　最低存量：

2020年		凭证编号	摘要	收入			发出			结存		
月	日			数量	单价	金额	数量	单价	金额	数量	单价	金额
12	1		期初结存							2 000	20.00	40 000
	5	略	购进	3 000	19.80	59 400				2 000 3 000	20.00 19.80	40 000 59 400
	7		发出				2 000 2 000	20.00 19.80	79 600	1 000	19.80	19 800
	16		购进	4 000	19.50	78 000				1 000 4 000	19.80 19.50	19 800 78 000
	18		发出				1 000 2 000	19.80 19.50	58 800	2 000	19.50	39 000
	27		购进	2 000	19.60	39 200				2 000 2 000	19.50 19.60	39 000 39 200
	29		发出				2 000	19.50	39 000	2 000	19.60	39 200
12	31		本月合计	9 000		176 600	9 000		177 400	2 000	19.60	39 200

采用先进先出法进行存货计价,可以随时确定发出存货的成本,从而保证了结存存货成本和销售成本计算的及时性,并且期末存货成本是按最近购货成本确定的,比较接近市场价值。但采用该方法计价,有时对同一批发出存货要采用两个或两个以上的单位成本计价,计算繁琐,对存货收发频繁的企业更是如此。从该方法对财务报告的影响来看,在物价上涨期间,会高估当期利润和存货价值;反之,会低估当期利润和存货价值。

(三)月末一次加权平均法

月末一次加权平均法是指以月初结存存货数量和本月各批收入存货数量为权数,计算本月存货的加权平均单位成本,据以确定本期发出存货成本和期末结存存货成本的一种方法。加权平均单位成本的计算公式如下:

$$加权平均单位成本 = \frac{月初结存存货成本 + 本月购进存货总成本}{月初结存存货数量 + 本月购进存货总数量}$$

由于加权平均单位成本往往不能除尽,为了保证期末结存存货的数量、单位成本与总成本的一致性,应先按加权平均单位成本计算期末结存存货成本,然后倒减出本月发出存货成本,计算尾差可计入发出存货成本。计算公式如下:

$$月末结存存货成本 = 月末结存存货数量 \times 加权平均单位成本$$

本月发出存货成本 = 月初结存存货成本 + 本月购进存货总成本 - 月末结存存货成本

【例 3-19】 依表 3-1 资料。

采用月末一次加权平均法计算的丁材料本月发出和期末结存成本如下:

丁材料加权平均单位成本 = (40 000 + 176 600) ÷ (2 000 + 9 000) = 19.691(元)

期末结存丁材料成本 = 2 000 × 19.691 = 39 380(元)

本月发出丁材料成本＝40 000＋176 600－39 380＝177 220(元)

根据上述计算,本月丁材料的收入、发出和结存情况如表3-4所示。

表3-4 原材料明细账(月末一次加权平均法)

材料类别：
材料编号：
材料名称及规格：丁材料

计量单位：千克
最高存量：
最低存量：

2020年		凭证编号	摘要	收入			发出			结存		
月	日			数量	单价	金额	数量	单价	金额	数量	单价	金额
12	1		期初结存							2 000	20.00	40 000
	5	略	购进	3 000	19.80	59 400				5 000		
	7		发出				4 000			1 000		
	16		购进	4 000	19.50	78 000				5 000		
	18		发出				3 000			2 000		
	27		购进	2 000	19.60	39 200				4 000		
	29		发出				2 000			2 000		
12	31		本月合计	9 000		176 600	9 000		177 220	2 000	19.691	39 380

采用月末一次加权平均法,只在月末一次计算加权平均单位成本并结转发出存货成本即可,平时不对发出存货计价,因而日常核算工作量较小,简便易行,适用于存货收发比较频繁的企业。但也正因为存货计价集中在月末进行,所以平时无法提供发出存货和结存存货的单价及金额,不利于存货的管理。

(四)移动加权平均法

移动加权平均法是指平时每入库一批存货就以原有存货数量和本批入库存货数量为权数,计算一个加权平均单位成本,据以对其后发出存货进行计价的一种方法。移动加权平均单位成本的计算公式如下：

$$移动加权平均单位成本 = \frac{原有存货成本＋本批入库存货成本}{原有存货数量＋本批入库存货数量}$$

本次发出存货后结存存货成本＝本次发出存货后结存存货数量×移动加权平均单位成本

本次发出存货成本＝原有存货成本＋本批入库存货成本－本次发出存货后结存存货成本

【例3-20】 依表3-1资料。

采用移动加权平均法计算的丁材料本月发出和期末结存成本如下：

12月5日购进后移动加权平均单位成本＝(40 000＋59 400)÷(2 000＋3 000)
＝19.88(元)

12月7日结存丁材料成本＝1 000×19.88＝19 880(元)

12月7日发出丁材料成本＝40 000＋59 400－19 880＝79 520(元)

12月16日购进后移动加权平均单位成本＝(19 880＋78 000)÷(1 000＋4 000)
＝19.58(元)

12月18日结存丁材料成本＝2 000×19.58＝39 160(元)

12月18日发出丁材料成本＝19 880+78 000-39 160＝58 720(元)

12月27日购进后移动加权平均单位成本＝(39 160+39 200)÷(2 000+2 000)
　　　　　　　　　　　　　　　　＝19.59(元)

12月29日结存丁材料成本＝2 000×19.59＝39 180(元)

12月29日发出丁材料成本＝39 160+39 200-39 180＝39 180(元)

期末结存丁材料成本＝2 000×19.59＝39 180(元)

根据上述计算,本月丁材料的收入、发出和结存情况如表3-5所示。

表3-5　原材料明细账(移动加权平均法)

材料类别：　　　　　　　　　　　　　　　　　　　　　　　　　　　计量单位：千克
材料编号：　　　　　　　　　　　　　　　　　　　　　　　　　　　最高存量：
材料名称及规格：丁材料　　　　　　　　　　　　　　　　　　　　　最低存量：

2020年		凭证编号	摘要	收入			发出			结存		
月	日			数量	单价	金额	数量	单价	金额	数量	单价	金额
12	1		期初结存							2 000	20.00	40 000
	5	略	购进	3 000	19.80	59 400				5 000	19.88	99 400
	7		发出				4 000	19.88	79 520	1 000	19.88	19 880
	16		购进	4 000	19.50	78 000				5 000	19.58	97 880
	18		发出				3 000	19.58	58 720	2 000	19.58	39 160
	27		购进	2 000	19.60	39 200				4 000	19.59	78 360
	29		发出				2 000	19.59	39 180	2 000	19.59	39 180
12	31		本月合计	9 000		176 600	9 000		177 420	2 000	19.59	39 180

移动加权平均法和月末一次加权平均法相比,移动加权平均法的特点是将存货的计价和明细账的登记分散在平时进行,从而可以随时掌握发出存货的成本和结存存货的成本,为存货管理及时提供所需信息。但采用这种方法,每次收货都要计算一次平均单位成本,计算工作量较大,不适合收发货比较频繁的企业使用。

二、存货发出的会计处理

存货的经济用途不同,消耗方式各异,其发出的会计处理也不尽相同。

(一)原材料发出

原材料储备的目的主要是为了生产产品或为提供服务,有时也会将多余或积压原材料进行调剂。原材料在生产经营过程中领用后,随着原有实物形态的改变或消失,其成本也随之形成产品成本或直接转化为费用或形成其他有关项目支出的一部分。因此,企业应根据原材料消耗的特点,按照发出原材料的用途将其成本直接计入产品成本或当期费用或作为有关项目支出。

1. 生产经营领用的原材料

生产经营领用的原材料,应根据领用部门和用途,按确定的实际成本借记"生产成本""制造费用""委托加工物资""销售费用""管理费用"等科目,贷记"原材料"科目。

【例3-21】　2020年12月10日,恒易公司各部门领用原材料一批,其中,基本生产领用

800 000元,辅助生产领用 120 000元,生产车间一般耗用 60 000元,管理部门一般耗用 10 000元。恒易公司的会计处理如下:

借:生产成本——基本生产成本	800 000.00
——辅助生产成本	120 000.00
制造费用	60 000.00
管理费用	10 000.00
贷:原材料	990 000.00

2. 出售的原材料

原材料的出售主要是将积压或多余的原材料进行处置。出售时按已收或应收价税款借记"银行存款""应收账款"等科目,按实现的收入贷记"其他业务收入"科目,按增值税销项税额贷记"应交税费——应交增值税(销项税额)"科目;同时,按出售原材料的实际成本借记"其他业务成本"科目,贷记"原材料"科目。

【例3-22】 2020年12月15日,恒易公司将超计划储备的一批原材料销售,收到全部价税款 90 400元存入银行,增值税税率为13%,原材料实际成本为65 000元。恒易公司的会计处理如下:

借:银行存款	90 400.00
贷:其他业务收入	80 000.00
应交税费——应交增值税(销项税额)	10 400.00
借:其他业务成本	65 000.00
贷:原材料	65 000.00

3. 在建工程领用原材料

固定资产在建工程领用原材料,应按照原材料的实际成本计入在建工工程成本,借记"在建工程"科目,贷记"原材料"科目。

【例3-23】 2020年12月20日,恒易公司新区厂房在建工程领用一批原材料,实际成本总额为 600 000元,其中,厂房工程 400 000元,设备工程 200 000元,增值税税率为13%。恒易公司的会计处理如下:

借:在建工程——厂房工程	400 000.00
——设备工程	200 000.00
贷:原材料	600 000.00

4. 以原材料进行非货币性资产交换

如果非货币性资产交换具有商业实质且公允价值能够可靠计量的,应作原材料销售处理。按"原材料的公允价值+应支付的相关税费+支付的补价(或-收到的补价)"确定的换入资产入账成本借记"固定资产""无形资产""长期股权投资"等科目,按原材料公允价值贷记"其他业务收入"科目,按增值税销项税额贷记"应交税费——应交增值税(销项税额)"科目;同时,按原材料的账面价值结转销售成本,借记"其他业务成本"科目,贷记"原材料"科目。如果非货币性资产交换不具有商业实质或公允价值不能可靠计量的,应按"原材料的账面价值+应支付相关税费+支付的补价(或-收到的补价)"确定的换入资产入账成本借记"固定资产""无形资产""长期股权投资"等科目,按计税价格确定的增值税税额贷记"应交税费——应交增值税(销项税额)"科目,按原材料的账面价值贷记"原材料"科目。

此外,企业以原材料清偿债务时,应按债务重组准则的规定进行处理(参见第4章第三节)。

(二)库存商品发出

库存商品通常用于对外销售,但也可能用于在建工程、对外投资、债务重组、非货币性资产交换等方面。企业用于不同方面的库存商品,会计处理有所不同。

1. 对外销售库存商品

企业对外销售库存商品取得的销售收入作为主营业务收入,相应的库存商品成本作为主营业务成本。销售时符合收入确认条件的,按从购货方已收或应收的全部价税款借记"银行存款""应收账款"等科目,按已收或应收的价款贷记"主营业务收入"科目,按增值税销项税额贷记"应交税费——应交增值税(销项税额)"科目;同时,按库存商品的账面价值借记"主营业务成本"科目,贷记"库存商品"科目。

【例3-24】 2020年12月5日,恒易公司销售M产品一批,价款为200 000元,实际成本为160 000元,增值税税率为13%,全部款项收到存入银行。恒易公司的会计处理如下:

借:银行存款	226 000.00
贷:主营业务收入	200 000.00
应交税费——应交增值税(销项税额)	26 000.00
借:主营业务成本	160 000.00
贷:库存商品——M产品	160 000.00

2. 在建工程领用库存商品

固定资产在建工程领用库存商品应按账面价值计入工程成本。领用时借记"在建工程"科目,贷记"库存商品"科目。

【例3-25】 2020年12月20日,恒易公司新区厂房在建工程领用库存商品一批,用于厂房工程,实际成本为100 000元,市场价格为120 000元,增值税税率为13%。恒易公司的会计处理如下:

借:在建工程——厂房工程	100 000.00
贷:库存商品	100 000.00

3. 以库存商品进行非货币性资产交换

如果非货币性资产交换具有商业实质且公允价值能够可靠计量的,应作库存商品销售处理。按确定的换入资产入账成本借记"固定资产""无形资产""长期股权投资"等科目,按库存商品的公允价值贷记"主营业务收入"科目,按增值税销项税额贷记"应交税费——应交增值税(销项税额)"科目;同时,按库存商品的账面价值结转销售成本,借记"主营业务成本"科目,贷记"库存商品"科目。如果非货币性资产交换不具有商业实质或公允价值不能可靠计量的,应按确定的换入资产入账成本借记"固定资产""无形资产""长期股权投资"等科目,按计税价格确定的增值税税额贷记"应交税费——应交增值税(销项税额)"科目,按库存商品的账面价值贷记"库存商品"科目。

此外,企业以库存商品清偿债务时,应按债务重组准则的规定进行处理(参见第4章第三节)。

(三)周转材料发出

周转材料主要包括包装物、低值易耗品以及企业(建造承包商)的钢模板、木模板、脚手架等。周转材料种类繁多,分布于生产经营的各个环节,具体用途各不相同,会计处理也不尽相同。

1. 包装物

包装物是指为了包装本企业商品而储备的各种包装容器,如桶、箱、瓶、坛、袋、盒等,主要包括生产过程中用于包装产品作为产品组成部分的包装物、随同商品出售而不单独计价的包装物、随同商品出售而单独计价的包装物和出租或出借给购货单位使用的包装物等。用于储存和保管产品及材料的包装物以及各种包装材料(纸、绳、铁丝、铁皮等)均不属于包装物核算范围之内。

为了反映和监督包装物的增减变化及价值损耗情况,企业应设置"周转材料——包装物"科目(也可单独设置"包装物"科目),并按包装物的种类设置明细科目进行明细分类核算。在实际成本计价法下,包装物发出的核算应按其使用情况分别进行处理。

(1) 生产领用包装物。对于生产过程中领用的用于包装产品的包装物,由于包装物已经构成了产品的组成部分,因而,应根据领用包装物的实际成本借记"生产成本——基本生产成本"科目,贷记"周转材料——包装物"科目。

【例 3-26】 2020 年 12 月 20 日,恒易公司基本生产车间领用包装纸箱一批,用于包装 M 产品,其实际成本为 60 000 元。恒易公司的会计处理如下:

借:生产成本——基本生产成本　　　　　　　　　　　　　60 000.00
　　贷:周转材料——包装物　　　　　　　　　　　　　　　　60 000.00

(2) 随同商品出售包装物。随同商品出售包装物如果单独计价,其收入记入"其他业务收入——销售包装物收入"科目,同时将其实际销售成本记入"其他业务成本——销售包装物成本"科目;如果不单独计价,则将其实际成本记入"销售费用——包装费"科目。

【例 3-27】 2020 年 12 月 17 日,恒易公司销售 N 产品一批,总计价款 200 000 元,增值税税率为 13%;随同产品销售领用包装木箱 100 个,单独作价计 20 000 元,增值税销项税额 2 600 元,领用包装纸箱 100 个,不单独计价。N 产品的实际成本为 160 000 元,包装物的实际成本为:包装木箱 15 000 元,包装纸箱 1 000 元。共计收到款项 248 600 元存入银行。恒易公司的会计处理如下:

借:银行存款　　　　　　　　　　　　　　　　　　　　　248 600.00
　　贷:主营业务收入　　　　　　　　　　　　　　　　　　200 000.00
　　　　其他业务收入——销售包装物收入　　　　　　　　　 20 000.00
　　　　应交税费——应交增值税(销项税额)　　　　　　　　 28 600.00

同时:

借:主营业务成本　　　　　　　　　　　　　　　　　　　160 000.00
　　贷:库存商品——N 产品　　　　　　　　　　　　　　　160 000.00
借:其他业务成本——销售包装物成本　　　　　　　　　　　 15 000.00
　　销售费用——包装费　　　　　　　　　　　　　　　　　 1 000.00
　　贷:周转材料——包装物　　　　　　　　　　　　　　　　16 000.00

(3) 出租和出借包装物。企业出租和出借的包装物在周转使用过程中其实物形态基本保持不变,但其价值会随着使用而逐渐减少。因此,出租和出借的包装物应选择恰当的方法将其磨损的价值转移到成本费用中去。常用的方法有一次转销法、五五摊销法、分次摊销法和净值摊销法等,我国企业会计准则规定,企业应当采用一次转销法或者分次摊销法对包装物进行摊销。

一次转销法是指在领用包装物时将其账面价值一次计入有关成本费用的一种方法。领用包装物时按其账面价值借记"其他业务成本——出租包装物成本""销售费用——包装费"科目,贷记"周转材料——包装物"科目;包装物报废时按其残料价值借记"原材料"等科目,贷记"其他业务成本——出租包装物成本""销售费用——包装费"科目。一次转销法适用于生产领用的包装物和随同商品出售的包装物;数量不多、金额较少,且业务不频繁的出租或出借包装物,也可以采用一次转销法结转包装物的成本,只是在以后收回使用过的出租和出借包装物时,应加强实物管理,并在备查簿中进行登记。

【例 3-28】 2020 年 12 月 5 日,恒易公司随货出租给购货单位包装木箱 50 个,单位实际成本 150 元,收取押金 9 605 元存入银行,租金 2 825 元在返还包装物时从押金中扣除。恒易公司的会计处理如下:

(1) 转销出租包装物成本。

 借:其他业务成本——出租包装物成本   7 500.00
  贷:周转材料——包装物   7 500.00

(2) 收到包装物押金。

 借:银行存款   9 605.00
  贷:其他应付款——存入保证金   9 605.00

(3) 租赁期满退回包装物,扣除租金后返还押金。

 借:其他应付款——存入保证金   9 605.00
  贷:其他业务收入——出租(借)包装物收入   2 500.00
    应交税费——应交增值税(销项税额)   325.00
    银行存款   6 780.00

退回的包装物仍可继续使用的,应在备查簿中登记。

若租赁期满逾期未还包装物,则没收包装物押金。

 借:其他应付款——存入保证金   9 605.00
  贷:其他业务收入——出租(借)包装物收入   8 500.00
    应交税费——应交增值税(销项税额)   1 105.00

分次摊销法是指根据包装物可供使用的估计次数,将其成本分次计入有关成本费用的一种摊销方法。各期摊销额的计算公式如下:

  某期包装物摊销额=(包装物账面价值÷预计可使用次数)×该期实际使用次数

采用分次摊销法,应设置"包装物(在库)""包装物(在用)"和"包装物(摊销)"明细科目进行明细分类核算。出租出借包装物时按其账面价值借记"周转材料——包装物(在用)"科目,贷记"周转材料——包装物(在库)"科目;计算每期摊销的价值时借记"其他业务成本——出租包装物成本""销售费用——包装费"等科目,贷记"周转材料——包装物(摊销)"科目;包装物报废时转销包装物摊销额,借记"周转材料——包装物(摊销)"科目,贷记"周转材料——包装物(在用)"科目,报废包装物如有残料价值,借记"原材料"等科目,贷记"其他业务成本——出租包装物成本""销售费用——包装费"科目。

【例 3-29】 恒易公司出借包装物的有关经济业务及其会计处理如下:

(1) 2020 年 11 月 1 日,恒易公司单独出借给购货单位库存未用钢瓶 100 只,单位实际成本 400 元,收取押金 56 500 元存入银行。合同约定,包装物借用期限为 2 个月。

 借:周转材料——包装物(在用)   40 000.00
  贷:周转材料——包装物(在库)   40 000.00
 借:银行存款   56 500.00
  贷:其他应付款——存入保证金   56 500.00

(2) 出借的钢瓶预计可使用 10 次,本次借用共使用 8 次,其中:11 月使用 4 次,12 月使

4次。

11月应摊销金额＝40 000÷10×4＝16 000(元)

借：销售费用——包装费	16 000.00
贷：周转材料——包装物(摊销)	16 000.00

12月应摊销金额的计算及其会计处理与11月相同。

(3)借用期满,借用方如期退还全部借用的钢瓶,恒易公司退还押金。

借：周转材料——包装物(在库)	40 000.00
贷：周转材料——包装物(在用)	40 000.00

同时,在包装物台账中记载使用情况。

借：其他应付款——存入保证金	56 500.00
贷：银行存款	56 500.00

(4)假设借用期满,借用方如期只退还60只钢瓶,恒易公司退还其相应的押金,未退部分的押金予以没收：

借：周转材料——包装物(在库)	24 000.00
贷：周转材料——包装物(在用)	24 000.00

同时,在包装物台账中记载使用情况。

借：销售费用——包装费	3 200.00
贷：周转材料——包装物(摊销)	3 200.00
借：周转材料——包装物(摊销)	16 000.00
贷：周转材料——包装物(在用)	16 000.00
借：其他应付款——存入保证金	56 500.00
贷：其他业务收入——出租(借)包装物收入	20 000.00
应交税费——应交增值税(销项税额)	2 600.00
银行存款	33 900.00

2. 低值易耗品

低值易耗品是指单位价值较低、使用年期较短的各种用具物品(如工具、管理用具、玻璃器皿等)以及在经营过程中周转使用的包装容器等。低值易耗品属于劳动资料,但因其品种多、价值低、易损耗、收发频繁等特点,在会计核算上视同存货作为流动资产进行核算和管理,不作固定资产处理。低值易耗品主要包括一般工具、专用工具、管理用具、替换设备、劳保用品及其他用品等。一般工具是指直接用于生产的各种工具,如刀具、量具和各种辅助工具以及供生产周转使用的容器等;专用工具是指专门用于制造某一特定产品或某一工序上使用的工具,如专用模具等;管理用具是指管理工作中使用的各种家具用品,如办公用品、办公家具等;替换设备是指容易磨损或制造不同商品需要替换使用的各种设备,如浇铸钢锭用的钢锭模等;劳保用品是指为了职工安全而发给职工的防护用品,如工作服、工作鞋、防护罩等;其他用品是指不属于以上各类的低值易耗品,如电扇、取暖器等。

为了反映和监督低值易耗品收入、发出和结存情况,应设置"周转材料——低值易耗品"科目(也可以单独设置"低值易耗品"科目),并按低值易耗品的种类设置明细科目进行明细分类核算。在实际成本计价法下,低值易耗品发出的核算应按其使用情况分别进行处理。

低值易耗品可以多次参加生产经营活动而基本不改变其实物形态,但其价值会因使用而逐渐减少。因此,低值易耗品应选择恰当的方法将其磨损的价值转移到成本费用中去。常用的方法有一次转销法、五五摊销法和分次摊销法等,我国企业会计准则规定,企业应当采用一次转销法或者分次摊销法对低值易耗品进行摊销。

(1) 一次转销法。领用低值易耗品时,应根据生产车间、行政管理部门等实际领用低值易耗品的实际成本借记"制造费用""管理费用"等科目,贷记"周转材料——低值易耗品"科目;低值易耗品报废时,根据回收的残料价值冲减有关成本费用,借记"银行存款""原材料"等科目,贷记"制造费用""管理费用"等科目。

(2) 分次摊销法。分次摊销法是指根据低值易耗品可供使用的估计次数,将其成本分期计入有关成本费用的一种摊销方法。

分次摊销法的计算公式与包装物分次摊销法原理相同。

【例 3-30】 恒易公司工程安装分公司本月领用一批钢模板,账面价值 200 000 元,预计可使用 10 次。领用当月实际使用 4 次,领用第 2 个月实际使用 4 次,领用第 3 个月钢模板报废。报废钢模板残料出售收到价款 2 000 元存入银行。恒易公司的会计处理如下:

(1) 领用钢模板:

借:周转材料——低值易耗品(在用)	200 000.00
贷:周转材料——低值易耗品(在库)	200 000.00

(2) 领用当月,摊销钢模板账面价值:

本月钢模板摊销额=200 000×4/10=80 000(元)

借:工程施工	80 000.00
贷:周转材料——低值易耗品(摊销)	80 000.00

(3) 领用第 2 个月,摊销钢模板账面价值的计算及会计处理与上月相同。

(4) 领用第 3 个月,钢模板报废,将账面摊余价值一次摊销并转销全部已提摊销额。

账面摊余价值=200 000-80 000-80 000=40 000(元)

借:工程施工	40 000.00
贷:周转材料——低值易耗品(摊销)	40 000.00
借:周转材料——低值易耗品(摊销)	200 000.00
贷:周转材料——低值易耗品(在用)	200 000.00

(5) 将报废钢模板残料出售:

借:银行存款	2 000.00
贷:工程施工	2 000.00

第四节 存货的计划成本法

存货的计划成本法是指存货的收入、发出和结存均按预先制定的计划成本进行日常核算,将实际成本与计划成本之间的差额单独设置"材料成本差异(或产品成本差异)"会计科目反映,期末将发出存货和期末存货由计划成本调整为实际成本的一种核算方法。

一、存货计划成本法的基本核算程序

采用存货计划成本法进行存货日常核算的基本程序如下：

（一）编制存货计划成本目录，制定单位计划成本

企业应根据正常的供需情况，结合存货近期市场价格水平和技术状况，充分考虑供应单位所在地距离等因素，确定可直接归属于存货采购的运杂费（包括运输费、装卸费、保险费、包装费、仓储费等）以及合理的途中损耗率等，制定计划成本。存货的计划成本应列入存货目录中，以便有关人员在日常工作中使用。存货计划成本所包括的内容应与存货实际成本的内容相一致，所制定的存货计划成本应当尽可能地接近实际。

（二）设置"材料成本差异（或产品成本差异）"科目

存货计划成本与实际成本之间的差异形成"材料成本差异（或产品成本差异）"，即：

材料成本差异（或产品成本差异）＝存货实际成本－存货计划成本

如果存货的实际成本大于计划成本，其差异称为超支差；如果存货的实际成本小于计划成本，其差异称为节约差。

"材料成本差异"科目应分别"原材料""周转材料"等，按照类别或品种进行明细核算，"产品成本差异"科目应按照产品类别或品种进行明细核算。取得存货并形成差异时，超支差登记在科目的借方，节约差登记在科目的贷方；发出存货并分摊差异时，超支差从科目的贷方用蓝字转出或节约差从科目的贷方用红字转出。

（三）设置"材料采购"科目

对于存货中的原材料核算，应设置"材料采购"科目，其借方登记收入原材料的实际成本，贷方登记收入原材料的计划成本，实际成本与计划成本的差额转入"材料成本差异"科目。

（四）月末结转成本差异

在计划成本法下，材料成本差异因存货入库而形成，因而，材料成本差异也应随存货的发出而转出。期初和当期形成的材料成本差异应当在当期发出存货和期末库存存货间加以分摊，属于发出存货应负担的成本差异从"材料成本差异"科目转入有关科目；属于期末库存存货应负担的成本差异，应仍留在"材料成本差异"科目，作为存货的调整项目，库存存货的计划成本加上或减去成本差异，即为期末库存存货的实际成本。

二、存货的取得及成本差异的形成

企业外购存货应通过"材料采购"科目进行计价对比，以确定外购存货实际成本与计划成本的差异。购进存货支付货款或签发、承兑商业汇票时，按确定的实际采购成本借记"材料采购"科目，按增值税专用发票注明的增值税税额借记"应交税费——应交增值税（进项税额）"科目（当月已认证），或借记"应交税费——待认证进项税额"科目（暂时未认证），按已支付或应支付的金额贷记"银行存款""应付票据""应付账款"等科目；购进存货验收入库时，按计划成本借记"原材料""周转材料"等科目，贷记"材料采购"科目；购进并已验收入库的存货，按实际成本大于计划成本的超支差额借记"材料成本差异"科目，贷记"材料采购"科目，或按实际成本小于计划成本的节约差额借记"材料采购"科目，贷记"材料成本差异"科目；月末，对已验收入库但尚未收到发票账单的存货，按计划成本暂估入账，借记"原材料"等存货科目，贷记"应付账款——暂估应付账款"科目，下月初再用红字作相同的处理予以冲回，下月收到发票账单并结算时，按正常的程序进行处理。

【例 3-31】 假设恒易公司的存货采用计划成本核算,2020 年 12 月发生下列材料采购业务,其会计处理如下:

(1) 5 日,购入一批原材料,增值税专用发票注明的价款为 80 000 元,增值税税额为 10 400 元。货款已通过银行转账支付,材料按计划成本 80 500 元验收入库。

借:材料采购	80 000.00
应交税费——应交增值税(进项税额)	10 400.00
贷:银行存款	90 400.00
借:原材料	80 500.00
贷:材料采购	80 500.00
借:材料采购	500.00
贷:材料成本差异——原材料	500.00

(2) 10 日,购入一批原材料,增值税专用发票上注明的价款为 200 000 元,增值税税额为 26 000 元。货款已通过银行转账支付,材料尚在运输途中。

借:材料采购	200 000.00
应交税费——应交增值税(进项税额)	26 000.00
贷:银行存款	226 000.00

(3) 16 日,购入一批原材料,材料已经运达企业并已验收入库,但发票等结算凭证尚未收到,货款尚未支付。

暂不作会计处理。

(4) 18 日,收到 10 日购进的原材料并验收入库,其计划成本为 198 000 元。

借:原材料	198 000.00
贷:材料采购	198 000.00
借:材料成本差异——原材料	2 000.00
贷:材料采购	2 000.00

(5) 22 日,收到 16 日入库原材料的发票等结算凭证,增值税专用发票注明的材料价款为 150 000 元,增值税税额为 19 500 元,开出一张商业汇票抵付。该批原材料的计划成本为 146 000 元。

借:材料采购	150 000.00
应交税费——应交增值税(进项税额)	19 500.00
贷:应付票据	169 500.00
借:原材料	146 000.00
贷:材料采购	146 000.00
借:材料成本差异——原材料	4 000.00
贷:材料采购	4 000.00

(6) 25 日,购入一批原材料,增值税专用发票注明的价款为 100 000 元,增值税税额为 13 000 元。货款已通过银行转账支付,材料尚在运输途中。

借:材料采购	100 000.00
应交税费——应交增值税(进项税额)	13 000.00
贷:银行存款	113 000.00

(7) 27 日,购入一批原材料,材料已经运达企业并已验收入库,但发票等结算凭证尚未收到,

货款尚未支付。31日,该批材料的结算凭证仍未到达,按计划成本 50 000 元估价入账。

借:原材料　　　　　　　　　　　　　　　　　　　　50 000.00
　　贷:应付账款——暂估应付账款　　　　　　　　　　　　50 000.00

下月初,用红字将上述分录予以冲回。

借:原材料　　　　　　　　　　　　　　　　　　　　50 000.00
　　贷:应付账款——暂估应付账款　　　　　　　　　　　　50 000.00

待下月收到发票等有关结算凭证并支付货款时,按正常程序记账。

在会计实务中,企业平时收到存货时可先不记录存货的增加,也不结转形成的存货成本差异,月末时再将本月已付款或已开出、承兑商业汇票并已验收入库的存货,按实际成本和计划成本分别汇总,一次登记本月存货的增加,并计算和结转本月存货成本差异。其目的是为了简化收入存货和结转存货成本差异的核算手续。

【例 3-32】 依[例 3-31]资料,假设恒易公司采用月末汇总登记存货的增加和结转存货成本差异的方法,则:

(1) 借:材料采购　　　　　　　　　　　　　　　　　　80 000.00
　　　　应交税费——应交增值税(进项税额)　　　　　10 400.00
　　　　贷:银行存款　　　　　　　　　　　　　　　　　　90 400.00
(2) 借:材料采购　　　　　　　　　　　　　　　　　　200 000.00
　　　　应交税费——应交增值税(进项税额)　　　　　26 000.00
　　　　贷:银行存款　　　　　　　　　　　　　　　　　　226 000.00
(3) 暂不作会计处理。
(4) 暂不作会计处理。
(5) 借:材料采购　　　　　　　　　　　　　　　　　　150 000.00
　　　　应交税费——应交增值税(进项税额)　　　　　19 500.00
　　　　贷:应付票据　　　　　　　　　　　　　　　　　　169 500.00
(6) 借:材料采购　　　　　　　　　　　　　　　　　　100 000.00
　　　　应交税费——应交增值税(进项税额)　　　　　13 000.00
　　　　贷:银行存款　　　　　　　　　　　　　　　　　　113 000.00
(7) 借:原材料　　　　　　　　　　　　　　　　　　　　50 000.00
　　　　贷:应付账款——暂估应付账款　　　　　　　　　　50 000.00

下月初,用红字将上述分录予以冲回。

借:原材料　　　　　　　　　　　　　　　　　　　　50 000.00
　　贷:应付账款——暂估应付账款　　　　　　　　　　　　50 000.00

(8) 31日,汇总本月已付款或已开出、承兑商业汇票并已验收入库的原材料实际成本和计划成本,登记本月存货的增加,并计算和结转本月存货成本差异。

入库原材料实际成本 = 80 000 + 200 000 + 150 000 = 430 000(元)

入库原材料计划成本 = 80 500 + 198 000 + 146 000 = 424 500(元)

入库原材料成本差异 = 430 000 - 424 500 = 5 500(元)

借：原材料	424 500.00	
贷：材料采购		424 500.00
借：材料成本差异——原材料	5 500.00	
贷：材料采购		5 500.00

企业通过外购以外的其他方式取得存货，不需要通过"材料采购"科目确定存货成本差异，而应直接按取得存货的计划成本借记"原材料"等科目，按确定的实际成本贷记"生产成本""委托加工物资"等相关科目，按实际成本与计划成本之间的差额借记或贷记"材料成本差异"科目。

【例3-33】 2020年12月10日，假设恒易公司接受和祥电子器材股份有限公司投入一批原材料，增值税专用发票注明的材料价款为800 000元，增值税税额为104 000元，投资各方确认按该发票金额作为和祥电子器材股份有限公司的投入资本，折换为每股面值1元的股票600 000股。该批原材料的计划成本为806 000元。恒易公司的会计处理如下：

借：原材料	806 000.00	
应交税费——应交增值税（进项税额）	104 000.00	
贷：实收资本——和祥电子器材股份有限公司		600 000.00
资本公积——资本溢价		304 000.00
材料成本差异——原材料		6 000.00

三、存货的发出及成本差异的分摊

计划成本法下，发出存货时一律按计划成本进行计价，发出存货时按计划成本借记"生产成本""制造费用""管理费用"等科目，贷记"原材料"等科目。期末，将期初结存存货的成本差异和本月取得存货形成的成本差异，在本月发出存货和期末结存存货之间进行分摊，将本月发出存货和期末结存存货的计划成本调整为实际成本，其调整的关系式如下：

$$实际成本＝计划成本＋超支差异（或－节约差异）$$

存货成本差异的分摊一般以计划成本和存货成本差异率为依据。存货成本差异率是指存货成本差异额与存货计划成本的比例，通常用百分比表示。存货成本差异率包括本期存货成本差异率和期初存货成本差异率两种，计算公式如下：

$$本期存货成本差异率＝\frac{期初结存存货的成本差异＋本期验收入库存货的成本差异}{期初结存存货的计划成本＋本期验收入库存货的计划成本}\times100\%$$

$$期初存货成本差异率＝期初结存存货的成本差异÷期初结存存货的计划成本\times100\%$$

企业应按原材料、周转材料等类别或品种分别计算相应的存货成本差异率，即分类差异率或个别差异率，一般不使用综合差异率。在计算发出存货应负担的成本差异时，除委托外部加工发出存货可按月初成本差异率计算外，其他应使用当月的实际差异率；月初成本差异率与本月成本差异率相差不大的，也可按月初成本差异率计算。计算方法一经确定，不得随意变更。

本月发出存货应负担的成本差异及实际成本和月末结存存货应负担的成本差异及实际成本，可按如下公式计算：

$$本月发出存货应负担成本差异＝发出存货计划成本\times存货成本差异率$$

$$本月发出存货实际成本＝发出存货计划成本＋发出存货应负担超支差异$$
$$或＝发出存货计划成本－发出存货应负担节约差异$$

$$月末结存存货应负担成本差异＝结存存货计划成本\times存货成本差异率$$

月末结存存货实际成本＝结存存货计划成本＋结存存货应负担超支差异

或＝结存存货计划成本－结存存货应负担节约差异

发出存货应负担的成本差异,必须按月分摊,不得在季末或年末一次分摊。企业在分摊发出存货应负担的成本差异时,按计算的各成本费用项目应负担的差异金额借记"生产成本""制造费用""管理费用"等科目,贷记"材料成本差异"或"产品成本差异"科目。实际成本大于计划成本的超支差异用蓝字登记;实际成本小于计划成本的节约差异用红字登记。

本月发出存货应负担的成本差异从"材料成本差异"科目或"产品成本差异"科目转出后,其余额即为月末结存存货应负担的成本差异。在编制资产负债表时,月末结存存货应负担的成本差异应作为存货的调整项目,将结存存货的计划成本调整为实际成本列示。

【例3-34】 假设恒易公司的存货按计划成本核算。2020年12月1日,结存原材料的计划成本为269 500元,"材料成本差异——原材料"科目的借方余额为3 500元;12月份的材料采购及接受投资业务见[例3-32]和[例3-33]资料;12月份领用原材料的计划成本为1 208 000元,其中,基本生产领用860 000元,辅助生产领用160 000元,车间一般耗用82 000元,管理部门领用40 000元,销售66 000元。恒易公司的会计处理如下:

(1) 按计划成本发出原材料:

借:生产成本——基本生产成本	860 000.00
——辅助生产成本	160 000.00
制造费用	82 000.00
管理费用	40 000.00
其他业务成本	66 000.00
贷:原材料	1 208 000.00

(2) 计算本月材料成本差异率:

本月材料成本差异率＝(3 500＋5 500－6 000)÷(269 500＋424 500＋806 000)×100%
　　　　　　　　　＝0.2%

在计算本月材料成本差异率时,本月收入存货的计划成本金额不包括已验收入库但发票等结算凭证月末尚未到达企业按计划成本估价入账的原材料金额。

(3) 分摊材料成本差异:

生产成本(基本生产成本)分摊额＝860 000×0.2%＝1 720(元)

生产成本(辅助生产成本)分摊额＝160 000×0.2%＝320(元)

制造费用分摊额＝82 000×0.2%＝164(元)

管理费用分摊额＝40 000×0.2%＝80(元)

其他业务成本分摊额＝66 000×0.2%＝132(元)

借:生产成本——基本生产成本	1 720.00
——辅助生产成本	320.00
制造费用	164.00
管理费用	80.00
其他业务成本	132.00
贷:材料成本差异——原材料	2 416.00

(4) 月末计算结存原材料实际成本：

"原材料"科目期末余额=(269 500+424 500+806 000)-1 208 000=292 000(元)

"材料成本差异"科目期末余额=(3 500+5 500-6 000)-2 416=584(元)

$$或=292\ 000\times 0.2\% =584(元)$$

结存原材料实际成本=292 000+584=292 584(元)

月末编制资产负债表时，"存货"项目中的原材料存货应当按 292 584 元列示。

采用分次摊销法对周转材料进行核算，在月末根据使用次数分摊周转材料价值时，以本月材料成本差异率将摊销的计划成本调整为实际成本。

【例 3-35】 假设恒易公司的存货采用计划成本核算，2020 年 11 月和 12 月发生的有关低值易耗品的经济业务及会计处理如下：

(1) 11 月 1 日，生产车间领用一批低值易耗品，计划成本为 20 000 元，材料成本差异率为 2%。

借：周转材料——低值易耗品(在用)	20 000.00
贷：周转材料——低值易耗品(在库)	20 000.00

(2) 11 月 30 日，按分次摊销法摊销低值易耗品价值。该低值易耗品预计可使用 10 次，本月使用 6 次。

借：制造费用	12 000.00
贷：周转材料——低值易耗品(摊销)	12 000.00

低值易耗品摊销应负担的成本差异=12 000×2%=240(元)

借：制造费用	240.00
贷：材料成本差异——周转材料	240.00

(3) 12 月 31 日，该批低值易耗品全部报废，其残料估价 200 元作为原材料入库，12 月份的材料成本差异率为-1%。

借：制造费用	8 000.00
贷：周转材料——低值易耗品(摊销)	8 000.00

低值易耗品摊销应负担的成本差异=8 000×(-1%)=-80(元)

借：制造费用	80.00
贷：材料成本差异——周转材料	80.00
借：周转材料——低值易耗品(摊销)	20 000.00
贷：周转材料——低值易耗品(在用)	20 000.00
借：原材料	200.00
贷：制造费用	200.00

企业委托外单位加工存货，发出材料物资时，可按月初材料成本差异率将发出材料物资的计划成本调整为实际成本，并通过"委托加工物资"科目核算委托加工存货的实际成本；收回委托加工存货时，实际成本与计划成本的差额直接记入"材料成本差异"科目。

【例 3-36】 假设恒易公司的存货采用计划成本核算，2020 年 11 月和 12 月发生的有关委托加工的经济业务及会计处理如下：

(1) 11月10日,委托H公司加工一批周转材料,当日发出原材料计划成本为50 000元,月初材料成本差异率为1%。

借:委托加工物资　　　　　　　　　　　　　　　　　　　50 500.00
　贷:原材料　　　　　　　　　　　　　　　　　　　　　　　　50 000.00
　　　材料成本差异——原材料　　　　　　　　　　　　　　　　　500.00

(2) 11月30日,以银行存款支付加工费10 000元,增值税进项税额1 300元。

借:委托加工物资　　　　　　　　　　　　　　　　　　　10 000.00
　　应交税费——应交增值税(进项税额)　　　　　　　　　　1 300.00
　贷:银行存款　　　　　　　　　　　　　　　　　　　　　　　　11 300.00

(3) 12月10日,委托加工的周转材料全部收回,其计划成本为62 000元。

加工周转材料实际成本=50 500+10 000=60 500(元)

借:周转材料　　　　　　　　　　　　　　　　　　　　　62 000.00
　贷:委托加工物资　　　　　　　　　　　　　　　　　　　　　60 500.00
　　　材料成本差异——周转材料　　　　　　　　　　　　　　1 500.00

在计划成本法下,同一种存货的收、发、存只有一个单位计划成本,因而存货明细账平时可以只登记收、发、存数量,不必登记收、发、存金额,需要了解某项存货的收、发、存金额时,以该项存货的单位计划成本乘以相应的数量即可求得,避免了繁琐的发出存货计价,简化了存货的日常核算手续;同时,通过实际成本与计划成本的对比,可以求得实际成本脱离计划成本的差异,并通过对差异的分析,寻求实际成本脱离计划成本的原因,据以考核采购部门的工作业绩,促使采购部门不断降低采购成本。但是,市场经济条件下的存货价格会随着市场的变化而变化,因而当其波动频率较高以及波动幅度较大时,也会相应增加工作量,并以此进行采购部门工作业绩考核,也会带来负面影响。

第五节　存货的估价法

实际成本法进行存货日常核算,需要采用发出存货的计价方法计算本期发出存货的实际成本和期末结存存货的实际成本,如果存货种类繁多,按月进行发出存货和期末存货实际成本的计价就显得十分繁琐。为了减少存货期末计价的工作量,存货种类繁多的企业可以采用存货估价法对月末存货的成本进行估价,待季末、半年末或年末再采用发出存货相应的计价方法,计算发出存货和结存存货的成本,并对估算的存货成本进行调整。常用的存货估价法有毛利率法和零售价法两种。

一、毛利率法

毛利率法是根据本期销售净额乘以前期实际(或本期计划)毛利率估算本期销售毛利,进而估算本期发出存货成本和期末结存存货成本的一种方法。其基本程序如下:

(一) 确定前期实际(或本期计划)毛利率

毛利率=销售毛利/销售净额×100%

（二）估算本期销售成本

$$销售净额 = 销售收入 - 销售退回与折让$$

$$估计销售毛利 = 销售净额 \times 毛利率$$

$$本期销售成本 = 本期销售净额 - 销售毛利$$

$$或 = 本期销售净额 \times (1 - 毛利率)$$

（三）估算期末结存存货成本

$$期末结存存货成本 = 期初存货成本 + 本期购货成本 - 本期销售成本$$

从上述基本程序可以看出，采用毛利率法估算存货成本的关键是毛利率，如果毛利率不准确，估算的存货成本就会与实际情况发生较大的背离。采用前期实际毛利率，要求前后各期的毛利率应大致相同，而采用本期计划毛利率，也会因市场的变化使本期计划毛利率脱离实际。

需要说明两点：

（1）如果企业的存货品种繁多且毛利率差别较大，为了保证估价结果的相对合理性，企业应按存货的类别，分别确定各类存货的毛利率，据以估算存货成本，不能采用综合毛利率；

（2）企业应在每季度（或半年度或年度）的最后一个月，运用其他计价方法（如先进先出法、月末一次加权平均法），先计算月末存货成本，然后倒挤该季度（或半年度或年度）的销售成本，再计算第三个月结转的销售成本。

【例3-37】 恒易公司所属的综合物贸公司采用毛利率法进行发出存货和期末存货成本的核算。该公司A类商品2020年第三季度的实际毛利率为20%，10月份期初结存存货成本为3 684 000元，其10月、11月和12月商品进销情况如下：

（1）10月份购进存货成本6 420 000元，销售收入8 560 000元，销售退回与折让10 000元。

（2）11月份购进存货成本6 800 000元，销售收入8 100 000元，销售退回与折让100 000元。

（3）12月份购进存货成本6 250 000元，销售收入7 800 000元，销售退回与折让80 000元，以月末一次加权平均法计算的A类商品期末结存金额为3 240 000元。

根据以上资料，恒易公司各月发出存货和期末存货的成本及会计处理如下：

10月份A类商品销售净额 = 8 560 000 - 10 000 = 8 550 000（元）

10月份A类商品销售毛利 = 8 550 000 × 20% = 1 710 000（元）

10月份A类商品销售成本 = 8 550 000 - 1 710 000 = 6 840 000（元）
  或 = 8 550 000 × (1 - 20%) = 6 840 000（元）

10月末A类商品结存存货成本 = (3 684 000 + 6 420 000) - 6 840 000 = 3 264 000（元）

借：主营业务成本		6 840 000.00
贷：库存商品——A类		6 840 000.00

11月份A类商品销售净额 = 8 100 000 - 100 000 = 8 000 000（元）

11月份A类商品销售毛利 = 8 000 000 × 20% = 1 600 000（元）

11月份A类商品销售成本＝8 000 000－1 600 000＝6 400 000(元)

或＝8 000 000×(1－20％)＝6 400 000(元)

11月末A类商品结存存货成本＝(3 264 000＋6 800 000)－6 400 000＝3 664 000(元)

借：主营业务成本	6 400 000.00
贷：库存商品——A类	6 400 000.00

12月份A类商品结存存货成本＝$\sum\left(\begin{array}{c}\text{A类商品各品种}\\\text{期末结存数量}\end{array}\times\begin{array}{c}\text{该商品加权}\\\text{平均单价}\end{array}\right)$

＝3 240 000(元)

第四季度A类商品销售成本＝3 684 000＋6 420 000＋6 800 000

＋6 250 000－3 240 000

＝19 914 000(元)

第四季度已结转A类商品销售成本＝6 840 000＋6 400 000＝13 240 000(元)

12月份A类商品销售成本＝19 914 000－13 240 000＝6 674 000(元)

借：主营业务成本	6 674 000.00
贷：库存商品——A类	6 674 000.00

通过12月份的调整，使得第四季度前两个以上季度实际毛利率计算的销售成本与实际销售成本的差异在12月份的销售成本中反映出来，也使得12月份期末结存金额更符合实际。

毛利率法主要适用于商业批发企业，因为商业批发企业经营商品的品种繁多，如果分品种计算商品成本，工作量将大大增加。同时商业批发企业同类商品的毛利率大致相同，采用这种方法既能减轻工作量，又能满足对存货管理的需要。

二、零售价法

零售价法是指用成本占零售价的比率(即成本率)乘以期末存货的售价总额，估算期末存货成本，并据以计算本期发出存货成本的一种方法。

(一)零售价法估算存货成本的基本程序

1. 计算本期可供销售的存货成本占零售价的比率

本期可供销售的存货成本占零售价的比率是根据期初结存存货的成本及零售价和本期购入存货的成本及零售价计算确定的。其计算公式如下：

成本占零售价的比率＝(期初存货成本＋本期购货成本)÷

(期初存货售价＋本期购货售价)×100％

为了便于取得本期可供销售的存货成本和售价资料，在日常核算中，必须同时按成本和零售价记录期初存货和本期购货成本。

2. 计算期末存货的售价总额

期末存货售价总额＝本期可供销售存货售价总额－本期已销售存货售价总额

3. 计算期末存货成本

根据成本率和期末存货的售价总额计算期末存货的估计成本。其计算公式如下：

期末存货成本＝期末存货售价总额×成本占零售价的比率

4. 计算本期销售成本

$$本期销售成本＝期初存货成本＋本期购货成本－期末存货成本$$

【例3－38】 恒易公司所属的综合零售商场采用零售价法进行发出存货和期末存货成本的核算。该商场2020年12月初存货成本为900 000元，售价金额为1 125 000元；本月购货成本为2 600 000元，售价金额为3 250 000元；本期销售收入为3 180 000元。

根据以上资料可知：

成本占零售价的比率＝(900 000＋2 600 000)÷(1 125 000＋3 250 000)×100％＝80％

期末存货售价金额＝(1 125 000＋3 250 000)－3 180 000＝1 195 000(元)

期末存货成本＝1 195 000×80％＝956 000(元)

本期销售成本＝(900 000＋2 600 000)－956 000＝2 544 000(元)

在百货商店、超级市场等零售企业中，由于商品的品种、型号、规格等十分繁多，采取常用的发出存货计价方法按月确定销售成本和结存存货成本是比较困难的，而这些零售企业必须明码标价，对每一种商品都要标明零售价格，因此，零售价法就成为商品零售企业比较普遍采用的一种存货估价方法。我国商品零售企业中广泛采用的售价金额核算法可以认为是零售价法的具体运用形式。

(二) 售价金额核算法

售价金额核算法是指商品购进、销售和储存的日常核算均按售价记账，售价与进价的差额通过"商品进销差价"科目核算，期末计算进销差价率和本期已销商品应分摊的进销差价并据以调整本期销售成本的方法。其基本程序如下：

1. **确定商品进销差价率**

$$商品进销差价率＝\frac{期初库存商品进销差价＋本期购入库存商品进销差价}{期初库存商品售价＋本期购入库存商品售价}×100％$$

2. **计算本期已销商品和期末结存商品应分摊的进销差价**

$$本期已销商品应分摊进销差价＝本期商品销售收入×商品进销差价率$$

$$期末结存商品应保留进销差价＝(期初库存商品进销差价＋本期购入库存商品进销差价)－本期已销商品应分摊进销差价$$

3. **计算本期商品销售实际成本**

$$本期商品销售实际成本＝本期商品销售收入－本期已销商品应分摊进销差价$$
$$或＝本期商品销售收入×(1－商品进销差价率)$$

4. **计算期末结存商品实际成本**

$$期末结存商品实际成本＝期末结存商品售价－期末结存商品应保留进销差价$$

【例3－39】 假设恒易公司所属的综合零售商场采用售价金额核算法，2020年12月1日，"库存商品"科目余额为1 125 000元，"商品进销差价"科目的余额为225 000元，12月份发生下列经济业务，恒易公司的会计处理如下：

(1) 5日，以银行存款购进商品一批，总进价1 900 000元，增值税进项税额为247 000元，售价总额为 2 375 000 元,商品已验收入库。

借:库存商品	2 375 000.00
应交税费——应交增值税(进项税额)	247 000.00
贷:银行存款	2 147 000.00
商品进销差价	475 000.00

(2) 15 日,销售商品实现总收入 1 750 000 元,增值税销项税额 227 500 元,款项全部存入银行,同时结转销售成本。

借:银行存款	1 977 500.00
贷:主营业务收入	1 750 000.00
应交税费——应交增值税(销项税额)	227 500.00

同时:

借:主营业务成本	1 750 000.00
贷:库存商品	1 750 000.00

(3) 20 日,以银行存款购进商品一批,总进价为 700 000 元,增值税进项税额为 91 000 元,售价总额为 875 000 元,商品已验收入库。

借:库存商品	875 000.00
应交税费——应交增值税(进项税额)	91 000.00
贷:银行存款	791 000.00
商品进销差价	175 000.00

(4) 31 日,销售商品实现总收入 1 430 000 元,增值税销项税额 185 900 元,款项全部存入银行,同时结转销售成本。

借:银行存款	1 615 900.00
贷:主营业务收入	1 430 000.00
应交税费——应交增值税(销项税额)	185 900.00

同时:

借:主营业务成本	1 430 000.00
贷:库存商品	1 430 000.00

(5) 31 日,结转已销商品进销差价。

商品进销差价率=(225 000+475 000+175 000)÷
      (1 125 000+2 375 000+875 000)×100%=20%

已销商品应分摊的进销差价=(1 750 000+1 430 000)×20%=636 000(元)

借:商品进销差价	636 000.00
贷:主营业务成本	636 000.00

经过商品进销差价的结转,12 月份以售价反映的商品销售成本已经调整为实际销售成本。

已销商品实际销售成本=1 750 000+1 430 000−636 000=2 544 000(元)

期末结存商品应保留的进销差价=(225 000+475 000+175 000)−636 000
       =239 000(元)

期末结存商品的实际成本＝(1 125 000＋2 375 000＋875 000－1 750 000－1 430 000)
－239 000＝956 000(元)

第六节 期末存货的计量

期末存货的计量是指存货在期末资产负债表上应列示金额的确定。我国企业会计准则规定：资产负债表日，存货应按照成本与可变现净值孰低法进行计量。

一、成本与可变现净值孰低法的含义

资产负债表日，企业存货的价值通常是以历史成本进行计量的。但在实际工作中，由于存货毁损、陈旧、过时、售价持续下跌等原因，会使企业持有的存货账面成本高于可变现净值，未来出售时获取收入的能力会相应降低而给企业带来损失。为了真实地反映企业资产负债表日资产的价值，体现稳健性要求，应合理地将存货可能发生的跌价损失进行预计。

成本与可变现净值孰低法是指按照存货的成本与可变现净值两者之中的较低者对期末存货进行计量的一种方法，即当成本低于可变现净值时，期末存货按成本计量，当可变现净值低于成本时，期末存货按可变现净值计量。此处的成本是指期末存货的实际成本，即采用先进先出法、月末一次加权平均法等存货计量方法，对发出存货及期末存货进行计量所确定的期末存货账面成本；可变现净值是指企业在正常经营过程中以存货的估计售价减去至完工时估计将要发生的成本和估计的销售费用以及相关税金后的金额，它既不是存货的市场价格，也不是存货的预计售价，而是存货的预计未来净现金流入量。

采用成本与可变现净值孰低法对期末存货进行计量，当某项存货的可变现净值跌至成本以下时，表明该项存货为企业带来的未来经济利益将低于账面成本，企业应按可变现净值低于成本的差额确认存货跌价损失，并将其从存货价值中扣除，否则，就会虚增当期利润和存货价值。

二、存货可变现净值的确定

存货可变现净值的确定必须以确凿的证据为基础，结合存货的持有目的及资产负债表日后事项的影响等因素进行。

（一）存货估计售价的确定

存货的可变现净值由估计售价、至完工将要发生的成本、估计的销售费用及相关税费等项目构成，估计售价是确定可变现净值的重要项目之一。通常情况下，如果存货有合同约定的，以合同约定的售价为基础；如果没有合同约定的，以资产负债表日的市场价格为基础；如果当月存货价格变动较大的，以当月存货平均销售价格或资产负债表日最近几次销售价格的平均数为基础。具体按下列原则进行：

（1）为执行销售合同或者劳务合同而持有的存货，通常应当以产成品或商品的合同价格作为其可变现净值的计量基础。如果企业与购货方签订了销售合同或劳务合同，且合同数量大于或等于存货数量，则该存货的售价以合同约定的价格估计。

（2）企业持有存货的数量多于销售合同订购数量的部分和没有销售合同或者劳务合同约定的存货，其可变现净值应当以产成品或商品的一般销售价格作为计量基础。一般销售价格可以是资产负债表日的市场价格，也可以是当月存货平均销售价格，还可以是资产负债表日最近几次销售价格的平均价格。

【例 3-40】 恒易公司 2020 年 10 月 10 日与甲公司签订销售合同。合同约定,2021 年 1 月 1 日,恒易公司以每台 20 000 元的价格(不含税价)向甲公司提供 N 产品 100 台。2020 年 12 月 31 日,恒易公司库存 M 产品 200 台,单位生产成本为 16 000 元;库存 N 产品 320 台,单位生产成本为 14 000 元。

由于 M 产品没有销售合同,因而,其售价应以一般销售价格为基础,假设 M 产品销售价格波动较大,不能以 12 月 31 日的市场价格为准,经查阅销售明细账,12 月份的平均销售价格为 20 000 元,则 M 产品的总售价为 4 000 000 元(20 000×200)。N 产品应区分两种情况估计售价:一是与销售合同相等的部分,其总售价为 2 000 000 元(20 000×100);二是超出销售合同的部分,假定 N 产品市场销售价格比较稳定,12 月 31 日的市场价格为 18 500 元,其总售价为 4 070 000 元(18 500×220),合计总售价为 6 070 000 元。

(二)可变现净值的确定

根据存货的用途不同,可变现净值的确定有两种情况:

1. 直接用于销售的存货

直接用于销售的存货包括对外销售的库存商品和对外销售的原材料等。其计算公式如下:

$$可变现净值=存货估计售价-估计销售费用及相关税金$$

【例 3-41】 依[例 3-40]资料,假设 M 产品的销售费用及相关税金估计为 814 000 元,N 产品的销售费用及相关税金估计为 546 000 元。则:

M 产品的可变现净值=4 000 000-814 000=3 186 000(元),小于其实际成本 3 200 000 元(16 000×200),其差额为 14 000 元,因此,M 产品发生跌价损失 14 000 元。

N 产品的可变现净值=6 070 000-546 000=5 524 000(元),大于其实际成本 4 480 000 元(14 000×320),其差额为 1 044 000 元,因此,N 产品未发生跌价损失。

2. 需要继续加工的存货

需要继续加工的存货包括用于生产的原材料、半成品、周转材料等。其计算公式如下:

$$可变现净值=存货估计售价-至完工时估计将要发生的成本\\-估计的销售费用及相关税金$$

其中,对用于生产而持有的原材料应当将原材料的期末计量与所生产的产品期末价值减损情况联系起来,按如下原则处理:

(1)如果用该材料生产的产品的可变现净值预计高于产品的生产成本,则该材料应当按照成本计量。

【例 3-42】 2020 年 12 月 31 日,恒易公司持有的用于生产 M 产品的甲材料的账面成本为 620 000 元,市场价格已跌至 570 000 元;由于甲材料市场价格下降,用甲材料生产的 M 产品的售价也发生了相应的下降,由原来的 1 300 000 元降为 1 200 000 元;将甲材料加工成 M 产品,估计尚需投入人工及制造费用 500 000 元,估计销售费用及税金为 75 000 元。

根据资料可知:

M 产品生产成本=620 000+500 000=1 120 000(元)

M 产品可变现净值=1 200 000-75 000=1 125 000(元)

M 产品可变现净值高于 M 产品生产成本 5 000 元(1 125 000-1 120 000),虽然甲材料的市场价格低于账面成本,但由于用其生产的 M 产品的可变现净值高于 M 产品的生产成本,表明用甲材料生产的最终产品此时并没有发生价值减损。因此,甲材料仍应按其成本620 000元列示在资产负债表的"存货"项目中,不计提存货跌价准备。

(2) 如果用该材料生产的产品的可变现净值预计低于产品的生产成本,则该材料应当按照可变现净值计量。

【例3-43】 2020年12月31日,恒易公司持有的用于生产N产品的乙材料的账面成本为460 000元,市场价格已跌至400 000元。由于乙材料市场价格下降,用乙材料生产的N产品的售价也发生了相应的下降,由原来的1 200 000元降为1 080 000元。将乙材料加工成N产品,估计尚需投入人工及制造费用650 000元,估计销售费用及税金为60 000元。

根据资料可知:

N产品生产成本=460 000+650 000=1 110 000(元)

N产品可变现净值=1 080 000-60 000=1 020 000(元)

N产品可变现净值低于N产品生产成本90 000元(1 110 000-1 020 000),表明用乙材料生产的最终产品发生了价值减损。因此,乙材料应按其可变现净值计量,即资产负债表的存货项目中乙材料的价值应按370 000元(1 080 000-650 000-60 000)列示。

因此,需要继续加工的存货中,材料的可变现净值应通过用其生产的产成品的估计售价和产成品的预计销售费用及税金来计算,其计算公式如下:

材料可变现净值=该材料生产的产成品估计售价-将材料加工成产成品尚需投入的成本
－产成品估计销售费用及相关税金

三、存货跌价准备的计提方法

企业应当定期对存货进行全面检查,根据存货毁损、陈旧、过时以及销售价格低于成本等情况,判断存货可变现净值是否低于其成本,并将可变现净值低于成本的差额计提存货跌价准备。

(一)存货减值迹象的判断

当企业的存货存在下列情况之一的,即表明存货的可变现净值低于成本,应当计提存货跌价准备:

(1) 存货市场价格持续下跌,并且在可预见的未来无回升的希望。

(2) 企业使用该项原材料生产的产品的成本高于产品的销售价格。

(3) 企业因产品更新换代,原有库存原材料已不适应新产品的需要,而该原材料的市场价格又低于其账面成本。

(4) 因企业所提供的商品或劳务过时或消费者偏好改变而使市场的需求发生变化,导致市场价格逐渐下跌。

(5) 其他足以证明该项存货实质上已经发生减值的情形。

(二)存货跌价准备计提的方法

存货跌价准备的计提范围可以按存货的品种、存货的类别和全部存货进行计提,即存货跌价准备可以使用单项比较法、分类比较法和总额比较法。

1. 单项比较法

单项比较法又称个别比较法,是指期末存货的价值按每一种存货的成本和可变现净值逐项进行比较,每项存货均取其低者来确定期末存货成本并计提存货跌价准备的一种方法。

2. 分类比较法

分类比较法又称类别比较法,是指期末存货的价值按每一类存货的成本和可变现净值逐类进行比较,每类存货均取其低者来确定期末存货成本并计提存货跌价准备的一种方法。

3. 总额比较法

总额比较法又称综合比较法,是指按全部存货的总成本与可变现净值总额进行比较,取其低者作为期末全部存货的成本并计提存货跌价准备的一种方法。

我国企业会计准则规定,企业通常应当按照单个存货项目计提存货跌价准备。对于数量繁多、单价较低的存货,可以按照存货类别计提存货跌价准备。与在同一地区生产和销售的产品系列相关、具有相同或类似最终用途或目的,且难以与其他项目分开计量的存货,可以合并计提存货跌价准备。

(三) 存货跌价准备的计提和转回

企业在资产负债表日计提存货跌价准备时,应首先按照本期存货可变现净值低于其成本的差额确定本期存货的减值金额,然后将本期存货的减值金额与"存货跌价准备"科目原有的余额进行比较,以确定是计提减值准备还是应冲销减值准备。本期应计提存货跌价准备的计算公式如下:

本期应计提存货跌价准备＝本期存货减值金额－"存货跌价准备"科目原有余额

公式中的"本期应计提存货跌价准备"可能会出现三种情况:

1. "本期应计提存货跌价准备"大于零

如果"本期应计提存货跌价准备"大于零,则按照此金额借记"资产减值损失"科目,贷记"存货跌价准备"科目。

2. "本期应计提存货跌价准备"等于零

如果"本期应计提存货跌价准备"等于零,表明本期存货减值损失在此之前已经计提了"存货跌价准备",本期不再需要计提。

3. "本期应计提存货跌价准备"小于零

如果"本期应计提存货跌价准备"小于零,表明以前引起存货减值的影响因素已经部分消失,存货的价值又得以部分恢复,企业应当相应地恢复存货的账面价值,即以小于零的金额冲减已计提的存货跌价准备,借记"存货跌价准备"科目,贷记"资产减值损失"科目。

【例3-44】 假设恒易公司从2017年开始对存货按成本与可变现净值孰低法进行计量。2017年至2020年,恒易公司有关M产品期末计量的资料及相应的会计处理如下:

(1) 2017年12月31日,M产品的账面成本为1 240 000元,可变现净值为1 210 000元。

本期应计提存货跌价准备＝(1 240 000－1 210 000)－0＝30 000(元)

借:资产减值损失	30 000.00
贷:存货跌价准备——M产品	30 000.00

2017年12月31日,"存货跌价准备"科目的余额为30 000元,资产负债表中M产品应按可变现净值1 210 000元列示其价值。

(2) 2018年销售M产品结转了相应的存货跌价准备26 000元。2018年12月31日,M产品的账面成本为1 020 000元,可变现净值为1 010 000元。

借:存货跌价准备——M产品	26 000.00
贷:主营业务成本	26 000.00

本期应计提存货跌价准备＝(1 020 000－1 010 000)－(30 000－26 000)＝6 000(元)

借：资产减值损失	6 000.00	
贷：存货跌价准备——M产品		6 000.00

2018年12月31日,"存货跌价准备"科目的余额为10 000元,资产负债表中M产品应按可变现净值1 010 000元列示其价值。

(3) 2019年销售M产品结转了相应的存货跌价准备8 000元。2019年12月31日,M产品的账面成本为1 456 000元,可变现净值为1 455 000元。

借：存货跌价准备——M产品	8 000.00	
贷：主营业务成本		8 000.00

本期应计提存货跌价准备＝(1 456 000－1 455 000)－(10 000－8 000)＝－1 000(元)

借：存货跌价准备——M产品	1 000.00	
贷：资产减值损失		1 000.00

2019年12月31日,"存货跌价准备"科目的余额为1 000元,资产负债表中M产品应按可变现净值1 455 000元列示其价值。

(4) 2020年销售M产品结转了相应的存货跌价准备600元。2020年12月31日,M产品的账面成本为1 320 000元,可变现净值为1 325 000元。

借：存货跌价准备——M产品	600.00	
贷：主营业务成本		600.00

由于M产品的可变现净值高于账面成本,因此,应将存货的账面价值恢复至账面成本,即将已计提的存货跌价准备全部转回,转回的极限为"存货跌价准备"科目的余额为零。

借：存货跌价准备——M产品	400.00	
贷：资产减值损失		400.00

2020年12月31日,"存货跌价准备"科目已无余额,资产负债表中M产品应按账面成本1 320 000元列示其价值。

(四)存货跌价准备的结转

发出已计提跌价准备的存货时,应根据不同情况对已计提的存货跌价准备予以结转。

1. 生产产品领用材料

生产产品领用原材料时一般不随时结转相应的存货跌价准备,待期末计提存货跌价准备时一并调整。

【例3-45】 恒易公司"存货跌价准备——丙材料"科目2020年12月1日的余额为5 000元,假设恒易公司不随时结转领用材料的跌价准备,12月份发生的经济业务及会计处理如下：

(1) 2020年12月15日,生产产品领用丙材料87 000元,相应的存货跌价准备为3 000元。

借：生产成本——基本生产成本	87 000.00	
贷：原材料——丙材料		87 000.00

(2) 2020年12月31日,丙材料账面成本为126 000元,可变现净值为123 000元。

本期应计提存货跌价准备＝(126 000－123 000)－5 000＝－2 000(元)

本期应确认的资产减值损失＝3 000＋(－2 000)＝1 000(元)

借:资产减值损失	1 000.00	
存货跌价准备——丙材料	2 000.00	
贷:生产成本——基本生产成本		3 000.00

假设丙材料的账面成本为 132 000 元,其他资料不变,则:

本期应计提存货跌价准备=(132 000−123 000)−5 000=4 000(元)

本期应确认的资产减值损失=3 000+4 000=7 000(元)

借:资产减值损失	7 000.00	
贷:生产成本——基本生产成本		3 000.00
存货跌价准备——丙材料		4 000.00

2. 销售存货

在结转销售存货的销售成本时,应结转相应的存货跌价准备,借记"存货跌价准备"科目,贷记"主营业务成本"或"其他业务成本"等科目。

【例 3-46】 2020 年 12 月 16 日,恒易公司销售 N 产品一批,销售总价为 210 000 元,增值税销项税额为 27 300 元。N 产品实际成本为 168 000 元,已计提存货跌价准备 8 000 元。恒易公司的会计处理如下:

借:银行存款	237 300.00	
贷:主营业务收入		210 000.00
应交税费——应交增值税(销项税额)		27 300.00
借:主营业务成本	168 000.00	
贷:库存商品——N 产品		168 000.00
借:存货跌价准备——N 产品	8 000.00	
贷:主营业务成本		8 000.00

3. 其他存货减少

其他存货减少包括非货币性资产交换、债务重组、企业合并等转让的存货,根据其应结转的相应的存货跌价准备,借记"存货跌价准备"科目,贷记"主营业务成本""其他业务成本"以及其他有关科目(参见相关的核算内容)。

4. 存货可变现净值为零

存货可变现净值为零时应当将其账面余额全部转销,同时转销相应的存货跌价准备。以下情况表明存货的可变现净值为零:

(1) 已霉烂变质的存货。

(2) 已过期且无转让价值的存货。

(3) 生产中已不再需要,并且已无使用价值和转让价值的存货。

(4) 其他足以证明已无使用价值和转让价值的存货。

【例 3-47】 2020 年 12 月 31 日,恒易公司在对库存商品清查时发现已停止生产的 P 产品尚有 100 台,实际成本为 40 000 元,已提存货跌价准备 38 000 元。该产品已被淘汰,没有其他使用价值,假设也无残值。恒易公司的会计处理如下:

借:管理费用	2 000.00	
存货跌价准备——P 产品	38 000.00	
贷:库存商品——P 产品		40 000.00

第七节 存货清查

一、存货清查的意义与方法

存货是企业资产的重要组成部分。随着销售或耗用,存货处于不断的重置之中,具有较强的流动性。为了加强对存货的控制和管理,确保其安全完整,企业应当定期或不定期地对存货进行盘点和抽查,并与账面记录进行核对,以保证账实相符。企业至少应当在编制年度财务报表之前,对存货进行一次全面的清查盘点。

存货清查一般采用实地盘点、账实核对的方法。在清查盘点前,应将已经收发的存货数量全部登记入账并准备盘点清册,抄列各种存货的编号、名称、规格和存放地点;盘点时应在盘点清册上逐一登记各种存货的账面结存数量和实际结存数量并进行核对。对于账实不符的存货,应查明原因,分清责任,并根据清查结果编制"存货盘存报告单",作为存货清查的原始凭证。

在清查盘点过程中如果发现存货盘盈或盘亏,应于期末前查明原因,根据管理权限报经股东大会或董事会或经理(厂长)会议或类似机构批准后,在期末结账前处理完毕。

二、存货盘盈与盘亏的会计处理

(一)存货盘盈

存货盘盈是指存货的实际结存数量大于账面结存数量的差额。存货发生盘盈时应按照同类或类似存货的市场价格作为实际成本入账,借记"原材料""周转材料""库存商品"等科目,贷记"待处理财产损溢——待处理流动资产损溢"科目;待查明原因,报经批准处理后或在期末冲减当期管理费用。

【例3-48】 2020年12月31日,恒易公司在对存货清查时发现丁材料溢余20千克,账面单价为20元。经查,其盘盈属于正常的收发差异,经批准作冲减管理费用处理。恒易公司的会计处理如下:

(1)发现盘盈:

借:原材料——丁材料	400.00
贷:待处理财产损溢——待处理流动资产损溢	400.00

(2)报经批准处理:

借:待处理财产损溢——待处理流动资产损溢	400.00
贷:管理费用——其他	400.00

(二)存货盘亏

存货盘亏是指存货的实际结存数量小于账面结存数量的差额。存货发生盘亏时应将其账面成本及时转销,借记"待处理财产损溢——待处理流动资产损溢"科目,贷记"原材料""周转材料""库存商品"等科目;查明原因并报经批准处理后,根据造成盘亏的原因,分别以下情况进行会计处理:

(1)属于定额内自然损耗造成的短缺计入管理费用。

(2)属于收发计量差错和管理不善等原因造成的短缺或毁损,将扣除可收回的保险公司和过失人赔款以及残料价值后的净损失计入管理费用。

(3) 属于自然灾害或意外事故等非常原因造成的毁损,将扣除可收回的保险公司和过失人赔款以及残料价值后的净损失计入营业外支出。

【例 3-49】 2020 年 12 月 31 日,恒易公司在对存货清查时发现乙材料短少 10 千克,账面单价为 60 元。经查,其短少属于正常的收发差异,经批准作管理费用处理。恒易公司的会计处理如下:

(1) 发现盘亏:

借:待处理财产损溢——待处理流动资产损溢	600.00
贷:原材料——乙材料	600.00

(2) 报经批准处理:

借:管理费用	600.00
贷:待处理财产损溢——待处理流动资产损溢	600.00

【例 3-50】 2020 年 12 月 31 日,恒易公司在对存货清查时发现甲材料毁损 1 000 千克,账面单价为 90 元,增值税税率为 13%。假设其毁损的原因是自然灾害造成的,经保险公司现场勘查,同意赔付 60 000 元,其残料已出售,收到 200 元现金,差额部分经批准作营业外支出处理。恒易公司的会计处理如下:

(1) 发现盘亏:

借:待处理财产损溢——待处理流动资产损溢	101 700.00
贷:原材料——乙材料	90 000.00
应交税费——应交增值税(进项税额转出)	11 700.00

(2) 报经批准处理:

借:其他应收款——保险理赔款	60 000.00
营业外支出——非常损失	41 500.00
库存现金	200.00
贷:待处理财产损溢——待处理流动资产损溢	101 700.00

毁损的存货已计提存货跌价准备的,还应冲减其相应的存货跌价准备。

需要说明的是,根据企业会计准则的规定,"待处理财产损溢"科目年末不能留有余额,如果管理层尚未批准处理,则应根据职业判断作上述相应的会计处理,同时应在年度会计报表附注中说明。其后批准处理的金额与原根据职业判断处理的金额不一致的,应调整报告期会计报表相关项目的年初数。

第 4 章 金融资产

本 章 提 要

本章主要叙述债权投资、应收款项及交易性金融资产的核算方法。通过本章的学习,应掌握债权投资和交易性金融资产的会计处理方法,掌握应收票据的取得、收回、转让和贴现的会计处理方法,掌握应收账款的发生和收回以及坏账准备的会计处理方法,掌握债务重组的会计处理方法。

重 点 难 点

债权投资的会计处理;应收票据、应收账款的会计处理;交易性金融资产的会计处理;债务重组的会计处理。

第一节 金融资产概述

金融工具是指形成一方的金融资产并形成其他方的金融负债或权益工具的合同。该合同可以采用书面形式,也可以不采用书面形式,实务中通常采用书面形式。非合同的资产和负债不属于金融工具,如应交税费是企业按照税收法规规定承担的义务,并不是以合同为基础产生的义务,则不属于金融工具范畴。金融工具一般包括金融资产、金融负债和权益工具以及其他一些尚未确认的项目。

一、金融资产的内容

金融资产是指企业持有的现金、其他方的权益工具以及符合下列条件之一的资产:

(1) 从其他方收取现金或其他金融资产的合同权利。如银行存款、应收账款、应收票据及贷款等。预付账款因其产生的未来经济利益是商品或服务,不是收取现金或其他金融资产的权利,因而不属于金融资产。

(2) 在潜在有利条件下,与其他方交换金融资产或金融负债的合同权利。如企业持有的看涨期权或看跌期权,假设 2020 年 3 月 31 日甲企业与乙企业签订 5 个月后结算的期权合同,甲企业以每股 2.4 元的期权费买入 5 个月后执行价格为 69 元的丙公司股票的看涨期权(当日丙公司股票价格为 67.8 元)。至当年 8 月 31 日,丙公司股票价格为 70 元,甲企业选择执行该期权。此时,甲企业享有在潜在有利条件下与乙企业交换金融资产的合同权利,形成一项衍生金融资产。

(3) 将来须用或可用企业自身权益工具进行结算的非衍生工具合同,且企业根据该合同将收到可变数量的自身权益工具。如甲企业(上市公司)为回购其普通股股份,于 2020 年 5 月 1 日与乙企业签订合同,合同约定,甲企业当日支付 100 万元现金给乙企业,乙企业于当年 9 月 30 日向甲企业交付与 100 万元等值的甲企业普通股,股票具体数量以 9 月 30 日甲企业的股价确定。此时,甲企业收到的自身普通股的数量随着其普通股市场价格的变动而变动,则甲企业应确认为一项金融资产。

(4) 将来须用或可用企业自身权益工具进行结算的衍生工具合同,但以固定数量的自身权益工具交换固定金额的现金或其他金融资产的衍生工具合同除外。其中,企业自身权益工具不包括按照金融工具列报准则分类为权益工具的可回售工具或发行方仅在清算时才有义务向另一方按比例交付其净资产的金融工具,也不包括本身就要求在未来收取或交付企业自身权益工具的合同。如甲企业于 2020 年 2 月 1 日与乙企业签订合同,向乙企业支付 10 000 元购入以自身普通股为标的的看涨期权后有权在行权日(合同约定为当年 6 月 30 日)以每股 100 元的价格向乙企业购入甲企业普通股 2 000 股,且按甲企业普通股净额结算。假设行权日甲企业普通股市价为 125 元,期权公允价值为 50 000 元,则甲企业会收到 400 股自身普通股对看涨期权进行净额结算。此时,期权合同属于将来须用企业自身权益工具进行结算的衍生工具合同,由于合同约定以甲企业的普通股净额结算期权的公允价值,而非按照每股 100 元的价格全额结算 2 000 股甲企业股票,因此不属于"以固定数量的自身权益工具交换固定金额的现金",则甲企业应将该看涨期权确认为一项衍生金融资产。

二、金融资产的分类

金融资产的分类是确认和计量的基础。企业应当根据其管理金融资产的业务模式和金融资产的合同现金流量特征,将金融资产划分为以摊余成本计量的金融资产、以公允价值计量且其变动计入其他综合收益的金融资产和以公允价值计量且其变动计入当期损益的金融资产三大类。金融资产分类一经确定,不得随意变更。

(一)企业管理金融资产的业务模式

企业管理金融资产的业务模式是指企业如何管理其金融资产以产生现金流量。业务模式决定企业所管理金融资产现金流量的来源是收取合同现金流量、出售金融资产还是两者兼有。

1. 以收取合同现金流量为目标的业务模式

在以收取合同现金流量为目标的业务模式下,企业管理金融资产旨在通过在金融资产存续期内收取合同付款来实现现金流量,而不是通过持有并出售金融资产产生整体回报。

需要注意的是:

① 尽管企业持有金融资产是以收取合同现金流量为目标,但是企业无须将所有此类金融资产持有至到期。因此,即使企业出售金融资产或者预计未来会出售金融资产,此类金融资产的业务模式仍然可能是以收取合同现金流量为目标。企业在评估金融资产是否属于该业务模式时,应当考虑此前出售此类资产的原因、时间、频率和出售的价值,以及对未来出售的预期。但是,此前出售资产的事实只是为企业提供相关依据,而不能决定业务模式。

② 在以收取合同现金流量为目标的业务模式下,金融资产的信用质量影响着企业收取合同现金流量的能力。为减少因信用恶化所导致的潜在信用损失而进行的风险管理活动与以收取合同现金流量为目标的业务模式并不矛盾。因此,即使企业在金融资产的信用风险增加时为减少信用损失而将其出售,金融资产的业务模式仍然可能是以收取合同现金流量为目标的业务

模式。

③ 如果企业在金融资产到期日前出售金融资产,即使与信用风险管理活动无关,在出售只是偶然发生(即使价值重大)或者单独及汇总而言出售的价值非常小(即使频繁发生)的情况下,金融资产的业务模式仍然可能是以收取合同现金流量为目标。如果企业能够解释出售的原因并且证明出售并不反映业务模式的改变,出售频率或者出售价值在特定时期内增加不一定与以收取合同现金流量为目标的业务模式相矛盾。

④ 如果出售发生在金融资产临近到期时,且出售所得接近待收取的剩余合同现金流量,金融资产的业务模式仍然可能是以收取合同现金流量为目标。

2．以收取合同现金流量和出售金融资产为目标的业务模式

在同时以收取合同现金流量和出售金融资产为目标的业务模式下,企业的关键管理人员认为收取合同现金流量和出售金融资产对于实现其管理目标而言都是不可或缺的。如企业的目标是管理日常流动性需求的同时维持特定的收益率,或将金融资产的存续期与相关负债的存续期进行匹配。

与以收取合同现金流量为目标的业务模式相比,此业务模式涉及的出售通常频率更高、金额更大。因为出售金融资产是此业务模式的目标之一,在该业务模式下不存在出售金融资产的频率或者价值的明确界限。

3．其他业务模式

如果企业管理金融资产的业务模式不是以收取合同现金流量为目标,也不是以收取合同现金流量和出售金融资产为目标,则该企业管理金融资产的业务模式是其他业务模式。如企业持有金融资产的目的是交易性的或者基于金融资产的公允价值作出决策并对其进行管理。在这种情况下,企业管理金融资产的目标是通过出售金融资产以实现现金流量。即使企业在持有金融资产的过程中会收取合同现金流量,企业管理金融资产的业务模式也不是以收取合同现金流量和出售金融资产为目标,因为收取合同现金流量对实现该业务模式目标来说只是附带性质的活动。

(二) 金融资产的具体分类

1．以摊余成本计量的金融资产

金融资产同时符合下列条件的,应当分类为以摊余成本计量的金融资产:

(1) 企业管理该金融资产的业务模式是以收取合同现金流量为目标;

(2) 该金融资产的合同条款规定,在特定日期产生的现金流量,仅为对本金和以未偿付本金金额为基础的利息的支付。

如普通债券的合同现金流量是到期收回本金及按约定利率在合同期间按时收取固定或浮动利息。在没有其他特殊安排的情况下,普通债券通常可能符合本金加利息的合同现金流量特征。如果企业管理该债券的业务模式是以收取合同现金流量为目标,则该债券可以分类为以摊余成本计量的金融资产。又如企业正常商业往来形成的具有一定信用期限的应收账款,如果企业拟根据应收账款的合同现金流量收取现金,且不打算提前处置应收账款,则该应收账款可以分类为以摊余成本计量的金融资产。

2．以公允价值计量且其变动计入其他综合收益的金融资产

金融资产同时符合下列条件的,应当分类为以公允价值计量且其变动计入其他综合收益的金融资产:

(1) 企业管理该金融资产的业务模式既以收取合同现金流量为目标又以出售该金融资产为目标;

(2) 该金融资产的合同条款规定,在特定日期产生的现金流量,仅为对本金和以未偿付本金金额为基础的利息的支付。

如企业在销售中给予客户一定期间的信用期而形成的应收账款与银行签订无追索权保理合同,银行即可向企业授信,企业则可在需要时向银行出售应收账款。此时,应收账款的业务模式符合"既以收取合同现金流量为目标又以出售该金融资产为目标",且该应收账款符合本金加利息的合同现金流量特征,因此应当分类为以公允价值计量且其变动计入其他综合收益的金融资产。

3. 以公允价值计量且其变动计入当期损益的金融资产

企业分类为以摊余成本计量的金融资产和以公允价值计量且其变动计入其他综合收益的金融资产之外的金融资产,应当分类为以公允价值计量且其变动计入当期损益的金融资产。企业常见的下列投资通常应当分类为以公允价值计量且其变动计入当期损益的金融资产:

(1) 股票。股票的合同现金流量源自收取被投资企业未来股利分配以及其清算时获得剩余收益的权利。通常情况下,企业持有的股票应当分类为以公允价值计量且其变动计入当期损益的金融资产。

(2) 基金。常见基金类型有股票型、债券型、货币型或混合型等,投资者从该类投资中所取得的现金流量既包括投资期间基础资产产生的合同现金流量,也包括处置基础资产的现金流量。企业持有的基金通常应当分类为以公允价值计量且其变动计入当期损益的金融资产。

(3) 可转换债券。可转换债券除按一般债权类投资的特性到期收回本金、获取约定利息或收益外,还嵌入了一项转股权。由于可转换债券不符合本金加利息的合同现金流量特征,企业持有的可转换债券投资应当分类为以公允价值计量且其变动计入当期损益的金融资产。

此外,在初始确认时,如果能够消除或显著减少会计错配,企业可以将金融资产指定为以公允价值计量且其变动计入当期损益的金融资产,但一经指定,不得撤销。

(三) 金融资产分类的特殊规定

权益工具投资一般不符合本金加利息的合同现金流量特征,因此应当分类为以公允价值计量且其变动计入当期损益的金融资产。但在初始确认时企业可以将非交易性权益工具投资指定为以公允价值计量且其变动计入其他综合收益的金融资产,并确认股利收入。

只有不符合下列条件的非交易性权益工具投资才可以进行该指定,但一经作出,不得撤销:

(1) 取得相关金融资产的目的,主要是为了近期出售。如企业以赚取差价为目的从二级市场购入的股票、债券和基金等。

(2) 相关金融资产在初始确认时属于集中管理的可辨认金融工具组合的一部分,且有客观证据表明近期实际存在短期获利模式。在这种情况下,即使组合中有某个组成项目持有的期限稍长也不受影响。

(3) 相关金融资产属于衍生工具。但符合财务担保合同定义的衍生工具以及被指定为有效套期工具的衍生工具除外。如未作为套期工具的利率互换或外汇期权。

初始确认时,企业可基于单项非交易性权益工具投资,将其指定为以公允价值计量且其变动计入其他综合收益的金融资产,其公允价值的后续变动计入其他综合收益,不需计提减值准备。除了获得的股利收入(明确作为投资成本部分收回的股利收入除外)计入当期损益外,其他相关的利得和损失(包括汇兑损益)均应当计入其他综合收益,且后续不得转入损益。当金融资产终止确认时,之前计入其他综合收益的累计利得或损失应当从其他综合收益中转出,计入留存收益。

企业投资其他上市公司股票或者非上市公司股权的,都可能属于这种情形。但企业在非同一控制下的企业合并中确认的或有对价构成金融资产的,该金融资产应当分类为以公允价值计量且其变动计入当期损益的金融资产,不得指定为以公允价值计量且其变动计入其他综合收益的金融资产。

第二节　以摊余成本计量的债权投资

企业管理金融资产的业务模式如果是以收取合同现金流量为目标,且其现金流量仅为对本金和以未偿付本金金额为基础的利息支付的,企业会计准则规定应采用摊余成本进行计量。根据企业会计准则有关金融资产分类的界定,以摊余成本计量的金融资产主要包括以摊余成本计量的债权投资和以摊余成本计量的应收款项两大类,本节介绍以摊余成本计量的债权投资的相关问题,以摊余成本计量的应收款项在第三节中介绍。

债权投资是指为取得债权所进行的投资,如购买公司债券、国库券等。企业进行债权投资不是为了获得其他企业的剩余资产,而是为了获取高于银行存款利率的利息,并保证按期收回本息。债权投资如果其目标仅为收取持有债权的利息和债权的本金,而非出售,则该债权投资应以摊余成本进行计量。

一、以摊余成本计量债权投资的科目设置

以摊余成本计量债权投资,通常应设置"债权投资""债权投资减值准备"和"信用减值损失"等科目。

(一)"债权投资"科目

"债权投资"科目核算企业以摊余成本计量的债权投资的账面余额。其借方登记企业取得以摊余成本计量的债权投资的面值和溢价、持有期间按实际利率法计算确定的折价摊销额、一次还本付息债权投资在资产负债表日按票面利率计算确定的应收未收利息、转销的尚未摊销完毕的债权折价;贷方登记取得以摊余成本计量的债权投资的折价、持有期间按实际利率法计算确定的溢价摊销额、转销的债权面值和尚未摊销完毕的债权溢价以及应计利息;期末余额在借方,反映企业以摊余成本计量的债权投资的摊余成本。该科目可按以摊余成本计量的债权投资的类别和品种,分别以"成本""利息调整""应计利息"等进行明细核算。

(二)"债权投资减值准备"科目

"债权投资减值准备"科目核算企业以摊余成本计量的债权投资以预期信用损失为基础计提的损失准备。其借方登记已计提减值准备的以摊余成本计量的债权投资价值以后又得以恢复,在原已计提的减值准备金额内恢复增加的金额,以及转销的债权投资减值准备;贷方登记资产负债表日确定的以摊余成本计量的债权投资发生减值的金额;期末余额在贷方,反映企业已计提但尚未转销的以摊余成本计量的债权投资减值准备。该科目应当按照以摊余成本计量的债权投资类别和品种进行明细核算。

(三)"信用减值损失"科目

"信用减值损失"科目核算企业计提的以摊余成本计量的债权投资的减值准备所形成的预期信用损失。借方登记以摊余成本计量的债权投资以预期信用损失为基础计提的减值损失;贷方登记以摊余成本计量的债权投资价值以后又得以恢复,在原已计提的减值准备金额内恢复增加

的金额,以及期末结转"本年利润"科目的信用减值损失。期末本科目没有余额。

除此之外,还应设置"应收利息""投资收益"等科目。

二、以摊余成本计量债权投资的初始计量

以摊余成本计量的债权投资的初始计量是初始投资成本的计量。企业取得的以摊余成本计量的债权投资,应当按取得时的公允价值和相关交易费用之和作为初始投资成本。

以摊余成本计量的债权投资初始确认时的公允价值通常指交易价格,即所支付对价的公允价值。如果支付的对价的一部分并非针对该项债权投资,则该项债权投资的公允价值应采用估值技术进行估计。如一项债权投资的公允价值的估计数是以信用等级相当的类似金融工具(计价的币种、条款、利率类型和其他因素相类似)的当前市场利率,对所有未来现金收款额折现所得出的现值。

企业应根据公允价值计量准则的规定,确定以摊余成本计量的债权投资在初始确认时的公允价值。公允价值通常为该项债权投资的交易价格,如果该项债权投资的公允价值与交易价格存在差异的,应当区别下列情况进行处理:在初始确认时,该项债权投资的公允价值依据相同资产在活跃市场上的报价或者以仅使用可观察市场数据的估值技术确定的,应当将该差额确认为一项利得或损失;在初始确认时,该项债权投资的公允价值以其他方式确定的,应当将该差额递延,初始确认后根据某一因素在相应会计期间的变动程度将该递延差额确认为相应会计期间的利得或损失。

企业取得金融资产所支付的价款中包含的已宣告但尚未发放的利息或现金股利,应当单独确认为应收项目处理。

交易费用是指可直接归属于购买、发行或处置金融工具的增量费用。增量费用是指企业没有发生购买、发行或处置相关金融工具的情形就不会发生的费用,包括支付给代理机构、咨询公司、券商、证券交易所、政府有关部门等的手续费、佣金、相关税费以及其他必要支出,不包括债权溢价、折价、融资费用、内部管理成本和持有成本等与交易不直接相关的费用。

【例4-1】 2020年1月2日,恒易公司购入丙公司2020年1月1日发行的5年期债券80张,每张面值1 000元,每张购买价950元,另支付相关税费400元。债券票面利率6%,每年付息一次。恒易公司的会计处理如下:

借:债权投资——丙公司债券(成本)	80 000.00
贷:债权投资——丙公司债券(利息调整)	3 600.00
银行存款	76 400.00

【例4-2】 2020年7月1日,恒易公司购入丁公司2020年1月1日发行的3年期债券800张,每张面值1 000元,票面利率5%,到期一次还本付息,债券价款及相关税费计830 000元均以银行存款支付。恒易公司的会计处理如下:

债券买价中包含的应计利息=1 000×800×5%×6/12=20 000(元)

借:债权投资——丁公司债券(成本)	800 000.00
——丁公司债券(应计利息)	20 000.00
——丁公司债券(利息调整)	10 000.00
贷:银行存款	830 000.00

【例4-3】 2020年1月1日,恒易公司购入甲公司当日发行的3年期债券,债券面值100 000元,票面利率6%,每年付息一次,到期归还本金,购入价格为105 400元,另支付有关税费

500元。恒易公司的会计处理如下:

借:债权投资——甲公司债券(成本)	100 000.00
——甲公司债券(利息调整)	5 900.00
贷:银行存款	105 900.00

【例4-4】 2020年1月1日,恒易公司购入乙公司当日发行的4年期债券,债券面值100 000元,票面利率4%,每年付息一次,到期归还本金,购入价格为96 000元,另支付有关税费400元。恒易公司的会计处理如下:

借:债权投资——乙公司债券(成本)	100 000.00
贷:债权投资——乙公司债券(利息调整)	3 600.00
银行存款	96 400.00

三、以摊余成本计量债权投资的后续计量

以摊余成本计量债权投资的后续计量是指在债权投资持有期间对债权投资价值的再计量。由于企业债权投资的价值等于该债权投资的面值的现值(按实际利率计算)加上各期利息(按票面利率计算)的现值(按实际利率计算),因此,以摊余成本计量债权投资的后续计量主要包括资产负债表日摊余成本的计量、债权投资持有期间利息收入的计量和债权投资溢(折)价的计量三方面的内容。

(一)资产负债表日摊余成本的计量

资产负债表日摊余成本的计量即企业对债权投资,应当在资产负债表日采用实际利率法,按摊余成本进行后续计量。

摊余成本是指该项投资的初始确认金额,扣除已偿还的本金,加上或减去采用实际利率法将该初始确认金额与到期日金额之间的差额进行摊销形成的累计摊销额,再扣除已发生的减值损失(仅适用于金融资产)的结果。

(二)债权投资持有期间利息收入的计量

(1)企业对以摊余成本计量的债权投资,应在资产负债表日按摊余成本和实际利率法计算确定的利息收入确认为投资收益。实际利率应当在取得以摊余成本计量的债权投资时确定,在该债权投资预期存续期间内保持不变。

(2)企业对以摊余成本计量的债权投资,在资产负债表日按其票面利率计算确定的应收未收利息,区别以下两种情况进行处理:一是该债权投资为一次还本付息的债权投资的,其应收未收利息计入该债权投资的账面余额,记入"债权投资——应计利息"科目;二是该债权投资为分期付息、一次还本的债权投资的,其应收未收利息作为应收项目记入"应收利息"科目,不增加债权投资的账面余额。

(3)以摊余成本计量的债权投资发生减值的,发生减值后,利息收入应当按照确定减值损失时对未来现金流量进行折现采用的折现率作为利率计算确认。

(三)债权投资溢(折)价的计量

企业债权投资的计量涉及两个利率:一是票面利率(又称名义利率),票面利率是计算债权利息的依据,投资人收到的利息是按债权面值和票面利率计算的;二是市场利率(又称实际利率),企业投资的债券如果票面利率高于市场利率,表明企业取得债券的利息将高于按市场利率计算的利息,发行人就会溢价发行债券,对投资人而言,溢价是为以后多得的利息而事先付出的代价;企业投资的债券如果票面利率低于市场利率,表明企业取得的债券利息将低于按市场利率计算的利息,发行人就会折价发行债券,对投资人而言,折价是为以后少得的利息而事先收到的补偿。即:

当票面利率＞市场利率时,发行者以高于债券面值的价格发行,即溢价发行,投资者溢价购买。

当票面利率＜市场利率时,发行者以低于债券面值的价格发行,即折价发行,投资者折价购买。

当票面利率＝市场利率时,发行者以等于债券面值的价格发行,即平价发行,投资者平价购买。

因此,对投资企业而言,债券的溢价或折价的实质是对企业所得的利息收入的一种调整,应在持有期间按期摊销。

企业对以摊余成本计量的债权投资发生的溢价或折价,应按以下原则摊销:

1. 以摊余成本计量的债权投资的溢价或折价在债券购入后至到期前的期间内应采用实际利率法摊销

实际利率法是将企业购入债券的溢价或折价,在债券购买日至债券到期日内按债券实际利率计算分摊于债券各计息期或付息期的方法。在实际利率法下,以每期期初债权投资的账面价值乘以实际利率作为每期的实际利息收入,将实际利息收入与按债权票面价值和票面利率计算的应计利息之间的差额,作为每期债券溢价或折价的摊销额。由于债权投资账面价值随着债券溢价或折价的摊销而减少或增加,所计算出来的实际利息收入也随之逐期减少或增加,各期溢价或折价的摊销额也不相等。其计算公式如下:

当期实际利息收入＝期初债权投资账面价值×实际利率

溢价摊销额＝当期应计利息－当期实际利息收入

折价摊销额＝当期实际利息收入－当期应计利息

2. 以摊余成本计量的债权投资溢价或折价的摊销,应与确认相关债券利息收入同步进行,并作为投资收益的调整

在资产负债表日按票面利率计算确定的应收未收利息,与按该债权投资摊余成本和实际利率计算确定的利息收入的差额,借记或贷记"债权投资——利息调整"科目。

按债券面值计算的应计利息减去当期摊销的溢价或加上当期摊销的折价,即为当期的实际利息收入,确认为当期投资收益。其计算公式如下:

每期实际利息收入＝债券票面利息＋每期摊销的折价(－每期摊销的溢价)

【例4-5】 依[例4-3]资料,恒易公司采用实际利率法摊销债权投资溢价。

(1)确定实际利率。实际利率是指将金融资产或金融负债在预计存续期的估计未来现金流量折现为该金融资产账面余额(不考虑减值)或金融负债摊余成本所使用的利率。就债权投资而言,就是将该债权投资未来收回的利息和本金折算为现值,使其恰好等于该债权初始确认金额的折现率。即:

债权面值＋债权溢价(－债权折价)＝债权本金的现值＋各期债权利息的现值

实际利率的确定一般采用逐次测试法,即先以一个利率将债权本金和各期利息进行折现,其折现值的和如果小于初始投资成本,说明实际利率小于该利率,降低利率再进行测试;其折现值的和如果大于初始投资成本,说明实际利率大于该利率,提高利率再进行测试,直到折现值的和最接近于初始投资成本;随后,取其最接近于初始投资成本的上、下两个值,运用插值法确定实际利率。

根据有关资料,先按5%的利率测算,查复利现值系数和年金现值系数表,得利率为5%、期限

为3的复利现值系数和年金现值系数分别为0.863 8和2.723 2,则:

100 000×0.863 8+100 000×6%×2.723 2=102 719.20(元)

102 719.20元小于初始投资成本105 900元,说明实际利率小于5%,再按4%的利率测算,查复利现值系数和年金现值系数表,得利率为4%、期限为3的复利现值系数和年金现值系数分别为0.889 0和2.775 1,则:

100 000×0.889 0+100 000×6%×2.775 1=105 550.60(元)

105 550.60元仍小于初始投资成本105 900元,说明实际利率小于4%,再按3%的利率测算,查复利现值系数和年金现值系数表,得利率为3%、期限为3的复利现值系数和年金现值系数分别为0.915 1和2.828 6,则:

100 000×0.915 1+100 000×6%×2.828 6=108 481.60(元)

108 481.60元大于初始投资成本105 900元,说明实际利率为3%~4%,根据插值法求出实际利率:

3%+(4%−3%)×(105 900−108 481.6)/(105 550.6−108 481.6)=3.880 8%

此处也可按下列方法计算实际利率:

$$\text{相减}\begin{pmatrix}3\% \\ i \\ 4\%\end{pmatrix}\text{相减} \quad \text{相减}\begin{pmatrix}108\,481.60 \\ 105\,900.00 \\ 105\,550.60\end{pmatrix}\text{相减}$$

即:

$$\frac{i-3\%}{4\%-3\%}=\frac{105\,900.00-108\,481.60}{105\,550.60-108\,481.60}$$

由此求得:$i=3.880\,8\%$

(2) 计算各年溢价摊销数。根据确定的实际利率进行溢价的摊销,编制债权投资溢价摊销计算表,如表4-1所示。

表4-1 债权投资溢价摊销表(实际利率法)　　　　　　　　　单位:元

年　度	期初摊余成本 (A)	实际利息收入 (B=A×i)	现金流入 (C)	应摊销额 (D=C−B)	期末摊余成本 (E=A+B−C)
2020年	105 900.00	4 109.77	6 000.00	1 890.23	104 009.77
2021年	104 009.77	4 036.41	6 000.00	1 963.59	102 046.18
2022年	102 046.18	3 953.82*	6 000.00	2 046.18	100 000.00
合　计	/	12 100.00	18 000.00	5 900.00	/

3 953.82* =100 000+6 000−102 046.18

(3) 会计处理。根据表4-1的数据,编制各年会计分录如下:

① 2020年12月31日:

借:应收利息　　　　　　　　　　　　　　　　　　　　　　　　6 000.00
　　贷:投资收益　　　　　　　　　　　　　　　　　　　　　　　4 109.77
　　　　债权投资——甲公司债券(利息调整)　　　　　　　　　　1 890.23

② 2021年1月1日：

借：银行存款　　　　　　　　　　　　　　　　　　　　　　　6 000.00
　　贷：应收利息　　　　　　　　　　　　　　　　　　　　　　　　6 000.00

③ 2021年12月31日：

借：应收利息　　　　　　　　　　　　　　　　　　　　　　　6 000.00
　　贷：投资收益　　　　　　　　　　　　　　　　　　　　　　　　4 036.41
　　　　债权投资——甲公司债券(利息调整)　　　　　　　　　　　1 963.59

④ 2022年1月1日：

借：银行存款　　　　　　　　　　　　　　　　　　　　　　　6 000.00
　　贷：应收利息　　　　　　　　　　　　　　　　　　　　　　　　6 000.00

⑤ 2022年12月31日：

借：应收利息　　　　　　　　　　　　　　　　　　　　　　　6 000.00
　　贷：投资收益　　　　　　　　　　　　　　　　　　　　　　　　3 953.82
　　　　债权投资——甲公司债券(利息调整)　　　　　　　　　　　2 046.18

【例4-6】 依[例4-4]资料，恒易公司采用实际利率法摊销债权投资折价。

(1) 确定实际利率。根据有关资料，先按5%的利率测算，查复利现值系数和年金现值系数表，得利率为5%、期限为4的复利现值系数和年金现值系数分别为0.822 7和3.546 0，则：

100 000×0.822 7+100 000×4%×3.546 0=96 454(元)

96 454元大于初始投资成本96 400元，说明实际利率大于5%，再按6%的利率测算，查复利现值系数和年金现值系数表，得利率为6%、期限为4的复利现值系数和年金现值系数分别为0.792 1和3.465 1，则：

100 000×0.792 1+100 000×4%×3.465 1=93 070.40(元)

93 070.40元小于初始投资成本96 400元，说明实际利率为5%~6%，根据插值法求出实际利率：

5%+(6%−5%)×(96 400−96 454)/(93 070.4−96 454)=5.016%

(2) 计算各年折价摊销数。根据确定的实际利率进行折价的摊销，编制债权投资折价摊销计算表，见表4-2所示。

表4-2　债券投资折价摊销表(实际利率法)　　　　　　　　　　　　单位：元

年 度	期初摊余成本 (A)	实际利息收入 (B=A×i)	现金流入 (C)	应摊销额 (D=C−B)	期末摊余成本 (E=A+B−C)
2020年	96 400.00	4 835.42	4 000.00	835.42	97 235.42
2021年	97 235.42	4 877.33	4 000.00	877.33	98 112.75
2022年	98 112.75	4 921.34	4 000.00	921.34	99 034.09
2023年	99 034.09	4 965.91*	4 000.00	965.91	100 000.00
合 计	/	19 600.00	16 000.00	3 600.00	/

4 965.91* =100 000+4 000−99 034.09

(3) 会计处理。根据表4-2的数据，编制各年会计分录如下：

① 2020年12月31日：

借：应收利息 4 000.00
　　债权投资——乙公司债券（利息调整） 835.42
　　贷：投资收益 4 835.42

② 2021年1月1日：

借：银行存款 4 000.00
　　贷：应收利息 4 000.00

③ 2021年12月31日：

借：应收利息 4 000.00
　　债权投资——乙公司债券（利息调整） 877.33
　　贷：投资收益 4 877.33

④ 2022年1月1日：

借：银行存款 4 000.00
　　贷：应收利息 4 000.00

⑤ 2022年12月31日：

借：应收利息 4 000.00
　　债权投资——乙公司债券（利息调整） 921.34
　　贷：投资收益 4 921.34

⑥ 2023年1月1日：

借：银行存款 4 000.00
　　贷：应收利息 4 000.00

⑦ 2023年12月31日：

借：应收利息 4 000.00
　　债权投资——乙公司债券（利息调整） 965.91
　　贷：投资收益 4 965.91

企业取得到期一次还本付息债权投资持有期间债权利息和溢（折）价摊销的会计处理方法同取得分期付息、一次还本债权投资的会计处理基本相同，但按债权票面利率计算的应收利息应记入"债权投资——应计利息"科目，不通过"应收利息"科目核算。

【例4-7】 依[例4-4]资料，假定恒易公司购买的乙公司债券为到期一次还本付息，且利息不以复利计算，其折价仍按实际利率法摊销。

(1) 确定实际利率。

此时，由 $(100\,000+100\,000\times 4\%\times 4)/(1+i)^5=100\,000$ 等式，运用逐次测试法求得 $i=4.74\%$。

(2) 计算各年折价摊销数。

根据确定的实际利率进行折价的摊销，编制债权投资折价摊销计算表，见表4-3所示。

表4-3 债券投资折价摊销表(实际利率法)　　　　　单位:元

年　度	期初摊余成本 (A)	实际利息收入 (B=A×i)	现金流入 (C)	应摊销额 (D*)	期末摊余成本 (E=A+B-C)
2020年	96 400.00	4 569.36	0	569.36	100 969.36
2021年	100 969.36	4 785.95	0	785.95	105 755.31
2022年	105 755.31	5 012.80	0	1 012.80	110 768.11
2023年	110 768.11	5 231.89**	0	1 231.89	116 000.00
合　计	/	19 600.00	16 000.00	3 600.00	/

D* = A - 面值×票面利率
5 231.89** = 100 000 + 16 000 - 110 768.11

(3)会计处理。

根据表4-3的数据,编制各年会计分录如下:

① 2020年12月31日:

借:债权投资——乙公司债券(应计利息)	4 000.00
——乙公司债券(利息调整)	569.36
贷:投资收益	4 569.36

② 2021年12月31日:

借:债权投资——乙公司债券(应计利息)	4 000.00
——乙公司债券(利息调整)	785.95
贷:投资收益	4 785.95

③ 2022年12月31日:

借:债权投资——乙公司债券(应计利息)	4 000.00
——乙公司债券(利息调整)	1 012.80
贷:投资收益	5 012.80

④ 2023年12月31日:

借:债权投资——乙公司债券(应计利息)	4 000.00
——乙公司债券(利息调整)	1 231.89
贷:投资收益	5 231.89

⑤ 2024年1月1日:

借:银行存款	116 000.00
贷:债权投资——乙公司债券(成本)	100 000.00
——乙公司债券(应计利息)	16 000.00

四、以摊余成本计量债权投资的期末计量

企业应当在资产负债表日对以公允价值计量且其变动计入当期损益的金融资产以外的金融资产的账面价值进行检查,有客观证据表明该金融资产发生信用减值的,应当计提减值准备。

金融资产减值通常采用预期信用损失法。预期信用损失是指以发生违约的风险为权重的金融工具信用损失的加权平均值。其中,发生违约的风险即发生违约的概率;信用损失是指企业根据合同应收的现金流量与预期能收到的现金流量之间的差额(即现金流缺口)的现值。即使企业能够全额收回合同约定的金额,但如果收款时间晚于合同规定的时间,也会产生信用损失。

在预期信用损失法下,减值准备的计提不以减值的实际发生为前提,而是以未来可能的违约事件造成的损失的期望值来计量当前(资产负债表日)应当确认的减值准备。

当对金融资产预期未来现金流量具有不利影响的一项或多项事件发生时,该金融资产成为已发生信用减值的金融资产。金融资产已发生信用减值的证据包括下列可观察信息:

(1) 发行方或债务人发生严重财务困难。
(2) 债务人违反合同,如偿付利息或本金违约或逾期等。
(3) 债权人出于与债务人财务困难有关的经济或合同考虑,给予债务人在任何其他情况下都不会做出的让步。
(4) 债务人很可能破产或进行其他财务重组。
(5) 发行方或债务人财务困难导致该金融资产的活跃市场消失。
(6) 以大幅折扣购买或源生一项金融资产,该折扣反映了发生信用损失的事实。

金融资产发生信用减值,有可能是多个事件的共同作用所致,未必是可单独识别的事件所致。

已发生信用减值的金融资产分两种情形:

(1) 对于购买或源生时未发生信用减值、但在后续期间发生信用减值的金融资产,企业应当在发生减值的后续期间,按照该金融资产的摊余成本(即账面余额减已计提减值)乘以实际利率(初始确认时确定的实际利率,不因减值的发生而变化)的金额确定其利息收入。

(2) 对于购买或源生时已发生信用减值的金融资产,企业应当自初始确认起,按照该金融资产的摊余成本乘以经信用调整的实际利率(即购买或源生时将减值后的预计未来现金流量折现为摊余成本的利率)的金额确定其利息收入。

企业按确认的债权投资的减值损失借记"信用减值损失——债权投资减值准备"科目,贷记"债权投资减值准备"科目。

【例4-8】 2020年12月31日,恒易公司以摊余成本计量的债权投资账面价值为230 000元,未来现金流量现值为200 000元,则应计提减值准备30 000元。恒易公司的会计处理如下:

借:信用减值损失——债权投资减值准备　　　　　　　　　　30 000.00
　　贷:债权投资减值准备　　　　　　　　　　　　　　　　　30 000.00

债权投资发生减值后,利息收入应当按照确定减值损失时对未来现金流量进行折现采用的折现率作为实际利率计算确认。

如果资产负债表日计算的预期信用损失小于该工具(或组合)当前减值准备的账面金额(从按照整个存续期预期信用损失计量损失准备转为按照未来12个月预期信用损失计量损失准备时,可能出现这一情况),则应当将差额确认为减值利得,做相反的会计处理。

五、以摊余成本计量债权投资的终止确认

以摊余成本计量债权投资的终止确认有两种情况:一是收取该债权投资现金流量的合同权利终止;二是该债权投资已转移,且该转移满足金融资产转移准则关于金融资产终止确认的规定。

(一)债权投资到期日的会计处理

债权投资在到期日收回时,债权的折价或溢价已在持有期间摊销完毕,只需转销该投资的成本和应收未收的利息即可。在投资到期日,应按实际收到的金额借记"银行存款"科目,按其成本贷记"债权投资——成本"科目,债权投资为分期付息、一次还本的,按应收未收的最后一期利息

贷记"应收利息"科目,债权投资为一次还本付息的,按债权持有期间的全部应收未收的利息贷记"债权投资——应计利息"科目。如果已计提减值准备的,还应同时结转减值准备。

【例4-9】 依[例4-4]和[例4-6]资料,2024年1月1日,恒易公司购入乙公司4年期债券到期,收回本金和最后一期利息存入银行。恒易公司会计处理如下:

借:银行存款	104 000.00	
贷:债权投资——乙公司债券(成本)		100 000.00
应收利息		4 000.00

(二)债权投资重分类的会计处理

企业改变其管理金融资产的业务模式时,应当对所有受影响的相关金融资产进行重分类。企业对所有金融负债均不得进行重分类。

企业对金融资产进行重分类,应当自重分类日起采用未来适用法进行相关会计处理,不得对以前已经确认的利得、损失(包括减值损失或利得)或利息进行追溯调整。重分类日是指导致企业对金融资产进行重分类的业务模式发生变更后的首个报告期间的第一天。如A公司决定于2020年3月22日改变其管理某金融资产的业务模式,则重分类日为2020年4月1日(即下一个季度会计期间的期初);再如B公司决定于2020年10月15日改变其管理某金融资产的业务模式,则重分类日为2021年1月1日。

企业管理金融资产业务模式的变更是一种极其少见的情形。该变更源自外部或内部的变化,必须由企业的高级管理层进行决策,且其必须对企业的经营非常重要,并能够向外部各方证实。因此,只有当企业开始或终止某项对其经营影响重大的活动时(如当企业收购、处置或终止某一业务线时),其管理金融资产的业务模式才会发生变更。如某银行决定终止其零售抵押贷款业务,该业务线不再接受新业务,并且该银行正在积极寻求出售其抵押贷款组合,则该银行管理其零售抵押贷款的业务模式发生了变更。值得注意的是,企业业务模式的变更必须在重分类日之前生效。如银行决定于2020年10月15日终止其零售抵押贷款业务,并在2021年1月1日对所有受影响的金融资产进行重分类,在2020年10月15日之后,其不应开展新的零售抵押贷款业务,或另外从事与之前零售抵押贷款业务模式相同的活动。

企业将一项以摊余成本计量的金融资产重分类为以公允价值计量且其变动计入当期损益的金融资产的,应当按照该资产在重分类日的公允价值进行计量,原账面价值与公允价值之间的差额计入当期损益;企业将一项以摊余成本计量的金融资产重分类为以公允价值计量且其变动计入其他综合收益的金融资产的,应当按照该金融资产在重分类日的公允价值进行计量,原账面价值与公允价值之间的差额计入其他综合收益。该金融资产重分类不影响其实际利率和预期信用损失的计量。

【例4-10】 2018年10月15日,恒易公司以公允价值1 000 000元购入一项债券投资,并按规定将其分类为以摊余成本计量的金融资产,该债券的账面余额为1 000 000元。2019年10月15日,恒易公司变更了其管理债券投资组合的业务模式,其变更符合重分类的要求。2020年1月1日,该债券的公允价值为980 000元,已确认的减值准备为12 000元(假设不考虑债券的利息收入)。

2020年1月1日,恒易公司的会计处理如下:

借:交易性金融资产	980 000.00	
债权投资减值准备	12 000.00	
公允价值变动损益	8 000.00	
贷:债权投资		1 000 000.00

以下情形不属于业务模式变更，不作金融资产重分类处理：① 企业持有特定金融资产的意图改变。企业即使在市场状况发生重大变化的情况下改变对特定资产的持有意图，也不属于业务模式变更。② 金融资产特定市场暂时性消失从而暂时影响金融资产出售。③ 金融资产在企业具有不同业务模式的各部门之间转移。

如果企业管理金融资产的业务模式没有发生变更，而金融资产的条款发生变更但未导致终止确认的，不允许重分类。如果金融资产条款发生变更导致金融资产终止确认的，不涉及重分类问题，企业应当终止确认原金融资产，同时按照变更后的条款确认一项新金融资产。

【例4-11】 2017年1月1日，恒易公司支付价款400万元(含交易费用)从某证券交易所购入乙公司同日发行的5年期公司债券5 000份，债券票面价值总额为500万元，票面年利率为4.72%，于年末支付本年度债券利息，本金在债券到期时一次性偿还。合同约定，发行方在遇到特定情况时可以将债券赎回，且不需要为提前赎回支付额外款项。恒易公司在购买该债券时预计发行方不会提前赎回，根据管理该债券的业务模式和合同现金流量特征，将其分类为以摊余成本计量的金融资产。2019年1月1日，恒易公司预计本金的50%将会在年末收回，其余50%本金将于2021年年末结清。

(1) 计算实际利率并计算实际利息收入及折价摊销额(计算结果以元为单位保留整数，计算过程略)，其实际利率为10%，债权投资折价摊销表如表4-4所示。

表4-4 债券投资折价摊销表(实际利率法) 单位：元

年度	期初摊余成本 (A)	实际利息收入 (B=A×i)	现金流入 (C)	应摊销额 (D=B−C)	期末摊余成本 (E=A+B−C)
2017年	4 000 000	400 000	236 000	164 000	4 164 000
2018年	4 164 000	416 400	236 000	180 400	4 344 400
2019年	4 551 736*	455 174	236 000	219 174	2 270 910**
2020年	2 270 910	227 091	118 000	109 091	2 380 001
2021年	2 380 001	237 999***	118 000	119 999	2 500 000
合 计	/	1 736 664	944 000	792 664	/

4 551 736* =(2 500 000+236 000)/(1+10%)+118 000/(1+10%)^2+(2 500 000+118 000)/(1+10%)^3
2 270 910** =4 551 736+455 174−236 000−2 500 000
237 999*** =2 500 000+118 000−2 380 001

(2) 各年的会计处理如下。

2017年1月1日，购入乙公司债券：

借：债权投资——乙公司债券(成本)	5 000 000.00
贷：银行存款	4 000 000.00
债权投资——乙公司债券(利息调整)	1 000 000.00

2017年12月31日，确认乙公司债券实际利息收入、收到债券利息：

借：应收利息	236 000.00
债权投资——乙公司债券(利息调整)	164 000.00
贷：投资收益	400 000.00
借：银行存款	236 000.00
贷：应收利息	236 000.00

2018年12月31日,确认乙公司债券实际利息收入、收到债券利息:

借:应收利息		236 000.00
债权投资——乙公司债券(利息调整)		180 400.00
贷:投资收益		416 400.00
借:银行存款		236 000.00
贷:应收利息		236 000.00

2019年1月1日,调整期初账面余额:

借:债权投资——乙公司债券(利息调整)		207 336.00
贷:投资收益		207 336.00

2019年12月31日,确认实际利息收入、收回本金及利息:

借:应收利息		236 000.00
债权投资——乙公司债券(利息调整)		219 174.00
贷:投资收益		455 174.00
借:银行存款		2 736 000.00
贷:应收利息		236 000.00
债权投资——乙公司债券(成本)		2 500 000.00

2020年12月31日,确认实际利息收入、收到债券利息:

借:应收利息		118 000.00
债权投资——乙公司债券(利息调整)		109 091.00
贷:投资收益		227 091.00
借:银行存款		118 000.00
贷:应收利息		118 000.00

2021年12月31日,确认实际利息收入、收到债券利息:

借:应收利息		118 000.00
债权投资——乙公司债券(利息调整)		119 999.00
贷:投资收益		237 999.00
借:银行存款		2 618 000.00
贷:应收利息		118 000.00
债权投资——乙公司债券(成本)		2 500 000.00

第三节 以摊余成本计量的应收款项

以摊余成本计量的应收款项主要包括贷款、应收票据、应收账款、应收利息、应收股利、其他应收款等。企业初始确认的应收账款未包含收入准则所定义的重大融资成分,或根据收入准则规定不考虑不超过一年的合同中的融资成分的,应当按照交易价格进行初始计量。鉴于今后将会开设"商业银行会计"等课程,金融企业的贷款和应收款项的会计处理这里不作介绍,本章仅就生产、流通企业的应收款项作说明。

一、应收票据

商业汇票按是否计息可分为不带息商业汇票和带息商业汇票。不带息商业汇票是指商业汇票到期时,承兑人只按票据面值向收款人或被背书人支付款项的票据,票据到期值就是票据面值;带息商业汇票是指商业汇票到期时,承兑人必须按票面金额加上应计利息向收款人或被背书人支付款项的票据,票据到期值是票据面值与票据利息之和。

(一) 应收票据的确认与计价

我国商业汇票的使用必须具有真实的交易关系或债权债务关系,对由于商品交易关系收到商业汇票而形成的应收票据,其确认应与销售收入确认的口径一致,即确认销售收入的同时确认应收票据,而对于债权债务关系收到商业汇票而形成的应收票据,则应以实际完成债权债务转移手续并收到商业汇票时间为确认时间。

应收票据一般按面值计价,即企业在销售商品产品、提供劳务等而收到经承兑人承兑的商业汇票时按票据的票面价值入账。需要编制中期财务报告的企业,对于带息的应收票据,应于编制中期财务报告的期末按应收票据的票面价值和确定的利率计算票据利息,预提的票据利息增加应收票据的账面余额。预提票据利息的计算公式如下:

$$预提票据利息 = 票据面值 \times 票据利率 \times 预提票据利息时间$$

其中,票据利率即票据承兑人与票据首次持有人确定的利率,一般以年利率表示。在预提票据利息时,需要根据预提票据利息时间来确定是转换为月利率还是转换为日利率。若预提票据利息时间为月数,则应转换为月利率,其月利率=年利率÷12;若预提票据利息时间为日数,则应转换为日利率,其日利率=年利率÷360。

预提票据利息时间是指票据出票日至中期财务报告日实际日历天数,按照票据到期价值的计算原理,票据出票日至中期财务报告日只计算其中一天,即"算头不算尾"或"算尾不算头"。

【例 4-12】 2020 年 6 月 30 日,恒易公司预提其持有的由 B 公司开户银行甲银行承兑的银行承兑汇票利息,该票据面值为 100 000 元,出票日为 2020 年 4 月 10 日,期限为 3 个月,票据利率为 5.4%。

票据日利率=5.4%÷360=0.015%

预提票据利息时间=20(4月份天数)+31(5月份天数)+30(6月份天数)=81(天)

或=21(4月份天数)+31(5月份天数)+29(6月份天数)=81(天)

预提票据利息=100 000×0.015%×81=1 215(元)

因此,6 月 30 日编制中期财务报告时,应增加应收票据的账面余额 1 215 元。

如果企业持有的应收票据跨年度,在资产负债表日,也应预提票据利息,增加应收票据的账面余额。

(二) 应收票据的会计处理

为了反映和监督应收票据取得、票款收回等情况,企业应设置"应收票据"科目,本科目借方登记取得的应收票据的面值和计提的票据利息,贷方登记到期收回票款或到期前向银行贴现的应收票据的票面余额,期末余额在借方,反映企业尚未到期或尚未申请贴现的应收票据的面值和应计利息。本科目应按照商业汇票的种类和承兑人设置明细科目,并设置"应收票据备查簿",逐笔登记每一商业汇票的种类、号数、出票日、票面金额、交易合同号、付款人、承兑人、背书人的姓名或单位名称、到期日、背书转让日、贴现日、贴现率、贴现净额以及收款日和收回金额、退票情况等资料。商业汇票到期结清票款或退票后,应当在备查簿内逐笔注销。

1. 不带息应收票据

不带息应收票据的到期价值等于应收票据的面值。企业收到经承兑人承兑的商业汇票时，按应收票据的面值借记"应收票据"科目，按实现的营业收入贷记"主营业务收入"科目，按增值税专用发票上注明的增值税税额贷记"应交税费——应交增值税（销项税额）"科目。应收票据到期收回票款时，按票面金额借记"银行存款"科目，贷记"应收票据"科目。

【例4-13】 2020年9月1日，恒易公司向A公司销售产品一批，开出增值税专用发票，发票注明产品价款为200 000元，增值税销项税额为26 000元。商品已发出，当日收到A公司签发并承兑的不带息商业承兑汇票一张，面值为226 000元，期限为3个月。恒易公司的会计处理如下：

```
借：应收票据——商业承兑汇票（A公司）        226 000.00
    贷：主营业务收入                          200 000.00
        应交税费——应交增值税（销项税额）      26 000.00
```

2020年12月1日，应收票据到期，恒易公司委托银行如数收回票据款项226 000元存入银行。恒易公司的会计处理如下：

```
借：银行存款                                  226 000.00
    贷：应收票据——商业承兑汇票（A公司）        226 000.00
```

银行承兑汇票的承兑人是申请人的开户银行，持票人一般都能按期如数收回票据款项（除非承兑银行存在合法抗辩事由而拒付），而商业承兑汇票到期，若承兑人存在合法抗辩事由而拒付或无力支付票款，企业应在收到银行退回的商业承兑汇票、委托收款凭证、未付票款通知书或拒绝付款证明等时，将到期票据的票面金额转入"应收账款"科目，借记"应收账款"科目，贷记"应收票据"科目。

[例4-13]中，若票据到期A公司无力支付票款，恒易公司应将到期票据的票面金额转入"应收账款"科目，会计处理如下：

```
借：应收账款——A公司                          226 000.00
    贷：应收票据——商业承兑汇票（A公司）        226 000.00
```

如果企业收到的商业汇票系债务人用以抵偿其债务的，应将应收账款转入应收票据，借记"应收票据"科目，贷记"应收账款"科目。

2. 带息应收票据

企业收到的带息应收票据，如果跨中期财务报告期末和年度财务报告期末的，应于期末时按规定预提票据利息，增加应收票据的账面余额，其预提的票据利息冲减"财务费用"。

根据[例4-12]资料，2020年6月30日，恒易公司的会计处理如下：

```
借：应收票据——票据利息（甲银行）              1 215.00
    贷：财务费用——利息收入                     1 215.00
```

到期不能收回的带息应收票据转入"应收账款"科目核算后，期末不再计提利息，但应在应收票据备查簿中进行登记，待实际收到时再冲减收到当期的财务费用。

票据持有人如果将票据持有至到期，应确定票据的到期价值，其确定方法如下：

$$\begin{aligned}
票据到期价值 &= 票据面值 + 票据利息 \\
&= 票据面值 + 票据面值 \times 票据利率 \times 票据期限 \\
&= 票据面值 \times (1 + 票据利率 \times 票据期限)
\end{aligned}$$

其中，票据利率的确定与前述预提票据利息的处理方法相同，即根据票据期限确定是转换为月利率还是转换为日利率。若转换为月利率,其月利率＝年利率÷12;若转换为日利率,其日利率＝年利率÷360。

票据期限是指票据出票日至票据到期日的时间,通常有按日表示和按月表示两种方法。

票据期限按日表示时,票据出票日至票据到期日的时间以实际日历天数进行计算,其出票日和到期日只计算其中的一天,即"算头不算尾"或"算尾不算头"。

【例 4-14】 2020 年 8 月 10 日,恒易公司向 B 公司销售产品一批,开出增值税专用发票,发票注明产品价款为 100 000 元,增值税销项税额为 13 000 元。商品已发出,当日收到 B 公司签发并承兑的带息商业承兑汇票一张,面值为 113 000 元,票面利率为 5.76%,期限为 100 天。试计算到期日和到期价值。

票据到期日的计算过程如下(以算尾不算头为例):

8月：21天 ←—— 8月10日不计入票据期限
9月：30天
10月：31天
11月：18天 ←—— 11月18日计入票据期限
————————
100天

因此,票据的到期日为 11 月 18 日。

票据的到期价值＝113 000×(1+5.76%×100/360)＝114 808(元)

[例 4-14]是根据票据的出票日和票据期限确定票据的到期日,有时要根据票据的出票日和到期日确定票据的期限,其计算原理与上述计算原理是相同的。假设一张票据的出票日为 3 月 10 日,到期日为 5 月 31 日,则该票据的期限为 82 天,其计算过程如下(以算头不算尾为例):

3月：22天 ←—— 3月10日计入票据期限
4月：30天
5月：30天 ←—— 5月31日不计入票据期限
————————
82天

票据期限按月表示时,应以到期月份中与出票日相同的那一天为到期日,即对日,而不论相关月份实际日历天数为多少。如果票据出票日为某月份月末的一天,其到期日则为到期月份的最后一天,例如,10 月 31 日签发的 4 个月期限的商业汇票,则到期日为次年的 2 月 28 日或 29 日;再如,2 月 28 日签发的 3 个月期限的商业汇票,则到期日为 5 月 31 日;如果票据出票日为除月末的任何一天,则到期日为到期月份的对日,例如,4 月 10 日签发的期限为 4 个月的商业汇票,则票据到期日为 8 月 10 日。

在票据期限按月表示时,计算票据到期价值的票据利率应折算为月利率。

【例 4-15】 2020 年 8 月 20 日,恒易公司向 C 公司销售产品一批,开出增值税专用发票,发票注明的产品价款为 300 000 元,增值税销项税额为 39 000 元。商品已发出,当日收到 C 公司签发并承兑的带息商业承兑汇票一张,面值为 339 000 元,票面利率为 6%,期限为 3 个月。

票据的到期日为出票日的对日,即为 11 月 20 日。

票据的到期价值＝339 000×(1+6%×3/12)＝344 085(元)

(1) 2020 年 8 月 20 日收到商业汇票时:

借：应收票据——商业承兑汇票(C公司)	339 000.00	
贷：主营业务收入		300 000.00
应交税费——应交增值税(销项税额)		39 000.00

(2) 2020年11月20日收回商业汇票款时：

借：银行存款	344 085.00	
贷：应收票据——商业承兑汇票(C公司)		339 000.00
财务费用——利息收入		5 085.00

如同不带息商业汇票，当承兑人未能按期支付票据款项时(如银行承兑汇票的承兑银行存在合法抗辩事由而拒付、商业承兑汇票的承兑人拒付或商业承兑汇票的承兑人无力支付票款)，持票人应将到期票据的票面金额和票据利息一并转入"应收账款"科目，借记"应收账款"科目，贷记"应收票据""财务费用"科目。

[例4-15]中若票据到期C公司无力支付票款，恒易公司的会计处理如下：

借：应收账款——C公司	344 085.00	
贷：应收票据——商业承兑汇票(C公司)		339 000.00
财务费用——利息收入		5 085.00

需要说明的是，带息票据已经预提票据利息的，票据到期时冲减"财务费用"科目的金额应为票据利息与预提利息的差，如[例4-12]在2020年6月30日已预提票据利息1 215元，票据到期时(2020年7月10日)的利息为1 350元(100 000×5.4%×3÷12)，其会计处理如下：

借：银行存款	101 350.00	
贷：应收票据——银行承兑汇票(甲银行)		100 000.00
——票据利息(甲银行)		1 215.00
财务费用——利息收入		135.00

(三) 应收票据转让与贴现

1. 应收票据转让

企业可以将其持有的商业汇票背书转让。背书是指在票据背面或者粘单上记载有关事项并签章的票据行为，签章人即为背书人。票据被拒绝承兑、拒绝付款或者超过付款提示期限的，不得背书转让。背书转让的，背书人应当承担票据责任。

对于不带息应收票据，企业将持有的应收票据背书转让以取得所需物资时，按应计入取得物资成本的价值，借记"在途物资""原材料""库存商品"等科目，按增值税专用发票上注明的增值税税额，借记"应交税费——应交增值税(进项税额)"科目，按应收票据的面值，贷记"应收票据"科目，如有差额，借记或贷记"银行存款"等科目。

对于带息应收票据，企业将持有的应收票据背书转让以取得所需物资时，按应计入取得物资成本的价值借记"在途物资""原材料""库存商品"等科目，按增值税专用发票上注明的增值税税额借记"应交税费——应交增值税(进项税额)"科目，按应收票据的账面余额(票据面值与预提利息之和)贷记"应收票据"科目，按尚未计提的利息贷记"财务费用"科目，如有差额，借记或贷记"银行存款"等科目。

【例4-16】 2020年7月20日，恒易公司将持有的D公司开户银行乙银行承兑的商业汇票背书转让给C公司，抵付所购材料款，收到C公司开出的增值税专用发票，发票注明的材料价款为400 000元，增值税进项税额为52 000元，票据到期值与抵付材料价税款的差额暂挂往来，充抵下次购货款,材料已入库。应收票据面值为 500 000 元,出票日为 2020 年 5 月 10 日,期限为 3 个月,票据利率为 5.76%。

6 月 30 日预提利息=500 000×5.76%×51÷360=4 080(元)

8 月 10 日票据利息=500 000×5.76%×3÷12=7 200(元)

8 月 10 日到期价值=500 000+7 200=507 200(元)

8 月 10 日未预提利息=7 200-4 080=3 120(元)

根据计算结果,恒易公司的会计处理如下:

借:原材料	400 000.00
应交税费——应交增值税(进项税额)	52 000.00
应付账款——C 公司	55 200.00
贷:应收票据——银行承兑汇票(乙银行)	500 000.00
——票据利息(乙银行)	4 080.00
财务费用——利息收入	3 120.00

2. 应收票据贴现

应收票据贴现是指持票人因急需资金,将尚未到期的商业汇票背书后转让给银行,银行受理后,从票据到期价值中扣除按银行的贴现率计算确定的贴现息后,将余额付给贴现企业的业务活动。

其有关计算方法与过程如下:

首先,计算票据到期价值。不带息票据的到期价值就是票据的面值,带息票据的到期价值是票据面值与票据利息的和。

然后,计算票据贴现利息。计算公式如下:

票据贴现利息=票据到期价值×票据贴现率×票据贴现期限

其中,票据贴现率由贴现银行确定,一般是年利率,应根据票据贴现期限情况进行折算,月贴现率或日贴现率以年贴现率分别除以 12 或除以 360 求得。

贴现期限是指票据贴现日至票据到期日的时间,其确定方法有两种:

① 按票据贴现日至票据到期日实际经历的日历天数计算。这种方法理论上讲有按日表示和按月表示两种情况,但实际工作中,票据贴现日是持票人根据资金需求情况确定的,很难与票据到期日形成对日,因而按月表示的票据贴现期限很少出现,大多以按日计算票据贴现期限。票据贴现期限按日表示时,票据贴现日至票据到期日的时间以实际日历天数进行计算,其贴现日和到期日只计算其中的一天,即"算头不算尾"或"算尾不算头"。

② 按票据期限扣减已持有期限计算。票据期限按前述方法确定,但在票据期限按月表示时,鉴于已持有期限很难是整月数,应将按月表示的票据期限转换为按日表示,转换时不分月大月小,统按 30 天计算。已持有期限按票据出票日至票据贴现日实际经历的日历天数计算,票据出票日和票据贴现日按照"算头不算尾"或"算尾不算头"的方法只计算其中一天。

最后,计算票据贴现额。计算公式如下:

票据贴现额=票据到期价值-票据贴现利息
　　　　　=票据到期价值×(1-票据贴现率×票据贴现期限)

如果贴现申请人向银行申请应收票据贴现符合金融资产转移终止确认条件的,贴现申请人应按票据贴现额借记"银行存款"科目,按应收票据的账面余额贷记"应收票据"科目,按其差额借记或贷记"财务费用"科目。符合金融资产转移终止确认条件是指企业已将金融资产所有权上几乎所有的风险和报酬转移给转入方。

【例 4-17】 2020 年 7 月 20 日,恒易公司将其持有的 D 公司开户银行乙银行承兑的商业汇票向银行申请贴现,银行贴现率为 6.48%,应收票据面值为 500 000 元,出票日为 2020 年 5 月 10 日,期限为 3 个月,票据利率为 5.76%。假设该票据贴现符合金融资产转移终止确认条件。

票据到期价值 = 500 000 × (1 + 5.76% × 3 ÷ 12) = 507 200(元)

票据贴现期限 = 12(7 月份天数) + 9(8 月份天数) = 21(天)

票据贴现利息 = 507 200 × 6.48% × 21 ÷ 360 = 1 917.22(元)

票据贴现额 = 507 200 - 1 917.22 = 505 282.78(元)

根据计算结果,恒易公司的会计处理如下:

```
借:银行存款                                505 282.78
    贷:应收票据——银行承兑汇票(乙银行)        500 000.00
            ——票据利息(乙银行)              4 080.00
        财务费用——利息收入                    1 202.78
```

[例 4-17] 中的票据贴现期限是按票据贴现日至票据到期日实际经历的日历天数计算,如果按票据期限扣减已持有期限计算,则计算结果存在一定差异。

已持有期限 = 22(5 月份天数) + 30(6 月份天数) + 19(7 月份天数) = 71(天)

票据贴现期限 = 票据期限 - 已持有期限 = 90 - 71 = 19(天)

两种计算方法相差 2 天,其原因是 5 月 10 日至 8 月 10 日实际经历的日历天数是 92 天,而在计算票据贴现期限时确定的票据期限是 90 天。实际工作中,票据贴现期限多以票据贴现日至票据到期日实际经历的日历天数计算。

需要注意的是,对于不带息票据,票据贴现额肯定小于票据面值,小于的差额应借记"财务费用"科目;对于带息票据,票据贴现额可能大于票据面值,也可能小于票据面值,大于的差额贷记"财务费用"科目,小于的差额借记"财务费用"科目。

如果贴现申请人向银行申请应收票据贴现不符合金融资产转移终止确认条件,则贴现申请人应按票据贴现额借记"银行存款"科目,按应收票据的账面余额贷记"短期借款"科目,按其差额借记或贷记"财务费用"科目。"不符合金融资产转移终止确认条件"是指企业保留了金融资产所有权上几乎所有的风险和报酬。

【例 4-18】 依 [例 4-17] 资料,假设该票据贴现不符合金融资产转移终止确认条件,根据计算结果,恒易公司的会计处理如下:

```
借:银行存款                                505 282.78
    贷:短期借款                              504 080.00
        财务费用——利息收入                    1 202.78
```

贴现申请人向银行申请应收票据贴现不符合金融资产转移终止确认条件的商业承兑汇票到期,若承兑人银行存款账户不足支付或承兑人存在合法抗辩事由而拒付,贴现银行则从贴现申请人的账户中将相当于票据到期价值的金额划出。贴现申请人根据银行退回的商业承兑汇票等借记"短期借款"科目,贷记"银行存款"科目,同时应按商业汇票的票面余额借记"应收账款"科目,贷记"应收票据"科目。

银行承兑汇票的承兑人是申请人的开户银行,银行承兑汇票到期时持票人一般都能按期如数收回票据款项。如果承兑银行存在合法抗辩事由而拒付且不符合金融资产转移终止确认条件的,则贴现银行也会从贴现申请人的账户中将相当于票据到期价值的金额划出,贴现申请人的会计处理同上。

【例 4-19】 依[例 4-18]资料,假设 2020 年 8 月 10 日该银行承兑汇票到期,乙银行提出合法抗辩事由而拒付,则恒易公司的会计处理如下:

借:短期借款	507 200.00
贷:银行存款	507 200.00

同时:

借:应收账款	504 080.00
贷:应收票据——银行承兑汇票(乙银行)	500 000.00
——票据利息(乙银行)	4 080.00

如果贴现申请人的银行存款账户余额不足支付,银行则将不足支付部分作逾期贷款处理,加收一定比例的罚息,贴现申请人依然按照商业汇票的票面余额借记"应收账款"科目,贷记"应收票据"科目。

假如恒易公司银行存款账户上仅有 200 000 元,则会计处理如下:

借:短期借款	200 000.00
贷:银行存款	200 000.00

同时:

借:应收账款	504 080.00
贷:应收票据——银行承兑汇票(乙银行)	500 000.00
——票据利息(乙银行)	4 080.00

二、应收账款

应收账款是指企业在正常的生产经营活动中因销售商品(产品)、提供劳务等业务,应向购货单位或接受劳务单位收取的款项,主要包括应收未收的销货款或提供劳务的价款、增值税销项税额以及代购货单位或接受劳务单位垫付的运输费等。

(一)应收账款的确认与计价

应收账款的形成主要是由于销售商品(产品)、提供劳务等业务而形成的,因而,应收账款的确认与收入的确认密切相关,即如果销售商品(产品)、提供劳务等符合收入的确认标准,由此而产生的应收而未收的款项也应确认为应收账款。

应收账款应按销售商品(产品)、提供劳务等产生债权的实际发生额入账。在确认应收账款的入账价值时,应当考虑商业折扣和现金折扣因素。

1. 商业折扣

商业折扣是指销售方为促进商品销售而在商品价格上给予购货方的折扣。当购货方购买数量达到一定量的标准时,销货方则会在商品价格上下浮一定比例。例如,某企业为鼓励购货方购买更多的商品作出规定:购买 100 台以下的,单位销售价格为 3 500 元;购买 100 台以上 200 台以下的,超过100台的部分,单位销售价格为3 200元,依此类推。由此可见,商业折扣在交易发生时即已确定,它仅仅是确定实际销售价格的一种促销手段,购销双方无须在账上反映。因此,在存在商业折扣的情况下,应收账款的入账金额按扣除商业折扣后的实际销售价格确定。

2. 现金折扣

现金折扣是指债权人为了加快资金回笼速度、鼓励债务人在规定的信用期限内付款而给予债务人债务的扣除。现金折扣一般用符号"折扣/付款期限"表示,例如,"2/10,1/20,N/30",表示为债务人在10天及10天以内付款给予2%的折扣优惠,从第11天开始至20天(含20天)内付款给予1%的折扣优惠,从第21天至信用期限30天内付款则不享有折扣。

(二) 应收账款的会计处理

为了核算应收账款的发生、收回和结余情况,企业应设置"应收账款"科目。企业销售商品产品、材料以及提供劳务等发生应收款项时借记"应收账款"科目,贷记"主营业务收入"或"其他业务收入""应交税费——应交增值税(销项税额)"等科目;收回款项时借记"银行存款"等科目,贷记"应收账款"科目。企业代购货单位垫付包装费、运输费时借记"应收账款"科目,贷记"银行存款"等科目;收回代垫费用时借记"银行存款"等科目,贷记"应收账款"科目。如果企业应收账款改用应收票据结算,在收到承兑的商业汇票时借记"应收票据"科目,贷记"应收账款"科目。

1. 不存在折扣的核算

如果企业销售商品产品、材料以及提供劳务等不存在商业折扣和现金折扣,应收账款按应收的全部金额入账。

【例4-20】 2020年12月5日,恒易公司向A公司赊销商品一批,商品价款为50 000元,开具增值税专用发票,增值税税率为13%,签发转账支票代垫运输费1 000元。恒易公司的会计处理如下:

(1) 确认销售收入同时确认应收账款:

借:应收账款——A公司	57 500.00
贷:主营业务收入	50 000.00
应交税费——应交增值税(销项税额)	6 500.00
银行存款	1 000.00

(2) 收回应收账款:

| 借:银行存款 | 57 500.00 |
| 贷:应收账款——A公司 | 57 500.00 |

2. 存在商业折扣的核算

如果企业销售商品产品、材料以及提供劳务等存在商业折扣,应收账款和销售收入按扣除商业折扣后的金额入账。

【例4-21】 2020年12月6日,恒易公司向B公司销售M产品20台,根据批量销售作价的承诺,购货方购买数量满20台的,其销售价格在标价20 000元/台的基础上下浮5%,增值税税率为13%。恒易公司的会计处理如下:

(1) 确认销售收入,同时确认应收账款:

借:应收账款	429 400.00
贷:主营业务收入	380 000.00
应交税费——应交增值税(销项税额)	49 400.00

（2）收回应收账款：

借：银行存款　　　　　　　　　　　　　　　　　　　　　429 400.00
　　贷：应收账款　　　　　　　　　　　　　　　　　　　　　　429 400.00

3. 存在现金折扣的核算

在存在现金折扣的情况下，应收账款入账价值的确定有总价法和净价法两种，我国企业会计准则规定采用总价法核算。

总价法是将减去现金折扣前的金额即应收的金额作为应收账款的入账价值的方法。现金折扣只有债务人在折扣期内支付货款时才予以确认。总价法下，债权人把给予债务人的现金折扣冲减当期收入。

需要注意的是：总价法下"应收账款"科目反映的是应收的价款、税款和代垫的费用，一般给予债务人现金折扣的只是价款部分，税款部分不予折扣。如果债权人将税款也给予折扣，税务部门不予认可，折扣部分由债权人承担，代垫费用部分实行据实结算，不给予折扣。

【例4-22】 2020年12月7日，恒易公司向D公司赊销商品一批，商品价款为200 000元，开具增值税专用发票，增值税税率为13%，签发转账支票代垫运输费1 000元，双方约定的付款条件为：3/10,2/20,1/30,N/40。恒易公司的会计处理如下：

（1）确认销售收入同时确认应收账款：

借：应收账款——D公司　　　　　　　　　　　　　　　　　227 000.00
　　贷：主营业务收入　　　　　　　　　　　　　　　　　　　　200 000.00
　　　　应交税费——应交增值税（销项税额）　　　　　　　　　　26 000.00
　　　　银行存款　　　　　　　　　　　　　　　　　　　　　　　1 000.00

（2）收回应收账款：

假设D公司在10天内付款，则：

借：银行存款　　　　　　　　　　　　　　　　　　　　　221 000.00
　　主营业务收入　　　　　　　　　　　　　　　　　　　　　6 000.00
　　贷：应收账款——D公司　　　　　　　　　　　　　　　　227 000.00

假设D公司在11~20天内付款，则：

借：银行存款　　　　　　　　　　　　　　　　　　　　　223 000.00
　　主营业务收入　　　　　　　　　　　　　　　　　　　　　4 000.00
　　贷：应收账款——D公司　　　　　　　　　　　　　　　　227 000.00

假设D公司在21~30天内付款，则：

借：银行存款　　　　　　　　　　　　　　　　　　　　　225 000.00
　　主营业务收入　　　　　　　　　　　　　　　　　　　　　2 000.00
　　贷：应收账款——D公司　　　　　　　　　　　　　　　　227 000.00

假设D公司在31~40天内付款，则：

借：银行存款　　　　　　　　　　　　　　　　　　　　　227 000.00
　　贷：应收账款——D公司　　　　　　　　　　　　　　　　227 000.00

以上会计处理是只折价不折税，如果折价又折税，折税部分仍由债权人承担，其会计处理如下：

假设D公司在10天内付款，则：

```
借：银行存款                                      220 220.00
     主营业务收入                                    6 780.00
   贷：应收账款——D公司                             227 000.00
```

假设D公司在11~20天内付款，则：

```
借：银行存款                                      222 480.00
     主营业务收入                                    4 520.00
   贷：应收账款——D公司                             227 000.00
```

假设D公司在21~30天内付款，则：

```
借：银行存款                                      224 740.00
     主营业务收入                                    2 260.00
   贷：应收账款——D公司                             227 000.00
```

假设D公司在31~40天内付款，其会计处理同折价不折税。

净价法是将扣减最大现金折扣后的金额作为应收账款的入账价值的方法。净价法下债务人取得现金折扣为正常现象，认为债务人一般都会在最高折扣的期限内付款，如果债务人超过某一折扣期限付款而债权人多收到的款项应增加当期收入。

三、其他应收款

其他应收款是指除应收账款、应收票据和预付账款等以外，企业应收、暂付其他单位和个人的各种款项。主要包括：预付企业各内部单位或个人的备用金；应收的各种赔款、罚款，如因企业财产等遭受意外损失而应向有关保险公司收取的赔款等；应收出租包装物的租金；存出保证金；应向职工收取的各种垫付款项；应收、暂付上级单位或所属单位的款项；预付账款转入；其他各种应收、暂付款项。

其他应收款按实际应收、暂付的金额入账。为反映和监督其他应收款的增减变动情况，企业应设置"其他应收款"科目，该科目借方登记发生的各种其他应收款项，贷方登记企业收回的其他应收款项或转销的其他应收款项，余额一般在借方，表示应收未收的其他应收款项。"其他应收款"科目一般按债务人设置明细科目进行明细核算。

企业发生备用金以外的其他应收款时，借记"其他应收款"科目，贷记"库存现金""银行存款""营业外收入"等科目；收回备用金以外的其他应收款时，借记"库存现金""银行存款""应付职工薪酬"等科目，贷记"其他应收款"科目。

企业应当定期或者至少于每年年度终了对其他应收款进行检查，对可能发生坏账损失的应计提坏账准备。对于不能收回的其他应收款应查明原因，按照管理权限经股东大会或董事会或经理（厂长）会议或类似机构批准作为坏账损失，冲减提取的坏账准备。

【例4-23】 2020年12月2日，恒易公司签发转账支票10 000元，为员工刘某支付医疗手术费，其中，2 000元应由个人负担，并分两个月从员工的工资中扣回。恒易公司的会计处理如下：

(1) 2020年12月2日，支付时：

```
借：其他应收款——刘某                             2 000.00
     应付职工薪酬——应付福利费                      8 000.00
   贷：银行存款                                    10 000.00
```

(2) 2020年12月10日，发放工资扣回刘某1 000元时：

```
借：应付职工薪酬——应付工资                        1 000.00
   贷：其他应收款——刘某                            1 000.00
```

【例4-24】 2020年12月2日,恒易公司向P公司租入包装周转箱100个,签发转账支票支付其押金5 000元。恒易公司的会计处理如下:

(1) 支付押金时:

借:其他应收款——存出包装物押金(P公司)   5 000.00
  贷:银行存款   5 000.00

(2) 到期如数收回押金时:

借:银行存款   5 000.00
  贷:其他应收款——存出包装物押金(P公司)   5 000.00

【例4-25】 2020年12月20日,原为员工谢某垫付的医疗费用8 000元,因其本人已故且其亲属已无力偿还,确实无法收回,经恒易公司董事会批准,作为坏账核销。恒易公司的会计处理如下:

借:坏账准备   8 000.00
  贷:其他应收款——谢某   8 000.00

四、应收款项预期信用损失

(一) 应收款项预期信用损失的计量

当企业的应收款项无法收回或者收回可能性极小时即形成坏账,由此而产生的损失即为坏账损失,该损失为债务人失信而形成,故而列为信用损失。

应收款项损失准备也采用预期信用损失法。应收款项的预期信用损失是指以应收款项发生违约的风险为权重的应收款项信用损失的加权平均值,即企业根据合同应收的现金流量与预期能收到的现金流量之间的差额的现值。

企业应当在资产负债表日计算应收款项预期信用损失。在计算应收款项信用损失时,企业应将所有的应收款项看成整体,根据不同的账龄等来预计不同的概率、不同的未来现金流量,进而加权计算不同的现金缺口折现额,即应收款项应计提的减值金额。企业对于收入准则所规定的不含重大融资成分的应收款项,应当始终按照整个存续期内预期信用损失的金额计量其损失准备。不含重大融资成分意为实际利率(或折现率)为零,此时应收款项预期现金缺口现值等于预期现金缺口金额,即等于未来应收取的合同现金流量与预期收取现金流量之间的差额。

企业可以在遵循金融工具确认和计量准则的前提下,采用简化的方法计算预期信用损失。一般可将应收款项按照债务人所在的区域、类型、信用等级等进行分组,在此基础上再按账龄(或逾期时间)和预计损失率确定预期信用损失。此时,可能会出现三种情况:

① 当期预期信用损失=前期累计已确认的信用损失,则当期无须确认信用损失
② 当期预期信用损失>前期累计已确认的信用损失,则按其差额确认当期信用损失
③ 当期预期信用损失<前期累计已确认的信用损失,则按其差额冲销当期信用损失

其中,预计损失率可以根据历史经验(信息),在考虑前瞻性信息的基础上加以确定。

【例4-26】 2020年12月31日,某公司根据2017年以来4年的应收款项数据确定当年应收款项信用损失率,其相关数据如表4-5所示:

表4-5 应收款项账面余额及账龄情况表   单位:元

账龄	2017年年末应收账款账面余额	2018年年末应收账款账面余额	2019年年末应收账款账面余额	2020年年末应收账款账面余额
1年以内	450 000	300 000	375 000	600 000
1~2年	105 000	45 000	25 000	30 000

续　表

账　龄	2017年年末应收账款账面余额	2018年年末应收账款账面余额	2019年年末应收账款账面余额	2020年年末应收账款账面余额
2～3年	21 000	35 000	18 000	12 000
3年以上	15 000	18 000	30 000	16 000
3年以上迁徙		15 000	18 000	30 000
合计	591 000	398 000	448 000	658 000

首先计算迁徙率。当年迁徙率为上年末该账龄余额至下年末仍未收回的金额占上年末该账龄余额的比重。如2017年末一年以内余额为450 000元，至2018年末仍未收回的部分会迁徙至1～2年期间，则其迁徙率为10%(45 000/450 000)，其他年度迁徙率如表4-6所示。

表4-6　应收款项迁徙率计算表　　　　　　　　　　　单位：元

账　龄	2017年迁徙至2018年应收款项迁徙率	2018年迁徙至2019年应收款项迁徙率	2019年迁徙至2020年应收款项迁徙率	平均迁徙率
1年以内	10.00%	8.33%	8.00%	8.78%
1～2年	33.33%	40.00%	48.00%	40.44%
2～3年	85.71%	85.71%	88.89%	86.77%
3年以上	100.00%	100.00%	100.00%	100.00%

由表4-6数据可以计算历史信用损失率，其各账龄损失率（取整数）分别为：3%(8.78%×40.44%×86.77%×100.00%)、35%(40.44%×86.77%×100.00%)、87%(86.77%×100.00%)和100%。

考虑到前瞻性因素，如宏观经济增速放缓等，该公司决定调整该历史信用损失率，对三年以下账龄的预期损失率再增加1%，即各账龄损失率分别为：4%、36%、88%和100%。

因此，该公司2020年应确认应收款项预期信用损失为61 360元(600 000×4%+30 000×36%+12 000×88%+16 000×100%)。

（二）应收款项预期信用损失的会计处理

如果应收款项预期信用损失大于其当前减值准备的账面金额，企业应当将其差额确认为减值损失，借记"信用减值损失"科目，贷记"坏账准备"科目；如果资产负债表日计算的应收款项预期信用损失小于其当前减值准备的账面金额，则应将其差额确认为减值利得，借记"坏账准备"科目，贷记"信用减值损失"科目。

依[例4-26]资料，假设该公司2020年12月31日确认应收款项信用损失前"坏账准备"的余额（即前期累计已确认的信用损失）分别为50 000元、61 360元和70 000元，则三种情况的会计处理如下：

假设1：借：信用减值损失　　　　　　　　　　　　　　　　　　　　11 360.00
　　　　　　贷：坏账准备　　　　　　　　　　　　　　　　　　　　　　11 360.00

假设2：不需要进行会计处理。

假设3：借：坏账准备　　　　　　　　　　　　　　　　　　　　　　　 8 640.00
　　　　　　贷：信用减值损失　　　　　　　　　　　　　　　　　　　　 8 640.00

需要说明的是：信用损失率可以直接根据会计人员的职业判断能力（积累的经验、评估水平等)进行判断,不需要按照上述方法计算,并且每年末根据新的证据进行调整;账龄分段还可以进一步细分,如6个月以内、7~12个月、13~18个月、19~24个月等以此进行,有时也可按照逾期时间进行分段,如未逾期、逾期1~30天、逾期31~60天、逾期61~90天、逾期90天以上等。

【例4-27】 恒易公司从2019年开始将"已发生损失法"变更为"预期损失法",变更前"坏账准备"科目余额为贷方50 000元,其各年相关资料及会计处理如下:

(1) 2019年12月31日,根据账龄和信用损失率计算确认的本年度信用损失为80 000元,则本年度应补提信用减值损失30 000元(80 000-50 000)。

借:信用减值损失 30 000.00
　　贷:坏账准备 30 000.00

(2) 2020年4月10日,应收T公司货款尾款15 000元因其财务状况不佳且已挂账长达4年之久,收回的可能性极小,经董事会批准予以核销。

借:坏账准备 15 000.00
　　贷:应收账款——T公司 15 000.00

(3) 2020年12月31日,根据账龄和信用损失率计算确认的本年度信用损失为70 000元,则本年度应补提信用减值损失5 000元(70 000-65 000)。

借:信用减值损失 5 000.00
　　贷:坏账准备 5 000.00

(4) 2021年10月20日,已核销的应收T公司货款尾款15 000元经业务员追索又收回10 000元,现收到银行汇票并于当日填制进账单,取得进账单回单。

借:应收账款——T公司 10 000.00
　　贷:坏账准备 10 000.00

同时:

借:银行存款 10 000.00
　　贷:应收账款——T公司 10 000.00

(5) 2021年12月31日,根据账龄和信用损失率计算确认的本年度信用损失为60 000元,则本年度应冲减信用减值损失20 000元(80 000-60 000)。

借:坏账准备 20 000.00
　　贷:信用减值损失 20 000.00

(6) 2022年9月15日,接法院通知,应收R公司的货款80 000元因其已破产,无法收回,经董事会批准予以核销。

借:坏账准备 80 000.00
　　贷:应收账款——R公司 80 000.00

(7) 2022年12月31日,根据账龄和信用损失率计算确认的本年度信用损失为50 000元,则本年度应补提信用减值损失70 000元(20 000+50 000)。

借:信用减值损失 70 000.00
　　贷:坏账准备 70 000.00

五、应收债权融资和出售

为了缓解资金紧张状况,企业有时会将应收债权出售给银行或以其作质押从银行取得借款,实现银行和企业的共赢。在以信用为基础的市场经济环境下,企业通过应收债权出售或质押进行融资,已经得到了银行和企业的广泛认可。

(一)应收债权融资的会计处理

企业将其按照销售商品、提供劳务的销售合同所产生的应收债权(如应收账款)出售给银行等金融机构的会计核算,应充分考虑交易的经济实质,按照实质重于形式的原则进行:如果与应收债权有关的风险和报酬已经发生实质上的转移,应按照出售应收债权处理,并确认为当期损益,冲减坏账准备后的差额部分记入"营业外收入"或"营业外支出"科目;如果与应收债权有关的风险和报酬并未发生实质上的转移,应作为以应收债权为质押取得银行借款进行处理。

企业将其按照销售商品、提供劳务的销售合同所产生的应收债权提供给银行作为其向银行借款的质押的,与应收债权有关的风险和报酬并未发生实质上的转移,依然由持有应收债权的企业向债务人收款,并由企业自行承担应收债权可能产生的风险,同时,企业应按照资金有偿使用的原则,定期向银行等金融机构支付借入款项的利息并按规定时间归还本金。

在以应收债权取得质押借款的情况下,企业应按照实际收到的款项借记"银行存款"科目,按实际支付的手续费借记"财务费用"科目,按银行贷款本金并考虑借款期限贷记"短期借款"等科目。

企业在收到债务人偿还的款项时,应借记"银行存款"等科目,贷记"应收账款"科目。

企业发生的借款利息及向银行等金融机构偿付借入款项的本金时的会计处理,应按照银行借款的相关规定执行。一般情况下,期末计提利息时借记"财务费用"科目,贷记"应付利息"等科目;归还借款时借记"短期借款""应付利息"等科目,贷记"银行存款"科目。

由于上述与用于质押的应收债权相关的风险和报酬并没有发生实质性变化,企业应根据债务单位的情况,按照规定合理计提用于质押的应收债权的坏账准备。对于发生的与用于质押的应收债权相关的销售退回、销售折让及坏账等,应按照现行会计准则的有关规定处理。

企业应设置备查簿,详细记录质押的应收债权的账面金额、质押期限及回款情况等。

【例 4-28】 2019 年 12 月 10 日,恒易公司销售给 A 公司产品一批,其价款为 200 000 元,增值税销项税额为 26 000 元,价税款均未收到。恒易公司在年末按应收债权 1‰ 计提坏账准备。2020 年 2 月 1 日,恒易公司以应收债权作质押,取得借款 200 000 元,期限为 4 个月,年利率 6%,到期一次性还本付息。2020 年 6 月 1 日,归还本金并支付利息 4 000 元。恒易公司的会计处理如下:

(1) 2019 年 12 月 10 日:

借:应收账款——A 公司	226 000.00
贷:主营业务收入	200 000.00
应交税费——应交增值税(销项税额)	26 000.00

(2) 2019 年 12 月 31 日:

借:信用减值损失	2 260.00
贷:坏账准备	2 260.00

(3) 2020 年 2 月 1 日:

借:银行存款	200 000.00
贷:短期借款	200 000.00

(4) 2020 年 6 月 1 日:

借：财务费用	4 000.00	
短期借款	200 000.00	
贷：银行存款		204 000.00

（二）应收债权出售的会计处理

1. 不附追索权的应收债权出售的会计处理

企业将其按照销售商品、提供劳务的销售合同所产生的应收债权出售给银行等金融机构，如果企业、债务人和银行等金融机构之间的协议规定所售应收债权到期无法收回时，银行等金融机构不能够向出售应收债权的企业进行追偿的，则所售应收债权的风险完全由银行等金融机构承担。这种情况下，企业应根据与银行等金融机构的协议，按实际收到的款项借记"银行存款"等科目，按照协议中约定预计将发生的销售退回、销售折让和现金折扣金额借记"其他应收款"科目，按售出应收债权已提取的坏账准备金额借记"坏账准备"科目，按照应支付的相关手续费的金额借记"财务费用"科目，按售出应收债权的账面余额贷记"应收账款"科目，"应收账款"科目账面余额大于借记"银行存款""其他应收款""坏账准备"和"财务费用"等科目的差额，借记"营业外支出——应收债权融资损失"科目，"应收账款"科目账面余额小于借记"银行存款""其他应收款""坏账准备"和"财务费用"等科目的差额，贷记"营业外收入——应收债权融资收益"科目。

企业实际发生的与所售应收债权相关的销售退回、销售折让和现金折扣等，如果等于原已记入"其他应收款"科目的金额，则应按实际发生的销售退回、销售折让的金额借记"主营业务收入"等科目，按实际发生的现金折扣金额借记"财务费用"科目，按可冲减的增值税销项税额借记"应交税费——应交增值税（销项税额）"科目，按原记入"其他应收款"科目的预计销售退回、销售折让和现金折扣金额贷记"其他应收款"科目；企业实际发生的与所售应收债权相关的销售退回、销售折让和现金折扣，与原已记入"其他应收款"科目的金额如有差额，除按上述规定进行会计处理外，对应补付给银行等金融机构的销售退回、销售折让和现金折扣款，通过"其他应付款"或"银行存款"科目核算，对应向银行等金融机构收回的销售退回、销售折让和现金折扣款，通过"其他应收款"或"银行存款"科目核算。

【例 4-29】 2020 年 12 月 10 日，恒易公司将销售给 B 公司产品形成的债权共计 585 000 元出售给中国工商银行市支行。协议约定所售应收债权到期无法收回时中国工商银行市支行不能够向恒易公司进行追偿，所售应收债权的风险完全由中国工商银行市支行承担，取得出售款 550 000 元。恒易公司的会计处理如下：

借：银行存款	550 000.00	
营业外支出——应收债权融资损失	35 000.00	
贷：应收账款——B 公司		585 000.00

【例 4-30】 2020 年 12 月 10 日，恒易公司将销售给 C 公司产品形成的债权 452 000 元（其中，价款 400 000 元，增值税税额 52 000 元）出售给中国工商银行市支行。协议约定所售应收债权到期无法收回时中国工商银行市支行不能够向恒易公司进行追偿，所售应收债权的风险完全由中国工商银行市支行承担，取得出售款 400 000 元，预计销货退回率为 10%，待应收债权到期时按实际销货退回情况补差。恒易公司的会计处理如下：

借：银行存款	400 000.00	
其他应收款——预计销货退回款	45 200.00	
营业外支出——应收债权融资损失	6 800.00	
贷：应收账款——C 公司		452 000.00

假设销货退回10%,其实际成本为30 000元。

借:主营业务收入	40 000.00
应交税费——应交增值税(销项税额)	5 200.00
贷:其他应收款——预计销货退回款	45 200.00

同时:

借:库存商品	30 000.00
贷:主营业务成本	30 000.00

假设销货退回20%,其实际成本为60 000元。

借:主营业务收入	80 000.00
应交税费——应交增值税(销项税额)	10 400.00
贷:其他应收款——预计销货退回款	45 200.00
银行存款	45 200.00

同时调整销售成本。

假设销货退回5%,其实际成本为15 000元。

借:主营业务收入	20 000.00
应交税费——应交增值税(销项税额)	2 600.00
银行存款	22 600.00
贷:其他应收款——预计销货退回款	45 200.00

同时调整销售成本。

2. 附追索权的应收债权出售的会计处理

企业在出售应收债权的过程中如附有追索权,即在有关应收债权到期无法从债务人处收回时,银行等金融机构有权向出售应收债权的企业追偿,或按照协议约定,企业有义务按照约定金额向银行等金融机构回购部分应收债权,应收债权的坏账风险由售出应收债权的企业负担。在这种情况下,企业应按以应收债权为质押取得借款的会计处理原则进行处理。

【例4-31】 恒易公司发生的与债权出售有关的经济业务及会计处理如下:

(1) 2019年11月5日,恒易公司销售给D公司产品一批,产品价款为600 000元,增值税销项税额为78 000元,货款尚未收到,购销合同约定的信用期限为2020年4月30日。

借:应收账款——D公司	678 000.00
贷:主营业务收入	600 000.00
应交税费——应交增值税(销项税额)	78 000.00

(2) 2019年年末,计提3 390元坏账准备。

借:信用减值损失	3 390.00
贷:坏账准备	3 390.00

(3) 2020年2月1日,恒易公司将应收债权出售给中国工商银行市支行,按照合同规定,出售价款为665 000元,应收债权到期无法从债务人处收回时,银行有权向出售应收债权的企业追偿。

借:银行存款	665 000.00
贷:短期借款	665 000.00

(4) 2020年4月30日,D公司按期如数付款。

借：短期借款	665 000.00
坏账准备	3 390.00
财务费用	9 610.00
贷：应收账款——D公司	678 000.00

(5) 2020年4月30日,假设D公司未按期付款。

借：短期借款	665 000.00
坏账准备	3 390.00
财务费用	9 610.00
贷：银行存款	678 000.00

(6) 2020年4月30日,假设D公司未按期付款,恒易公司也无款支付,银行则将其转为逾期贷款。如1个月后恒易公司已有足够资金归还上述借款,银行通知另加收借款总额1%的利息,则：

借：短期借款	665 000.00
坏账准备	3 390.00
财务费用	16 390.00
贷：银行存款	684 780.00

企业应收债权出售、融资等业务应在会计报表附注中进行披露,主要包括：与银行等金融机构签订的出售、融资协议的主要内容；所涉及出售、融资业务的应收债权的金额、账龄、已提取坏账准备等基本情况；以应收债权为基础取得的质押借款的金额、利率、借款期限,用于质押的应收债权的账面价值等具体情况；作为销售确认的应收债权出售交易对当期净损益的影响金额；已贴现的应收债权的账面金额、贴现收到的金额、贴现期限等。

六、债务重组

(一) 债务重组的确认

在竞争愈来愈激烈的市场经济条件下,有些企业可能因经营管理不善或受外部有关不利因素的影响,盈利能力开始下降甚至发生经营亏损,资金紧缺而周转困难,致使无法按期偿还债务。此时,债权人可依据法律规定,在债务人不能偿还到期债务时向法院申请债务人破产。但如果债务人主管部门申请债务人整顿,并经债务人与债权人会议达成和解协议时,破产程序可予以中止。同时,如果债务人进入破产程序,不仅其过程持续时间较长,费时费力,而且仍有可能债权人的债权不能如数收回。于是,通过延长信用期限、降低债务利率、豁免部分债务本金、以资产抵偿债务等形式进行的债务重组就应运而生。

债务重组是指在债务人发生财务困难的情况下,债权人按照其与债务人达成的协议或者法院的裁定作出让步的事项。债务重组必须以债务人发生财务困难为前提且债权人作出让步。债务人发生财务困难是指因债务人出现资金周转困难、经营陷入困境或其他原因导致其无法或者没有能力按原定条件偿还债务；债权人作出让步是指债权人同意发生财务困难的债务人现在或者将来以低于重组债务账面价值的金额或者价值偿还债务。

下列情况具有债务重组的某些特征,但不属于债务重组,不适用债务重组核算原则：

(1) 债务人未发生财务困难而进行的债务重组。

(2) 重组债务未发生账面价值的变动。

(3) 债务人发生财务困难而债权人未作出让步,而只是以物抵债的债务重组。

债务重组是在债务人发生财务困难且债权人作出让步的情况下进行的,在进行债务重组核算时,应分清持续经营条件下的债务重组和非持续经营条件下的债务重组的界限。持续经营条件下的债务重组是指债务重组双方在可预见的将来仍会继续经营下去的情况下所进行的债务重组;非持续经营条件下的债务重组通常是指债务人处于破产清算状态时与债权人之间进行的债务重组。非持续经营条件下的债务重组另有会计处理办法,这里不予叙述。

债务重组可能发生在债务到期前,也可能发生在债务到期日,还可能发生在债务到期后。债务人履行协议或法院裁定,将相关资产转让给债权人、将债务转为资本或修改后的偿债条件开始执行的日期,即为债务重组完成日,简称为债务重组日。例如,K 企业欠 L 企业货款 100 万元,到期日为 2020 年 5 月 1 日。K 企业发生财务困难,经协商,L 企业同意 K 企业以价值 80 万元的产成品抵债。K 企业于 2020 年 5 月 20 日将产成品运抵 L 企业并办理有关债务解除手续,此时,2020 年 5 月 20 日即为债务重组日。如果 K 企业是分批将产成品运往 L 企业,最后一批产品运抵的日期为 2020 年 5 月 30 日,且当日办理有关债务解除手续,则债务重组日应为 2020 年 5 月 30 日。如果 L 企业同意 K 企业以一项工程总造价为 80 万元的在建工程偿债,但要求 K 企业继续按计划完成在建工程,则债务重组日为该项工程完工并交付使用且办理有关债务清偿手续的当日。如果 L 企业同意 K 企业将所欠债务转为资本,K 企业于 2020 年 5 月 30 日办妥增资批准手续并向 L 企业出具出资证明,则 2020 年 5 月 30 日为债务重组日。

(二)债务重组的会计处理

债务重组通常可以采用以资产清偿债务、将债务转为资本、修改其他债务条件以及混合重组等方式进行。

1. 以资产清偿债务

以资产清偿债务是指债务人以低于债务账面价值的货币资金清偿债务或以非现金资产清偿债务。

(1) 以现金清偿债务。债权人将重组债权的账面余额与实际收到的货币资金之间的差额作当期损益记入"营业外支出——债务重组损失"科目,如果债权人已对债权计提坏账准备的,应当先将差额冲减坏账准备,坏账准备不足以冲减的部分作当期损益记入"营业外支出——债务重组损失"科目。

债务人以现金清偿债务的,债务人将重组债务的账面价值与实际支付现金之间的差额作当期损益,记入"营业外收入——债务重组利得"科目。

一般来说,"账面价值"是指某科目账面余额减去相关备抵科目后的净额,而"账面余额"则是指某科目的账面实际余额,不扣除作为该科目的备抵科目(如累计折旧、相关资产的减值准备等)的余额。对企业的债务而言,其账面价值通常就是该债务的账面余额;对企业的债权而言,其账面价值则是指该债权的账面余额减去坏账准备的差额。

【例 4-32】 恒易公司 2019 年 11 月 10 日销售给 G 公司产品形成的 226 000 元债权,至 2020 年 3 月 31 日信用期满时仍未收到。由于 G 公司发生财务困难,信用期满日,G 公司与恒易公司达成债务重组协议,恒易公司同意减免 16 000 元,G 公司当日以银行汇票偿还 210 000 元。

(1) 恒易公司(债权人)的会计处理。

债务重组损失 = 226 000 - 210 000 = 16 000(元)

借:银行存款	210 000.00
营业外支出——债务重组损失	16 000.00
贷:应收账款——G 公司	226 000.00

(2) G公司(债务人)的会计处理。

债务重组利得＝226 000－210 000＝16 000(元)

借：应付账款——恒易公司	226 000.00
贷：银行存款	210 000.00
营业外收入——债务重组利得	16 000.00

假设恒易公司2019年12月31日按1%计提坏账准备，则：

债务重组损失＝(226 000－2 260)－210 000＝13 740(元)

借：银行存款	210 000.00
坏账准备	2 260.00
营业外支出——债务重组损失	13 740.00
贷：应收账款——G公司	226 000.00

假设恒易公司2019年12月31日按10%计提坏账准备，则：

债务重组损失＝(226 000－22 600)－210 000＝－6 600(元)

借：银行存款	210 000.00
坏账准备	22 600.00
贷：应收账款——G公司	226 000.00
信用减值损失	6 600.00

(2) 以非现金资产清偿债务。以非现金资产清偿债务是指债务人转让其非现金资产给债权人以清偿债务。债务人常用于偿债的非现金资产主要包括存货、交易性金融资产、固定资产、债权投资、长期股权投资、无形资产等。

以非现金资产清偿债务时，应当按照清偿资产的公允价值作为清偿价值，以此来确认重组损益。公允价值应当按照下列顺序确定：如果非现金资产存在活跃市场，应当按照市场价格确定其公允价值；如果非现金资产本身不存在活跃市场但类似资产存在活跃市场，应当按照类似资产活跃市场的价格为基础确定其公允价值；如果非现金资产本身和类似资产均不存在活跃市场，应当采用估值技术确定其公允价值。

以非现金资产清偿债务时，债权人应当对受让的非现金资产按其公允价值入账，根据受让的不同资产的公允价值借记"库存商品""固定资产""无形资产""长期股权投资"等科目，按照债权的账面余额贷记"应收账款"等科目。如果债权人对该应收账款计提了减值准备，应将受让资产的公允价值与债权的账面价值的差额先冲减坏账准备，借记"坏账准备"科目，其不足部分作为债务重组损失，借记"营业外支出——债务重组损失"科目。

以非现金资产清偿债务时，债务人应根据重组债务的账面价值借记"应付账款"等科目，抵付债务的非现金资产应当作为资产处置进行处理。由于非现金资产包括的类别不同，其作为资产处置的方法也有所不同。

① 债务人以存货清偿债务。债务人以存货清偿债务时，债权人将受让的非现金资产作为存货管理的，应当对受让的存货按其公允价值入账，重组债权的账面余额与受让的存货的公允价值和可抵扣的增值税进项税额之间的差额作当期损益记入"营业外支出——债务重组损失"科目。如果债权人对重组债权计提了坏账准备的，应先将该差额冲减坏账准备，坏账准备不足以冲减的部分再作当期损益记入"营业外支出——债务重组损失"科目。

债务人以存货清偿债务时,债务人应当将重组债务的账面价值与抵偿债务的存货公允价值和增值税销项税额之间的差额作当期损益记入"营业外收入——债务重组利得"科目。抵偿债务的存货视同销售,以公允价值记入"主营业务收入"科目,同时,按其实际成本结转销售成本。

【例 4-33】 依[例 4-32]资料,假设信用期满日 G 公司与恒易公司达成债务重组协议,恒易公司同意 G 公司以现金偿付 50 000 元,其余部分 G 公司以其生产的甲产品抵付债务,甲产品的实际成本为 100 000 元,公允价值为 140 000 元,G 公司按公允价值开出增值税专用发票,增值税销项税额为 18 200 元。当日办妥债务结清手续,恒易公司收到 G 公司汇来的款项存入银行,并将 G 公司发来的甲产品作原材料入库。

(1) 恒易公司(债权人)的会计处理。

债务重组损失=(226 000-50 000)-(140 000+18 200)=17 800(元)

借:银行存款	50 000.00
原材料——甲材料	140 000.00
应交税费——应交增值税(进项税额)	18 200.00
营业外支出——债务重组损失	17 800.00
贷:应收账款——G 公司	226 000.00

(2) G 公司(债务人)的会计处理。

债务重组利得=(226 000-50 000)-(140 000+18 200)=17 800(元)

借:应付账款——恒易公司	226 000.00
贷:银行存款	50 000.00
主营业务收入	140 000.00
应交税费——应交增值税(销项税额)	18 200.00
营业外收入——债务重组利得	17 800.00

同时:

借:主营业务成本	100 000.00
贷:库存商品——甲产品	100 000.00

假设恒易公司对应收债权提取了 10 000 元的坏账准备,G 公司对库存商品提取了 12 000 元的跌价准备,则:

(1) 恒易公司(债权人)的会计处理。

债务重组损失=(226 000-50 000)-(140 000+18 200)-10 000=7 800(元)

借:银行存款	50 000.00
原材料——甲材料	140 000.00
应交税费——应交增值税(进项税额)	18 200.00
坏账准备	10 000.00
营业外支出——债务重组损失	7 800.00
贷:应收账款——G 公司	226 000.00

(2) G 公司(债务人)的会计处理。

债务重组利得=(226 000−50 000)−(140 000+18 200)=17 800(元)

借：应付账款——恒易公司	226 000.00
贷：银行存款	50 000.00
主营业务收入	140 000.00
应交税费——应交增值税(销项税额)	18 200.00
营业外收入——债务重组利得	17 800.00

同时：

借：主营业务成本	88 000.00
存货跌价准备	12 000.00
贷：库存商品——甲产品	100 000.00

假设恒易公司对应收债权提取了24 000元的坏账准备，G公司对库存商品提取了25 000元的跌价准备，则：

(1) 恒易公司(债权人)的会计处理。

债务重组损失=(226 000−50 000)−(140 000+18 200)−24 000=−6 200(元)

借：银行存款	50 000.00
原材料——甲材料	140 000.00
应交税费——应交增值税(进项税额)	18 200.00
坏账准备	24 000.00
贷：应收账款——G公司	226 000.00
资产减值损失	6 200.00

(2) G公司(债务人)的会计处理。

债务重组利得=(226 000−50 000)−(140 000+18 200)=17 800(元)

借：应付账款——恒易公司	226 000.00
贷：银行存款	50 000.00
主营业务收入	140 000.00
应交税费——应交增值税(销项税额)	18 200.00
营业外收入——债务重组利得	17 800.00

同时：

借：主营业务成本	75 000.00
存货跌价准备	25 000.00
贷：库存商品——甲产品	100 000.00

② 债务人以固定资产清偿债务。债务人以固定资产清偿债务的，债权人应当对受让的固定资产按其公允价值入账，重组债权的账面余额与受让的固定资产公允价值和可抵扣的增值税进项税额之间的差额作当期损益记入"营业外支出——债务重组损失"科目。如果债权人对重组债权计提了坏账准备的，应先将该差额冲减坏账准备，坏账准备不足以冲减的部分再作当期损益记入"营业外支出——债务重组损失"科目。

债务人以固定资产清偿债务的，债务人应先将固定资产转入清理，再按债务账面价值转销债务,将债务账面价值与转让的固定资产公允价值和增值税销项税额之间的差额作当期损益,记入"营业外收入——债务重组利得"科目,如果固定资产计提了减值准备的,还应结转其减值准备;转让的固定资产公允价值与其账面价值之间的差额作当期损益,记入"资产处置损益"科目。

债务人以固定资产清偿债务涉及的增值税在第6章固定资产相关内容中说明。

【例4-34】 依[例4-32]资料,假设信用期满日G公司与恒易公司达成债务重组协议,恒易公司同意G公司以一辆帕萨特轿车抵付债务,其原始价值为260 000元,已提折旧45 000元,公允价值为180 000元,G公司按公允价值开出增值税专用发票,增值税销项税额为23 400元。G公司以银行存款支付车辆过户费5 000元后当日办妥车辆过户手续,结清债务。

(1)恒易公司(债权人)的会计处理。

债务重组损失=226 000-180 000-23 400=22 600(元)

借:固定资产	180 000.00
应交税费——应交增值税(进项税额)	23 400.00
营业外支出——债务重组损失	22 600.00
贷:应收账款——G公司	226 000.00

(2)G公司(债务人)的会计处理。

债务重组利得=226 000-180 000-23 400=22 600(元)

处置非流动资产损失=(260 000-45 000+5 000)-180 000=40 000(元)

借:固定资产清理	220 000.00
累计折旧	45 000.00
贷:固定资产	260 000.00
银行存款	5 000.00
借:应付账款——恒易公司	226 000.00
贷:固定资产清理	180 000.00
应交税费——应交增值税(销项税额)	23 400.00
营业外收入——债务重组利得	22 600.00
借:资产处置损益	40 000.00
贷:固定资产清理	40 000.00

假设恒易公司对应收债权提取了5 000元的坏账准备,G公司对固定资产提取了2 000元的减值准备,则:

(1)恒易公司(债权人)的会计处理。

债务重组损失=(226 000-5 000)-180 000-23 400=17 600(元)

借:固定资产	180 000.00
坏账准备	5 000.00
应交税费——应交增值税(进项税额)	23 400.00
营业外支出——债务重组损失	17 600.00
贷:应收账款——G公司	226 000.00

(2) G公司(债务人)的会计处理。

债务重组利得＝226 000－180 000－23 400＝22 600(元)

处置非流动资产损失＝(260 000－2 000－45 000＋5 000)－180 000＝38 000(元)

借：固定资产清理	218 000.00
累计折旧	45 000.00
固定资产减值准备	2 000.00
贷：固定资产	260 000.00
银行存款	5 000.00
借：应付账款——恒易公司	226 000.00
贷：固定资产清理	180 000.00
应交税费——应交增值税(销项税额)	23 400.00
营业外收入——债务重组利得	22 600.00
借：资产处置损益	38 000.00
贷：固定资产清理	38 000.00

假设恒易公司对应收债权提取了55 000元的坏账准备，G公司对固定资产提取了20 000元的减值准备，则：

(1) 恒易公司(债权人)的会计处理。

债务重组损失＝(226 000－55 000)－180 000－23 400＝－32 400(元)

此时，对债权人来说，其债务重组损失已通过计提坏账准备计入信用减值损失的金额，其超过部分应冲减"信用减值损失"科目。

借：固定资产	180 000.00
坏账准备	55 000.00
应交税费——应交增值税(进项税额)	23 400.00
贷：应收账款——G公司	226 000.00
信用减值损失	32 400.00

(2) G公司(债务人)的会计处理。

债务重组利得＝226 000－180 000－23 400＝22 600(元)

处置非流动资产损失＝(260 000－20 000－45 000＋5 000)－180 000＝20 000(元)

借：固定资产清理	200 000.00
累计折旧	45 000.00
固定资产减值准备	20 000.00
贷：固定资产	260 000.00
银行存款	5 000.00
借：应付账款——恒易公司	226 000.00
贷：固定资产清理	180 000.00
应交税费——应交增值税(销项税额)	23 400.00
营业外收入——债务重组利得	22 600.00

借:资产处置损益	20 000.00	
贷:固定资产清理		20 000.00

③ 债务人以无形资产清偿债务。债务人以无形资产清偿债务的,债权人应当对受让无形资产按其公允价值入账,重组债权的账面余额与受让的无形资产公允价值和可抵扣的增值税进项税额之间的差额作为当期损益记入"营业外支出——债务重组损失"科目。如果债权人已对债权计提了坏账准备的,应当先将该差额冲减坏账准备,坏账准备不足以冲减的部分再作为当期损益记入"营业外支出——债务重组损失"科目。

债务人以无形资产清偿债务的,债务人按债务账面价值转销债务,将债务账面价值与转让无形资产公允价值和增值税销项税额之间的差额作为当期损益记入"营业外收入——债务重组利得"科目,如果无形资产计提了减值准备的,还应结转其减值准备;转让无形资产公允价值与其账面价值之间的差额作为当期损益记入"资产处置损益"科目。

【例 4-35】 依[例 4-32]资料,假设信用期满日 G 公司与恒易公司达成债务重组协议,恒易公司同意 G 公司以一项专利权抵付债务,该项专利权的账面余额为 300 000 元,累计摊销余额为 120 000 元,公允价值为 200 000 元,G 公司按公允价值开出增值税专用发票,增值税销项税额为 12 000 元。

(1) 恒易公司(债权人)的会计处理。

债务重组损失 = 226 000 − 200 000 − 12 000 = 14 000(元)

借:无形资产	200 000.00	
应交税费——应交增值税(进项税额)	12 000.00	
营业外支出——债务重组损失	14 000.00	
贷:应收账款——G 公司		226 000.00

(2) G 公司(债务人)的会计处理。

债务重组利得 = 226 000 − 200 000 − 12 000 = 14 000(元)

处置非流动资产利得 = 200 000 − (300 000 − 120 000) = 20 000(元)

借:应付账款——恒易公司	226 000.00	
累计摊销	120 000.00	
贷:无形资产		300 000.00
应交税费——应交增值税(销项税额)		12 000.00
营业外收入——债务重组利得		14 000.00
资产处置损益		20 000.00

假设恒易公司对应收债权提取了 6 000 元的坏账准备,G 公司对无形资产提取了 10 000 元的减值准备,则:

(1) 恒易公司(债权人)的会计处理。

债务重组损失 = (226 000 − 6 000) − 200 000 − 12 000 = 8 000(元)

借:无形资产	200 000.00	
坏账准备	6 000.00	
应交税费——应交增值税(进项税额)	12 000.00	
营业外支出——债务重组损失	8 000.00	
贷:应收账款——G 公司		226 000.00

(2) G公司(债务人)的会计处理。

债务重组利得＝226 000－200 000－12 000＝14 000(元)

处置非流动资产利得＝200 000－[(300 000－120 000)－10 000]＝30 000(元)

借：应付账款——恒易公司	226 000.00
累计摊销	120 000.00
无形资产减值准备	10 000.00
贷：无形资产	300 000.00
应交税费——应交增值税(销项税额)	12 000.00
营业外收入——债务重组利得	14 000.00
资产处置损益	30 000.00

假设恒易公司对应收债权提取了40 000元的坏账准备,G公司对无形资产提取了20 000元的减值准备,则：

(1) 恒易公司(债权人)的会计处理。

债务重组损失＝(226 000－40 000)－200 000－12 000＝－26 000(元)

此时,对债权人来说,其债务重组损失已通过计提坏账准备计入信用减值损失的金额,其超过部分应冲减"信用减值损失"科目。

借：无形资产	200 000.00
坏账准备	40 000.00
应交税费——应交增值税(进项税额)	12 000.00
贷：应收账款——G公司	226 000.00
信用减值损失	26 000.00

(2) G公司(债务人)的会计处理。

债务重组利得＝226 000－200 000－12 000＝14 000(元)

处置非流动资产利得＝200 000－[(300 000－120 000)－20 000]＝40 000(元)

借：应付账款——恒易公司	226 000.00
累计摊销	120 000.00
无形资产减值准备	20 000.00
贷：无形资产	300 000.00
应交税费——应交增值税(销项税额)	12 000.00
营业外收入——债务重组利得	14 000.00
资产处置损益	40 000.00

④ 债务人以投资清偿债务。债务人以投资清偿债务的,债权人应对受让投资按其公允价值入账,重组债权账面余额与受让投资的公允价值之间的差额作为当期损益记入"营业外支出——债务重组损失"科目。如果债权人已对债权计提坏账准备的,应先将该差额冲减坏账准备,坏账准备不足以冲减的部分再作为当期损益记入"营业外支出——债务重组损失"科目。

债务人以投资清偿债务的,债务人按债务账面价值转销债务,将债务账面价值与转让投资的公允价值之间的差额作为当期损益记入"营业外收入——债务重组利得"科目,如果投资计提了减值准备的,还应结转其减值准备。转让投资的公允价值与其账面价值之间的差额作为当期损益记入"投资收益"科目。

【例 4-36】 依[例 4-32]资料,假设信用期满日 G 公司与恒易公司达成债务重组协议,恒易公司同意 G 公司以其持有的丙公司股票(G 公司作"交易性金融资产"核算)抵付债务,该交易性金融资产账面余额为 198 000 元(其中:成本 180 000 元,公允价值变动 18 000 元),市价为 210 000 元。

(1) 恒易公司(债权人)的会计处理。

债务重组损失 = 226 000 − 210 000 = 16 000(元)

借:交易性金融资产——丙公司股票(成本)	210 000.00
营业外支出——债务重组损失	16 000.00
贷:应收账款——G 公司	226 000.00

(2) G 公司(债务人)的会计处理。

债务重组利得 = 226 000 − 210 000 = 16 000(元)

处置非流动资产利得 = 210 000 − 198 000 = 12 000(元)

借:应付账款——恒易公司	226 000.00
贷:交易性金融资产——丙公司股票(成本)	180 000.00
——丙公司股票(公允价值变动)	18 000.00
营业外收入——债务重组利得	16 000.00
投资收益	12 000.00

假设恒易公司对应收债权提取了 7 000 元的坏账准备,则恒易公司的会计处理为:

债务重组损失 = (226 000 − 7 000) − 210 000 = 9 000(元)

借:交易性金融资产——丙公司股票(成本)	210 000.00
坏账准备	7 000.00
营业外支出——债务重组损失	9 000.00
贷:应收账款——G 公司	226 000.00

假设恒易公司对应收债权提取了 28 000 元的坏账准备,则恒易公司的会计处理是:

债务重组损失 = (226 000 − 28 000) − 210 000 = −12 000(元)

借:交易性金融资产——丙公司股票(成本)	210 000.00
坏账准备	28 000.00
贷:应收账款——G 公司	226 000.00
信用减值损失	12 000.00

如果债务人以债权投资、其他债权投资、其他收益工具投资和长期股权投资进行债务清偿的,还会涉及资产减值准备问题,其减值准备的处理与前述方法相同。

【例 4-37】 2020 年 2 月 28 日,恒易公司向 H 公司销售产品一批,价税款计 600 000 元尚未收到。2020 年 12 月 1 日,H 公司资金周转发生困难,经双方协议,恒易公司同意 H 公司将其拥有的一项长期股权投资用于抵偿债务。该项长期股权投资的账面余额为560 000元,公允价值为540 000元,计提的减值准备为10 000元。H公司转让该项长期股权投资时发生相关费用2 000元,恒易公司对该债权提取了20 000元的坏账准备。

(1) 恒易公司(债权人)的会计处理。

债务重组损失=(600 000−20 000)−540 000=40 000(元)

借:长期股权投资	540 000.00
坏账准备	20 000.00
营业外支出——债务重组损失	40 000.00
贷:应收账款——H公司	600 000.00

(2) H公司(债务人)的会计处理。

债务重组利得=600 000−540 000=60 000(元)

处置非流动资产损失=540 000−(560 000−10 000)−2 000=−12 000(元)

借:应付账款——恒易公司	600 000.00
长期股权投资减值准备	10 000.00
投资收益	12 000.00
贷:长期股权投资	560 000.00
银行存款	2 000.00
营业外收入——债务重组利得	60 000.00

2. 将债务转为资本

将债务转为资本是指债务人将债务转为资本,同时债权人将债权转为股权。由于我国《公司法》规定公司发行新股必须具备一定的条件,因而股份制企业以债务转为资本用于清偿债务时,必须满足相关法律规定的条件。

债权人应将享有股权的公允价值确认为对债务人的投资,重组债权的账面余额与股权的公允价值之间的差额作为当期损益记入"营业外支出——债务重组损失"科目。如果债权人对债权计提坏账准备的,应先将该差额冲减坏账准备,坏账准备不足以冲减的部分再作为当期损益记入"营业外支出——债务重组损失"科目。

债务人应将债权人放弃债权而享有股权的面值总额确认为实收资本,债权人享有股权的公允价值总额与实收资本之间的差额确认为资本公积;重组债务的账面价值与股权的公允价值总额之间的差额作为当期损益记入"营业外收入——债务重组利得"科目。

债务转为资本时如发生相关税费,债务人一般计入当期损益,债权人一般计入长期股权投资成本。

【例4-38】 2020年9月1日,恒易公司销售给L股份有限公司产品一批,价税款合计为2 000 000元,当日收到L公司签发并承兑的商业承兑汇票一张,面值为2 000 000元,利率为6%,期限为6个月期(假设12月31日未预提票据利息)。2021年3月1日,L公司与恒易公司协商,以其面值为1元的普通股200 000股抵偿票据款,股票的市价为每股8元,双方各支付印花税6 400元。

(1) 恒易公司(债权人)的会计处理。

债务重组损失=2 000 000×(1+6%×6/12)−1 600 000=460 000(元)

借：长期股权投资	1 606 400.00
营业外支出——债务重组损失	460 000.00
贷：应收票据——L公司	2 000 000.00
银行存款	6 400.00
财务费用——利息收入	60 000.00

（2）L公司（债务人）的会计处理。

债务重组利得＝2 000 000×（1＋6％×6/12）－1 600 000＝460 000（元）

资本溢价＝200 000×（8－1）＝1 400 000（元）

借：应付票据——恒易公司	2 000 000.00
财务费用——利息支出	60 000.00
贷：实收资本	200 000.00
资本公积——资本溢价	1 400 000.00
营业外收入——债务重组利得	460 000.00
借：管理费用——印花税	6 400.00
贷：银行存款	6 400.00

3. 修改其他债务条件

修改其他债务条件是指除上述债务重组方式以外的债务重组，包括延长债务信用期限、延长债务信用期限并加收债务利息、延长债务信用期限并减少本金或债务利息等。

修改其他债务条件的，债权人应当将修改其他债务条件后债权的公允价值作为重组后债权的账面价值，重组债权的账面余额与重组后债权的账面价值之间的差额作为当期损益记入"营业外支出——债务重组损失"科目。如果债权人已对债权计提减值准备的，应当先将该差额冲减减值准备，减值准备不足以冲减的部分再作为当期损益记入"营业外支出——债务重组损失"科目。如果修改后的债务条款中涉及或有应收金额的，根据谨慎原则，债权人不确认或有应收金额，不得将其计入重组后债权的账面价值，待将来实际收到或有应收金额时再计入当期损益。或有应收金额是指需要根据未来某种事项出现而发生的应收金额，而且该未来事项的出现具有不确定性。

修改其他债务条件的，债务人应当将修改其他债务条件后债务的公允价值作为重组后债务的入账价值，重组债务的账面价值与重组后债务的入账价值之间的差额作为当期损益记入"营业外收入——债务重组利得"科目。如果修改后的债务条款中涉及或有应付金额，且该或有应付金额符合《企业会计准则第13号——或有事项》中有关预计负债确认条件的，债务人应当将该或有应付金额确认为预计负债。重组债务的账面价值与重组后债务的入账价值和预计负债金额之和的差额再作为当期损益记入"营业外收入——债务重组利得"科目。或有应付金额是指需要根据未来某种事项出现而发生的应付金额，而且该未来事项的出现具有不确定性。例如，某债务重组协议规定，"将H公司2 000 000元债务豁免至1 800 000元并展期三年，若H公司第一年利润率达到5％时，应按豁免后债务总额的1％支付利息"。依此协议规定，H公司如果第一年的利润率达到5％，其或有应付金额为18 000元（1 800 000×1％）。

【例4-39】 2020年3月31日，恒易公司应收L公司的货款尾款300 000元因L公司财务困难已无法偿还而进行重组，经双方协商，达成如下债务重组协议：恒易公司同意将债务本金减至250 000元，并将债务到期日延至2020年12月31日；如果2020年年末L公司盈利，应按减免后债务本金加付 5% 的利息,并于年末连同债务本金一并结清。恒易公司在 2019 年 12 月 31 日对该应收债权计提了 10 000 元的坏账准备。由于债务展期时间相对较短,因而,减免后的债务本金即为债务重组的公允价值。

(1) 恒易公司(债权人)的会计处理。

① 2020 年 3 月 31 日:

债务重组损失=(300 000−10 000)−250 000=40 000(元)

借:应收账款——L公司(重组债务)	250 000.00
坏账准备	10 000.00
营业外支出——债务重组损失	40 000.00
贷:应收账款——L公司	300 000.00

② 2020 年 12 月 31 日:

假设 2020 年年末 L 公司实现盈利,则应加收利息 9 375 元(250 000×5‰×9÷12),会计处理如下:

借:银行存款	259 375.00
贷:应收账款——L公司(重组债务)	250 000.00
财务费用——利息收入	9 375.00

假设 2020 年年末 L 公司未实现盈利,其会计处理如下:

借:银行存款	250 000.00
贷:应收账款——L公司(重组债务)	250 000.00

(2) L 公司(债务人)的会计处理。

① 2020 年 3 月 31 日:

L 公司对重组债务利息 9 375 元如果符合预计负债确认的条件,则应确认为一项预计负债。

债务重组利得=300 000−250 000−9 375=40 625(元)

借:应付账款——恒易公司	300 000.00
贷:应付账款——恒易公司(重组债务)	250 000.00
预计负债——恒易公司(重组债务)	9 375.00
营业外收入——债务重组利得	40 625.00

② 2020 年 12 月 31 日:

假设 2020 年年末 L 公司实现盈利,其会计处理如下:

借:应付账款——恒易公司(重组债务)	250 000.00
预计负债——恒易公司(重组债务)	9 375.00
贷:银行存款	259 375.00

假设 2020 年年末 L 公司未实现盈利,其会计处理如下:

借:应付账款——恒易公司(重组债务)	250 000.00
预计负债——恒易公司(重组债务)	9 375.00
贷:银行存款	250 000.00
财务费用——利息支出	9 375.00

如果重组债务展期时间较长,应考虑货币时间价值,将其未来的债务本金进行折现,并以此确定重组债务的公允价值。

【例 4-40】 2020 年 2 月 10 日,恒易公司销售给 L 公司产品一批,价税款合计为 3 200 000元,购销合同约定的信用期限为 2020 年 3 月 31 日。由于 L 公司资金周转相当困难,无力按期履行约定。经双方协商,2020 年 5 月 10 日进行债务重组,协议约定:恒易公司同意豁免 L 公司债务200 000 元,其余款项于 2021 年 5 月 10 日结清,结清余款时同时加付 2% 的利息。假设恒易公司对应收债权计提的坏账准备为 100 000 元,重组后债权的折现率为 6%。

(1) 恒易公司(债权人)的会计处理。

债务展期利息 = 3 000 000 × 2% = 60 000(元)

未来应收金额 = 3 000 000 + 60 000 = 3 060 000(元)

未来应收金额现值 = 3 060 000 × 0.943 396 = 2 886 791.76(元)

(0.943 396 为期限 1 年、折现率 6% 的复利现值系数,可通过查表求得)

债务重组损失 = 3 200 000 − 2 886 791.76 − 100 000 = 213 208.24(元)

① 2020 年 5 月 10 日:

借:应收账款——L 公司(重组债务)	2 886 791.76
坏账准备	100 000.00
营业外支出——债务重组损失	213 208.24
贷:应收账款——L 公司	3 200 000.00

② 2021 年 5 月 10 日:

借:银行存款	3 060 000.00
贷:应收账款——L 公司(重组债务)	2 886 791.76
财务费用——利息收入	173 208.24

(2) L 公司(债务人)的会计处理。

未来应付金额 = 3 000 000 × (1 + 2%) = 3 060 000(元)

未来应付金额现值 = 3 060 000 × 0.943 396 = 2 886 791.76(元)

债务重组利得 = 3 200 000 − 2 886 791.76 = 313 208.24(元)

① 2020 年 5 月 10 日:

借:应付账款——恒易公司	3 200 000.00
贷:应付账款——恒易公司(重组债务)	2 886 791.76
营业外收入——债务重组利得	313 208.24

② 2021 年 5 月 10 日:

借:应付账款——恒易公司(重组债务)	2 886 791.76
财务费用	173 208.24
贷:银行存款	3 060 000.00

4. 混合重组

混合重组是指以资产清偿债务、将债务转为资本和修改其他债务条件三种方式任意组合的债务重组。根据组合方法不同,混合重组可以有多种不同的方式,如以现金和非现金资产方式的组合清偿某项债务、以现金和非现金资产及债务转为资本方式的组合清偿某项债务、以现金和非现金资产及债务转为资本方式组合清偿债务一部分并对债务另一部分修改其他债务条件等。

债务重组采用以现金清偿债务、非现金资产清偿债务、债务转为资本、修改其他债务条件等方式的组合进行的,债务人应当依次以支付的现金、转让的非现金资产公允价值、债权人享有股权的公允价值冲减重组债务的账面价值,再按照修改其他债务条件的规定处理。

因此,在混合重组方式下,债务人和债权人应按照"先用现金清偿、后以非现金资产清偿、再以债务转为资本、最后是修改其他债务条件"的顺序进行核算。

【例 4-41】 恒易公司持有 L 公司签发并承兑的不带息商业承兑汇票已到期,其面值为 500 000 元。由于 L 公司资金周转发生困难,2020 年 7 月 1 日,经双方协商达成重组协议。协议约定:L 公司以现金结算 100 000 元,以自产的乙产品抵付部分债务,其余债务豁免至 150 000 元并延期至 2020 年 12 月 31 日。乙产品的成本价为 150 000 元,公允价值为 200 000 元,增值税税率为 13%,恒易公司作为原材料核算。

(1) 恒易公司(债权人)的会计处理。

① 2020 年 7 月 1 日:

债务重组损失 = 500 000 − (100 000 + 200 000 + 26 000 + 150 000) = 24 000(元)

借:银行存款	100 000.00
原材料——乙产品	200 000.00
应交税费——应交增值税(进项税额)	26 000.00
应收账款——L 公司(重组债务)	150 000.00
营业外支出——债务重组损失	24 000.00
贷:应收票据——商业承兑汇票(L 公司)	500 000.00

② 2020 年 12 月 31 日:

借:银行存款	150 000.00
贷:应收账款——L 公司(重组债务)	150 000.00

(2) L 公司(债务人)的会计处理。

① 2020 年 7 月 1 日:

债务重组利得 = 500 000 − (100 000 + 200 000 + 26 000 + 150 000) = 24 000(元)

借:应付票据——商业承兑汇票(恒易公司)	500 000.00
贷:银行存款	100 000.00
主营业务收入	200 000.00
应交税费——应交增值税(进项税额)	26 000.00
应付账款——恒易公司(债务重组)	150 000.00
营业外收入——债务重组利得	24 000.00

同时:

借:主营业务成本	150 000.00
贷:库存商品——乙产品	150 000.00

② 2020年12月31日：

借：应付账款——恒易公司(债务重组) 150 000.00
　　贷：银行存款 150 000.00

(三)债务重组的披露

1. 债务人债务重组信息披露

债务人应当在附注中披露与债务重组有关的下列信息：债务重组方式；确认的债务重组利得总额；将债务转为资本所导致的实收资本增加额；或有应付金额；债务重组中转让的非现金资产的公允价值、由债务转成的股份的公允价值和修改其他债务条件后债务的公允价值的确定方法及依据。

2. 债权人债务重组信息披露

债权人应当在附注中披露与债务重组有关的下列信息：债务重组方式；确认的债务重组损失总额；债权转为股份所导致的投资增加额及该投资占债务人股份总额的比例；或有应收金额；债务重组中受让的非现金资产的公允价值、由债权转成的股份的公允价值和修改其他债务条件后债权的公允价值的确定方法及依据。

第四节　以公允价值计量的金融资产

金融资产除了以摊余成本计量模式外，还有以公允价值计量模式，包括以公允价值计量且其变动计入其他综合收益的金融资产和以公允价值计量且其变动计入当期损益的金融资产。

一、以公允价值计量且其变动计入其他综合收益的金融资产

前已述及，如果企业管理金融资产的业务模式既以收取合同现金流量为目标又以出售该金融资产为目标，且其合同条款规定在特定日期产生的现金流量仅为对本金和以未偿付本金金额为基础的利息的支付的，则应其分类为以公允价值计量且其变动计入其他综合收益的金融资产。

(一)以公允价值计量且其变动计入其他综合收益的金融资产的科目设置

以公允价值计量且其变动计入其他综合收益的金融资产，通常应设置"其他债权投资""其他权益工具投资"和"其他综合收益"等科目。

1. "其他债权投资"科目

"其他债权投资"科目核算企业分类为以公允价值计量且其变动计入其他综合收益的金融资产。其借方登记取得以公允价值计量且其变动计入其他综合收益的债券投资的面值、债券溢价、债券折价摊销、应计利息、公允价值变动(上升)的金额；贷方登记以公允价值计量且其变动计入其他综合收益的债券投资的债券折价、溢价摊销、公允价值变动(下降)、终止确认时收回的债券面值及应计利息的金额；期末余额在借方，反映企业其他债权投资的公允价值。该科目可按金融资产类别和品种，分别按"成本""利息调整""应计利息"和"公允价值变动"等进行明细核算。

2. "其他权益工具投资"科目

"其他权益工具投资"科目核算企业指定为以公允价值计量且其变动计入其他综合收益的

非交易性权益工具投资。其借方登记取得的指定以公允价值计量且其变动计入其他综合收益的非交易性权益工具投资的成本、公允价值变动(上升)的金额;贷方登记指定以公允价值计量且其变动计入其他综合收益的非交易性权益工具的公允价值变动(下降)、终止确认时收回的非交易性权益工具投资的账面价值;期末余额在借方,反映企业非交易性权益工具投资的公允价值。该科目可按其他权益工具投资的类别和品种,分别按"成本""公允价值变动"等进行明细核算。

3. "其他综合收益"科目

"其他综合收益"科目核算以公允价值计量且其变动计入其他综合收益的金融资产在持有期间公允价值变动产生的利得或损失。其借方登记公允价值变动(下降)的金额;贷方登记公允价值变动(上升)、以公允价值计量且其变动计入其他综合收益的金融资产的减值准备的金额;期末余额可能在借方,也可能在贷方,需要根据具体情况进行判断。该科目可按照"其他债权投资公允价值变动""其他权益工具投资公允价值变动""信用减值准备"等进行明细核算。

(二)以公允价值计量且其变动计入其他综合收益的债权投资

以公允价值计量且其变动计入其他综合收益的债权投资应按公允价值进行初始计量,相关交易费用计入初始确认金额。在取得该项金融资产时,其支付的价款中包含的已到付息期尚未领取的债券利息,应确认为应收利息,不计入初始确认金额。

以公允价值计量且其变动计入其他综合收益的债权投资,应在资产负债表日采用实际利率法计算确认利息收入并计入当期损益。在持有期间因公允价值的变动而产生的所有利得或损失,除减值损失或利得和汇兑损益之外,均应当计入其他综合收益,直至该金融资产终止确认或被重分类。

以公允价值计量且其变动计入其他综合收益的金融资产终止确认时,应将取得的价款与该金融资产账面价值之间的差额计入投资损益;同时,之前计入其他综合收益的累计利得或损失,应当从其他综合收益中转出,计入当期损益。

【例4-42】 2020年1月1日,恒易公司购入华海公司当日发行的面值为1 000 000元、期限为5年、票面利率为5%、每年1月1日付息、到期还本的债券分类为以公允价值计量且其变动计入其他综合收益的金融资产,实际支付的购买价格为1 039 490元,另支付相关交易费用5 000元。恒易公司的会计处理如下:

借:其他债权投资——华海债券(成本)	1 000 000.00
——华海债券(利息调整)	44 490.00
贷:银行存款	1 044 490.00

假设[例4-42]中实际支付的购买价格为995 000元,则其会计处理如下:

借:其他债权投资——华海债券(成本)	1 000 000.00
贷:银行存款	1 000 000.00

假设[例4-42]中实际支付的购买价格为992 000元,则其会计处理如下:

借:其他债权投资——华海债券(成本)	1 000 000.00
贷:其他债权投资——华海债券(利息调整)	3 000.00
银行存款	997 000.00

假设[例4-42]购入的时间为2020年7月1日,支付的价款及相关交易费用共计为1 032 000元(其中包含上半年利息25 000元),其他资料不变。则其会计处理如下:

借:其他债权投资——华海债券(成本)	1 000 000.00
——华海债券(利息调整)	7 000.00
应收利息	25 000.00
贷:银行存款	1 032 000.00

【例 4-43】 依[例 4-42]资料,2024 年 1 月 10 日,恒易公司将该债券投资以 1 050 000 元的价格全部出售,款项收到存入银行。其各年末的不含债券利息的市价(公允价值)分别为:2020 年 12 月 31 日 1 054 500 元;2021 年 12 月 31 日 1 058 200 元;2022 年 12 月 31 日 1 061 000 元;2023 年 12 月 31 日 1 065 000 元。

恒易公司有关利息收益及公允价值变动的计算和会计处理(每年 1 月 1 日收到利息略)如下:

按照以摊余成本计量的债权投资计算实际利率的方法计算的实际利率约为 4%,编制债券投资利息收益及公允价值变动表如表 4-7 所示。

表 4-7 债券投资利息收益及公允价值变动表 单位:元

计息日期	应收利息①=面值×票面利率	利息收入②=上期摊余价值×实际利率	溢价摊销③=①-②	摊余成本④=上期④-③	公允价值⑤	本期公允价值变动⑥=⑤-上期⑦	累计公允价值变动⑦=累计⑥
2020.1.1				1 044 490			
2020.12.31	50 000	41 780	8 220	1 036 270	1 054 500	18 230	18 230
2021.12.31	50 000	41 451	8 549	1 027 721	1 058 200	12 249	30 479
2022.12.31	50 000	41 109	8 891	1 018 830	1 061 000	11 691	42 170
2023.12.31	50 000	40 753	9 247	1 009 583	1 065 000	13 247	55 417
合 计	200 000	165 093	34 907	—	—	—	—

(1) 2020 年 12 月 31 日。

确认利息收入:

借:应收利息	50 000.00
贷:投资收益	41 780.00
其他债权投资——华海债券(利息调整)	8 220.00

确认公允价值变动:

借:其他债权投资——华海债券(公允价值变动)	18 230.00
贷:其他综合收益——其他债权投资公允价值变动	18 230.00

(2) 2021 年 12 月 31 日。

确认利息收入:

借:应收利息	50 000.00
贷:投资收益	41 451.00
其他债权投资——华海债券(利息调整)	8 549.00

确认公允价值变动:

借:其他债权投资——华海债券(公允价值变动)	12 249.00
贷:其他综合收益——其他债权投资公允价值变动	12 249.00

(3) 2022 年 12 月 31 日。

确认利息收入：

借：应收利息	50 000.00	
贷：投资收益		41 109.00
其他债权投资——华海债券(利息调整)		8 891.00

确认公允价值变动：

借：其他债权投资——华海债券(公允价值变动)	11 691.00	
贷：其他综合收益——其他债权投资公允价值变动		11 691.00

(4) 2023年12月31日。

确认利息收入：

借：应收利息	50 000.00	
贷：投资收益		40 753.00
其他债权投资——华海债券(利息调整)		9 247.00

确认公允价值变动：

借：其他债权投资——华海债券(公允价值变动)	13 247.00	
贷：其他综合收益——其他债权投资公允价值变动		13 247.00

(5) 2024年1月10日。

"其他债权投资"账面余额(借方)为1 065 000元，其中：成本(借方)为1 000 000元、利息调整(借方)为9 583元、公允价值变动(借方)为55 417元；"其他综合收益——其他债权投资公允价值变动"账面余额(贷方)为55 417元。

借：银行存款	1 050 000.00	
投资收益	15 000.00	
贷：其他债权投资——华海债券(成本)		1 000 000.00
——华海债券(利息调整)		9 583.00
——华海债券(公允价值变动)		55 417.00

同时：

借：其他综合收益——其他债权投资公允价值变动	55 417.00	
贷：投资收益		55 417.00

【例4-44】 2020年1月1日，恒易公司购入华洋公司当日发行的面值为500 000元、期限为3年、票面利率为4%、每年1月1日付息、到期还本的债券分类为以公允价值计量且其变动计入其他综合收益的金融资产，实际支付的款项(含相关交易费用)为486 364元。2022年3月2日，恒易公司以505 000元的价格全部出售。2020年和2021年期末公允价值分别为495 000元和494 000元。恒易公司的会计处理如下：

(1) 2020年1月1日购入债券：

借：其他债权投资——华海债券(成本)	500 000.00	
贷：银行存款		486 364.00
其他债权投资——华海债券(利息调整)		13 636.00

(2) 2021年12月31日确认利息收入、公允价值变动：

经计算，该债券利息确认的实际利率约为5%，编制债券投资利息收益及公允价值变动表如

表 4-8 所示。

表 4-8 债券投资利息收益及公允价值变动表　　　　　　　　　　　单位：元

计息日期	应收利息①＝面值×票面利率	利息收入②＝上期摊余价值×实际利率	溢价摊销③＝②－①	摊余成本④＝上期④＋③	公允价值⑤	本期公允价值变动⑥＝⑤－④－上期⑦	累计公允价值变动⑦＝累计⑥
2020.1.1				486 364			
2020.12.31	20 000	24 318	4 318	490 682	495 000	4 318	4 318
2021.12.31	20 000	24 534	4 534	495 216	494 000	－1 216	3 102
合计	40 000	48 852	8 852	—	—	—	—

(3) 2020 年 12 月 31 日。

借：应收利息　　　　　　　　　　　　　　　　　　　　　20 000.00
　　其他债权投资——华海债券(利息调整)　　　　　　　　 4 318.00
　　　贷：投资收益　　　　　　　　　　　　　　　　　　　　　24 318.00
借：其他债权投资——华海债券(公允价值变动)　　　　　　 4 318.00
　　贷：其他综合收益——其他债权投资公允价值变动　　　　　 4 318.00

(4) 2021 年 12 月 31 日。

借：应收利息　　　　　　　　　　　　　　　　　　　　　20 000.00
　　其他债权投资——华海债券(利息调整)　　　　　　　　 4 534.00
　　　贷：投资收益　　　　　　　　　　　　　　　　　　　　　24 534.00
借：其他综合收益——其他债权投资公允价值变动　　　　　 1 216.00
　　贷：其他债权投资——华海债券(公允价值变动)　　　　　 1 216.00

(5) 2022 年 3 月 2 日。

"其他债权投资"账面余额(借方)为 498 318 元,其中：成本(借方)为 500 000 元、利息调整(贷方)为 4 784 元、公允价值变动(借方)为 3 102 元；"其他综合收益——其他债权投资公允价值变动"账面余额(贷方)为 3 102 元。

借：银行存款　　　　　　　　　　　　　　　　　　　　　505 000.00
　　其他债权投资——华海债券(利息调整)　　　　　　　　 4 784.00
　　　贷：其他债权投资——华海债券(成本)　　　　　　　　 500 000.00
　　　　　　　　　　——华海债券(公允价值变动)　　　　　 3 102.00
　　　　投资收益　　　　　　　　　　　　　　　　　　　　 6 682.00

同时：

借：其他综合收益——其他债权投资公允价值变动　　　　　 3 102.00
　　贷：投资收益　　　　　　　　　　　　　　　　　　　　　 3 102.00

依上例,假设 2021 年 12 月 31 日该债券受市场利率的影响,其公允价值跌至 400 000 元,恒易公司认为,该债券的信用风险自初始确认后并无显著增加,应按 12 个月内预期信用损失计量损失准备,损失准备金额为 90 898 元。2022 年 1 月 1 日,恒易公司按公允价值将其全部出售。恒易公司的会计处理如下：

2021 年 12 月 31 日：

借:其他综合收益——其他债权投资公允价值变动	99 534.00	
贷:其他债权投资——公允价值变动		99 534.00
借:信用减值损失	90 898.00	
贷:其他综合收益——信用减值准备		90 898.00

2022年1月1日:

借:银行存款	400 000.00	
其他债权投资——华海债券(利息调整)	4 784.00	
——公允价值变动	95 216.00	
其他综合收益——信用减值准备	90 898.00	
投资收益	4 318.00	
贷:其他综合收益——其他债权投资公允价值变动		95 216.00
其他债权投资——成本		500 000.00

(三) 指定以公允价值计量且其变动计入其他综合收益的其他权益工具投资

指定以公允价值计量且其变动计入其他综合收益的其他权益工具投资应按公允价值进行初始计量,相关交易费用计入初始确认金额。在取得该项金融资产时,其支付的价款中包含的已宣告但尚未发放的现金股利,应确认为"应收股利",不计入初始确认金额。

指定以公允价值计量且其变动计入其他综合收益的其他权益工具投资所获得的股利(不含投资成本收回的部分)在同时符合下列条件时,应当将其确认为股利收入并计入当期损益:① 企业收取股利的权利已经确立;② 与股利相关的经济利益很可能流入企业;③ 股利的金额能够可靠计量。其他相关的利得和损失(包括汇兑损益)均应计入其他综合收益,且后续不得转入当期损益。当其终止确认时,之前计入其他综合收益的累计利得或损失应当从其他综合收益中转出,计入留存收益。

【例4-45】 恒易公司购入华润公司发行的股票100万股,持有华润公司股权份额的0.2%,恒易公司将其指定为以公允价值计量且其变动计入其他综合收益的金融资产,恒易公司法定盈余公积的提取比例为10%。其有关经济业务及会计处理如下:

(1) 2020年4月20日,以银行存款支付相关款项。股票价格为每股5.10元(含华润公司已宣告尚未发放现金股利0.10元),相关交易税费5 000元。

借:应收股利	100 000.00	
其他权益工具投资——华润股票(成本)	5 005 000.00	
贷:银行存款		5 105 000.00

(2) 2020年5月20日,恒易公司收到华润公司发放的现金股利100 000元。

借:银行存款	100 000.00	
贷:应收股利		100 000.00

(3) 2020年6月30日,该股票市价为每股5.2元。

借:其他权益工具投资——华润股票(公允价值变动)	195 000.00	
贷:其他综合收益——其他权益工具投资公允价值变动		195 000.00

(4) 2020年12月31日,该股票市价为每股5元。

借:其他综合收益——其他权益工具投资公允价值变动	200 000.00	
贷:其他权益工具投资——华润股票(公允价值变动)		200 000.00

(5) 2021年4月20日,华润公司宣告发放股利40 000 000元。

借:应收股利	80 000.00	
贷:投资收益		80 000.00

(6) 2021年5月20日,恒易公司收到华润公司发放的现金股利。

借:银行存款	80 000.00	
贷:应收股利		80 000.00

(7) 2021年5月31日,恒易公司以每股4.80元的价格将股票全部转让。

借:盈余公积——法定盈余公积	500.00	
利润分配——未分配利润	4 500.00	
贷:其他综合收益——其他权益工具投资公允价值变动		5 000.00
借:银行存款	4 800 000.00	
其他权益工具投资——华润股票(公允价值变动)	5 000.00	
盈余公积——法定盈余公积	20 000.00	
利润分配——未分配利润	180 000.00	
贷:其他权益工具投资——成本		5 005 000.00

二、以公允价值计量且其变动计入当期损益的金融资产

金融资产除了以摊余成本计量的金融资产和以公允价值计量且其变动计入其他综合收益的金融资产之外的部分,应当分类为以公允价值计量且其变动计入当期损益的金融资产。

(一)以公允价值计量且其变动计入当期损益的金融资产的科目设置

以公允价值计量且其变动计入当期损益的金融资产,通常应设置"交易性金融资产"和"公允价值变动损益"科目。

1. "交易性金融资产"科目

"交易性金融资产"科目核算企业分类为以公允价值计量且其变动计入当期损益的金融资产。其借方登记企业取得交易性金融资产时的公允价值以及资产负债表日交易性金融资产公允价值高于其账面余额的差额;贷方登记在资产负债表日交易性金融资产公允价值低于其账面余额的差额以及处置交易性金融资产的账面余额;期末余额在借方,反映企业交易性金融资产的公允价值。该科目可按交易性金融资产的类别和品种,分别按"成本""公允价值变动"等进行明细核算。

2. "公允价值变动损益"科目

"公允价值变动损益"科目核算交易性金融资产在持有期间的公允价值变动产生的利得或损失。其借方登记在资产负债表日交易性金融资产公允价值低于其账面余额的差额和出售交易性金融资产时转出原计入该科目交易性金融资产公允价值变动实现的利得;贷方登记在资产负债表日交易性金融资产公允价值高于其账面余额的差额和出售交易性金融资产时转出原计入该科目交易性金融资产公允价值变动的发生的损失;期末应将该科目的余额结转至"本年利润"科目,结转后该科目没有余额。该科目可按交易性金融资产等进行明细核算。

(二)以公允价值计量且其变动计入当期损益的金融资产的会计处理

1. 交易性金融资产的初始计量

以公允价值计量且其变动计入当期损益的金融资产应按公允价值进行初始计量,相关交易费用应当直接计入发生期间的损益。取得该金融资产时支付的价款中包含的已到付息期尚未领

取的债券利息或已宣告但尚未发放的现金股利,应分别确认为"应收利息"或"应收股利",不计入初始确认金额。

【例 4-46】 2020 年 3 月 22 日,恒易公司购入乙股份公司上市普通股股票 10 000 股,每股支付价款 6.50 元,其中 0.5 元为 2020 年 3 月 15 日已宣告但尚未发放的现金股利,另支付手续费 1 000 元。2020 年 4 月 15 日收到上述现金股利存入银行。恒易公司的会计处理如下:

投资的初始成本 $=(6.5-0.5)\times 10\ 000=60\ 000$(元)

实际支付的价款中包含的已宣告但尚未领取的现金股利 $=0.5\times 10\ 000=5\ 000$(元)

2020 年 3 月 22 日购入股票时:

借:交易性金融资产——乙公司股票(成本)	60 000.00
应收股利	5 000.00
投资收益	1 000.00
贷:银行存款	66 000.00

2020 年 4 月 15 日收到现金股利时:

借:银行存款	5 000.00
贷:应收股利	5 000.00

【例 4-47】 2020 年 12 月 31 日,恒易公司在证券市场购买乙股份公司 2020 年 1 月 1 日发行的、面值为 100 000 元的债券,实际支付价款 130 000 元。该债券年利率为 4%,每年 1 月 1 日支付利息。另以银行存款支付相关税费 500 元。恒易公司的会计处理如下:

实际支付的价款中包含的已到付息期但尚未领取的债券利息 $=100\ 000\times 4\%=4\ 000$(元)

债券投资的初始成本 $=(130\ 000-4\ 000)=126\ 000$(元)

2020 年 12 月 31 日购买债券时:

借:交易性金融资产——乙公司债券(成本)	126 000.00
应收利息	4 000.00
投资收益	500.00
贷:银行存款	130 500.00

2021 年 1 月 1 日收到利息时:

借:银行存款	4 000.00
贷:应收利息	4 000.00

2. 交易性金融资产的后续计量

交易性金融资产后续计量是在投资持有期间对投资价值的再计量。企业应当按照公允价值对交易性金融资产进行后续计量,且不扣除将来处置该投资时可能发生的交易费用。包括资产负债表日公允价值变动的计量和投资持有期间获得的现金股利或债券利息的计量。

在资产负债表日,企业应当对交易性金融资产按照资产负债表日的公允价值进行再计量,将资产负债表日交易性金融资产的公允价值与其原账面余额的差额直接计入当期损益。

【例 4-48】 依[例 4-46]资料,假定乙股份公司发行的股票 2020 年 12 月 31 日每股市价上涨到 8 元。恒易公司的会计处理如下:

乙股份公司股票公允价值与账面余额的差额 $=8\times 10\ 000-6\times 10\ 000=20\ 000$(元)

借:交易性金融资产——乙公司股票(公允价值变动)	20 000.00	
贷:公允价值变动损益——交易性金融资产		20 000.00

企业持有以公允价值计量且其变动计入当期损益的交易性金融资产,在持有期间应当按合同规定计算确定应获得的现金股利或债券利息,取得的现金股利或债券利息,应当确认为投资收益。

[例 4-49] 依[例 4-46]资料,假定乙股份公司 2021 年 3 月 15 日宣告发放的现金股利为每股 0.1 元,同年 4 月 15 日收到现金股利存入银行。恒易公司的会计处理如下:

2021 年 3 月 15 日乙股份公司宣告发放现金股利时:

借:应收股利	1 000.00	
贷:投资收益——交易性金融资产		1 000.00

2021 年 4 月 15 日收到现金股利时:

借:银行存款	1 000.00	
贷:应收股利		1 000.00

3. 交易性金融资产的处置

企业因遇获利机会或因现金流量不足需要现金而将交易性金融资产出售时,应终止确认交易性金融资产,将出售的交易性金融资产公允价值与其账面余额之间的差额确认为投资损益,同时调整公允价值变动损益。企业出售交易性金融资产时,应按实际收到的金额(出售交易性金融资产的价款减去处置费用的差额)借记"银行存款"科目;按出售交易性金融资产的成本贷记"交易性金融资产——成本"科目;按该项交易性金融资产公允价值变动贷记或借记"交易性金融资产——公允价值变动"科目;按差额贷记或借记"投资收益——交易性金融资产"科目。

[例 4-50] 依[例 4-46]、[例 4-48]和[例 4-49]资料,假定 2021 年 4 月 28 日恒易公司在领取现金股利后将所持有的乙公司股票以每股 8.75 元的价格全部出售,出售价款扣除相关费用 1 000 元后存入银行。恒易公司的会计处理如下:

"交易性金融资产——乙公司股票(成本)"科目借方余额=60 000(元)

"交易性金融资产——乙公司股票(公允价值变动)"科目借方余额=20 000(元)

"公允价值变动损益——交易性金融资产"科目贷方余额=20 000(元)

借:银行存款	86 500.00	
贷:交易性金融资产——乙公司股票(成本)		60 000.00
——乙公司股票(公允价值变动)		20 000.00
投资收益——交易性金融资产		6 500.00

企业管理金融资产的业务模式,决定了企业取得金融资产是以摊余成本进行计量,还是以公允价值进行计量,以公允价值计量时,其变动是计入其他综合收益,还是计入当期损益。对此,《企业会计准则第 22 号——金融工具确认和计量》作了明确规定。但在实际工作中,企业管理金融资产的业务模式可能会因为某些方面的原因而发生改变,需要对金融资产进行重新分类。

企业对金融资产重分类,应当自重分类日(导致企业对金融资产进行重分类的业务模式发生变更后的首个报告期间的第一天)起采用未来适应法进行会计处理,不采用追溯调整法对原已确认的利得或损失进行调整。

金融资产重分类的类型及会计处理包括 6 种情形：

1. 以摊余成本计量的金融资产重分类为以公允价值计量且其变动计入当期损益的金融资产

此情形应当按照该金融资产在重分类日的公允价值进行计量，原账面价值与公允价值之间的差额计入当期损益，以重分类日的该金融资产的公允价值借记"交易性金融资产——成本"科目，按该金融资产的账面价值（包括成本、利息调整和应计利息）贷记"债权投资"科目及其相应的明细科目，按其差额借记（或贷记）"公允价值变动损益"科目。

2. 以摊余成本计量的金融资产重分类为以公允价值计量且其变动计入其他综合收益的金融资产

此情形应当按照该金融资产在重分类日的公允价值进行计量，原账面价值与公允价值之间的差额计入其他综合收益，以重分类日的该金融资产的债券面值借记"其他债权投资——成本"科目，按重分类日的公允价值大于债券面值的差额借记"其他债权投资——利息调整"科目，按摊余成本计量的债权投资的账面价值（包括成本、利息调整和应计利息）贷记"债权投资"科目及其相应的明细科目，按其差额借记（或贷记）"其他综合收益"科目。该金融资产重分类不影响其实际利率和预期信用损失的计量。

3. 以公允价值计量且其变动计入其他综合收益的金融资产重分类为以摊余成本计量的金融资产

此情形应当将之前计入其他综合收益的累计利得或损失转出，调整该金融资产在重分类日的公允价值，并以调整后的金额作为新的账面价值，即视同该金融资产一直以摊余成本计量。

首先调整金融资产在重分类日的公允价值，按其公允价值变动的累计利得借记"其他综合收益——其他债权投资公允价值变动"科目，贷记"其他债权投资——公允价值变动"科目。如果为损失，则作相反的会计处理。

其次进行重分类，按调整后的金额借记"债权投资——成本"和"债权投资——利息调整"科目，贷记"其他债权投资——成本"和"其他债权投资——利息调整"科目。

该金融资产重分类不影响其实际利率和预期信用损失的计量。

4. 以公允价值计量且其变动计入其他综合收益的金融资产重分类为以公允价值计量且其变动计入当期损益的金融资产

此情形应当继续以公允价值计量该金融资产，并将之前计入其他综合收益的累计利得或损失转出，计入公允价值变动损益。按照其他债权投资的账面记录借记"交易性金融资产——成本"和"交易性金融资产——公允价值变动"科目，贷记"其他债权投资——成本"和"其他债权投资——公允价值变动"科目，同时按原计入其他综合收益的累计利得借记"其他综合收益"科目，贷记"公允价值变动损益"科目。如果为损失，则作相反的会计处理。

5. 以公允价值计量且其变动计入当期损益的金融资产重分类为以摊余成本计量的金融资产

此情形应当以重分类日的公允价值作为新的账面余额，按面值借记"债权投资——成本"科目，按公允价值大于面值的差额借记"债权投资——利息调整"科目，按交易性金融资产的原账面记录贷记"交易性金融资产——成本"和"交易性金融资产——公允价值变动"科目，按金融资产公允价值与交易性金融资产账面价值的差额借记（或贷记）"投资收益"科目。同时，按交易性金融资产公允价值变动的累计利得借记"公允价值变动损益"科目，贷记"投资收益"科目。如果为损失，则作相反的会计处理。

6. 以公允价值计量且其变动计入当期损益的金融资产重分类为以公允价值计量且其变动计入其他综合收益的金融资产

此情形应当继续以公允价值计量该金融资产。按账面记录借记"其他债权投资——成本（债券面值）""其他债权投资——利息调整（面值与原成本的差额）"和"其他债权投资——公允价值变动"科目，贷记"交易性金融资产——成本"和"交易性金融资产——公允价值变动"科目。

第 5 章　长期股权投资

本 章 提 要

本章主要叙述长期股权投资的基本理论、长期股权投资的初始计量、长期股权投资的后续计量、长期股权投资核算方法的转换和长期股权投资的处置核算等内容。通过本章的学习,应掌握长期股权投资的基本理论,熟练掌握长期股权投资的初始计量、后续计量和处置的会计处理方法,熟悉长期股权投资核算方法的转换的会计处理方法。

重 点 难 点

长期股权投资的初始计量;长期股权投资的后续计量;长期股权投资核算方法的转换;长期股权投资的处置。

第一节　长期股权投资概述

一、投资的含义和特点

投资是企业获得利润的前提,是企业求得生存和发展的必要手段,也是企业降低风险的重要途径。投资的概念有广义和狭义之分。广义的投资包括对外投资(如权益性投资、债权性投资、期货投资等)和对内投资(如固定资产投资、无形资产投资等);狭义的投资则仅指对外投资。因此,投资是指企业为通过分配来增加财富或为谋求其他利益而将资产让渡给其他单位所获得的另一项资产。

投资具有以下特点:

(1) 投资是以让渡一项资产而获取的另一项资产。例如,企业以现金在资本市场上购买股票或债券、将固定资产出租给其他单位使用获取其他单位的债权或股权等。通过投资取得的资产与企业的其他资产一样,是能给投资者带来未来经济利益的资源,这种经济利益可以直接或间接增加企业的现金和现金等价物。

(2) 投资所流入的经济利益与其他资产为企业带来的经济利益在形式上有所不同。企业拥有或控制的除投资之外的其他资产,通常能为企业带来直接的经济利益。例如,企业的库存商品可以出售直接为企业带来经济利益;固定资产可以通过从其生产的产品所创造的经济利益中得到体现。而投资通常是企业将部分资产让渡给其他单位使用,以分得利润或收取利息等方式取得其经济利益,或者通过投资改善了经营状况或贸易关系,从而获取利益。

二、投资的分类

(一) 按投资的方式分类

按投资的方式分类可分为直接投资和间接投资。直接投资是指企业将其现金或其他资产投入到其他企业,如企业以现金、厂房资产、无形资产等对外进行的投资。间接投资是指企业以现金或其他资产购入其他企业或政府发行的有价证券所进行的投资,如权益性证券投资、债权性证券投资、混合性证券投资等。

(二) 按投资的性质分类

按投资的性质分类可分为权益性投资、债权性投资、混合性投资。权益性投资是指为获取被投资企业的权益或净资产所作的投资,如购买普通股的普通股投资。其主要特点是投资者投资后有权参与被投资企业的经营管理,但投资收益不确定,风险高,而且投资者不能随意收回投资。企业进行权益性投资的目的是为了获取被投资企业的控制权,或对被投资企业实施重大影响,或为其他目的。债权性投资是指为取得被投资企业的债权所作的投资,如购买公司债券、基金投资、权证投资等。相对于权益性投资而言,债权性投资风险小,收益低,投资者一般无权参与被投资企业的经营管理。企业进行债权性投资的目的不是为了获取被投资企业的剩余资产及其经营控制权,而是获取高于银行存款利息的收益,并保证按期收回本息。混合性投资是指同时具有权益性投资和债权性投资双重性质的投资,如企业购买被投资企业发行的优先股股票、可转换债券等。优先股股票一般定期发放股利,而且股利率预先约定,优先股东一般不参与被投资企业的经营管理,具有债权性投资性质;同时,优先股股票没有到期日,股东不能退股,它代表发行企业资产中的剩余所有权,具有权益性投资性质。可转换公司债券是指公司债券持有人有权按照约定将其转换为发行公司的其他证券,如转换为普通股股票等,在转换之前属于债权性投资,转换之后则属于权益性投资。

(三) 按投资的金融工具及其流动性分类

按投资的金融工具及其流动性分类可分为金融资产投资和长期股权投资。金融资产投资是指利用金融工具所进行的投资行为,有关金融资产的内容在第4章"金融资产"中已经介绍。长期股权投资是指投资方对被投资单位实施控制、重大影响的权益性投资,以及对其合营企业的权益性投资。这种投资主要是为了达到控制其他单位,或对其他单位实施重大影响,或出于其他长期性质的目的而进行。

三、长期股权投资的内容

《企业会计准则第2号——长期股权投资》规范的长期股权投资主要包括投资方对被投资单位实施控制的权益性投资、投资方对被投资单位实施重大影响的权益性投资和投资方对合营企业的权益性投资。

(一) 投资方对被投资单位实施控制的权益性投资

控制是指投资方拥有对被投资方的权力,通过参与被投资方的相关活动而享有可变回报,并且有能力运用对被投资方的权力影响其回报金额。其中,相关活动是指对被投资方的回报产生重大影响的活动。被投资方的相关活动应当根据具体情况进行判断,通常包括商品或劳务的销售和购买、金融资产的管理、资产的购买和处置、研究与开发活动以及融资活动等。

控制的定义包含三项基本要素,即拥有对被投资方的权力、通过参与被投资方的相关活动而享有可变回报和有能力运用对被投资方的权力影响其回报金额。

1. 拥有对被投资方的权力

在判断投资方是否能够控制被投资方时,如果投资方同时具备以上三项要素的,则投资方能够控制被投资方。在具体判断时,应注意以下三个问题:

(1) 相关事实和情况的变化。投资方应综合考虑所有相关事实和情况,一旦相关事实和情况的变化导致对控制定义所涉及的相关要素发生变化的,投资方应当进行重新评估。其相关事实和情况主要包括:被投资方的设立目的;被投资方的相关活动以及如何对相关活动作出决策;投资方享有的权利是否使其目前有能力主导被投资方的相关活动;投资方是否通过参与被投资方的相关活动而享有可变回报;投资方是否有能力运用对被投资方的权力影响其回报金额;投资方与其他方的关系。

(2) 投资方与被投资方相关的实质性权利。投资方应当仅考虑与被投资方相关的实质性权利,包括自身所享有的实质性权利以及其他方所享有的实质性权利。所谓实质性权利,是指持有人在对相关活动进行决策时有实际能力行使的可执行权利。一项权利是否为实质性权利,应当综合考虑以下相关因素:权利持有人行使该项权利是否存在财务、价格、条款、机制、信息、运营、法律法规等方面的障碍;当权利由多方持有或者行权需多方同意时,是否存在实际可行的机制使得这些权利持有人在其愿意的情况下能够一致行权;权利持有人能否从行权中获利等。某些情况下,其他方享有的实质性权利有可能会阻止投资方对被投资方的控制。这种实质性权利既包括提出议案以供决策的主动性权利,也包括对已提出议案作出决策的被动性权利。

(3) 投资方仅享有保护性权利。仅享有保护性权利的投资方不拥有对被投资方的权力。所谓保护性权利,是指仅为了保护权利持有人利益却没有赋予持有人对相关活动决策权的一项权利。保护性权利通常只能在被投资方发生根本性改变或某些例外情况发生时才能够行使,它既没有赋予其持有人对被投资方拥有权力,也不能阻止其他方对被投资方拥有权力。

除非有确凿证据表明投资方不能主导被投资方相关活动,下列情况表明投资方对被投资方拥有权力:

(1) 投资方持有被投资方半数以上的表决权的。

(2) 投资方持有被投资方半数或以下的表决权,但通过与其他表决权持有人之间的协议能够控制半数以上表决权的。

(3) 投资方持有被投资方半数或以下的表决权,但存在下列事实和情况的,说明投资方持有的表决权足以使其目前有能力主导被投资方的相关活动,应视为投资方对被投资方拥有权力。其事实和情况包括:一是投资方持有的表决权相对于其他投资方持有的表决权的份额大,其他投资方持有表决权的分散程度高;二是投资方持有的被投资方可转换公司债券、可执行认股权证等潜在表决权大于其他投资方持有的被投资方的潜在表决权;三是投资方在其他合同安排产生的主导被投资方相关活动的权利;四是投资方以往曾经在被投资方行使过表决权。

需要注意的是:

(1) 当投资方表决权不能对被投资方的回报产生重大影响时,如仅与被投资方的日常行政管理活动有关,并且被投资方的相关活动由合同安排所决定,投资方需要评估这些合同安排,以评价其享有的权利是否足够使其拥有对被投资方的权力。

(2) 某些情况下,投资方可能难以判断其享有的权利是否足以使其拥有对被投资方的权力。在这种情况下,投资方应当考虑其具有实际能力以单方面主导被投资方相关活动的证据,从而判断其是否拥有对被投资方的权力。如果下列证据存在,则认为投资方具有实际能力以单方面主导被投资方相关活动:① 投资方能任命或批准被投资方的关键管理人员;② 投资方能出于其自身利益决定或否决被投资方的重大交易;③ 投资方能掌控被投资方董事会等类似权力机构成员的任命程序,或者从其他表决权持有人手中获得代理权;④投资方与被投资方的关键管理人员或董事会等类似权力机构中的多数成员是存在关联方关系。

(3)投资方与被投资方之间存在某种特殊关系的,在评价投资方是否拥有对被投资方的权力时,应当适当考虑这种特殊关系的影响。特殊关系通常包括:被投资方的关键管理人员是投资方的现任或前任职工、被投资方的经营依赖于投资方、被投资方活动的重大部分有投资方参与其中或者是以投资方的名义进行、投资方自被投资方承担可变回报的风险或享有可变回报的收益远超过其持有的表决权或其他类似权利的比例等。

2. 通过参与被投资方的相关活动而享有可变回报

投资方自被投资方取得的回报可能会随着被投资方业绩的变动而变动,即享有可变回报。投资方应当基于合同安排的实质而非回报的法律形式对回报的可变性进行评价。

3. 有能力运用对被投资方的权力影响其回报金额

只有当投资方不仅拥有对被投资方的权力、通过参与被投资方的相关活动而享有可变回报,并且有能力运用对被投资方的权力来影响其回报的金额时,投资方才控制被投资方。因此,拥有决策权的投资方在判断其是否控制被投资方时,需要考虑其决策行为是以主要责任人的身份进行还是以代理人的身份进行。此外,在其他方拥有决策权时,投资方还需要考虑其他方是否是以代理人的身份代表该投资方行使决策权。

(二)投资方对合营企业的权益性投资

一项由两个或两个以上的参与方共同控制的安排称为合营安排。其各参与方均受到该安排的约束,且任何一个参与方都不能够单独控制该安排,对该安排具有共同控制的任何一个参与方均能够阻止其他参与方或参与方组合单独控制该安排。

所谓共同控制,是指按照相关约定对某项安排所共有的控制,并且该安排的相关活动必须经过分享控制权的参与方一致同意后才能决策。其中,相关活动是指对某项安排的回报产生重大影响的活动。某项安排的相关活动应当根据具体情况进行判断,一般包括商品或劳务的销售和购买、金融资产的管理、资产的购买和处置、研究与开发活动以及融资活动等。

在判断是否存在共同控制时,应当首先判断所有参与方或参与方组合是否集体控制该安排,其次再判断该安排相关活动的决策是否必须经过这些集体控制该安排的参与方一致同意。如果存在两个或两个以上的参与方组合能够集体控制某项安排的,不构成共同控制;仅享有保护性权利的参与方不享有共同控制。

各合营方实施共同控制的合营安排,分为共同经营和合营企业。共同经营是指合营方享有该安排相关资产且承担该安排相关负债的合营安排;合营企业是指合营方仅对该安排的净资产享有权利的合营安排。

(三)投资方对被投资单位实施重大影响的权益性投资

重大影响是指投资方对被投资单位的财务和经营政策有参与决策的权力,但并不能够控制或者与其他方一起共同控制这些政策的制定。在确定能否对被投资单位施加重大影响时,应当考虑投资方和其他方持有的被投资单位当期可转换公司债券、当期可执行认股权证等潜在表决权因素。投资方能够对被投资单位施加重大影响的,被投资单位为其联营企业。

企业一般可以通过以下一种或多种情形来判断是否对被投资单位具有重大影响:

(1)在被投资单位的董事会或类似权力机构中派有代表。在被投资单位董事会或类似权力机构派有代表并相应享有实质性的参与决策权,投资方可通过派出代表参与被投资单位财务和经营政策的制定,达到对被投资单位施加重大影响。

(2) 参与被投资单位财务和经营政策制定过程。因参与被投资单位的政策制定过程,投资方即可在制定政策过程中为自制利益提出建议和意见,从而可以对被投资单位施加重大影响。

(3) 与被投资单位之间发生重要交易。由于有关交易因对被投资单位日常经营具有重要性,进而一定程度上可以影响到被投资单位的生产经营决策。

(4) 向被投资单位派出管理人员。通过对被投资单位派出管理人员并主导被投资单位的相关活动,从而能够对被投资单位施加重大影响。

(5) 向被投资单位提供关键技术资料。因被投资单位的生产经营需要依赖投资方的技术或技术资料,表明投资方对被投资单位具有重大影响。

第二节 长期股权投资的初始计量

一、长期股权投资初始计量的原则

企业取得长期股权应按初始投资成本入账。长期股权投资取得的方式不同,其初始投资成本的确定方法也有所不同。长期股权投资取得的方式主要包括企业合并形成和通过支付现金、发行权益证券、投资者投入、非货币性资产交换、债务重组等企业合并以外的其他方式取得,企业应分别按企业合并和非企业合并确定长期股权投资的初始投资成本。

企业在取得长期股权投资时,如果实际支付的价款或其对价中包含已宣告尚未发放的现金股利或利润,应从实际支付的价款或其对价中扣除,单列应收项目,不构成长期股权投资的初始投资成本。

二、企业合并取得的长期股权投资

企业合并是指将两个或者两个以上单独的企业合并形成一个报告主体的交易或事项。企业合并取得的长期股权投资,应当区分同一控制下的企业合并和非同一控制下的企业合并分别确定初始成本。

(一) 同一控制下企业合并取得的长期股权投资

同一控制下的企业合并是指参与合并的企业在合并前后均受同一方或相同的多方最终控制且该控制并非暂时性的合并。在合并日取得对其他参与合并企业控制权的一方为合并方,参与合并的其他企业为被合并方。从能够对参与合并各方在合并前及合并后均实施最终控制的一方来看,最终控制方在企业合并前及合并后能够控制的资产并没有发生变化。合并方通过企业合并形成的对被合并方的长期股权投资,其成本代表的是在被合并方账面所有者权益中享有的份额。

1. **合并方以支付现金、转让非现金资产或承担债务方式作为合并对价**

如果合并方以支付现金、转让非现金资产或承担债务方式作为合并对价的,应在合并日按照取得被合并方所有者权益账面价值的份额,确认长期股权投资的初始投资成本。长期股权投资初始投资成本与支付的现金、转让的非现金资产以及所承担债务账面价值之间的差额,应调整资本公积中的资本溢价。资本公积中的资本溢价不足冲减的,再调整留存收益。

合并方为企业合并发行债券或承担其他债务支付的手续费、佣金等,应当计入所发行债券及其他债务的初始计量金额;为进行企业合并发生的各项直接相关费用,如企业合并的审计费用、评估费用、法律服务费用等,应于发生时直接计入当期损益(管理费用)。

在合并日,合并方按取得被合并方所有者权益账面价值的份额借记"长期股权投资——投资成本"科目,按享有被投资企业已宣告但尚未发放的现金股利或利润借记"应收股利"科目,按支付的合并对价的账面价值贷记有关资产或负债等科目,按其贷方差额贷记"资本公积——资本溢价"科目,或按其借方差额借记"资本公积——资本溢价"科目,"资本公积——资本溢价"不足冲减的,再依次借记"盈余公积""利润分配——未分配利润"科目。

【例 5-1】 恒易公司和海城公司同为 M 公司的两家子公司。2020 年 10 月 10 日,恒易公司与海城公司达成合并协议,恒易公司以固定资产、无形资产和银行存款作为合并对价,取得海城公司 80% 的股权。作为合并对价的各资产情况为:固定资产原价 22 500 000 元,已计提折旧 5 000 000 元,已计提固定资产减值准备 2 500 000 元;无形资产原价 12 500 000 元,已摊销 2 500 000 元;银行存款 31 250 000 元。2020 年 11 月 1 日,恒易公司实际取得对海城公司的控制权。当日,海城公司所有者权益账面价值总额为 62 500 000 元;恒易公司"资本公积——资本溢价"科目余额为 5 000 000 元,"盈余公积"科目余额为 3 000 000 元,"利润分配——未分配利润"科目余额为 5 500 000 元。另外,恒易公司以银行存款支付审计费用、评估费用、法律服务费用等共计 800 000 元。合并方恒易公司在合并日 2020 年 11 月 1 日的会计处理如下:

(1) 注销转让固定资产账面价值。

借:固定资产清理	15 000 000.00
固定资产减值准备	2 500 000.00
累计折旧	5 000 000.00
贷:固定资产	22 500 000.00

(2) 确认长期股权投资。

初始投资成本 = 62 500 000 × 80% = 50 000 000(元)

借:长期股权投资——海城公司(投资成本)	50 000 000.00
累计摊销	2 500 000.00
资本公积——资本溢价	5 000 000.00
盈余公积	1 250 000.00
贷:无形资产	12 500 000.00
固定资产清理	15 000 000.00
银行存款	31 250 000.00

(3) 支付直接合并费用。

借:管理费用	800 000.00
贷:银行存款	800 000.00

2. 合并方以发行权益性证券作为合并对价

如果合并方以发行权益性证券作为合并对价的,应在合并日按照取得被合并方所有者权益账面价值的份额作为长期股权投资的初始投资成本,按照发行股票的面值总额为股本。长期股权投资初始投资成本与所发行股票面值总额之间的差额,应调整资本公积。资本公积不足冲减的,再调整留存收益。

合并方为进行企业合并发行的权益性证券发生的手续费、佣金等费用,直接抵减权益性证券溢价收入,溢价收入不足冲减时再冲减留存收益。

在合并日,合并方按取得被合并方所有者权益账面价值的份额借记"长期股权投资——投资成本"科目,按享有被投资企业已宣告但尚未发放的现金股利或利润借记"应收股利"科目,按发行股份的面值总额贷记"实收资本"科目,按支付的权益性证券发行费用贷记"银行存款"等科目,按其贷方差额贷记"资本公积——资本溢价"科目,或按其借方差额借记"资本公积——资本溢价"科目。"资本公积——资本溢价"不足冲减的,再依次借记"盈余公积""利润分配——未分配利润"科目。

【例5-2】 恒易公司和海阳公司同为M公司的两家子公司。根据恒易公司和海阳公司达成的合并协议,2020年7月1日,恒易公司以增发的权益性证券作为合并对价,取得海阳公司70%的股权。恒易公司增发的权益性证券为每股面值1元的普通股股票,共增发4 000万股,支付手续费及佣金等发行费用1 280 000元。2020年7月1日,恒易公司实际取得对海阳公司的控制权,当日,海阳公司所有者权益总额为80 000 000元。恒易公司的会计处理如下:

初始投资成本 = 80 000 000 × 70% = 56 000 000(元)

借:长期股权投资——海阳公司(投资成本)	56 000 000.00
贷:实收资本	40 000 000.00
银行存款	1 280 000.00
资本公积——资本溢价	14 720 000.00

在按照合并日应享有被合并方所有者权益账面价值的份额确定长期股权投资的初始投资成本时,要求合并前被合并方与合并方所采用的会计政策相一致。如果合并前被合并方与合并方所采用的会计政策不一致,应首先按照合并方的会计政策对被合并方资产、负债的账面价值进行调整,并以调整后的被合并方所有者权益账面价值为基础,按合并方的持股比例计算确定长期股权投资的初始投资成本。

(二)非同一控制下企业合并取得的长期股权投资

非同一控制下的企业合并是指参与合并的各方在合并前后不受同一方或相同的多方最终控制的合并。在购买日取得对其他参与合并企业控制权的一方为购买方,参与合并的其他企业为被购买方。

对非同一控制下的企业合并,购买方将其合并视为一项购买交易,在购买日区别两种情况确定合并成本:一是通过一次交换交易实现的企业合并,其合并成本为购买方为取得对被购买方的控制权而付出的资产、发生或承担的负债以及发行的权益性证券的公允价值;二是通过多次交换交易分步实现的企业合并,其合并成本为每一单项交换交易的成本之和。购买方为进行企业合并而发生的各项直接相关费用计入当期损益,在合并合同或协议中对可能影响合并成本的未来事项作出约定的,购买日如果估计未来事项很可能发生且对合并成本的影响金额能够可靠计量的,购买方也应将其计入合并成本。购买方作为合并对价付出的固定资产和无形资产的公允价值与其账面价值的差额作营业外收支处理;付出存货,应以其公允价值确认收入并同时结转相应的成本,涉及增值税的按增值税有关规定进行处理。

购买方在购买日按确定的企业合并成本借记"长期股权投资——投资成本"科目,按享有被投资企业已宣告但尚未发放的现金股利或利润借记"应收股利"科目,按支付合并对价的账面价值贷记有关资产或负债等科目,按其差额贷记或借记"资产处置损益"科目,按发生的直接相关费用借记"管理费用"科目,贷记"银行存款"科目。

【例5-3】 恒易公司和易达公司为两个互不关联的独立企业。2020年3月1日,恒易公司和易达公司达成合并协议,恒易公司以无形资产、库存商品和银行存款作为合并对价,取得易达公司70%的股权。恒易公司无形资产的账面原价为20 000 000元,已摊销5 000 000元,经评估其公允价值为 18 000 000 元；库存商品的成本为 10 000 000 元，公允价值为 14 000 000 元，增值税额为 1 820 000 元；银行存款支付的金额为 8 000 000 元。2020 年 4 月 1 日，恒易公司实际取得对易达公司的控制权。另恒易公司以银行存款支付审计费用、评估费用、法律服务费用等共计 750 000 元。恒易公司在购买日的会计处理如下：

企业合并成本＝18 000 000＋14 000 000＋1 820 000＋8 000 000＝41 820 000（元）

无形资产增值收益＝18 000 000－(20 000 000－5 000 000)＝3 000 000（元）

借：长期股权投资——易达公司（投资成本）	41 820 000.00
累计摊销	5 000 000.00
管理费用	750 000.00
贷：无形资产	20 000 000.00
银行存款	8 750 000.00
资产处置损益	3 000 000.00
主营业务收入	14 000 000.00
应交税费——应交增值税（销项税额）	1 820 000.00
借：主营业务成本	10 000 000.00
贷：库存商品	10 000 000.00

【例 5-4】 恒易公司和海天公司为两个互不关联的独立企业。2020 年 6 月 1 日，恒易公司和海天公司达成合并协议，约定恒易公司以固定资产和发行权益性证券作为合并对价，取得海天公司 80% 的股权。恒易公司固定资产账面原价为 10 000 000 元，已提折旧为 2 000 000 元，已提固定资产减值准备 400 000 元，公允价值为 7 500 000 元；增发面值为 1 元的普通股股票 800 万股，每股市价为 4 元，以银行存款支付手续费及佣金等发行费用 500 000 元。恒易公司另以银行存款支付审计费用、评估费用、法律服务费用等共计 500 000 元。恒易公司在购买日的会计处理如下：

(1) 转销固定资产账面价值。

借：固定资产清理	7 600 000.00
累计折旧	2 000 000.00
固定资产减值准备	400 000.00
贷：固定资产	10 000 000.00

(2) 确认长期股权投资初始成本。

企业合并成本＝7 500 000＋8 000 000×4＝39 500 000（元）

资本溢价＝8 000 000×(4－1)＝24 000 000（元）

固定资产增值收益＝7 500 000－(10 000 000－2 000 000－400 000)＝－100 000（元）

借：长期股权投资——海天公司（投资成本）	39 500 000.00
资产处置损益	100 000.00
管理费用	500 000.00
贷：固定资产清理	7 600 000.00
实收资本	8 000 000.00
资本公积——资本溢价	24 000 000.00
银行存款	500 000.00

第二节　长期股权投资的初始计量

借:资本公积——资本溢价	500 000.00
贷:银行存款	500 000.00

三、企业合并以外其他方式取得的长期股权投资

其他方式取得的长期股权投资主要是指企业通过支付现金、发行权益性证券、投资者投入、非货币性资产交换、债务重组等非企业合并方式取得长期股权投资。由于其取得方式的不同,长期股权投资初始成本的确认也不同。

(一)以支付现金取得长期股权投资

以支付现金取得的长期股权投资,应按实际支付的购买价作为初始投资成本,包括与取得长期股权投资直接相关的费用、税金及其他必要支出。企业支付现金取得长期股权投资时,按初始投资成本借记"长期股权投资——投资成本"科目,按享有被投资企业已宣告但尚未发放的现金股利或利润借记"应收股利"科目,按照实际支付的买价及手续费、税金等贷记"银行存款"等科目。

【例5-5】 恒易公司以支付现金的方式投资于海燕公司,取得海燕公司20%的表决权,能对海燕公司施加重大影响。实际支付的款项(包括购买价及相关税费等)共计为2 800 000元,其中包含恒易公司应享有的海燕公司已宣告但尚未发放的现金股利200 000元。恒易公司的会计处理如下:

(1)购入股票。

借:长期股权投资——海燕公司(投资成本)	2 600 000.00
应收股利	200 000.00
贷:银行存款	2 800 000.00

(2)收到现金股利。

借:银行存款	200 000.00
贷:应收股利	200 000.00

(二)以发行权益性证券取得长期股权投资

以发行权益性证券取得的长期股权投资,应按发行权益性证券的公允价值作为初始投资成本,有关发行税费及其他直接相关支出,直接抵减权益性证券的溢价收入。企业发行权益性证券取得长期股权投资时,按初始投资成本借记"长期股权投资——投资成本"科目,按享有被投资企业已宣告但尚未发放的现金股利或利润借记"应收股利"科目,按权益性证券面值贷记"实收资本"科目,按权益性证券公允价值与其面值之间的差额贷记"资本公积——资本溢价"科目。发行权益性证券支付税费及其他直接相关支出时借记"资本公积——资本溢价"科目,贷记"银行存款"等科目。

【例5-6】 恒易公司与海赢公司达成协议,恒易公司以增发的权益性证券作为对价,对海赢公司进行投资,取得海赢公司20%的表决权,能对海赢公司施加重大影响。恒易公司共增发面值为1元的普通股股票200万股,每股发行价格为3元,发生手续费及佣金等直接相关费用200 000元。恒易公司的会计处理如下:

借:长期股权投资——海赢公司(投资成本)	6 000 000.00
贷:实收资本	2 000 000.00
资本公积——资本溢价	4 000 000.00
借:资本公积——资本溢价	200 000.00
贷:银行存款	200 000.00

(三)投资者投入的长期股权投资

投资者投入的长期股权投资是指投资者将其持有的对第三方的投资作为出资投入企业形成的长期股权投资。投资者投入的长期股权投资,应按投资合同或协议约定价值作为初始投资成本,若合同或协议约定价值不公允的,应按取得长期股权投资的公允价值作为初始投资成本。收到投资者投入的长期股权投资时,按初始投资成本借记"长期股权投资——投资成本"科目,按享有被投资企业已宣告但尚未发放的现金股利或利润借记"应收股利"科目,按投资者出资占股本的份额贷记"实收资本"科目,按其差额贷记"资本公积——资本溢价"科目。

【例5-7】 恒易公司的丙股东以其持有的海通公司每股面值1元的普通股股票600万股作为资本金投入企业,双方约定的股权投资价值为18 000 000元,可折换恒易公司每股面值1元的普通股股票700万股。恒易公司接受投资后取得海通公司20%的股权,能对海通公司施加重大影响。恒易公司的会计处理如下:

借:长期股权投资——海通公司(投资成本)   18 000 000.00
  贷:实收资本——丙股东   7 000 000.00
    资本公积——资本溢价   11 000 000.00

(四)非货币性资产交换取得的长期股权投资

1. 换入长期股权投资以公允价值进行计量

以公允价值为基础对长期股权投资进行初始计量,以换出资产的公允价值加上应支付的相关税费作为换入长期股权投资的初始投资成本。如果发生补价,还应加上支付的补价,或减去收到的补价。

企业收到换入的长期股权投资时,按初始投资成本借记"长期股权投资——投资成本"科目,按享有被投资企业已宣告但尚未发放的现金股利或利润借记"应收股利"科目,按照换出资产的账面余额贷记有关资产科目,按应支付的相关税费贷记"银行存款""应交税费"等科目,按照收取或支付的补价借记或贷记"银行存款"科目,按其差额借记或贷记"资产处置损益"科目。换出资产已计提减值准备的,应同时结转相应的资产减值准备。

【例5-8】 恒易公司以无形资产换入甲公司持有的海角公司20%的股权,以银行存款支付手续费等相关税费100 000元。无形资产的账面余额为8 000 000元,累计摊销500 000元,计提减值准备300 000元,公允价值为7 500 000元。换入海角公司股权后,恒易公司向海角公司派出管理人员。恒易公司另支付补价200 000元,其他未发生相关费用。恒易公司的会计处理如下:

换入资产的入账价值=7 500 000+100 000+200 000=7 800 000(元)

借:长期股权投资——海角公司(投资成本)   7 800 000.00
  累计摊销   500 000.00
  无形资产减值准备   300 000.00
  贷:无形资产   8 000 000.00
    银行存款   300 000.00
    资产处置损益   300 000.00

2. 换入长期股权投资以历史成本进行计量

以历史成本为基础对长期股权投资进行初始计量,以换出资产的账面价值加上应支付的相关税费作为换入长期股权投资的初始投资成本。如果发生补价,还应加上支付的补价,或减去收到的补价。

企业收到换入的长期股权投资时,按初始投资成本借记"长期股权投资——投资成本"科目,按享有被投资企业已宣告但尚未发放的现金股利或利润借记"应收股利"科目,按照换出资产的账面余额贷记有关资产科目,按应支付的相关税费贷记"银行存款""应交税费"等科目,按照收取或支付的补价借记或贷记"银行存款"科目。换出资产已计提减值准备的,应同时结转相应的资产减值准备。

【例5-9】 恒易公司以一台生产设备换入乙公司持有的海悦公司20%的股权,以银行存款支付手续费等相关税费100 000元。恒易公司的生产设备账面原价为6 000 000元,已提折旧2 000 000元。换入海悦公司股权后,恒易公司向海悦公司派出管理人员。恒易公司的会计处理如下:

(1) 转销换出固定资产账面价值。

借:固定资产清理	4 000 000.00
累计折旧	2 000 000.00
贷:固定资产	6 000 000.00

(2) 确认长期股权投资初始投资成本。

换入资产的入账价值=4 000 000+100 000=4 100 000(元)

借:长期股权投资——海悦公司(投资成本)	4 100 000.00
贷:固定资产清理	4 000 000.00
银行存款	100 000.00

(五) 债务重组取得的长期股权投资

债务重组取得的长期股权投资,以受让长期股权投资公允价值作为初始投资成本,受让长期股权投资公允价值与重组债权账面余额之间的差额记入"营业外支出——债务重组损失"。如果重组债权已计提坏账准备,应先将上述差额冲减已计提的坏账准备,冲减后尚有余额的再记入"营业外支出——债务重组损失";如果坏账准备不足冲减的,应作为当期资产减值损失的抵减予以确认。

企业受让长期股权投资时,按其公允价值借记"长期股权投资——投资成本"科目,按享有被投资企业已宣告但尚未发放的现金股利或利润借记"应收股利"科目,按重组债权已计提的坏账准备借记"坏账准备"科目,按重组债权的账面余额贷记"应收账款"等科目,按支付的相关税费贷记"银行存款""应交税费"等科目,按借方差额借记"营业外支出——债务重组损失"科目,或按贷方差额贷记"资产减值损失"科目。

【例5-10】 恒易公司应收寅公司货款7 000 000元。因寅公司发生财务困难,经双方协商,恒易公司同意寅公司以其持有的海珍公司普通股股票200万股抵债,恒易公司以此取得海珍公司20%的股权,能对海珍公司施加重大影响。海珍公司普通股股票每股面值1元,公允价值3元。恒易公司对该债权提取了100 000元的坏账准备。恒易公司的会计处理如下:

债务重组损失=7 000 000-2 000 000×3-100 000=900 000(元)

借:长期股权投资——海珍公司(投资成本)	6 000 000.00
坏账准备	100 000.00
营业外支出——债务重组损失	900 000.00
贷:应收账款——寅公司	7 000 000.00

第三节 长期股权投资的后续计量

长期股权投资在持有期间,根据投资企业对被投资企业的影响程度分别采用成本法和权益法进行核算。

一、长期股权投资的成本法

(一) 成本法的定义及适用范围

成本法是指长期股权投资按投资成本计价的一种核算方法。其特点是,除追加投资或收回投资外,长期股权投资的账面价值一般应当保持不变。

母公司对子公司的投资应采用成本法进行核算。以成本法对子公司的投资进行核算,主要是为了避免母公司以权益法计算的利润进行提前分配,从而导致已分配利润无法从子公司足额收回,形成法律上的超额分配。如果母公司是投资性主体,则母公司对其不同类型子公司的核算方法为:为其投资活动提供相关服务的子公司采用成本法进行核算,其他子公司均按照公允价值计量且其变动计入当期损益。

(二) 成本法的会计处理

成本法下长期股权投资应按照初始投资成本计价,追加投资时,按照追加投资支付的成本的公允价值及发生的相关交易费用增加长期股权投资的账面价值。投资后被投资企业宣告分派的现金股利或利润,确认为当期投资收益,不需要划分是投资前还是投资后被投资单位实现的净利润。

【例 5-11】 恒易公司以银行存款购买华悦上市公司发行的普通股股票 1 200 万股,持有华悦公司 60% 的股权,每股买价 5 元,另支付相关税费 100 000 元。相关手续当日全部完成,恒易公司能对华悦公司实施控制。假设:

(1) 2020 年 2 月 10 日,恒易公司支付款项;3 月 10 日,华悦上市公司宣告每股分派现金股利 0.20 元;4 月 10 日,华悦上市公司发放现金股利。恒易公司的会计处理如下:

① 2 月 10 日,恒易公司支付款项:

借:长期股权投资——华悦公司(投资成本)	60 000 000.00
管理费用	100 000.00
贷:银行存款	60 100 000.00

② 3 月 10 日,华悦上市公司宣告分派现金股利:

借:应收股利	2 400 000.00
贷:投资收益	2 400 000.00

③ 4 月 10 日,恒易公司收到现金股利:

借:银行存款	2 400 000.00
贷:应收股利	2 400 000.00

(2) 2020 年 3 月 10 日,华悦上市公司宣告每股分派现金股利 0.20 元;3 月 20 日,恒易公司支付款项;4 月 10 日,华悦上市公司发放现金股利。恒易公司的会计处理如下:

① 3 月 20 日,恒易公司支付款项:

借：长期股权投资——华悦公司(投资成本)	57 600 000.00
管理费用	100 000.00
应收股利	2 400 000.00
贷：银行存款	60 100 000.00

② 4月10日，恒易公司收到现金股利：

| 借：银行存款 | 2 400 000.00 |
| 　贷：应收股利 | 2 400 000.00 |

二、长期股权投资的权益法

(一)权益法的定义及适用范围

权益法是指投资最初以初始投资成本计价，以后根据投资企业享有被投资企业所有者权益份额的变动对投资的账面价值进行调整的方法。其特点是，长期股权投资的账面价值随被投资企业所有者权益的变动而变动。在股权持有期间，长期股权投资的账面价值与占被投资企业所有者权益的份额相对应。

投资企业对被投资企业具有共同控制(合营企业)或重大影响(联营企业)的长期股权投资，应采用权益法核算。

(二)权益法的会计处理

长期股权投资采用权益法核算的，应分别按照"投资成本""损益调整""其他综合收益""其他权益变动"进行明细核算，分别反映长期股权投资的初始投资成本、被投资企业发生净损益引起的所有者权益变动以及被投资企业除净损益以外的其他原因引起的所有者权益变动而对长期股权投资账面价值进行调整的金额。

1. 取得长期股权投资的会计处理

企业在取得长期股权投资时，按照确定的初始投资成本入账，初始投资成本与应享有被投资企业可辨认净资产公允价值份额之间的差额，应区别情况分别处理：

(1)如果长期股权投资的初始投资成本大于取得投资时应享有被投资企业可辨认净资产公允价值的份额，其差额在本质上是通过投资作价体现的、与所取得的股权份额相对应的商誉以及被投资企业不符合确认条件的资产价值。此时，不需要调整已确认的初始投资成本。

(2)如果长期股权投资的初始投资成本小于取得投资时应享有被投资企业可辨认净资产公允价值的份额，其差额体现为投资作价过程中转让方的让步。此时，应将其作为一项收益计入当期的营业外收入，同时调整长期股权投资的初始投资成本。

【例5-12】 2020年1月1日，恒易公司以银行存款购入海蓝公司30%的股权，并派人员参与海蓝公司的生产经营决策，能够对海蓝公司施加重大影响，采用权益法核算。恒易公司实际支付购买价款(含相关税费)20 000 000元。假设：

(1)海蓝公司可辨认净资产公允价值为65 000 000元，恒易公司的会计处理如下：

享有海蓝公司可辨认净资产公允价值的份额=65 000 000×30%=19 500 000元<20 000 000元

| 借：长期股权投资——海蓝公司(投资成本) | 20 000 000.00 |
| 　贷：银行存款 | 20 000 000.00 |

(2)海蓝公司可辨认净资产公允价值为70 000 000元，恒易公司的会计处理如下：

享有海蓝公司可辨认净资产公允价值的份额=70 000 000×30%=21 000 000元>20 000 000元

```
借：长期股权投资——海蓝公司(投资成本)         21 000 000.00
    贷：银行存款                                20 000 000.00
        营业外收入                               1 000 000.00
```

2. 投资企业投资损益的会计处理

投资企业取得长期股权投资后,按照应享有或应分担的被投资企业实现的净损益的份额,确认投资损益并调整长期股权投资的账面价值。

在确认应享有或应分担被投资企业的净损益时,在被投资单位账面净损益的基础上,应考虑以下因素的影响进行适当调整：

(1) 被投资企业采用的会计政策及会计期间与投资企业不一致的,应按投资企业的会计政策及会计期间对被投资企业的财务报表进行调整,在此基础上确定被投资企业实现的净损益。

(2) 以取得投资时被投资企业各项可辨认资产等的公允价值为基础,对被投资企业的净损益进行调整后,作为确认投资损益的依据。

投资企业在取得投资时是以被投资企业有关资产、负债的公允价值为基础确定初始投资成本的,长期股权投资的投资收益所代表的是被投资企业资产、负债以公允价值计量在未来期间通过经营产生的损益中归属于投资企业的部分,而被投资企业个别利润表中的净损益是以其持有的资产、负债的账面价值为基础持续计算的。如果投资企业取得投资时被投资企业有关资产、负债的公允价值与其账面价值不同,未来期间在计算归属于投资企业应享有或应分担的净损益时,应以取得投资时被投资企业各项可辨认资产等的公允价值为基础,对被投资企业的账面净损益进行调整。例如,以取得投资时被投资企业固定资产、无形资产的公允价值为基础计提的折旧额、摊销额以及有关资产减值准备金额,与被投资企业以账面价值为基础计提的折旧额、摊销额以及有关资产减值准备金额之间存在差额的,应按其差额对被投资企业净损益进行调整,并按调整后的净损益和持股比例计算确认投资收益。

投资企业在对被投资企业实现的净损益进行调整时,应考虑重要性要求,不具有重要性的项目可以不予调整。符合下列条件之一的,投资企业可以以被投资企业的账面净损益为基础计算确认投资损益,同时应在会计报表附注中说明不能按照准则规定进行核算的原因：

① 投资企业无法合理确定取得投资时被投资企业各项可辨认资产等的公允价值的。

② 投资时被投资单位可辨认资产的公允价值与其账面价值相比,两者之间的差额不具有重要性的。

③ 其他原因导致无法取得被投资企业的有关资料,不能按照准则中规定的原则对被投资企业的净损益进行调整的。

【例 5-13】 依[例 5-12]资料,2020 年 1 月 1 日,恒易公司取得海蓝公司股权时,海蓝公司有关资产、负债的公允价值与账面价值不同的项目如表 5-1 所示。

表 5-1 资产、负债公允价值与账面价值差额表 金额单位：元

项 目	实际成本	预计使用(或摊销)年限(年)	已使用(或摊销)年限(年)	已提折旧(或摊销)额	公允价值	投资时剩余使用(或摊销)年限(年)
存 货	12 000 000				13 000 000	
固定资产	18 000 000	20	8	7 200 000	9 840 000	12
无形资产	8 000 000	10	6	4 800 000	4 000 000	4
合 计	38 000 000			12 000 000	26 840 000	

海蓝公司2020年实现净利润为8 000 000元,固定资产按年限平均法计提折旧,假设净残值为0,无形资产按年限平均法摊销,恒易公司在取得投资时,海蓝公司的存货已对外销售50%。恒易公司和海蓝公司的会计年度和会计政策相同,双方未发生内部交易。

根据资料,调整被投资企业的账面净利润,计算过程和会计处理如下:

存货差额应调减的利润=(13 000 000−12 000 000)×50%=500 000(元)

固定资产折旧差额应调增的利润=18 000 000÷20−9 840 000÷12=80 000(元)

无形资产摊销差额应调减的利润=4 000 000÷4−8 000 000÷10=200 000(元)

调整后的净利润=8 000 000−500 000+80 000−200 000=7 380 000(元)

恒易公司应享有的份额=7 380 000×30%=2 214 000(元)

借:长期股权投资——海蓝公司(损益调整)	2 214 000.00
贷:投资收益	2 214 000.00

(3)投资企业与联营企业及合营企业之间发生的未实现内部交易损益,按照持股比例计算归属于投资企业的部分应予以抵销,在此基础上确认投资收益。投资企业与被投资企业发生的未实现内部交易损失,属于所转让资产发生的减值损失,应全额确认,不应予以抵销。

投资企业与联营企业及合营企业之间的内部交易可以分为顺流交易和逆流交易。顺流交易是指投资企业向其联营企业或合营企业出售资产;逆流交易是指联营企业或合营企业向投资企业出售资产。未实现内部交易损益的抵销应区分顺流交易和逆流交易分别进行处理:

① 顺流交易如果形成未实现内部交易损益,投资企业在计算确认应享有联营企业或合营企业的投资收益时,应抵销该未实现内部交易损益的影响,同时调整对联营企业或合营企业长期股权投资的账面价值。当投资企业向联营企业或合营企业出资或是将资产出售给联营企业或合营企业,同时有关资产由联营企业或合营企业持有时,投资方因投出或出售资产应确认的损益仅限于联营企业或合营企业与其他投资者交易的部分,即投资方付出资产或出售资产给其联营企业或合营企业产生的损益中,按照持股比例计算确定归属于本企业的部分不予确认。

【例5-14】 依[例5-12]资料,2020年10月15日,恒易公司将其账面价值为4 000 000元的M产品以5 000 000元的价格出售给海蓝公司,海蓝公司将购入的M产品作存货直接对外销售,至2020年资产负债表日,海蓝公司尚未对外部独立的第三方销售,海蓝公司2020年实现净利润为8 000 000元。假设恒易公司取得海蓝公司股权时海蓝公司各项可辨认资产、负债的公允价值与其账面价值相同,且此前未发生过内部交易。若暂不考虑所得税因素,恒易公司的会计处理如下:

内部交易未实现的利润=5 000 000−4 000 000=1 000 000(元)

调整后的净利润=8 000 000−1 000 000=7 000 000(元)

恒易公司应享有的份额=7 000 000×30%=2 100 000(元)

借:长期股权投资——海蓝公司(损益调整)	2 100 000.00
贷:投资收益	2 100 000.00

【例5-15】 恒易公司持有海星公司20%的有表决权股份,能够对海星公司生产经营决策施加重大影响,采用权益法核算。2020年8月,恒易公司将账面价值为2 000 000元的产品以2 960 000元的价格出售给海星公司,海星公司将购入的产品作为管理用固定资产使用,预计使用

年限为5年,净残值为0。恒易公司取得股权时,海星公司各项可辨认资产、负债的公允价值与账面价值相同,此前,双方未发生内部交易。2020年,海星公司实现净利润6 000 000元,假设不考虑所得税因素。恒易公司的会计处理如下:

内部交易未实现的利润＝2 960 000－2 000 000＝960 000(元)

内部交易未实现利润的折旧额＝960 000×4/5×12＝64 000(元)

调整后的净利润＝6 000 000－960 000＋64 000＝5 104 000(元)

恒易公司应享有的份额＝5 104 000×20％＝1 020 800(元)

借：长期股权投资——海蓝公司(损益调整)　　　　　　1 020 800.00
　　贷：投资收益　　　　　　　　　　　　　　　　　　　1 020 800.00

② 逆流交易如果形成未实现内部交易损益,投资企业在计算确认应享有联营企业或合营企业的投资收益时,应抵销该未实现内部交易损益的影响。当投资企业向联营企业或合营企业购买资产时,在将该资产出售给外部独立第三方之前,不应确认联营企业或合营企业因该交易产生的损益中本企业应享有的部分。

【例5-16】　恒易公司持有海渔公司25％有表决权股份,能够对海渔公司生产经营决策施加重大影响,采用权益法核算。2020年2月1日,恒易公司向海渔公司购进商品1 000 000元,该批商品在海渔公司的账面价值为700 000元。恒易公司购进的商品作为存货,至年末,该批商品仍未对外部独立的第三方销售。假设恒易公司取得股权时海渔公司各项可辨认资产、负债的公允价值与账面价值相同,此前,双方未发生过内部交易。海渔公司2020年实现净利润为4 000 000元。假设不考虑所得税因素,恒易公司的会计处理如下:

内部交易未实现的利润＝1 000 000－700 000＝300 000(元)

调整后的净利润＝4 000 000－300 000＝3 700 000(元)

恒易公司应享有的份额＝3 700 000×25％＝925 000(元)

借：长期股权投资——海蓝公司(损益调整)　　　　　　925 000.00
　　贷：投资收益　　　　　　　　　　　　　　　　　　　925 000.00

投资企业与联营企业及合营企业之间无论是顺流交易还是逆流交易产生的未实现内部交易损失,如果属于所转让资产发生的减值损失,有关的未实现内部交易损失不应予以抵销。

【例5-17】　恒易公司持有海棠公司20％有表决权股份,能够对海棠公司生产经营决策施加重大影响,采用权益法核算。2020年7月1日,恒易公司将成本为6 000 000元的产品以5 000 000元的价格出售给海棠公司作为存货,至2020年12月31日,该批商品仍未对外部独立的第三方销售。假设恒易公司取得股权时海棠公司各项可辨认资产、负债的公允价值与账面价值相同,此前,双方未发生过内部交易。海棠公司2020年实现净利润为3 000 000元。假设不考虑所得税因素,恒易公司的会计处理如下:

借：长期股权投资——海蓝公司(损益调整)　　　　　　600 000.00
　　贷：投资收益　　　　　　　　　　　　　　　　　　　600 000.00

3. 取得现金股利或利润的会计处理

按照权益法核算的长期股权投资,当被投资企业宣告分派现金股利或利润时,投资企业按应获得的现金股利或利润抵减长期股权投资的账面价值,借记"应收股利"科目,贷记"长期股权投资——损益调整"科目。

【例 5-18】 恒易公司购入海星公司股票 500 万股,取得 20%的有表决权资本,能够对海星公司施加重大影响,采用权益法核算。其发生的有关经济业务及会计如下:

(1) 2014 年 1 月 1 日,以银行存款支付购买价款(含相关税费)12 800 000 元,同日,海星公司可辨认净资产公允价值为 70 000 000 元。

应享有海星公司可辨认净资产公允价值的份额=70 000 000×20%=14 000 000(元)

应享有可辨认净资产公允价值的份额大于初始投资成本 1 200 000 元(14 000 000－12 800 000)

借:长期股权投资——海星公司(投资成本)   14 000 000.00
  贷:银行存款   12 800 000.00
    营业外收入   1 200 000.00

(2) 2014 年度,海星公司实现净收益 3 000 000 元。

应确认的投资收益=3 000 000×20%=600 000(元)

借:长期股权投资——海星公司(损益调整)   600 000.00
  贷:投资收益   600 000.00

(3) 2015 年 4 月 10 日,海星公司宣布 2014 年分配现金股利 2 600 000 元。

应收现金股利=2 600 000×20%=520 000(元)

借:应收股利   520 000.00
  贷:长期股权投资——海星公司(损益调整)   520 000.00

(4) 2015 年 5 月 10 日收到现金股利 520 000 元(注:以后年度收到现金股利略)。

借:银行存款   520 000.00
  贷:应收股利   520 000.00

(5) 2015 年度,海星公司实现净收益 8 000 000 元。

应确认的投资收益=8 000 000×20%=1 600 000(元)

借:长期股权投资——海星公司(损益调整)   1 600 000.00
  贷:投资收益   1 600 000.00

(6) 2016 年 4 月 10 日,海星公司宣告 2015 年分配现金股利 4 000 000 元。

应收现金股利=4 000 000×20%=800 000(元)

借:应收股利   800 000.00
  贷:长期股权投资——海星公司(损益调整)   800 000.00

(7) 2016 年度,海星公司实现净收益 5 000 000 元。

应确认的投资收益=5 000 000×20%=1 000 000(元)

借:长期股权投资——海星公司(损益调整)   1 000 000.00
  贷:投资收益   1 000 000.00

(8) 2017 年 4 月 10 日,海星公司宣布 2016 年股利分配方案,每 10 股派送 3 股,除权日为 5

月10日。

除权日,在备查簿中登记增加的股票。

持股增加数=500×3/10=150(万股)

持有股票总数=500+150=650(万股)

(9) 2017年度,海星公司实现净收益3 600 000元。

应确认的投资收益=3 600 000×20%=720 000(元)

借:长期股权投资——海星公司(损益调整) 720 000.00
　　贷:投资收益 720 000.00

(10) 2018年4月10日,海星公司宣布2017年分配现金股利2 500 000元。

应收现金股利=2 500 000×20%=500 000(元)

借:应收股利 500 000.00
　　贷:长期股权投资——海星公司(损益调整) 500 000.00

(11) 2018年度,海星公司实现净收益1 000 000元。

应确认的投资收益=1 000 000×20%=200 000(元)

借:长期股权投资——海星公司(损益调整) 200 000.00
　　贷:投资收益 200 000.00

(12) 2019年4月10日,海星公司宣告2018年不进行股利分配。

(13) 2019年度,海星公司发生净亏损800 000元。

应确认的投资损失=800 000×20%=160 000(元)

借:投资收益 160 000.00
　　贷:长期股权投资——海星公司(损益调整) 160 000.00

(14) 2020年4月10日,海星公司宣告2019年分配现金股利2 000 000元。

应收现金股利=2 000 000×20%=400 000(元)

借:应收股利 400 000.00
　　贷:长期股权投资——海星公司(损益调整) 400 000.00

(15) 2020年度,海星公司发生净亏损4 000 000元。

应确认的投资损失=4 000 000×20%=800 000(元)

借:投资收益 800 000.00
　　贷:长期股权投资——海星公司(损益调整) 800 000.00

(16) 2021年4月10日,海星公司宣告2020年不进行股利分配。

4. 超额亏损的会计处理

在被投资企业发生亏损、投资企业按持股比例确认应分担的亏损份额时,应以长期股权投资的账面价值以及其他实质上构成对被投资企业净投资的长期权益减记至零为限,投资企业负有承担额外损失义务的除外。其中,"其他实质上构成对被投资企业净投资的长期权益"一般是指长期性的应收项目,例如,企业对被投资企业的长期债权,该债权没有明确的清收计划,且在可预见的未来期间不准备收回的,实质上构成对被投资企业的净投资,但不包括投资企业与被投资企业之间的因销售商品、提供劳务等日常活动所产生的长期债权。

在确认投资企业应分担被投资企业发生的亏损时,应按以下顺序进行处理:

首先,冲减长期股权投资的账面价值,借记"投资收益"科目,贷记"长期股权投资——损益调整"科目。

然后,长期股权投资的账面价值不足以冲减的,应当以其他实质上构成对被投资企业净投资的长期权益账面价值为限继续确认投资损失,冲减长期应收项目等的账面价值,长期应收项目的账面价值减记至零为限,借记"投资收益"科目,贷记"长期应收款"科目。

最后,按照投资合同或协议约定,投资企业仍承担额外义务的,应按预计承担的义务确认预计负债,计入当期投资损失,借记"投资收益"科目,贷记"预计负债"科目。

如果经过上列顺序确认应分担的亏损额后,仍有未确认的亏损分担额的,投资企业应先作备忘记录,待被投资企业以后年度实现盈利时,再按应享有的收益份额,先扣除未确认的亏损分担额,然后按与上述相反的顺序进行处理,减记已确认预计负债的账面余额,恢复其他实质上构成对被投资企业净投资的长期权益及长期股权投资的账面价值,同时确认投资收益。

【例 5-19】 依[例 5-18]资料,假设恒易公司对海星公司有一笔金额为 5 000 000 元的长期债权,该项债权没有明确的清收计划,且在可预见的未来期间不准备收回。2020 年 12 月 31 日,"长期股权投资"科目的借方余额为 14 940 000 元,其中:"长期股权投资——海星公司(投资成本)"为 14 000 000 元,"长期股权投资——海星公司(损益调整)"为 940 000 元。2021 年及以后发生的有关净损益和股利分配的经济业务及会计处理如下:

(1) 2021 年度,海星公司发生净亏损 40 000 000 元,当年未进行股利分配。

应确认的投资损失=40 000 000×20%=8 000 000(元)

```
借:投资收益                                       8 000 000.00
    贷:长期股权投资——海星公司(损益调整)              8 000 000.00
```

长期股权投资账面价值减记至 6 940 000 元(14 940 000-8 000 000)。

(2) 2022 年度,海星公司发生净亏损 60 000 000 元,当年未进行股利分配。

应分担亏损份额=60 000 000×20%=12 000 000(元)

由于分担的亏损份额大于长期股权投资账面价值,其差额 5 060 000 元(12 000 000-6 940 000)应先将实质上构成对海星公司净投资的长期应收款 5 000 000 元减记至零,另 60 000 元在备查簿中作备忘记录,当年应确认的投资损失为 11 940 000 元。

```
借:投资收益                                      11 940 000.00
    贷:长期股权投资——海星公司(损益调整)             6 940 000.00
        长期应收款                                5 000 000.00
```

(3) 2023 年度,由于资产重组,海星公司经营开始好转,当年仍发生净亏损 2 000 000 元,未进行股利分配。

应分担亏损份额为 400 000 元(2 000 000×20%),在备查簿中作备忘记录,累计所作备忘记录为 460 000 元(60 000+400 000)。

(4) 2024 年度,海星公司实现净收益 8 000 000 元,未进行股利分配。

应享有收益份额＝8 000 000×20％＝1 600 000(元)

由于应享有收益份额超过在备查簿中所作备忘记录累计金额 1 140 000 元(1 600 000－460 000)，因此，应恢复实质上构成对海星公司净投资的长期应收款 1 140 000 元，并确认投资收益。

借：长期应收款	1 140 000.00
贷：投资收益	1 140 000.00

(5) 2025 年度，海星公司实现净收益 20 000 000 元，未进行股利分配。

应享有收益份额＝20 000 000×20％＝4 000 000 元

由于当年应享有收益份额超过了尚未恢复的长期应收款账面价值，因此，在完全恢复了长期应收款的账面价值后，按超过部分继续恢复长期股权投资的账面价值。

借：长期应收款	3 860 000.00
长期股权投资——海星公司(损益调整)	140 000.00
贷：投资收益	4 000 000.00

(6) 2026 年度，海星公司实现净收益 30 000 000 元。

应享有收益份额＝30 000 000×20％＝6 000 000(元)

借：长期股权投资——海星公司(损益调整)	6 000 000.00
贷：投资收益	6 000 000.00

以后年度恢复至正常的会计处理。

5. 其他综合收益和其他权益变动的会计处理

投资方取得长期股权投资后，应当按照应享有或应分担的被投资单位实现的其他综合收益的份额确认其他综合收益，同时调整长期股权投资的账面价值。投资方对于被投资单位除净损益、其他综合收益和利润分配以外所有者权益的其他变动，应当调整长期股权投资的账面价值并计入所有者权益。

【例 5－20】 依[例 5－12]资料，2020 年 12 月 31 日，海蓝公司持有的一项其他权益工具投资的公允价值上升了 2 000 000 元。恒易公司的会计处理如下：

应享有其他综合收益份额＝2 000 000×30％＝600 000(元)

借：长期股权投资——海星公司(其他综合收益)	600 000.00
贷：其他综合收益	600 000.00

【例 5－21】 2020 年 3 月 20 日，恒易公司、B 公司和 C 公司分别以银行存款 7 000 000 元、4 000 000 元和 9 000 000 元出资设立 D 公司，分别持有 D 公司 35％、20％和 45％的股权，恒易公司对 D 公司具有重大影响，采用权益法核算长期股权投资。至 2021 年 12 月 31 日，D 公司累计实现净损益 10 000 000 元，除此之外，无其他影响净资产的事项。2022 年 1 月 1 日，经协商，同意 B 公司对 D 公司增资 10 000 000 元，增资后 D 公司净资产为 40 000 000 元，三家公司分别持有 D 公司 30％、30％和 40％的股权。当日完成全部增资手续，恒易公司仍对 D 公司具有重大影响。假定恒易公司与 D 公司适用的会计政策、会计期间相同，双方在当期及以前期间未发生其他内部交易，不考虑相关税费等其他因素的影响。

B 公司增资前恒易公司应享有 D 公司权益份额为 10 500 000 元(30 000 000×35％)，B 公司增资后恒易公司应享有 D 公司权益份额为 12 000 000 元(40 000 000×30%),恒易公司应享有的权益变动为 1 500 000 元(12 000 000−10 500 000),属于 D 公司除净损益、其他综合收益和利润分配以外所有者权益的其他变动。恒易公司的会计处理如下:

借:长期股权投资——D 公司(其他权益变动)	1 500 000.00
贷:资本公积——其他资本公积	1 500 000.00

6. 投资企业投资期间持股比例发生变化的会计处理

投资方因增加投资等原因对被投资单位的持股比例增加,但被投资单位仍然是投资方的联营企业或合营企业时,投资方应按照新的持股比例对股权投资继续采用权益法进行核算。在新增投资日,如果新增投资成本大于按新增持股比例计算的被投资单位可辨认净资产于新增日的公允价值份额,不调整长期股权投资成本;如果新增投资成本小于按新增持股比例计算的被投资单位可辨认净资产于新增日的公允价值份额,应按该差额调整长期股权投资成本和营业外收入。进行上述调整时应综合考虑与原持有投资和追加投资相关的商誉或计入损益的金额。

【例 5−22】 2020 年 1 月 1 日,恒易公司以现金 26 000 000 元向非关联方购买 E 公司 20%的股权,对 E 公司具有重大影响。当日,E 公司可辨认净资产公允价值与账面价值相等,均为 120 000 000 元。至 2020 年 6 月 30 日,E 公司现实净损益 10 000 000 元,除此之外,无其他引起净资产发生变动的事项。2020 年 7 月 1 日,恒易公司以现金 13 000 000 元向另一非关联方购买 E 公司 10%的股权,仍对 E 公司具有重大影响,相关手续当日完成。当日,E 公司可辨认净资产公允价值为 140 000 000 元。2020 年 E 公司实际净损益总额为 21 000 000 元。假设不考虑相关税费等其他因素的影响。

恒易公司第一次购买 E 公司股权时应享有 E 公司可辨认净资产公允价值份额为 24 000 000 元(120 000 000×20%),而其支付对价的公允价值为 26 000 000 元。因此,恒易公司长期股权投资的初始投资成本为 26 000 000 元。恒易公司的会计处理如下:

借:长期股权投资——E 公司(投资成本)	26 000 000.00
贷:银行存款	26 000 000.00

恒易公司第二次购买 E 公司股权时,应享有 E 公司可辨认净资产公允价值份额为 14 000 000 元(140 000 000×10%),而其支付对价的公允价值为 13 000 000 元,应计入营业外收入 1 000 000 元。但两次购买 E 公司股权应享有 E 公司可辨认净资产公允价值份额总额为 38 000 000 元(24 000 000+14 000 000),两次支付对价的公允价值总额为 39 000 000 元(26 000 000+13 000 000)。因此,恒易公司长期股权投资的初始投资成本总额为 39 000 000 元,第二次购买 E 公司股权的初始投资成本为 13 000 000 元。恒易公司的会计处理如下:

借:长期股权投资——E 公司(投资成本)	13 000 000.00
贷:银行存款	13 000 000.00

投资企业享有被投资企业损益的份额,如果会计年度内投资持股比例未发生变动,应在年度终了时,按年度终了时的持股比例计算确认投资损益;如果投资比例发生变动,应分别按年初持股比例和年末持股比例分段计算确认投资损益,若无法取得被投资企业投资前和投资后所实现的净利润(或净亏损)数额的,可根据投资的持有时间加权平均计算。计算公式如下:

加权平均持股比例=原持股比例×当年投资持有月份÷12
　　　　　　　　　+追加持股比例×当年投资持有月份÷12

【例 5-23】 依[例 5-22]资料,计算恒易公司 2020 年应享有的投资收益。

E 公司下半年实现净损益为 11 000 000 元(21 000 000－10 000 000),恒易公司应享有的投资收益为 5 300 000 元(10 000 000×20%＋11 000 000×30%),其会计处理如下:

借:长期股权投资——E 公司(损益调整)   5 300 000.00
    贷:投资收益   5 300 000.00

如果无法取得被投资企业各期分段实现利润的资料,仅知全年实现净利润 21 000 000 元,则按加权平均持股比例计算:

加权平均持股比例＝20%×12÷12＋10%×6÷12＝25%

应享有的投资收益＝21 000 000×25%＝5 250 000 元

第四节 长期股权投资核算方法的转换

企业对外投资根据享有被投资单位股权比例的不同,应分别作为长期股权投资(控制、共同控制和重大影响)和金融资产(无控制、无共同控制和无重大影响)核算,但投资方因增加或减少投资,其享有被投资方股权比例会随之发生变化,此时其核算方法也应随之转换。归纳起来,主要有三种类型六种情况:

一、金融资产转换为按权益法或成本法核算的长期股权投资

(一)因增加投资导致由金融工具投资转换为对联营企业或合营企业的投资

如果原持有的对被投资单位的股权投资无控制、无共同控制和无重大影响的,应作为金融资产(如其他权益工具投资)核算;因追加投资导致持股比例上升,能对被投资单位施加共同控制或重大影响的,应转换为权益法核算。此时,投资方应当按照原股权投资的公允价值加上为取得新增投资而支付对价的公允价值,作为改按权益法核算的初始投资成本。原持有的股权投资分类为其他权益工具投资的,其公允价值与账面价值之间的差额,以及原计入其他综合收益的累计公允价值变动应当转入改按权益法核算的当期损益。然后,比较上述计算所得的初始投资成本,与按照追加投资后新的持股比例计算确定的应享有被投资单位在追加投资日可辨认净资产公允价值份额之间的差额,前者大于后者的,不调整长期股权投资的账面价值;前者小于后者的,其差额应调整长期股权投资的账面价值,并计入当期的营业外收入。

【例 5-24】 2020 年 2 月 1 日,恒易公司以银行存款 8 000 000 元从一非关联方单位取得 F 公司 10%的股权,恒易公司将其分类为其他权益工具投资核算。2023 年 1 月 1 日,恒易公司又以 15 000 000 元的银行存款从另一非关联单位取得 F 公司 15%的股权,相关手续当日完成。当日, F 公司可辨认净资产公允价值总额为 100 000 000 元,恒易公司对 F 公司的其他权益工具投资的公允价值为 12 000 000 元,计入其他综合收益的累计公允价值变动为 4 000 000 元。恒易公司取得 25%的股权后,能对 F 公司施加重大影响,改按权益法核算。假设不考虑相关税费等其他影响因素。

恒易公司原持有 10%股权时的其他权益工具投资的公允价值为 12 000 000 元,为取得新增投资而支付对价的公允价值为 15 000 000 元,因此,恒易公司对 F 公司 25%股权的初始投资成本为 27 000 000 元。恒易公司应享有 F 公司可辨认净资产公允价值的份额为 25 000 000 元

（100 000 000×25％），初始投资成本大于应享有F公司可辨认净资产公允价值的份额，恒易公司无须调整长期股权投资的成本。其会计处理如下：

借：长期股权投资——F公司（投资成本）	27 000 000.00
其他综合收益	4 000 000.00
贷：其他权益工具投资	12 000 000.00
银行存款	15 000 000.00
投资收益	4 000 000.00

（二）因增加投资导致由金融工具投资转换为对子公司的投资

投资方因追加投资能够对非同一控制下的被投资单位实施控制的，应按照原持有的股权投资的账面价值即公允价值（因为金融资产是按照公允价值进行后续计量的，转换日的金融资产的账面价值通常实质上等于该日的公允价值）加上新增投资成本之和，作为改按成本法核算的初始投资成本。转换日前原计入其他综合收益的累计公允价值变动应当在改按成本法核算时转入当期损益。

【例5-25】依[例5-24]资料，假设2023年1月1日恒易公司以银行存款50 000 000元第二次从另三家非关联单位取得F公司50％的股权，其他资料不变。恒易公司取得60％的股权后，能对F公司实施控制，改按成本法核算。

恒易公司原持有10％股权时的其他权益工具投资的公允价值为12 000 000元，为取得新增投资而支付对价的公允价值为50 000 000元，因此，恒易公司对F公司60％股权的初始投资成本为62 000 000元。恒易公司应享有F公司可辨认净资产公允价值的份额为60 000 000元（100 000 000×60％），初始投资成本大于应享有F公司可辨认净资产公允价值的份额，恒易公司无须调整长期股权投资的成本。其会计处理如下：

借：长期股权投资——F公司（投资成本）	62 000 000.00
其他综合收益	4 000 000.00
贷：其他权益工具投资	12 000 000.00
银行存款	50 000 000.00
投资收益	4 000 000.00

二、权益法核算转换为按成本法核算的长期股权投资或金融资产

（一）因增加投资导致由联营企业或合营企业的投资转换为对子公司的投资

投资方因追加投资原因能够对非同一控制下的被投资单位实施控制的，应按照原持有的股权投资账面价值加上新增投资成本之和作为改按成本法核算的初始投资成本。购买日之前持有的股权投资因采用权益法核算而确认的其他综合收益，应在处置该项投资时采用与被投资单位直接处置相关资产或负债相同的基础进行会计处理。

【例5-26】恒易公司以银行存款20 000 000元从一非关联方单位取得H公司20％的股权，能对H公司施加重大影响，采用权益法核算。2020年7月1日，恒易公司又以52 000 000元的银行存款从另三家非关联单位取得H公司40％的股权，并办妥了相关手续。至此，恒易公司能对H公司实施控制，改按成本法核算。2020年6月30日，H公司可辨认净资产公允价值总额为110 000 000元，恒易公司对H公司的长期股权投资的账面价值为26 000 000元，其中：投资成本20 000 000元，损益调整4 000 000元，其他综合收益2 000 000元。假设不考虑相关税费等其他影响因素。恒易公司的相关会计处理如下：

借：长期股权投资——H公司（投资成本）	58 000 000.00
贷：长期股权投资——H公司（损益调整）	4 000 000.00
——H公司（其他综合收益）	2 000 000.00
银行存款	52 000 000.00

恒易公司原采用权益法核算形成的其他综合收益在购买日暂不作处理，待该项投资处置时，再采用与被投资单位直接处置相关资产或负债相同的基础进行会计处理。

（二）因减少投资导致由对联营企业或合营企业的投资转换为金融工具投资

原持有的对被投资单位具有共同控制或重大影响的长期股权投资，因部分处置原因导致持股比例下降，不能再对被投资单位实施共同控制或重大影响的，应将剩余股权作金融资产处理，其在丧失共同控制或重大影响之日的公允价值与账面价值之间的差额计入当期损益。原采用权益法核算的相关其他综合收益应在终止采用权益法核算时，采用与被投资单位直接处置相关资产或负债相同的基础进行会计处理，因被投资方除净损益、其他综合收益和利润分配以外的其他所有者权益变动而确认的所有者权益，应在终止采用权益法核算时全部转入当期损益。

【例5-27】 恒易公司持有K公司30%的表决权股份，能对K公司施加重大影响，采用权益法核算。2020年4月30日，恒易公司将其60%出售给一非关联方单位，取得25 600 000元的价款，相关手续当日完成，丧失了对K公司的重大影响，剩余股权重分类为其他权益工具投资。出售时，恒易公司该项长期股权投资的账面价值为40 000 000元，其中：投资成本30 000 000元，损益调整4 000 000元，其他综合收益3 000 000元（均为K公司其他权益工具投资公允价值变动），除净损益、其他综合收益和利润分配以外的其他所有者权益变动为3 000 000元。剩余股权的公允价值为18 000 000元。假设不考虑相关税费等其他因素的影响。

恒易公司确认股权投资处置损益的会计处理如下：

借：银行存款	25 600 000.00
贷：长期股权投资——K公司（投资成本）	18 000 000.00
——K公司（损益调整）	2 400 000.00
——K公司（其他综合收益）	1 800 000.00
——K公司（其他权益变动）	1 800 000.00
投资收益	1 600 000.00

同时，将原确认的相关其他综合收益和其他权益变动全部转入投资收益：

借：其他综合收益	3 000 000.00
资本公积——其他资本公积	3 000 000.00
贷：投资收益	6 000 000.00

剩余股权投资转为其他权益工具投资，其公允价值为18 000 000元，账面价值为16 000 000元（40 000 000×40%），其差额计入当期损益：

借：其他权益工具投资	18 000 000.00
贷：长期股权投资——K公司（投资成本）	12 000 000.00
——K公司（损益调整）	1 600 000.00
——K公司（其他综合收益）	1 200 000.00
——K公司（其他权益变动）	1 200 000.00
投资收益	2 000 000.00

三、成本法核算转换为按权益法核算的长期股权投资或金融资产

（一）因减少投资导致由对子公司的投资转换为对联营企业或合营企业的投资

因处置投资等原因导致对被投资单位由能够实施控制转为具有重大影响或者与其他投资方一起实施共同控制的，长期股权投资处置部分的账面价值与实际取得价款之间的差额应计入当期损益，剩余部分应改按权益法进行核算，并对该剩余股权视同取得时即采用权益法核算进行调整。其会计处理的思路是：

（1）按处置投资的比例结转应终止确认的长期股权投资成本。

（2）比较剩余长期股权投资的成本与按照剩余持股比例计算原投资时应享有被投资单位可辨认净资产公允价值的份额，前者大于后者的差额属于投资作价体现的商誉，不调整长期股权投资的账面价值；前者小于后者的差额调整长期股权投资成本，并同时调整留存收益。

（3）对于原取得投资时至处置投资时（转为权益法核算）之间被投资单位实现净损益中投资方应享有的份额，一方面应当调整长期股权投资的账面价值，同时，对于原取得投资时至处置投资当期期初被投资单位实现的净损益（扣除已宣告发放的现金股利和利润）中应享有的份额，调整留存收益，对于处置投资当期期初至处置投资之日被投资单位实现的净损益中享有的份额，调整当期损益；在被投资单位其他综合收益变动中应享有的份额，在调整长期股权投资账面价值的同时，应当计入其他综合收益；除净损益、其他综合收益和利润分配外的其他原因导致被投资单位其他所有者权益变动中应享有的份额，在调整长期股权投资账面价值的同时，应当计入资本公积(其他资本公积)。

（4）长期股权投资自成本法转为权益法后，未来期间应当按照长期股权投资准则规定计算确认应享有被投资单位实现的净损益、其他综合收益和所有者权益其他变动的份额。

【例5-28】 恒易公司原持有M公司60%的股权，能够对M公司实施控制。2020年7月1日，恒易公司将其持有的M公司的长期股权投资的2/3出售给一非关联方，取得价款80 000 000元。当日，恒易公司对M公司的长期股权投资的账面价值为72 000 000元，未计提减值准备，M公司可辨认净资产公允价值总额为210 000 000元。相关手续于当日完成，恒易公司丧失了对M公司的控制，但仍具有重大影响。恒易公司原取得M公司60%股权时，M公司可辨认净资产公允价值总额为118 000 000元(假定公允价值与账面价值相同)。自恒易公司取得对M公司长期股权投资后至部分处置投资前，M公司实现净利润80 000 000元，其中：自恒易公司取得投资日至2020年年初实现净利润64 000 000元。假定M公司一直未进行利润分配，除所实现净损益外，M公司未发生其他计入资本公积的交易或事项，恒易公司按净利润的10%提取盈余公积，不考虑相关税费等其他因素的影响。恒易公司的相关会计处理如下：

（1）确认长期股权投资处置损益：

借：银行存款	80 000 000.00
贷：长期股权投资	48 000 000.00
投资收益	32 000 000.00

（2）调整长期股权投资账面价值：

剩余长期股权投资的账面价值为24 000 000元，与原投资时应享有被投资单位可辨认净资产公允价值份额之间的差额400 000元(24 000 000 − 118 000 000 × 20%)不需要对长期股权投资的成本进行调整。

（3）调整被投资单位净损益：

恒易公司处置投资后应享有被投资单位净损益16 000 000元(80 000 000 × 20%)，其中：自

购买日至处置投资日期初之间实现的净损益为 12 800 000 元(64 000 000×20%),应调整增加长期股权投资的账面价值,同时调整留存收益;处置期初至处置日之间实现的净损益 3 200 000 元(16 000 000×20%),应调整增加长期股权投资的账面价值,同时计入当期投资收益。

```
借:长期股权投资                    16 000 000.00
    贷:盈余公积                         1 280 000.00
        利润分配——未分配利润            11 520 000.00
        投资收益                         3 200 000.00
```

(二)因减少投资导致由对子公司的投资转换为金融工具投资

原持有的对被投资单位具有控制的长期股权投资,因部分处置等原因导致持股比例下降,丧失了对被投资单位的控制,且不能对被投资单位实施共同控制或重大影响的,应将由对子公司的投资转换为金融工具投资。此时,长期股权投资处置部分的账面价值与实际取得价款之间的差额应计入当期损益,剩余部分应按公允价值确认为金融资产,丧失控制之日的公允价值与账面价值之间的差额也计入当期损益。

【例 5-29】 恒易公司持有 N 公司 60%的有表决权股份,能够对 N 公司实施控制,采用成本法核算。2020 年 10 月,恒易公司将该项投资的 80%出售给一非关联方,取得价款 90 000 000 元。相关手续于当日完成,恒易公司丧失了对 N 公司的控制权,且也不能施加共同控制或重大影响,将剩余股权投资重分类为其他权益工具投资。出售时该长期股权投资账面价值为 100 000 000 元,剩余股权投资的公允价值为 22 500 000 元。不考虑相关税费等其他因素影响,恒易公司有关的会计处理如下:

(1) 确认有关股权投资的处置损益:

```
借:银行存款                        90 000 000.00
    贷:长期股权投资                    80 000 000.00
        投资收益                        10 000 000.00
```

(2) 剩余股权投资转为其他权益工具投资:

```
借:其他权益工具投资                 22 500 000.00
    贷:长期股权投资                    20 000 000.00
        投资收益                         2 500 000.00
```

第五节 长期股权投资的减值与处置

一、长期股权投资的减值

(一)长期股权投资减值的确认

长期股权投资减值是指长期股权投资未来可收回金额低于账面价值所发生的损失。企业应定期或者至少于每年年度终了时对长期股权投资的账面价值进行逐项检查。如果由于市价持续下跌或被投资企业经营状况变化等原因导致其可收回金额低于投资的账面价值,应当计提减值准备。

采用成本法核算的长期股权投资,在企业确认自被投资单位应分得的现金股利或利润后,应当考虑长期股权投资是否发生减值。在判断该类长期股权投资是否存在减值迹象时,应当关注长期股权投资的账面价值是否大于享有被投资单位净资产(包括相关商誉)账面价值的份额等类似情况。出现类似情况时,企业应当按照资产减值准则对长期股权投资进行减值测试,可收回金额低于长期股权投资账面价值的,应当计提减值准备。

其他按照长期股权投资准则核算的长期股权投资,其减值应当按照资产减值准则的规定处理,即可收回金额的计量结果表明,资产的可收回金额低于其账面价值的,应当将资产的账面价值减记至可收回金额,减记的金额确认为资产减值损失,计入当期损益,同时计提相应的资产减值准备。

长期股权投资的减值损失一经确认,在以后会计期间不得转回。以前期间计提的资产减值准备,在长期股权投资处置、对外投资、以非货币性资产交换方式换出、在债务重组中抵偿债务等时,才可以转出。

(二) 长期股权投资减值准备的会计处理

计提长期股权投资减值准备应设置"长期股权投资减值准备"科目。资产负债表日长期股权投资发生减值的,按减值金额借记"资产减值损失"科目,贷记"长期股权投资减值准备"科目;处置长期股权投资时应同时结转已计提的长期股权投资减值准备;期末贷方余额为企业已计提但尚未转销的长期股权投资减值准备。

【例 5-30】 2020 年 12 月 31 日,恒易公司持有的海河公司 1 000 万股、账面价值 80 000 000 元的普通股票的市价已持续下跌至每股 4 元,短期内难以恢复。恒易公司的会计处理如下:

应计提减值准备 = 80 000 000 - 4 × 10 000 000 = 40 000 000(元)

借: 资产减值损失	40 000 000.00
贷: 长期股权投资减值准备——股票投资(海河公司)	40 000 000.00

二、长期股权投资的处置

(一) 长期股权投资处置的确认

长期股权投资的处置主要包括通过证券市场售出股权、抵偿债务转出、非货币性资产交换转出以及因被投资企业破产清算而清算股权等。

企业处置股权应在股权转让日确认处置损益。股权转让日应以被转让股权的所有权的风险和报酬实质上已转移给购买方,且相关经济利益很可能流入企业为标志。在实务中,只有在符合股权转让条件时,才能确认股权处置损益。股权转让的条件包括:出售协议已获股东大会(或股东会)批准通过;与购买方已办理必要的财产交接手续;已取得购买价款的大部分(一般应超过 50%);企业已不能再从所持的股权中获得利益和承担风险等。如果尚需经过国家有关部门批准,则股权转让收益只有在满足相关条件且取得国家有关部门的批准文件时才能确认。

股权处置损益应当按处置股权实际取得价款与长期股权投资账面价值和已确认但尚未收到的应收股利的差额计量,将其计入当期损益。其中,实际取得价款是已经扣除了手续费、佣金等交易费用后的价款;账面价值是指长期股权投资的账面余额扣除相应的减值准备后的金额,该项已计提的减值准备应在处置长期股权投资的同时予以转出;已确认但尚未收到的应收股利是指投资企业已于被投资企业宣告分派现金股利时按应享有的份额确认了应收债权,但至处置投资时被投资企业尚未实际发放的现金股利。采用权益法核算的长期股权投资,处置时还应将原计入其他综合收益和其他权益变动的相关金额,转为处置当期的投资收益。

(二) 长期股权投资处置的会计处理

企业处置长期股权投资时,应按实际收到的价款金额借记"银行存款"等科目,按已计提的减值准备借记"长期股权投资减值准备"科目,按其账面余额贷记"长期股权投资"科目,按尚未领取的现金股利或利润贷记"应收股利"科目,按其差额贷记或借记"投资收益"科目。投资方全部处置采用权益法核算的长期股权投资时,原权益法核算的相关其他综合收益应当在终止采用权益法核算时采用与被投资单位直接处置相关资产或负债相同的基础进行会计处理,因被投资方除净损益、其他综合收益和利润分配以外的其他所有者权益变动而确认的所有者权益,应当在终止采用权益法核算时全部转入当期投资收益。投资方部分处置采用权益法核算的长期股权投资时,剩余股权仍采用权益法核算的,原权益法核算的相关其他综合收益应当采用与被投资单位直接处置相关资产或负债相同的基础处理并按比例结转,因被投资方除净损益、其他综合收益和利润分配以外的其他所有者权益变动而确认的所有者权益,应当按比例结转入当期投资收益。

【例 5-31】 2020 年 4 月 1 日,恒易公司将购入海虹公司的股票 6 000 万股(初始投资成本 120 000 000 元、持股比例 60%、采用成本法核算、已计提减值准备 5 000 000 元)的股权全部转让,实际收到转让净价款 125 000 000 元。恒易公司的会计处理如下:

借:银行存款	125 000 000.00
长期股权投资减值准备	5 000 000.00
贷:长期股权投资——海虹公司(投资成本)	120 000 000.00
投资收益	10 000 000.00

【例 5-32】 2020 年 4 月 1 日,恒易公司原购入的海头公司股权的账面价值为 77 900 000 元,其中:投资成本(借方)80 000 000 元,损益调整(贷方)2 000 000 元,其他综合收益(借方)100 000 元,长期股权投资减值准备(贷方)200 000 元。同日,恒易公司将该项股权投资的 20% 予以转让,所得价款 16 300 000 元,交易税费 50 000 元,全部款项收讫。恒易公司的会计处理如下:

处置长期股权投资成本=(80 000 000-2 000 000+100 000-200 000)×20%
                 =15 580 000(元)

投资处置收益=(16 300 000-50 000)-15 580 000=670 000(元)

借:银行存款	16 250 000.00
长期股权投资——海头公司(损益调整)	400 000.00
长期股权投资减值准备——海头公司	40 000.00
贷:长期股权投资——海头公司(投资成本)	16 000 000.00
——海头公司(其他综合收益)	20 000.00
投资收益	670 000.00

同时:

借:其他综合收益	20 000.00
贷:投资收益	20 000.00

第 6 章　固定资产

本 章 提 要

本章主要叙述固定资产的初始计量、后续计量、处置和期末计量的核算等内容。通过本章的学习,应掌握固定资产取得的入账价值、固定资产折旧的范围、折旧的计算方法、固定资产后续支出、固定资产期末计量及固定资产处置的会计处理,熟悉固定资产的确认条件及固定资产减值的迹象。

重 点 难 点

固定资产的初始计量;固定资产折旧的范围;固定资产折旧的计算方法;固定资产后续支出的会计处理;固定资产的期末计量;固定资产处置的会计处理。

第一节　固定资产概述

一、固定资产的概念及特征

固定资产是企业正常生产经营过程中为生产产品、提供劳务而拥有的实物资产,是用来改变或影响劳动对象的劳动资料,能连续在若干生产周期内发挥作用而基本不改变其原有的实物形态,其价值将随着使用磨损而逐渐地减少,减少的价值以折旧的形式转移到产品成本或期间费用中去,构成产品价值或当期费用的组成部分,随着产品价值及收入的实现而转化为货币资金。

固定资产的特征表现在:为生产商品、提供劳务、出租或经营管理而持有;使用年限超过一个会计年度;属于有形资产。强调持有目的是为生产商品、提供劳务、出租或经营管理,而不是直接用于出售,从而区别于商品、产品等流动资产。强调固定资产的使用年限超过一个会计年度,表明企业为获得资产并将其投入生产经营活动而发生的支出属于资本性支出而不是收益性支出。

二、固定资产的确认条件

能够作为固定资产确认的资产,必须同时满足以下两个条件:

(一) 该固定资产包含的经济利益很可能流入企业

资产最基本的特征是预期能给企业带来经济利益。如果某一资产项目预期不能给企业带来经济利益,就不能确认为企业的资产。在实务中,判断固定资产包含的经济利益是否很可能流入企业,主要依据与该固定资产所有权相关的风险和报酬是否转移到了企业。其中,与固定资产所有权相关的风险是指由于经营情况变化造成的相关收益的变动以及由于资产闲置、技术陈旧等原因造成的损失;与固定资产所有权相关的报酬是指在固定资产使用年限内直接使用该资产而获得的收入以及处置该资产所实现的利得等。通常情况下,是否取得固定资产的所有权,是判断与固定资产所有权相关的风险和报酬是否转移到企业的一个重要标志。凡是所有权已属于企业的,无论企业是否收到或持有该固定资产,均可作为企业的固定资产;反之,如果没有取得所有权,即使存放在企业,也不能作为企业的固定资产。有些情况下,虽然某项固定资产的所有权不属于企业,但企业却能够控制该项固定资产,使其所包含的经济利益流入企业,此时,可以认为与固定资产所有权相关的风险和报酬实质上已转移给企业,应作为企业的固定资产确认。例如,融资租入固定资产,企业虽然不拥有固定资产的所有权,但企业能够控制该固定资产并使其所包含的经济利益流入企业,与固定资产所有权相关的风险和报酬实质上已转移到了企业(承租方),因此,符合固定资产确认的第一个条件。

企业购置的环保设备和安全设备等资产,虽然不能直接为企业带来经济利益,但却有助于企业从相关资产获得经济利益,或者将减少企业未来经济利益的流出,企业应将其确认为固定资产。同时,这类资产所确认的价值与相关资产的账面价值之和不能超过这两类资产的可收回金额总和。

固定资产准则规定,固定资产的各组成部分具有不同使用年限或者以不同方式为企业提供经济利益,适用不同折旧率或折旧方法的,此时,该各组成部分实际上是以独立的方式为企业提供经济利益,因此,应当分别将各组成部分确认为单项固定资产。例如,飞机的引擎,如果其与飞机机身具有不同的使用年限,从而适用不同的折旧率或折旧方法,则企业应将其单独确认为固定资产。

对于企业所持有的工具、模具、管理用具、玻璃器皿等资产,施工企业所持有的模板、挡板、料架等周转材料,以及地质勘探企业所持有的管材等资产,企业应当根据实际情况进行核算和管理。如果这些资产项目符合固定资产的定义及其确认标准,就应当作为固定资产进行核算和管理;如果这些资产项目不符合固定资产的定义或没有满足固定资产的确认标准,就不应作为固定资产进行核算和管理,而应当作为低值易耗品等流动资产进行核算和管理。

(二)该固定资产的成本能够可靠地计量

成本能够可靠地计量是资产确认的另一项基本条件。固定资产作为企业资产的重要组成部分,要予以确认,其为取得该固定资产而发生的支出也必须能够可靠地计量。如果固定资产的成本能够可靠地计量并同时满足其他确认条件,应确认为固定资产;否则,不应确认为固定资产。

企业在确定固定资产成本时,有时需要根据所获得的最新资料对固定资产的成本进行合理的估计。例如,企业对于已达到预定可使用状态的固定资产,在办理竣工决算前需要根据工程预算、工程造价或者工程实际发生的成本等资料,按暂估价值确定固定资产的入账价值,待办理完竣工决算手续后再作调整。

由于企业的经营范围、经营规模等各不相同,固定资产的标准也不可能绝对一致。企业应当根据规定,合理确定固定资产的范围,结合本企业的具体情况,将满足固定资产定义和确认条件的资产确认为固定资产,制定适合于本企业的固定资产目录、分类方法、每类或每项固定资产的预计使用年限、预计净残值、折旧方法等,作为固定资产核算的依据。

企业制定的固定资产目录、分类方法、每类或每项固定资产的预计使用年限、预计净残值、折旧方法等,应当编纂成册,并按照管理权限的规定报送有关各方备案,同时备置于企业所在地,以供投资者等有关各方查阅。企业已经确定并对外报送而备置于企业所在地的有关固定资产目录、分类方法、每类或每项固定资产的预计使用年限、预计净残值、折旧方法等，一经确定不得随意变更。如需变更，仍然应当按照上述程序，经批准后报送有关各方备案，并在会计报表附注中予以说明。

三、固定资产的分类

企业的固定资产种类繁多，规格不一，为了便于管理与核算，有必要对固定资产进行科学、合理的分类。根据不同的管理需要和核算要求，固定资产可以有不同的分类标准。

（一）按固定资产的经济用途分类

按固定资产的经济用途分类，可分为生产经营用固定资产和非生产经营用固定资产。

(1) 生产经营用固定资产，是指直接服务于企业生产经营过程的各种固定资产，如生产经营的房屋、建筑物、机器设备、器具、工具等。

(2) 非生产经营用固定资产，是指不直接服务于生产经营过程的固定资产，如职工食堂、浴室、理发室、宿舍等使用的房屋、设备等。

固定资产按经济用途分类，可以归类反映企业生产经营用固定资产和非生产经营用固定资产之间的组成及变化情况，借以考核和分析企业固定资产管理和利用情况，从而促进固定资产的合理配置，充分发挥其效用。

（二）按固定资产的使用情况分类

按固定资产的使用情况分类，可分为使用中的固定资产、未使用的固定资产和不需用的固定资产。

(1) 使用中的固定资产，是指正在使用中的经营用和非经营用的固定资产。由于季节性经营或大修理等原因而暂停使用、企业经营性租赁给其他单位使用和内部替换使用的固定资产，均作为使用中的固定资产。

(2) 未使用的固定资产，是指已完成或已购建尚未交付使用的固定资产以及进行改建等原因停用的固定资产，如企业购建的尚待安装的固定资产、经营任务变更停用的固定资产等。

(3) 不需用的固定资产，是指本企业多余或不适用，需要调配处理的固定资产。

固定资产按使用情况进行分类，有利于企业掌握固定资产的使用情况，便于比较分析固定资产的利用效率，挖掘固定资产的使用潜力，促进固定资产的合理使用，同时也便于企业准确合理地计提固定资产折旧。

（三）按固定资产的所有权分类

按固定资产的所有权分类，可分为自有固定资产和租入固定资产。

(1) 自有固定资产，是指企业拥有的可供企业自由支配使用的固定资产。

(2) 租入固定资产，是指企业采用租赁方式从其他单位租入的固定资产。企业对租入固定资产依照租赁合同拥有使用权，同时负有支付租金的义务，但资产的所有权属于出租单位。租入固定资产可分为经营租入固定资产和融资租入固定资产两类。

（四）按固定资产的经济用途和使用情况综合分类

按固定资产的经济用途和使用情况综合分类，可以把固定资产分为以下七类：

(1) 生产经营用固定资产。

(2) 非生产经营用固定资产。

(3) 租出固定资产，是指在经营租赁方式下出租给外单位使用的固定资产。

(4) 不需用固定资产。

(5) 未使用固定资产。

(6) 土地,是指过去已经估价单独入账的土地。因征地而支付的补偿费,应计入与土地有关的房屋、建筑物的价值内,不单独作为土地价值入账。企业取得的土地使用权不作为固定资产管理与核算。

(7) 融资租入固定资产,是指企业采取融资租赁方式租入的固定资产,在租赁期内,应视同自有固定资产管理。

由于企业的经营性质不同,经营规模有大有小,对于固定资产可以有不同的分类方法,企业可以根据自己的实际情况和经营管理、会计核算的需要进行分析,合理分类。

第二节 固定资产的初始计量

一、固定资产的计价基础

对固定资产计价的目的不同,所采用的计价基础也不同,主要有两种方法:

(一) 按历史成本计价

固定资产的历史成本也称固定资产的原始购置成本或原始价值,是指企业购建某项固定资产达到预定可使用状态前所发生的一切合理必要的支出。历史成本计价是固定资产最基本的计价方法,企业新购建固定资产的计价、确定计提折旧的依据等均采用这种计价方法。在我国会计实务中,固定资产的计价均采用历史成本。历史成本计价的优点主要是具有客观性和可验证性,也就是说,按历史成本计价确定的价值,均是实际发生并有支付凭据的支出。缺点是当经济环境和市场物价水平发生变化时,它不能反映固定资产的真实价值,会造成购建固定资产的原始成本与现时价值相差较大,以历史成本反映的固定资产不能真实反映企业现时的经营规模,以此为基础反映的企业财务状况必然不够真实。

(二) 按净值计价

固定资产净值也称折余价值,是指固定资产原始价值减去已计提折旧后的净额,它可以反映企业实际占用固定资产的价值和固定资产的新旧程度。这种计价方法主要用于计算盘盈、盘亏、损毁固定资产的收益或损失等。

二、固定资产取得的会计处理

固定资产取得的入账价值是指确定固定资产的取得成本,也称固定资产的初始计量。固定资产取得应按实际成本入账,实际成本包括企业为购建某项固定资产达到预定可使用状态前所发生的一切合理的、必要的支出。固定资产的取得方式不同,其实际成本的具体确定方法也不尽相同;固定资产的来源渠道不同,其价值构成内容也不一样。固定资产的取得方式包括购买、自行建造、投资者投入、非货币性资产交换、债务重组等,不同方式取得的固定资产的初始计量应当根据具体情况分别确定。

(一) 主要科目设置

固定资产取得的会计处理需要设置"固定资产""累计折旧""工程物资""在建工程"等科目。

"固定资产"科目核算企业所拥有固定资产的原值。其借方登记企业外购、自建、投资者投入、融资租入、接受捐赠、盘盈等原因增加的固定资产原值;贷方登记企业因出售、报废、损毁、盘亏、投资转出等原因减少的固定资产原值;期末余额在借方,表示企业拥有的全部固定资产的账面原值。企业应设置"固定资产登记簿"和"固定资产卡片",按固定资产类别、使用部门和每项固定资产进行明细核算。"固定资产登记簿"按固定资产的类别开设账页,账内按保管、使用单位设专栏只记金额,不记数量,按月结出金额,反映各类固定资产的使用、保管和增减变动及结存情况。"固定资产卡片"是以每一个独立的固定资产项目为对象分别设置,每一对象一张,并按固定资产的类别和保管使用单位顺序排列。固定资产卡片上详细记载固定资产编号、名称、规格、使用单位、使用日期、原值、折旧率、净残值率等信息。企业经营租入的固定资产,应当另设备查簿进行登记,不在本科目核算。

"累计折旧"科目是"固定资产"科目的备抵调整科目,核算企业固定资产因使用或技术进步而损耗的价值。其贷方登记当期计提固定资产折旧额;借方登记因出售、报废、清理、盈亏等原因减少固定资产而相应转销的折旧额;期末余额在贷方,表示企业现有固定资产的累计折旧额。本科目可按固定资产种类或品名进行明细分类核算。需要查明某项固定资产的已计提折旧,还可以按照固定资产卡片上所记载的固定资产原值、折旧率和实际使用年限等资料进行计算。

"工程物资"科目核算企业为基建工程、更新改造工程和大修理工程等准备的各种物资的实际成本,包括为工程准备的材料、尚未交付安装的设备的实际成本、已预付大型设备款和基本建设期间根据项目概算购入为生产准备的工具及器具等的实际成本。其借方登记企业工程用物资的增加额;贷方登记企业领用工程物资等的成本;期末余额在借方,反映企业为工程购入但尚未领用的材料的实际成本、购入需要安装设备的实际成本以及为生产准备的工具及器具的实际成本等。本科目应设置"专用材料""专用设备""预付大型设备款""为生产准备的工具及器具"等明细科目进行明细分类核算。

"在建工程"科目核算企业进行基建工程、安装工程、技术改造工程、大修理工程等发生的实际支出。其借方登记出包工程按合同规定向承包企业预付的工程款和自营工程领用工程用材料物资、负担的职工工资和水、电、修理、工程管理费等;贷方登记在建工程完工交付使用的成本;期末余额在借方,反映企业尚未完工工程发生的各项支出。本科目应设置"建筑工程""安装工程""在安装设备""技术改造工程""大修理工程""其他支出"等明细科目进行明细分类核算。

(二) 购置固定资产

企业外购固定资产的入账价值包括购买价款、相关税费、使固定资产达到预定可使用状态前所发生的可归属于该项资产的运输费、装卸费、安装费和专业人员服务费等。

企业购置的固定资产分为不需要安装的固定资产和需要安装的固定资产两种情形。不需要安装的固定资产的入账价值为企业实际支付的买价、包装费、运杂费、保险费、专业人员服务费和相关税费等;需要安装的固定资产的入账价值是在前者取得成本的基础上加上安装调试成本等。增值税一般纳税人购进、接受捐赠、实物投资或自制、改扩建、安装固定资产发生的进项税额,凭增值税专用发票、海关进口增值税专用缴款书等增值税扣税凭证,从销项税额中抵扣,其进项税额应当记入"应交税费——应交增值税(进项税额)"科目。

企业基于产品价格等因素的考虑,可能以一笔款项购置多项没有单独标价的固定资产。以一笔款项购置多项没有单独标价的固定资产,应当按照各项固定资产的公允价值比例对总成本进行分配,分别确定各项固定资产的实际成本。如果以一笔款项购置的多项资产中还包括固定资产以外的其他资产,则应按类似的方法予以处理。

【例6-1】 2020年12月15日,恒易公司为降低采购成本,向甲公司一次购进了三套不同型号且具有不同生产能力的设备A、B和C。恒易公司为该批设备共支付价款790 000元,增值税进项税额为102 700元,包装费10 000元,全部款项以银行存款支付;设备A、B和C均满足固定资产定义及其确认条件,公允价值分别为600 000元、300 000元和100 000元。试确定设备A、B和

C 的入账价值。

固定资产总成本＝790 000＋10 000＝800 000(元)

A 设备应分配的固定资产价值比例＝600 000÷(600 000＋300 000＋100 000)＝60％

B 设备应分配的固定资产价值比例＝300 000÷(600 000＋300 000＋100 000)＝30％

C 设备应分配的固定资产价值比例＝100 000÷(600 000＋300 000＋100 000)＝10％

A 设备入账价值＝800 000×60％＝480 000(元)

B 设备入账价值＝800 000×30％＝240 000(元)

C 设备入账价值＝800 000×10％＝80 000(元)

购买固定资产的价款超过正常信用条件延期支付,实质上具有融资性质的,固定资产的成本以购买价款的现值为基础确定。实际支付的价款与购买价款的现值之间的差额,除按照借款费用准则应予资本化的以外,应当在信用期间内计入当期损益。

1. 购置不需要安装的固定资产

不需要安装的固定资产是指企业购入的固定资产不需要安装就可以直接交付使用的固定资产。企业购入的固定资产,按实际支付的总成本作为购入的固定资产原值,借记"固定资产"科目,贷记"银行存款"科目。

【例 6-2】 2020 年 12 月 2 日,恒易公司购入一辆运输专用汽车,取得增值税专用发票,发票标明的不含税价格为 220 000 元,增值税税额为 28 600 元,支付车辆附加税 22 000 元,发生其他相关费用 5 600 元,款项全部支付。恒易公司的会计处理如下:

根据有关规定,增值税一般纳税人购买机动车取得的税控系统开具的机动车销售统一发票,属于扣税范围的,应持发票到税务机关认证,认证通过的可按增值税专用发票作为增值税进项税额的扣税凭证。因此,该运输专用汽车的成本为 247 600 元(220 000＋22 000＋5 600)。

借:固定资产——运输工具	247 600.00
应交税费——应交增值税(进项税额)	28 600.00
贷:银行存款	276 200.00

【例 6-3】 2020 年 12 月 5 日,恒易公司购入一台不需要安装的设备,取得的增值税专用发票上注明的设备价款为 860 000 元,增值税进项税额为 111 800 元,发生运杂费 5 000 元,款项以银行存款全部付清。恒易公司的会计处理如下:

购置设备成本＝860 000＋5 000＝865 000(元)

借:固定资产	865 000.00
应交税费——应交增值税(进项税额)	111 800.00
贷:银行存款	976 800.00

2. 购置需要安装的固定资产

需要安装的固定资产是指购入的固定资产需要经过安装才能交付使用的固定资产。为了反映固定资产的购建和安装过程,应通过"在建工程"科目核算固定资产的购入和安装成本,待固定资产安装完毕达到预定可使用状态时,再由"在建工程"科目转入"固定资产"科目。

企业购入固定资产时,按实际支付的买价、包装费、运输费及其他相关税费等借记"工程物资"或"在建工程"科目,按准予抵扣的增值税进项税额借记"应交税费——应交增值税(进项税额)"科目(当月已认证),或借记"应交税费——待认证进项税额"科目(暂时未认证),按支付或应支付的款项贷记"银行存款""应付账款"等科目;支付安装费时借记"在建工程"科目,贷记"银行存款""应付账款""应付职工薪酬""原材料"等科目;安装完成达到预定可使用状态时,按其实际成本借记"固定资产"科目,贷记"在建工程"科目。

【例6-4】 2020年12月20日,恒易公司购入一台需要安装的机器设备,取得的增值税专用发票上注明的设备价款为260 000元,增值税进项税额为33 800元,支付的运杂费为2 500元(未取得增值税专用发票),款项已通过银行支付;安装设备时,领用生产用原材料一批,实际成本为24 200元;应负担安装工人工资为4 800元。恒易公司的会计处理如下:

(1) 支付设备价款等:

借:工程物资　　　　　　　　　　　　　　　　　　　　262 500.00
　　应交税费——应交增值税(进项税额)　　　　　　　 33 800.00
　　贷:银行存款　　　　　　　　　　　　　　　　　　296 300.00

(2) 设备交付安装:

借:在建工程——安装工程　　　　　　　　　　　　　　262 500.00
　　贷:工程物资　　　　　　　　　　　　　　　　　　262 500.00

(3) 领用原材料、分配工资:

借:在建工程——安装工程　　　　　　　　　　　　　　 29 000.00
　　贷:原材料　　　　　　　　　　　　　　　　　　　 24 200.00
　　　　应付职工薪酬　　　　　　　　　　　　　　　　 4 800.00

(4) 设备安装完毕达到预定可使用状态:

借:固定资产　　　　　　　　　　　　　　　　　　　　291 500.00
　　贷:在建工程——安装工程　　　　　　　　　　　　291 500.00

(三) 自行建造固定资产

自行建造固定资产是指企业自行建造房屋、建筑物、各种设施以及进行大型机器设备的安装工程,包括固定资产新建工程、改扩建工程、大修理工程等。

企业自行建造的固定资产,按建造该项资产达到预定可使用状态前所发生的必要支出作为入账价值。这里所讲的"建造该项资产达到预定可使用状态前所发生的必要支出"包括工程用物资成本、人工成本、应予以资本化的固定资产借款费用、交纳的相关税金以及应分摊的其他间接费用等。

企业为在建工程准备的各种物资,应当按照实际支付的买价、运输费、保险费等相关费用作为实际成本,并按各种专项物资的种类进行明细核算。

购建固定资产"达到预定可使用状态"具体可以从以下几个方面进行判断:一是固定资产的实体建造(包括安装)工作已经全部完成或者实质上已经完成;二是所购建的固定资产与设计要求或合同要求相符或基本相符,即使有极个别与设计或合同要求不相符的地方,也不影响其正常使用;三是继续发生在所购建固定资产上的支出金额很少或几乎不再发生。

如果所购建固定资产需要试生产或试运行,则在试生产结果表明资产能够正常生产出合格产品时,或试运行结果表明能够正常运转或营业时,就应当认为资产已经达到预定可使用状态。工程在达到预定可使用状态前,因必须进行试运行而形成的、能够对外销售的产品,其发生的成本计入在建工程成本,销售或转为库存商品时,按实际销售收入或按预计售价冲减工程成本。

【例6-5】 2020年12月1日,恒易公司采用自营方式建造一条生产线,实际领用工程物资

2 000 000 元(不含增值税),领用本企业生产的产品一批,账面价值为 2 400 000 元,计税价格为 2 600 000 元,适用的增值税税率为 13%;发生的在建工程人员工资和应付福利费分别为 1 300 000 元和 182 000 元。假定该生产线已达到预定可使用状态,试计算该生产线的入账价值。

生产线入账价值＝2 000 000＋2 400 000＋1 300 000＋182 000＝5 882 000(元)

自行建造固定资产按其实施的方式不同可分为自营工程和出包两种方式。

1. 自营工程方式建造固定资产

企业自营工程方式建造固定资产,其入账价值应当按照建造该项固定资产达到预定可使用状态前所发生的必要支出确定。工程项目较多且工程支出较大的企业,应当按照工程项目的性质分别核算各工程项目的成本。自营工程建造固定资产的成本,原则上应包括建造过程发生的一切合理的、必要的支出,包括工程用材料、直接人工、直接机械施工费、有关税金及固定资产达到预定可使用状态前发生的工程借款费用、工程用水电费、设备安装费、征地费、可行性研究费、临时设施费、公证费、监理费等。

企业自营工程主要通过"工程物资"和"在建工程"科目进行核算。

自营工程核算包括以下几个环节:

(1) 购入工程物资时借记"工程物资"科目,贷记"银行存款"等科目。购进工程物资取得增值税专用发票的,其进项税额对于生产经营用非不动产项目准予从销项税额中抵扣,而对生产经营用不动产项目当期准予在销项税额中抵扣60%,另40%第13个月在销项税额中抵扣。

(2) 领用工程物资时借记"在建工程"科目,贷记"工程物资"科目;工程领用生产用原材料时借记"在建工程"科目,贷记"原材料"科目;工程领用生产的产品时借记"在建工程"科目,贷记"库存商品"科目。

(3) 分配自营工程应负担的工资时借记"在建工程"科目,贷记"应付职工薪酬"科目;分配辅助生产部门为自营工程提供水、电、设备安装、运输等劳务时借记"在建工程"科目,贷记"生产成本——辅助生产成本""银行存款"等科目;自营工程发生的工程管理费、征地费、可行性研究费、临时设施费、公证费、监理费和应负担的税金等,发生时计入工程成本,借记"在建工程"科目,贷记"银行存款"等科目。

(4) 在建工程发生单项或单位工程报废或损毁,以其实际成本减去残料价值和过失人或保险公司等赔偿后的净损失,经批准后计入继续施工的工程成本,借记"在建工程"科目,贷记有关科目。报废或毁损属非常原因造成的,或在建工程项目全部报废或损毁,属于筹建期间的,其净损失计入长期待摊费用,在开始生产经营的当月一次性转入营业外支出;不属于筹建期间的,直接计入当期损失,借记"营业外支出"科目,贷记"在建工程"科目。

(5) 工程物资在建设期间发生的盘亏、报废及损毁,其净损失报经批准后借记"在建工程"科目,贷记"工程物资"科目;盘盈的工程物资借记"工程物资"科目,贷记"在建工程"科目。

(6) 自营工程项目达到预定可使用状态前进行负荷联合试车发生的费用,借记"在建工程"科目,贷记"银行存款"等科目;获得的试车收入或按预计售价将能对外销售的产品转为库存商品的,借记"银行存款""库存商品"科目,贷记"在建工程"科目。

(7) 已领出的剩余工程材料应办理退库手续,根据实际退料成本借记"工程物资"科目,贷记"在建工程"科目。若工程退料转作生产用原材料的,应借记"原材料"科目,贷记"在建工程"科目。

(8) 工程完工交付使用时,按交付使用固定资产成本借记"固定资产"科目,贷记"在建工程"科目。

所建造的固定资产已达到预定可使用状态,但尚未办理竣工决算的,应当自达到预定可使用状态之日起按照工程预算、工程造价或工程实际成本等进行估价,按估计的价值转入固定资产,并按有关计提固定资产折旧的规定计提折旧,待办理了竣工决算手续后再作调整。

【例 6-6】 恒易公司拟自行建造一幢新生产流水线的厂房,项目审批后发生的相关经济业务及会计处理如下:

(1) 2020 年 4 月 20 日,购入工程物资 6 000 000 元,增值税进项税额为 780 000 元,运输费为 30 000 元,增值税进项税额为 2 700 元,均取得增值税专用发票。全部款项以银行存款支付。

借:工程物资　　　　　　　　　　　　　　　　　　6 030 000.00
　　应交税费——应交增值税(进项税额)　　　　　　 782 700.00
　　贷:银行存款　　　　　　　　　　　　　　　　　6 812 700.00

(2) 2020 年 4 月 22 日,购入的工程物资全部交付工程。

借:在建工程——建筑工程(厂房)　　　　　　　　　6 030 000.00
　　贷:工程物资　　　　　　　　　　　　　　　　　6 030 000.00

(3) 2020 年 5 月 10 日,工程领用生产用原材料一批,实际成本为 750 000 元。

借:在建工程——建筑工程(厂房)　　　　　　　　　 750 000.00
　　贷:原材料　　　　　　　　　　　　　　　　　　 750 000.00

(4) 2020 年 6 月 20 日,工程领用自产的库存商品一批,实际生产成本为 650 000 元。

借:在建工程——建筑工程(厂房)　　　　　　　　　 650 000.00
　　贷:库存商品　　　　　　　　　　　　　　　　　 650 000.00

(5) 2020 年 7 月 26 日,因突降暴雨致使一批已经领用的工程物资无法再继续使用,其购入成本为 100 000 元,应负担增值税进项税额 13 000 元,保险公司现场勘查后给予 80 000 元的赔偿,赔款尚未收到,其净损失经批准作当期损益。

借:营业外支出　　　　　　　　　　　　　　　　　　 33 000.00
　　其他应收款——应收保险赔款　　　　　　　　　　 80 000.00
　　贷:在建工程——建筑工程(厂房)　　　　　　　　100 000.00
　　　　应交税费——应交增值税(进项税额转出)　　　 13 000.00

(6) 2020 年 12 月 20 日,经汇总计算,工程应负担职工工资 200 000 元,应负担辅助生产车间提供的水电费 48 000 元。

借:在建工程——建筑工程(厂房)　　　　　　　　　 248 000.00
　　贷:应付职工薪酬　　　　　　　　　　　　　　　 200 000.00
　　　　生产成本——辅助生产成本　　　　　　　　　　48 000.00

(7) 2020 年 12 月 25 日,工程进入收尾阶段,清理工程现场,共计有 30 000 元工程物资尚可继续作维修材料使用,经批准作原材料入库。

借:原材料　　　　　　　　　　　　　　　　　　　　 30 000.00
　　贷:在建工程——建筑工程(厂房)　　　　　　　　　30 000.00

(8) 2020 年 12 月 30 日,工程完工办理竣工决算 7 548 000 元,厂房交付使用。

借:固定资产　　　　　　　　　　　　　　　　　　 7 548 000.00
　　贷:在建工程　　　　　　　　　　　　　　　　　7 548 000.00

2. 出包方式建造固定资产

出包方式建造固定资产是指企业向外发包,由其他单位组织建造的建筑工程和安装工程。其工程的具体支出在承包单位核算,出包工程建造的固定资产应以与承包单位结算的工程价款作为工程成本,并通过"在建工程"科目核算。一般情况下,出包单位应预先支付给承包单位一定的预付工程款,待工程完工后进行清算,补足工程价款。

企业按规定预付出包项目的工程价款,取得增值税专用发票时借记"在建工程"科目、"应交税费——应交增值税(进项税额)"科目(当月已认证)或"应交税费——待认证进项税额"科目(暂时未认证)和"应交税费——待抵扣进项税额"科目,贷记"银行存款"科目;已拨付给承包企业的材料抵作预付备料款,按工程物资的实际成本借记"在建工程"科目,贷记"工程物资"科目;将需要安装的设备交付承包企业进行安装时借记"在建工程"科目,贷记"工程物资"科目;与承包方办理工程价款结算补付工程款,取得增值税专用发票时借记"在建工程"科目、"应交税费——应交增值税(进项税额)"科目(当月已认证)或"应交税费——待认证进项税额"科目(暂时未认证)和"应交税费——待抵扣进项税额"科目,贷记"银行存款"等科目;工程完工交付使用时借记"固定资产"科目,贷记"在建工程"科目。

【例6-7】 恒易公司将一幢新建办公楼工程出包给乙公司承建,其发生的相关经济业务及会计处理如下:

(1) 2020年6月1日,按规定预付承包方工程款20 000 000元和增值税进项税额1 800 000元,以银行存款转账支付。

借:在建工程——建筑工程(办公楼)	20 000 000.00
应交税费——应交增值税(进项税额)	1 800 000.00
贷:银行存款	21 800 000.00

(2) 2021年12月20日,工程达到预定可使用状态后,收到承包方的有关工程结算单据,补付工程款25 000 000元和增值税进项税额2 250 000元,以银行存款转账支付。

借:在建工程——建筑工程(办公楼)	25 000 000.00
应交税费——应交增值税(进项税额)	2 250 000.00
贷:银行存款	27 250 000.00

(3) 2021年12月31日,工程经验收合格交付使用。

| 借:固定资产 | 45 000 000.00 |
| 贷:在建工程——建筑工程(办公楼) | 45 000 000.00 |

如果在预付工程款时未取得增值税专用发票,应作预付账款处理,待办理竣工决算取得增值税专用发票时再转入固定资产,并进行增值税的相应处理。

依[例6-7]资料,假设预付工程款均未取得增值税专用发票,工程交付使用时取得增值税专用发票,其会计处理如下:

(1) 6月1日

| 借:预付账款 | 21 800 000.00 |
| 贷:银行存款 | 21 800 000.00 |

(2) 12月20日

| 借:预付账款 | 27 250 000.00 |
| 贷:银行存款 | 27 250 000.00 |

(3) 12 月 31 日

借：固定资产		45 000 000.00
应交税费——应交增值税(进项税额)		4 050 000.00
贷：预付账款		49 050 000.00

(四) 投资者投入的固定资产

投资者投入固定资产的成本,应当按照投资合同或协议约定的价值和相关税费确定,但合同或协议约定价值不公允的除外。接受固定资产投资的企业在办理了固定资产移交手续后,按照投资合同或协议约定的价值加上应支付的相关税费借记"固定资产"或"在建工程"科目,按投资者开出的增值税专用发票中的税额借记"应交税费——应交增值税(进项税额)"科目(当月已认证),或借记"应交税费——待认证进项税额"科目(暂时未认证),如果为不动产的,还应借记"应交税费——待抵扣进项税额"科目,按投资合同或协议约定的价值与增值税进项税额之和在其注册资本中所占的份额贷记"实收资本"科目,按投资合同或协议约定的价值与增值税进项税额之和大于确认为实收资本的差额贷记"资本公积"科目。

【例 6-8】 恒易公司的注册资本为 200 000 000 元。2020 年 7 月 1 日,恒易公司接受乙公司以一条流水线生产设备进行投资。乙公司按评估确认的价值 8 000 000 元开出增值税专用发票,税款为 1 040 000 元。该投资按协议可折换为每股面值 1 元的普通股 500 万股。假设固定资产安装由乙公司负责并承担安装费用,未发生其他相关税费。恒易公司的会计处理如下：

借：固定资产		8 000 000.00
应交税费——应交增值税(进项税额)		1 040 000.00
贷：实收资本——乙公司		5 000 000.00
资本公积——资本溢价		4 040 000.00

(五) 租入的固定资产

在生产经营过程中,由于临时性或季节性需要,或出于融资等方面的考虑,企业对于所需要的固定资产可以以租赁的方式取得。租赁是指在一定期间内,出租人将资产的使用权让与承租人以获取对价的合同。租赁的主要特征是在租赁期内转移资产的使用权而不是转移资产的所有权,这种转移是有偿的,取得使用权方以支付租金为代价,从而使租赁有别于资产购置,也有别于不把资产的使用权从合同的一方转移给另一方的服务合同,如劳务合同、运输合同、保管合同、仓储合同以及无偿提供使用权的借用合同。

对于短期租赁和低价值资产租赁,承租人可以选择不确认使用权资产和租赁负债。作出该选择的,承租人应当将短期租赁和低价值资产租赁的租赁付款额,在租赁期内各个期间按照直线法或其他系统合理的方法计入相关资产成本或当期损益。其他系统合理的方法能够更好地反映承租人的受益模式的,承租人应当采用该方法。所谓短期租赁,是指在租赁期开始日,租赁期不超过 12 个月的租赁;所谓低价值资产租赁,是指单项租赁资产为全新资产时价值较低的租赁。

如果出租方对经营租赁提供免租期的,承租方应将租金总额在整个租赁期内分摊,而不是在租赁期扣除免租期后的期间内进行分摊;如果出租方对经营租赁承担承租方某些费用的,承租方应将该费用从租金总额中扣除,并将租金余额在租赁期内进行分摊。

短期或低价值资产租赁租入固定资产发生的租赁费用应分别情况进行处理：按月支付租赁费的,根据租入固定资产的用途分别计入"制造费用""销售费用""管理费用"等科目,借记"制造费用""销售费用""管理费用"等科目,贷记"银行存款"等科目;定期支付租赁费的,应根据两次租赁费支付的间隔时间分期摊销,支付时借记"预付账款"科目,贷记"银行存款"科目;摊销时借记

"制造费用""销售费用""管理费用"等科目,贷记"预付账款"等科目;如果两次租赁费支付的间隔时间超过一年以上的,应作为长期待摊费用处理,然后再分期进行摊销。在经营租赁中发生的初始直接费用,应直接确认为当期费用,支付时借记"管理费用"等科目,贷记"银行存款"科目。在经营租赁中如果存在或有租金的,在实际发生时确认为当期费用,借记"财务费用""销售费用"等科目,贷记"银行存款"等科目。

【例6-9】 恒易公司从乙租赁公司租入一台全新设备用于产品生产。租赁合同主要条款是:① 租赁起租日为2020年1月1日;② 租赁期限从2020年1月1日至2021年12月31日止,租赁期满后将设备归还给乙公司;③ 租金总额为1 200 000元;④ 租金在起租日预付800 000元,2020年年末支付200 000元,租赁期满,归还设备时支付200 000元。假设此项租赁属于经营租赁。恒易公司与租金支付和确认租金费用相关的会计处理如下:

(1) 2020年1月1日,支付租金800 000元,以1 200 000元租金总额计算,每月应负担租金50 000元(1 200 000÷24),即每年应负担600 000元,第一次支付租金的负担期超过了一年,因此,应通过"长期待摊费用"科目核算。

借:长期待摊费用	800 000.00
贷:银行存款	800 000.00

(2) 2020年1月31日,分摊本月应负担的租金费用:

借:制造费用	50 000.00
贷:长期待摊费用	50 000.00

2020年2月至12月每月月末的会计处理与上述相同。

(3) 2020年12月31日,支付租金200 000元,此时,尽管支付租金的负担期只有4个月,但为使同一经济业务核算前后保持一致,则依然通过"长期待摊费用"科目核算。

借:长期待摊费用	200 000.00
贷:银行存款	200 000.00

(4) 2021年1月至12月每月月末的会计处理与2020年1月31日相同,但是,至该年9月摊销后,"长期待摊费用"科目出现了贷方余额50 000元,直到年末,贷方余额为200 000元,即为归还设备时支付的最后一次租金。

(5) 2021年12月31日,归还设备支付租金:

借:长期待摊费用	200 000.00
贷:银行存款	200 000.00

如果恒易公司按年度分摊租金费用,则其会计处理如下:
2020年1月1日:

借:长期待摊费用	800 000.00
贷:银行存款	800 000.00

2020年12月31日:

借:制造费用	600 000.00
贷:长期待摊费用	400 000.00
银行存款	200 000.00

2021年12月31日:

```
借：制造费用                                600 000.00
    贷：长期待摊费用                          400 000.00
        银行存款                              200 000.00
```

（六）债务重组取得的固定资产

债务人以固定资产清偿债务的,债权人应当对受让的固定资产按其公允价值入账,重组债权的账面余额与受让的固定资产的公允价值和可抵扣的增值税进项税额之间的差额作当期损益,记入"营业外支出——债务重组损失"科目。如果债权人对重组债权计提了坏账准备的,应先将该差额冲减坏账准备,坏账准备不足以冲减的部分再记入当期损益,记入"营业外支出——债务重组损失"科目(详见第4章第三节中债务重组业务核算)。

（七）非货币性资产交换取得的固定资产

以非货币性资产进行交换的业务具有商业实质,且换入资产、换出资产公允价值能够可靠计量时,换入固定资产以换出资产的公允价值和支付的相关税费之和作为入账价值,换出资产公允价值与其账面价值的差额计入当期损益。换入资产涉及补价的,其支付的补价计入换入固定资产的入账价值,其收到的补价从换入固定资产的入账价值中扣除。以非货币性资产进行交换的业务不具有商业实质,且换入资产、换出资产公允价值不能够可靠计量时,应当以换出资产的账面价值和应支付的相关税费之和作为换入固定资产的成本,不确认损益。换入资产涉及补价的,其支付的补价计入换入固定资产的入账价值,其收到的补价从换入固定资产的入账价值中扣除。如果同时换入多项固定资产,则每项固定资产的入账价值应按照各自的公允价值占公允价值总额的比例或按照各自的原账面价值占原账面价值总额的比例进行分配确定。此外,换入和换出资产涉及增值税的,应按相关规定进行处理(详见第3章第二节中非货币性资产交换业务核算)。

（八）接受捐赠的固定资产

接受捐赠固定资产的入账价值分为两种情况进行确定：一是捐赠方提供了有关凭据的,按凭据上标明的金额加上应支付的相关税费作为入账价值。如捐赠方提供的凭证为增值税专用发票,则其税额记入"应交税费——应交增值税（进项税额）"科目（当月已认证）,或"应交税费——待认证进项税额"科目（暂时未认证）,如果为不动产的,还应记入"应交税费——待抵扣进项税额"科目。二是捐赠方没有提供有关凭据的,按下列顺序确定其入账价值：同类或类似固定资产存在活跃市场的,按同类或类似固定资产的市场价格估计的金额,加上应支付的相关税费作为入账价值；同类或类似固定资产不存在活跃市场的,按接受捐赠固定资产预计未来现金流量的现值,加上应支付的相关税费作为入账价值。企业接受捐赠固定资产按照上述规定确定入账价值后,按接受捐赠固定资产的价值计入营业外收入。如接受捐赠的系旧固定资产,以上述确定的新固定资产价值减去按其新旧程度估计的价值损耗后的余额作为入账价值。

第三节　固定资产的后续计量

固定资产的后续计量是指固定资产在存续期间变化的价值金额以及最终价值额的确定,主要包括固定资产折旧的计提和后续支出的确定。

一、固定资产的折旧

（一）固定资产折旧的概念

固定资产折旧是指固定资产在使用过程中因为磨损而逐渐转移的价值。固定资产的价值转移方式与原材料等存货的价值转移方式不同，企业的固定资产可以长期使用而不改变或基本不改变原有实物形态，但其价值随着固定资产的使用通过折旧的方式逐步转移，形成折旧费用，计入生产的产品成本或形成当期费用。

固定资产折旧计入成本费用的过程，也是固定资产价值得到补偿的过程。企业计提固定资产折旧，一方面是为了维持简单的再生产过程，固定资产随着使用期满最终会报废，在其报废时，有足够的资金重新购置同样的固定资产以满足再生产的需要；另一方面也是权责发生制的要求，购建固定资产的支出是资本性支出，它会在固定资产投入使用后的多个会计期间带来收益，其支出也应在固定资产有效使用年限内进行分摊。因此，企业为固定资产计提折旧是必要的，不计提或少计提，都会对企业成本、利润的计算产生影响。

（二）影响固定资产折旧的因素

固定资产折旧是在固定资产使用年限内按照确定的方法对应计折旧额进行的系统分摊，其中，应计折旧额是指应当计提折旧的固定资产的原始价值扣除其预计净残值后的差额。因此，影响固定资产折旧的因素主要有三个，即固定资产原始价值、预计净残值和预计使用年限。

1. 原始价值

固定资产的原始价值也称原值或原价，是指固定资产的实际取得成本。原始价值是计提折旧的基数，是影响固定资产折旧的主要因素之一。

2. 预计净残值

固定资产的预计净残值是指固定资产报废时预计可以收回的残余价值扣除预计清理费用后的净额。企业应当根据固定资产的性质和使用情况，合理确定固定资产的预计净残值。固定资产的预计净残值一经确定，不得随意变更。

3. 预计使用年限

固定资产的预计使用年限是指固定资产预计经济使用年限，也称折旧年限，通常短于固定资产的物质使用年限。固定资产使用年限的长短直接影响各期应提的折旧额。企业应当根据资产的性质和使用情况，合理确定固定资产的使用年限。固定资产的使用年限一经确定，除符合变更规定的，不得随意变更。企业在确定固定资产的使用年限时，主要应当考虑下列因素：

(1) 该资产的预计生产能力或实物产量。

(2) 该资产的有形损耗，如设备使用中发生磨损、房屋建筑物受到自然侵蚀等。

(3) 该资产的无形损耗，如因新技术的出现而使现有资产的技术水平相对陈旧、市场需求变化使产品过时等。

(4) 有关资产使用的法律或者类似的限制。例如，对于非短期或低价值租赁方式租入的固定资产，按租赁合同的规定，能够合理确定租赁期届满时将会取得租赁资产所有权的，应当在租赁资产尚可使用年限内计提折旧；如果无法合理确定租赁期届满时能够取得租赁资产所有权的，应当在租赁期与租赁资产尚可使用年限两者中较短的期间内计提折旧。

具体到某一固定资产的预计使用年限，企业应在考虑上述因素的基础上，结合不同固定资产的性质、消耗方式、所处环境等因素作出判断。在相同环境条件下，对于同样的固定资产的预计使用年限应具有相同的预期。根据所得税法的有关规定，除国务院财政、税务主管部门另有规定外，固定资产计算折旧的最低年限如下：房屋、建筑物为 20 年；飞机、火车、轮船、机器、机械和其他生产设备为10年;与生产经营活动有关的器具、工具、家具等为5年;飞机、火车、轮船以外的运输工具为4年;电子设备为3年。

企业至少应当于每年年度终了时,对固定资产的使用年限、预计净残值进行复核。使用年限预计数与原先估计数有差异的,应当调整固定资产折旧年限;预计净残值预计数与原先估计数有差异的,应当调整预计净残值。固定资产使用年限、预计净残值的改变应当作为会计估计变更处理。

除此之外,如果已对固定资产计提减值准备的,还应当从原始价值中扣除已计提的固定资产减值准备金额;如果固定资产存在弃置费用的,应将弃置费用现值计入固定资产原始价值。

(三)固定资产折旧的范围

企业固定资产除以下情况外应计提折旧:已提足折旧仍继续使用的固定资产;按照规定单独估价作为固定资产入账的土地。

此外,还应注意:

(1) 以非短期或低价值租赁方式租入的固定资产和以短期或低价值租赁方式租出的固定资产,应当计提折旧;以非短期或低价值租赁方式租出的固定资产和以短期或低价值租赁方式租入的固定资产,不应当计提折旧。

(2) 已达到预定可使用状态且估价入账的固定资产应正常计提折旧。待办理竣工决算手续后,再按照实际成本调整原来的暂估价值,但不调整原已计提的折旧额。

(3) 企业对固定资产进行更新改造时,应将更新改造的固定资产账面价值转入在建工程,并在此基础上核算经更新改造后的固定资产原值。处于更新改造过程而停止使用的固定资产,因已转入在建工程,更新改造期间不计提折旧,待更新改造项目达到预定可使用状态转为固定资产后,再按重新确定的折旧方法和该项固定资产尚可使用年限计提折旧。

(4) 因进行大修理而停用的固定资产、季节性停用的固定资产和在车间内替换使用的固定资产,应正常计提折旧,计入相关成本、费用。

(5) 当月增加的固定资产当月不提折旧,从下月起计提折旧;当月减少的固定资产当月照提折旧,从下月起不再计提折旧。因此,企业在计算提取折旧时,计算公式如下:

$$\text{当月固定资产计提的折旧额} = \text{上月固定资产计提的折旧额} + \text{上月增加固定资产应计提的折旧额} - \text{上月减少固定资产应计提的折旧额}$$

(四)计算固定资产折旧的方法

企业应当根据与固定资产有关的经济利益的预期实现方式,合理选择固定资产折旧方法。可选用的折旧方法包括年限平均法、工作量法、双倍余额递减法和年数总和法等。固定资产的折旧方法一经确定,除符合变更条件规定外,不得随意变更。

企业至少应当于每年年度终了,对固定资产的折旧方法进行复核。与固定资产有关的经济利益预期实现方式有重大改变的,应当改变固定资产折旧方法。固定资产折旧方法的改变应当作为会计估计变更处理。

1. 年限平均法

年限平均法也称直线法,是将固定资产的应计折旧额均衡地分摊到固定资产预计使用年限内的一种方法。采用这种方法计算的每期折旧额均是相等的。其计算公式如下:

$$年折旧额 = (原始价值 - 预计净残值) \div 预计使用年限$$

$$月折旧额 = 年折旧额 \div 12$$

在实务中,固定资产折旧额是根据折旧率计算的。折旧率是指折旧额占原始价值的比率。

用公式表示如下:

$$年折旧率 = 年折旧额 \div 原始价值 \times 100\%$$

$$= (1 - 预计净残值率) \div 预计使用年限 \times 100\%$$

其中,预计净残值率 = 预计净残值 ÷ 原始价值 × 100%

$$月折旧率 = 年折旧率 \div 12$$

$$年折旧额 = 原始价值 \times 年折旧率$$

$$月折旧额 = 原始价值 \times 月折旧率$$

【例6-10】 2020年12月31日,恒易公司计提固定资产——仓库的折旧,仓库的原值为800 000元,预计可使用16年,预计净残值率为4%。其折旧率和折旧额的计算如下:

年折旧率 = (1 − 4%) ÷ 16 × 100% = 6%

年折旧额 = 800 000 × 6% = 48 000(元)

月折旧率 = 6% ÷ 12 = 0.5%

月折旧额 = 800 000 × 0.5% = 4 000(元)

固定资产折旧率有三种表示方法,即个别折旧率、分类折旧率和综合折旧率。
(1) 个别折旧率是指某项固定资产在一定期间的折旧额与该项固定资产原值的比率。
(2) 分类折旧率是指某类固定资产在一定期间的折旧额与该类固定资产原值的比率。

计算分类折旧率须先把性质、结构和使用年限接近的固定资产归为一类,再按类别计算平均折旧率,用该类折旧率对该类固定资产计提折旧。如将房屋、建筑物分为一类,将运输工具分为一类等。分类折旧率的计算公式如下:

固定资产年分类折旧率 = 该类固定资产年折旧额之和 ÷ 该类固定资产原值之和 × 100%

分类折旧率的优点是计算方法简便,缺点是准确性不如个别折旧率。

(3) 综合折旧率是指全部固定资产在一定期间的折旧额与全部固定资产原值的比率。计算公式如下:

固定资产年综合折旧率 = 全部固定资产年折旧额之和 ÷ 全部固定资产原值之和 × 100%

与个别折旧率和分类折旧率相比较,采用综合折旧率计算固定资产折旧的结果的准确性较差。

年限平均法计算固定资产折旧比较直观、简便,但也存在明显的局限性。当固定资产各期负荷程度相同时,各期应分摊相同的折旧费是合理的;但如果固定资产各期负荷程度不同,就不能反映固定资产的实际情况,提取的折旧额与固定资产的损耗程度也就不相符。因此,为了弥补年限平均法只重使用时间、不考虑使用强度的缺点,某些固定资产也可以采用工作量法。

2. 工作量法

工作量法是根据实际工作量计提固定资产折旧额的一种方法。其计算公式如下:

单位工作量折旧额 = 固定资产原值 × (1 − 预计净残值率) ÷ 预计总工作量

某项固定资产月折旧额 = 该项固定资产当月工作量 × 单位工作量折旧额

工作量法中的工作量可以是行驶里程,也可以是工作时数或产量或其他相应可予以确认的工作量。

【例6-11】 2020年12月31日,恒易公司的一台设备本月实际生产M产品34 000件,该设备原值为600 000元,预计生产M产品产量为2 000 000件,预计净残值率为4%。则该设备的月折旧额计算如下:

单件产品折旧额=600 000×(1-4%)÷2 000 000=0.288(元)

月折旧额=34 000×0.288=9 797(元)

3. 加速折旧法

加速折旧法也称快速折旧法或递减折旧法,其特点是在固定资产有效使用年限的前期计提的折旧额多,而后期计提的折旧额少,从而相对加快折旧的速度,以使固定资产成本在有效使用年限内加快得到补偿。一般情况下,固定资产在使用前期,工作效率相对较高,带来的经济效益较多;在使用后期,工作效率一般呈下降趋势,其带来的经济效益也会逐渐减少。同时,固定资产在不同时期发生的维修费用也不同,前期相对较少,后期则相对较多。按照配比原则,前期收益多,维修费用少,理应多提折旧;后期收益少,维修费用多,理应少提折旧。

加速折旧的计算方法有多种,我国现行企业会计准则规定使用的方法有两种:

(1)双倍余额递减法。双倍余额递减法是指以年初固定资产账面净值为基数,以双倍的直线折旧率为定率,计算各年折旧额的一种方法。其计算公式如下:

年折旧率=2÷预计的使用年限×100%

月折旧率=年折旧率÷12

月折旧额=固定资产年初账面价值×月折旧率

采用双倍余额递减法的折旧率是固定不变的,而计提折旧的基数为固定资产的账面价值,是逐年递减的,因此,计提的折旧额逐年递减。由于在计算双倍折旧率时没有考虑固定资产的净残值,需要在该项固定资产使用期内转换为剩余年份的直线法折旧。转换的条件是:

(固定资产账面净值-预计净残值)÷剩余折旧年限>该年继续使用双倍余额递减法计算的折旧额

为简化核算,我国企业会计准则规定,实行双倍余额递减法计提折旧的固定资产,应在折旧年限的最后两年改按直线法计提折旧,即将固定资产折旧年限到期前两年账面价值扣除预计净残值后的净额除以2求得最后两年的折旧额。

【例6-12】 2020年10月30日,恒易公司交付使用一条生产流水线。根据规定,该生产线允许使用加速折旧法,恒易公司选择使用双倍余额递减法。生产流水线的原值为10 000 000元,预计净残值为200 000元,预计使用年限为8年。其双倍余额递减法计算的各年折旧额如表6-1所示。

表6-1 固定资产折旧计算表(双倍余额递减法)   金额单位:元

折旧年度	期初固定资产账面价值	年折旧率(2/8×100%)	年折旧额	累计折旧额	期末固定资产账面价值
2020年11月1日—2021年10月31日	10 000 000.00	25%	2 500 000.00	2 500 000.00	7 500 000.00
2021年11月1日—2022年10月31日	7 500 000.00	25%	1 875 000.00	4 375 000.00	5 625 000.00

续 表

折旧年度	期初固定资产账面价值	年折旧率 (2/8×100%)	年折旧额	累计折旧额	期末固定资产账面价值
2022年11月1日—2023年10月31日	5 625 000.00	25%	1 406 250.00	5 781 250.00	4 218 750.00
2023年11月1日—2024年10月31日	4 218 750.00	25%	1 054 687.50	6 835 937.50	3 164 062.50
2024年11月1日—2025年10月31日	3 164 062.50	25%	791 015.63	7 626 953.13	2 373 046.87
2025年11月1日—2026年10月31日	2 373 046.87	25%	593 261.72	8 220 214.85	1 779 785.15
2026年11月1日—2027年10月31日	1 779 785.15	—	789 892.58	9 010 107.43	789 892.57
2027年11月1日—2028年10月31日	989 892.57	—	789 892.57	9 800 000.00	200 000.00

计算说明：

① 加速折旧法的"加速"是相对于折旧年度而言的，在折旧年度内计算各月折旧额时，则进行平均计算，如本例中如果计算第二个折旧年度(2021年11月1日—2022年10月31日)各月的折旧额，则均为156 250元(1 875 000÷12)。

② 折旧年度不一定是会计年度，它是指从开始计提折旧日起计算的12个月，本例2020年10月30日交付使用，应从2020年11月1日开始计提折旧。因此，第一个折旧年度为2020年11月1日—2021年10月31日。但如果计算某会计年度的折旧额，则应按相连的两个折旧年度各自包含的月折旧额之和计算，如2021年的年折旧额为2 395 833.33元(2 500 000×10÷12+1 875 000×2÷12)。

③ 如果第五个折旧年度改直线法计算折旧，按双倍余额递减法年折旧额791 015.63元(3 164 062.50×25%)大于直线法年折旧额741 015.63元[(3 164 062.50－200 000)÷4]，依然按双倍余额递减法计提折旧；如果第六个折旧年度改按直线法计算折旧，双倍余额递减法年折旧额593 261.72元(2 373 046.87×25%)小于直线法年折旧额724 348.96元[(2 373 046.87－200 000)÷3]，从第六个折旧年度开始改按直线法计提折旧，每年的折旧额为724 348.96元。本例按我国《企业会计准则》规定，在折旧年限的最后两年内改按直线法计提折旧。

(2) 年数总和法。年数总和法也称合计年限法，是将固定资产的原值减去预计净残值后的净额，乘以一个以固定资产尚可使用年限为分子、以预计使用年限序数之和为分母的逐年递减的分数计算各年折旧额的一种方法。计算公式如下：

年折旧率＝尚可使用年限÷预计使用年限的年数总和×100%

$$=\frac{预计使用年限－已使用年限}{预计使用年限×(预计使用年限+1)×\frac{1}{2}}×100\%$$

年折旧额 ＝(固定资产原值－预计净残值)×年折旧率

年数总和法计算年折旧额的基数是不变的，折旧率是逐年递减的，所以各年折旧额也是递减的。

【例6-13】 依[例6-12]资料，假设恒易公司对生产流水线按年数总和法计提折旧，其他资料不变。其年数总和法计算的各年折旧额如表6-2所示。

表6-2 固定资产折旧计算表(年数总和法)　　　　金额单位:元

折旧年度	原值—净残值	年折旧率	年折旧额	累计折旧额	期末账面净值
2020年11月1日—2021年10月31日	9 800 000	8/36	2 177 777.78	2 177 777.78	7 822 222.22
2021年11月1日—2022年10月31日	9 800 000	7/36	1 905 555.56	4 083 333.34	5 916 666.66
2022年11月1日—2023年10月31日	9 800 000	6/36	1 633 333.33	5 716 666.67	4 283 333.33
2023年11月1日—2024年10月31日	9 800 000	5/36	1 361 111.11	7 077 777.78	2 922 222.22
2024年11月1日—2025年10月31日	9 800 000	4/36	1 088 888.89	8 166 666.67	1 833 333.33
2025年11月1日—2026年10月31日	9 800 000	3/36	816 666.67	8 983 333.34	1 016 666.66
2026年11月1日—2027年10月31日	9 800 000	2/36	544 444.44	9 527 777.78	472 222.22
2027年11月1日—2028年10月31日	9 800 000	1/36	272 222.22	9 800 000.00	200 000.00

表中的"年折旧额"为折旧年度的年折旧额,在折旧年度内计算某月折旧额时仍然要平均计算。

(五)固定资产折旧的会计处理

固定资产应当按月计提折旧,并根据用途分别计入相关成本或当期费用。提取折旧时借记"制造费用""销售费用""管理费用""其他业务成本"等科目,贷记"累计折旧"科目。

在会计实务中,一般通过编制"固定资产折旧计算表"来计算各月固定资产折旧额。

【例6-14】 恒易公司2020年12月份的固定资产折旧计算如表6-3所示。

表6-3 各部门固定资产折旧计算表　　　　金额单位:元

使用部门	固定资产项目	上月折旧额	上月增加固定资产		上月减少固定资产		本月折旧额	应借记科目
			原值	折旧额	原值	折旧额		
A车间	厂房	200 000.00			120 000.00	500.00	199 500.00	制造费用
	机器设备	284 000.00					284 000.00	
	小计	484 000.00			120 000.00	500.00	483 500.00	
B车间	厂房	210 000.00					210 000.00	
	机器设备	252 000.00	480 000.00	4 000.00			256 000.00	
	小计	462 000.00	480 000.00	4 000.00			466 000.00	
行政管理部门	房屋、建筑物	40 000.00					40 000.00	管理费用
	运输工具	30 000.00					30 000.00	
	小计	70 000.00					70 000.00	
	合计	1 016 000.00	480 000.00	4 000.00	120 000.00	500.00	1 019 500.00	

恒易公司的会计处理如下：

借：制造费用——A车间	483 500.00
——B车间	466 000.00
管理费用	70 000.00
贷：累计折旧	1 019 500.00

（六）固定资产使用年限和折旧方法的复核

1. 固定资产使用年限和预计净残值的复核

企业应定期对固定资产使用年限和预计净残值进行复核。如果固定资产使用年限和预计净残值的预期数与原先的估计数有重大差异，则应当相应调整固定资产折旧年限和预计净残值，并按照会计估计变更的规定进行会计处理。

在固定资产使用过程中，其所处的经济环境、技术环境以及其他环境有可能与预计固定资产使用年限时发生很大的变化。例如，固定资产使用强度比正常情况大大加强，致使固定资产实际使用年限大大缩短；租赁合同对租赁期作了新的调整等。此时，如果不对固定资产预计使用年限进行调整，原先确定的固定资产使用年限必然不能反映出其为企业提供经济利益的期间，据此提供的会计信息就很可能是不真实的，进而影响会计信息使用者做出恰当的经济决策。为了避免出现这种情况，企业应定期对固定资产预计使用年限进行复核，如果固定资产使用年限的预期数与原先的估计数有重大差异，则应当相应调整固定资产折旧年限，并按照会计估计变更的规定进行会计处理。企业对固定资产预计净残值所作的调整，也应作为会计估计变更进行会计处理。

2. 固定资产折旧方法的复核

在固定资产使用过程中，其包含的经济利益的预期实现方式有可能发生重大改变。如果固定资产给企业带来经济利益的方式发生重大变化，企业也应相应改变折旧方法。例如，某企业以前年度采用年限平均法计提固定资产折旧，在本年度复核中发现，与该固定资产相关的技术发生很大变化，年限平均法已很难反映该项固定资产给企业带来经济利益的方式。此时，如果不对固定资产折旧方法进行调整，原先确定的固定资产折旧方法必然不能反映出其为企业提供经济利益的方式，据此提供的会计信息就很可能是不真实的，进而影响会计信息使用者做出恰当的经济决策。为了避免这种情况，企业应定期复核固定资产的折旧方法，如果固定资产包含的经济利益的预期实现方式有重大改变，则应当相应改变固定资产折旧方法，并按照会计估计变更的规定进行会计处理。

企业首次执行企业会计准则而对固定资产的折旧年限、预计净残值等所作的变更，应在首次执行的当期作为会计政策变更，采用追溯调整法进行会计处理；其后，企业再对固定资产折旧年限、预计净残值等进行的调整，应作为会计估计变更进行会计处理。

二、固定资产的后续支出

固定资产的后续支出是指固定资产投入使用后发生的支出。企业的固定资产投入使用后，为了适应新技术发展的需要，或者为维护或提高固定资产的使用效能，往往需要对其进行维护、改建、扩建或者改良。如果这项支出增强了固定资产获取未来经济利益的能力，提高了固定资产的性能，如延长了固定资产的使用年限、使产品质量实质性提高或使产品成本实质性降低，即使可能流入企业的经济利益超过了原先的估计，仍应将该支出作为资本化支出计入固定资产的账面价值；否则，应将其以费用化计入当期损益。

与固定资产有关的后续支出，同时满足下列条件的，应当计入固定资产成本：与该固定资产有关的经济利益很可能流入企业;该固定资产的成本能够可靠地计量。不符合规定确认条件的,应当在发生时计入当期损益。

（一）资本化的后续支出

与固定资产有关的后续支出,如果满足资本化条件的,应计入固定资产成本。

企业通过对厂房进行改建、扩建而使其更加坚固耐用,延长了厂房等固定资产的使用年限;企业通过对设备的改建,提高了其单位时间内产品的产出数量,提高了机器设备等固定资产的生产能力;企业通过对车床的改良,大大提高了其生产产品的精确度,实现了企业产品的更新换代;企业通过对生产线的改良,促使其大大降低了产品的成本,提高了企业产品的价格竞争力等,通常都表明后续支出提高了固定资产原定的创利能力。此时,应将后续支出予以资本化。

在固定资产发生可资本化的后续支出时,企业应将该固定资产的原价、已计提的折旧和减值准备予以转销,将固定资产的账面价值转入在建工程。固定资产发生的可资本化的后续支出,通过"在建工程"科目核算。在固定资产发生的后续支出完工并达到预定可使用状态时,应在后续支出资本化后的固定资产账面价值不超过其可收回金额的范围内,从"在建工程"科目转入"固定资产"科目。

【例6-15】 恒易公司一条生产线建设的相关经济业务及会计处理如下（为简化计算过程,整个过程不考虑其他相关税费;公司按年度计提固定资产折旧）：

(1) 2020年12月10日,自行建成的一条生产线达到预定可使用状态交付使用,建造成本为568 000元,采用年限平均法计提折旧,预计净残值率为4%,预计使用年限为6年。

```
借：固定资产                        568 000.00
    贷：在建工程                              568 000.00
```

2021年和2022年每年应计提折旧额＝568 000×(1－4%)÷6＝90 880(元)

```
借：制造费用                         90 880.00
    贷：累计折旧                              90 880.00
```

(2) 2023年1月1日,由于生产的产品适销对路,现有生产线的生产能力已难以满足公司生产发展的需要,但若新建生产线则成本过高,周期过长,故公司决定对现有生产线进行改扩建,以提高其生产能力。至3月31日,完成了生产线的改扩建工程,共发生支出250 000元,全部以银行存款支付。同时,改扩建过程中拆除部分零配件,折价17 325元入库作原材料的修理用备件。

固定资产的账面价值＝568 000－90 880×2＝386 240(元)

```
借：在建工程                        386 240.00
    累计折旧                        181 760.00
    贷：固定资产                              568 000.00
借：在建工程                        250 000.00
    贷：银行存款                              250 000.00
借：原材料                           17 325.00
    贷：在建工程                               17 325.00
```

(3) 生产线改扩建工程达到预定可使用状态后大大提高了生产能力,预计使用年限延长4

年。假定改扩建后的生产线的预计净残值率为改扩建后固定资产账面价值的4%,折旧方法仍为年限平均法。

  借:固定资产   618 915.00
    贷:在建工程   618 915.00

改扩建固定资产在改扩建期间应停止计提折旧,因而,本年度计提折旧的时间只有9个月。

当年应计提折旧额 = 618 915 × (1 - 4%) × 9 ÷ (9 + 12 × 7) = 57 499.20(元)

  借:制造费用   57 499.20
    贷:累计折旧   57 499.20

2024年及以后各年的12月31日:

  借:制造费用   76 665.60
    贷:累计折旧   76 665.60

(二)费用化的后续支出

  固定资产投入使用后,由于固定资产磨损、各组成部分耐用程度不同或者使用条件不同,可能导致固定资产的局部损坏。为了维护固定资产的正常运转和使用,充分发挥其使用效能,企业将对固定资产进行必要的维护和修理。发生固定资产维护支出只是确保固定资产的正常工作状况,是恢复固定资产原有性能的行为,它并不导致固定资产性能的改变或固定资产未来经济利益的增加。如对房屋进行局部修缮,对机器设备进行局部检修、更换零部件、排除故障或清理设备等。发生时一次性计入当期损益,借记"管理费用""销售费用"等科目,贷记"银行存款"等科目。

【例6-16】 2020年12月10日,恒易公司对一台生产用设备进行维修,修理领用原材料94 000元,应分配维修人员工资28 000元。恒易公司的会计处理如下:

  借:管理费用   122 000.00
    贷:原材料   94 000.00
      应付职工薪酬   28 000.00

第四节 固定资产的处置

  固定资产处置是指由于各种原因使企业固定资产需退出生产经营过程所作的处理活动。企业对生产经营过程中不适用或不需用的固定资产,可以通过对外出售的方式进行处置。对由于使用而不断磨损直到最终报废,或由于技术进步等原因发生的提前报废,或由于遭受自然灾害等非正常损失发生毁损的固定资产应及时进行清理。此外,企业因其他原因如对外投资、债务重组、非货币性资产交换等而减少的固定资产,也属于固定资产的处置。固定资产满足下列条件之一的应予以终止确认:一是该固定资产处于处置状态;二是预期通过使用或处置不能产生经济利益。

  企业固定资产的处置一般通过"固定资产清理"科目进行核算。"固定资产清理"科目核算因出售、报废、毁损等原因转入清理的固定资产价值及其在清理过程中所发生的清理费用和清理收入等。借方登记转入清理的固定资产净值、清理过程中发生的清理费用、相关税金和清理净收益；贷方登记在清理过程中取得的出售价款、变价收入、由保险公司或过失人赔偿的损失和清理净损失；清理完毕，本科目没有余额。本科目按清理的固定资产设置明细账进行明细类核算。

一、出售、报废和毁损的固定资产

一般来说，企业出售、报废或毁损的固定资产，其会计核算一般需要经过以下几个步骤：

第一，注销固定资产账面记录。出售、报废或毁损的固定资产转入清理时，按固定资产净值借记"固定资产清理"科目，按已提折旧借记"累计折旧"科目，按已计提的减值准备借记"固定资产减值准备"科目，按固定资产原值贷记"固定资产"科目。

第二，支付清理税费。按固定资产清理过程中实际支付的费用借记"固定资产清理"科目，贷记"银行存款"科目；按应缴纳的相关税费借记"固定资产清理"科目，贷记"应交税费"科目。

第三，确认处置收入或残料价值等。按实际收到的出售价款以及残料变价收入等借记"银行存款""原材料"等科目，贷记"固定资产清理"科目。应由保险公司赔偿或过失人赔偿的损失，视同出售收入，按应赔偿金额借记"其他应收款""银行存款"等科目，贷记"固定资产清理"科目。

第四，结转清理净损益。生产经营过程中使用的固定资产，清理后的净收益计入当期损益，借记"固定资产清理"科目，属于出售、转让的固定资产，贷记"资产处置损益"科目，属于报废、毁损的固定资产，贷记"营业外收入——处置非流动资产利得"科目。清理后的净损失应根据不同原因作不同处理：属于自然灾害等非正常原因造成的损失，应借记"营业外支出——非常损失"科目，贷记"固定资产清理"科目；属于出售、转让的固定资产，借记"资产处置损益"科目，贷记"固定资产清理"科目；属于报废、损毁的固定资产，应借记"营业外支出——处置非流动资产损失"科目，贷记"固定资产清理"科目。筹建期间的固定资产，清理后的净收益应冲减长期待摊费用，借记"固定资产清理"科目，贷记"长期待摊费用"科目；反之，清理后的净损失应计入长期待摊费用，借记"长期待摊费用"科目，贷记"固定资产清理"科目。

【例6-17】 2020年12月28日，恒易公司的一台设备因使用期满经批准报废。该设备原价为200 000元，累计已提折旧188 800元，已计提减值准备3 000元。在清理过程中，以银行存款支付清理费用3 500元，残料变卖收入2 500元已收到存入银行。恒易公司的会计处理如下：

(1) 注销固定资产账面记录：

借：固定资产清理	8 200.00
累计折旧	188 800.00
固定资产减值准备	3 000.00
贷：固定资产	200 000.00

(2) 支付清理费用：

借：固定资产清理	3 500.00
贷：银行存款	3 500.00

(3) 确认残料价值：

借：银行存款	2 500.00
贷：固定资产清理	2 500.00

(4) 结转清理净损益：

借：营业外支出——处置非流动资产损失	9 200.00
贷：固定资产清理	9 200.00

值得注意的是,《营业税改征增值税试点实施办法》(以下简称《试点实施办法》)规定,自2016年5月1日起,纳税人销售自己使用过的固定资产(以下简称已使用过的固定资产,即纳税人符合《试点实施办法》第28条规定并根据财务会计制度已经计提折旧的固定资产)应区分不同情形征收增值税:

(1) 一般纳税人销售自己使用过的、纳入营改增试点之日前取得的固定资产(仅指不动产以外的固定资产),按照现行旧货相关增值税政策执行,即按简易办法依3%征收率减按2%征收增值税,不得开具增值税专用发票。但纳税人放弃减税的,按照简易办法依照3%征收率缴纳增值税,可以开具增值税专用发票。

(2) 一般纳税人销售其2016年4月30日前取得(不含自建)的不动产,可以选择适用简易计税方法,以取得的全部价款和价外费用减去该项不动产购置原价或者取得不动产时的作价后的余额为销售额,按照5%的征收率计算应纳税额。

(3) 一般纳税人销售其2016年4月30日前自建的不动产,可以选择适用简易计税方法,以取得的全部价款和价外费用为销售额,按照5%的征收率计算应纳税额。

(4) 一般纳税人销售其2016年5月1日后取得(不含自建)的不动产,应适用一般计税方法,以取得的全部价款和价外费用为销售额计算应纳税额。纳税人应以取得的全部价款和价外费用减去该项不动产购置原价或者取得不动产时的作价后的余额,按照5%的预征率在不动产所在地预缴税款后,向机构所在地主管税务机关进行纳税申报。

(5) 一般纳税人销售其2016年5月1日后自建的不动产,应适用一般计税方法,以取得的全部价款和价外费用为销售额计算应纳税额。纳税人应以取得的全部价款和价外费用,按照5%的预征率在不动产所在地预缴税款后,向机构所在地主管税务机关进行纳税申报。

(6) 小规模纳税人销售其取得(不含自建)的不动产(不含个体工商户销售购买的住房和其他个人销售不动产),应以取得的全部价款和价外费用减去该项不动产购置原价或者取得不动产时的作价后的余额为销售额,按照5%的征收率计算应纳税额。

(7) 小规模纳税人销售其自建的不动产,应以取得的全部价款和价外费用为销售额,按照5%的征收率计算应纳税额。

【例6-18】 2020年10月31日,恒易公司销售一台2008年10月28日购买的设备,开出增值税普通发票,全部款项257 500元收到并存入银行,适用的征收率为3%。设备的原值为840 000元,已提折旧640 000元,另以银行存款支付设备拆卸费用10 000元。设备购入时增值税进项税额未抵扣。其会计处理如下:

(1) 注销固定资产账面记录:

借:固定资产清理	200 000.00
累计折旧	640 000.00
贷:固定资产	840 000.00

(2) 支付清理费用:

借:固定资产清理	10 000.00
贷:银行存款	10 000.00

(3) 收到出售收入:

借:银行存款	257 500.00
贷:固定资产清理	250 000.00
应交税费——应交增值税(销项税额)	7 500.00

(4) 结转清理净损益：

借：固定资产清理　　　　　　　　　　　　　　　　40 000.00
　　贷：资产处置损益　　　　　　　　　　　　　　　　　　40 000.00

【例 6-19】 2020 年 10 月 20 日，恒易公司将一栋自建办公楼出售，开出增值税普通发票，出售款项 630 000 元收到并存入银行，增值税征收率为 5%。办公楼的原始价值为 820 000 元，已提折旧 320 000 元。另以银行存款支付出售房屋的整修费 20 000 元。恒易公司的会计处理如下：

(1) 注销固定资产账面记录：

借：固定资产清理　　　　　　　　　　　　　　　　500 000.00
　　累计折旧　　　　　　　　　　　　　　　　　　320 000.00
　　贷：固定资产　　　　　　　　　　　　　　　　　　　820 000.00

(2) 支付清理费用：

借：固定资产清理　　　　　　　　　　　　　　　　20 000.00
　　贷：银行存款　　　　　　　　　　　　　　　　　　　20 000.00

(3) 收到出售收入：

借：银行存款　　　　　　　　　　　　　　　　　　630 000.00
　　贷：固定资产清理　　　　　　　　　　　　　　　　　600 000.00
　　　　应交税费——应交增值税(销项税额)　　　　　　　30 000.00

(4) 结转清理净损益：

借：固定资产清理　　　　　　　　　　　　　　　　80 000.00
　　贷：资产处置损益　　　　　　　　　　　　　　　　　80 000.00

二、投资转出固定资产

企业以固定资产对外投资时，应先注销固定资产的账面价值，按固定资产账面价值借记"固定资产清理"科目，按投出固定资产已提折旧借记"累计折旧"科目，按该项固定资产已计提的减值准备借记"固定资产减值准备"科目，贷记"固定资产"科目。待投资手续办理完毕后，按双方确认价值或评估价值或公允价值加上应支付的相关税费作为长期股权投资的初始投资成本(如果开具增值税专用发票的，还应包括增值税销项税额)，借记"长期股权投资"科目，按固定资产账面价值贷记"固定资产清理"科目，按支付的相关税费贷记"银行存款"等科目，其差额计入当期损益，贷记"资产处置损益"科目。

企业对外投资转出的已使用固定资产应视同销售进行处理，以公允价值为销售额并确定应交增值税；无法确定销售额的，以固定资产净值为销售额并确定应交增值税。

三、以固定资产清偿债务

债务人以固定资产清偿债务的，债务人应先将固定资产转入清理，再按债务账面价值转销债务，将债务账面价值与转让的固定资产公允价值和增值税销项税额之间的差额作当期损益，记入"营业外收入——债务重组利得"科目，如果固定资产计提了减值准备的，还应结转其减值准备；转让的固定资产公允价值与其账面价值之间的差额作当期损益，借记"资产处置损益"科目；清偿债务的固定资产属于增值税纳税范围的，还应计算确定应交纳的增值税。

四、以非货币性资产交换换出固定资产

以非货币性资产交换换出固定资产应按照非货币性资产交换的会计处理方法处理，并确定应交纳的增值税。

五、捐赠转出的固定资产

对外捐赠转出的固定资产,应按固定资产净额借记"固定资产清理"科目,按该项固定资产已提的折旧借记"累计折旧"科目,按该项固定资产已计提的减值准备借记"固定资产减值准备"科目,按该项固定资产的账面原价贷记"固定资产"科目,按捐赠转出的固定资产应支付的相关税费(含增值税销项税额)借记"固定资产清理"科目,贷记"银行存款""应交税费"等科目,按"固定资产清理"科目的余额借记"资产处置损益"科目,贷记"固定资产清理"科目。

第五节 固定资产的期末计量

固定资产期末计量是指期末在会计报表中披露的固定资产价值。固定资产的期末价值采用其账面价值与可收回金额孰低的方法确定。固定资产的减值是指固定资产预计未来可收回金额低于其账面价值的差额。企业应当在资产负债表日判断固定资产是否存在可能发生减值的迹象。如确有迹象表明固定资产可能发生减值的,应计算固定资产的可收回金额,以确定固定资产减值的金额,并计提相应的减值准备。

一、判断固定资产减值的主要迹象

企业应当在资产负债表日判断资产是否存在可能发生减值的迹象。存在下列迹象的,表明固定资产可能发生了减值:

(1)固定资产的市价当期大幅度下跌,其跌幅明显高于因时间的推移或者正常使用而预计的下跌。在市场经济条件下,资产的市场价格是其价值最为直观的表现形式。如果某一固定资产的市场价格大幅度下跌,并且预期在近期内不可能恢复,那么,这一固定资产就有可能发生减值。

(2)企业经营所处的经济、技术或者法律等环境以及固定资产所处的市场在当期或者将在近期发生重大变化,从而对企业产生不利影响。在市场经济条件下,企业产品的生产和销售总是依赖于一定的经营环境。当企业经营环境发生重大变化,将对企业固定资产产生重大的影响,并且这种影响是负面影响时,企业应判断固定资产是否发生减值。

(3)市场利率或者其他市场投资报酬率在当期已经提高,从而影响企业计算固定资产预计未来现金流量现值的折现率,导致固定资产可收回金额大幅度降低。判断固定资产是否减值主要是比较固定资产账面价值是否高于固定资产可收回金额,如果运用未来现金流量来计算固定资产可收回金额,则固定资产的未来现金流量与折现率将影响固定资产的可收回金额。如果以同期市场利率等作为计算固定资产可收回金额的折现率,则同期市场利率等的提高将降低固定资产的可收回金额。当同期市场利率大幅度提高,则表明以此计算的固定资产的可收回金额将大幅度降低,从而表明固定资产有可能发生减值。

(4)有证据表明固定资产已经陈旧过时或者其实体已经损坏。固定资产陈旧过时或者发生实体损坏,将大大影响固定资产的生产能力,如生产出大量不合格产品等,从而降低固定资产产生未来经济利益的能力,进而表明其可收回金额将降低,此时,固定资产就有可能发生减值。

(5)固定资产已经或者将被闲置、终止使用或者计划提前处置。

(6)企业内部报告的证据表明资产的经济绩效已经低于或者将低于预期,如资产所创造的净现金流量或者实现的营业利润(或者亏损)远远低于(或者高于)预计金额等。

(7) 其他表明固定资产可能已经发生减值的迹象。

在实际工作中，出现上述迹象并不表明该固定资产必然发生减值，企业应在综合考虑各方面因素的基础上作出职业判断。

二、固定资产可收回金额的计量

固定资产的可收回金额，应当根据固定资产的公允价值减去处置费用后的净额与固定资产预计未来现金流量的现值两者之间较高者确定。处置费用包括与固定资产处置有关的法律费用、相关税费、搬运费以及为使固定资产达到可使用状态所发生的直接费用等。

固定资产的公允价值减去处置费用后的净额与固定资产预计未来现金流量的现值，只要有一项超过了固定资产的账面价值，就表明固定资产没有发生减值，不需再估计另一项金额。

（一）固定资产的公允价值减去处置费用后的净额的确定

固定资产的公允价值减去处置费用后的净额，应当根据计量日有序交易中销售协议价格减去可直接归属于该固定资产处置费用的金额确定。不存在销售协议但存在资产活跃市场的，应当按照该资产的市场价格减去处置费用后的金额确定。资产的市场价格通常根据资产的买方出价确定。

在不存在销售协议和固定资产活跃市场的情况下，应当以可获取的最佳信息为基础，估计固定资产的公允价值减去处置费用后的净额，该净额可以参考同行业类似固定资产的最近交易价格或者结果进行估计。

企业按照上述规定仍然无法可靠估计固定资产的公允价值减去处置费用后的净额的，应当以该固定资产预计未来现金流量的现值作为其可收回金额。

（二）固定资产预计未来现金流量的现值的确定

固定资产预计未来现金流量的现值，应当按照固定资产在持续使用过程中和最终处置时所产生的预计未来现金流量，选择恰当的折现率对其进行折现后的金额加以确定。

预计资产未来现金流量的现值，应当综合考虑固定资产的预计未来现金流量、使用年限和折现率等因素。

预计的固定资产未来现金流量应当包括下列各项：

(1) 固定资产持续使用过程中预计产生的现金流入。

(2) 为实现固定资产持续使用过程中产生的现金流入所必需的预计现金流出（包括为使资产达到预定可使用状态所发生的现金流出）。该现金流出应当是可直接归属于或者可通过合理和一致的基础分配到固定资产中的现金流出。

(3) 固定资产使用年限结束时，处置固定资产所收到或者支付的净现金流量。该现金流量应当是在计量日的有序交易中、熟悉情况的市场参与者自愿进行交易时，企业预期可从固定资产的处置中获取或者支付的、减去预计处置费用后的金额。

（三）预计固定资产未来现金流量需要考虑的其他方面

(1) 预计固定资产未来现金流量时，企业管理层应当在合理和有依据的基础上对固定资产剩余使用年限内整个经济状况进行最佳估计。预计固定资产的未来现金流量，应当以经企业管理层批准的最近财务预算或者预测数据，以及该预算或者预测期之后年份稳定的或者递减的增长率为基础。企业管理层如能证明递增的增长率是合理的，可以以递增的增长率为基础。建立在预算或者预测基础上的预计现金流量最多涵盖 5 年，企业管理层如能证明更长的期间是合理的，可以涵盖更长的期间。

在对预算或者预测期之后年份的现金流量进行预计时，所使用的增长率除了企业能够证明更高的增长率是合理的之外,不应当超过企业经营的产品、市场、所处的行业或者所在国家或地区的长期平均增长率,或者该资产所处市场的长期平均增长率。

(2) 预计固定资产的未来现金流量,应当以固定资产的当前状况为基础,不应当包括与将来可能会发生的、尚未作出承诺的重组事项或者与资产改良有关的预计未来现金流量。

(3) 预计固定资产的未来现金流量也不应当包括筹资活动产生的现金流入或流出以及与所得税收付有关的现金流量。

(4) 企业已经承诺重组的,在确定固定资产未来现金流量的现值时,预计的未来现金流入和流出数,应当反映重组所能节约的费用和由重组所带来的其他利益,以及因重组所导致的估计未来现金流出数。其中重组所能节约的费用和由重组所带来的其他利益,通常应当根据企业管理层批准的最近财务预算或者预测数据进行估计。

(5) 折现率是反映当前市场货币时间价值和固定资产特定风险的税前利率。该折现率是企业在购置或者投资资产时所要求的必要报酬率。

在预计固定资产的未来现金流量时已经对资产特定风险的影响作了调整的,估计折现率不需要考虑这些特定风险。如果用于估计折现率的基础是税后的,应当将其调整为税前的折现率。

(6) 预计固定资产的未来现金流量涉及外币的,应当以该固定资产所产生的未来现金流量的结算货币为基础,按照该货币适用的折现率计算资产的现值,然后将该外币现值按照计算固定资产未来现金流量现值当日的即期汇率进行折算。

三、固定资产减值准备的会计处理

为反映和核算固定资产价值的减损情况,应设置"固定资产减值准备"科目。该科目核算企业提取的固定资产减值准备。该科目是"固定资产"科目的备抵科目,贷方反映提取的固定资产减值准备,借方反映处置已计提减值准备的固定资产的减值准备转销数,期末余额在贷方,反映企业已提取的固定资产减值准备。该科目按固定资产项目设明细账。

固定资产可收回金额的计量结果表明,其可收回金额低于其账面价值的,应当将其账面价值减记至可收回金额,减记的金额确认为资产减值损失计入当期损益,同时计提相应的资产减值准备。

固定资产减值损失确认后,减值的固定资产的折旧应当在未来期间作相应调整,以使该资产在剩余使用年限内,系统地分摊调整后的账面价值(扣除预计净残值)。固定资产减值损失一经确认,在以后会计期间不得转回。

企业计提固定资产减值准备的步骤为:**第一步**,判断固定资产发生减值的迹象;**第二步**,计算确定固定资产可收回金额。

在计算确定固定资产可收回金额时,首先,企业应计算固定资产的公允价值减去处置费用后的净额;其次,企业应计算该固定资产预计未来现金流量的现值;最后,企业应比较固定资产的公允价值减去处置费用后的净额与该固定资产预计未来现金流量的现值,取其较高者作为固定资产的可收回金额。其中,该固定资产预计未来现金流量的现值主要取决于该固定资产的预计使用年限、未来所产生的现金流量和折现率。预计使用年限应以该项固定资产的尚可使用年限为限,资产未来所产生的现金流量一般应参照该资产在过去使用期间所产生的经济利益预计,折现率应反映货币时间价值的当前市场评价和资产特有风险。企业在预计固定资产未来现金流量时应谨慎地充分考虑固定资产尚可使用年限内的风险因素。

【例 6-20】 2020 年 12 月 31 日,恒易公司对设备进行检查时发现其存在减值迹象。该类设备的公允价值减去处置费用后的净额为 1 200 000 元,尚可使用 5 年,预计其在未来 4 年内产生的现金流量分别为:400 000元、360 000元、320 000元和250 000元,第5年产生的现金流量以及使用年限结束时处置固定资产所形成的现金流量合计为200 000元,在考虑相关风险的基础上,公司决定采用5%的折现率。假设2020年12月31日该设备的账面价值为1 500 000元,以前年度没有计提固定资产减值准备。

固定资产未来现金流量现值为1 346 271元(400 000×0.952 4+360 000×0.907 0+320 000×0.863 8+250 000×0.822 7+200 000×0.783 5),大于其公允价值减去处置费用后的净额1 200 000元,所以,其可收回金额为1 346 271元。

第三步,比较固定资产账面价值与可收回金额。

恒易公司设备的账面价值为1 500 000元,可收回金额为1 346 271元,其账面价值大于可收回金额的差额153 729元(1 500 000−1 346 271)即为固定资产减值准备。从计提减值准备年度的第二年开始,将本年度应计提的减值准备与原已计提的减值准备进行对比,本年度应计提的减值准备大于原已计提的减值准备的差额即为本年度实际计提的减值准备,如果本年度应计提的减值准备小于原已计提的减值准备,说明固定资产的价值回升,其回升的金额不予转回。

第四步,进行会计处理。

根据计提的固定资产减值准备,借记"资产减值损失——计提的固定资产减值准备"科目,贷记"固定资产减值准备"科目。

借:资产减值损失——计提的固定资产减值准备　　　　153 729.00
　　贷:固定资产减值准备　　　　　　　　　　　　　　　　153 729.00

四、减值的固定资产的折旧计算

已计提减值准备的固定资产,应当按照该固定资产的账面价值以及尚可使用年限重新计算确定折旧率和折旧额。因固定资产减值准备而调整固定资产折旧额时,对此前已计提的累计折旧不作调整。

【例6-21】 2016年12月25日,恒易公司购入一台不需安装设备,原价为12 300 000元,预计使用年限为10年,预计净残值为300 000元,采用年限平均法计提折旧。2020年12月31日,经过复核检查,该设备的可收回金额为5 600 000元,预计尚可使用年限为5年,预计净残值为200 000元,折旧方法不变。要求:计算2021年度该设备应计提的折旧额。

2020年12月31日,设备可收回金额为5 600 000元,小于设备的账面净值7 500 000元[12 300 000−(12 300 000−300 000)×4÷10]。

2021年设备应提折旧=(5 600 000−200 000)÷5=1 080 000(元)

【例6-22】 恒易公司购置一台不需要安装的设备,设备交付使用后发生了减值现象,设备预计使用年限不变,假设整个过程未发生其他相关税费,折旧按年度计提。有关经济业务及相关会计处理如下:

(1) 2020年12月20日购入设备,不含税价为13 000 000元,增值税税率为13%,款项以银行存款支付。设备预计使用年限8年,预计净残值650 000元,采用年限平均法计提折旧。

借:固定资产　　　　　　　　　　　　　　　　　　　　13 000 000.00
　　应交税费——应交增值税(进项税额)　　　　　　　　1 690 000.00
　　贷:银行存款　　　　　　　　　　　　　　　　　　　14 690 000.00

(2) 计算2021年、2022年、2023年和2024年各年度折旧额。

各年应计提折旧额=(13 000 000−650 000)÷8=1 543 750(元)

借:制造费用	1 543 750.00
贷:累计折旧	1 543 750.00

至 2024 年 12 月 31 日,累计折旧额为 6 175 000 元。

(3) 2024 年 12 月 31 日,公司在进行检查时发现该设备有可能发生减值,其公允价值减去处置费用后的净额为 2 040 000 元,未来 4 年内持续使用以及使用年限结束时的处置所形成的现金流量现值为 2 808 000 元。

固定资产账面净值为 6 825 000 元(13 000 000－6 175 000),其公允价值减去处置费用后的净额为 2 040 000 元,预计未来现金流量的现值为 2 808 000 元,因而可收回金额应为 2 808 000 元,当年应计提固定资产减值准备 4 017 000 元(6 825 000－2 808 000)。

借:资产减值损失——计提的固定资产减值准备	4 017 000.00
贷:固定资产减值准备	4 017 000.00

(4) 计算 2025 年和 2026 年各年度折旧额。

各年度应计提折旧额＝(2 808 000－650 000)÷4＝539 500(元)

借:制造费用	539 500.00
贷:累计折旧	539 500.00

至 2026 年 12 月 31 日,累计折旧额为 7 254 000 元(6 175 000＋539 500×2)。

(5) 2026 年 12 月 31 日,公司在进行检查时发现,市场上该类设备的公允价值减去处置费用后的净额为 1 480 000 元,未来 2 年内持续使用以及使用年限结束时的处置所形成的现金流量现值为 1 650 000 元。

固定资产账面净值为 1 729 000 元(13 000 000－6 175 000－4 017 000－539 500×2),其公允价值减去处置费用后的净额为 1 480 000 元,预计未来现金流量的现值为 1 650 000 元,因而可收回金额应为 1 650 000 元,当年应计提固定资产减值准备 79 000 元(1 729 000－1 650 000)。

借:资产减值损失——计提的固定资产减值准备	79 000.00
贷:固定资产减值准备	79 000.00

(6) 计提 2027 年和 2028 年年度折旧额。

各年应计提折旧额＝(1 650 000－650 000)÷2＝500 000(元)

借:制造费用	500 000.00
贷:累计折旧	500 000.00

固定资产计提减值准备后,企业应当重新复核固定资产的折旧方法、预计使用年限和预计净残值,并区别情况采用不同的处理方法:

(1) 如果固定资产所含经济利益的预期实现方式没有发生变更,企业仍应采用原有的折旧方法,按照固定资产的账面价值扣除预计净残值后的净额以及尚可使用年限重新计算确定折旧率和折旧额;如果固定资产所含经济利益的预期实现方式发生了重大改变,则应相应改变固定资产折旧方法,并按照有关会计估计变更的规定进行会计处理。

(2) 如果固定资产的预计使用年限没有发生变更,企业仍应使用原有的预计使用年限,按照固定资产的账面价值扣除预计净残值后的净额以及尚可使用年限重新计算确定折旧率和折旧额;如果固定资产预计使用年限发生变更,企业应相应改变固定资产的预计使用年限,并按照有关会计估计变更的规定进行会计处理。

(3) 如果固定资产的预计净残值没有发生变更,企业仍应按照固定资产的账面价值扣除预计净残值后的净额以及尚可使用年限重新计算确定折旧率和折旧额;如果固定资产的预计净残值发生变更,则企业应相应改变固定资产的预计净残值,并按照有关会计估计变更的规定进行会计处理。

五、在建工程减值准备的计提

企业应当定期或至少于每年年度终了对在建工程进行全面检查,如果有证据表明在建工程已经发生了减值,应当计提减值准备。

存在下列一项或若干项情况的,应当计提在建工程减值准备:

(1) 长期停建并且预计在未来3年内不会重新开工的在建工程。

(2) 所建项目无论在性能上还是在技术上已经落后,并且给企业带来的经济利益具有很大的不确定性。

(3) 其他足以证明在建工程已经发生减值的情形。

企业期末计提在建工程减值准备时应借记"资产减值损失——计提的在建工程减值准备"科目,贷记"在建工程减值准备"科目。

第六节　固定资产的清查

企业应对固定资产定期或者至少每年实地盘点一次,对盘盈、盘亏和毁损的固定资产,应当查明原因,并根据企业的管理权限,经股东大会或董事会或经理(厂长)会议或类似机构批准后,在期末结账前处理完毕。

一、盘盈的固定资产

盘盈的固定资产,按以下规定确定其入账价值:

(1) 同类或类似固定资产存在活跃市场的,按同类或类似固定资产的市场价格减去按该项资产的新旧程度估计的价值损耗后的余额作为入账价值。

(2) 同类或类似固定资产不存在活跃市场的,按该项固定资产的预计未来现金流量现值作为入账价值。

固定资产盘盈的可能性是极小甚至是不可能的。企业出现固定资产的盘盈,必定是企业以前会计期间少计、漏计而产生的,应当作为会计差错进行更正处理,这样也能在一定程度上控制人为调节利润的可能性。盘盈固定资产时,按确定的入账价值通过"以前年度损益调整"科目核算。

【例6-23】 2020年12月31日,恒易公司进行盘点,发现有一台使用中的设备账面上没有记录,市场价格为50 000元,估计新旧程度为八成。企业适用所得税税率为25%,盈余公积提取比例为10%。

(1) 盘盈时:

借:固定资产		40 000.00
贷:以前年度损益调整		40 000.00

(2) 调整所得税:

借:以前年度损益调整		10 000.00
贷:应交税费——应交所得税		10 000.00

(3) 调整未分配利润：

借：以前年度损益调整	30 000.00	
贷：利润分配——未分配利润		30 000.00

(4) 调整盈余公积：

借：利润分配——未分配利润	3 000.00	
贷：盈余公积		3 000.00

二、盘亏的固定资产

盘亏的固定资产，先按盘亏固定资产账面价值借记"待处理财产损溢——待处理固定资产损溢"科目，按已提折旧借记"累计折旧"科目，按已提减值准备借记"固定资产减值准备"科目，按账面余额贷记"固定资产"科目。批准转销时借记"其他应收款""营业外支出——盘亏损失"等科目，贷记"待处理财产损溢——待处理固定资产损溢"科目。

【例 6-24】 2020 年 12 月 31 日，恒易公司进行盘点，发现缺少一台办公设备，其原值为 10 000 元，已提折旧 7 000 元。

(1) 盘亏时：

借：待处理财产损溢——待处理固定资产损溢	3 000.00	
累计折旧	7 000.00	
贷：固定资产		10 000.00

(2) 盘亏固定资产查明原因报经批准后处理：

借：营业外支出——盘亏损失	3 000.00	
贷：待处理财产损溢——待处理固定资产损溢		3 000.00

此外，企业应当在附注中披露与固定资产有关的下列信息：
(1) 固定资产的确认条件、分类、计量基础和折旧方法。
(2) 各类固定资产的使用年限、预计净残值和折旧率。
(3) 各类固定资产的期初和期末原值、累计折旧额及固定资产减值准备累计金额。
(4) 当期确认的折旧费用。
(5) 对固定资产所有权的限制及其金额和用于担保的固定资产账面价值。
(6) 准备处置的固定资产名称、账面价值、公允价值、预计处置费用和预计处置时间等。

第7章 无形资产及其他长期资产

本 章 提 要

本章主要叙述无形资产的初始计量、后续计量、处置及摊销的核算等内容。通过本章的学习,应了解无形资产的定义,熟悉无形资产的内容和分类,掌握无形资产的确认、计量、摊销和处置的会计核算,了解长期待摊费用的核算。

重 点 难 点

无形资产的确认和初始计量;无形资产的摊销;无形资产的期末计价。

第一节 无形资产

一、无形资产概述

(一)无形资产的定义及特征

无形资产是指企业拥有或者控制的没有实物形态的可辨认非货币性资产。无形资产相对于其他资产,其特征主要表现在以下几个方面:

(1)不具有实物形态。无形资产不具有实物形态,这是区别于存货、固定资产等有形资产的基本特征。无形资产所代表的是企业拥有的某种特殊权利或优势,虽然没有实物形态,但却能使企业获得高于一般盈利水平的额外经济利益,具有极大的潜在价值。

(2)无形资产具有可辨认性。符合以下条件之一的,则认为其具有可辨认性:

① 能够从企业中分离或划分出来,并能单独用于出售或转让等,而不需要同时处置在同一获利活动中的其他资产,则说明无形资产可以辨认。

② 产生于合同性权利或其他法定权利,无论这些权利是否可以从企业或其他权利和义务中转移或分离。如一方通过与另一方签订特许权合同而获得的特许使用权,通过法律程序申请获得的商标权、专利权等。

(3)能在较长时期内为企业提供经济利益。无形资产所代表的特权或优势一般可以在较长时期内存在,不会很快消逝,企业可以长期受益。但除了法律规定的年限之外,企业是无法断定无形资产经济年限的长短的。

(4) 企业持有无形资产的目的是生产商品、提供劳务、出租给他人或是用于企业的管理而不是其他方面。

(5) 所提供的未来经济利益具有高度的不确定性。无形资产能否为企业提供未来的经济利益以及提供多大的未来经济利益,在很大程度上要受到企业外部因素的影响,如技术进步、市场需求变化、同行业竞争等,使得其预期的获利能力具有高度的不确定性,可能分布在零到很大金额的范围内。同时,无形资产通常都不能单独获利,需借助于有形资产才能发挥其作用,因而企业的收益中究竟有多少来自无形资产是很难辨认的。此外,无形资产的取得成本与其能为企业带来的未来经济利益之间并无内在联系,因而很难对其未来的获利能力作出合理估计。

(6) 无形资产属于非货币性资产。无形资产由于没有活跃市场,一般不容易转化成现金,在持有过程中为企业带来的经济利益的情况不确定,不属于以固定或可确定的金额收取的资产,属于非货币性资产。

(二) 无形资产的确认条件

无形资产同时满足下列条件的,才能予以确认:

1. 与该无形资产有关的预计未来经济利益很可能流入企业

企业在判断无形资产产生的未来经济利益是否很可能流入时,应当对无形资产在预计使用寿命内可能存在的各种经济因素作出合理估计,并且应当有明确证据支持。存在促使未来经济利益预期流入企业及有效发挥这种作用的能力能够被证实;存在充足的资源或其有用性可以被证实,使企业能够获得预期经济利益的流入。

2. 该无形资产的成本能够可靠地计量

无形资产的成本能够可靠地计量是确定无形资产入账价值的基础,如果成本无法可靠地计量,无形资产的计价入账也就无从谈起。企业购入的无形资产、通过非货币性资产交换取得的无形资产、投资者投入的无形资产、通过债务重组取得的无形资产以及自行开发并依法申请取得的无形资产等,如果同时满足上述条件的,都能可靠地计量其成本。企业自创的商誉以及企业内部产生的品牌、声誉等,因其发生的成本无法明确区分而不确认为企业的无形资产。

(三) 无形资产的内容

无形资产主要包括专利权、非专利技术、商标权、著作权、特许权、土地使用权等。

(1) 专利权是指国家根据《专利法》的规定对发明创造人或发明创造所有人授予的在一定期限内对其发明创造所享有的独占权利,包括发明专利权、实用新型专利权和外观设计专利权。并非所有的专利权都能给专利权人带来经济利益,因此,企业无须将其所拥有的所有专利权予以资本化,而只需将那些能够带来经济利益,且企业为之花费了支出的专利权作为无形资产核算。

(2) 非专利技术亦称专有技术,是指为发明人所垄断的、未获得专利权、尚处于保密状态的,为企业所采用且对完成产品生产或经营过程有实用价值的先进技术、资料、技能和知识等。非专利技术一般包括工业专有技术、商业专有技术和管理专有技术等。

(3) 商标权是指生产经营者使用于其所生产或经营的特定商品或服务项目,借以区分于其他同质商品或劳务的名称、图案和标记。我国《商标法》规定,商标权的有效期限为 10 年,期满前可继续申请延长注册期。

(4) 著作权是指作者对其创作的文学、科学和艺术作品依法享有的某些特殊权利。

(5) 土地使用权是指国家准许企业在一定期间内对国有土地享有开发、利用、经营的权利。企业取得土地使用权主要有行政划拨取得、外购取得及投资者投资等形式。

(6) 特许权即经营特许权、专营权,是指企业在某一地区经营或销售某种特定商品的权利或是一家企业接受另一家企业使用其商标、商号、技术秘密等的权利。通常有两种形式:一种是由政府机构授权,准许企业使用或在一定地区享有经营某种业务的特权,如水、电、邮电通信专营权,烟草专卖权等;另一种指企业间依照签订的合同,有限期或无限期使用另一家企业的某些权利,如连锁店分店使用总店的名称等。

在界定无形资产的核算范围时,需要注意以下问题:

(1) 根据无形资产的定义,土地所有权属于无形资产的范围。企业购入或以支付土地出让金方式取得的土地使用权,在尚未开发或建造自用项目前以及用于自行开发建造厂房的,作为无形资产单独核算,并按规定的期限分期摊销。房地产开发企业开发商品房时,应将土地使用权的账面价值全部转入房屋建筑物开发成本,不再作为无形资产单独核算;企业外购房屋建筑物,实际支付成本应按公允价值分配计算确定土地使用权和房屋建筑物价值分别入账,对于确实无法分配的应将全部价款计入相应固定资产核算。

(2) 根据无形资产的定义,无形资产必须是能够区别于其他资产、可以单独辨认的。商誉只有在企业合并中才被确认,它是与企业整体价值联系在一起的,代表了购买方从不能够单独辨认的资产中获取未来经济利益所付出的一种代价。从计量角度讲,商誉是企业合并成本大于合并中取得的被购买方各项可辨认资产、负债公允价值所占份额的差额,是计算出来的价值,代表了企业未来的现金流量大于每一个单项资产产生的未来现金流量的合计数。因此,商誉无法与企业自身区分开单独买卖,不具有可辨认性。尽管《营业税改征增值税试点实施办法》将商誉列入无形资产的范畴,但会计核算上不将其纳入无形资产的核算范围,而是将其单独作为"商誉"进行核算。

(四) 无形资产的分类

1. 按无形资产取得来源不同分类

按无形资产取得来源不同分类,可分为购入的无形资产、自行开发的无形资产、投资者投入的无形资产、企业合并取得的无形资产、债务重组取得的无形资产、非货币性资产交换取得的无形资产以及政府补助取得的无形资产等。

这种分类的目的主要是为了使无形资产的初始计量更加准确和合理。因为不同来源取得的无形资产,其初始成本的确定方法以及所包括的经济内容是不同的。

2. 按无形资产使用寿命是否有期限分类

按无形资产使用寿命是否有期限分类,可分为有期限无形资产和无期限无形资产。

这种分类的目的主要是为了正确地将无形资产的应摊销金额在无形资产的使用寿命内系统而合理地进行摊销。因为按照企业会计准则的规定,使用寿命有限的无形资产才存在价值的摊销问题;而使用寿命不能确定的无形资产,其价值是不能进行摊销的。

此外,无形资产按是否能够单独辨认可分为可辨认无形资产和不可辨认无形资产,按是否受法律保护可分为法定无形资产和非法定无形资产等。

二、无形资产的初始计量

无形资产通常按照实际成本进行初始计量,即以取得无形资产并使之达到预定用途而发生的全部支出作为无形资产的成本。对于不同来源取得的无形资产,其成本构成不尽相同。

(一) 外购的无形资产

外购无形资产的成本包括购买价款、相关税费以及直接归属于使该项无形资产达到预定用途所发生的其他支出。购入时按实际成本借记"无形资产"科目,贷记"银行存款"等科目。如果出售方提供增值税专用发票的,还应按其增值税额借记"应交税费——应交增值税(进项税额)"科目。

【例 7-1】 2020 年 12 月 1 日,恒易公司购入一项专利权,增值税专用发票的金额为 240 000 元,税额为 14 400 元,款项已通过银行转账支付。恒易公司的会计处理如下:

借:无形资产——专利权	240 000.00
应交税费——应交增值税(进项税额)	14 400.00
贷:银行存款	254 400.00

购买无形资产的价款超过正常信用条件延期支付,实质上具有融资性质的,无形资产的成本以购买价款的现值为基础确定。实际支付的价款与购买价款的现值之间的差额,除按照借款费用会计处理办法应予资本化的以外,应当在信用期间内计入当期损益。

【例 7-2】 2020 年 1 月 1 日,恒易公司购入商标权一项,取得的增值税专用发票上列明的金额为 800 000 元,税额为 48 000 元。其中,税额于当日以银行存款结清,其余款项分四年付清,每年末等额付款 200 000 元,同期市场利率 8%(可参照同期银行贷款利息率确定)。恒易公司的会计处理如下:

无形资产现值 = 200 000 × 3.3121 = 662 420(元)

未确认融资费用 = 800 000 − 662 420 = 137 580(元)

借:无形资产——商标权	662 420.00
应交税费——应交增值税(进项税额)	48 000.00
未确认融资费用	137 580.00
贷:长期应付款	800 000.00
银行存款	48 000.00

2020 年年末支付款项:

借:长期应付款	200 000.00
贷:银行存款	200 000.00

2020 年应确认融资费用 = 662 420 × 8% = 52 993.60(元)

借:财务费用	52 993.60
贷:未确认融资费用	52 993.60

以后各年的会计处理同上,仅是摊销未确认融资费用的金额不同。其各年的摊销如下:

2021 年应确认融资费用 = (662 420 − 200 000 + 52 993.60) × 8% = 41 233.09(元)

2022 年应确认融资费用 = (662 420 − 200 000 + 52 993.60 − 200 000 + 41 233.09) × 8%
　　　　　　　　　　 = 28 531.74(元)

2023 年应确认融资费用 = 136 580 − 52 993.60 − 41 233.09 − 28 531.74 = 13 821.57(元)

(二)投资者投入的无形资产

投资者投入无形资产的成本应当按照投资合同或协议约定的价值确定,但合同或协议约定价值不公允的除外。在投资合同或协议约定价值不公允的情况下,应按无形资产的公允价值入账。投资合同或协议约定价值或公允价值与增值税进项税额之和大于实收资本之间的差额作资本溢价处理,计入资本公积。投资者投入无形资产时,按投资合同或协议约定价值或公允价值借记"无形资产"科目,按增值税进项税额借记"应交税费——应交增值税(进项税额)"科目,按投资者应享有资本的份额贷记"实收资本"科目,按其差额贷记"资本公积"科目。

【例 7-3】 2020 年 10 月 10 日,恒易公司接受投资方 A 公司投入非专利技术一项,根据投资合同约定,以 1 590 000 元作价(其中,增值税进项税额为 90 000 元)享有 1 000 000 元的股权份额。恒易公司的会计处理如下:

借:无形资产——非专利技术	1 500 000.00
应交税费——应交增值税(进项税额)	90 000.00
贷:实收资本	1 000 000.00
资本公积——资本溢价	590 000.00

(三) 接受捐赠的无形资产

接受捐赠的无形资产应按以下规定确定其入账价值:

(1) 捐赠方提供了有关凭据的,按凭据上标明的金额加上应支付的相关税费作为入账价值。

(2) 捐赠方未提供有关凭据的,按如下顺序确定其入账价值:

① 同类或类似无形资产存在活跃市场的,应参照同类或类似无形资产的市场价格估计的金额,加上应支付的相关税费作为入账价值。

② 同类或类似无形资产不存在活跃市场的,应按接受捐赠的无形资产的预计未来现金流量的现值,加上应支付的相关税费作为入账价值。

(四) 自行开发的无形资产

自行开发的无形资产主要是指企业自行开发的专利权和非专利技术。我国企业会计准则把企业内部的研究开发项目分为两个阶段,即研究阶段和开发阶段。研究阶段是指为获取并理解新的科学或技术知识而进行的独创性的有计划调查。研究阶段是探索性的,为进一步开发活动进行资料及相关方面的准备。已进行的研究活动将来是否会转入开发、开发后是否会形成无形资产等均具有较大的不确定性。比如,对于获取知识而进行的活动,研究成果或其他知识的应用研究、评价和最终选择,材料、设备、产品、工序、系统或服务替代品的研究,新的或经改进的材料、设备、产品、工序、系统或服务的可能替代品的配制、设计、评价和最终选择等活动。开发阶段是指在进行商业性生产或使用前,将研究成果或其他知识应用于某项计划或设计,以生产出新的或具有实质性改进的材料、装置、产品等。比如,生产前或使用前的原型和模型的设计、建造和测试,含新技术的工具、夹具、模具和冲模的设计,不具有商业性生产经济规模的试生产设施的设计、建造和运营,新的或经改造的材料、设备、产品、工序、系统或服务所选定的替代品的设计、建造和测试等活动。

对于研究和开发阶段所发生的支出,企业会计准则的处理规定是不同的:研究阶段的支出不能资本化,而是在发生时全部计入当期损益;开发阶段的支出,同时满足下列条件的,才能计入无形资产的价值:

(1) 完成该无形资产以使其能够使用或出售,在技术上具有可行性。

(2) 具有完成该无形资产并使用或出售的意图。

(3) 无形资产产生经济利益的方式,包括能够证明运用该无形资产生产的产品存在市场或无形资产自身存在市场,无形资产将在内部使用的,应当证明其有用性。

(4) 有足够的技术、财务资源和其他资源支持,以完成该无形资产的开发,并有能力使用或出售该无形资产。

(5) 归属于该无形资产开发阶段的支出能够可靠地计量。

为了正确计算企业的利润以及合理地对无形资产进行确认,应设置"研发支出"科目,以反映企业内部在研发过程中发生的支出。该科目按照研究开发项目,分别"费用化支出"与"资本化支出"进行明细核算。研究开发项目达到预定用途形成无形资产时,应按"研发支出——资本化支出"科目的余额借记"无形资产"科目,贷记"研发支出——资本化支出"科目;期末,企业应将本科目归集的费用化支出金额转入"管理费用"科目,借记"管理费用"科目,贷记"研发支出——费用化支出"科目。本科目期末借方余额,反映企业正在进行中的研究开发项目中满足资本化条件的支出。

【例7-4】 恒易公司因生产需要,组织研究人员进行一项技术研发。2020年1月10日,经汇总,研发过程中共计耗用材料126 000元,应分配研发人员薪酬82 000元,支付设备租金6 900元。根据有关规定,各项支出中应予以资本化的金额为134 500元,应予以费用化的金额为80 400元。2020年3月1日,该技术成功申请了国家专利,以银行存款支付申请专利注册费26 000元,聘请律师费6 500元。

应予以资本化金额=134 500+26 000+6 500=167 000(元)

(1) 研发支出发生时:

借:研发支出——费用化支出	80 400.00
——资本化支出	167 000.00
贷:原材料	126 000.00
应付职工薪酬	82 000.00
银行存款	39 400.00

(2) 研发项目达到预定用途时:

借:无形资产	167 000.00
贷:研发支出——资本化支出	167 000.00

(3) 期末结转费用化支出时:

借:管理费用	80 400.00
贷:研发支出——费用化支出	80 400.00

(五) 其他方式取得的无形资产

其他方式取得的无形资产,主要包括非货币性资产交换、债务重组、政府补助等取得的无形资产,其核算应分别按照相关准则的规定进行。

三、无形资产的后续计量

(一) 无形资产的摊销

无形资产属于长期资产,能使企业在较长时期内受益,因而企业应按无形资产的使用寿命对无形资产进行分期摊销。无形资产的摊销主要涉及三个方面的问题,即使用寿命的确定、摊销方法的选择和摊销金额的列支渠道。

1. 无形资产使用寿命的确定

由于企业持有的无形资产通常来源于合同性权利或其他法定权利,这些无形资产的使用寿命一般在合同里或法律上都有明确的规定。按照我国企业会计准则的规定,对于来源于合同性权利或其他法定权利的无形资产,其使用寿命不应超过合同性权利或其他法定权利的期限;合同或法律没有规定使用寿命的,企业应当综合各方面情况判断,以确定无形资产能为企业带来未来经济利益的期限。比如,与同行业的情况进行比较、参考历史经验或聘请相关专家进行论证等。如果按照上述方法仍无法合理确定无形资产为企业带来经济利益期限的,则该项无形资产应作为使用寿命不确定的无形资产,不进行摊销。无形资产摊销自无形资产可供使用时起至不再作为无形资产确认时止。无形资产摊销期的不同,将会直接影响到企业各期的财务状况和经营成果。

2. 无形资产摊销金额的确定

无形资产的应摊销金额为入账价值扣除预计残值和已计提减值准备的金额。使用寿命有限的无形资产,其预计残值视为零,但下列两种情况除外:一是有第三方承诺在无形资产使用寿命结束时购买该无形资产;二是可以根据活跃市场得到预计残值信息,并且该市场在无形资产使用寿命结束时很可能存在。

3. 无形资产摊销方法的确定

可供企业选择的无形资产的摊销方法有很多,如直线法、递减余额法和生产总量法等。企业选择什么样的摊销方法,主要取决于企业预期消耗该项无形资产所产生的未来经济利益的方式。如果企业由于某种原因难以可靠确定这种消耗方式时,则应当采用直线法对无形资产的应摊销金额进行系统合理的摊销。我国企业会计准则规定,无形资产摊销采用直线法。

4. 无形资产摊销的会计处理

无形资产摊销的金额一般确认为当期损益,计入管理费用。如果某项无形资产包含的经济利益是通过所生产的产品或其他资产实现的,无形资产的摊销金额可以计入产品或其他资产的成本。

为了反映因摊销而减少的无形资产价值,企业应设置"累计摊销"科目,其贷方登记每期的摊销额,借方登记处置无形资产转销的摊销额,余额在贷方,反映企业无形资产的累计摊销额。企业自用的无形资产,按其摊销额借记"管理费用"科目,贷记"累计摊销"科目;企业出租的无形资产,按其摊销额借记"其他业务成本"科目,贷记"累计摊销"科目。

【例7-5】 依[例7-1]资料,假设相关法律规定该专利权的使用期限为10年,恒易公司采用直线法按10年进行摊销。2020年年末恒易公司的会计处理如下:

借:管理费用	2 000.00
贷:累计摊销	2 000.00

企业应当至少于每年年度终了对使用寿命有限的无形资产的使用寿命及预期消耗该项无形资产所产生的未来经济利益的方式进行复核。如果无形资产的预计使用寿命及预期消耗该项无形资产所产生的未来经济利益的方式与以前估计的不同,应当改变摊销期限和摊销方法。同时,如果无形资产计提了减值准备,则无形资产减值准备金额要从应摊销金额中扣除,以后每年的摊销金额要重新调整计算。

【例7-6】 依[例7-5]资料,假定恒易公司在使用专利权的2022年对其使用年限重新复核,复核后的尚可使用年限为5年,且2022年年末对该项专利权计提减值准备金40 000元,则从2023年开始每月应摊销金额为2 500元[(240 000-2 000×25-40 000)÷5÷12],如果以后各年有关条件不变,则以后每年每月摊销金额均为2 500元。

【例7-7】 2020年1月1日,恒易公司从外单位购入一项非专利技术用于产品生产,增值税专用发票上注明买价为50 000 000元,增值税税额为3 000 000元,估计使用寿命为10年。购入一项商标权,增值税专用发票上注明买价为30 000 000元,增值税税额为1 800 000元,估计使用寿命为15年,款项均以银行存款支付。假定两项无形资产的净残值均为零,按直线法进行摊销。

恒易公司的会计处理如下：

（1）取得无形资产时：

借：无形资产——非专利技术	50 000 000.00
——商标权	30 000 000.00
应交税费——应交增值税(进项税额)	4 800 000.00
贷：银行存款	84 800 000.00

（2）按月摊销时：

借：制造费用	416 666.67
管理费用	166 666.67
贷：累计摊销	583 333.34

（二）无形资产的期末计价

企业应当定期或者至少在每年年末检查各项无形资产于未来给企业带来经济利益的能力，对预计可收回金额低于其账面价值的，应当计提减值准备。其中，可收回金额应当根据无形资产的公允价值减去处置费用后的净额与无形资产预计未来现金流量的现值两者之间较高者确定。

当存在下列情况之一或若干项情况时，应当将该项无形资产的账面价值全部转入当期损益：

（1）某项无形资产已被其他新技术等所替代，并且该项无形资产已无使用价值和转让价值。

（2）某项无形资产已超过法律保护期限，并且已不能为企业带来经济利益。

（3）其他足以证明某项无形资产已经丧失了使用价值和转让价值的情形。

当存在下列情况之一或若干项情况时，应当计提无形资产减值准备：

（1）某项无形资产已被其他新技术所替代，使其为企业创造经济利益的能力受到重大不利影响。

（2）某项无形资产的市价在当期大幅度下跌，并在剩余摊销年限内不会恢复。

（3）某项无形资产已超过法律保护期限，但仍然具有部分使用价值。

（4）其他足以证明某项无形资产实质上已经发生了减值的情形。

期末，企业所持有无形资产的账面价值高于其可收回金额的，按其差额借记"资产减值损失——计提无形资产减值准备"科目，贷记"无形资产减值准备"科目。无形资产减值损失一经计提确认，为了符合稳健性要求和避免利润操纵，在以后会计期间不得转回。

无形资产减值损失确认后，减值资产的摊销费用应当在未来期间作相应调整，以使该无形资产在剩余使用寿命内系统地分摊调整后的资产账面价值。

【例7-8】 2020年1月10日，恒易公司外购专利权一项，实际支付款项1 272 000元(其中，增值税进项税额为72 000元)，相关法律规定的有效年限为10年，出售方已使用1年，恒易公司估计该专利权预计使用年限为8年；2022年12月31日，由于与该专利权相关的经济因素发生不利变化，致使该专利权发生价值减损，恒易公司估计其可收回金额为240 000元；2023年12月31日，恒易公司估计其可收回金额为72 000元，且使用年限缩短为2年。假定不考虑其他相关税费的影响，恒易公司的会计处理如下：

（1）2020年1月购入专利权时：

借：无形资产——专利权	1 200 000.00
应交税费——应交增值税(进项税额)	72 000.00
贷：银行存款	1 272 000.00

(2) 2020年、2021年和2022年,每月摊销专利权价值:

借:管理费用	12 500.00
贷:累计摊销	12 500.00

至2022年12月31日,累计摊销额为450 000元(150 000×3)。

(3) 2022年12月31日,对专利权计提减值准备:

应计提无形资产减值准备=(1 200 000－450 000)－240 000=510 000(元)

借:资产减值损失——计提无形资产减值准备	510 000.00
贷:无形资产减值准备	510 000.00

(4) 2023年,对专利权进行摊销:

每月应摊销金额=240 000÷5÷12=4 000(元)

借:管理费用	4 000.00
贷:累计摊销	4 000.00

至2023年12月31日,累计摊销额为498 000元(450 000＋48 000)。

(5) 2023年12月31日,补提专利权减值损失:

应计提无形资产减值准备=(240 000－48 000)－72 000=120 000(元)

借:资产减值损失——计提无形资产减值准备	120 000.00
贷:无形资产减值准备	120 000.00

(6) 2024年和2025年,每月摊销专利权价值:

借:管理费用	3 000.00
贷:累计摊销	3 000.00

至2025年12月31日,累计摊销额为570 000元(498 000＋3 000×24)。

(7) 2025年,转销专利权及累计摊销和减值准备余额:

借:无形资产减值准备	630 000.00
累计摊销	570 000.00
贷:无形资产	1 200 000.00

四、无形资产的处置

(一) 无形资产的转让

企业转让无形资产的方式有两种:转让使用权(如出租、出借等)与转让所有权(如出售、投资等)。

1. 转让无形资产使用权

无形资产使用权的转让仅仅是将其部分使用权让渡给其他企业或个人使用,出让方仍保留对该无形资产的所有权,仍拥有其使用权、收益权和处置权,因而不应注销无形资产的账面价值。受让方只能取得使用权,即在合同规定的范围内合理使用而无权转让。

转让无形资产使用权取得租金收入作其他业务收入,收到租金时借记"银行存款"等科目,贷记"其他业务收入"和"应交税费——应交增值税(销项税额)"科目;发生与转让无形资产使用权的费用支出作为其他业务成本,发生费用支出时借记"其他业务成本"科目,贷记"累计摊销"等有关科目。

【例7-9】 2020年1月6日,恒易公司将其所有的一项专利权转让给C公司使用,期限为4年,C公司每年支付使用费100 000元和增值税6 000元;期满后,恒易公司终止C公司对该项专利权的使用权;该项专利权每年应摊销60 000元。恒易公司的会计处理如下:

(1) 每年收取使用费时:

借:银行存款	106 000.00	
贷:其他业务收入		100 000.00
应交税费——应交增值税(销项税额)		6 000.00

(2) 每年摊销时:

借:其他业务成本	60 000.00	
贷:累计摊销		60 000.00

2. 转让无形资产所有权

转让无形资产所有权即出售无形资产,出让方不仅失去了无形资产的所有权,也失去了其使用权、收益权和处置权,因而应注销无形资产的账面价值。按实际取得的转让收入和增值税销项税额借记"银行存款"等科目,按已计提累计摊销借记"累计摊销"科目,按该无形资产已计提的减值准备借记"无形资产减值准备"科目,按无形资产的账面余额贷记"无形资产"科目,按增值税销项税额贷记"应交税费——应交增值税(销项税额)"科目,按支付的相关费用贷记"银行存款"等科目,按其差额贷记或借记"资产处置损益"科目。

【例7-10】 2020年6月1日,恒易公司将一项专利权出售,其账面余额为900 000元,累计摊销为150 000元,已计提减值准备为200 000元,出售取得收入为689 000元(含税),增值税税率为6%,另以银行存款支付手续费20 000元。恒易公司的会计处理如下:

借:银行存款	689 000.00	
累计摊销	150 000.00	
无形资产减值准备	200 000.00	
贷:无形资产		900 000.00
应交税费——应交增值税(销项税额)		39 000.00
银行存款		20 000.00
资产处置损益		80 000.00

无形资产的处置还包括投资转出、债务重组转出、非货币性资产交换转出等,其核算应依据相关准则规定进行处理,其具体会计处理参见相关章节的内容。

(二) 无形资产的转销

无形资产预期不能为企业带来经济利益的,应当将该无形资产的账面价值予以转销,借记"管理费用""累计摊销""无形资产减值准备"等科目,贷记"无形资产"科目。

五、无形资产的披露

企业应当按照无形资产的类别在附注中披露与无形资产有关的下列信息:

(1) 无形资产的期初和期末账面余额、累计摊销额及减值准备累计金额。

(2) 使用寿命有限的无形资产,其使用寿命的估计情况;使用寿命不确定的无形资产,其使用寿命不确定的判断依据。

(3) 无形资产的摊销方法。

(4) 用于担保的无形资产账面价值、当期摊销额等情况。

(5) 计入当期损益和确认为无形资产的研究开发支出金额。

第二节 其他长期资产

一、其他长期资产及其特征

其他长期资产是指除流动资产、持有至到期投资、可供出售金融资产、长期股权投资、固定资产、无形资产等资产以外的其他资产,如长期待摊费用等。

长期待摊费用也称递延资产或递延费用等,是指企业已经支付,但其影响不限于支付当期,因而应由支付当期和以后各受益期间共同分摊的费用支出,如以租赁方式租入固定资产改良支出等。

长期待摊费用虽然也列为资产项目,但它与一般资产相比有很大的不同,表现在:

(1) 长期待摊费用本身没有交换价值,不能转让,也不能用于清偿债务,而长期待摊费用以外的其他各种资产都具有交换价值,既可以转让,也可以用于清偿债务。

(2) 长期待摊费用在本质上是一种费用,只是由于支出数额较大,需要分期摊销而已。长期待摊费用都是为了一定目的而发生的支出。由于这项支出数额较大,对企业生产经营影响时间较长或支出的效益要期待于未来,若将其全部计入当期的费用中,势必会造成损益的非正常波动。所以,根据权责发生制核算基础的要求,应将其暂时列为一项没有实体的过渡性资产,然后再在恰当的期间内分期摊入"管理费用""销售费用"科目。

二、其他长期资产的核算

为了正确反映长期待摊费用的发生和摊销情况,应设置"长期待摊费用"科目。企业已经发生但应由本期和以后各期负担的、分摊期限在1年以上的各项费用,均通过本科目核算。企业发生长期待摊费用时借记本科目,贷记有关科目;摊销长期待摊费用时借记"管理费用""销售费用"等科目,贷记本科目;期末借方余额反映企业尚未摊销完毕的长期待摊费用的摊余价值。

租入固定资产改良支出是指企业对采用租赁方式租入的固定资产,为增加其效用或延长其使用寿命而进行改装、翻修、改建等所发生的支出。租入固定资产改良工程所形成的固定资产,于租赁期届满时,连同租入固定资产一并归还出租方,承租企业实际上只能取得在租赁期内使用被改良固定资产获利的权利,因此,对租入固定资产进行改良所发生的支出,不能作为固定资产核算,只能作为一项长期待摊费用分期摊销。企业应按租赁期限与租赁资产尚可使用年限孰短的原则,确定租入固定资产改良支出的摊销期限,将其分期计入相关成本或费用。

第 8 章 流动负债

本 章 提 要

本章主要叙述短期借款、应付账款、应付票据、应付职工薪酬、应交税费以及或有事项的会计核算等内容。通过本章的学习,应掌握短期借款、应付账款、应付票据和预收账款的会计处理,掌握一般纳税人应交增值税的会计处理,掌握应交消费税的会计处理,熟悉应付股利、应付利息的会计处理;掌握应付职工薪酬的会计处理,了解小规模纳税企业增值税的会计处理,理解或有事项的会计处理。

重 点 难 点

短期借款、应付账款、应付票据入账价值的确定及其会计处理;一般纳税人应交增值税、应交消费税的会计处理;应付职工薪酬的会计处理;或有事项的会计处理。

第一节 流动负债概述

一、流动负债的定义和特点

负债是指企业过去的交易或者事项形成的、预期会导致经济利益流出企业的现时义务。负债按偿还期限长短可以分为流动负债和非流动负债。流动负债是指将在 1 年或者超过 1 年的一个营业周期内偿还的债务。

流动负债具有以下特点:

(1) 偿还期限短。偿还期限以债权人所提出的期限要求为准,或在 1 年或一个营业周期内必须偿还。

(2) 到期需要偿还。除带息应付票据和短期借款以外,一般情况下其他流动负债不需要支付利息。

二、流动负债的分类

(一) 按偿付手段分类

流动负债按偿付手段可分为货币性流动负债和非货币性流动负债。货币性流动负债是指需要以货币资金偿还的负债,包括短期借款、应付票据、应付账款、应付职工薪酬、应交税费、应付股利以及其他应付款和应付利息中需要以货币资金偿还的债务;非货币性流动负债是指以实物资产或提供劳务偿还的债务,如预收货款等。

(二) 按偿付金额是否确定分类

流动负债按偿付金额是否确定可分为金额确定的流动负债和金额需要估计的流动负债。金额确定的流动负债是指有确切的债权人和偿付日期并有确切的偿付金额的流动负债,包括短期借款、应付票据以及已经取得结算凭证的应付账款、预收账款、应付职工薪酬、应交税费、应付利润和其他应付款等;金额需要估计的流动负债,是指没有确切的债权人和偿付日期或虽有确切的债权人和偿付日期但其偿付金额需要估计的流动负债,如没有取得结算凭证的应付账款等。

(三) 按形成方式分类

流动负债按形成方式可分为融资活动形成的流动负债、营业活动形成的流动负债和收益分配形成的流动负债。融资活动形成的流动负债是指企业从银行和其他金融机构筹集资金形成的流动负债,主要包括短期借款和应付的借款利息等;营业活动形成的流动负债是指企业在正常生产经营活动中形成的流动负债,有外部业务结算形成和内部往来形成两种情况,前者包括应付票据、应付账款、预收账款、应交税费、应付利息以及其他应付款中应付外单位的款项等;后者包括应付职工薪酬以及其他应付款中应付企业内部单位或职工的款项;收益分配形成的流动负债是指企业净收益分配过程中形成的流动负债,主要是指应付股利。

三、流动负债的计价原则

流动负债按实际发生额进行计价,负债已经发生而金额需要预计确定的应当合理预计,待实际金额确定后进行调整。

第二节 短期借款

一、短期借款的核算账户

短期借款是指企业从银行或其他金融机构借入的偿还期限在1年以内(含1年)的借款。短期借款的核算包括本金核算和利息核算。为了核算短期银行借款本金,企业应设置"短期借款"科目,用以核算企业向银行或其他金融机构等借入的期限在1年以内(含1年)的各种借款。借入各种短期借款时按借款本金借记"银行存款"科目,贷记"短期借款"科目;归还借款时按实际归还的本金借记"短期借款"科目,贷记"银行存款"科目;期末贷方余额反映企业尚未偿还的短期借款本金数额;本科目应按债权人设置明细账,并按借款种类和币种进行明细核算。

短期借款的利息应确认为费用,通过"财务费用"科目核算。短期借款利息通常于季末支付当季利息,或在短期借款到期时一次性支付利息。根据权责发生制的要求,企业应在每个季度的前两个月预提当月利息,或在短期借款到期前的每个月份预提当月利息,预提时借记"财务费用"科目,贷记"应付利息"科目;实际支付利息时,按已预提的利息借记"应付利息"科目,按实际支付利息与原预提利息的差额借记"财务费用"科目,按实际支付的利息贷记"银行存款"科目。如果短期借款利息金额较小,对当月损益影响不大的,也可不实行预提办法,在实际支付利息时全部计入支付月份的财务费用。

二、短期借款的会计处理

【例8-1】 2020年2月1日,恒易公司向银行申请取得半年期借款200 000元,利率为6%,到期一次性偿还本息,用于补充生产资金不足。利息采用预提方式核算,月预提额1 000元。恒易公司的会计处理如下:

(1) 2020 年 2 月 1 日取得借款：

借：银行存款	200 000.00	
贷：短期借款		200 000.00

(2) 每月月末预提当月利息费用：

借：财务费用	1 000.00	
贷：应付利息		1 000.00

(3) 2020 年 8 月 1 日偿还借款时：

借：短期借款	200 000.00	
应付利息	6 000.00	
贷：银行存款		206 000.00

【例 8-2】 2020 年 4 月 1 日，恒易公司向银行借入期限为 6 个月的短期借款 1 200 000 元，用于季节性原材料储备，利率为 8%，利息按季度支付。恒易公司的会计处理如下：

(1) 2020 年 4 月 1 日，借入款项时：

借：银行存款	1 200 000.00	
贷：短期借款		1 200 000.00

(2) 2020 年 4 月 30 日和 2020 年 5 月 31 日，预提利息时：

借：财务费用	8 000.00	
贷：应付利息		8 000.00

(3) 2020 年 6 月 30 日，支付利息时：

借：财务费用	8 000.00	
应付利息	16 000.00	
贷：银行存款		24 000.00

(4) 2020 年 7 月 31 日和 2020 年 8 月 31 日，预提利息时：

借：财务费用	8 000.00	
贷：应付利息		8 000.00

(5) 2020 年 10 月 1 日，支付利息并归还本金时：

借：短期借款	1 200 000.00	
财务费用	8 000.00	
应付利息	16 000.00	
贷：银行存款		1 224 000.00

第三节　应付及预收款项

一、应付票据的核算

(一) 应付票据概述

应付票据是企业在购买商品、材料等物资的交易过程中由于采用商业汇票结算方式而形成的一种负债。应付票据与应付账款不同,两者虽然都是因交易活动所引起的现时义务,但应付账款所引起的债务是一种尚未结清的债务,而应付票据则是延期付款的证明。

应付票据由于是买卖双方在进行交易活动中所形成的负债,债务人以商业汇票为凭证进行债务的偿还,因而应付票据按商业汇票承兑人的不同,可分为商业承兑汇票和银行承兑汇票;应付票据按是否带息,又可分为带息的应付票据和不带息的应付票据。

(二)应付票据的会计处理

为了核算企业购买材料、商品和接受劳务等所开出或承兑的商业汇票,企业应设置"应付票据"科目,其贷方登记开出商业汇票的面值和应计提的利息,借方登记到期偿还或结转的账面价值,贷方余额表示期末尚未到期的应付票据账面价值。同时,企业应设置"应付票据备查簿",详细登记每一应付票据的种类、号数、签发日期、到期日期、票面金额、票面利率、合同交易号、收款人姓名或单位名称以及付款日期和金额等资料。

开出商业汇票时,按发票注明的采购价款借记"材料采购""库存商品"等科目,按发票注明的增值税额借记"应交税费——应交增值税(进项税额)"科目,按应付给供货单位的款项贷记"应付票据"科目,按票面金额万分之五支付银行承兑手续费时借记"财务费用"科目,贷记"银行存款"科目;带息的应付票据期末(半年末或年末)计提利息时借记"财务费用"科目,贷记"应付票据"科目;应付票据到期时,如果企业按正常情况支付票据本金,按应付票据的账面价值借记"应付票据"科目,如为带息票据,按未计提利息借记"财务费用"科目,按票到期值贷记"银行存款"科目;如果企业开出的是商业承兑汇票,在票据到期后无力支付时,则将应付票据的账面余额转入"应付账款"科目;如果企业开出的是银行承兑汇票,在票据到期后无力支付时,承兑银行先行代付款项,并将代付的款项作为逾期短期借款处理,处以每日万分之五的罚息,企业应将应付票据的账面余额转入"短期借款"科目。对于带息票据未计提的利息,应记入"财务费用"科目。

【例8-3】 恒易公司向乙公司购进A材料一批,有关经济业务及会计处理如下:

(1) 2020年6月1日,取得增值税专用发票,发票注明买价100 000元,增值税税额13 000元,恒易公司向银行支付承兑手续费56.50元后,以一张面值为113 000元、期限6个月、利率6%的带息银行承兑汇票支付货款,材料已入库,按实际成本核算。

借:财务费用——手续费	56.50
贷:银行存款	56.50
借:原材料——A材料	100 000.00
应交税费——应交增值税(进项税额)	13 000.00
贷:应付票据——乙公司	113 000.00

(2) 2020年6月30日,计提应付票据的利息。

应计利息=113 000×6‰×1÷12=565(元)

借:财务费用——利息支出	565.00
贷:应付票据——乙公司(应计利息)	565.00

(3) 2020年12月1日,票据到期无款支付。

借:应付票据——乙公司	113 000.00
——乙公司(应计利息)	565.00
财务费用	2 825.00
贷:短期借款	116 390.00

(4) 2020年12月21日,以银行存款支付逾期票据款116 390元及罚息1 163.90元。

借:短期借款	116 390.00
财务费用	1 163.90
贷:银行存款	117 553.90

二、应付账款的核算

(一)应付账款概述

应付账款是指企业因购买材料、商品和接受劳务、服务等应支付给销售方或提供劳务、服务方的款项,是买卖双方在购销活动中由于取得货物与支付货款在时间上不一致而产生的负债。

应付账款的入账时间应以所购货物的所有权转移或接受劳务、服务已经发生为标志确定。实际工作中应区别以下情况进行处理:

(1) 在货物和发票账单同时到达的情况下,应付账款一般待货物验收入库后才根据发票账单入账。其原因是为了通过验收来确认所购货物与合同条款是否相符,以免在入账后发现问题再作调整。

(2) 在货物和发票账单不是同时到达的情况下,如果货物先行到达,为了简化核算工作,一般待发票账单到后再根据发票账单入账。如到月终发票账单尚未到达,为了客观地反映企业的财务状况,应对所购货物暂估应付账款入账,下月初用红字冲销暂估款,等发票账单到达后再按实际金额入账。如果发票账单先到,当收到发票账单时,应立即据以入账。

应付账款应按经济业务发生的实际金额入账。如果购入货物在形成一笔应付账款时存在现金折扣的,应付账款入账金额的确定按发票上记载的应付金额的总值(即不扣除折扣)记账。此时,应按发票上记载的全部应付金额借记有关科目,贷记"应付账款"科目,以后获得的现金折扣冲减财务费用。

应付账款一般在较短期限内支付。有些应付账款由于债权人单位撤销或其他原因而无法支付,或者将应付账款划转给有关关联方等其他企业的,无法支付或无须支付或进行债务重组的应付账款应计入营业外收入。

(二)应付账款的会计处理

为了反映企业应付账款的形成及偿还情况,企业应设置"应付账款"科目,该科目贷方登记发生的应付账款,借方登记偿还的应付账款,贷方余额表示期末尚未支付的应付账款,借方余额表示多付或预付的款项。

企业发生应付账款时借记"原材料""应交税费——应交增值税(进项税额)"等科目,贷记"应付账款"科目;偿还应付账款或开出商业汇票抵付应付账款时借记"应付账款"科目,贷记"银行存款""应付票据"等科目;企业发生债务重组实际支付应付账款的差额,在报经批准后转销时借记"应付账款"科目,贷记"营业外收入——债务重组利得"科目。

【例8-4】 2020年6月1日,恒易公司向乙企业购进一批A材料,增值税专用发票上标明的买价为200 000元,增值税进项税额为26 000元,信用期限为30天,乙企业给予的现金折扣条件为:2/10,N/30,现金折扣仅为价款,恒易公司于6月10日付款。恒易公司对现金折扣采用总额法核算。其会计处理如下:

(1) 购买A材料:

借:原材料——A材料	200 000.00
应交税费——应交增值税(进项税额)	26 000.00
贷:应付账款——乙企业	226 000.00

(2) 支付款项：

借：应付账款——乙企业	226 000.00
贷：银行存款	222 000.00
原材料——A材料	4 000.00

三、预收账款的核算

（一）预收账款概述

预收账款是指企业在销售商品或提供劳务、服务之前，根据购销合同预先向购货方收取的款项。预收账款是一项负债，该负债需要用商品或劳务偿付，偿付后负债转为收入。

（二）预收账款的会计处理

企业应设置"预收账款"科目，核算企业按照合同向购货单位预收的款项。其贷方登记按合同规定向购货方预收的款项和补收的差额款，借方登记用商品或劳务偿付债务款项的总额，期末余额如在贷方，反映企业向购货单位预收的款项，期末余额如在借方，则表示应由购货单位补付的款项。该科目按购货单位设置明细账进行明细核算。

如果企业预收账款业务不多，也可不设置"预收账款"科目，而将预收账款业务合并于"应收账款"科目核算。

企业向购货单位预收款项时借记"银行存款"科目，贷记"预收账款"科目；待销售实现时，按实现的收入和增值税销项税额借记"预收账款"科目，按实现的收入贷记"主营业务收入"科目，按增值税专用发票上的销项税额贷记"应交税费——应交增值税（销项税额）"科目；购货单位补付款项时，按补付金额借记"银行存款"科目，贷记"预收账款"科目。

【例8-5】 恒易公司与乙公司签订购销合同后发生的经济业务及会计处理如下：

(1) 2020年5月10日，恒易公司按合同规定预收乙公司货款50 000元。

借：银行存款	50 000.00
贷：预收账款——乙公司	50 000.00

(2) 2020年5月20日，按合同规定将产品发运给乙公司并开出增值税专用发票，发票注明不含税售价为100 000元，增值税（销项税额）为13 000元。

借：预收账款——乙公司	113 000.00
贷：主营业务收入	100 000.00
应交税费——应交增值税（销项税额）	13 000.00

(3) 2020年5月25日，恒易公司收到乙公司补付的货款。

借：银行存款	63 000.00
贷：预收账款——乙公司	63 000.00

如果恒易公司不设置"预收账款"科目，将其合并于"应收账款"科目核算，则其会计处理如下：

(1) 5月10日：

借：银行存款	50 000.00
贷：应收账款——乙公司	50 000.00

(2) 5月20日：

借：应收账款——乙公司	113 000.00
贷：主营业务收入	100 000.00
应交税费——应交增值税（销项税额）	13 000.00

(3) 5月25日：

借：银行存款　　　　　　　　　　　　　　　　　　　　　　63 000.00
　　贷：应收账款——乙公司　　　　　　　　　　　　　　　　　　63 000.00

第四节　职工薪酬

一、职工薪酬的构成内容

（一）职工薪酬的含义

职工薪酬是指企业为获得职工提供的服务或解除劳动关系而给予的各种形式的报酬或补偿。职工是指与企业订立劳动合同的所有人员，包括：全职、兼职和临时职工；虽未与企业订立劳动合同但由企业正式任命的人员；未与企业订立劳动合同或未由其正式任命，但向企业所提供服务与职工所提供服务类似的人员（如通过企业与劳务中介公司签订用工合同而向企业提供服务的人员）。

（二）职工薪酬的构成内容

职工薪酬包括短期薪酬、离职后福利、辞退福利和其他长期职工福利，以及企业提供给职工配偶、子女、受赡养人、已故员工遗属及其他受益人等的福利。

1. 短期薪酬

短期薪酬是指企业在职工提供相关服务的年度报告期间结束后12个月内需要全部予以支付的职工薪酬，因解除与职工的劳动关系给予的补偿除外。具体包括：职工工资、奖金、津贴和补贴；职工福利费；医疗保险费、工伤保险费和生育保险费等社会保险费；住房公积金；工会经费和职工教育经费；短期带薪缺勤；短期利润分享计划；非货币性福利；其他短期薪酬。带薪缺勤是指企业支付工资或提供补偿的职工缺勤，包括年休假、病假、短期伤残、婚假、产假、丧假、探亲假等；利润分享计划是指因职工提供服务而与职工达成的基于利润或其他经营成果提供薪酬的协议。

2. 离职后福利

离职后福利是指企业为获得职工提供的服务而在职工退休或与企业解除劳动关系后，提供的各种形式的报酬和福利，短期薪酬和辞退福利除外。

3. 辞退福利

辞退福利是指企业在职工劳动合同到期之前解除与职工的劳动关系，或者为鼓励职工自愿接受裁减而给予职工的补偿。

4. 其他长期职工福利

其他长期职工福利是指除短期薪酬、离职后福利、辞退福利之外所有的职工薪酬，包括长期带薪缺勤、长期残疾福利、长期利润分享计划等。

二、职工薪酬的确认和计量

（一）短期薪酬的确认和计量

企业应当在职工为其提供服务的会计期间，将实际发生的短期薪酬确认为相应负债，并计入相关资产成本或当期损益。计入相关资产成本或当期损益是指根据职工提供服务的受益对象，分别按照下列情况处理：

（1）应由生产的产品或提供的劳务负担的短期薪酬，应计入相应的产品成本或劳务成本；

(2) 应由在建工程、无形资产负担的短期薪酬,应计入建造固定资产或无形资产的成本;

(3) 其他的短期薪酬,应计入当期损益。

具体要求是:

(1) 企业发生的职工工资、奖金、津贴和补贴,应当在实际发生时根据实际发生额进行确认和计量。

(2) 企业发生的职工福利费,应当在实际发生时根据实际发生额进行确认和计量。职工福利费为非货币性福利的,应当按照公允价值计量。

(3) 企业为职工缴纳的医疗保险费、工伤保险费、生育保险费等社会保险费和住房公积金,以及按规定提取的工会经费和职工教育经费,应当在职工为其提供服务的会计期间,根据规定的计提基础和计提比例进行确认和计量。

(4) 企业应当在职工提供服务从而增加了其未来享有的带薪缺勤权利时,确认与累积带薪缺勤相关的职工薪酬,并以累积未行使权利而增加的预期支付金额计量;企业应当在职工实际发生缺勤的会计期间确认与非累积带薪缺勤相关的职工薪酬。累积带薪缺勤是指带薪缺勤权利可以结转下期的带薪缺勤,本期尚未用完的带薪缺勤权利可以在未来期间使用;非累积带薪缺勤是指带薪缺勤权利不能结转下期的带薪缺勤,本期尚未用完的带薪缺勤权利将予以取消,并且职工离开企业时也无权获得现金支付。

(5) 利润分享计划同时满足因过去事项导致现在具有支付职工薪酬的法定义务或推定义务和利润分享计划所产生的应付职工薪酬义务金额能够可靠估计两个条件时,企业应当确认相关的应付职工薪酬。应付职工薪酬义务金额能够可靠估计,是指具备下列三种情形其中之一的情形:① 在财务报告批准报出之前企业已确定应支付的薪酬金额;② 该短期利润分享计划的正式条款中包括确定薪酬金额的方式;③ 过去的惯例为企业确定推定义务金额提供了明显证据。如果职工只有在企业工作一段特定期间才能分享利润的,企业在计量利润分享计划产生的应付职工薪酬时,应当反映职工因离职而无法享受利润分享计划福利的可能性。如果企业在职工为其提供相关服务的年度报告期间结束后 12 个月内,不需要全部支付利润分享计划产生的应付职工薪酬,该利润分享计划则按其他长期职工福利的有关规定执行。

(二) 离职后福利的确认和计量

企业应当将离职后福利计划分类为设定提存计划和设定受益计划。离职后福利计划是指企业与职工就离职后福利达成的协议,或者企业为向职工提供离职后福利制定的规章或办法等;设定提存计划是指向独立的基金缴存固定费用后,企业不再承担进一步支付义务的离职后福利计划;设定受益计划,是指除设定提存计划以外的离职后福利计划。

企业应当在职工为其提供服务的会计期间,将根据设定提存计划计算的应缴存金额确认为负债,并计入当期损益或相关资产成本。

企业应当将设定受益计划按照一定的步骤,采用一定的方法进行确认和计量,并计入当期损益或相关资产成本或其他综合收益。

(三) 辞退福利的确认和计量

企业向职工提供辞退福利的,应当在下列两者孰早日确认辞退福利产生的职工薪酬负债,并计入当期损益:① 企业不能单方面撤回因解除劳动关系计划或裁减建议所提供的辞退福利时;② 企业确认与涉及支付辞退福利的重组相关的成本或费用时。

企业应当按照辞退计划条款的规定,合理预计并确认辞退福利产生的应付职工薪酬。辞退福利预期在其确认的年度报告期结束后 12 个月内完全支付的,应按照短期薪酬的相关规定执行;

辞退福利预期在年度报告期结束后 12 个月内不能完全支付的,应按照其他长期职工福利的有关规定执行。

(四) 其他长期职工福利的确认和计量

企业向职工提供的其他长期职工福利,符合设定提存计划条件的,应按照有关设定提存计划的规定进行处理。除此之外,企业应按照有关设定受益计划的规定,确认和计量其他长期职工福利净负债或净资产。在报告期末,企业应将其他长期职工福利产生的职工薪酬成本确认为服务成本或其他长期职工福利净负债或净资产的利息净额或重新计量其他长期职工福利净负债或净资产所产生的变动。

三、职工薪酬的会计处理

(一) 短期薪酬的会计处理

1. 职工工资、奖金、津贴和补贴

职工薪酬中职工工资、奖金、津贴和补贴是企业对职工个人的一种负债,是使用职工的知识、技能、时间和精力等而给予职工的一种补偿(报酬),企业应付职工的劳动报酬,在会计上设置"应付职工薪酬——工资"科目进行核算。"应付职工薪酬——工资"科目的贷方反映应付职工的工资,借方反映实际发放的工资和结转的代扣款项。期末结转后如果余额在贷方,表示应付未付的工资;如果余额在借方,反映多发放的工资。

企业根据工资结算的有关原始凭证计算得出每月应付职工工资后,扣除代扣款项,计算出每个职工每月的实发工资,并据以与职工进行工资结算和进行工资结算的会计处理。

月末根据应付工资编制工资费用分配表,按生产工人工资借记"生产成本"科目,按车间管理人员工资借记"制造费用"科目,按行政管理人员工资借记"管理费用"科目,按销售部门人员工资借记"销售费用"科目,按工程人员工资借记"在建工程"科目,按医务部门人员工资借记"管理费用——医务人员工资费"科目,按应付工资总额贷记"应付职工薪酬——工资"科目。

实际发放工资前应从银行提取现金,根据实发工资提取现金时借记"库存现金"科目,贷记"银行存款"科目;发放工资时,按应发工资额借记"应付职工薪酬——工资"科目,按实发工资额贷记"库存现金"科目,按代扣款项贷记"其他应付款"或"其他应收款"科目。如果委托银行代发工资,则不再提取现金,根据提交银行的实发工资额借记"应付职工薪酬——工资"科目,贷记"银行存款"科目,各种代扣款项单列的,还应根据代扣款项额借记"应付职工薪酬——工资"科目,贷记"其他应付款"或"其他应收款"科目。企业代扣的个人所得税,应借记"应付职工薪酬——工资"科目,贷记"应交税费——应交个人所得税"科目。

【例 8-6】 2020 年 6 月,恒易公司当月应发工资 1 000 000 元,其中:生产部门生产人员工资 500 000 元,生产部门管理人员工资 100 000 元,行政管理部门人员工资 180 000 元,公司专设销售部门人员工资 50 000 元,建造厂房人员工资 110 000 元,内部开发存货管理系统人员工资 60 000元。恒易公司的会计处理如下:

借:生产成本	500 000.00
制造费用	100 000.00
管理费用	180 400.00
销售费用	50 000.00
在建工程	110 800.00
研发支出——资本化支出	60 000.00
贷:应付职工薪酬——工资	1 000 000.00

由银行代发工资、奖金、津贴和补贴时:

借:应付职工薪酬——工资
　贷:银行存款
　　　应交税费——应交个人所得税
　　　其他应收款(收回代垫款)
　　　其他应付款(代扣代缴)

2. 职工福利费

企业发生的职工福利费如生活困难补助、丧葬补助费、抚恤费、防暑降温费等,应在实际发生时根据职工所在岗位、部门等,以实际发生额进行分配,计入相关资产的成本或计入当期损益。其会计处理与工资、奖金、津贴和补贴的会计处理一致。

【例8-7】 2020年6月,恒易公司当月应发防暑降温费67 000元,其中:生产部门生产人员工资32 000元,生产部门管理人员工资7 000元,行政管理部门人员工资12 000元,公司专设销售部门人员工资4 000元,建造厂房人员工资8 000元,内部开发存货管理系统人员工资4 000元。恒易公司的会计处理如下:

借:生产成本	32 000.00
制造费用	7 000.00
管理费用	12 000.00
销售费用	4 000.00
在建工程	8 000.00
研发支出——资本化支出	4 800.00
贷:应付职工薪酬——福利费	67 000.00

实际发放时的会计处理同发放工资、奖金、津贴和补贴(此处略)。

职工福利费为非货币性福利的,应按照公允价值计量。

【例8-8】 2020年6月,恒易公司向生产一线人员160人以其生产的单位成本每辆2 000元的代步电动车作为职工福利发给职工,代步电动车每辆售价3 000元,增值税税率13%。

借:生产成本	542 400.00
贷:应付职工薪酬——非货币性福利	542 400.00
借:应付职工薪酬——非货币性福利	542 400.00
贷:主营业务收入	480 000.00
应交税费——应交增值税(销项税额)	62 400.00

同时结转成本:

借:主营业务成本	320 000.00
贷:库存商品	320 000.00

【例8-9】 2020年6月,恒易公司决定购买一批日用品作为福利发放给职工,5日签发支票120 000元购买了一批日用品,6日全部发放给职工,其中:生产部门直接生产人员发放60 000元,生产部门管理人员发放12 000元,行政管理部门人员发放21 600元,专设销售部门人员发放6 000元,在建工程人员发放13 200元,内部开发存货管理系统人员发放7 200元。恒易公司的会计处理如下:

借：应付职工薪酬——非货币性福利	120 000.00
贷：银行存款	120 000.00
借：生产成本	60 000.00
制造费用	12 000.00
管理费用	21 600.00
销售费用	6 000.00
在建工程	13 200.00
研发支出——资本化支出	72 000.00
贷：应付职工薪酬——非货币性福利	120 000.00

3．社会保险费、住房公积金及工会经费、职工教育经费

企业为职工缴纳的医疗保险费、工伤保险费、生育保险费等社会保险费和住房公积金，以及按规定提取的工会经费和职工教育经费，应在职工为其提供服务的会计期间，根据规定的计提基础和计提比例，按照工资、奖金、津贴和补贴的会计处理的相同口径，计入相关资产的成本或当期损益。

【例8-10】 依［例8-6］、［例8-7］、［例8-8］和［例8-9］资料，分别按职工工资总额的10％、1％、10.5％、2％和1.5％计提医疗保险费、工伤保险费、住房公积金、工会经费和职工教育经费，并以工资总额的60％为基数、0.8％的比例计提生育保险费。恒易公司的会计处理如下：

应计入生产成本的工资总额＝500 000＋32 000＋542 400＋60 000＝1 134 400(元)

应计入制造费用的工资总额＝100 000＋7 000＋12 000＝119 000(元)

应计入管理费用的工资总额＝180 000＋12 000＋21 600＝213 600(元)

应计入销售费用的工资总额＝50 000＋4 000＋6 000＝60 000(元)

应计入在建工程的工资总额＝110 000＋8 000＋13 200＝131 200(元)

应计入研发支出的工资总额＝60 000＋4 000＋7 200＝71 200(元)

应计入生产成本的短期薪酬＝1 134 400×(10％＋1％＋10.5％＋2％＋1.5％＋60％×0.8％)
　　　　　　　　　　　　＝289 045.12(元)

应计入制造费用的短期薪酬＝119 000×(10％＋1％＋10.5％＋2％＋1.5％＋60％×0.8％)
　　　　　　　　　　　　＝30 321.20(元)

应计入管理费用的短期薪酬＝213 600×(10％＋1％＋10.5％＋2％＋1.5％＋60％×0.8％)
　　　　　　　　　　　　＝54 425.28(元)

应计入销售费用的短期薪酬＝60 000×(10％＋1％＋10.5％＋2％＋1.5％＋60％×0.8％)
　　　　　　　　　　　　＝15 288(元)

应计入在建工程的短期薪酬＝131 200×(10％＋1％＋10.5％＋2％＋1.5％＋60％×0.8％)
　　　　　　　　　　　　＝33 429.76(元)

应计入研发支出的短期薪酬＝71 200×(10％＋1％＋10.5％＋2％＋1.5％＋60％×0.8％)
　　　　　　　　　　　　＝18 141.76(元)

借：生产成本	289 045.12
制造费用	30 321.20
管理费用	54 425.28
销售费用	15 288.00
在建工程	33 429.76
研发支出——资本化支出	18 141.76
贷：应付职工薪酬——社会保险费	198 535.12
——住房公积金	181 587.00
——工会经费	34 558.00
——职工教育经费	25 941.00

缴纳社会保险费、住房公积金或拨付工会经费、职工教育经费时：

借：应付职工薪酬——社会保险费	198 535.12
——住房公积金	181 587.00
——工会经费	34 558.00
——职工教育经费	25 941.00
贷：银行存款	440 651.12

4. 带薪缺勤

(1) 累积带薪缺勤。如果职工在离开企业时不能获得现金支付，则应当根据资产负债表日因累积未使用权利而导致的预期支付的追加金额，作为累积带薪缺勤费用进行预计；如果职工在离开企业时能够获得现金支付，则应确认必须支付的职工全部累积未使用权利的金额。

【例8-11】 恒易公司假设实行累积带薪缺勤制度，制度规定：每位职工每年可享受5个工作日带薪休假，当年未使用的休假只能向后结转一个日历年度，超过1年未使用的权利到期自动作废，在职工离开公司时不能获得现金支付；职工休假以后进先出为基础，即首先从当年可享受的权利中扣除，再从上年结转的带薪休假余额中扣除。2020年12月31日，每个职工当年平均未使用带薪休假为2天。2021年，恒易公司650名职工估计有600名职工将享受不超过5天的带薪休假，不需要考虑带薪缺勤，剩余50名职工每人将平均享受8天休假。假定这50名职工中有40名为一线工人，日平均工资为100元，另10名为行政管理人员，日平均工资150元。2021年，40名一线工人中有30名享受了8天的年休假，10名只享受了5天休假；10名行政管理人员中有6名享受了8天的年休假，4名只享受了5天休假，带薪休假薪酬均与正常工资同步发放。

2020年12月31日，恒易公司的会计处理如下：

预计2021年未行使带薪休假权利应支付追加金额：

一线工人应支付的追加金额=$100\times(8-5)\times40=12\,000$(元)

管理人员应支付的追加金额=$150\times(8-5)\times10=4\,500$(元)

借：生产成本	12 000.00
管理费用	4 500.00
贷：应付职工薪酬——累积带薪缺勤	16 500.00

2021年12月31日，恒易公司的会计处理如下：

借：应付职工薪酬——累积带薪缺勤	11 700.00	
贷：银行存款		11 700.00
借：应付职工薪酬——累积带薪缺勤	4 800.00	
贷：生产成本		3 000.00
管理费用		1 800.00

【例8-12】 依[例8-11]，假设恒易公司累积带薪缺勤制度规定：职工当年未使用的休假权利可以无限期地结转到以后年度，在职工离开公司时能获得现金支付。公司400名职工的情况为：生产部门生产人员200名，生产部门管理人员40名，行政管理部门人员72名，公司专设销售部门人员20名，建造厂房人员44名，内部开发存货管理系统人员24名。其平均日工资分别为：生产部门生产人员和建造厂房人员100元，生产部门管理人员、行政管理部门人员和公司专设销售部门人员150元，内部开发存货管理系统人员180元。其他资料不变。

2020年12月31日，恒易公司的会计处理如下：

预计职工带薪缺勤费用＝(200＋44)×2×100＋(40＋72＋20)×2×150＋24×2×180
　　　　　　　　　　＝97 040(元)

借：生产成本	40 000.00	
制造费用	12 000.00	
管理费用	21 600.00	
销售费用	6 000.00	
在建工程	8 800.00	
研发支出——资本化支出	8 640.00	
贷：应付职工薪酬——累积带薪缺勤		97 040.00

(2) 非累积带薪缺勤。非累积带薪缺勤主要包括婚假、产假、丧家、病假等，非累积带薪休假权利无递延性，带薪权利不能结转下期，职工提供的服务本身不能增加其能够享受的福利金额，一般是在缺勤期间计提应付工资薪酬时一并处理，因此，期末不需要将未享受的非累积带薪缺勤作为一项负债处理。

如果职工放弃非累积带薪休假权利时，企业没有任何货币补偿，则不做会计处理；如果企业给予一定金额的货币补偿，则应在补偿当期确认一项负债计入相关资产的成本或当期损益。

【例8-13】 恒易公司2020年10月有1名行政管理人员放弃15天的婚假，假设公司员工平均日工资为180元，平均月工资为5 400元。恒易公司的会计处理如下：

假设恒易公司未实行非累积带薪缺勤货币补偿制度，会计处理为：

借：管理费用	5 400.00	
贷：应付职工薪酬——工资		5 400.00

假设恒易公司实行非累积带薪缺勤货币补偿制度，补偿金额为放弃带薪休假期间平均日工资的2倍，会计处理为：

借：管理费用	10 800.00	
贷：应付职工薪酬——工资		5 400.00
应付职工薪酬——非累计带薪休假		5 400.00

对于企业支付给员工的累积带薪缺勤和非累积带薪缺勤的货币补偿，是否能在税前扣除，应

严格按照《国家税务总局关于企业工资薪金及职工福利费扣除问题的通知》规定执行。若超过"合理工资薪金"扣除范围的,应作为永久性差异,按照"调表不调账"的原则,在纳税申报表上进行纳税调增处理。

5. 利润分享计划

为鼓励职工长期为企业提供服务,企业可能制订利润分享和奖金计划,规定当职工在企业工作了特定年限后,能够享有按照企业净利润的一定比例计算的奖金,如果职工在企业工作到特定期末,其提供的服务就会增加企业应付职工薪酬金额,尽管企业没有支付这类奖金的法定义务,但是如果有支付此类奖金的惯例,或者说企业除了支付奖金外没有其他现实的选择,这样的计划就使企业产生了一项推定义务。利润分享计划一般是按照企业实现净利润的一定比例确定的,与企业经营业绩挂钩,仍然是由于职工提供服务而产生的,不是由企业与其所有者之间的交易而产生,因此,企业应当将利润分享和奖金计划计入相关资产的成本或当期损益,不能作为净利润的分配。根据利润分享计划确定的金额,借记"生产成本""管理费用"等科目,贷记"应付职工薪酬——工资"科目。

(二) 离职后福利的会计处理

1. 设定提存计划

企业缴纳的养老保险、失业保险等社会保险费,实质上向职工提供了离职后福利,属于设定提存计划。

【例8-14】 依[例8-6]、[例8-7]、[例8-8]和[例8-9]资料,按职工工资总额的12%计提养老保险费。恒易公司的会计处理如下:

依据[例8-10]计算的工资总额资料计算离职后福利:

应计入生产成本的离职后福利=1 134 400×12%=136 128(元)

应计入制造费用的离职后福利=119 000×12%=14 280(元)

应计入管理费用的离职后福利=213 600×12%=25 632(元)

应计入销售费用的离职后福利=60 000×12%=7 200(元)

应计入在建工程的离职后福利=131 200×12%=15 744(元)

应计入研发支出的离职后福利=71 200×12%=8 544(元)

借:生产成本	136 128.00
制造费用	14 280.00
管理费用	25 632.00
销售费用	7 200.00
在建工程	15 744.00
研发支出——资本化支出	8 544.00
贷:应付职工薪酬——离职后福利	207 528.00

缴纳养老保险费时:

借:应付职工薪酬——离职后福利	207 528.00
贷:银行存款	207 528.00

根据设定提存计划,预期不会在职工提供相关服务的年度报告期结束后12个月内支付全部应缴存金额的,企业应按照规定的折现率,将全部应缴存金额以折现后的金额计量应付职工

薪酬。

2. 设定受益计划

设定受益计划是指企业承诺在职工退休时一次或分期支付一定金额的养老金。只要职工退休时企业有能力履行支付义务,企业是否按时提取养老金以及提取多少都由企业自行决定。

企业对设定受益计划的会计处理通常包括下列四个步骤:

(1) 确定设定受益计划义务的现值和当期服务成本。企业应当根据预期累计福利单位法,采用无偏且相互一致的精算假设对有关人口统计变量和财务变量等作出估计,计量设定受益计划所产生的义务,并确定相关义务的归属期间。

预期累计福利法是基于员工当前付出的劳务,设定和计算未来福利的支付单位,以便雇主给员工一个承诺。以雇主养老金计算为例,通常在考虑年薪和司龄(公司工作年限)的基础上,通过一个系数来设定员工福利支出的合理性和激励性。精算假设是指企业对影响离职后福利最终义务的各种变量的最佳估计,包括人口统计假设和财务假设。人口统计假设主要包括死亡率、职工离职率、伤残率、提前退休率等,财务假设主要包括折现率、福利水平和未来薪酬等。

企业应按照规定的折现率将设定受益计划所产生的义务予以折现,以确定设定受益计划义务的现值和当期服务成本。

设定受益计划义务的现值是指企业在不扣除任何计划资产的情况下,为履行获得当期和以前期间职工服务产生的最终义务,所需支付的预期未来金额的现值。设定受益计划的最终义务受到如职工离职率、死亡率、职工缴付的提存金等许多变量的影响。企业在折现时,即使预期有部分义务年度报告期间结束后的 12 个月内支付,企业仍应对整项义务进行折现。

折现时所采用的折现率,应根据资产负债表日与设定受益计划义务期限和币种相匹配的国债或活跃市场上的高质量公司债券的市场收益率确定。

企业在确定其设定受益计划义务的现值、当期服务成本和过去服务成本时,应将设定受益计划产生的福利义务归属于职工提供服务的期间,并计入当期损益或相关资产成本。

(2) 确定设定受益计划净负债或净资产。设定受益计划存在资产的,企业应当将设定受益计划义务现值减去设定受益计划资产公允价值所形成的赤字或盈余确认为一项设定受益计划净负债或净资产。设定受益计划存在盈余的,企业应当以设定受益计划的盈余和资产上限两项的孰低者计量设定受益计划净资产。其中,资产上限,是指企业可从设定受益计划退款或减少未来对设定受益计划缴存资金而获得的经济利益的现值。

(3) 确定应计入当期损益的金额。报告期末,企业应当将设定受益计划产生的职工薪酬成本确认为当期损益。确认为当期损益的设定受益计划产生的职工薪酬成本包括服务成本、设定受益计划净负债或净资产的利息净额。

其中:服务成本包括当期服务成本、过去服务成本和结算利得或损失。当期服务成本是指职工当期提供服务所导致的设定受益计划义务现值的增加额;过去服务成本是指设定受益计划修改所导致的与以前期间职工服务相关的设定受益计划义务现值的增加或减少;设定受益计划结算利得或损失是指在结算日确定的设定受益计划义务现值与结算价格(包括转移的计划资产的公允价值和企业直接发生的与结算相关的支付)。设定受益计划结算是指企业为了消除设定受益计划所产生的部分或所有未来义务进行的交易,而不是根据计划条款和所包含的精算假设向职工支付福利。

设定受益计划净负债或净资产的利息净额是指设定受益计划净负债或净资产在职工提供服务期间由于时间变化而产生的变动,包括计划资产的利息收益、设定受益计划义务的利息费用以及资产上限影响的利息。

(4) 确定应计入其他综合收益的金额。企业应将重新计量设定受益计划净负债或净资产所产生的变动计入其他综合收益,并且在后续会计期间不允许转回至损益,但企业可以在权益范围内转移这些在其他综合收益中确认的金额。

重新计量设定受益计划净负债或净资产所产生的变动包括:

精算利得或损失,即由于精算假设和经验调整导致之前所计量的设定受益计划义务现值的增加或减少。企业未能预计的过高或过低的职工离职率、提前退休率、死亡率、过高或过低的薪酬、福利的增长以及折现率变化等因素,将导致设定受益计划产生精算利得或损失。

计划资产回报,扣除包括在设定受益计划净负债或净资产的利息净额中的金额。计划资产的回报是指计划资产产生的利息、股利和其他收入,以及计划资产已实现和未实现的利得或损失。

资产上限影响的变动,扣除包括在设定受益计划净负债或净资产的利息净额中的金额。

企业在重新计量设定受益计划净负债时,由于预期寿命等精算假设和经验调整导致该设定受益计划的现值增加时,应借记"其他综合收益——设定受益计划净负债或净资产的重新计量"科目,贷记"应付职工薪酬——离职后福利"科目。

【例8-15】 恒易公司2020年1月1日设立并实施了一项设定受益计划,计划规定:公司向所有在职员工提供统筹外补充退休金,这些职工退休后每年可以额外获得5万元退休金,直至去世;职工获得该额外退休金基于自该计划开始日起为公司提供的服务,且自该设定受益计划开始日起一直为公司服务至退休。假定符合计划的职工为80人,当年平均年龄为44岁,退休年龄均为60岁,退休前无人离职,退休后平均剩余寿命为15年。同时假设以10%为折现率,不考虑未来通货膨胀等因素的影响。恒易公司的会计处理如下:

(1) 编制设定受益计划义务及现值计算表如表8-1所示:

表8-1 设定受益计划义务及其现值计算表(折现率10%)　　金额单位:万元

退休后时间(年)	当年支付	复利现值系数	退休时点现值
1	400	0.909 1	363.64
2	400	0.826 4	330.56
3	400	0.751 3	300.52
4	400	0.683 0	273.20
5	400	0.620 9	248.36
6	400	0.564 5	225.80
7	400	0.513 2	205.28
8	400	0.466 5	186.60
9	400	0.424 1	169.64
10	400	0.385 5	154.20
11	400	0.350 5	140.20
12	400	0.318 6	127.44
13	400	0.289 7	115.88
14	400	0.263 3	105.32
15	400	0.239 4	95.76
合 计	6 000	/	3 042.40

从表8-1可以看出,退休时点的现值为3 042.4万元,按直线法在16年内分摊,每年为190.15万元(3 042.4÷16)。

(2) 编制职工服务期间服务成本计算表如表8-2所示:

表8-2 职工服务期间服务成本计算表 金额单位:万元

服务时间(年)	福利归属年度			期初义务	利息	当期服务成本	期末义务
	以前	当年	累计				
1	0	190.15	190.15	0	0	45.52	45.52
2	190.15	190.15	380.30	45.52	4.55	50.07	100.14
3	380.30	190.15	570.45	100.14	10.01	55.08	165.24
4	570.45	190.15	760.60	165.24	16.52	60.59	242.35
5	760.60	190.15	950.75	242.35	24.24	66.65	333.23
6	950.75	190.15	1 140.90	333.23	33.32	73.31	439.87
7	1 140.90	190.15	1 331.05	439.87	43.99	80.64	564.50
8	1 331.05	190.15	1 521.20	564.50	56.45	88.71	709.65
9	1 521.20	190.15	1 711.35	709.65	70.97	97.58	878.19
10	1 711.35	190.15	1 901.50	878.19	87.82	107.33	1 073.35
11	1 901.50	190.15	2 091.65	1 073.35	107.33	118.07	1 298.75
12	2 091.65	190.15	2 281.80	1 298.75	129.88	129.88	1 558.50
13	2 281.80	190.15	2 471.95	1 558.50	155.85	142.86	1 857.21
14	2 471.95	190.15	2 662.10	1 857.21	185.72	157.15	2 200.08
15	2 662.10	190.15	2 852.25	2 200.08	220.01	172.86	2 592.95
16	2 852.25	190.15	3 042.40	2 592.95	259.30	190.15	3 042.40

注:第1年当期服务成本 $=190.15\div(1+10\%)^{15}=45.52$(万元)
第2年当期服务成本 $=190.15\div(1+10\%)^{14}=50.07$(万元)
……
第16年当期服务成本 $=190.15\div(1+10\%)^{0}=190.15$(万元)
利息=期初义务×折现率

(3) 编制服务期各年会计分录:

第1年年末:

借:生产成本或管理费用等　　　　　　　　　　　　　　　455 200.00
　　贷:应付职工薪酬——离职后福利　　　　　　　　　　　　455 200.00

第2年年末:

借:生产成本或管理费用等　　　　　　　　　　　　　　　500 700.00
　　贷:应付职工薪酬——离职后福利　　　　　　　　　　　　500 700.00
借:财务费用等　　　　　　　　　　　　　　　　　　　　 45 500.00
　　贷:应付职工薪酬——离职后福利　　　　　　　　　　　　 45 500.00

以后年度略。

(三) 辞退福利的会计处理

(1) 辞退福利预期在其确认的年度报告期结束后12个月内完全支付的,应按照短期薪酬的规定处理：对于职工没有选择权的辞退计划,应当根据辞退计划条款规定的拟解除劳动关系的职工数量、每一职位的辞退补偿标准等确认应付职工薪酬;对于自愿接受裁减建议的,应当预计将会接受裁减建议的职工数量,根据预计的职工数量和每一职位的辞退补偿标准等计提应付职工薪酬。

【例8-16】 2020年6月,恒易公司经与职工协商决定提前辞退职工10人,其中5人工龄在10年以下,每人补偿100 000元;另外5人工龄在10年以上20年以下,决定补偿每人200 000元。恒易公司的会计处理如下:

借：管理费用　　　　　　　　　　　　　　　　　　　　　　1 500 000.00
　　贷：应付职工薪酬——辞退福利　　　　　　　　　　　　　1 500 000.00

(2) 辞退福利预期在年度报告期结束后12个月内不能完全支付的,应按照其他长期职工福利的规定处理,即企业应选择恰当的折现率,以折现后的金额计量应计入当期损益的辞退福利金额。确认辞退福利时,借记"管理费用""未确认融资费用"科目,贷记"应付职工薪酬——辞退福利"科目;分期支付时,借记"应付职工薪酬——辞退福利"科目,贷记"银行存款"科目,同时,借记"财务费用"科目,贷记"未确认融资费用"科目。

实施职工内部退休计划的企业,应当比照辞退福利处理。在内退计划符合职工薪酬准则规定的确认条件时,按照内退计划规定,将自职工停止提供服务日至正常退休日期间企业拟支付的内退人员工资和缴纳的社会保险费等确认为应付职工薪酬,一次计入当期损益(管理费用)。

(四) 其他长期职工福利的会计处理

在报告期末,企业应当将其他长期职工福利产生的职工薪酬成本确认为服务成本、其他长期职工福利净负债或净资产的利息净额和重新计量其他长期职工福利净负债或净资产所产生的变动。为简化相关会计处理,上述项目的总净额应计入当期损益或相关资产成本。

长期残疾福利水平取决于职工提供服务期间长短的,企业应当在职工提供服务的期间确认应付长期残疾福利义务,计量时应当考虑长期残疾福利支付的可能性和预期支付的期限;长期残疾福利与职工提供服务期间长短无关的,企业应当在导致职工长期残疾的事件发生的当期确认应付长期残疾福利义务。

第五节　应交税费

企业在生产经营活动中,销售商品、购买材料、在一定时期内取得的营业收入和实现的利润等要按国家税法的规定,按期缴纳各种税款。这些税款,按征税对象可分为流转税、所得税、资源税和财产行为税。其中,流转税是指按流转额征收的税种,是以商品交换和提供劳务为前提,以商品流转额和非商品流转额为课税对象的税种,主要包括增值税、消费税、关税;所得税是国家对法人和自然人在一定时间(通常为1年)获取的所得额为课税对象的税种,主要包括企业所得税和个人所得税等;资源税是为保护和合理使用国家资源所征收的税种,主要包括资源税、土地使用税等;财产行为税是以纳税人的某些特定行为为课税对象的税种,主要包括车船税、印花税、城市维护建设税、证券交易税等。

按我国税法的规定应缴纳的税金,在缴纳前形成企业的一项负债,该项负债通过"应交税费"科目核算。"应交税费"科目的期末余额若在贷方,表示企业尚未缴纳的税金;若在借方,则表示企业多缴或尚未抵扣的税金。企业缴纳的印花税、耕地占用税以及其他不需要预计缴纳的税金,不需要通过"应交税费"科目核算。

一、应交增值税的核算

(一) 销售额的确定

销售额是指纳税人发生应税行为取得的全部价款和价外费用。其中,价外费用是指价外收取的各种性质的收费,但不包括代为收取并符合规定的政府性基金或行政事业性收费和以委托方名义开具发票代委托方收取的款项。

销售额的确定应特别注意:

(1) 纳税人兼营销售货物、劳务、服务、无形资产或不动产,适用不同税率或征收率的,应分别核算适用不同税率或征收率的销售额,未分别核算的从高适用税率。

(2) 从事货物的生产、批发或零售的单位和个体工商户的混合销售行为按销售货物缴纳增值税;其他单位和个体工商户的混合销售行为按销售服务缴纳增值税。混合销售是指既涉及服务又涉及货物的销售行为。

(3) 纳税人兼营免税、减税项目的,应当分别核算免税、减税项目的销售额,未分别核算的不得免税、减税。

(4) 纳税人发生应税行为开具增值税专用发票后,发生开票有误或销售折让、中止、退回等情形的,应按规定开具红字增值税专用发票,未开具红字增值税专用发票的不得扣减销项税额或销售额。

(5) 纳税人发生应税行为将价款和折扣额在同一张发票上分别注明的,以折扣后的价款为销售额,未在同一张发票上分别注明的以价款为销售额,不得扣减折扣额。

(6) 纳税人发生应税行为价格明显偏低或偏高且不具有合理商业目的的,或发生无偿提供服务、无偿转让无形资产或不动产的(用于公益事业或以社会公众为对象的均除外),其销售额可按纳税人或其他纳税人最近时期销售同类服务、无形资产或不动产的平均价格确定,或按组成计税价格确定[成本×(1+成本利润率)]。不具有合理商业目的是指以谋取税收利益为主要目的,通过人为安排,减少、免除、推迟缴纳增值税税款,或增加退还增值税税款。

(二) 税率的选择

增值税实行比例税率,一般纳税人适用的税率共有四档,分别为:

(1) 13%税率:适用于销售或者进口货物(适用9%的税率部分除外)、提供加工、修理修配劳务和有形动产租赁服务。

(2) 9%税率:适用于不动产租赁服务、销售不动产、建筑服务、运输服务、转让土地使用权、销售农用物资(饲料、化肥、农药、农机、农膜)、销售粮食等农产品、销售食用植物油、销售食用盐、销售民用生活必需品(自来水、暖气、冷气、热水、煤气、石油液化气、天然气、二甲醚、沼气、居民用煤炭制品)、销售文化生活用品(图书、报纸、杂志、音像制品、电子出版物)、邮政服务和基础电信服务。

(3) 6%税率:适用于增值电信服务、金融服务、现代服务、生活服务和销售无形资产(除土地使用权外)。

(4) 零税率:适用于出口货物和跨境销售国务院规定范围内的服务、无形资产。

小规模纳税人一般适用3%的征收率。

(三) 应纳税额的计算

增值税的计税方法包括一般计税方法和简易计税方法。一般计税方法适用于一般纳税人发生的应税行为,如果一般纳税人发生财政部和国家税务总局规定的特定应税行为时也可选择简易计税方法,但一经选择 36 个月内不得变更。简易计税方法适用于小规模纳税人发生的应税行为。在境内未设有经营机构的境外单位或个人在境内发生的应税行为,扣缴义务人应按照"应扣缴税额＝购买方支付的价款/(1＋税率)×税率"的公式计算应扣缴税额。

1. 一般计税方法

一般计税方法的应纳税额是指当期销项税额抵扣当期进项税额后的余额。其计算公式为:

$$应纳税额＝当期销项税额－当期进项税额$$

当期销项税额小于当期进项税额不足抵扣时,其不足部分可以结转下期继续抵扣。

其中:

销项税额是指纳税人发生应税行为按照销售额和增值税税率计算并收取的增值税额,其中销售额不应包括销项税额即不含税销售额。如果纳税人采用销售额和销项税额合并定价法的,则应按照"含税销售额/(1＋税率)"的公式转换为不含税销售额。

进项税额是指纳税人购进货物、加工修理修配劳务、服务、无形资产或不动产,支付或负担的增值税额。进项税额只有取得增值税扣税凭证才可以在销项税额中抵扣。增值税扣税凭证包括增值税专用发票、海关进口增值税专用缴款书、农产品收购发票、农产品销售发票和完税凭证。其中:增值税专用发票包括税控机动车销售统一发票,农产品进项税额以收购发票或销售发票中的买价按 9% 的扣除率采用内扣办法确定,完税凭证则是指从境外单位或个人购进服务、无形资产或不动产,自税务机关或扣缴义务人取得的解缴税款的凭证。取得的增值税扣税凭证不符合法律、行政法规或国家税务总局有关规定的,其进项税额不得从销项税额中抵扣。

但是,即使取得合法的增值税扣税凭证,下列情形的进项税额也不得从销项税额中抵扣:① 用于简易计税方法计税项目、免征增值税项目、集体福利或个人消费的购进货物、加工修理修配劳务、服务、无形资产和不动产;② 非正常损失的购进货物以及相关的加工修理修配劳务和交通运输服务;③ 非正常损失的在产品、产成品所耗用的购进货物(不包括固定资产)、加工修理修配劳务和交通运输服务;④ 非正常损失的不动产以及该不动产所耗用的购进货物、设计服务和建筑服务;⑤ 非正常损失的不动产在建工程(包括新建、改建、扩建、修缮、装饰等)所耗用的购进货物、设计服务和建筑服务;⑥ 购进的旅客运输服务、贷款服务、餐饮服务、居民日常服务和娱乐服务;⑦ 财政部和国家税务总局规定的其他情形。

已抵扣进项税额的购进货物(不含固定资产)、劳务、服务发生上述情形的(不含简易计税方法计税项目和免征增值税项目),应将该进项税额从当期进项税额中扣减,无法确定该进项税额的,按照当期实际成本计算应扣减的进项税额。对兼营简易计税方法计税项目和免征增值税项目而无法划分不得抵扣的进项税额,其不得抵扣的进项税额应以"当期无法划分的全部进项税额×(当期简易计税方法计税项目销售额＋免征增值税项目销售额)/当期全部销售额"确定。已抵扣进项税额的固定资产、无形资产或不动产发生上述情形的,其不得抵扣的进项税额以固定资产、无形资产或不动产净值乘以适用税率确定。

因销售折让、中止或退回而退还给购买方的增值税额,应当从当期的销项税额中扣减;因销售折让、中止或退回而收回的增值税额,应当从当期的进项税额中扣减。

一般纳税人会计核算不健全,或不能够提供准确税务资料,或应办理一般纳税人资格登记而未办理的,应按照销售额和增值税税率计算应纳税额,不得抵扣进项税额,也不得使用增值税专用发票。

2. 简易计税方法

简易计税方法的应纳税额是指按照销售额和增值税征收率计算的增值税额,不得抵扣进项税额。其计算公式为:

$$应纳税额＝销售额×征收率$$

其中,销售额不包括其应纳税额,采用合并定价法的,则应按照"含税销售额/(1＋征收率)"的公式转换为不含税销售额。

纳税人适用简易计税方法计税的,因销售折让、中止或退回而退还给购买方的销售额,应当从当期销售额中扣减。扣减当期销售额后仍有余额造成多缴的税款,可以从以后的应纳税额中扣减。

(四)会计科目及专栏设置

1. 一般纳税人会计科目及专栏设置

增值税一般纳税人应在"应交税费"科目下设置"应交增值税""未交增值税""预交增值税""待抵扣进项税额""待认证进项税额""待转销项税额""增值税留抵税额""简易计税""转让金融商品应交增值税""代扣代交增值税"等明细科目。

(1)增值税一般纳税人应在"应交增值税"明细账内设置"进项税额""销项税额抵减""已交税金""转出未交增值税""减免税款""出口抵减内销产品应纳税额""销项税额""出口退税""进项税额转出""转出多交增值税"等专栏。

(2)"未交增值税"明细科目核算一般纳税人月度终了从"应交增值税"或"预交增值税"明细科目转入当月应交未交、多交或预缴的增值税额,以及当月应交以前期间未交的增值税额。

(3)"预交增值税"明细科目核算一般纳税人转让不动产、提供不动产经营租赁服务、提供建筑服务、采用预收款方式销售自行开发的房地产项目等,以及其他按现行增值税制度规定应预缴的增值税额。

(4)"待抵扣进项税额"明细科目核算一般纳税人已取得增值税扣税凭证并经税务机关认证,按照现行增值税制度规定准予以后期间从销项税额中抵扣的进项税额。从2019年4月1日起,取得不动产支付的进项税由分两次抵扣改为一次性全额抵扣,该明细科目不再使用。

(5)"待认证进项税额"明细科目核算一般纳税人由于未经税务机关认证而不得从当期销项税额中抵扣的进项税额。

(6)"待转销项税额"明细科目核算一般纳税人销售货物、加工修理修配劳务、服务、无形资产或不动产,已确认相关收入(或利得)但尚未发生增值税纳税义务而需于以后期间确认为销项税额的增值税额。

(7)"增值税留抵税额"明细科目核算兼有销售服务、无形资产或者不动产的原增值税一般纳税人,截止到纳入营改增试点之日前的增值税期末留抵税额按照现行增值税制度规定不得从销售服务、无形资产或不动产的销项税额中抵扣的增值税留抵税额。

(8)"简易计税"明细科目核算一般纳税人采用简易计税方法发生的增值税计提、扣减、预缴、缴纳等业务。

(9)"转让金融商品应交增值税"明细科目核算增值税纳税人转让金融商品发生的增值税额。

(10)"代扣代交增值税"明细科目核算纳税人购进在境内未设经营机构的境外单位或个人在境内的应税行为代扣代缴的增值税。

2. 小规模纳税人会计科目设置

小规模纳税人应在"应交税费"科目下设置"应交增值税"明细科目,必要时设置"转让金融商品应交增值税"和"代扣代交增值税"明细科目。

(五)增值税的会计处理

1. 一般纳税人的会计处理

(1)进项税额的会计处理。进项税额是指一般纳税人购进货物、加工修理修配劳务、服务、无形资产或不动产而支付或负担的、准予从当期销项税额中抵扣的增值税额。

① 一般纳税人购进货物、加工修理修配劳务、服务、无形资产或不动产,按应计入相关成本费用或资产的金额借记"在途物资"或"原材料""库存商品""生产成本""无形资产""固定资产""管理费用"等科目,按当月已认证的可抵扣增值税额借记"应交税费——应交增值税(进项税额)"科目,按当月未认证的可抵扣增值税额借记"应交税费——待认证进项税额"科目,按应付或实际支付的金额贷记"应付账款""应付票据""银行存款"等科目。

【例 8-17】 恒易公司为增值税一般纳税人,原材料按实际成本法核算(不作特殊说明,下同),2020 年 5 月 1 日,购进 A 材料 2 000 千克,增值税专用发票注明买价每千克 50 元,增值税税率 13%,材料已验收入库,货款以银行存款支付,另用银行存款支付运杂费 3 000 元,税额 270 元。假设增值税专用发票已经税务机关认证,恒易公司的会计处理如下:

原材料实际成本 = 2 000 × 50 + 3 000 = 103 000(元)

增值税进项税额 = 2 000 × 50 × 13% + 270 = 13 270(元)

借:原材料——A 材料	103 000.00
应交税费——应交增值税(进项税额)	13 270.00
贷:银行存款	116 270.00

如果上述增值税专用发票未经税务机关认证,则应将"应交税费——应交增值税(进项税额)"科目改为"应交税费——待认证进项税额"科目。

发生退货的,如原增值税专用发票已做认证,应根据税务机关开具的红字增值税专用发票做相反的会计分录;如原增值税专用发票未做认证,应将发票退回并做相反的会计分录。

② 一般纳税人购进货物、加工修理修配劳务、服务、无形资产或不动产,用于简易计税方法计税项目、免征增值税项目、集体福利或个人消费等,其进项税额按照现行增值税制度规定不得从销项税额中抵扣的,取得增值税专用发票时,应借记相关成本费用或资产科目,借记"应交税费——待认证进项税额"科目,贷记"银行存款""应付账款"等科目,经税务机关认证后,应借记相关成本费用或资产科目,贷记"应交税费——应交增值税(进项税额转出)"科目。

【例 8-18】 2020 年 5 月 10 日,恒易公司购入一套炊具设备,价款 200 000 元,增值税进项税额 26 000 元,取得增值税专用发票,炊具设备交付职工食堂验收使用,款项以银行存款支付。当日税务机关认证该进项税额不得从销项税额中抵扣。恒易公司的会计处理如下:

借:固定资产	200 000.00
应交税费——待认证进项税额	26 000.00
贷:银行存款	226 000.00
借:应交税费——应交增值税(进项税额)	26 000.00
贷:应交税费——待认证进项税额	26 000.00
借:固定资产	26 000.00
贷:应交税费——应交增值税(进项税额转出)	26 000.00

③ 一般纳税人取得的固定资产或取得的工程物资,其进项税额应一次性从销项税额中抵扣。取得固定资产或工程物资时,应按其成本借记"固定资产""工程物资"等科目,按进项税额借记"应交税费——应交增值税(进项税额)"或"应交税费——待认证进项税额"科目,按应付或实际支付的价税款金额,贷记"应付账款""应付票据""银行存款""在建工程"等科目。

【例 8-19】 2020 年 5 月 20 日,恒易公司购入精装修商铺 400 平方米用于产品展示,其价款为 4 000 000 元,增值税进项税额为 360 000 元,取得增值税专用发票,款项以银行存款支付,商铺已移交销售部门进行产品陈列设计。假设当日税务机关认证该进项税额允许从销项税额中抵扣。恒易公司的会计处理如下:

```
借:固定资产                                           4 000 000.00
    应交税费——应交增值税(进项税额)                      360 000.00
  贷:银行存款                                         4 360 000.00
```

④ 一般纳税人购进的货物等已到达并验收入库,但尚未收到增值税扣税凭证并未付款的,应在月末按货物清单或相关合同协议上的价格暂估入账,不需要将增值税的进项税额暂估入账。下月初,用红字冲销原暂估入账金额,待取得相关增值税扣税凭证并经认证后,按应计入相关成本费用或资产的金额借记"原材料""库存商品""固定资产""无形资产"等科目,按可抵扣的增值税额借记"应交税费——应交增值税(进项税额)"科目,按应付金额,贷记"银行存款"等科目。

⑤ 按照现行增值税制度规定,境外单位或个人在境内发生应税行为,在境内未设有经营机构的,以购买方为增值税扣缴义务人。境内一般纳税人购进服务、无形资产或不动产,按应计入相关成本费用或资产的金额借记"生产成本""无形资产""固定资产""管理费用"等科目,按可抵扣的增值税额借记"应交税费——应交增值税(进项税额)"科目,按应付或实际支付的金额贷记"应付账款""银行存款"等科目,按应代扣代缴的增值税额贷记"应交税费——代扣代交增值税"科目。实际缴纳代扣代缴增值税时,按代扣代缴的增值税额借记"应交税费——代扣代交增值税"科目,贷记"银行存款"科目。

(2) 销项税额的会计处理。销项税额是指一般纳税人销售货物、加工修理修配劳务、服务、无形资产或不动产应收取的增值税额。

① 企业销售货物、加工修理修配劳务、服务、无形资产或不动产,应按应收或已收的金额借记"应收账款""应收票据""银行存款"等科目,按取得的收入金额贷记"主营业务收入""其他业务收入""固定资产清理""工程结算"等科目,按现行增值税制度规定计算的销项税额(或采用简易计税方法计算的应纳增值税额)贷记"应交税费——应交增值税(销项税额)"科目。

【例 8-20】 2020 年 5 月 15 日,恒易公司销售 M 产品 40 台,每台售价 20 000 元,增值税税率为 13%,价税款已收到存入银行。恒易公司随时结转产品销售成本,M 产品的单位生产成本为 16 000 元。恒易公司的会计处理如下:

```
借:银行存款                                             904 000.00
  贷:主营业务收入                                       800 000.00
      应交税费——应交增值税(销项税额)                    104 000.00
借:主营业务成本                                         640 000.00
  贷:库存商品——M 产品                                  640 000.00
```

发生销售退回时应根据按规定开具的红字增值税专用发票做相反的会计分录。

此外,还应注意两种情况:

一是按照企业会计准则规定确认收入或利得的时点如果早于按照增值税等相关税收制度规定确认增值税纳税义务发生时点的,应将相关销项税额计入"应交税费——待转销项税额"科目,待实际发生纳税义务时再转入"应交税费——应交增值税(销项税额)"或"应交税费——简易计税"科目;

二是按照增值税等相关税收制度规定确认增值税纳税义务发生时点如果早于按照企业会计

准则规定确认收入或利得的时点的,应将应纳增值税额借记"应收账款"科目,贷记"应交税费——应交增值税(销项税额)"或"应交税费——简易计税"科目,按照企业会计准则规定确认收入或利得时,应按扣除增值税销项税额后的金额确认收入。

② 企业发生税法上视同销售的行为,应当按照企业会计准则制度相关规定进行相应的会计处理。

视同销售是指会计上不作销售处理,按成本转账,但按税法规定需要交纳增值税的,应计算交纳增值税销项税额,并记入"应交税费——应交增值税"科目中的"销项税额"专栏。视同销售主要包括:将货物交付他人代销;销售代销货物;设有两个以上机构并实行统一核算的纳税人,将货物从一个机构移送其他机构用于销售,但相关机构设在同一县(市)的除外;将自产或委托加工的货物用于非应税项目;将自产、委托加工或购买的货物作为投资提供给其他单位或个体经营者;将自产、委托加工或购买的货物分配给股东或投资者;将自产、委托加工的货物用于集体福利或个人消费;将自产、委托加工或购买的货物无偿赠送他人;债务重组转出货物;非货币性资产交换换出货物,等等。将自产、委托加工的物资用于非应税项目、对外投资、对外捐赠等,按成本与销项税额之和借记"应付职工薪酬——非货币性福利""长期股权投资""营业外支出"等科目,按成本贷记"库存商品""原材料"等科目,按计税价格乘以适用税率计算的销项税额贷记"应交税费——应交增值税(销项税额)"科目。

【例8-21】 恒易公司为增值税一般纳税人,2020年5月发生的视同销售业务及会计处理如下:

(1) 16日,对外投资转出M产品10台,单位计税价格20 000元,单位生产成本16 000元,增值税税率为13%,投资后享有被投资单位20%的股权。

借:长期股权投资	226 000.00
贷:主营业务收入	200 000.00
应交税费——应交增值税(销项税额)	26 000.00

同时:

| 借:主营业务成本 | 160 000.00 |
| 贷:库存商品——M产品 | 160 000.00 |

(2) 20日,对外捐赠M产品5台,单位计税价格20 000元,单位生产成本16 000元,增值税税率为13%。

借:营业外支出	93 000.00
贷:库存商品——M产品	80 000.00
应交税费——应交增值税(销项税额)	13 000.00

需要说明的是,企业营改增前已确认收入,但因未产生营业税纳税义务而未计提营业税的,在达到增值税纳税义务时点时,企业应在确认应交增值税销项税额的同时冲减当期收入;已经计提营业税且未缴纳的,在达到增值税纳税义务时点时,应借记"应交税费——应交营业税""应交税费——应交城市维护建设税""应交税费——应交教育费附加"等科目,贷记"主营业务收入"科目,并根据调整后的收入计算确定计入"应交税费——待转销项税额"科目的金额,同时冲减收入。

(3) 进项税额转出的会计处理。进项税额转出是指一般纳税人购进货物、加工修理修配劳务、服务、无形资产或不动产等发生非正常损失以及其他原因而不应从销项税额中抵扣、按规定转出的进项税额。下列项目的进项税额不得从销项税额中抵扣:

① 外购原材料用于应征消费税的小汽车、摩托车、游艇的。
② 用于非增值税应税项目、免征增值税项目、集体福利或者个人消费的购进货物或者应税劳务。
③ 非正常损失的购进货物及相关的应税劳务。
④ 非正常损失的在产品、产成品所耗用的购进货物或者应税劳务。
⑤ 国务院财政、税务主管部门规定的纳税人自用消费品。
⑥ 上述②、③、④、⑤规定的货物的运输费用。
⑦ 销售免税货物的运输费用。

企业购进货物时不能直接认定其进项税额是否能抵扣的,一律作能够抵扣处理,记入"应交税费——应交增值税(进项税额)"科目(当月已认证)或"应交税费——待认证进项税额"科目(暂时未认证),待认定为不能抵扣时,再通过"应交税费——应交增值税(进项税额转出)"转入其他有关科目;企业购进货物时即认定其进项税额准予抵扣,但其后因情况发生变化而不予抵扣,则进项税额应该转出。

【例 8-22】 2020 年 5 月,恒易公司发生的进项税额转出业务及会计处理如下:

(1) 22 日,A 材料库被盗窃,经盘点,共计损失 A 材料 80 000 元,应负担增值税进项税额 10 400 元,案件尚在侦破之中。

借:待处理财产损溢——待处理流动资产损溢	90 400.00
贷:原材料——A 材料	80 000.00
应交税费——应交增值税(进项税额转出)	10 400.00

(2) 31 日,将库存外购 C 半成品(电池组)1 200 组作为福利发放给职工,以解决职工上下班交通问题,其单位采购成本为 200 元,单位增值税进项税额为 26 元。其中,生产部门直接生产人员发放 600 组,生产部门管理人员发放 120 组,行政管理部门人员发放 216 组,专设销售部门人员发放 60 组,在建工程人员发放 132 组,内部开发存货管理系统人员发放 72 组。

借:应付职工薪酬——非货币性福利	271 200.00
贷:原材料——C 半成品	240 000.00
应交税费——应交增值税(进项税额转出)	31 200.00
借:生产成本	135 600.00
制造费用	27 120.00
管理费用	48 816.00
销售费用	13 560.00
在建工程	29 832.00
研发支出——资本化支出	16 272.00
贷:应付职工薪酬——非货币性福利	271 200.00

(4) 出口退税的会计处理。出口退税是指一般纳税人出口货物、加工修理修配劳务、服务、无形资产按规定退回的增值税额。实行"免、抵、退"办法的有进口经营权的生产性企业,按出售价款借记"应收账款"等科目,贷记"主营业务收入"科目,按规定计算的当期应予抵扣的税额借记"应交税费——应交增值税(出口抵减内销产品应纳税额)"科目,按规定应予退回的税额(准予免抵退的税额大于内销产品的差额)借记"其他应收款"科目,按当期准予免抵退的税额贷记"应交税费——应交增值税(出口退税)"科目,收到退税款时借记"银行存款"科目,贷记"其他应收款"科目。

(5) 实际上交本月增值税的会计处理。已交税金是指一般纳税人当月已交纳的应交增值税额。本月上交本月的应交增值税时,按实际上交税额借记"应交税费——应交增值税(已交税金)"科目,贷记"银行存款"科目。

(6) 销项税额抵减的会计处理。销项税额抵减是指一般纳税人按照现行增值税制度规定因扣减销售额而减少的销项税额。按现行增值税制度规定企业发生相关成本费用允许扣减销售额的,发生成本费用时,按应付或实际支付的金额,借记"主营业务成本""存货"等科目,贷记"应付账款""应付票据""银行存款"等科目。待取得合规增值税扣税凭证且纳税义务发生时,按照允许抵扣的税额,借记"应交税费——应交增值税(销项税额抵减)"或"应交税费——简易计税"科目,贷记"主营业务成本""存货"等科目。

【例 8-23】 2020 年 5 月 20 日,恒易公司收到 A 公司技术改造服务费 1 272 000 元(其中,增值税销项税额 72 000 元),开出增值税专用发票;该技术改造承包给 B 公司实施,至 5 月 31 日,技术改造达到预计目标,支付 B 公司技术改造实施费用 424 000 元(其中,增值税进项税额 24 000),收到 B 公司开出的增值税专用发票。恒易公司的会计处理如下:

(1) 5 月 20 日,收到 A 公司款项

借:银行存款	1 272 000.00
贷:主营业务收入	1 200 000.00
应交税金——应交增值税(销项税额)	72 000.00

(2) 支付 B 公司款项

借:主营业务成本	400 000.00
应交税金——应交增值税(销项税额抵减)	24 000.00
贷:银行存款	424 000.00

(7) 减免税款的会计处理。减免税款是指一般纳税人按现行增值税制度规定准予减免的增值税额。对于当期直接减免的增值税应借记"应交税金——应交增值税(减免税款)"科目,贷记损益类相关科目。按现行增值税制度规定,一般纳税人初次购买增值税税控系统专用设备支付的费用以及缴纳的技术维护费允许在增值税应纳税额中全额抵减,按规定抵减的增值税应纳税额借记"应交税费——应交增值税(减免税款)"科目,贷记"管理费用"等科目。

(8) 转出多交增值税和未交增值税的会计处理。本月应交未交的增值税或本月多交的增值税,在"应交税费"科目下"未交增值税"明细科目核算。月末时如果"应交增值税明细账"期末为贷方余额,表示本期应交未交的增值税,应将其转入"转出未交增值税"栏目,借记"应交税费——应交增值税(转出未交增值税)"科目,贷记"应交税费——未交增值税"科目;月末时如果"应交增值税明细账"期末为借方余额,有两种可能:一种是表示本期多交的增值税,此时应将其转入"转出多交增值税"栏目,借记"应交税费——未交增值税"科目,贷记"应交税费——应交增值税(转出多交增值税)"科目;另一种是表示未抵扣的进项税额,此时不需要转出,留待以后继续抵扣。

【例 8-24】 依[例 8-17]至[例 8-23]资料,恒易公司 2020 年 5 月份和 6 月份发生下列经济业务:

(1) 5 月 10 日,以银行存款上交本月份增值税 50 000 元。

借:应交税费——应交增值税(已交税金)	50 000.00
贷:银行存款	50 000.00

(2) 5 月 31 日,计算本月应交未交增值税或本月多交增值税,并转入"未交增值税"子目。

"应交税费——应交增值税"贷方栏目合计数＝26 000＋104 000＋26 000＋13 000＋10 400＋31 200＋72 000＝282 600(元)

"应交税费——应交增值税"借方栏目合计数＝13 270＋26 000＋216 000＋24 000
＝279 270(元)

本月应交未交增值税＝282 600－279 270＝3 330(元)

借：应交税费——应交增值税(转出未交增值税)	3 330.00
贷：应交税费——未交增值税	3 330.00

(3) 6月5日,以银行存款上交上月未交增值税3 330元。

借：应交税费——未交增值税	3 330.00
贷：银行存款	3 330.00

2. 小规模纳税人的会计处理

小规模纳税人增值税核算的特点表现为：一是购进货物、接受应税劳务,无论是否取得增值税发票,支付的增值税均计入所购货物或接受劳务的成本,不作为进项税核算；二是销售货物或者提供应税劳务除了符合规定者外一般只能开具普通发票,不能开具增值税专用发票；三是销售额不包括其应纳税额,如果采用销售额和应纳税额合并定价方法的,应按"不含税销售额＝含税销售额÷(1＋征收税率)"的公式还原为不含税销售额。相应地,其他企业从小规模纳税人购入货物或接受劳务支付的增值税税额,如果不能取得增值税专用发票的,不能作为进项税额抵扣,而应计入购入货物或应税劳务的成本。

小规模纳税人购进货物时,按应支付价款、增值税及其他应计入成本的费用借记"在途物资"或"原材料""库存商品""生产成本""无形资产""固定资产""管理费用"等科目,贷记"银行存款"等科目。

小规模纳税人销售货物时,按不含税价格计算应交增值税,按含税价款借记"银行存款"等科目,按不含税价贷记"主营业务收入"科目,按应交增值税贷记"应交税费——应交增值税"科目。

小规模纳税人上交增值税时借记"应交税费——应交增值税"科目,贷记"银行存款"科目。应交增值税明细账可采用三栏式账页,不需要设置专栏。

【例8－25】 恒易公司控股的三元公司为增值税小规模纳税人,原材料按实际成本法进行核算,销售成本月末定期结转,增值税征收率为3%。2020年1月发生的购销业务及会计处理如下：

(1) 5日,以银行存款购入A材料,增值税专用发票标明的买价为50 000元,进项税额为6 500元,运杂费2 000元,材料已验收入库。

借：原材料——A材料	58 500.00
贷：银行存款	58 500.00

(2) 9日,销售甲产品一批,开出普通发票,售价为41 200元,款项收到存入银行。

借：银行存款	41 200.00
贷：主营业务收入	40 000.00
应交税费——应交增值税	1 200.00

(3) 12日,以银行存款购入B材料,普通发票标明的买价为20 000元,材料已验收入库。

借：原材料——B材料	20 000.00
贷：银行存款	20 000.00

(4) 18日,销售乙产品一批,开出普通发票,售价为10 300元,款项尚未收到。

借:应收账款		10 300.00
贷:主营业务收入		10 000.00
应交税费——应交增值税		300.00

(5) 31日,以银行存款缴纳本月应交增值税1 200元。

借:应交税费——应交增值税		1 200.00
贷:银行存款		1 200.00

二、应交消费税的核算

(一)消费税概述

消费税是对企业生产和销售、委托加工及进口应税消费品征收的一种税。纳入消费税征收范围的消费品包括:过度消费会对人身体健康、社会秩序、生态环境等方面造成危害的特殊消费品;非生活必需品;高能耗及高档消费品;不可再生和替代的稀缺资源消费品;税基宽广、消费普遍、征税后不影响居民基本生活并具有一定财政意义的消费品。

消费税采取"从价计征"和"从量计征"的方法确定应交消费税,其中:

从价计征的计算公式为:应交消费税=应税销售额×税率

从量计征的计算公式为:应交消费税=应税销售量×单位税额

当企业应税消费品的销售额中含有增值税税款,或因不能开具增值税专用发票而发生价款和增值税税款合并收取时,应将含税的销售额换算成不含税的销售额。

生产者自产自用的应税消费品,用于本企业连续生产的不征税;用于其他方面的,于转送使用环节时纳税;委托加工的应税消费品,委托方提货时由受托方代收代交税款。委托加工的应税消费品,委托方收回后用于连续生产应税消费品的,所纳税款准予扣除。进口的应税消费品,由进口报关者于报关进口时纳税。

(二)应交消费税的会计处理

1. 销售应税消费品的会计处理

企业销售应税消费品时,根据计算的应交消费税借记"税金及附加"科目,贷记"应交税费——应交消费税"科目;实际上交消费税时借记"应交税费——应交消费税"科目,贷记"银行存款"科目。

【例8-26】 2020年10月10日,恒易公司销售R产品一批,不含税售价为100 000元,增值税税率为13%,生产成本为45 000元,款项尚未收到。R产品适用的消费税税率为30%。恒易公司的会计处理如下:

借:应收账款		113 000.00
贷:主营业务收入		100 000.00
应交税费——应交增值税(销项税额)		13 000.00
借:主营业务成本		45 000.00
贷:库存商品——R产品		45 000.00
借:税金及附加		30 000.00
贷:应交税费——应交消费税		30 000.00

2. 应税消费品用于非应税项目的会计处理

应税消费品用于非应税项目主要是指将应税消费品用于对外投资、在建工程以及非生产机构等方面,按税法规定,应按照计税价格计算应交纳的消费税并计入有关成本,借记"长期股权投资""在建工程""其他业务成本"等有关科目,贷记"应交税费——应交消费税"等科目。

【例8-27】 2020年10月20日,恒易公司以S产品对外投资,总成本为300 000元,市场价格为500 000元,S产品适应的增值税税率为13%,消费税税率为10%。恒易公司的会计处理如下:

借:长期股权投资	615 000.00
贷:主营业务收入	500 000.00
应交税费——应交增值税(销项税额)	65 000.00
——应交消费税	50 000.00

同时:

借:主营业务成本	300 000.00
贷:库存商品——S产品	300 000.00

【例8-28】 2020年6月30日,恒易公司生产设备安装工程领用T产品一批,总成本为100 000元,消费税税率为10%。恒易公司的会计处理如下:

借:在建工程——安装工程(生产设备)	118 000.00
贷:库存商品——T产品	100 000.00
应交税费——应交消费税	18 000.00

3. 委托加工应税消费品的会计处理

委托加工应税消费品需要缴纳的消费税,于委托方提货时由受托方代收代交税款。计算委托加工应税消费品应缴纳的消费税,首先应确定应税消费品的计税价格,然后计算应交消费税,有关计算公式如下:

应税消费品的组成计税价格=(材料成本+加工费)÷(1-适用的消费税税率)

应交消费税=应税消费品的计税价格×适用的消费税税率

委托加工应税消费品收回后直接对外销售的,委托方应将代收代交的消费税计入委托加工应税消费品的成本,借记"委托加工物资"科目,贷记"银行存款"等科目,以后销售委托加工应税消费品时不需要再缴纳消费税;委托加工的应税消费品收回后用于连续生产应税消费品的,其缴纳的消费税准予在以后销售应税消费品应缴纳的消费税中抵扣,委托方应按代扣代交消费税款借记"应交税费——应交消费税"科目,贷记"银行存款"等科目,委托加工的应税消费品继续生产出另一应税消费品,销售新的应税消费品时正常计算应缴纳消费税,借记"税金及附加"科目,贷记"应交税费——应交消费税"科目,实际上交时只需缴纳"应交税费——应交消费税"借贷方的差额。

受托方按应扣税款金额借记"银行存款"等科目,贷记"应交税费——应交消费税"科目;受托加工或翻新改制金银首饰,按规定由受托方缴纳消费税,于向委托方交货时借记"税金及附加"科目,贷记"应交税费——应交消费税"科目。

【例8-29】 2020年10月,恒易公司委托乙企业加工应税消费品(非金银首饰)一批,恒易公司收回应税消费品后作库存商品直接对外销售,该应税消费品适用的消费税税率为10%。其发生的相关经济业务及会计处理如下:

(1) 10日,拨付原材料进行加工,其总成本为80 000元。

| 借：委托加工物资——乙企业 | 80 000.00 |
| 贷：原材料——×材料 | 80 000.00 |

（2）25日，以银行存款支付加工费10 000元和由乙企业代收代交的增值税1 300元。

借：委托加工物资——乙企业	10 000.00
应交税费——应交增值税（进项税额）	1 300.00
贷：银行存款	11 300.00

（3）30日，以银行存款支付由乙企业代收代交的消费税10 000元。

应税消费品组成计税价格＝（80 000＋10 000）÷（1－10%）＝100 000（元）

应交消费税＝100 000×10%＝10 000（元）

| 借：委托加工物资——乙企业 | 10 000.00 |
| 贷：银行存款 | 10 000.00 |

（4）31日，委托加工的应税消费品收回验收入库。

| 借：库存商品 | 100 000.00 |
| 贷：委托加工物资——乙企业 | 100 000.00 |

假设恒易公司收回应税消费品后作原材料继续进行加工，则其会计处理如下：

（1）拨付原材料进行加工（同上）。
（2）支付加工费和增值税（同上）。
（3）支付消费税：

| 借：应交税费——应交消费税 | 10 000.00 |
| 贷：银行存款 | 10 000.00 |

（4）加工收回作原材料入库：

| 借：原材料 | 90 000.00 |
| 贷：委托加工物资——乙企业 | 90 000.00 |

三、应交资源税的核算

资源税是对在我国境内开采矿产品或者生产盐的单位和个人征收的税种。资源税采用从价定率为主、从量定额为辅的办法征收，其计算公式如下：

$$应交资源税＝计税销售额×适用税率$$

$$应交资源税＝课税数量×单位税额$$

应交资源税通过"应交税费——应交资源税"科目核算。

企业计算销售应税矿产品的应交资源税时借记"税金及附加"科目，贷记"应交税费——应交资源税"科目。

企业计算出自产自用的应税矿产品的应交资源税时借记"生产成本""制造费用"等科目，贷记"应交税费——应交资源税"科目。

企业收购未税矿产品实际支付的收购款以及代扣代交的资源税，作为收购矿产品的成本，将代扣代交的资源税记入"应交税费——应交资源税"科目，收购未税矿产品时按收购款借记"材料采购"等科目，按代扣代交的资源税贷记"应交税费——应交资源税"科目，按实际支付的款项（收购款扣除代扣代交的资源税）贷记"银行存款"科目。

外购液体盐加工固体盐的,购入液体盐缴纳的资源税可以抵扣,企业加工成固体盐后,在销售时应交资源税记入"税金及附加"科目。外购液体盐加工固体盐,在购入液体盐时,按所允许抵扣的资源税借记"应交税费——应交资源税"科目,按外购价款减去允许抵扣资源税后的金额借记"原材料"等科目;按实际支付款项贷记"银行存款"等科目;加工成固体盐后,在销售时按计算出的销售固体盐应交的资源税借记"税金及附加"科目,贷记"应交税费——应交资源税"科目;将销售固体盐应交资源税扣抵液体盐已交资源税后的差额上交时,借记"应交税费——应交资源税"科目,贷记"银行存款"科目。

四、其他税种的核算

(一)应交土地增值税

土地增值税是对在我国境内以转让国有土地使用权、地上建筑物及其附着物所取得的增值收入为课税对象征收的一种税。

土地增值税按照转让房产所取得的增值额和规定的税率计算征收。其中,增值额是转让房地产所取得的收入减除规定扣除项目后的余额。企业应设置"应交税费——应交土地增值税"科目核算土地增值税有关的经济业务。兼营房地产业务的企业,计算应缴纳的土地增值税时借记"其他业务成本"科目,贷记"应交税费——应交土地增值税"科目;转让国有土地使用权与其地上建筑物及其附着物的,计算应缴纳的土地增值税时借记"固定资产清理""在建工程""其他业务成本"等科目,贷记"应交税费——应交土地增值税"科目;企业实际上交土地增值税时借记"应交税费——应交土地增值税"科目,贷记"银行存款"科目。

(二)应交城市维护建设税及教育费附加

城市维护建设税是向缴纳增值税、消费税的单位和个人,就其实际缴纳的增值税、消费税税额为计税依据征收的一种税,其采用地区差别比例税率。企业除应交税费、应付股利等以外的其他各种应交的款项,包括应交的教育费附加、矿产资源补偿费等,也应作为应交税费核算。

企业按规定计算应交城市维护建设税时借记"税金及附加""其他业务成本"等科目,贷记"应交税费——应交城市维护建设税"科目;企业按规定计算应交教育费附加时借记"税金及附加""其他业务成本"等科目,贷记"应交税费——应交教育费附加"科目;企业实际上交城市维护建设税和教育费附加时借记"应交税费——应交城市维护建设税""应交税费——应交教育费附加"科目,贷记"银行存款"科目。

(三)房产税

房产税是国家对在城市、县城、建制镇和工矿区征收的、由产权所有人缴纳的一种税。房产税依照房产原值一次减除10%至30%后的余额计算缴纳。没有房产原值作为依据的,由房产所在地税务机关参考同类房产核定。房产出租的,以房产租金收入为房产税的计税依据。

企业按规定计算应缴纳的房产税时借记"税金及附加"科目,贷记"应交税费——应交房产税"科目,实际上交时借记"应交税费——应交房产税"科目,贷记"银行存款"科目。

(四)土地使用税

土地使用税是国家为了合理利用城镇土地、调节土地级差收入、提高土地使用效益、加强土地管理而开征的一种税。土地使用税以纳税人实际占用的土地面积为计税依据,依照规定税额计算征收。

企业按规定计算应缴纳的土地使用税时借记"税金及附加"科目,贷记"应交税费——应交土地使用税"科目,实际上交时借记"应交税费——应交土地使用税"科目,贷记"银行存款"科目。

（五）车船税

车船税由拥有并且使用车船的单位和个人缴纳，对在我国境内拥有并使用的车船，按其种类、吨位和使用性质，实行定额征收的一种税。车船税对行政事业、人民团体、军队等非企业单位自用的车船及某些具有特殊用途的车船，如警车、救护车船、垃圾车船、浮桥用船等，均免征车船税。

企业按规定计算应缴纳的车船税时借记"税金及附加"科目，贷记"应交税费——应交车船税"科目；实际上交时借记"应交税费——应交车船税"科目，贷记"银行存款"科目。

（六）印花税

印花税是对经济活动和交往过程中书立、领受具有法律效力并受国家法律保护的凭证征收的一种税，应纳税凭证包括：购销、加工承揽、建设工程承包、财产租赁、货物运输、仓储保管、借款、财产保管、技术合同或者具有合同性质的凭证；产权转移书据；营业账簿；权利许可证照等。纳税人根据应纳税款的性质，分别按比例税率或者按件定额计算应纳税额。

一般情况下，企业需要预先购买印花税票，待发生应税行为时，再根据凭证的性质和规定的比率或者按件计算应纳税额，将已购买的印花税票粘贴在纳税凭证上，并在每枚税票的骑缝处盖戳注销或划销，办理完税手续。企业缴纳的印花税，不会发生应付未付税款的情况，不需要预计应纳税额，同时不存在与税务机关结清的问题。印花税直接记入"税金及附加"科目，不通过"应交税费"科目核算。

（七）耕地占用税

耕地占用税是国家为了利用土地资源、加强土地管理、保护农用耕地而对占用耕地建房或从事其他非农业建设的单位或个人按其实际占用的耕地面积征收的一种税。耕地占用税实行一次征收，不需通过"应交税费"科目核算。企业按规定计算缴纳耕地占用税时借记"在建工程"科目，贷记"银行存款"科目。

此外，企业的生产、经营所得和其他所得，应依照有关规定缴纳所得税。

第六节　其他流动负债

一、其他应付款项的核算

企业除应付票据、应付账款、预收账款等应付及预收款项外，还会发生其他各种应付、暂收其他单位或个人的款项，这些应付和暂收款项即为其他应付款，主要包括应付租入固定资产的租金、存入保证金、应付统筹退休金等。

企业发生租入固定资产应付的租金，按租入固定资产的用途借记"制造费用""管理费用"等科目，贷记"其他应付款"科目；企业支付租入固定资产的租金时借记"其他应付款"科目，贷记"银行存款"科目。

企业收到存入保证金（如出租包装物收取的押金）以及发生其他应付暂收款时借记"银行存款"科目，贷记"其他应付款"科目。

实行退休金统筹办法的企业，按规定按期提取统筹退休金时借记"管理费用"科目，贷记"其他应付款"科目；企业支付统筹退休金时借记"其他应付款"科目，贷记"银行存款"科目。

二、应付股利的核算

应付投资者利润或现金股利,应通过"应付股利"科目核算。

企业计算应付投资者的利润或现金股利时借记"利润分配——应付现金股利"科目,贷记"应付股利"科目,实际支付利润或现金股利时借记"应付股利"科目,贷记"银行存款"科目。

第七节 或有负债

一、或有负债的概念及特征

或有负债是指由过去的交易或事项形成的潜在义务,其存在通过未来不确定事项的发生或不发生予以证实,或过去的交易或事项形成的现时义务,履行该义务不是很可能导致经济利益流出企业或该义务的金额不能可靠地计量。或有负债具有以下特征:

(1) 或有负债是过去的交易或事项形成的。比如,2020 年 12 月 25 日,甲企业状告乙企业侵犯了其专利权,至 2020 年 12 月 31 日,法院还没有对诉讼案进行公开审理,乙企业是否败诉尚难判断。对于乙企业而言,一项或有负债已经形成,它是由过去事项(乙企业"可能侵犯"甲企业的专利权并受到起诉)形成的。而企业计划在 3 个月后购入一批原材料可能须承担支付货款的义务则不属于或有负债。

(2) 或有负债的结果具有不确定性。或有负债包括两类义务即潜在义务和特殊的现时义务。或有负债作为一项潜在义务,其结果如何只能由未来不确定事项的发生或不发生来证实。比如,2020 年 12 月 2 日,甲企业因故与乙企业发生经济纠纷,并且被乙企业提起诉讼,直到 2020 年年末,该起诉讼尚未进行审理。由于案情复杂,相关的法律法规尚不健全,从 2020 年年末看,诉讼的最后结果如何尚难确定。2020 年年末,甲企业承担的义务就属于潜在义务。或有负债作为特殊的现时义务,其特殊之处在于:该现时义务的履行不是很可能导致经济利益流出企业,或者该现时义务的金额不能可靠地计量。其中,"不是很可能导致经济利益流出企业"是指该现时义务导致经济利益流出企业的可能性不超过 50%(含 50%)。比如,2020 年 12 月 20 日,甲企业与乙企业签订担保合同,承诺为乙企业的 3 年期项目贷款提供担保。由于担保合同的签订,甲企业承担了一项现时义务,但是,承担现时义务并不意味着经济利益将很可能因此而流出企业,如果 2020 年度乙企业的财务状况良好,则说明甲企业履行连带责任的可能性不大。也就是说,从 2020 年看,甲企业不是很可能被要求流出经济利益以履行该义务。为此,甲企业应将该项现时义务作为或有负债披露。"金额不能可靠地计量"是指该现时义务导致经济利益流出企业的"金额"难以预计。这一特殊性表明,作为现时义务的或有负债其结果是不确定的。比如,2020 年 12 月 24 日,某单位全体员工发生食物中毒,而甲公司恰是食物提供者。中毒事件发生后,甲公司得知此事,并承诺负担一切赔偿费用,直到 12 月 31 日,事态还在发展中,赔偿费用难以预计。此时,甲公司承担了现时义务,但金额不能可靠地计量。

二、预计负债的确认和计量

(一) 预计负债的确认

与或有负债相关的义务同时符合以下条件的,企业应将其确认为预计负债:

(1) 该义务是企业承担的现时义务。

(2) 该义务的履行很可能导致经济利益流出企业。

(3) 该义务的金额能够可靠地计量。

（二）预计负债的计量

预计负债应当按照履行相关现时义务所需支出的最佳估计数进行初始计量，同时，企业清偿预计负债所需支出还可能从第三方或其他方获得补偿。因此，预计负债的计量主要涉及两个问题：一是最佳估计数的确定；二是预期可获得的补偿。

1. 最佳估计数的确定

因或有事项而确认的负债金额，应是清偿该负债所需支出的最佳估计数。其中，最佳估计数的确定分两种情况考虑：

(1) 所需支出存在一个连续的金额范围或区间，且该范围内各种结果发生的可能性相同，则最佳估计数应按该范围的上、下限金额的平均数确定。比如，2020年12月27日，甲企业因合同违约而涉及一桩诉讼案。根据企业的法律顾问判断，最终的判决很可能对甲企业不利。2020年12月31日，甲企业尚未接到法院的判决，因诉讼须承担的赔偿金额也无法准确地确定。不过，据专业人士估计，赔偿金额可能是800 000元至1 000 000元之间的某一金额。则甲企业应在2020年12月31日的资产负债表中确认一项金额为900 000元[(800 000+1 000 000)/2]的负债。

(2) 所需支出不存在一个连续的金额范围，或者虽然存在一个连续的金额范围，但该范围内各种结果发生的可能性不相同，则最佳估计数应按如下方法确定：

① 或有事项涉及单个项目的，最佳估计数按最可能发生金额确定。"涉及单个项目"是指或有事项涉及的项目只有一个，如一项未决诉讼、一项未决仲裁或一项债务担保等。比如，甲公司涉及一起诉讼，根据类似案件的经验以及公司所聘律师的意见判断，甲公司在该起诉讼中胜诉的可能性为40%，败诉的可能性为60%。如果败诉，将要赔偿1 000 000元。在这种情况下，甲公司应确认的负债余额（最佳估计数）应为最可能发生金额1 000 000元。

② 或有事项涉及多个项目的，最佳估计数按各种可能的发生额及其发生概率确定。"涉及多个项目"是指或有事项涉及的项目不止一个，如产品质量保证，在产品质量保证中，提出产品保修要求的可能有许多客户。相应地，企业对这些客户负有保修义务。比如，2020年，乙企业销售产品3万件，销售额为120 000 000元，乙企业的产品质量保证条款规定：产品售出后一年内，如发生正常质量问题，乙企业将免费负责修理。根据以往的经验，如果出现较小的质量问题，将发生的修理费为销售额的1%；如果出现较大的质量问题，则将发生的修理费为销售额的2%。据预测，本年度已售产品中，有80%不会发生质量问题，有15%将发生较小质量问题，有5%将发生较大质量问题。据此，2020年年末乙企业应确认的负债金额（最佳估计数）为300 000元[(120 000 000×1%)×15%+(120 000 000×2%)×5%]。

2. 预期可获得的补偿

如果清偿因或有事项而确认的负债所需支出的全部或部分预期由第三方或其他方补偿，则补偿金额只能在基本确定能收到时作为资产单独确认，且确认的补偿金额不应超过所确认负债的账面价值。

可能获得补偿的情况通常有：一是发生交通事故等情况时企业通常可以从保险公司获得合理的赔偿；二是在某些索赔诉讼中，企业可以通过反诉的方式对索赔人或第三方另行提出赔偿要求；三是在债务担保业务中，企业在履行担保义务的同时，通常可以向被担保企业提出额外追偿要求。补偿金额"基本确定"能收到是指预期从保险公司、索赔人、被担保企业等获得补偿的可能性大于95%但小于100%的情形。补偿金额的确认涉及两个问题：一是确认时间；二是确认金额。企业会计准则规定，补偿金额只有在"基本确定"能收到时予以确认，确认的金额是基本确定能收到的金额。

需要说明两点:一是补偿金额应单独确认为资产。比如,甲企业因或有事项确认了一项负债500 000元,同时,因该或有事项甲企业还可从乙企业获得350 000元的赔偿,且这项金额基本确定能收到。在这种情况下,甲企业应分别确认一项负债500 000元和一项资产350 000元,而不能只确认一项金额为150 000元的负债。二是确认的补偿金额不应超过所确认的负债的账面价值,如上例,甲企业所确认的补偿不能超过所确认的负债的账面价值500 000元。

(三)预计负债的会计处理

因或有事项确认的负债应与其他负债区别开来,设置"预计负债"科目进行核算。在确认预计负债的同时,应确认一项支出或费用,如"销售费用""管理费用""营业外支出"等。

【例8-30】 2019年11月20日,A银行批准恒易公司的信用贷款(无担保、无抵押)申请,同意贷款20 000 000元,期限1年,利率7.2%。2020年11月20日,该贷款到期,恒易公司具有还款能力,但因与A银行存在其他经济纠纷,恒易公司未按时归还A银行的贷款(本息之和为21 440 000元),A银行与恒易公司协商没有达成协议,2020年12月25日,A银行向法院提起诉讼。截至2020年12月31日,法院尚未对A银行提起的诉讼进行审理。根据法律顾问及聘请专家的意见,如无特殊情况,恒易公司很可能败诉。为此,恒易公司不仅需要偿还贷款本息,还需要支付罚息、诉讼费等费用。假定恒易公司预计将要支付的罚息、诉讼费等估计为200 000元至240 000元之间,其中诉讼费30 000元。恒易公司的会计处理如下:

借:管理费用——诉讼费　　　　　　　　　　　　　　　　　　　　30 000.00
　　营业外支出——罚息支出　　　　　　　　　　　　　　　　　190 000.00
　　贷:预计负债——未决诉讼　　　　　　　　　　　　　　　　　220 000.00

【例8-31】 恒易公司2020年第一、二、三、四季度分别销售M产品500台、750台、1 000台和875台,每台售价为20 000元。对购买其产品的消费者,恒易公司作出如下承诺:M产品售出后三年内如出现非意外事故造成的故障和质量问题,恒易公司免费保修(含零部件更换)。根据以往经验,发生的保修费一般为销售额的1%至1.5%之间。假定恒易公司2020年四个季度实际发生的维修费分别为20 000元、200 000元、180 000元和350 000元;同时,假定2019年"预计负债——产品质量保证"科目年末余额为120 000元。

恒易公司因销售M产品而承担了现时义务,该义务的履行很可能导致经济利益流出恒易公司,且该义务的金额能够可靠地计量。恒易公司根据有关规定在每季度末确认一项负债。

(1)第一季度发生产品质量保证费用(维修费):

借:预计负债——产品质量保证　　　　　　　　　　　　　　　　　20 000.00
　　贷:银行存款(或原材料等)　　　　　　　　　　　　　　　　　20 000.00

第一季度末应确认的产品质量保证负债金额=500×20 000×(1%+1.5%)/2
　　　　　　　　　　　　　　　　　　　=125 000(元)

借:销售费用——产品质量保证　　　　　　　　　　　　　　　　　125 000.00
　　贷:预计负债——产品质量保证　　　　　　　　　　　　　　　125 000.00

第一季度末,"预计负债——产品质量保证"科目余额为225 000元。

(2)第二季度发生产品质量保证费用(维修费):

借:预计负债——产品质量保证　　　　　　　　　　　　　　　　　200 000.00
　　贷:银行存款(或原材料等)　　　　　　　　　　　　　　　　　200 000.00

第二季度末应确认的产品质量保证负债余额=750×20 000×(1%+1.5%)/2
　　　　　　　　　　　　　　　　　=187 500(元)

借：销售费用——产品质量保证	187 500.00
贷：预计负债——产品质量保证	187 500.00

第二季度末，"预计负债——产品质量保证"科目余额为212 500元。

(3) 第三季度发生产品质量保证费用(维修费)：

借：预计负债——产品质量保证	180 000.00
贷：银行存款(或原材料等)	180 000.00

第三季度末应确认的产品质量保证负债余额=1 000×20 000×(1%+1.5%)/2
　　　　　　　　　　　　　　　　　=250 000(元)

借：销售费用——产品质量保证	250 000.00
贷：预计负债——产品质量保证	250 000.00

第三季度末，"预计负债——产品质量保证"科目余额为282 500元。

(4) 第四季度发生产品质量保证费用(维修费)：

借：预计负债——产品质量保证	350 000.00
贷：银行存款(或原材料等)	350 000.00

第四季度末应确认的产品质量保证负债金额=875×20 000×(1%+1.5%)/2
　　　　　　　　　　　　　　　　　=218 750(元)

借：销售费用——产品质量保证	218 750.00
贷：预计负债——产品质量保证	218 750.00

第四季度末，"预计负债——产品质量保证"科目余额为151 250元。

需要注意的是：

(1) 如果发现保证费用的实际发生额与预计数相差较大，应及时对预计比例进行调整。

(2) 如果企业针对特定批次产品确认预计负债，则在保修期结束时，应将"预计负债——产品质量保证"余额冲减至零。

(3) 已对其确认预计负债的产品，如企业不再生产了，那么应在相应的产品质量保证期满后，将"预计负债——产品质量保证"余额冲减至零。

因或有事项确认的负债应在资产负债表中单列项目反映，并在会计报表附注中作相应披露；而与所确认负债有关的费用或支出应在扣除确认的补偿金额后，在利润表中反映。也就是说，在资产负债表中，对或有事项确认的负债(预计负债)应与其他负债项目区别开来，单独反映。同时，还应在会计报表附注中对各项预计负债形成的原因及金额作相应披露，以使会计报表使用者获得充分、详细的有关或有事项的信息。如果企业因多项或有事项确认了预计负债，在资产负债表上一般只需通过"预计负债"项目进行总括反映。

在对或有事项确认负债的同时，应确认一项支出或费用。这项支出或费用在利润表中不单列项目反映，而应与其他费用或支出项目(如"销售费用""管理费用""营业外支出"等)合并反映。比如，企业因产品质量保证确认负债时所确认的费用在利润表中应作为"销售费用"的组成部分予以反映；再如，企业因对其他单位提供债务担保确认负债时所确认的费用，应作为"营业外支出"的组成部分予以反映。但如果企业基本确定能获得补偿,那么企业在利润表中反映因或有事项确认的费用或支出时,应将这些补偿预先抵减。比如,甲企业因提供债务担保而确认了金额为 30 000 元的一项负债和一项支出,同时基本确定可以从第三方获得金额为 23 000 元的补偿。在这种情况下,甲企业应在利润表中反映损失 7 000 元,该项损失应在利润表中并入"营业外支出"项目。

三、或有负债的披露

企业应在会计报表附注中披露如下或有负债:已贴现商业承兑汇票形成的或有负债;未决诉讼、未决仲裁形成的或有负债;为其他单位提供债务担保形成的或有负债;其他或有负债(不包括极小可能导致经济利益流出企业的或有负债)。

或有负债披露的基本原则是极小可能导致经济利益流出企业的或有负债一般不予披露。但是,对某些经常发生或对企业的财务状况和经营成果有较大影响的或有负债,即使其导致经济利益流出企业的可能性极小,也应予以披露,以确保会计信息使用者获得足够充分和详细的信息。

或有负债的披露内容包括:或有负债形成的原因;或有负债预计产生的财务影响(如无法预计,应说明理由);获得补偿的可能性。

有时,充分披露未决诉讼、未决仲裁形成的或有负债信息可能会对企业的生产经营造成重大不利影响。为此,企业会计准则规定,对涉及未决诉讼、未决仲裁的情况下,如果披露全部或部分信息预期会对企业造成重大不利影响的,则企业无须披露这些信息。但是,企业至少应披露未决诉讼、未决仲裁的形成原因。

【例 8-32】 2020 年度,恒易公司背书转让了三张应收票据,金额合计 35 000 000 元。分别是:被背书人 B 公司,票据金额为 5 000 000 元,到期日为 2021 年 1 月 10 日;被背书人 C 公司,票据金额为 15 000 000 元,到期日为 2021 年 3 月 2 日;被背书人 D 公司,票据金额为 15 000 000 元,到期日为 2021 年 4 月 16 日。

本例中,恒易公司因背书转让应收票据而承担了现时义务。为此,2020 年 12 月 31 日,企业应将由此形成的或有负债予以披露。具体如下:

或有负债:

截至 2020 年 12 月 31 日,本公司背书转让应收票据金额合计 35 000 000 元。

出票单位	出票日	到 期 日	被背书金额(元)	被背书人
×××	×××	2021 年 1 月 10 日	5 000 000	B 公司
×××	×××	2021 年 3 月 2 日	15 000 000	C 公司
×××	×××	2021 年 4 月 16 日	15 000 000	D 公司

【例 8-33】 依[例 8-30]资料,恒易公司应在资产负债表附注中作如下披露:

本公司欠 A 银行贷款于 2020 年 11 月 20 日到期,到期本金和利息合计为 21 440 000 元。由于与 A 银行存在其他经济纠纷,故本公司未偿还上述借款本金和利息。为此,A 银行起诉本公司,除要求本公司偿还本金和利息外,还要求支付罚息等费用。由于以上情况,本公司在 2020 年 12 月 31 日确认了一项负债 220 000 元。目前,此案正在审理中。

第 9 章　非流动负债

本 章 提 要

本章主要叙述长期借款、应付债券、借款费用以及长期应付款、专项应付款的会计核算等内容。通过本章的学习,掌握长期借款、应付债券和借款费用的会计处理,理解借款费用开始资本化、暂停资本化和停止资本化的条件,掌握借款费用资本化金额的计算方法,熟悉长期应付款的核算,了解专项应付款的核算。

重 点 难 点

长期借款的会计处理;应付债券的会计处理;借款费用的确认和计量。

非流动负债又称长期负债,是指偿还期在1年或者超过1年的一个营业周期以上的负债,包括长期借款、应付债券、长期应付款等。非流动负债具有偿还期较长,债务金额较大,资金成本较高的特点。

第一节　长期借款

一、长期借款的概念

长期借款是指企业向银行或其他金融机构借入的、期限在1年以上(不含1年)的各种借款。长期借款主要是用于对内的长期投资,如固定资产购建、固定资产扩建改造以及产品开发等。从偿还方式来看,有到期一次还本和分期还本之分;从付息方式来看,有分期付息和到期一次付息之分;从借款币种来看,有人民币借款和外币借款之分。

二、长期借款的核算

长期借款的核算主要包括长期借款本金的借入与偿还、偿还利息的会计处理、外币借款与外币汇兑损益的核算等内容。企业应设置"长期借款"科目核算长期借款的借入、应计利息和归还本息的情况,并按贷款单位设置明细账,按借款种类进行明细分类核算。

(一) 分期付息到期还本

借入款项时,按实际收到的金额借记"银行存款"科目,贷记"长期借款——本金"科目。

长期借款所发生的利息支出,应按期预提计入有关成本费用。属于筹建期间的应计入长期待摊费用,发生时借记"长期待摊费用"科目,贷记"应付利息"科目;属于生产经营期间用于购建固定资产的,在固定资产达到预定可使用状态前所发生的应予以资本化,计入所购建或改扩建固定资产的价值,按资本化金额借记"在建工程"科目,贷记"应付利息"科目,达到预定可使用状态后发生的、按规定不能予以资本化的计入当期损益,按费用化金额借记"财务费用"科目,贷记"应付利息"科目;支付利息时借记"应付利息"科目,贷记"银行存款"科目;到期归还借款本金时借记"长期借款——本金"科目,贷记"银行存款"科目。

【例9-1】 恒易公司2017年4月1日向银行借入2 000 000元,期限为3年,年利率为7.2%,每年4月1日支付利息,期满后一次性还清本金。借款用于厂房建造,厂房于2018年6月30日达到预定可使用状态并交付使用。恒易公司的会计处理如下:

(1) 2017年4月1日,借入款项:

借:银行存款	2 000 000.00
贷:长期借款——本金	2 000 000.00

(2) 2017年12月31日,预提利息:

2017年4月1日—12月31日应付利息108 000元(2 000 000×7.2%×9÷12)应计入工程成本。

借:在建工程	108 000.00
贷:应付利息	108 000.00

(3) 2018年4月1日,支付利息:

2017年4月1日—2018年4月1日实际支付利息144 000元(2 000 000×7.2%),其中应计入工程成本利息36 000元(2 000 000×7.2%×3÷12)。

借:应付利息	108 000.00
在建工程	36 000.00
贷:银行存款	144 000.00

(4) 2018年12月31日,预提利息:

2018年4月1日—6月30日应付利息36 000元(2 000 000×7.2%×3÷12)应计入工程成本;2018年7月1日—12月31日应付利息72 000元(2 000 000×7.2%×6÷12)应计入当期损益。

借:在建工程	36 000.00
财务费用	72 000.00
贷:应付利息	108 000.00

(5) 2019年4月1日,支付利息:

2018年4月1日—2019年4月1日,实际支付利息144 000元(2 000 000×7.2%),其中应计入当期损益利息36 000元(2 000 000×7.2%×3÷12)。

借:应付利息	108 000.00
财务费用	36 000.00
贷:银行存款	144 000.00

(6) 2019年12月31日,预提利息:

2019年4月1日—12月31日应付利息108 000元(2 000 000×7.2%×9÷12)应计入当期

损益。

借：财务费用	108 000.00
贷：应付利息	108 000.00

(7) 2020年4月1日，还本付息：

2019年4月1日—2020年4月1日，实际支付利息144 000元(2 000 000×7.2%)，其中应计入当期损益利息36 000元(2 000 000×7.2%×3÷12)。

借：应付利息	108 000.00
财务费用	36 000.00
长期借款——本金	2 000 000.00
贷：银行存款	2 144 000.00

（二）到期一次性还本付息

到期一次性还本付息的会计处理与分期付息到期还本的会计处理的主要不同点在于对利息的处理不同。到期一次性还本付息的利息在借款到期时才予以支付，其时间间隔较长，因而应作为非流动负债处理，记入"长期借款——利息"科目。

【例9-2】 依[例9-1]资料，假设该借款到期一次性还本付息。恒易公司的会计处理如下：

(1) 2017年4月1日，借入款项（同上）。

(2) 2017年12月31日，计算利息：

借：在建工程	108 000.00
贷：长期借款——利息	108 000.00

(3) 2018年12月31日，计算利息：

借：在建工程	72 000.00
财务费用	72 000.00
贷：长期借款——利息	144 000.00

(4) 2019年12月31日，计算利息：

借：财务费用	144 000.00
贷：长期借款——利息	144 000.00

(5) 2020年4月1日，还本付息：

借：长期借款——本金	2 000 000.00
——利息	396 000.00
财务费用	36 000.00
贷：银行存款	2 432 000.00

（三）长期借款的利息调整

由于取得借款时合同利率与实际利率可能会存在较大差异，因而，企业实际取得的借款数额不一定等于本金的数额，如果合同利率低于实际利率，则实际取得的借款数额低于本金数额，其差额应记入"长期借款——利息调整"科目的借方，按实际利率法确定的长期借款利息费用与应付利息的差额则记入"长期借款——利息调整"科目的贷方，摊余成本为长期借款的账面价值即"长期借款"科目的余额。其中，利息费用等于摊余成本乘以实际利率，应付利息等于本金乘以合同利率。

【例 9-3】 2018 年 1 月 1 日,恒易公司向银行借入 3 年期的长期借款 10 000 000 元用于厂房建造工程,合同利率为 5%,市场利率为 6%,每年 12 月 31 日支付本年利息,到期归还本金。厂房工程于 2019 年 12 月 31 日完工并交付使用。恒易公司相关的会计处理如下:

(1) 2018 年 1 月 1 日,借入款项:

由于合同利率低于实际利率,所以:

其实际收到的款项 = 10 000 000 × 0.839 619 3 + 10 000 000 × 5% × 2.673 011 9
　　　　　　　　 = 9 732 700(元)

借:银行存款　　　　　　　　　　　　　　　　　　　　　9 732 700.00
　　长期借款——利息调整　　　　　　　　　　　　　　　　267 300.00
　　贷:长期借款——本金　　　　　　　　　　　　　　　　　　　10 000 000.00

(2) 2018 年 12 月 31 日,支付利息:

应付利息 = 10 000 000 × 5% = 500 000(元)

利息费用 = 9 732 700 × 6% = 583 962(元)

应摊销利息调整 = 583 962 − 500 000 = 83 962(元)

借:在建工程——厂房工程　　　　　　　　　　　　　　　　583 962.00
　　贷:银行存款　　　　　　　　　　　　　　　　　　　　　　500 000.00
　　　　长期借款——利息调整　　　　　　　　　　　　　　　　83 962.00

(3) 2019 年 12 月 31 日,支付利息:

应付利息 = 10 000 000 × 5% = 500 000(元)

利息费用 = (9 732 700 + 83 962) × 6% = 588 999.72(元)

应摊销利息调整 = 588 999.72 − 500 000 = 88 999.72(元)

借:在建工程——厂房工程　　　　　　　　　　　　　　　　588 999.72
　　贷:银行存款　　　　　　　　　　　　　　　　　　　　　　500 000.00
　　　　长期借款——利息调整　　　　　　　　　　　　　　　　88 999.72

(4) 2020 年 12 月 31 日,支付利息并归还本金:

应付利息 = 10 000 000 × 5% = 500 000(元)

应摊销利息调整 = 267 300 − 83 962 − 88 999.72 = 94 338.28(元)

利息费用 = 500 000 + 94 338.28 = 594 338.28(元)

借:财务费用　　　　　　　　　　　　　　　　　　　　　　594 338.28
　　长期借款——本金　　　　　　　　　　　　　　　　　10 000 000.00
　　贷:银行存款　　　　　　　　　　　　　　　　　　　　10 500 000.00
　　　　长期借款——利息调整　　　　　　　　　　　　　　　　94 338.28

(四)外币长期借款

企业取得外币借款时,应以取得时的市场汇率确定长期借款的入账价值,期末确定的汇兑损益应记入"长期借款"科目。

【例9-4】 2017年1月1日,恒易公司向中国银行借入3年期的长期借款200 000美元,利率为8%,每年年末计提利息,到期一次性还本付息。该借款用于进口生产用原材料,其相关经济业务及会计处理如下:

(1) 2017年1月1日,借入款项划入银行存款——美元户,当日市场汇率为1美元=7.299 6元人民币。

借:银行存款——美元户(200 000×7.299 6)   1 459 920.00
  贷:长期借款——美元户   1 459 920.00

(2) 2017年12月31日,预提本年度利息,当日市场汇率为1美元=6.834 6元人民币。

借:财务费用——利息支出(200 000×8%×6.834 6)   109 353.60
  贷:长期借款——美元户   109 353.60

本金的汇兑差额=200 000×(7.299 6−6.834 6)=93 000(元)

利息的汇兑差额=200 000×8%×(6.834 6−6.834 6)=0(元)

借:长期借款——美元户   93 000.00
  贷:财务费用——汇兑损益   93 000.00

(3) 2018年12月31日,预提本年度利息,当日市场汇率为1美元=6.828 2元人民币。

借:财务费用——利息支出(200 000×8%×6.828 2)   109 251.20
  贷:长期借款——美元户   109 251.20

本金的汇兑差额=200 000×(6.834 6−6.828 2)=1 280(元)

利息的汇兑差额=200 000×8%×(6.834 6−6.828 2)+200 000×8%
    ×(6.828 2−6.828 2)=102.40(元)

借:长期借款——美元户   1 382.40
  贷:财务费用——汇兑损益   1 382.40

(4) 2019年12月31日,预提本年度利息,当日市场汇率为1美元=6.766 8元人民币。

借:财务费用——利息支出(200 000×8%×6.766 8)   108 268.80
  贷:长期借款——美元户   108 268.80

本金的汇兑差额=200 000×(6.828 2−6.766 8)=12 280(元)

利息的汇兑差额=200 000×8%×(6.828 2−6.766 8)×2+200 000×8%
    ×(6.766 8−6.766 8)=1 964.80(元)

借:长期借款——美元户   14 244.80
  贷:财务费用——汇兑损益   14 244.80

(5) 2020年1月1日,以248 000美元归还长期借款和借款利息,当日市场汇率为1美元=6.766 4元人民币。

借:长期借款——美元户   1 678 067.00
  贷:银行存款——美元户   1 678 067.00

同时,确认长期借款的汇兑损益,其汇兑损益为"长期借款——美元户"的本日余额,即99.40元。

借:长期借款——美元户　　　　　　　　　　　　　　　99.40
　　贷:财务费用——汇兑损益　　　　　　　　　　　　　　99.40

第二节　应付债券

一、债券发行的核算

(一)债券发行价格的确定

应付债券的入账价值应当按照实际的发行价格总额确认。债券的发行价格受同期银行存款利率的影响较大,当债券的票面利率高于同期银行存款利率时,按超过票面价值的价格发行即溢价发行;当债券的票面利率低于同期银行存款利率时,按低于票面价值的价格发行即折价发行;当债券的票面利率与同期银行存款利率一致时,按票面价值的价格发行即平价发行。债券溢价发行即债券发行的价格高于面值,高出部分的实质是以后多付利息而事先得到的补偿;债券折价发行即债券发行的价格低于面值,低于部分的实质是以后少付利息而事先给持有者的补偿。

债券发行价格的确定应考虑货币时间价值,即发行价格确定为未来需要偿还的债券面值和利息引起的现金流出量的折现值。即:

长期债券的发行价格=每个付息期支付的利息×支付利息时的折现系数
　　　　　　　　　　　+到期支付的债券面值×支付债券面值时的折现系数

【例9-5】 2017年1月1日,恒易公司发行3年期债券,债券面值为50 000 000元,票面利率为8%。试分别按照下列假设确定债券的发行价格:市场利率为8%;市场利率为10%;市场利率为6%。

(1)如果市场利率为8%,与债券票面税率相等,则该债券应平价发行。

按8%的利率查表得3期的复利现值系数和年金现值系数分别为0.793 832 241和2.577 096 987,则:

债券发行价格=50 000 000×0.793 832 241+4 000 000×2.577 096 987=50 000 000(元)

(2)如果市场利率为10%,大于债券票面利率,则该债券应折价发行。

按10%的利率查表得3期的复利现值系数和年金现值系数分别为0.751 314 801和2.486 851 991,则:

债券发行价格=50 000 000×0.751 314 801+4 000 000×2.486 851 991=47 513 148(元)

(3)如果市场利率为6%,小于债券票面利率,则该债券应溢价发行。

按6%的利率查表得3期的复利现值系数和年金现值系数分别为0.839 619 283和2.673 011 949,则:

债券发行价格=50 000 000×0.839 619 283+4 000 000×2.673 011 949=52 673 012(元)

债券的溢、折价金额应在债券的发行期限内计提利息时分期摊销,调整债券各期应付利息为实际利息费用。

(二)债券发行的会计处理

为了反映企业债券的发行、利息的结算、溢价或折价的摊销和债券收回情况,企业应设置"应付债券"科目。该科目应按"面值""利息调整""应计利息"设置明细科目进行明细核算。

1. 按平价发行的核算

【例 9-6】 依[例 9-5]资料,假设市场利率为 8%,恒易公司的会计处理如下:

借:银行存款	50 000 000.00
贷:应付债券——面值	50 000 000.00

2. 按折价发行的核算

【例 9-7】 依[例 9-5]资料,假设市场利率为 10%,恒易公司的会计处理如下:

借:银行存款	47 513 148.00
应付债券——利息调整	2 486 852.00
贷:应付债券——债券面值	50 000 000.00

3. 按溢价发行的核算

【例 9-8】 依[例 9-5]资料,假设市场利率为 6%,恒易公司的会计处理如下:

借:银行存款	52 673 012.00
贷:应付债券——面值	50 000 000.00
——利息调整	2 673 012.00

4. 债券延期发行

实际工作中,企业可能因为种种原因而推迟发行债券,从理论上讲,可能就要针对每一个投资者不同的购买日期利用债券计价原则重新计算债券的价格,但此工作量太大,于是为了简化处理,发行债券的企业就要将从计息起始日到投资者购买债券的时点所计算的债券利息计入到债券的价格中,预先向投资者收取,待实际发放利息时返还给投资者。于是,这种预先收取的利息金额便构成了发行企业的一项负债,通过"应付债券——应计利息"科目核算。

【例 9-9】 恒易公司计划于 2020 年 1 月 1 日发行 2 年期、利率为 10%、面值为 3 000 000 元的长期债券,发行价格为 3 019 000 元。由于多方面原因,该债券推迟至 2020 年 6 月 1 日才公开发行,但计息日的起始日依然为 2020 年 1 月 1 日。恒易公司的会计处理如下:

推迟期债券利息 = 3 000 000 × 10% × 5/12 = 125 000(元)

借:银行存款	3 144 000.00
贷:应付债券——面值	3 000 000.00
——利息调整	19 000.00
——应计利息	125 000.00

需要说明的是,债券发行过程中必定会发生相关的费用即发行费用,其发行费用应直接冲减发行收入,此时会出现以下几种情况:如果发行时是平价发行的,其发行费用冲减发行收入后的净收入必定低于债券面值,应视为折价发行;如果发行时是折价发行的,其发行费用冲减发行收入后的净收入依然低于债券面值,仍作为折价发行;如果发行时是溢价发行的,其发行费用冲减发行收入后的净收入可能高于或等于或低于债券面值,并相应确定为溢价发行或平价发行或折价发行。

此外,发行期间冻结资金利息收入(即发行企业收到的购买者预先支付的投资款的利息,比如,A 公司要发行债券,而 B 公司想要购买 A 公司的债券,这时,B 公司就要先将购买债券的款项存到 A 公司指定的账户上,从存入时起,这笔资金就不能再用于其他方面了,这叫"冻结",在冻结期间产生的存款利息归 A 公司所有,这就是"冻结资金利息收入")应增加发行收入,此时,仍会出现发行费用冲减发行收入的情况,只是出现的是反向的变化。

二、债券利息费用确认的核算

债券利息费用的确认即应确认为费用的利息,它由两部分构成:一是债券利息;二是债券溢价或折价的摊销额。其关系用公式表示如下:

$$债券利息费用 = 债券利息 \pm \frac{应摊销折价}{应摊销溢价}$$

(一)平价发行债券利息费用的确认

当平价发行债券时,不存在溢价或折价,根据上述公式可知债券利息费用即为债券利息。

【例9-10】 依[例9-5]和[例9-6]资料,假设每年1月1日支付利息,到期一次还本。恒易公司的会计处理如下:

(1) 2017年12月31日:

借:财务费用(或在建工程)   4 000 000.00
    贷:应付利息   4 000 000.00

(2) 2018年1月1日:

借:应付利息   4 000 000.00
    贷:银行存款   4 000 000.00

以后年度的会计处理同上。

(二)折价发行债券利息费用的确认

当折价发行债券时,根据上述公式可知债券利息费用为债券利息与应摊销折价之和。

应摊销折价可采用直线法和实际利率法,企业会计准则规定,债券折价摊销采用实际利率法。实际利率法的步骤如下:

第一步,计算债券利息:债券利息=债券面值×票面利率。

第二步,计算利息费用:利息费用=期初应付债券账面价值×实际利率。

第三步,摊销折价:应摊销折价金额=利息费用-债券利息。

实际工作中,对债券折价的摊销可采用编制摊销表的方法进行,其格式见表9-1。

【例9-11】 依[例9-5]和[例9-7]资料,假设每年1月1日支付利息,到期一次还本。其债券折价摊销如表9-1所示。

表9-1 折价摊销计算表(实际利率法)   单位:元

计息日	应计利息 ①=面值×8%	实际利息费用 ②=上期④×10%	折价摊销 ③=②-①	债券账面价值 ④=上期④+③
2017年1月1日				47 513 148.00
2017年12月31日	4 000 000.00	4 751 314.80	751 314.80	48 264 462.80
2018年12月31日	4 000 000.00	4 826 446.28	826 446.28	49 090 909.08
2019年12月31日	4 000 000.00	4 909 090.92**	909 090.92*	50 000 000.00
合 计	12 000 000.00	14 486 852.00	2 486 852.00	—

* 909 090.92=50 000 000.00-49 090 909.08
** 4 909 090.92=4 000 000+909 090.92

根据表9-1的计算结果,恒易公司的会计处理如下:

(1) 2017年12月31日:

借：财务费用（或在建工程） 4 751 314.80
　　贷：应付利息 4 000 000.00
　　　　应付债券——利息调整 751 314.80

(2) 2018年1月1日：

借：应付利息 4 000 000.00
　　贷：银行存款 4 000 000.00

(3) 2018年12月31日：

借：财务费用（或在建工程） 4 826 446.28
　　贷：应付利息 4 000 000.00
　　　　应付债券——利息调整 826 446.28

(4) 2019年1月1日：

借：应付利息 4 000 000.00
　　贷：银行存款 4 000 000.00

(5) 2019年12月31日：

借：财务费用（或在建工程） 4 909 090.92
　　贷：应付利息 4 000 000.00
　　　　应付债券——利息调整 909 090.92

(6) 2020年1月1日：

借：应付利息 4 000 000.00
　　贷：银行存款 4 000 000.00

（三）溢价发行债券利息费用的确认

当溢价发行债券时，根据上述公式可知债券利息费用为债券利息与应摊销溢价的差。

应摊销溢价在实际利率法下的步骤如下：

第一步，计算债券利息：债券利息＝债券面值×票面利率。

第二步，计算利息费用：利息费用＝期初应付债券账面价值×实际利率。

第三步，摊销溢价：应摊销溢价金额＝债券利息－利息费用。

【例9-12】 依[例9-5]和[例9-8]资料，假设到期一次还本付息。其债券溢价摊销如表9-2所示。

表9-2　溢价摊销计算表（实际利率法）　　　　　　　　　　单位：元

计息日	应计利息	实际利息费用	溢价摊销	债券账面价值
	①＝面值×8%	②＝上期④×6%	③＝①－②	④＝上期④－③
2017年1月1日				52 673 012.00
2017年12月31日	4 000 000.00	3 160 380.72	839 619.28	51 833 392.72
2018年12月31日	4 000 000.00	3 110 003.56	889 996.44	50 943 396.28
2019年12月31日	4 000 000.00	3 056 603.72**	943 396.28*	50 000 000.00
合　计	12 000 000.00	9 326 988.00	2 673 012.00	—

＊943 396.28＝50 943 396.28－50 000 000.00

＊＊3 056 603.72＝4 000 000.00－943 396.28

根据表9-2的计算结果,恒易公司的会计处理如下:

(1) 2017年12月31日:

借:财务费用(或在建工程)		3 160 380.72
应付债券——利息调整		839 619.28
贷:应付债券——应计利息		4 000 000.00

(2) 2018年12月31日:

借:财务费用(或在建工程)		3 110 003.56
应付债券——利息调整		889 996.44
贷:应付债券——应计利息		4 000 000.00

(3) 2019年12月31日:

借:财务费用(或在建工程)		3 056 603.72
应付债券——利息调整		943 396.28
贷:应付债券——应计利息		4 000 000.00

从以上会计处理可以看出:

(1) 当企业债券是溢价发行时,距离债券兑现的时间越近,债券的账面价值越小,到债券兑现的时点时,其价值等于债券的账面价值。同时,由于溢价实际是企业因为票面利率高于市场利率而事先获得的补偿,这种事先的补偿所得到的结果是在企业后期支付较高的票面利息时得到抵减,直到向投资者兑现债券时,这种补偿被递减至零,此时债券的账面价值为票面价值。

(2) 当企业债券是折价发行时,距离债券兑现的时间越近,债券的账面价值越大,到债券兑现的时点时,其价值等于债券的账面价值。同时,由于折价实际是企业因为票面利率低于市场利率而提前支付的利息,这种提前支付的利息所得到的结果是在企业后期支付较低的票面利息时得到追加,直到向投资者兑现债券时,这种追加被递减至零,即此时债券的账面价值为票面价值。

三、债券到期的核算

债券到期时,对到期一次还本付息的债券,按债券面值借记"应付债券——面值"科目,按应付利息借记"应付债券——应计利息"科目,按实际支付本息贷记"银行存款"科目;对分期付息的债券,按债券面值借记"应付债券——面值"科目,按最后一期应付利息借记"应付利息"科目,按实际支付本息金额贷记"银行存款"科目。

【例9-13】 依[例9-11]资料,2020年1月1日债券到期,恒易公司归还本金的会计处理如下:

借:应付债券——面值		50 000 000.00
贷:银行存款		50 000 000.00

若最后一期利息尚未支付,则可与归还本金合并处理,会计分录为:

借:应付债券——面值		50 000 000.00
应付利息		4 000 000.00
贷:银行存款		54 000 000.00

【例9-14】 依[例9-12]资料,2020年1月1日债券到期,恒易公司归还本金支付利息的会计处理如下:

借:应付债券——面值		50 000 000.00
——应计利息		12 000 000.00
贷:银行存款		62 000 000.00

四、可转换公司债券

上市公司经股东大会决议可以发行可转换为股票的公司债券,并在公司债券募集办法中规定具体的转换办法。发行可转换为股票的公司债券,应当在债券上标明"可转换公司债券"字样,并在公司债券存根簿上载明可转换公司债券的数额。发行可转换为股票的公司债券,应当报请国务院证券管理部门批准。公司债券可转换为股票的,除具备发行公司债券的条件外,还应当符合股票发行的条件。企业发行可转换公司债券时,按实际收到的金额借记"银行存款"科目,按该可转换公司债券包含的负债成分的面值贷记"应付债券——可转换公司债券(面值)"科目,按权益成分的公允价值贷记"其他权益工具"科目,按其差额,借记或贷记"应付债券——可转换公司债券(利息调整)"科目。

我国目前发行的可转换公司债券采取的是无纸化记名发行方式,其期限为3到5年,在债券转换为股份之前,应将其作为长期负债,其会计核算与公司债券的核算相同。在转换时,企业应以债券的账面价值结转,不确认转换损益,如转换时债券的账面价值不够转换一股的,企业应将不足部分以现金支付。转换时,企业应借记"应付债券——面值""应付债券——应计利息""应付债券——利息调整"或贷记"应付债券——利息调整"科目,贷记"实收资本"科目,按债券面额不足以转换为一股支付的现金贷记"银行存款"科目,按借贷方差额贷记"资本公积——资本溢价"科目。

【例9-15】 恒易公司于2018年1月1日按面值发行5年期可转换公司债券,并规定该债券可于发行一年后转换,债券面值为100 000 000元,利率为8%,转股比例为面值每100元转8股,股票面值1元。2019年12月31日,B持有人将其持有的面值20 000 000元的可转换公司债券转换为普通股。

(1) 2018年1月1日:

借:银行存款	100 000 000.00
贷:应付债券——可转换公司债券(面值)	100 000 000.00

(2) 2018年12月31日:

借:财务费用(或在建工程)	8 000 000.00
贷:应付债券——可转换公司债券(应计利息)	8 000 000.00

(3) 2019年12月31日:

借:财务费用(或在建工程)	8 000 000.00
贷:应付债券——可转换公司债券(应计利息)	8 000 000.00

同时,将B持有人持有的可转换公司债券转换为普通股:

B持有人持有的可转换公司债券应计利息=20 000 000×8%×2=3 200 000(元)

B持有人持有的可转换公司债券转换股份金额=20 000 000÷100×8×1=1 600 000(元)

借:应付债券——可转换公司债券(面值)	20 000 000.00
——可转换公司债券(应计利息)	3 200 000.00
贷:实收资本	1 600 000.00
资本公积——资本溢价	21 600 000.00

(4) 2020年12月31日:

借:财务费用(或在建工程)	6 400 000.00
贷:应付债券——可转换公司债券(应计利息)	6 400 000.00

以后年度的会计处理略。

上例中，假设发行可转换债券时，权益成分的公允价值总额为 8 000 000 元，债券总发行价格为 110 000 000 元，则会计处理如下：

借：银行存款	110 000 000.00
贷：应付债券——可转换公司债券（面值）	100 000 000.00
——可转换公司债券（利息调整）	2 000 000.00
其他权益工具	8 000 000.00

从上例可以看出，当发行者发行可转换债券时，投资者不仅可以在未转换时取得固定利息，还可以在公司利好、股价上扬时将债券转股得到股票价差的好处，因此，发行者比较容易筹措资金且可以对可转换债券制定较低的利率，筹资成本较低。

第三节　长期及专项应付款

一、长期应付款的核算

长期应付款是指企业除长期借款、应付债券以外的其他各种长期应付款项，包括应付租入固定资产租赁费、以分期付款方式购入固定资产等发生的应付款项等。为了核算企业长期应付款项，应设置"长期应付款"科目，其贷方登记长期应付款项的增加金额，借方登记长期应付款项的减少金额，期末贷方余额反映企业尚未支付的各种长期应付款。

应付租入固定资产的租赁费在前述固定资产章节中已作介绍，故不再重述。这里仅就分期付款购入固定资产及存货等核算加以说明。

分期付款方式购入固定资产，如果超过正常信用条件延期支付价款，实质上具有融资性质的，按照谨慎性要求，应按购买价款的现值借记"固定资产""在建工程"等科目，按应付款总金额贷记"长期应付款"科目，按其差额借记"未确认融资费用"科目。

【例 9-16】 恒易公司 2020 年 12 月 31 日以分期付款方式购入需要安装的设备一台，总价款为 900 000 元，增值税进项税额为 153 000 元。合同约定：税款于交易当日一次性结算，价款每半年支付一次，分 6 次等额支付。设备购买价款的现值为 700 000 元，以银行存款支付设备安装费 20 000 元，设备安装后已投入使用。恒易公司的会计处理如下：

（1）购入设备时：

借：在建工程	720 000.00
应交税费——应交增值税（进项税额）	153 000.00
未确认融资费用	200 000.00
贷：长期应付款——应付设备款	900 000.00
银行存款	173 000.00

（2）设备安装完毕交付使用：

借：固定资产	720 000.00
贷：在建工程	720 000.00

（3）分摊未确认融资费用：

设备购置开始日资产公允价值＝各期付款额的现值，即：$150\ 000 \times (P/A, R, 6) = 700\ 000$

(元)

当 $R=7\%$ 时,$150\,000\times4.767=715\,050>700\,000$

当 $R=8\%$ 时,$150\,000\times4.623=693\,450<700\,000$

因此,$7\%<R<8\%$。用插值法计算得 $R=7.7\%$,即融资费用分摊率为 7.7%。

根据所确定的融资费用分摊率,以实际利率法分摊未确认融资费用,如表9-3所示。

表9-3 未确认融资费用分摊表(实际利率法)　　　单位:元

日期 ①	分期应付款 ②	确认的融资费用 ③=期初⑤×7.70%	应付本金减少 ④=②-③	应付本金余额 期末⑤=期初⑤-④
2020年12月31日				700 000.00
2021年6月30日	150 000.00	53 900.00	96 100.00	603 900.00
2021年12月31日	150 000.00	46 500.30	103 499.70	500 400.30
2022年6月30日	150 000.00	38 530.82	111 469.18	388 931.12
2022年12月31日	150 000.00	29 947.70	120 052.30	268 878.82
2023年6月30日	150 000.00	20 703.67	129 296.33	139 582.49
2023年12月31日	150 000.00	10 417.51	139 582.49	0.00
合计	900 000.00	200 000.00	700 000.00	

2021年6月30日支付设备款:

借:长期应付款——应付设备款　　150 000.00
　　贷:银行存款　　　　　　　　　　　　　150 000.00
借:财务费用　　　　　　　　　　 53 900.00
　　贷:未确认融资费用　　　　　　　　　　53 900.00

以后各期支付设备款的会计处理与上述相同,分摊未确认融资费用除各期金额不同外,其他相同。

如果购入存货超过正常信用条件延期支付价款(如分期付款购买存货),实质上具有融资性质的,企业在购入存货时,应按存货购买价款的现值金额借记"原材料""周转材料""库存商品"等存货科目,按可抵扣的增值税税额借记"应交税费——应交增值税(进项税额)"科目,按购货合同约定的应付金额贷记"长期应付款"科目,按其差额借记"未确认融资费用"科目。未确认融资费用应在合同或协议约定的付款期间内采用实际利率法分期摊销,计入各期财务费用。

【例9-17】 2020年1月1日,恒易公司采用分期付款方式向N公司购入一批原材料,合同价为2 000 000元,增值税税额为340 000元。根据合同约定,恒易公司应于购货时支付全部增值税税额,N公司向恒易公司开具增值税专用发票,其余价款于每年年末等额支付,分4年付清。恒易公司选择6%作为折现率。

(1)计算材料购买款的现值。

查年金现值系数表可知,4期、6%的年金现值系数为3.465 105 61,则:

材料买价现值 $=2\,000\,000/4\times3.465\,105\,61=1\,732\,553$(元)

(2)编制未确认融资费用分摊表。

2020年1月1日,恒易公司采用实际利率法编制的未确认融资费用分摊表,如表9-4所示。

表9-4　未确认融资费用分摊表(实际利率法)　　　　　单位:元

日　期 ①	分期应付款 ②	确认的融资费用 ③＝期初⑤×6%	应付本金减少额 ④＝②－③	应付本金余额 期末⑤＝期初⑤－④
2020年1月1日				1 732 553.00
2020年12月31日	500 000.00	103 953.18	396 046.82	1 336 506.18
2021年12月31日	500 000.00	80 190.36	419 809.64	916 696.54
2022年12月31日	500 000.00	55 001.76	444 998.24	471 698.30
2023年12月31日	500 000.00	28 301.70	471 698.30	0.00
合　计	2 000 000.00	267 447.00	1 732 553.00	

(3) 编制有关的会计分录。

① 2020年1月1日:

借:原材料　　　　　　　　　　　　　　　　　1 732 553.00
　　应交税费——应交增值税(进项税额)　　　　340 000.00
　　未确认融资费用　　　　　　　　　　　　　　267 447.00
　　贷:长期应付款——N公司　　　　　　　　　2 000 000.00
　　　　银行存款　　　　　　　　　　　　　　　340 000.00

② 2020年12月31日:

借:长期应付款——N公司　　　　　　　　　　500 000.00
　　贷:银行存款　　　　　　　　　　　　　　　500 000.00
借:财务费用　　　　　　　　　　　　　　　　103 953.18
　　贷:未确认融资费用　　　　　　　　　　　　103 953.18

以后各期支付设备款的会计处理与上述相同,分摊未确认融资费用除各期金额不同外,其他相同。

二、专项应付款的核算

专项应付款是指企业取得政府作为企业所有者投入的具有专项或特定用途的款项,如专项用于技术改造、技术研究以及从其他来源取得的款项。

企业收到政府拨入的产品研究开发专项资金或拨款时,按实际收到款项借记"银行存款"科目,贷记"专项应付款"科目。

将专项或特定用途的拨款用于工程项目,借记"在建工程"等科目,贷记"银行存款""应付职工薪酬"等科目。

工程项目完工形成长期资产的部分,借记"固定资产"等科目,贷记"在建工程"等科目,同时,借记"专项应付款"科目,贷记"资本公积——资本溢价"科目;对未形成长期资产需要核销的部分,借记"专项应付款"科目,贷记"在建工程"等科目;拨款结余需要返还的,借记"专项应付款"科目,贷记"银行存款"科目。

上述资本溢价转增资本时,借记"资本公积——资本溢价"科目,贷记"实收资本"科目。

【例9-18】 恒易公司2020年年初收到政府拨入的用于技术研究的专项拨款600 000元,项目结束后形成固定资产留归企业,结余50 000元上缴财政。

(1) 收到拨款时:

借:银行存款	600 000.00	
贷:专项应付款		600 000.00

(2)项目完成时形成资产留归企业:

借:在建工程	550 000.00	
贷:银行存款		550 000.00
借:固定资产	550 000.00	
贷:在建工程		550 000.00

同时:

借:专项应付款	550 000.00	
贷:资本公积——资本溢价		550 000.00

(3)结余上缴财政:

借:专项应付款	50 000.00	
贷:银行存款		50 000.00

第四节 借款费用

一、借款费用的性质及内容

借款通常有一般借款和专门借款两种。专门借款应当有明确的专门用途,即为购建或者生产某项符合资本化条件的资产而专门借入的款项,通常应有标明专门用途的借款合同。一般借款是指除专门借款以外的其他借款。

借款费用是指因借款而发生的利息及其他相关费用,通常包括借款利息、折价或溢价摊销、辅助费用以及外币借款汇兑差额等。借款利息是指企业向银行或其他金融机构借入资金时发生的利息费用,或是企业发行债券的利息费用等。借款的溢、折价摊销是指企业对外所发行的债券的溢价或折价的每期摊销费用。借款辅助费用是指因借款而发生的辅助费用,包括借款手续费、佣金、印刷费等。外币借款汇兑差额是指由于汇率的变动导致的外币借款本金、利息折合为记账本位币的金额与原记账本位币金额的差额。

二、借款费用资本化的条件

借款用途的不同决定了借款费用承担对象的差异。按照划分资本性支出和收益性支出原则的要求,借款被使用后所产生的经济结果的不同,也是决定借款费用承担对象的重要因素。因此,企业发生的借款费用,可直接归属于符合资本化条件的资产购建或者生产的,应当予以资本化计入相关资产成本;其他借款费用应当在发生时根据其发生额确认为费用计入当期损益。

符合资本化条件的资产是指需要经过相当长时间的购建或者生产活动才能达到预定可使用或者可销售状态的固定资产、投资性房地产和存货等资产。其中符合借款费用资本化条件的存货,主要包括企业(房地产)开发的用于对外出售的房地产开发产品,企业制造的用于对外出售的大型机械设备等。这类存货通常需要经过相当长时间的建造或者生产过程才能达到预定可销售状态。这里的"相当长时间"是指为资产的购建或者生产所必需的时间,通常为 1 年以上(含 1 年)。

借款费用同时满足下列条件的,才能开始资本化:

(1) 资产支出已经发生。资产支出包括为购建或者生产符合资本化条件的资产而以支付现金、转移非现金资产或者承担带息债务形式发生的支出。

(2) 借款费用已经发生。借款费用已经发生是指专门借款的利息、折价或溢价的摊销和外币借款的汇兑差额在当期已经发生。

(3) 为使资产达到可使用或者可销售状态所必要的购建或者生产活动已经开始。

三、借款费用资本化范围的确定

借款费用资本化期间是指从借款费用开始资本化时点至停止资本化时点的期间,也就是说,在此期间内发生的借款费用予以资本化。但当在此期间内如果资产的建造或生产发生非正常中断,且中断时间超过3个月,则此期间的借款费用应暂停资本化,计入当期损益,直至资产的购建或者生产活动重新开始。如果中断是所购建或者生产的、符合资本化条件的资产,达到预定可使用或者可销售状态必要程序的,借款费用的资本化应当继续进行。

借款费用的对象范围是指只能将用于资产购建或生产支出的借款费用予以资本化,其他没有用于资产购建或生产支出部分的借款费用直接计入当期损益。购建或者生产的符合资本化条件的资产,达到预定可使用或者可销售状态后,其借款费用应当停止资本化。购建或者生产的符合资本化条件的资产是否达到预定可使用或者可销售状态,可从下列几个方面进行判断:

(1) 符合资本化条件的资产的实体建造(包括安装)或者生产工作已经全部完成或实质上已经完成。

(2) 所购建或者生产的符合资本化条件的资产与设计要求、合同规定或者生产要求相符或者基本相符,即使有极个别与设计、合同或者生产要求不相符的地方,也不影响其正常使用或者销售。

(3) 继续发生在所购建或生产的符合资本化条件的资产上的支出金额很少或者几乎不再发生。

四、借款费用资本化金额的确定及会计处理

(一) 借款利息费用资本化金额的确定

为购建或者生产符合资本化条件的资产而借入专门借款的,应当以专门借款当期实际发生的利息费用,减去将尚未动用的借款资金存入银行取得的利息收入或者进行暂时性投资取得的投资收益后的金额,确定为专门借款利息费用的资本化金额,并应当在资本化期间内,将其计入符合资本化条件的资产成本。

在借款费用资本化期间,为购建或者生产符合资本化条件的资产占用了一般借款的,一般借款应予资本化的利息金额按照下列公式计算:

$$\text{一般借款利息费用资本化金额} = \text{累计资产支出超过专门借款部分的资产支出加权平均数} \times \text{所占用一般借款的资本化率}$$

其中:

$$\text{累计资产支出超过专门借款部分的资产支出加权平均数} = \sum \left(\text{超过专门借款部分的每笔资产支出数} \times \frac{\text{超过专门借款部分的每笔资产支出占用天数}}{\text{会计期间涵盖的天数}} \right)$$

$$\text{所占用一般借款的资本化率} = \frac{\text{所占用一般借款当期实际发生的利息之和}}{\text{所占用一般借款本金加权平均数}}$$

$$\text{所占用一般借款本金加权平均数} = \sum \left(\text{所占用每笔一般借款本金} \times \frac{\text{每笔一般借款在当期所占用的天数}}{\text{会计期间涵盖的天数}} \right)$$

在计算资本化率时,如果企业借款存在折价或溢价的,应当将每期按实际利率法摊销的折价或溢价金额,作为利息的调整额,对资本化率作相应调整。

需要注意:

(1) 如果累计资产支出超过专门借款总额,则超过部分承担的借款费用也应该资本化。

(2) 每期借款费用资本化金额应以本期实际发生的利息金额为限。

【例 9-19】 恒易公司为建造高新区厂房向银行取得两笔专门借款:2020 年 1 月 1 日借入 40 000 000 元,期限 3 年,利率 8%,利息按年支付;2020 年 7 月 1 日借入 40 000 000 元,期限 5 年,利率为 10%,利息按年支付。厂房建造工程于 2020 年 1 月 1 日开工兴建,全部工程采用出包方式建造,分别于 2020 年 1 月 1 日、2021 年 1 月 1 日和 2021 年 7 月 1 日支付工程进度款 30 000 000 元、60 000 000 元和 20 000 000 元。专门借款不足部分将使用去年的一般借款,一般借款为 40 000 000 元,借款期限为 2019 年 12 月 1 日至 2022 年 12 月 1 日,年利率 6%,利息按年支付。该工程于 2021 年 12 月 31 日完工达到预定使用状态。专门借款资金在闲置期间均用于固定收益的短期债券投资,月收益率为 0.5%。恒易公司的会计处理如下:

(1) 专门借款费用资本化金额:

专门借款费用资本化金额=专门借款当期实际发生的利息费用-闲置资金投资收益

2020 年专门借款费用资本化金额 = 40 000 000×8% + 40 000 000×10%×180÷360
  − 10 000 000×0.5%×12 − 40 000 000×0.5%×6
  = 3 400 000(元)

2021 年专门借款费用资本化金额 = 40 000 000×8% + 40 000 000×10%
  = 7 200 000(元)

(2) 一般借款费用资本化金额:

2020 年累计资产支出未超过专门借款,即未占用一般借款。

2021 年累计资产支出超过专门借款 = [(30 000 000+60 000 000)−80 000 000]
  + 20 000 000×180/360 = 20 000 000(元)

一般借款费用资本化率 = 6%

一般借款应计利息 = 40 000 000×6% = 2 400 000(元)

2021 年一般借款费用资本化金额 = 20 000 000×6% = 1 200 000(元)

厂房工程借款费用应予资本化金额 = 专门借款费用资本化金额 + 一般借款费用资本化金额
  = 3 400 000 + 7 200 000 + 1 200 000 = 11 800 000(元)

2020 年专门借款费用资本化的会计处理如下:

借:在建工程——厂房工程	3 400 000.00
应收利息	1 800 000.00
贷:长期借款——利息(或应付利息)	5 200 000.00

2021 年专门借款费用资本化的会计处理如下:

借:在建工程——厂房工程	7 200 000.00
贷:长期借款——利息(或应付利息)	7 200 000.00

2021 年一般借款费用资本化的会计处理如下:

借:在建工程——厂房工程	1 200 000.00
财务费用	1 200 000.00
贷:长期借款——利息(或应付利息)	2 400 000.00

(二) 辅助费用资本化金额的确定

辅助费用是为了安排借款而发生的必要支出,包括借款手续费、佣金等。辅助费用是企业借入款项所付出的一种代价,是借款费用的有机组成部分。

对于企业发生的专门借款辅助费用,在所购建或者生产的符合资本化条件的资产达到预定可使用或者可销售状态之前发生的,应当在发生时根据其发生额予以资本化,计入符合资本化条件的资产的成本;在所购建或者生产的符合资本化条件的资产达到预定可使用或者可销售状态之后发生的,应当在发生时根据其发生额确认为费用,计入当期损益。

对于企业发生的一般借款辅助费用,应当在发生时根据其发生额确认为费用,计入当期损益。

(三) 外币专门借款汇兑损益资本化金额的确定

企业为购建或生产符合资本化条件的资产借入的专门借款为外币借款时,由于企业取得外币借款日、使用外币借款日和会计结算日往往并不一致,而外汇汇率又在随时发生变化,因而外币借款会产生汇兑差额。在借款费用资本化期间,为购建固定资产而专门借入的外币借款及其利息所产生的汇兑差额,是购建固定资产的一项代价,应予以资本化,计入固定资产成本;而除外币专门借款之外的其他外币借款本金及其利息所产生的汇兑差额应当作为财务费用计入当期损益。

【例 9-20】 恒易公司为购建生产设备,于 2019 年 7 月 1 日借入 3 年期外币借款 2 000 000 美元,年利率为 10%,每半年计提利息。工程于 2020 年 1 月 1 日开工,2020 年 6 月 30 日达到预定可使用状态并交付使用。2019 年 7 月 1 日市场汇率为 1 美元=6.83 元人民币,2019 年 12 月 31 日市场汇率为 1 美元=6.82 元人民币,2020 年 6 月 30 日市场汇率为 1 美元=6.79 元人民币。

(1) 2019 年 7 月 1 日借入外币借款:

借:银行存款——美元户	(2 000 000×6.83)13 660 000.00
贷:长期借款——美元户	13 660 000.00

(2) 2019 年 12 月 31 日计提利息:

2019 年年末进行固定资产购建,其外币汇兑损益应计入财务费用。

借:财务费用——利息支出	(2 000 000×10%×6.82×6/12)682 000.00
贷:长期借款——美元户	682 000.00

2019 年 12 月 31 日本金及利息汇兑差额=2 000 000×(6.83−6.82)+2 000 000×10%×6/12×(6.82−6.82)=20 000(元)

借:长期借款——美元户	20 000.00
贷:财务费用——汇兑损益	20 000.00

(3) 2020 年 6 月 30 日计提利息:

2020 年已开始固定资产购建活动,其外币汇兑损益应予以资本化。

借:在建工程	(2 000 000×10%×6.79×6/12)679 000.00
贷:长期借款——美元户	679 000.00

2020年6月30日本金及利息汇兑差额＝2 000 000×(6.82－6.79)＋2 000 000×10%
×6/12×(6.82－6.79)＋2 000 000×10%
×6/12×(6.79－6.79)＝63 000(元)

借：长期借款——美元户　　　　　　　　　　　　　　63 000.00
　　贷：在建工程　　　　　　　　　　　　　　　　　　　　63 000.00

（四）借款费用资本化的停止

购建或者生产符合资本化条件的资产达到预定可使用或者可销售状态时，借款费用应当停止资本化；在符合资本化条件的资产达到预定可使用或者可销售状态之后发生的借款费用，应当在发生时根据其发生额确认为费用，计入当期损益。

五、借款费用的披露

借款费用披露的内容主要有当期资本化的借款费用金额和当期用于确定资本化金额的资本化率。但应注意两点：一是如果当期需要购建的固定资产有两项或两项以上，则分情况确定资本化率，当各项固定资产适用的资本化率不同时应分项披露，当各项固定资产适用的资本化率相同时允许使用同一资本化率披露；二是如果对外提供会计报表的时间长于计算借款费用资本化金额的时间跨度，且在提供资本化率的各期的资本化率不同，则应分别披露，如果相同则允许合并披露。

第10章　所有者权益

本 章 提 要

本章主要叙述投入资本、资本公积和留存收益的会计核算等内容。通过本章的学习,应掌握所有者权益的概念及构成内容,了解投入资本的概念,掌握实收资本和资本公积的会计处理,了解留存收益的内容和用途,掌握留存收益的会计处理。

重 点 难 点

实收资本的会计处理;资本公积的会计处理;留存收益的会计处理。

第一节　投入资本

所有者权益是指企业资产扣除负债后由所有者享有的剩余权益。所有者权益的来源包括所有者投入的资本、直接计入所有者权益的利得和损失、留存收益等。其中,"直接计入所有者权益的利得和损失"一般作为其他综合收益或资本公积处理;"留存收益"包括盈余公积和未分配利润。因此,所有者权益按其形成来源可分为投入资本、资本公积和留存收益。

一、投入资本概述

投入资本是股东或其他投资者提供给公司的资本,它是由实收资本和资本公积中的资本溢价两部分构成。实收资本是公司的法定资本,未经履行一定的减资手续,不得以任何形式减少或退回。我国《公司法》规定,公司注册资本应为在工商行政管理机关登记的实收资本总额。根据这一规定,公司的实收资本即为注册资本。在经营过程中,如果出现实收资本比原注册资本数额增减超过20%时,应持资金使用证明或者验资证明,向原登记主管机关申请变更登记。如擅自改变注册资本,工商行政管理部门必须给予相应的处罚。

(一)投入资本的分类

投入资本一般按投资主体分类,可分为国家资本、法人资本、个人资本和外商资本四类,在股份有限公司也称为国家股、法人股、个人股和外资股。国家资本是指有权代表国家投资的政府部门或机构以国有资产投入企业形成的资本;法人资本是指其他法人单位以其可支配的资产投入企业形成的资本;个人资本是指社会公众或者本企业内部职工以其合法的财产投入企业形成的资本;外商资本是指国外投资者以及我国香港、澳门和台湾地区投资者投入企业所形成的资本。

(二) 投入资本、注册资本、实收资本之间的关系

注册资本是公司制企业章程规定的全体股东或发起人认缴的出资额或认购的资本总额,并在公司登记机关依法登记。我国设立企业采用注册资本制,投资者出资或认缴达到法定注册资本要求是企业设立的先决条件,而且根据注册资本制的要求,企业会计核算中的实收资本即为法定资本,应当与注册资本相一致。分期交纳出资额的企业,交纳期满时,实收资本与注册资本相一致,企业不得擅自改变注册资本数额或抽逃资金。投入资本是投资者作为资本实际投入到企业的资金数额,一般情况下,投资者投入资本,即构成企业的实收资本,也正好等于其在登记机关的注册资本。但是,在一些特殊情况下,投资者也会因种种原因超额投入(如溢价发行股票等),从而使得其投入资本超过企业注册资本,在这种情况下,企业进行会计核算时,应单独核算,计入资本公积。

二、一般企业投入资本的核算

一般企业是指除股份有限公司以外的企业,如国有企业、有限责任公司和外商投资企业等。投资者投入资本的形式可以有多种,如投资者可以用现金投资,也可以用实物资产投资,还可以用无形资产投资。一般企业投入资本通过"实收资本"科目核算。

(一) 接受现金资产投资的会计处理

企业收到投资者以现金投入的资本时,应以实际收到或存入企业开户银行的金额作为实收资本入账,借记"库存现金""银行存款"科目,按其在注册资本中所占份额的部分贷记"实收资本"科目,按其超出金额贷记"资本公积——资本溢价"科目。

【例 10-1】 华宝有限责任公司(以下简称华宝公司)收到 D 企业作为资本投入的货币资金 200 000 元存入银行,其所占注册资本的份额为 150 000 元。华宝公司的会计处理如下:

借:银行存款	200 000.00
贷:实收资本——D 企业	150 000.00
资本公积——资本溢价	50 000.00

(二) 接受非现金资产投资的会计处理

企业收到投资者以非现金资产投入的资本时,在办理完有关产权转移手续后,应按投资各方确认的价值借记"固定资产""原材料""库存商品""应交税费""无形资产"等科目,贷记"实收资本"科目。对于投资各方确认的资产价值超过其在注册资本中所占份额的部分,应计入资本公积。

1. 企业接受材料物资投资

企业接受投资者作价投入的材料物资,按投资各方确认的价值借记"原材料"科目,按增值税专用发票上注明的增值税额借记"应交税费——应交增值税(进项税额)"科目,按其在注册资本中所占份额的部分贷记"实收资本"科目,按其超出金额贷记"资本公积——资本溢价"科目。

【例 10-2】 华宝公司收到 N 公司作为资本投入的材料一批,双方确认的价值为 100 000 元,经税务部门认定应交增值税额为 17 000 元,N 公司已开具了增值税专用发票。华宝公司的会计处理如下:

借:原材料	100 000.00
应交税费——应交增值税(进项税额)	17 000.00
贷:实收资本——N 公司	117 000.00

2. 企业接受固定资产投资

企业接受投资者作价投入的房屋、建筑物、机器设备等固定资产,应按投资各方确认的价值借记"固定资产"科目,按其在注册资本中所占份额的部分贷记"实收资本"科目,按其超出金额贷记"资本公积——资本溢价"科目。

【例10-3】 华宝公司收到B企业作为资本投入的不需安装机器设备一台,双方确认的价值为600 000元,其所占注册资本的份额为550 000元。华宝公司的会计处理如下:

借:固定资产	600 000.00
贷:实收资本——B企业	550 000.00
资本公积——资本溢价	50 000.00

3. 企业接受无形资产投资

企业收到以无形资产方式投入的资本,应按投资各方确认的价值借记"无形资产"科目,按其在注册资本中所占份额的部分贷记"实收资本"科目,按其超出金额贷记"资本公积——资本溢价"科目。

【例10-4】 华宝公司收到C企业作为资本投入的专利权一项,双方确认的价值为500 000元,其所占注册资本的份额为400 000元。华宝公司的会计处理如下:

借:无形资产——专利权	500 000.00
贷:实收资本——C企业	400 000.00
资本公积——资本溢价	100 000.00

(三)接受外币资本投资的会计处理

接受外币资本投资主要是针对外商投资企业而言的。根据《关于外商投资的公司审批登记管理法律适用若干问题的执行意见》的规定,外商投资公司的注册资本和资产均应采用收到出资当日的即期汇率进行折算,不使用合同汇率或即期近似汇率折算。按当日即期汇率折合人民币金额借记"银行存款"等科目,按其在注册资本中所占份额的部分贷记"实收资本"科目,按其超出金额贷记"资本公积——资本溢价"科目。

【例10-5】 华宝公司的记账本位币为人民币,对外币交易采用交易日的即期汇率折算。根据其与外商签订的投资合同,外商分两次投入外币资本,投资合同约定的汇率为1美元=7.1元人民币。华宝公司收到第一笔投资款100 000美元时的当日即期汇率为1美元=7.0元人民币;华宝公司收到第二笔投资款200 000美元时的当日即期汇率为1美元=6.9元人民币。华宝公司的会计处理如下:

(1)收到第一笔投资款:

| 借:银行存款 | (100 000×7.0)700 000.00 |
| 贷:实收资本 | 700 000.00 |

(2)收到第二笔投资款:

| 借:银行存款 | (200 000×6.9)1 380 000.00 |
| 贷:实收资本 | 1 380 000.00 |

(四)中外合作经营企业在合作期间归还投资者投资的会计处理

根据《中外合作经营企业法》规定,中外合作者在合作企业合同中约定合作期满时合作企业的全部固定资产归中国合作者所有的,可以在合作企业合同中约定外国合作者在合作期限内先行回收投资。在这种情况下,为了既完整反映企业的原始总投资情况,又及时反映已归还投资的情况,应对已归还的投资进行单独核算,设置"已归还投资"科目,并在资产负债表中作为实收资本的减项单独反映。企业在归还投资时按照实际归还的金额借记"已归还投资"科目,贷记"银行存款"科目。

【例10-6】 某中外合作经营企业2020年实现净利润1 000 000元,用利润100 000元归还投资。其会计处理如下:

借:已归还投资	100 000.00
贷:银行存款	100 000.00

三、股份有限公司投入资本的核算

股份有限公司与一般企业相比,其显著特点在于将企业资本划分为等额股份,并通过发行股票的方式来筹集资本。股票的面值与股份总数的乘积即为公司资本。股份有限公司股票发行的会计核算主要通过"股本"科目进行,该科目仅核算公司发行股票的面值或设定价值部分,"股本"科目应按股票种类及股东名称设置明细分类账进行明细分类核算。

(一)公司发行股票筹集资本的会计处理

根据国家有关规定,股份有限公司应当在核定的资本总额及核定的股份总额的范围内发行股票。当公司发行股票收到现金等资产时,应按照实际收到的金额借记"库存现金""银行存款"等科目,按股票面值和核定的股份总额的乘积计算的金额贷记"股本"科目,按其差额贷记"资本公积——股本溢价"科目。

1. 股票的认购

为反映认股人履行交款义务和公司在未来收款的权利,公司应设置"应收认股款""已认股本"和"已认资本公积"三个科目,以记录认购和实收股款的全过程。在认购手续办妥后,按认购股份总额借记"应收认股款"科目,在换发股票前按认购股份的面值贷记"已认股本"科目,按其差额贷记"已认资本公积"科目。

【例10-7】 恒易公司核定普通股股本为100 000 000元,共计10 000万股,每股面值为1元。认购价格为每股6元,2020年3月1日,其股票全部被认购。恒易公司的会计处理如下:

借:应收认股款——普通股	600 000 000.00
贷:已认股本——普通股	100 000 000.00
已认资本公积——股本溢价	500 000 000.00

认股人应按期支付认股款,一般情况下,认股人未交足认购的全部认购款不换发股票。因此,公司收到认股人的全部认股款后借记"银行存款"科目,贷记"应收认股款"科目,同时换发股票,借记"已认股本""已认资本公积"科目,贷记"股本""资本公积"科目。

【例10-8】 依[例10-7]资料,恒易公司2020年3月12日、3月18日和4月2日分别收到认购人交来的股款360 000 000元、180 000 000元和60 000 000元,交款日同时换发普通股票6 000万股、3 000万股和1 000万股。恒易公司的会计处理如下:

(1) 2020年3月12日:

借:银行存款	360 000 000.00
贷:应收认股款——普通股	360 000 000.00

同时:

借:已认股本——普通股	60 000 000.00
已认资本公积——股本溢价	300 000 000.00
贷:股本——普通股	60 000 000.00
资本公积——股本溢价	300 000 000.00

(2) 2020年3月18日：

借：银行存款	180 000 000.00	
贷：应收认股款——普通股		180 000 000.00

同时：

借：已认股本——普通股	30 000 000.00	
已认资本公积——股本溢价	150 000 000.00	
贷：股本——普通股		30 000 000.00
资本公积——股本溢价		150 000 000.00

(3) 2020年4月2日：

借：银行存款	60 000 000.00	
贷：应收认股款——普通股		60 000 000.00

同时：

借：已认股本——普通股	10 000 000.00	
已认资本公积——股本溢价	50 000 000.00	
贷：股本——普通股		10 000 000.00
资本公积——股本溢价		50 000 000.00

按照约定交款的最后期限，认股人如违约不能履行付款协议的，即应收认股款若尚未收回，可以没收已交股款、发还已交股款并另行招认或者发给部分股票。此时，应冲销"已认股本"和"应收认股款"等科目。

2. 股票的发行

股票的发行价格受发行时资本市场的需求和投资人对公司获利能力的估计的影响，公司发行股票的价格往往与股票的面值不一致。按照我国《公司法》的规定，同次发行的股票，每股的发行条件和价格应当相同，任何单位或者个人所认购的股份，每股应当支付相同价额。股票的发行价格可以是票面金额，也可以超过票面金额，但不得低于票面金额，即我国目前仅允许股票溢价、等价发行，不能折价发行。

发行股票支付的手续费、佣金等发行费用，减去发行股票冻结期间产生的利息收入后的余额，如果溢价发行的，从溢价中抵减；溢价不足或没有溢价发行的，应将不足支付的发行费用直接计入当期财务费用。发行时，按发行总金额扣除发行手续费、佣金等的净额借记"银行存款"科目，按股票票面金额贷记"股本"科目，按其差额贷记"资本公积——股本溢价"科目。

【例10-9】 恒易公司根据股东大会的决议，决定增发股票1 000万股，每股面值1元，发行价格为每股10元，由证券公司代为发行。证券公司按发行收入的3%收取手续费，从发行收入中扣除。恒易公司的会计处理如下：

借：银行存款	97 000 000.00	
贷：股本		10 000 000.00
资本公积——股本溢价		87 000 000.00

上例中，如果发行价格为面值，证券公司按发行收入的1%收取手续费，从发行收入中扣除，则：

借：银行存款	9 900 000.00	
财务费用	100 000.00	
贷：股本		10 000 000.00

(二) 境外上市公司和境内发行外资股公司资本的会计处理

境外上市公司以及在境内发行外资股的公司,在收到股款时,应按照收到股款当日的汇率折合的人民币金额借记"银行存款"等科目,按照股票面值与核定的股份总额的乘积计算的金额贷记"股本"科目,按照收到股款当日的汇率折合的人民币金额与按人民币计算的股票面值总额的差额贷记"资本公积——股本溢价"科目。

(三) 企业可转换公司债券转为资本的会计处理

可转换公司债券在发行以及转换为股份之前,应按一般公司债券进行处理。当可转换公司债券持有人行使转换权利,将其持有的债券转换为股份或资本时,应按其账面价值结转。可转换公司债券账面价值与可转换股份面值的差额,减去支付的现金后的余额,作为资本公积处理。

公司发行的可转换公司债券按规定转为资本时,应按该债券的面值借记"应付债券——面值"科目,按未摊销的溢价或折价借记或贷记"应付债券——利息调整"科目,按已提利息借记"应付债券——应计利息"科目,按股票面值和转换的股数计算的股票面值总额贷记"股本"科目,按实际用现金支付的不可转换股票的部分贷记"银行存款"等科目,按其差额贷记"资本公积——股本溢价"科目。

四、企业资本发生变动的核算

根据有关法律规定,企业资本除了下列情况外不得随意变动:一是符合增资条件并经有关部门批准增资;二是企业按法定程序报经批准减少注册资本。当企业发生上述两种符合规定的资本变动情况时,应作相应的会计处理。

(一) 企业增资的会计处理

(1) 接受投资者追加投资。在企业按规定接受投资者额外投入实现增资时,企业应按实际收到的款项或其他资产借记"银行存款"等科目,按增加的实收资本金额贷记"实收资本"科目,按两者之间的差额贷记"资本公积——资本溢价"科目。

(2) 资本公积转增资本。在企业以资本公积转增资本时,企业应按照转增的资本金额借记"资本公积"科目,贷记"实收资本"科目。

(3) 盈余公积转增资本。在企业以盈余公积转增资本时,企业应按照转增的资本金额借记"盈余公积"科目,贷记"实收资本"科目。

(4) 发放股票股利方式增资。在股份有限公司股东大会或类似机构批准采用发放股票股利的方式增资时,公司应在实施该方案并办理完增资手续后,根据实际发放的股票股利金额借记"利润分配——转作股本的股利"科目,贷记"股本"科目。

【例10-10】 恒易公司发行在外的总股数为11 000万股,2020年度董事会决议分配股票股利,每10股送1股,每股面值为1元,并经股东大会批准。在办理增资手续时股票市场价格为每股8元。恒易公司在办理增资手续后的会计处理如下:

借:利润分配——转作股本的股利　　　　　　　(11 000÷10×8)88 000 000.00
　　贷:股本　　　　　　　　　　　　　　　　(11 000÷10×1)11 000 000.00
　　　　资本公积——股本溢价　　　　　　　　　　　　　　77 000 000.00

(二) 企业减资的会计处理

企业按法定程序报经批准减少注册资本的,按批准减资金额借记"实收资本"科目,贷记"库存现金""银行存款"等科目。因减资而使股份发生变动的情况,在"实收资本"科目的有关明细账及备查簿中详细记录。

股份有限公司采用收购本企业股票方式减资的,按照有关法律规定,股东可以要求公司按照合理价格收购其股权。为此,股份有限公司应设置"库存股"科目,核算公司收购的尚未转让或注销的本公司股份的业务。公司回购本公司股份的全部支出转作库存股成本。回购的股份在注销或者转让之前,作为库存股管理。

股份有限公司收购本企业股票时,按实际回购价借记"库存股"科目,贷记"银行存款"等科目。库存股注销时,按照注销的股份数量减少相应实收资本。库存股成本高于对应资本的部分,依次冲减资本公积、盈余公积、以前年度未分配利润;低于对应资本的部分增加资本公积。

企业转让库存股,应按实际收到的金额借记"银行存款"科目,按转让库存股的账面余额贷记"库存股"科目,实际收到的金额与库存股成本的差额贷记"资本公积——股本溢价"科目;如为借方差额则借记"资本公积——股本溢价"科目,股本溢价不足冲减的,应依次冲减盈余公积、未分配利润,借记"盈余公积""利润分配——未分配利润"科目。

【例10-11】 假设恒易公司原平价发行的股票有关回购、发售及注销的经济业务如下:

(1) 2020年1月1日,经批准回购每股面值1元的股票1 000万股,每股回购价格2元。

借:库存股	20 000 000.00
贷:银行存款	20 000 000.00

(2) 2020年7月1日,经股东大会批准,以每股4元的价格发售回购的股票600万股(假设不考虑相关费用)。

借:银行存款	24 000 000.00
贷:库存股	12 000 000.00
资本公积——股本溢价	12 000 000.00

(3) 2020年12月31日,经股东大会批准,将回购的剩余400万股股票注销。

借:股本	4 000 000.00
资本公积——股本溢价	4 000 000.00
贷:库存股	8 000 000.00

【例10-12】 假设恒易公司原溢价发行的股票有关回购、奖励等经济业务如下:

(1) 2020年3月1日,经批准,回购每股面值1元、原发行价4.5元的股票100万股,每股回购价格2元。2020年3月1日,资本公积余额为1 000 000元,盈余公积余额为1 500 000元,未分配利润余额为1 800 000元。

借:库存股	2 000 000.00
贷:银行存款	2 000 000.00

(2) 经股东大会批准,将回购的库存股按发行价格4.5元计算奖励给公司职工90万股,被奖励职工每股支付2.5元的差价,差价款全部收到。

借:银行存款	2 250 000.00
资本公积——其他资本公积	1 000 000.00
盈余公积	800 000.00
贷:库存股	1 800 000.00
资本公积——股本溢价	2 250 000.00

(3) 经股东大会批准,将回购的剩余库存股按回购价等额奖励给上年度所有受表彰的公司职工。

借：盈余公积　　　　　　　　　　　　　　　　　　　　　　　　200 000.00
　　贷：库存股　　　　　　　　　　　　　　　　　　　　　　　　　　　200 000.00

企业发生重大亏损且在短期内用利润、盈余公积无法弥补亏损，经股东大会决议，并履行减资手续后用实收资本弥补亏损。弥补亏损时借记"实收资本"科目，贷记"利润分配——未分配利润"科目。

第二节　资本公积

资本公积是企业收到投资者出资额超出其在注册资本中所占份额的投资，以及在经营活动过程中形成的直接计入所有者权益的利得和损失，是一种资本的公共积累。

一、资本公积的形成

为了核算资本公积的形成、转增资本及其他转销情况，企业应设置"资本公积"科目进行总分类核算，同时根据资本公积的内容设置下列明细科目进行明细分类核算：

(1)"资本溢价"明细科目，用来核算有限责任公司成立后，企业重组或有新投资人加入时投资人的出资额高于其享有的资本份额的投资，或股份有限公司溢价发行股票时发行价格超过股本面值的溢价额以及发行股票直接相关的手续费、佣金等交易费用。

在企业重组或有新的投资人加入时，新投资人往往要付出大于原投资人的出资额才能获得与原投资人相同的投资比例。收到新投资人的出资额时借记"银行存款"等科目，按所占有资本的份额贷记"实收资本"科目，按出资额大于所占有资本份额的差额贷记"资本公积——资本溢价"科目。

股份有限公司发行股票时如果按溢价发行，则根据实际股票发行金额借记"银行存款"科目，按股票面值贷记"股本"科目，按溢价额贷记"资本公积——股本溢价"科目。

【例10-13】　甲、乙两人合伙成立一家A企业，各出资1 000 000元，经营两年后，丙投资者愿意出资1 200 000元获得与甲、乙二人等额的合伙人权益，A企业在收到合伙人丙的投资时，作如下会计处理：

借：银行存款　　　　　　　　　　　　　　　　　　　　　　　　1 200 000.00
　　贷：实收资本——丙合伙人　　　　　　　　　　　　　　　　　　　1 000 000.00
　　　　资本公积——资本溢价　　　　　　　　　　　　　　　　　　　　200 000.00

(2)"其他资本公积"明细科目，用来核算除上述资本公积以外所形成的资本公积和直接计入所有者权益的利得和损失等。

企业在对外投资时如果采用权益法核算，在持股比例不变的情况下，被投资单位除净损益、其他综合收益和利润分配以外所有者权益的其他变动，企业按持股比例计算应享有的份额，借记"长期股权投资——其他权益变动"科目，贷记"资本公积——其他资本公积"科目。处置采用权益法核算的长期股权投资时，还应结转原计入其他资本公积的相关金额，借记或贷记"资本公积——其他资本公积"科目，贷记或借记"投资收益"科目。

除此之外，其他资本公积还包括权益结算的股份支付等。

二、资本公积的使用

根据我国《公司法》等相关法律的规定，资本公积的用途主要是用来转增资本。资本公积从本质上讲属于投入资本的范畴，由于我国采用注册资本制度等原因导致了资本公积的产生，所以，将资本公积转增资本可以更好地反映投资者的权益。

资本公积转增资本既不会改变企业的投入资本总额，也没有改变企业的所有者权益，不会增加企业的价值。将资本公积转增资本的意义在于，资本公积转增资本可以改变企业投入资本的结构，体现企业稳健、持续发展的潜力，因为企业实收资本一般不能用于投资者的分配或者用于弥补亏损，即使是在企业破产的情况下，它也将被优先分配给债权人。另外，对于股份有限公司而言，它会增加投资者持有的股份，从而增加公司股票的流通量，进而可以激活股价，提高股票的交易量和资本的流动性。

资本公积转增资本时，根据转增金额借记"资本公积——资本溢价"科目，贷记"实收资本"科目。

第三节 留存收益

一、留存收益的组成及其用途

留存收益是指企业从历年实现的净利润中提取或形成的留存于企业的内部积累，留存收益主要包括盈余公积和未分配利润。留存收益源于企业在生产经营活动中所实现的净利润，它与实收资本和资本公积（资本溢价）的区别在于，实收资本和资本公积（资本溢价）源于企业的资本投入，而留存收益则源于企业的资本增值。

留存收益的目的是为了保证企业实现的净利润有一部分留存在企业，不全部分配给投资者，这样，一方面可以满足企业维持或扩大再生产经营活动的资金需要，保持或提高企业的获利能力；另一方面可以保证企业有足够的资金用于偿还债务，保护债权人的权益。因此，对于留存收益的提取和使用，除了企业的自主行为外，往往也有法律上的诸多规定和限制，如我国《公司法》规定企业必须根据净利润提取法定盈余公积。

（一）盈余公积的形成及用途

1. 一般企业和股份有限公司的盈余公积

（1）法定盈余公积，是指企业按照规定的比例从净利润中提取的盈余公积。根据我国《公司法》的规定，有限责任公司和股份有限公司应按照净利润的10%提取法定盈余公积，计提的法定盈余公积累计达到注册资本的50%时，可以不再提取。对于非公司制企业而言，也可以按照超过净利润10%的比例提取。

（2）任意盈余公积，是指企业经股东大会或类似机构批准按照规定的比例从净利润中提取的盈余公积。它与法定盈余公积的区别在于其提取比例由企业自行决定，而法定盈余公积的提取比例则由国家有关法规决定。

2. 企业提取盈余公积的用途

（1）弥补亏损。根据我国企业会计准则和有关法规的规定，企业发生亏损，可以用发生亏损后5年内实现的税前利润来弥补，当发生的亏损在5年内仍不足弥补的，应使用随后所实现的所得税后利润弥补。通常，当企业发生的亏损在所得税后利润仍不足弥补的，可以用所提取的盈余公积弥补。但是，用盈余公积弥补亏损应当由董事会提议，股东大会批准或者由类似机构批准。

(2) 转增资本。当企业提取的盈余公积累积比较多时，可以将盈余公积转增资本，但是必须经股东大会或类似机构批准，且用盈余公积转增资本后，留存的盈余公积不得少于转增前注册资本的25%。

(3) 发放现金股利或利润。在特殊情况下，当企业累积的盈余公积比较多，而未分配利润比较少时，为了维护企业形象，给投资者以合理的回报，对于符合规定条件的企业，可以用盈余公积分派现金股利或利润。

(二) 未分配利润的形成及用途

未分配利润是企业实现的净利润经过弥补亏损、提取盈余公积和向投资者分配后留存在企业的、历年结存的利润。未分配利润通常用于留待以后年度向投资者进行分配。由于未分配利润相对于盈余公积而言，属于未确定用途的留存收益，所以，企业在使用未分配利润上有较大的自主权，受国家法律法规的限制比较少。

二、留存收益的核算

(一) 盈余公积的会计处理

1. 提取盈余公积

为了反映盈余公积的形成及使用情况，企业应设置"盈余公积"科目，并按"法定盈余公积"和"任意盈余公积"设置明细账进行明细分类核算。企业提取盈余公积时借记"利润分配"科目，贷记"盈余公积"科目下相应的明细科目；企业用提取的盈余公积转增资本，应按照批准的转增数借记"盈余公积"科目，贷记"实收资本"科目，同时应按转增资本前的资本结构，将转增数额记入"实收资本"科目下各投资者(或股东)的明细账。

【例10-14】 恒易公司2020年度实现的净利润为20 000 000元，董事会决议利润分配的方案为：按10%的比例提取法定盈余公积，按20%的比例提取任意盈余公积。

借：利润分配——提取法定盈余公积　　　　　　　　　　2 000 000.00
　　　　　　——提取任意盈余公积　　　　　　　　　　4 000 000.00
　　贷：盈余公积——法定盈余公积　　　　　　　　　　2 000 000.00
　　　　　　　　——任意盈余公积　　　　　　　　　　4 000 000.00

2. 盈余公积弥补亏损

企业经股东大会或类似机构决议，用盈余公积弥补亏损时借记"盈余公积"科目，贷记"利润分配——盈余公积补亏"科目。

3. 盈余公积转增资本

经批准用盈余公积转增资本时，按实际转增金额借记"盈余公积"科目，贷记"实收资本"科目。股份有限公司经股东大会决议，用盈余公积派送新股转增资本时借记"盈余公积"科目，按股票面值和派送新股总数计算的金额贷记"股本"科目，按其差额贷记"资本公积——股本溢价"科目。

4. 盈余公积分配现金股利或利润

企业经股东大会或类似机构决议，用盈余公积分配现金股利或利润时，应借记"盈余公积"科目，贷记"应付股利"科目。

(二) 未分配利润的会计处理

企业未分配利润的核算是通过"利润分配——未分配利润"科目进行的，具体来说是通过"利润分配"科目之下"未分配利润"明细科目进行的。企业在生产经营过程中取得的收入和发生的成本费用，期末通过"本年利润"科目进行归集计算出当年净利润，然后转入"利润分配——未分配利润"科目贷方;企业实际的净利润分配,则是通过"利润分配——提取法定盈余公积""利润分配——提取任意盈余公积""利润分配——应付现金股利""利润分配——转作股本的股利"等科目进行核算的,分配后按各项分配总额转入"利润分配——未分配利润"科目借方。结转后,将贷借方相抵,"未分配利润"明细科目如为贷方余额,就是未分配利润的数额;如为借方余额,则表示未弥补亏损的数额。

【例10-15】 恒易公司2020年度实现的净利润为20 000 000元,董事会决议利润分配的方案为:提取法定盈余公积2 000 000元,提取任意盈余公积4 000 000元,分派现金股利8 000 000元。年度终了时,恒易公司的会计处理如下:

借:本年利润	20 000 000.00
贷:利润分配——未分配利润	20 000 000.00
借:利润分配——未分配利润	14 000 000.00
贷:利润分配——提取法定盈余公积	2 000 000.00
——提取任意盈余公积	4 000 000.00
——应付现金股利	8 000 000.00

(三)弥补亏损的会计处理

企业当年如果发生亏损,应将亏损自"本年利润"科目转入"利润分配——未分配利润"科目借方,借记"利润分配——未分配利润"科目,贷记"本年利润"科目。就本年度而言,结转后"利润分配"科目为借方余额,表示未弥补亏损的数额。

企业发生的亏损可以以次年实现的税前利润弥补,弥补时无须单独进行会计处理,只需在年度终了时将实现的利润总额自"本年利润"科目转入"利润分配——未分配利润"科目贷方即可,转入的贷方发生额与"利润分配——未分配利润"的借方余额自然抵补。

由于未弥补亏损形成的时间长短不同等原因,以前年度未弥补亏损有的可以在亏损下一年度起5年内以当年实现的税前利润弥补,有的则须用税后利润弥补。无论是以税前利润还是以税后利润弥补亏损,其会计处理方法相同,所不同的只是两者计算缴纳所得税时的处理不同而已。在以税前利润弥补亏损的情况下,其弥补的数额可以抵减当期企业应纳税所得额,而以税后利润弥补的数额,则不能作纳税所得的扣除处理。

【例10-16】 某公司2013年1月1日"利润分配——未分配利润"的余额为0,适用的所得税税率为25%,未发生纳税差异。2013—2020年实现利润总额(亏损以"—"表示)分别为:—1 000 000元、100 000元、140 000元、160 000元、180 000元、220 000元、240 000元和400 000元。其各年相应的会计处理如下:

(1) 2013年12月31日:

借:利润分配——未分配利润	1 000 000.00
贷:本年利润	1 000 000.00

(2) 2014年12月31日:

借:本年利润	100 000.00
贷:利润分配——未分配利润	100 000.00

以后4年的会计处理除金额不同外,其他同上。经过5年的税前弥补亏损后,仍有200 000元未弥补,其弥补的利润只能在税后进行。

(3) 2019年年度终了时,应按当年实现的利润总额计算缴纳当年应负担的所得税,则:

借：所得税费用	60 000.00	
贷：应交税费——应交所得税		60 000.00
借：本年利润	60 000.00	
贷：所得税费用		60 000.00

然后，将净利润转入"利润分配——未分配利润"科目的贷方，即实现了税后弥补亏损，其会计处理如下：

借：本年利润	180 000.00	
贷：利润分配——未分配利润		180 000.00

2019年年末，"利润分配——未分配利润"借方余额为20 000元，表示尚未弥补的亏损。

（4）2020年年度终了时，应按当年实现的利润总额计算缴纳当年应负担的所得税，会计分录为：

借：所得税费用	100 000.00	
贷：应交税费——应交所得税		100 000.00
借：本年利润	100 000.00	
贷：所得税费用		100 000.00

然后，将净利润转入"利润分配——未分配利润"科目的贷方（假设当年未进行利润分配），其会计处理如下：

借：本年利润	300 000.00	
贷：利润分配——未分配利润		300 000.00

2020年年末，"利润分配——未分配利润"贷方余额为280 000元，表示累计未分配利润。

第11章 收入、费用和利润

本 章 提 要

本章主要叙述收入、费用、利得与损失、利润、所得税费用及利润分配的会计核算等内容。通过本章的学习,应了解收入的概念、分类及特点,掌握收入的确认与计量方法,了解费用的分类及定义,掌握期间费用的内容及会计处理,了解利润的定义,熟悉利润的构成与利润结转的会计处理,熟悉营业外收入和营业外支出的内容,掌握营业外收入和营业外支出的会计处理,掌握所得税费用和利润分配的会计处理。

重 点 难 点

收入的确认和计量;利润的构成与利润结转;营业外收入和营业外支出的会计处理;利润分配的会计处理;所得税费用的会计处理。

第一节 收 入

一、收入的概念、特点及分类

在市场经济条件下,追求利润最大化已成为企业经营的主要目标之一。收入是利润的来源,因此,获取收入是企业日常经营活动中最主要的目标之一。企业通过获得的收入补偿为此而发生的支出,以获得一定的利润。

收入是指企业在日常活动中形成的、会导致所有者权益增加的、与所有者投入资本无关的经济利益的总流入。收入包括销售商品收入、劳务收入、利息收入、使用费收入、租金收入和股利收入等,不包括为第三方或者客户代收的款项。收入是企业在日常经济活动中所产生的收益,其实质是企业资产的增加或负债的减少,是企业利润的来源。收入具有以下特点:

(1) 收入从企业的日常活动中产生,而不是从偶发的交易或事项中产生,如工商企业销售商品、提供劳务的收入等。有些交易或事项也能为企业带来经济利益,但不属于企业的日常活动,其流入的经济利益是利得而不是收入。例如,出售固定资产,因固定资产是为使用而不是为出售而购入的,将固定资产出售并不是企业的经营目标,也不属于企业的日常活动,出售固定资产取得的收益不作为收入核算。

第一节 收 入 | 277

(2) 收入可能表现为企业资产的增加,如增加银行存款、应收账款等,也可能表现为企业负债的减少,如以商品或劳务抵偿债务,或者两者兼而有之。例如,商品销售的货款中部分抵偿债务,部分收取现款。这里所指的以商品或劳务抵债不包括债务重组中的以商品抵债。

(3) 收入能导致企业所有者权益的增加。如上所述,收入能增加资产或减少负债或两者兼而有之,因此,根据"资产-负债=所有者权益"的公式,企业取得收入一定能增加所有者权益。但收入扣除相关成本费用后的净额,则可能增加所有者权益,也可能减少所有者权益。这里仅指收入本身导致的所有者权益的增加,而不是指收入扣除相关成本费用后的毛利对所有者权益的影响。

(4) 收入只包括本企业经济利益的流入,不包括为第三方或客户代收的款项,如增值税、代收利息等。代收的款项,一方面增加企业的资产,另一方面同时增加企业的负债。因此,不增加企业的所有者权益,也不属于本企业的经济利益,不能作为本企业的收入。

收入按照性质分类可以分为销售商品收入、提供劳务收入和让渡资产使用权收入等;收入按照企业经营业务的主次地位分类可以分为主营业务收入和其他业务收入。

二、收入的确认和计量

收入确认的主要问题是识别与客户订立的合同、识别合同中的单项履约义务和履行各单项履约义务时确认收入;收入计量的主要问题是交易价格的确定和将交易价格分摊至各单项履约义务。而实际工作中,收入的确认和计量几乎是同时完成的,因此,上述问题并非是孤立的,而是相互融合在一起。从流程来看,收入的确认与计量包括五个过程,即识别与客户订立的合同、识别合同中的单项履约义务、确定交易价格、将交易价格分摊至各单项履约义务和履行各单项履约义务时确认收入。其中,识别与客户订立的合同、识别合同中的单项履约义务和履行各单项履约义务时确认收入与收入确认有关;确定交易价格和将交易价格分摊至各单项履约义务与收入计量有关。

(一) 识别与客户订立的合同

合同是指双方或多方之间订立有法律约束力的权利义务的协议,包括书面形式、口头形式以及其他可验证的形式(如商业惯例或企业以往习惯做法等)。客户是指与企业订立合同以向该企业购买其日常活动产出的商品或服务(以下统称商品)并支付对价的一方。

1. 收入确认的原则

企业应当在履行了合同中的履约义务,即在客户取得相关商品控制权时确认收入。取得相关商品控制权是指能够主导该商品的使用并从中获得几乎全部的经济利益,包括有能力阻止其他方主导该商品的使用并从中获得经济利益。取得商品控制权必须同时具备三个要素:一是能力,即客户必须拥有现时权利,能够主导该商品的使用并从中获得几乎全部经济利益。如果客户只能在未来某一期间主导该商品的使用并从中获益,则表明其尚未取得该商品的控制权。二是主导该商品的使用。客户有能力主导该商品的使用,是指客户有权使用该商品,并能够允许或阻止其他方使用该商品。三是能够获得几乎全部的经济利益。客户可以通过多种方式直接或间接获得商品的经济利益,如直接使用、消耗、出售或持有该商品,使用该商品间接提升其他资产价值。

2. 收入确认的前提条件

企业与客户之间的合同同时满足下列条件的,企业应当在客户取得相关商品控制权时确认收入:

(1) 合同各方已批准该合同并承诺将履行各自义务;

(2) 该合同明确了合同各方与所转让的商品或提供劳务(以下统称转让商品)相关的权利和义务；

(3) 该合同有明确的与所转让的商品相关的支付条款；

(4) 该合同具有商业实质,即履行该合同将改变企业未来现金流量的风险、时间分布或金额；

(5) 企业因向客户转让商品而有权取得的对价很可能收回。

在合同开始日(通常是指合同生效日)即满足上述条件的合同,企业在后续期间无须对其进行重新评估,除非有迹象表明相关事实和情况发生重大变化。

在合同开始日不符合上述条件时,企业应当对其进行持续评估,并在其满足上述条件时按照规定进行会计处理。但是,如果企业不再负有向客户转让商品的剩余义务,且已向客户收取的对价无须退回时,应将已收取的对价确认为收入,否则应当将已收取的对价作为负债进行会计处理。

注意：

(1) 合同约定权利和义务的法律约束力,应根据企业所处法律环境和实务操作进行判断,包括合同订立方式和流程、具有法律约束力的权利和义务的时间等。当合同各方均有权单方面终止完全未执行的合同,且无须对合同其他方作出补偿的,应当视为该合同不存在。所谓完全未执行合同是指企业未向客户转让任何合同中承诺的商品,也未收取或未有权收取已承诺商品的任何对价的合同。

(2) 合同具有商业实质是指履行该合同将改变企业未来现金流量的风险、时间分布或金额。没有商业实质的非货币性资产交换不确认收入。

(3) 企业在评估其因向客户转让商品而有权取得的对价是否很可能收回时,仅应考虑客户到期时支付对价的能力和意图。企业在进行判断时,应当考虑是否存在价格折让,存在价格折让的,应当在估计交易价格时进行考虑。企业预期很可能无法收回全部合同对价时,应当判断其原因是客户的信用风险还是企业向客户提供了价格折让所致。

此外,企业可能存在一组类似的合同,在对该组合同中的每一份合同进行评估时,均认为其合同对价很可能收回。如果根据历史经验预计可能无法收回该组合同的全部对价,企业应依然认为这些合同满足"因向客户转让商品而有权取得的对价很可能收回"这一条件,并以此为基础估计交易价格,但企业应当考虑这些合同下确认的合同资产或应收款项是否存在减值。

【例11-1】 恒易公司与乙公司签订一项合同,恒易公司向乙公司销售一套设备,合同价款为 60 万元,成本为 40 万元。乙公司在合同生效日后第 30 天取得该设备的控制权。根据合同约定,乙公司在合同生效日支付保证金 6 万元,其余 54 万元与恒易公司签订了不附追索权的长期融资协议。协议明确规定,如果乙公司违约,恒易公司可重新拥有该设备,即使收回的设备不能涵盖所欠款项的总额,恒易公司也不能向乙公司索取进一步的赔偿。乙公司取得的设备用于某产品的加工生产。由于市场估计不足,加之竞争比较激烈,乙公司很可能会随时停产,无法以其实现的收益偿还欠款。

乙公司计划以该设备生产的某产品实现的收益偿还恒易公司欠款,除此之外并无其他的经济来源,乙公司也未对该笔欠款设定任何担保。如果乙公司违约,恒易公司虽然可重新拥有该设备,但即使收回的设备不能涵盖所欠款项的总额,恒易公司也不能向乙公司索取进一步的赔偿。因此,恒易公司对乙公司还款的能力和意图存在疑虑,认为该合同不满足合同价款很可能收回的条件。恒易公司应当将收到的 6 万元确认为一项负债。

企业与同一客户(或该客户的关联方)同时订立或在相近时间内先后订立的两份或多份合同,在满足下列条件之一时,应当合并为一份合同进行会计处理：

(1) 该两份或多份合同基于同一商业目的而订立并构成一揽子交易,如一份合同在不考虑另一份合同的对价的情况下将会发生亏损;

(2) 该两份或多份合同中的一份合同的对价金额取决于其他合同的定价或履行情况,如一份合同违约将会影响另一份合同的对价金额;

(3) 该两份或多份合同中所承诺的商品(或每份合同中所承诺的部分商品)构成单项履约义务。

3. 合同变更

合同变更是指经合同各方同意对原合同范围或价格作出的变更。企业应当区分下列三种情形对合同变更分别进行会计处理:

(1) 合同变更增加了可明确区分的商品及合同价款,且新增合同价款反映了新增商品单独售价的,应当将该合同变更作为一份单独的合同进行会计处理。判断新增合同价款是否反映了新增商品的单独售价时,应当考虑为反映该特定合同的具体情况而对新增商品价格所做的适当调整。如在合同变更时,企业由于无须发生为发展新客户等所须发生的相关销售费用,可能会向客户提供一定的折扣,从而在新增商品单独售价的基础上予以适当调整。

(2) 合同变更不属于上述(1)的情形,且在合同变更日已转让商品与未转让商品之间可明确区分的,应当视为原合同终止,同时,将原合同未履约部分与合同变更部分合并为新合同进行会计处理。新合同的交易价格应当为原合同交易价格中尚未确认为收入的部分(包括已从客户收取的金额)与合同变更中客户已承诺的对价金额的和。

【例 11-2】 恒易公司与客户签订合同,每月为客户的流水设备提供一次保养服务,合同期限为 3 年,客户每年向恒易公司支付保养费 100 万元(假定该价格反映了合同开始日该项服务的单独售价)。在第二年末,合同双方对合同进行了变更,将第三年的保养费调整为 80 万元(假定该价格反映了合同变更日该项服务的单独售价),同时以 130 万元的价格将合同期限延长两年(假定该价格不反映合同变更日该三年服务的单独售价),即每年的保养费为 65 万元,于每年年初支付(假设各年价格均不包含增值税)。

在合同开始日,恒易公司认为其每月为客户提供的保养服务是可明确区分的,但由于恒易公司向客户转让的是一系列实质相同且转让模式相同的、可明确区分的服务,因此将其作为单项履约义务。在合同开始的前两年,即合同变更之前,恒易公司每年确认收入 100 万元。在合同变更日,由于新增的两年保养服务的价格不能反映该项服务在合同变更时的单独售价,因此,该合同变更不能作为单独的合同进行会计处理,由于在剩余合同期间需提供的服务与已提供的服务是可明确区分的,恒易公司应当将该合同变更作为原合同终止,同时,将原合同中未履约的部分与合同变更合并为一份新合同进行会计处理。该新合同的合同期限为 3 年,对价为 210 万元,即原合同下尚未确认收入的对价 80 万元与新增的两年服务相应的对价 130 万元之和,新合同中恒易公司每年确认的收入为 70 万元(210/3 年)。

(3) 合同变更不属于上述(1)的情形,且在合同变更日已转让商品与未转让商品之间不可明确区分的,应当将该合同变更部分作为原合同的组成部分进行会计处理,由此产生的对已确认收入的影响,应当在合同变更日调整当期收入。

【例 11-3】 恒易公司(建安分公司)和客户签订了一项固定造价合同,在客户自有土地上建造一幢办公楼,合同总金额为 2 000 万元,预计合同总成本为 1 500 万元。假定该建造服务属于在某一时段内履行的履约义务,并根据累计发生的合同成本占合同预计总成本比例确定履约进度。截至年底,恒易公司累计已发生成本 900 万元,履约进度为 60%(900/1 500)。因此,恒易公司应确认收入 1 200 万元(2 000×60%)。次年初,合同双方同意更改该办公楼屋顶的设计,合同价格和预计总成本因此而分别增加 500 万元和 300 万元。

由于合同变更后拟提供的剩余服务与在合同变更日或之前已提供的服务不可明确区分(即该合同仍为单项履约义务),因此,恒易公司应当将合同变更作为原合同的组成部分进行会计处理。合同变更后的交易价格为 2 500 万元(2 000+500),重新估计的履约进度为 50%[900/(1 500+300)],恒易公司在合同变更日应补确认收入 50 万元(2 500×50%-1 200)。

如果在合同变更日未转让商品为上述第(2)和第(3)种情形的组合,企业应当按照上述第(2)或第(3)种情形中更为恰当的一种方式对合同变更后尚未转让(或部分未转让)商品进行会计处理。

(二)识别合同中的单项履约义务

合同开始日,企业应当对合同进行评估,识别该合同所包含的各单项履约义务,并确定各单项履约义务是在某一时段内履行,还是在某一时点履行,然后,在履行了各单项履约义务时分别确认收入。

履约义务是指合同中企业向客户转让可明确区分商品的承诺,包括合同中明确的承诺和由于企业已公开宣布的政策、特定声明或以往的习惯做法等导致合同订立时客户合理预期企业将履行的承诺。企业应当将下列向客户转让商品的承诺作为单项履约义务:

1. 企业向客户转让可明确区分商品(或者商品或服务的组合)的承诺

企业向客户承诺的商品同时满足下列条件的,应当作为可明确区分商品:一是客户能够从该商品本身或者从该商品与其他易于获得的资源一起使用中受益,如企业通常会单独销售该商品等;二是企业向客户转让该商品的承诺与合同中其他承诺可单独区分。需要指出的是,在评估某项商品是否能够明确区分时,主要考虑的是该商品自身的特征,而与客户可能使用该商品的方式无关。

企业确定了商品本身能够明确区分后,还应当在合同层面继续评估转让该商品的承诺是否与合同中其他承诺彼此之间可明确区分。下列情形通常表明企业向客户转让该商品的承诺与合同中的其他承诺不可明确区分:

(1)企业需提供重大的服务以将该商品与合同中承诺的其他商品进行整合成合同约定的组合产出转让给客户。如企业为客户建造写字楼的合同中,企业向客户提供的砖头、水泥等都能够使客户获益,但是,企业对客户承诺的是为其建造一栋写字楼,而并非提供这些砖头和水泥等,企业需提供重大的服务将这些商品进行整合,以形成合同约定的一项组合产出(即写字楼)转让给客户。因此,在该合同中,砖头和水泥等商品彼此之间不能单独区分。

(2)该商品将对合同中承诺的其他商品予以重大修改或定制。如企业承诺向客户提供其开发的一款现有软件并提供安装服务,虽然该软件无需更新或技术支持也可直接使用,但是企业在安装过程中需要在该软件现有基础上对其进行定制化的重大修改,以使其能够与客户现有的信息系统相兼容。此时,转让软件的承诺与提供定制化重大修改的承诺在合同层面是不可明确区分的。

(3)该商品与合同中承诺的其他商品具有高度关联性。如企业承诺为客户设计一种新产品并负责生产 10 个样品,企业在生产和测试样品的过程中需要对产品的设计进行不断的修正,导致已生产的样品均可能需要进行不同程度的返工。此时,企业提供的设计服务和生产样品的服务是不断交替反复进行的,二者高度关联,因此,在合同层面是不可明确区分的。

2. 企业向客户转让一系列实质相同且转让模式相同的、可明确区分商品的承诺

企业应将实质相同且转让模式相同的、可明确区分商品的承诺作为单项履约义务。转让模式相同是指每一项可明确区分商品均满足在某一时段内履行履约义务的条件,且采用相同方法

确定其履约进度。如每月为客户提供设备保养服务的长期劳务合同等。企业在判断所转让的一系列商品是否实质相同时,应当考虑合同中承诺的性质,如果企业承诺的是提供确定数量的商品,那么需要考虑这些商品本身是否实质相同;如果企业承诺的是在某一期间内随时向客户提供某项服务,则需要考虑企业在该期间内的各个时间段(如每月或每天)的承诺是否相同,而并非具体的服务行为本身,如企业向客户提供2年的酒店管理服务,具体包括保洁、维修、安保等,但没有具体的服务次数或时间的要求,尽管企业每天提供的具体服务不一定相同,但是企业每天对于客户的承诺都是相同的,因此,该服务符合"实质相同"的条件。

企业为履行合同而应开展的初始活动,通常不构成履约义务,除非该活动向客户转让了承诺的商品。如某俱乐部为注册会员建立档案,该活动并未向会员转让承诺的商品,因此不构成单项履约义务。

(三)确定交易价格

交易价格是指企业因向客户转让商品而预期有权收取的对价金额。企业代第三方收取的款项(如增值税)以及企业预期将退还给客户的款项,应当作为负债进行会计处理,不计入交易价格。

合同标价并不一定代表交易价格,企业应当根据合同条款,并结合以往的习惯做法等确定交易价格。在确定交易价格时,企业应当考虑可变对价、合同中存在的重大融资成分、非现金对价、应付客户对价等因素的影响。

1. 可变对价

企业与客户的合同中约定的对价金额可能会因折扣、价格折让、返利、退款、奖励积分、激励措施、业绩奖金、索赔等因素而变化。此外,根据一项或多项或有事项的发生而收取不同对价金额的合同,也属于可变对价的情形。企业在判断合同中是否存在可变对价时,不仅应当考虑合同条款的约定,还应当考虑下列情况:一是根据企业已公开宣布的政策、特定声明或者以往的习惯做法等,客户能够合理预期企业将会接受低于合同约定的对价金额,即企业会以折扣、返利等形式提供价格折让;二是其他相关事实和情况表明企业在与客户签订合同时即意图向客户提供价格折让。合同中存在可变对价的,企业应当对计入交易价格的可变对价进行估计。

(1)可变对价最佳估计数的确定。企业应当按照期望值或最可能发生金额确定可变对价的最佳估计数。企业所选择的方法应当能够更好地预测其有权收取的对价金额,对类似合同应采用相同的方法估计。某一不确定性事项对可变对价金额的影响应在整个合同期内采用同一种方法进行估计;当存在多个不确定性事项均会影响可变对价金额时,企业可以采用不同的方法对其进行估计。

期望值是按照各种可能发生的对价金额及相关概率计算确定的金额。如果企业拥有大量具有类似特征的合同,并估计可能产生多个结果时,通常按照期望值估计可变对价金额。如某公司和A客户签订了一份A客户急用的某零部件生产合同5 000套,合同总金额为500万元,A客户要求在6月30日前完工,若能提前如数交付该零部件,每提前一天,A客户会增加对价金额每套10元。该公司生产技术部门认真分析了各种可能性,认为提前交付时间的极限为5天,从提前交付时间5天至按时交付的概率依次为0.2、0.1、0.3、0.2、0.1和0.1,其可变对价的期望值为14万元[5 000×(0.005×0.2+0.004×0.1+0.003×0.3+0.002×0.2+0.001×0.1+0×0.1)]。

最可能发生金额是一系列可能发生的对价金额中最可能发生的单一金额,即合同最可能产生的单一结果。当合同仅有两个可能结果时,通常按照最可能发生金额估计可变对价金额。如某公司为B客户提供一项技术支持,合同约定:运用该技术后B客户产量恢复到以前正常生产水平则支付500万元技术支持费,若产量能提高10%,则奖励100万元。该公司技术分析后认为,B

客户产量提高10%的把握有90%,产量达不到提高10%的可能性只有10%。该公司可将预期获得的奖励100万元作为可变对价。

(2) 计入交易价格的可变对价金额的限制。企业按照期望值或最可能发生金额确定可变对价金额之后,计入交易价格的可变对价金额还应该满足限制条件,即包含可变对价的交易价格,应当不超过在相关不确定性消除时,累计已确认的收入极可能不会发生重大转回的金额。企业在评估是否极可能不会发生重大转回时,应当同时考虑收入转回的可能性及比重。其中,"极可能"发生的概率应远高于"很可能(可能性超过50%)",但不要求达到"基本确定(可能性超过95%)",其目的是为了避免因为一些不确定性因素的发生导致之前已经确认的收入发生转回;在评估收入转回金额的比重时,应同时考虑合同中包含的固定对价和可变对价,即可能发生的收入转回金额相对于合同总对价(包括固定对价和可变对价)的比重。企业应当将满足上述限制条件的可变对价的金额计入交易价格。

需要说明的是,将可变对价计入交易价格的限制条件不适用于企业向客户授予知识产权许可并约定按客户实际销售或使用情况收取特许权使用费的情况。

每一资产负债表日,企业应当重新估计应计入交易价格的可变对价金额,包括重新评估将估计的可变对价计入交易价格是否受到限制,以如实反映报告期末存在的情况以及报告期内发生的情况变化。

【例11-4】 某年初,恒易公司与乙公司签订合同,为乙公司一只股票型基金提供资产管理服务,合同期限为3年。合同规定:乙公司每季度按季末该基金净值的0.5%支付管理费给恒易公司,该管理费不会因基金净值的后续变化而调整或被要求退回;该基金在3年内的累计回报如果超过5%,则乙公司支付所获得超额回报的10%作为业绩奖励给恒易公司。至当年末,该基金的净值为2亿元(假定不考虑相关税费影响)。

恒易公司在该项合同中收取的管理费和业绩奖励均为可变对价,其金额极易受到股票价格波动的影响,虽然恒易公司以往有类似合同的经验,但该经验在确定未来市场表现方面并不具有预测价值。因此,在合同开始日,恒易公司无法对其能够收取的管理费和业绩奖励进行估计,不满足累计已确认的收入金额极可能不会发生重大转回的条件。年末,恒易公司重新估计该合同的交易价格时,影响该季度管理费收入金额的不确定性已经消除,恒易公司确认管理费收入100万元(2×0.5%)。因为该业绩奖励仍会受到基金未来累计回报的影响,有关将可变对价计入交易价格的限制条件仍然没有得到满足,所以,恒易公司未确认业绩奖励收入,但应在后续的每一资产负债表日,估计业绩奖励是否满足条件,以确定其收入金额。

2. 合同中存在的重大融资成分

当合同各方以在合同中(或者以隐含的方式)约定的付款时间为客户或企业就该交易提供了重大融资利益时,合同中即包含了重大融资成分,如以赊销方式销售商品。合同中存在重大融资成分的,企业应当按照假定客户在取得商品控制权时即以现金支付的应付金额(现销价格)确定交易价格。

在评估合同中是否存在融资成分以及该融资成分对于该合同而言是否重大时,企业应当考虑所有相关的事实和情况,包括:

(1) 已承诺的对价金额与已承诺商品的现销价格之间的差额;

(2) 下列两项的共同影响:一是企业将承诺的商品转让给客户与客户支付相关款项之间的预计时间间隔,二是相关市场的现行利率。

表明企业与客户之间的合同未包含重大融资成分的情形有:

(1) 客户就商品支付了预付款,且可以自行决定这些商品的转让时间,如企业向客户出售其发行的储值卡,客户可随时到该企业持卡购物;企业向客户授予奖励积分,客户可随时到该企业兑换这些积分等。

(2) 客户承诺支付的对价中有相当大的部分是可变的,该对价金额或付款时间取决于某一未来事项是否发生,且该事项实质上不受客户或企业控制,如按照实际销量收取的特许权使用费。

(3) 合同承诺的对价金额与现销价格之间的差额是由于向客户或企业提供融资利益以外的其他原因所导致的,且这一差额与产生该差额的原因是相称的,如合同约定的支付条款目的是向企业或客户提供保护,以防止另一方未能依照合同充分履行其部分或全部义务。

合同中存在重大融资成分的,在确定该重大融资成分的金额时,应使用将合同对价的名义金额折现为商品的现销价格的折现率,且该折现率不得因后续市场利率或客户信用风险等情况的变化而变更。企业确定的交易价格与合同承诺的对价金额之间的差额,应当在合同期间内采用实际利率法摊销。

【例 11-5】 2020 年 1 月 1 日,恒易公司采用分期收款方式向 C 公司销售 M 产品一批,合同约定的不含税价格为 600 万元,分 4 年于年末等额收取,其总成本为 480 万元,若 C 公司当日支付货款,则只需要支付 531.9 万元。当时货已发出,C 公司取得控制权。税法规定的增值税纳税义务发生时间为合同约定的收款日,税率为 13%。恒易公司的会计处理如下:

(1) 2020 年 1 月 1 日:

该项销售业务属于在某一时点履行的履约义务,应在某一时点确认收入,但该项销售属于存在重大融资成分的销售,应以现金支付的应付金额(或现销价格)确定交易价格,即应确认的收入金额为 531.9 万元,即:

借:长期应收款	6 780 000.00
贷:主营业务收入	5 319 000.00
应交税费——待转销项税额	780 000.00
未实现融资收益	681 000.00
借:主营业务成本	4 800 000.00
贷:库存商品	4 800 000.00

(2) 2020 年 12 月 31 日:

对未实现融资收益应按实际利率法进行分摊。经逐次测试并按插值法计算,其实际利率为 5%,编制未实现融资收益分摊表(取整数)如表 11-1 所示。

表 11-1 未实现融资收益分摊表(实际利率法)　　　　　　　　单位:元

日 期	分期应收款 ①	确认的融资收益 ②=期初④×5%	应收款成本减少额 ③=①-②	应收款摊余成本 期末④=期初④-③
2020 年 1 月 1 日				5 319 000
2020 年 12 月 31 日	1 500 000	265 950	1 234 050	4 084 950
2021 年 12 月 31 日	1 500 000	204 248	1 295 752	2 789 198
2022 年 12 月 31 日	1 500 000	139 460	1 360 540	1 428 658
2023 年 12 月 31 日	1 500 000	*71 342	1 428 658	0
合 计	6 000 000	681 000	5 319 000	/

*71 342=1 500 000-1 428 658

借：银行存款	1 695 000.00
贷：长期应收款	1 695 000.00
借：未实现融资收益	265 960.00
贷：财务费用	265 960.00
借：应交税费——待转销项税额	195 000.00
贷：应交税费——应交增值税（销项税额）	195 000.00

以后年度的会计处理同上，只是分摊未实现融资收益的金额不同。

如果在合同开始日，企业预计客户取得商品控制权与客户支付价款间隔不超过1年的，不需要考虑合同中存在的重大融资成分。

3. 非现金对价

非现金对价包括实物资产、无形资产、股权、客户提供的广告服务等。客户支付非现金对价的，企业应按照非现金对价在合同开始日的公允价值确定交易价格，非现金对价公允价值不能合理估计的，应参照其承诺向客户转让商品的单独售价间接确定交易价格。

非现金对价的公允价值可能会因对价的形式而发生变动（如股票本身的价格），也可能会因为其形式以外的原因而发生变动。该公允价值在合同开始日后发生的对价形式以外原因变动的，应作为可变对价，按照与计入交易价格的可变对价金额的限制条件相关的规定进行处理；该公允价值在合同开始日后发生的对价形式变动的，其变动金额不应计入交易价格。

【例11-6】 2020年1月1日，恒易公司与D公司签订一项合同，为D公司生产一套数控设备。合同约定，D公司取得数据设备控制权时向恒易公司支付1 921万元的现金，合同开始日向恒易公司交付一批核心零部件作为原材料，用于数控设备的生产，但恒易公司不需要为此支付款项，该批零部件当日的市场价格（不含税公允价值）为800万元，D公司开出同等金额的增值税专用发票，税率为13%。经过6个月的生产，数控设备于6月30日按期完工，达到设计要求，交付D公司，D公司当日取得设备的控制权。恒易公司适用的增值税税率为13%，其会计处理如下：

（1）2020年1月1日：

借：原材料	8 000 000.00
应交税费——应增值税（进项税额）	1 040 000.00
贷：合同负债	9 040 000.00

（2）2020年6月30日：

借：银行存款	19 210 000.00
合同负债	9 040 000.00
贷：主营业务收入	25 000 000.00
应交税费——应交税费（销项税额）	3 250 000.00

4. 应付客户对价

企业存在应付客户对价的，应将该应付对价冲减交易价格，但应付客户对价是为了自客户取得其他可明确区分商品的除外。企业应付客户对价是为了向客户取得其他可明确区分商品的，应采用与企业其他采购一致的方式确认所购买的商品。企业应付客户对价超过向客户取得可明确区分商品公允价值的，超过金额应当冲减交易价格。向客户取得的可明确区分商品公允价值不能合理估计的，企业应将应付客户对价全额冲减交易价格。在将应付客户对价冲减交易价格处理时，企业应在确认相关收入与支付（或承诺支付）客户对价二者孰晚的时点冲减当期收入。

【例11-7】 2019年12月10日，恒易公司与边远地区的K公司签订一项合同，向K公司销售 M 产品,合同期限自 2020 年 1 月 1 日至 2021 年 12 月 31 日共计 2 年。合同约定,在合同期内,K 公司至少向恒易公司购买 M 产品 2 000 万元(不含税),但恒易公司在合同开始日应向 K 公司支付 200 万元的款项且不可退回,用于购买展示 M 产品的货架及灯光设备。2020 年 1 月 20 日,恒易公司向 K 公司销售 M 产品一批,开出的增值税专用发票上列明的价款为 600 万元,税款 78 万元。

恒易公司向 K 公司支付 200 万元款项并非旨在取得 K 公司向恒易公司转让的可明确区分的商品或服务,即恒易公司并未取得对 K 公司货架及灯光设备任何相关权利的控制,该应付对价应在恒易公司确认转让 M 产品的收入时作为交易价格的抵减进行会计处理。其会计处理如下:

(1) 2020 年 1 月 1 日:

借:合同资产	2 000 000.00
贷:银行存款	2 000 000.00

(2) 2020 年 1 月 20 日:

借:银行存款	6 780 000.00
贷:主营业务收入	4 000 000.00
应交税费——应交税费(销项税额)	780 000.00
合同资产	2 000 000.00

(四)将交易价格分摊至各单项履约义务

当合同中包含两项或多项履约义务时,为了使企业分摊至每一单项履约义务的交易价格能够反映其因向客户转让已承诺的相关商品而预期有权收取的对价金额,企业应在合同开始日按照各单项履约义务所承诺商品的单独售价的相对比例,将交易价格分摊至各单项履约义务。企业不得因合同开始日之后单独售价的变动而重新分摊交易价格。

单独售价是指企业向客户单独销售商品的价格。企业应当在合同开始日估计单独售价,并以在类似环境下向类似客户单独销售商品的价格,作为确定该商品单独售价的最佳证据。单独售价无法直接观察的,应综合考虑其能够合理取得的全部相关信息,采用市场调整法、成本加成法、余值法等合理估计单独售价。

(1)市场调整法。市场调整法是指企业根据某商品或类似商品的市场售价,考虑本企业成本和毛利等进行适当调整后确定其单独售价的方法。

(2)成本加成法。成本加成法是指企业根据某商品的预计成本加上其合理毛利后的价格确定其单独售价的方法。

(3)余值法。余值法是指企业根据合同交易价格减去合同中其他商品可观察的单独售价后的余值确定某商品单独售价的方法。企业应当最大限度地采用可观察的输入值,并对类似的情况采用一致的估计方法。企业在商品近期售价波动幅度巨大,或者因未定价且未曾单独销售而使售价无法可靠确定时,可采用余值法估计其单独售价。

在单独估计售价时,企业应当最大限度地采用可观察的输入值,并对类似的情况采用一致的估计方法。

【例 11-8】 恒易公司与客户签订合同,向其销售 M、N 两种商品,其单独售价(不含税)分别为 4 万元和 16 万元,合同价款(不含税)为 18 万元。合同约定,M 商品于合同开始日交付并提供增值税专用发票,N 商品在一个月之后交付并提供增值税专用发票,只有当两项商品全部交付之后,恒易公司才有权收取 18 万元的合同对价和 2.34 万元的税款。假定 M 商品和 N 商品分别构成单项履约义务,其控制权在交付时转移给客户。

分摊至 M 商品的合同价款＝18×4/(4＋16)＝3.6(万元)

分摊至 N 商品的合同价款＝18×16/(4＋16)＝14.4(万元)

恒易公司的会计处理如下：
(1) 交付 M 商品时：

借：合同资产	40 680.00
贷：主营业务收入	36 000.00
应交税费——应交增值税(销项税额)	4 680.00

(2) 交付 N 商品时：

借：应收账款	203 400.00
贷：合同资产	40 680.00
主营业务收入	144 000.00
应交税费——应交增值税(销项税额)	18 720.00

合同资产是指企业已向客户转让商品而有权收取对价的权利，且该权利取决于时间流逝之外的其他因素；应收款项是企业无条件收取合同对价的权利，该权利应当作为应收款项单独列示。二者的区别在于，应收款项代表的是无条件收取合同对价的权利，即企业仅仅随着时间的流逝即可收款，而合同资产并不是一项无条件收款权，该权利除了时间流逝之外，还取决于其他条件(如履行合同中的其他履约义务)才能收取相应的合同对价。因此，合同资产和应收款项的相关风险不同，应收款项和合同资产都要承担信用风险，但合同资产还可能承担履约风险等其他风险。

1. 分摊合同折扣

合同折扣是指合同中各单项履约义务所承诺商品的单独售价之和高于合同交易价格的金额。合同折扣应在各单项履约义务之间按比例分摊。有确凿证据表明合同折扣仅与合同中一项或多项(非全部)履约义务相关的，应将该合同折扣分摊至相关一项或多项(非全部)履约义务。此种情况应同时满足的条件是：

(1) 经常将该合同中的各项可明确区分的商品单独销售或以组合的方式单独销售；

(2) 经常将其中部分可明确区分的商品以组合的方式按折扣价格单独销售；

(3) 上述第(2)项中的折扣与该合同中的折扣基本相同，且针对每一组合中的商品的分析为将该合同的全部折扣归属于某一项或多项履约义务提供了可观察的证据。

有确凿证据表明合同折扣仅与合同中的一项或多项(非全部)履约义务相关，且采用余值法估计单独售价的，应首先在该一项或多项(非全部)履约义务之间分摊合同折扣，然后再采用余值法估计单独售价。

【例 11-9】 恒易公司与客户签订合同，向其销售 M、N、L 三种商品，分别构成三个单项履约义务，合同总价款为 300 万元。企业经常单独销售 M 商品，可直接观察的单独售价为 125 万元；N 商品和 L 商品的单独售价不可直接观察，采用市场调整法估计 N 商品的单独售价为 62.5 万元，采用成本加成法估计 L 商品的单独售价为 187.5 万元。恒易公司经常以 125 万元的价格单独销售 M 商品，并且经常将 N 商品和 L 商品组合在一起以 175 万元的价格销售。假定上述价格均不包含增值税。

M、N、L 三种商品的单独售价总额为 375 万元，合同价格为 300 万元，其合同折扣为 75 万元。恒易公司经常将 N 商品和 L 商品组合在一起以 175 万元的价格销售，该价格与其单独售价 250

万元(62.5+187.5)相差 75 万元,与该合同的折扣一致。同时,M 商品单独销售的价格与其单独售价一致,证明该合同的折扣仅应归属于 N 商品和 L 商品。因此,M 商品应分摊的交易价格为 125 万元,N、L 商品应分摊的交易价格合计为 175 万元。将 175 万元进一步在 N、L 商品之间进行分摊,N 商品应分摊的交易价格为 43.75 万元[175×62.5÷(62.5+187.5)],L 商品应分摊的交易价格为 131.25 万元[175×187.5÷(62.5+187.5)]。

2. 分摊可变对价

合同中包含的可变对价可能与整个合同相关,也可能仅与合同中某一特定组成部分有关。其中,后者又包括两种情形:一是可能与合同中的一项或多项(非全部)履约义务有关;二是可能与企业向客户转让的构成单项履约义务的一系列可明确区分商品中的一项或多项(非全部)商品有关。

同时满足下列条件的,应将可变对价及可变对价的后续变动额全部分摊至与之相关的某项履约义务,或构成单项履约义务的一系列可明确区分商品中的某项商品:

(1) 可变对价的条款专门针对企业为履行该项履约义务或转让该项可明确区分商品所作的努力(或者是履行该项履约义务或转让该项可明确区分商品所导致的特定结果)。

(2) 在考虑了合同中的全部履约义务及支付条款后,将合同对价中的可变金额全部分摊至该项履约义务或该项可明确区分商品符合分摊交易价格的目标。

对于不满足上述条件的可变对价及可变对价的后续变动额,以及可变对价及其后续变动额中未满足上述条件的剩余部分,应按照分摊交易价格的一般原则分摊至合同中的各单项履约义务。对于已履行的履约义务,其分摊的可变对价后续变动额应当调整变动当期的收入。

【例 11-10】 恒易公司与乙公司签订合同,将其拥有的两项专利技术 X 和 Y 授权给 F 公司使用。假定两项授权均构成单项履约义务,且都属于在某一时点履行的履约义务。合同约定,授权使用 X 的价格为 96 万元,授权使用 Y 的价格为使用该专利技术所实现的销售额的 4%。X 和 Y 的单独售价分别为 96 万元和 120 万元。恒易公司估计其就授权使用 Y 而有权收取的特许权使用费为 120 万元。假定上述价格均不包含增值税。

合同中包含固定对价和可变对价,其中,授权使用 X 的价格为固定对价,且与其单独售价一致;授权使用 Y 的价格属于可变对价,且全部与授权使用 Y 能够收取的对价有关,恒易公司估计基于实际销售情况收取的特许权使用费的金额接近 Y 的单独售价。因此,恒易公司将可变对价部分的特许权使用费金额全部由 Y 承担符合交易价格的分摊目标。

3. 交易价格的后续变动

交易价格发生后续变动时,应按照在合同开始日所采用的基础将后续变动金额分摊至合同中的履约义务。企业不得因合同开始日之后单独售价的变动而重新分摊交易价格。对于合同变更导致的交易价格后续变动,应按照有关合同变更的要求进行会计处理。合同变更后发生可变对价后续变动的,应区分三种情形分别进行会计处理:

(1) 合同变更部分作为单独合同进行会计处理的,应判断可变对价后续变动与哪一项合同相关,并按照分摊可变对价的相关规定进行会计处理。

(2) 合同变更作为原合同终止及新合同订立进行会计处理,且可变对价后续变动与合同变更前已承诺可变对价相关的,应首先将该可变对价后续变动额以原合同开始日确定的单独售价为基础进行分摊,然后再将分摊至合同变更日尚未履行履约义务的该可变对价后续变动额以新合同开始日确定的基础进行二次分摊。

(3) 合同变更之后发生除上述两种情形以外的可变对价后续变动的,应将该可变对价后续变动额分摊至合同变更日尚未履行(或部分未履行)的履约义务。

【例 11-11】 9月1日,恒易公司与乙公司签订合同,向其销售均可明确区分的 M 商品和 N 商品,两种商品单独售价相同,且均属于在某一时点履行的履约义务。合同约定,M 商品和 N 商品分别于11月1日和次年3月31日交付给乙公司。合同约定的对价包括120万元(不包含增值税,下同)的固定对价和估计金额为24万元的可变对价。假定恒易公司将24万元的可变对价计入交易价格满足有关将可变对价金额计入交易价格的限制条件。因此,合同交易价格为144万元。12月1日,双方对合同范围进行了变更,乙公司向恒易公司额外采购 L 商品,合同价格增加36万元,L 商品与 M、N 商品可明确区分,但该增加的价格不反映 L 商品的单独售价。L 商品的单独售价与 M、N 商品相同。L 商品将于次年6月30日交付给乙公司。12月31日,恒易公司预计有权收取的可变对价的估计金额由24万元变更为28.8万元,且符合计入交易价格的条件。因此,合同的交易价格增加了4.8万元,恒易公司认为该增加额与合同变更前已承诺的可变对价相关。假定三种商品的控制权均随商品交付而转移给乙公司。

在合同开始日,该合同包含两个单项履约义务,应将估计的交易价格分摊至两项履约义务。由于两种商品的单独售价相同,且可变对价不符合分摊至其中一项履约义务的条件,恒易公司将交易价格144万元平均分摊至 M 商品和 N 商品,即 M、N 商品各自分摊的交易价格均为72万元。

11月1日,当 M 商品交付给乙公司时,恒易公司相应确认收入72万元。

12月1日,双方进行了合同变更。该合同变更属于原合同终止及新合同订立进行会计处理的情形,因此该合同变更应作为原合同终止,并将原合同的未履约部分与合同变更部分合并为新合同进行会计处理。在该新合同下,合同的交易价格为108万元(72+36),由于 N、L 商品单独售价相同,分摊至 N 商品和 L 商品的交易价格的金额均为54万元。

12月31日,恒易公司重新估计可变对价,增加了交易价格4.8万元。由于该增加额与合同变更前已承诺的可变对价相关,因此应首先将该增加额分摊给 M 商品和 N 商品,之后再将分摊给 N 商品的部分在 N 商品和 L 商品形成的新合同中进行二次分摊。由于 M、N 和 L 商品的单独售价相同,在将4.8万元的可变对价后续变动分摊至 M 商品和 N 商品时,各自分摊的金额为2.4万元。由于恒易公司已经转让了 M 商品,在交易价格发生变动的当期即应将分摊至 M 商品的2.4万元确认为收入。之后,恒易公司将分摊至 N 商品的2.4万元平均分摊至 N 商品和 L 商品,即各自分摊的金额为1.2万元。经过上述分摊后,N 商品和 L 商品的交易价格金额均为55.2万元(54+1.2)。因此,恒易公司分别在 N 商品和 L 商品控制权转移时确认收入55.2万元。

(五)履行每一单项履约义务时确认收入

企业应在履行了合同的履约义务,即客户取得相关商品控制权时确认收入。企业应根据实际情况首先判断履约义务是否满足在某一时段内履行的条件,如不满足,则该履约义务属于在某一时点履行的履约义务。对于在某一时段内履行的履约义务,应选取恰当方法来确定履约进度;对于在某一时点履行的履约义务,应综合分析控制权转移的迹象,判断其转移时点。

1. 在某一时段内履行的履约义务的收入确认

(1)在某一时段内履行的履约义务的收入确认条件。满足下列条件之一的,属于在某一时段内履行的履约义务,相关收入应在该履约义务履行的期间内确认:

① 客户在企业履约的同时即取得并消耗企业履约所带来的经济利益。企业在履约过程中是持续地向客户转移该服务的控制权的,该履约义务属于在某一时段内履行的履约义务,企业应在提供该服务的期间内确认收入。在具体判断时可以假定在企业履约的过程中更换为其他企业继续履行剩余履约义务,如果该继续履行合同的企业实质上无需重新执行企业累计至今已经完成的工作,则表明客户在企业履约的同时即取得并消耗了企业履约所带来的经济利益。如将客户的一批货物从 A 地运送到 B 地,假定该批货物在途经 C 地时,由另外一家运输公司接替企业继续

提供该运输服务,由 A 地到 C 地之间的运输服务是无需重新执行的,因此,表明客户在企业履约的同时即取得并消耗了企业履约所带来的经济利益,因此,企业提供的运输服务属于在某一时段内履行的履约义务。企业在判断其他企业是否实质上无需重新执行企业累计至今已经完成的工作时,应基于两个前提:一是不考虑可能会使企业无法将剩余履约义务转移给其他企业的潜在限制,包括合同限制或实际可行性限制;二是假设继续履行剩余履约义务的其他企业将不会享有企业目前已控制的任何资产的利益,也不会享有剩余履约义务转移后企业仍然控制的任何资产的利益。

② 客户能够控制企业履约过程中在建的商品。企业在履约过程中创建的商品包括在产品、在建工程、尚未完成的研发项目、正在进行的服务等,如果客户在企业创建该商品的过程中就能够控制这些商品,应当认为企业提供该商品的履约义务属于在某一时段内履行的履约义务。

③ 企业履约过程中所产出的商品具有不可替代用途,且该企业在整个合同期间内有权就累计至今已完成的履约部分收取款项。商品具有不可替代用途。在判断商品是否具有不可替代用途时,既应考虑合同限制,也应考虑实际可行性限制,但无需考虑合同被终止的可能性。在判断商品是否具有不可替代用途时,需要注意以下四点:一是应在合同开始日判断所承诺的商品是否具有不可替代用途。在此之后,除非发生合同变更,且该变更显著改变了原合同约定的履约义务,否则,企业无需重新进行评估。二是合同中是否存在实质性限制条款,导致企业不能将合同约定的商品用于其他用途。三是是否存在实际可行性限制,如虽然合同中没有限制,但是将合同中约定的商品用作其他用途,将遭受重大的经济损失或发生重大的返工成本。四是应根据最终转移给客户的商品的特征判断其是否具有不可替代用途。如某商品在生产的前期可以满足多种用途需要,从某一时点或某一流程开始,才进入定制化阶段,此时应根据该商品在最终转移给客户时的特征来判断其是否满足"具有不可替代用途"的条件。

企业在整个合同期间内有权就累计至今已完成的履约部分收取款项。有权就累计至今已完成的履约部分收取款项,是指在由于客户或其他方原因终止合同的情况下,企业有权就累计至今已完成的履约部分收取能够补偿其已发生成本和合理利润的款项,并且该权利具有法律约束力。合同终止必须是由于客户或其他方(即由于企业未按照合同承诺履约之外的其他原因)而非企业自身的原因所致,在整个合同期间内的任一时点,企业均应当拥有此项权利。

企业在进行判断时,需要注意:

一是有权就累计至今已完成的履约部分收取的款项应当大致相当于累计至今已经转移给客户的商品的售价,即该金额应当能够补偿企业已经发生的成本和合理利润。其中,合理的利润补偿并非一定是该合同的整体毛利水平。以下两种情形都属于合理的利润补偿:根据合同终止前的履约进度对该合同的毛利水平进行调整后确定的金额作为利润补偿金额;如果该合同的毛利水平高于企业同类合同的毛利水平,以企业从同类合同中能够获取的合理资本回报或者经营毛利作为利润补偿金额。

二是企业有权就累计至今已完成的履约部分收取款项,并不意味着企业拥有随时可行使的无条件收款权。当合同约定客户在约定的某一时点、重要事项完成的时点或者整个合同完成之后才支付合同价款时,企业并没有取得收款的权利。在判断其是否满足本要求时,应考虑在整个合同期间内的任一时点,假设由于客户或其他方原因导致合同提前终止时,企业是否有权主张该收款权利,即有权要求客户补偿其截至目前已完成的履约部分应收取的款项。

三是当客户只有在某些特定时点才能要求终止合同,或者根本无权终止合同时终止了合同(包括客户没有按照合同约定履行其义务)时,如果合同条款或法律法规赋予了企业继续执行合同(即企业继续向客户转移合同中承诺的商品并要求客户支付对价)的权利,则表明企业有权就累计至今已完成的履约部分收取款项。

四是企业在进行相关判断时,不仅要考虑合同条款的约定,还应当充分考虑所处的法律环境(包括适用的法律法规、以往的司法实践以及类似案例的结果等)是否对合同条款形成了补充,或者会凌驾于合同条款之上。如在合同没有明确约定的情况下,相关的法律法规等是否支持企业主张相关的收款权利;以往的司法实践是否表明合同中的某些条款没有法律约束力;在以往的类似合同中,企业虽然拥有此类权利,却在考虑了各种因素之后没有行使该权利,这是否会导致企业主张该权利的要求在当前的法律环境下不被支持等。

五是企业和客户在合同中约定的具体付款时间表并不一定意味着企业有权就累计至今已完成的履约部分收取款项。企业需要进一步评估,合同中约定的付款时间表,是否使企业在整个合同期间内的任一时点,在由于除企业自身未按照合同承诺履约之外的其他原因导致合同终止的情况下,均有权就累计至今已完成的履约部分收取能够补偿其成本和合理利润的款项。

如某公司与乙公司签订了一份大型设备的建造合同,在自己的厂区内完成设备的建造,乙公司无法控制在建过程中的设备。该公司如果想把该设备出售给其他客户,需要发生重大的改造成本。双方约定,如果乙公司单方面解约,乙公司需向该公司支付相当于合同总价30%的违约金,且建造中的设备归该公司所有。假定该合同仅包含一项履约义务,即设计和建造设备。设备是按照乙公司的具体要求进行设计和建造的,该公司需要发生重大的改造成本将该设备改造之后才能将其出售给其他客户,因此,该设备具有不可替代用途。当乙公司单方面解约时仅需向该公司支付相当于合同总价30%的违约金,表明该公司无法在整个合同期间内都有权就累计至今已完成的履约部分收取能够补偿其已发生成本和合理利润的款项。因此,该公司为乙公司设计和建造设备不属于在某一时段内履行的履约义务。

(2) 在某一时段内履行的履约义务的收入确认方法。对于在某一时段内履行的履约义务,应在该段时间内按照履约进度确认收入,履约进度不能合理确定的除外。履约进度的确认,可按产出法或投入法进行确定,但应扣除那些控制权尚未转移给客户的商品和服务。

① 产出法。主要是根据已转移给客户的商品对于客户的价值确定履约进度,包括实际测量完工进度、评估已实现的结果、已达到的里程碑、时间进度、已完工或交付的产品等具体方法。如某公司与客户签订合同,为该客户拥有的一条流水线设备更换100台电机,合同价格为20万元(不含税价)。截至当年年底,该公司共更换电机60台,剩余部分预计在次年3月底之前完成。该合同仅包含一项履约义务,且该履约义务满足在某一时段内履行的条件。假定不考虑其他情况,该公司提供的更换电机的服务属于在某一时段内履行的履约义务,应按照已完成的工作量确定履约进度,则截至当年年底的履约进度为60%(60/100),应确认的收入为12万元(20×60%)。

产出法是直接计量已完成的产出,一般能够客观地反映履约进度。当产出法所需要的信息可能无法直接通过观察获得,或者为获得这些信息需要花费很高的成本时,可采用投入法。

② 投入法。主要是根据企业履行履约义务的投入确定履约进度,包括投入材料数量、人工工时或机器工时、发生的成本和时间进度等指标确定履约进度。

在采用投入法时,应扣除那些虽然已经发生、但是未导致向客户转移商品的投入,实务中通常按照累计实际发生的成本占预计总成本的比例确定履约进度,但可能需要对已发生的成本进行适当调整,其调整的情形有:

一是已发生成本并未反映履行其履约义务的进度。如因生产效率低下等导致的非正常消耗的直接材料、直接人工及制造费用等,企业和客户在订立合同时已经预见会发生的这些成本已包括在合同价款中,不需要调整。

二是已发生成本与履行其履约义务进度不成比例。如果企业已经发生的成本与履约进度不成比例,企业在采用成本法时需要进行适当调整。当企业在合同开始日就能够预期将满足下列所有条件时,企业在采用成本法时不应包括该商品的成本,而是应当按照其成本金额确认收入:该商品不构成单项履约义务;客户先取得该商品的控制权,之后才接受与之相关的服务;该商品的成本占预计总成本的比重较大;企业自第三方采购该商品,且未深入参与其设计和制造,对于包含该商品的履约义务而言,企业是主要责任人。

【例11-12】 2020年10月10日,恒易公司与F客户(均为一般纳税人,增值税税率均为13%)签订合同,为其装修一栋办公楼并安装2部电梯,合同总金额为500万元(不含税,下同)。恒易公司预计的合同总成本为400万元,其中包括电梯的采购成本150万元。12月1日,恒易公司购买电梯并将其运达施工现场并经过客户验收,客户已取得对电梯的控制权。截至2020年12月31日,恒易公司累计发生成本200万元,其中包括:电梯采购成本150万元、职工薪酬25万元、其他支出(银行存款支付)25万元。根据装修进度,预计次年2月安装电梯。假定该装修服务(包括安装电梯)构成单项履约义务,并属于在某一时段内履行的履约义务,恒易公司是主要责任人,但不参与电梯的设计和制造。

假设恒易公司采用成本法确定履约进度,其相关收入、成本的确认及会计处理如下:

(1)履约进度的确定。2020年12月31日,共发生成本200万元,恒易公司认为其已发生的成本和履约进度不成比例,因此需要对履约进度的计算作出调整,将电梯的采购成本排除在已发生成本和预计总成本之外,即:

2020年合同履约进度=(200-150)/(400-150)=20%

(2)收入、成本的确认。在该合同中,该电梯不构成单项履约义务,其成本相对于预计总成本而言是重大的,恒易公司是主要责任人,但是未参与该电梯的设计和制造,客户先取得了电梯的控制权,随后才接受与之相关的安装服务。因此,恒易公司在客户取得该电梯控制权时,按照该电梯采购成本的金额确认转让电梯产生的收入。即:

2020年12月31日应确认的收入=(500-150)×20%+150=220(万元)

2020年12月31日应确认的成本=(400-150)×20%+150=200(万元)

(3)会计处理。

2020年12月1日:

借:合同履约成本	1 500 000.00
应交税费——应交增值税(进项税额)	195 000.00
贷:银行存款	1 695 000.00

2020年12月31日:

借:合同履约成本	500 000.00
贷:应付职工薪酬	250 000.00
银行存款	250 000.00
借:应收账款(或银行存款等)	2 486 000.00
贷:主营业务收入	2 200 000.00
应交税费——应交增值税(销项税额)	286 000.00
借:主营业务成本	2 000 000.00
贷:合同履约成本	2 000 000.00

对于每一项履约义务,企业只能采用一种方法来确定其履约进度,并加以一贯运用。对于类似情况下的类似履约义务,企业应当采用相同的方法确定履约进度。

资产负债表日,应按照合同交易价格总额乘以履约进度,扣除以前会计期间累计已确认收入后的金额确认为当期收入。

当期应确认收入＝合同交易价格总额×履约进度－以前会计期间累计已确认收入

当期应确认成本＝预计合同总成本×履约进度－以前会计期间累计已确认成本

【例 11-13】 依[例 11-12]资料,2021 年 6 月 30 日,汇总上半年支出情况为:职工薪酬 40 万元,以银行存款购入各种装修材料 80 万元,增值税税额 10.4 万;12 月 31 日汇总下半年支出情况为:职工薪酬 30 万元。恒易公司的会计处理如下:

(1) 2021 年 6 月 30 日:

借:合同履约成本	1 200 000.00
应交税费——应交增值税(进项税额)	104 000.00
贷:应付职工薪酬	400 000.00
银行存款	904 000.00

(2) 2021 年 12 月 31 日:

借:合同履约成本	300 000.00
贷:应付职工薪酬	300 000.00

2021 年 12 月 31 日,累计发生成本 350 万元(200＋150),调整后的履约进度为 80%[(350－150)/(400－150)]。

2021 年 12 月 31 日应确认的收入＝(500－150)×80%＋150－220＝210(万元)

2021 年 12 月 31 日应确认的成本＝(400－150)×80%＋150－200＝150(万元)

借:应收账款(或银行存款等)	2 373 000.00
贷:主营业务收入	2 100 000.00
应交税费——应交增值税(销项税额)	273 000.00
借:主营业务成本	1 500 000.00
贷:合同履约成本	1 500 000.00

当履约进度不能合理确定时,已经发生的成本预计能够得到补偿的,应按照已经发生的成本金额确认收入,直到履约进度能够合理确定为止。每一资产负债表日应当对履约进度进行重新估计。当客观环境发生变化时,也需要重新评估履约进度是否发生变化,以确保履约进度能够反映履约情况的变化,该变化应当作为会计估计变更进行会计处理。

2. 在某一时点履行的履约义务

当一项履约义务不属于在某一时段内履行的履约义务时则为某一时点履行的履约义务。在某一时点履行的履约义务,应在客户取得相关商品控制权时点确认收入。在判断客户是否已取得商品控制权时,应当考虑下列迹象:

(1) 企业就该商品享有现时收款权利,即客户就该商品负有现时付款义务。企业就该商品享有现时收款权利,则可能表明客户已经有能力主导该商品的使用并从中获得几乎全部的经济利益。

(2) 企业已将该商品的法定所有权转移给客户,即客户已拥有该商品的法定所有权。客户取得了商品的法定所有权,则可能表明其已经有能力主导该商品的使用并从中获得几乎全部的经济利益,或者能够阻止其他企业获得这些经济利益。如果企业仅仅是为了确保到期收回货款而保留商品的法定所有权,那么企业所保留的这项权利通常不会对客户取得对该商品的控制权构成障碍。

(3) 企业已将该商品实物转移给客户,即客户已实物占有该商品。客户如果已经实物占有商品,则可能表明其有能力主导该商品的使用并从中获得几乎全部的经济利益,或者使其他企业无法获得这些利益。

值得注意的是,客户占有了某项商品的实物并不意味着其就一定取得了该商品的控制权,反之亦然。如采用支付手续费方式的委托代销安排下,虽然企业作为委托方已将商品发送给受托方,但是受托方并未取得该商品的控制权,则企业不应在向受托方发货时确认销售商品的收入,而应根据控制权是否转移来判断何时确认收入,通常应在受托方售出商品时确认销售商品收入;受托方应当在商品销售后,按合同或协议约定的方法计算确定的手续费确认收入。

【例 11-14】 2020 年 10 月 10 日,恒易公司与 H 公司签订合同,委托 H 公司代销 M 产品 40 台。合同约定,H 公司应按每台 2 万元(不含税)的价格对外出售,代销手续费(含税)按不含税销售额的 8% 从销售额中扣除,H 公司将 M 产品对外销售之前,没有向恒易公司支付货款的义务,除非 H 公司责任造成 M 产品在代销期间发生毁损或丢失,如果合同期内 M 产品没有对外销售,H 公司可以将 M 产品退回恒易公司,恒易公司也可将 M 产品销售给其他客户或收回 M 产品。2020 年 10 月 15 日,恒易公司将 M 产品送至 H 公司;2020 年 12 月 20 日,H 公司按每台 2 万元的价格售出全部 M 产品,增值税税额为 10.4 万元;2020 年 12 月 31 日,H 公司开出代销清单移交恒易公司;2021 年 1 月 10 日,结清全部款项。M 产品的实际单位成本为 1.6 万元,恒易公司和 H 公司适用的增值税税率均为 13%。恒易公司的会计处理如下:

(1) 2020 年 10 月 15 日。

该日 M 产品送至 H 公司但 H 公司并没有取得控制权,恒易公司依然具有将其销售给其他客户或收回的权利,H 公司没有主导 M 产品的销售。同时,H 公司无法控制 M 产品的销售及盈利水平。因此,恒易公司确认收入的条件并不具备。

借:委托代销商品(发出商品)	640 000.00
贷:库存商品	640 000.00

(2) 2020 年 12 月 31 日。

借:应收账款	904 000.00
贷:主营业务收入	800 000.00
应交税费——应交增值税(销项税额)	104 000.00
借:主营业务成本	640 000.00
贷:委托代销商品(发出商品)	640 000.00
借:销售费用	64 000.00
应交税费——应交增值税(销项税额)	8 320.00
贷:应收账款	72 320.00

(3) 2021 年 1 月 10 日。

借:银行存款	831 680.00
贷:应收账款	831 680.00

实务中,企业有时根据合同已经就销售的商品向客户收款或取得了收款权利,但是,由于客户

缺乏足够的仓储空间或生产进度延迟等原因,直到在未来某一时点将该商品交付给客户之前,企业仍然继续持有该商品实物,这种情况通常称为"售后代管商品"安排。此时,企业除了考虑客户是否取得商品控制权的迹象之外,还应当同时满足下列条件,才表明客户取得了该商品的控制权:

① 该安排必须具有商业实质,如该安排是应客户的要求而订立的;
② 属于客户的商品必须能够单独识别,如将属于客户的商品单独存放在指定地点;
③ 该商品可以随时交付给客户;
④ 企业不能自行使用该商品或将该商品提供给其他客户。

企业根据上述条件对尚未发货的商品确认了收入的,还应当考虑是否还承担了其他履约义务,如向客户提供保管服务等,从而应当将部分交易价格分摊至该其他履约义务。如某公司年底与B零售商签订销售合同,向其销售100台M商品。B零售商仓储能力有限,无法在年底之前接收该批商品,双方约定:该公司在次年按B零售商要求的时间将商品运送至指定地点。至当年年底,该公司共有M商品库存120台(包括将要销售给B零售商部分),且在同一仓库统一管理。尽管是由于B零售商没有足够的仓储空间才要求暂不发货,并按其指定时间发货,但是由于未单独存放保管,该公司在向B零售商交付这些商品之前能够将其提供给其他客户或者自行使用。因此,这100台M商品当年底不满足"售后代管商品"安排下确认收入的条件。

【例11-15】 2020年10月10日,恒易公司与乙公司签订合同,向其销售M产品和专用零部件,合同总金额为200万元(不含税),其中M产品价款为160万元,专用零部件40万元。合同约定,乙公司于合同签订日支付合同总价款的20%的款项,恒易公司于2021年3月31日交付货物。基于乙公司仓容所限,合同同时约定将零部件存放于恒易公司仓库,并要求恒易公司在其仓库内单独区域内存放这些零部件,且不能使用这些零部件,也不能将其提供给其他客户使用,按照乙公司指令随时安排发货。2021年3月31日,恒易公司完成M产品和零部件的生产,其生产成本分别为125万元和30万元。当日交付乙公司验收,符合合同约定的条件,乙公司随后支付了合同价款及相应税款(税率为13%)不足部分的款项,乙公司已拥有M产品和零部件的法定所有权并运走了M产品。恒易公司的会计处理如下:

(1) 2020年10月10日。

恒易公司收到合同价款的一部分,M产品和专用零部件的所有权并未交付给乙公司,不能确认收入。

借:银行存款	400 000.00
贷:合同负债	400 000.00

(2) 2021年3月31日。

恒易公司向乙公司出售M产品和零部件为两个单项履约义务,且都属于在某一时点履行的履约义务。在乙公司支付合同价款并验收货物后,尽管零部件寄存于恒易公司仓库,实质上乙公司已经拥有了M产品和零部件的法定所有权,且可明确识别为属于乙公司的物品。因此,恒易公司应确认销售M产品和零部件的相关收入。

借:合同负债	2 260 000.00
贷:主营业务收入	2 000 000.00
应交税费——应交增值税(销项税额)	260 000.00
借:主营业务成本	1 550 000.00
贷:库存商品	1 550 000.00
借:银行存款	1 860 000.00
贷:合同负债	1 860 000.00

(4) 企业已将该商品所有权上的主要风险和报酬转移给客户,即客户已取得该商品所有权上的主要风险和报酬。企业在判断时,不应当考虑保留了除转让商品之外产生其他履约义务的风险的情形。如企业将产品销售给客户,并承诺提供后续维护服务,销售产品和维护服务均构成单项履约义务,企业保留的因维护服务而产生的风险并不影响企业有关主要风险和报酬转移的判断。

(5) 客户已接受该商品。企业在判断是否已经将商品的控制权转移给客户时,应当考虑客户是否已接受该商品,特别是客户的验收是否仅仅是一个形式。如果企业能够客观地确定其已经按照合同约定的标准和条件将商品的控制权转移给客户,那么客户验收可能只是一个形式,并不会影响企业判断客户取得该商品控制权的时点。

(6) 其他表明客户已取得商品控制权的迹象。

三、合同成本

(一) 合同履约成本

企业为履行合同可能发生的各种成本,应在确认收入时进行分析,属于存货、固定资产、无形资产等规范范围的,应按相关准则的规定进行会计处理。否则,应作为合同履约成本确认为一项资产。确认为一项资产时,应同时满足下列条件:

(1) 该成本与一份当前或预期取得的合同直接相关。预期取得的合同应当是企业能够明确识别的合同,如现有合同续约后的合同、尚未获得批准的特定合同等。与合同直接相关的成本包括直接人工、直接材料、制造费用、明确由客户承担的成本以及仅因该合同而发生的其他成本等。

(2) 该成本增加了企业未来用于履行(或持续履行)履约义务的资源。

(3) 该成本预期能够收回。

企业发生的下列支出应当计入当期损益:

(1) 管理费用,除非这些费用明确由客户承担。

(2) 非正常消耗的直接材料、直接人工和制造费用(或类似费用),这些支出为履行合同发生,但未反映在合同价格中。

(3) 与履约义务中已履行(包括已全部履行或部分履行)部分相关的支出,即该支出与企业过去的履约活动相关。

(4) 无法在尚未履行的与已履行(或已部分履行)的履约义务之间区分的相关支出。

【例 11-16】 恒易公司设立客户信息管理中心及对外服务业务如下:

(1) 2019 年 10 月 10 日,以一揽子方式购入服务器、终端等硬件设备 210 万元,增值税税额 27.3 万元,设备当日安装调试交付恒易公司。

借:固定资产	2 100 000.00
应交税费——应交增值税(进项税额)	273 000.00
贷:银行存款	2 373 000.00

(2) 2019 年 10 月 15 日,购入客户信息管理系统 100 万元,增值税税额 9 万元,系统当日安装调试交付恒易公司。

借:无形资产	1 000 000.00
应交税费——应交增值税(进项税额)	90 000.00
贷:银行存款	1 090 000.00

(3) 2020 年 2 月 10 日,为参加 P 公司客户信息管理服务项目招标会议发生差旅费、系统演示场地租赁费等 2.8 万元,原借 3 万元退回现金 0.2 万元。

借:管理费用	28 000.00
库存现金	2 000.00
贷:其他应收款	30 000.00

(4) 2020年3月1日,与P公司签订合同,为P公司提供客户信息管理服务5年,每年收取服务费20万元(不含税)。合同同时约定,恒易公司负责系统数据接口及运行维护服务,但不转让该平台给P公司。恒易公司客户信息管理中心当日即着手开放端口进行测试,至3月10日测试成功,支付系统测试、评估及外聘专家服务等费用10万元。

借:合同履约成本	100 000.00
贷:银行存款	100 000.00

(5) 2020年3月31日,人力资源部确认派往P公司提供相关服务的2名员工应负担的职工薪酬2.4万元。

借:管理费用	24 000.00
贷:应付职工薪酬	24 000.00

(6) 2021年2月29日,收到P公司汇来的第一年服务费20万元和增值税1.8万元。

借:银行存款	218 000.00
贷:主营业务收入(或其他业务收入)	200 000.00
应交税费——应交增值税(销项税额)	18 000.00

说明:

(1) 购买的服务器、终端等硬件设备和客户信息管理系统应分别根据《企业会计准则第4号——固定资产》和《企业会计准则第6号——无形资产》的规定进行会计处理,分别确认为固定资产和无形资产。

(2) 参加P公司客户信息管理服务项目招标会议发生差旅费、系统演示场地租赁费等是为取得合同而发生的,而这项费用无论是否取得合同(即竞标是否成功)都会发生,应计入当期损益。

(3) 支付系统测试、评估及外聘专家服务等费用,与履行合同直接相关,增加了未来用于履行履约义务的资源,且该项费用可通过未来提供服务收取的对价收回,应确认为一项资产,即合同履约成本。

(4) 派往P公司提供相关服务的员工应负担的职工薪酬,虽然与履行履约合同有关,但其并未增加未来用于履行履约义务的资源,应计入当期损益。

(二)合同取得成本

企业为取得合同发生的增量成本预期能够收回的,应当作为合同取得成本确认为一项资产。所谓增量成本,是指企业不取得合同就不会发生的成本(如销售佣金等)。

如果该资产摊销期限不超过1年的,可以在发生时计入当期损益,但应当对所有类似合同一致采用。企业为取得合同发生的、除预期能够收回的增量成本之外的其他支出(如无论是否取得合同均会发生的差旅费、投标费、为准备投标资料发生的相关费用等)应当在发生时计入当期损益,除非这些支出明确由客户承担。

如某公司(提供咨询服务)参加竞标获得一新客户,曾发生聘请外部律师报酬、投标差旅费、销售人员佣金以及年终根据销售人员年度销售目标、整体盈利情况及个人业绩等向销售部门负责人支付的年度奖金等支出。其中,销售人员佣金预期未来能够以收取的合同对价收回,属于为取得合同发生的增量成本,应当将其作为合同取得成本确认为一项资产;聘请外部律师报酬、投标差旅费无论是否取得合同都会发生,不属于增量成本,应于发生时直接计入当期损益;销售部门负责人年度奖金是否发放以及发放金额在取得合同时还无法确认,并不能直接归属于可识别的合同,也不是为取得合同发生的增量成本。

(三) 合同资产的摊销

对于确认为资产的合同履约成本和合同取得成本,企业应当采用与该资产相关的商品收入确认相同的基础(即在履约义务履行的时点或按照履约义务的履约进度)进行摊销,计入当期损益。其中,合同履约成本的摊销计入主营业务成本,合同取得成本的摊销计入销售费用。

在确定与合同履约成本和合同取得成本有关的资产的摊销期限和方式时,如果该资产与一份预期将要取得的合同(如续约后的合同)相关,则在确定相关摊销期限和方式时,应当考虑该预期将要取得的合同的影响。但是,对于合同取得成本而言,如果合同续约时,企业仍需要支付与取得原合同相当的佣金,这表明取得原合同时支付的佣金与预期将要取得的合同无关,该佣金只能在原合同的期限内进行摊销。

企业应当根据预期向客户转让与上述资产相关的商品的时间,对资产的摊销情况进行复核并更新,以反映该预期时间的重大变化。此类变化应当作为会计估计变更进行会计处理。

【例 11-17】 恒易公司工程安装分公司 2020 年 1 月 1 日承建乙公司的一栋办公楼,合同总额 8 000 万元(不含税),合同总成本 6 400 万元,预计在 2021 年 12 月底完工。其发生的相关业务及会计处理如下:

(1) 2020 年 12 月 31 日,归集本年度发生的成本 4 000 万元,其中:应负担的职工薪酬 800 万元,领用工程材料 3 200 万元。预计完工尚需发生成本 2 400 万元。

借:合同履约成本——工程施工　　　　　　　　　　　　　40 000 000.00
　　贷:应付职工薪酬　　　　　　　　　　　　　　　　　　　8 000 000.00
　　　　原材料　　　　　　　　　　　　　　　　　　　　　32 000 000.00

(2) 2020 年 12 月 31 日,按合同约定开出工程价款结算单及增值税专用发票,应收工程款 4 500 万元和增值税税款 405 万元。

借:应收账款　　　　　　　　　　　　　　　　　　　　　49 050 000.00
　　贷:合同结算——工程结算　　　　　　　　　　　　　　45 000 000.00
　　　　应交税费——应交增值税(销项税额)　　　　　　　　4 050 000.00

(3) 2020 年 12 月 31 日,按照履约进度确认收入。

累计履约进度=累计发生合同成本/合同预计总成本=4 000/(4 000+2 400)=62.5%

应确认的收入=8 000×62.5%-0=5 000(万元)

借:合同结算——工程结算　　　　　　　　　　　　　　　50 000 000.00
　　贷:主营业务收入　　　　　　　　　　　　　　　　　　50 000 000.00

(4) 2020 年 12 月 31 日,摊销合同履约成本。

应摊销合同履约成本=6 400×62.5%-0=4 000(万元)

借:主营业务成本　　　　　　　　　　　　　　　　　　　40 000 000.00
　　贷:合同履约成本——工程施工　　　　　　　　　　　　40 000 000.00

(5) 2021 年 1 月 10 日,收到工程款项 4 000 万元。

借：银行存款	40 000 000.00	
贷：应收账款		40 000 000.00

(6) 2021年12月31日,归集本年度发生的成本2 400万元,其中：应负担的职工薪酬为600万元,领用工程材料1 800万元。

借：合同履约成本——工程施工	24 000 000.00	
贷：应付职工薪酬		6 000 000.00
原材料		18 000 000.00

(7) 2021年12月31日工程完工,开出工程价款结算单及增值税专用发票,应收工程款3 500万元和增值税税款315万元。

借：应收账款	38 150 000.00	
贷：合同结算——工程结算		35 000 000.00
应交税费——应交增值税(销项税额)		3 150 000.00

(8) 2021年12月31日,确认收入。

由于建造合同已履行,其累计履约进度为100%。

应确认的收入=8 000×100%-5 000=3 000(万元)

借：合同结算——工程结算	30 000 000.00	
贷：主营业务收入		30 000 000.00

(9) 2021年12月31日,摊销合同履约成本。

应摊销合同履约成本=6 400×100%-4 000=2 400(万元)

借：主营业务成本	24 000 000.00	
贷：合同履约成本——工程施工		24 000 000.00

(10) 2022年1月20日,收到工程款项4 720万元。

借：银行存款	47 200 000.00	
贷：应收账款		47 200 000.00

(四) 合同资产的减值

合同履约成本和合同取得成本的账面价值高于下列两项的差额的,超出部分应当计提减值准备,并确认为资产减值损失：

(1) 企业因转让与该资产相关的商品预期能够取得的剩余对价。

(2) 为转让该相关商品估计将要发生的成本。估计将要发生的成本主要包括直接人工、直接材料、制造费用(或类似费用)、明确由客户承担的成本以及仅因该合同而发生的其他成本(如支付给分包商的成本)等。

以前期间减值的因素之后发生变化,上述差额高于该资产账面价值的,应当转回原已计提的资产减值准备,并计入当期损益,但转回后的资产账面价值不应超过假定不计提减值准备情况下该资产在转回日的账面价值。

在确定合同履约成本和合同取得成本的减值损失时,企业应当首先确定其他资产减值损失；然后,按照上述要求确定合同履约成本和合同取得成本的减值损失。

企业按照金融资产减值测试相关资产组的减值情况时,应当将按照上述规定确定上述资产减值后的新账面价值计入相关资产组的账面价值。

【例 11-18】 依[例 11-17]资料，假设恒易公司发生的相关业务及会计处理如下：

(1) 2020 年 12 月 31 日，归集本年度发生的成本 4 950 万元，其中：应负担的职工薪酬为 990 万元，领用工程材料 3 960 万元。由于建筑人员短缺，工资上涨，加之钢材、混凝土等材料价格上涨，预计完工尚需发生成本 3 300 万元。

借：合同履约成本——工程施工	49 500 000.00
贷：应付职工薪酬	9 900 000.00
原材料	39 600 000.00

(2) 2020 年 12 月 31 日，因工资和材料"双涨"，要求乙公司增加合同价格 300 万元，但乙公司未予以认可，随后仍按原合同约定开出工程价款结算单及增值税专用发票，应收工程款 4 500 万元和增值税税款 405 万元。

借：应收账款	49 050 000.00
贷：合同结算——工程结算	45 000 000.00
应交税费——应交增值税(销项税额)	4 050 000.00

(3) 2020 年 12 月 31 日，计提合同履约成本减值准备。

至 12 月 31 日，合同履约成本账面价值为 4 950 万元，预期能够取得的剩余对价为 8 000 万元，估计将要发生的合同履约成本为 3 300 万元，应计提合同履约成本减值准备为 250 万元[4 950－(8 000－3 300)]。

借：资产减值损失	2 500 000.00
贷：合同履约成本减值准备	2 500 000.00

(4) 2020 年 12 月 31 日，按照履约进度确认收入。

累计履约进度＝累计发生合同成本/合同预计总成本＝4 950/(4 950＋3 300)＝60%

应确认的收入＝8 000×60%－0＝4 800(万元)

借：合同结算——工程结算	48 000 000.00
贷：主营业务收入	48 000 000.00

(5) 2020 年 12 月 31 日，摊销合同履约成本。

应摊销合同履约成本＝(4 950＋3 300)×60%－0＝4 950(万元)

借：主营业务成本	49 500 000.00
贷：合同履约成本——工程施工	49 500 000.00

同时：

借：合同履约成本减值准备	1 500 000.00
贷：主营业务成本	1 500 000.00

(6) 2021 年 1 月 5 日，收到工程款项 4 000 万元。

借：银行存款	40 000 000.00
贷：应收账款	40 000 000.00

(7) 2021 年 12 月 31 日，归集本年度发生的成本 2 800 万元，其中：应负担的职工薪酬为 700 万元，领用工程材料 2 100 万元。

借:合同履约成本——工程施工	28 000 000.00
贷:应付职工薪酬	7 000 000.00
原材料	21 000 000.00

(8) 2021年12月31日工程完工,开出工程价款结算单及增值税专用发票,应收工程款3 500万元和增值税税款315万元。

借:应收账款	38 150 000.00
贷:合同结算——工程结算	35 000 000.00
应交税费——应交增值税(销项税额)	3 150 000.00

(9) 2021年12月31日,计提合同履约成本减值准备。

至12月31日,合同履约成本账面价值为2 700万元(2 800－100),预期能够取得的剩余对价为3 200万元,估计将要发生的合同履约成本为0,应转回合同履约成本减值准备500万元[2 700－(3 200－0)],但转回后的资产账面价值(2 700＋500)不应超过假定不计提减值准备情况下该资产在转回日的账面价值(2 800),即只能转回100万元(2 800－2 700)。

借:合同履约成本减值准备	1 000 000.00
贷:资产减值损失	1 000 000.00

(10) 2021年12月31日,确认收入。

由于建造合同已履行,其累计履约进度为100%。

应确认的收入＝8 000×100%－4 800＝3 200(万元)

借:合同结算——工程结算	32 000 000.00
贷:主营业务收入	32 000 000.00

(11) 2021年12月31日,摊销合同履约成本。

应销合同履约成本＝(4 950＋2 800)×100%－4 950＝2 800(万元)

借:主营业务成本	28 000 000.00
贷:合同履约成本——工程施工	28 000 000.00

(12) 2022年1月20日,收到工程款项4 720万元。

借:银行存款	47 200 000.00
贷:应收账款	47 200 000.00

四、特定交易的会计处理

(一)附有销售退回条款的销售

企业发生附有销售退回条款的销售,应在客户取得相关商品控制权时按照因向客户转让商品而预期有权收取的对价金额(即不包含预期因销售退回将退还的金额)确认收入,按照预期因销售退回将退还的金额确认为预计负债。同时按照预期将退回商品转让时的账面价值,扣除收回该商品预计发生的成本(包括退回商品的价值减损)后的余额确认为一项资产(应收退货成本),按照所转让商品转让时的账面价值,扣除应收退货成本的净额结转销售成本。

每一资产负债表日,企业应当重新估计未来销售退回情况,如有变化,应当作为会计估计变更进行会计处理。

【例11-19】 2020年11月10日,恒易公司向H公司赊销M产品100台,不含税单位售价

20 000元,单位生产成本16 000元,恒易公司发出商品并开出增值税专用发票,税率为13%。根据以往经验,恒易公司估计退货率为10%。合同约定,商品赊销期为2020年12月31日,赊销期满日H公司应支付款项,2021年6月30日之前,H公司有权将未售出的商品退回,恒易公司根据实际退货数量开具红字增值税专用发票并退还相应的货款。2020年12月31日,恒易公司对退货率进行了重新估计,认为退货率将提高至15%。2021年6月30日,实际退货数量为12台。恒易公司的会计处理如下:

(1) 2020年11月10日。

借:应收账款——H公司	2 260 000.00
贷:主营业务收入	1 800 000.00
预计负债——应付退货款	200 000.00
应交税费——应交增值税(销项税额)	260 000.00
借:主营业务成本	1 440 000.00
应收退货成本	160 000.00
贷:库存商品	1 600 000.00

(2) 2020年12月31日。

借:银行存款	2 260 000.00
贷:应收账款——H公司	2 260 000.00
借:主营业务收入	100 000.00
贷:预计负债——应付退货款	100 000.00
借:应收退货成本	80 000.00
贷:主营业务成本	80 000.00

(3) 2021年6月30日。

借:库存商品	192 000.00
应交税费——应交增值税(销项税额)	31 200.00
预计负债——应付退货款	300 000.00
贷:应收退货成本	192 000.00
主营业务收入	60 000.00
银行存款	271 200.00
借:主营业务成本	48 000.00
贷:应收退货成本	48 000.00

假设2021年6月30日实际退货20台,则:

借:库存商品	320 000.00
主营业务收入	100 000.00
应交税费——应交增值税(销项税额)	52 000.00
预计负债——应付退货款	300 000.00
贷:应收退货成本	320 000.00
银行存款	452 000.00
借:应收退货成本	80 000.00
贷:主营业务成本	80 000.00

(二)附有质量保证条款的销售

企业发生附有质量保证条款的销售,应当评估该质量保证是否在向客户保证所销售商品符合既定标准之外提供了一项单独的服务。若提供额外服务(服务性质保)的,应作为单项履约义务按照收入准则进行会计处理;若提供质量保证责任(保证性质保)的,应按照或有事项准则进行会计处理。

区分质量保证是服务性质保还是保证性质保,要看该质量保证是否在向客户保证所销售商品符合既定标准之外提供了一项单独的服务,即是否构成单项履约义务。企业在评估质量保证是否在向客户保证所销售商品符合既定标准之外提供了一项单独服务时,应考虑以下因素:

(1)法定要求。法定要求通常是为了保护客户避免其购买瑕疵或缺陷商品的风险,而并非为客户提供一项单独的质量保证服务。如果质量保证属于法定要求,则不是一项额外服务,不构成单项履约义务。

(2)保证期限。质量保证期限越长,越有可能是单项履约义务。

(3)承诺性质。如果企业必须履行某些特定的任务以保证所转让的商品符合既定标准(例如企业负责运输被客户退回的瑕疵商品),则这些特定的任务可能不构成单项履约义务。

企业提供的质量保证同时包含服务性质保和保证性质保的,应当分别对其进行会计处理,无法合理区分的,应当将这两类质量保证一起作为单项履约义务进行会计处理。

【例11-20】 恒易公司与Z公司签订的销售合同约定,恒易公司于2020年1月10日向Z公司销售N产品100台,总价款为200万元(不含税),Z公司当日收到货物,取得该产品的控制权,Z产品的生产成本为154万元。合同还约定,恒易公司承诺在国家规定的1年质保期的基础上延长1年,在此期间内如有任何部件损坏(人为原因除外)均免费进行更换。N产品和延保服务的单独售价分别为180万元和20万元。根据历史数据估计该批产品在法定质保期内发生质量问题的维修费用为5万元。2020年10月20日,发生维修费用2万元;2021年4月5日发生维修费用4万元。恒易公司销售N产品的增值税税率为13%,维修服务的增值税税率为9%。其会计处理如下:

(1)2020年1月10日。

借:银行存款(或应收账款等)	2 252 000.00
贷:主营业务收入	1 800 000.00
应交税费——应交增值税(销项税额)	252 000.00
合同负债	200 000.00
借:主营业务成本	1 540 000.00
贷:库存商品	1 540 000.00
借:销售费用	50 000.00
贷:预计负债——产品质量保证	50 000.00

(2)2020年10月20日。

借:预计负债——产品质量保证	20 000.00
贷:银行存款	20 000.00

(3)2021年1月10日。

借:合同负债	100 000.00
贷:主营业务收入(或其他业务收入)	100 000.00

(4) 2021年4月5日。

借：主营业务成本(或其他业务成本)   40 000.00
    贷：银行存款   40 000.00

(三) 主要责任人和代理人

企业应当根据其在向客户转让商品前是否拥有对该商品的控制权，来判断其从事交易时的身份是主要责任人还是代理人。企业在向客户转让商品前能够控制该商品的，该企业为主要责任人，应当按照已收或应收对价总额确认收入；否则，该企业为代理人，应当按照预期有权收取的佣金或手续费的金额确认收入，该金额应当按照已收或应收对价总额扣除应支付给其他相关方的价款后的净额，或者按照既定的佣金金额或比例等确定。

1. 企业向客户转让商品前是否能够控制该商品的情形

企业与客户订立的包含多项可明确区分商品的合同中，需要分别判断其在这不同履约义务中的身份是主要责任人还是代理人。当存在第三方参与企业向客户提供商品时，企业向客户转让特定商品之前能够控制该商品的，应当作为主要责任人。其情形有：

(1) 企业自该第三方取得商品或其他资产控制权后，再转让给客户。此时应考虑该权利是仅在转让给客户时才产生，还是在转让给客户之前就已经存在，且企业一直能够主导其使用。如果该控制权在转让给客户之前并不存在，表明企业实质上并不能在该权利转让给客户之前控制该商品。

(2) 企业能够主导该第三方代表本企业向客户提供服务，说明企业在相关服务提供给客户之前能够控制该相关服务。

(3) 企业自该第三方取得商品控制权后，通过提供重大的服务将该商品与其他商品整合成合同约定的某组合产出转让给客户。此时，企业承诺提供的特定商品就是合同约定的组合产出，企业应首先获得为生产该组合产出所需要的投入(自第三方取得的商品)的控制权，然后才能够将这些投入加工整合为合同约定的组合产出。如果企业仅仅是在特定商品的法定所有权转移给客户之前，暂时性地获得该特定商品的法定所有权，这并不意味着企业一定控制了该商品。

2. 企业在向客户转让特定商品前已经拥有商品控制权的事实和情况

企业在判断其在向客户转让特定商品之前是否已经拥有对该商品的控制权时，不应仅局限于合同的法律形式，而应当综合考虑所有相关事实和情况进行判断，这些事实和情况包括：

(1) 企业承担向客户转让商品的主要责任。企业在判断其是否承担向客户转让商品的主要责任时，应当从客户的角度进行评估，即客户认为哪一方承担了主要责任，如客户认为谁对商品的质量或性能负责、谁负责提供售后服务、谁负责解决客户投诉等。

(2) 企业在转让商品之前或之后承担了该商品的存货风险。存货风险主要是指存货可能发生减值、毁损或灭失等形成的损失。比如，如果企业在与客户订立合同之前已经购买或者承诺将自行购买特定商品，这可能表明企业在将该特定商品转让给客户之前，承担了该特定商品的存货风险，企业有能力主导特定商品的使用并从中取得几乎全部的经济利益。再如，在附有销售退回条款的销售中，企业将商品销售给客户之后，客户有权要求向该企业退货，这可能表明企业在转让商品之后仍然承担了该商品的存货风险。

(3) 企业有权自主决定所交易商品的价格。企业有权决定客户为取得特定商品所需支付的价格，可能表明企业有能力主导有关商品的使用并从中获得几乎全部的经济利益。但在某些情况下，代理人可能在一定程度上也拥有定价权(如在主要责任人规定的某一价格范围内决定价格)，以便其在代表主要责任人向客户提供商品时能够吸引更多客户，从而实现更多收入。此时即使代理人有一定的定价能力,也并不能表明在与最终客户的交易中其身份是主要责任人,代理人只是放弃了一部分自己应当赚取的佣金或手续费而已。

(4) 其他相关事实和情况。

特别强调的是,企业在判断其是主要责任人还是代理人时,应当以该企业在特定商品转让给客户之前是否能够控制这些商品为原则。上述相关事实和情况不能凌驾于控制权的判断之上,也不构成一项单独或额外的评估,而只是帮助企业在难以评估特定商品转让给客户之前是否能够控制这些商品的情况下进行相关判断。此外,这些事实和情况并无权重之分,也不能被孤立地用于支持某一结论。企业应当根据相关商品的性质、合同条款的约定以及其他具体情况综合进行判断。

比如,某旅行社从某航空公司购买了一定数量的折扣机票对外销售,该旅行社向旅客销售机票时可自行决定机票的价格,但未售出的机票不能退还给该航空公司。因为该旅行社对向客户销售的特定商品机票在确定特定客户之前已经预先从航空公司购入,其控制权在转让给客户之前已经存在,且该旅行社从购入机票后可以自行决定销售价格及客户对象等,该旅行社有能力主导该机票的使用并且能够获得其几乎全部的经济利益。因此,该旅行社在将机票销售给客户之前能够控制该机票,是主要责任人。

再如,某公司经营购物网站,消费者在网上下单后由消费者所购商品销售商负责发货及售后服务等。该公司与零售商签订的合同约定,该网站所售商品的采购、定价、发货以及售后服务等均由零售商自行负责,该公司仅负责协助零售商和消费者结算货款,并按照每笔交易的实际销售额收取一定比例的佣金。因为该公司购物网站仅是一个购物平台,商品销售的全过程均由销售商负责,该公司不能主导商品的使用,不能控制销售商的相关存货。因为消费者在该网站购物时,在相关商品转移给消费者之前,该公司只是安排销售商向消费者提供相关商品。因此,该公司在该交易中的身份是代理人。

(四) 附有客户额外购买选择权的销售

额外购买选择权是指客户后续购买额外的商品或服务,可以享受免费或折扣的权利。销售激励、客户奖励积分、未来购买商品的折扣券以及合同续约选择权等均属于额外购买选择权。

对于附有客户额外购买选择权的销售,企业应当评估该选择权是否向客户提供了一项重大权利。如果客户只有在订立了一项合同的前提下才取得了额外购买选择权,并且客户行使该选择权购买额外商品时,能够享受到超过该地区或该市场中其他同类客户所能够享有的折扣,则通常认为该选择权向客户提供了一项重大权利。客户虽然有额外购买商品选择权,但客户行使该选择权购买商品时的价格反映了这些商品单独售价的,不应被视为企业向该客户提供了一项重大权利。

企业发生附有客户额外购买选择权的销售时,应按照有关交易价格分摊的要求将交易价格分摊至该履约义务,在客户未来行使购买选择权取得相关商品控制权时,或者该选择权失效时,确认相应的收入。在此之前分摊至该履约义务的收入应确认为合同负债。所谓合同负债,是指企业已收或应收客户对价而应向客户转让商品的义务。企业在向客户提供商品之前,如果客户已经支付了合同对价或企业已经取得了无条件收取合同对价的权利,则企业应当在客户实际支付款项与到期应支付款项孰早时点将该已收或应收的款项列示为合同负债。客户额外购买选择权的单独售价无法直接观察的,企业应当综合考虑客户行使和不行使该选择权所能获得的折扣的差异、客户行使该选择权的可能性等全部相关信息后予以合理估计。

合同资产和合同负债应当在资产负债表中单独列示,并按流动性分别列示为"合同资产"或"其他非流动资产"以及"合同负债"或"其他非流动负债"。同一合同下的合同资产和合同负债应当以净额列示,不同合同下的合同资产和合同负债不能互相抵销。

【例 11-21】 2020年1月1日,恒易公司决定对市场竞争比较激烈的L产品推行一项奖励积分计划。根据计划,2020年1月份内客户购买一件L产品即可获得10个积分,每1个积分从次月开始购买恒易公司任意一种产品时可以抵减货款2元,该积分在本年度内兑换有效,过期即视为自动放弃。其有关业务及会计处理如下:

(1) 2020年1月15日,向B客户销售L产品100件,每件含税售价为226元,按规定给予1 000个积分奖励,款项收到。恒易公司估计积分的兑换率为90%。

恒易公司给予客户奖励积分为客户提供了一项重大权利,应作为一项单独的履约义务。

估计积分单独售价 $= 2 \times 1\,000 \times 90\% = 1\,800$(元)

分摊至商品的含税交易价格 $= [22\,600/(22\,600+1\,800)] \times 22\,600 = 20\,932.79$(元)

分摊至积分的含税交易价格 $= [1\,800/(22\,600+1\,800)] \times 22\,600 = 1\,667.21$(元)

借:银行存款	22 600.00
贷:主营业务收入	18 524.59
应交税费——应交增值税(销项税额)	2 408.20
合同负债	1 667.21

(2) 2020年1月31日,本月共销售L产品8 000件(含B客户部分),含税销售总额为180.8万元,款项全部收到。恒易公司估计积分的兑换率仍为90%。

估计积分单独售价 $= 2 \times 80\,000 \times 90\% = 144\,000$(元)

分摊至商品的含税交易价格 $= [1\,808\,000/(1\,808\,000+144\,000)] \times 1\,808\,000 = 1\,674\,622.95$(元)

分摊至积分的含税交易价格 $= [144\,000/(1\,808\,000+144\,000)] \times 1\,808\,000 = 133\,377.05$(元)

分摊至商品不含B客户的含税交易价格 $= 1\,674\,622.95 - 20\,932.79 = 1\,653\,690.16$(元)

分摊至积分不含B客户的含税交易价格 $= 133\,377.05 - 1\,667.21 = 131\,709.84$(元)

借:银行存款	1 808 000.00
贷:主营业务收入	1 463 442.62
应交税费——应交增值税(销项税额)	190 247.54
合同负债	131 709.84

(3) 2020年4月20日,B客户购买M产品40台,总价款为79.8万元(按抵减奖励积分款后金额开具增值税专用发票),增值税税率为13%,使用积分1 000个,扣除积分抵减款后以转账方式支付。

借:银行存款	901 740.00
贷:主营业务收入	798 000.00
应交税费——应交增值税(销项税额)	103 740.00

积分应确认的含税收入 $= 1\,000/72\,000 \times 133\,377.05 = 1\,852.46$(元)

借:合同负债	1 852.46
贷:主营业务收入	1 639.35
应交税费——应交增值税(销项税额)	213.11

(4) 2020年12月31日,客户共兑换70 000个积分(含B客户兑换部分),未兑换积分作自动放弃处理。

① 已兑换部分的处理(按兑换率90%计算)。

积分应确认的含税收入=70 000/72 000×133 377.05－1 852.46＝127 819.67(元)

借:合同负债	127 819.67
贷:主营业务收入	113 114.75
应交税费——应交增值税(销项税额)	14 704.92

② 未兑换部分的处理。

"合同负债"科目期末贷方余额为3 704.92元,予以结转。

借:合同负债	3 704.92
贷:主营业务收入	3 278.69
应交税费——应交增值税(销项税额)	426.23

(五) 授予知识产权许可

企业向客户授予的知识产权主要包括软件和技术、影视和音乐等的版权、特许经营权以及专利权、商标权和其他版权等。

企业向客户授予知识产权许可的,应评估该知识产权许可是否构成单项履约义务。

1. 不构成单项履约义务

如果不构成单项履约义务,企业应将该知识产权许可和其他商品一起作为一项履约义务进行会计处理。常见的情形有:

(1) 该知识产权许可构成有形商品的组成部分,并且对于该商品的正常使用不可或缺。如企业向客户销售设备和相关软件,该软件内嵌于设备之中,该设备必须安装了该软件之后才能正常使用。

(2) 客户只有将该知识产权许可和相关服务一起使用才能够从中获益。如客户取得授权许可,但是只有通过企业提供的在线服务才能访问相关内容。

2. 构成单项履约义务

如果构成单项履约义务,应进一步确定其是在某一时段内履行还是在某一时点履行,同时满足下列条件时作为在某一时段内履行的履约义务确认收入,否则作为在某一时点履行的履约义务确认收入。

(1) 合同要求或客户能够合理预期企业将从事对该项知识产权有重大影响的活动。企业从事的下列活动均会对该项知识产权有重大影响:

① 这些活动预期将显著改变该项知识产权的形式或者功能(如知识产权的设计、内容、功能性等)。

② 客户从该项知识产权中获益的能力在很大程度上来源于或者取决于这些活动,即这些活动会改变该项知识产权的价值。如企业向客户授权使用其品牌,客户从该品牌获益的能力取决于该品牌价值,而企业所从事的活动为维护或提升其品牌价值提供了支持。如果该项知识产权具有重大的独立功能,且该项知识产权绝大部分的经济利益来源于该项功能,客户从该项知识产权中获益的能力则可能不会受到企业从事的相关活动的重大影响,除非这些活动显著改变了该项知识产权的形式或者功能。具有重大独立功能的知识产权主要包括软件、生物合成物或药物配方以及已完成的媒体内容(如电影、电视节目以及音乐录音)版权等。

(2) 这些活动对客户将产生有利或不利影响。当企业从事的后续活动并不影响授予客户的知识产权许可时,企业的后续活动只是在改变其自己拥有的资产。

(3) 这些活动不会导致向客户转让商品。当企业从事的后续活动本身构成单项履约义务时,企业在评估授予知识产权许可是否属于在某一时段履行的履约义务时应当不予考虑。

企业向客户授予知识产权许可不能同时满足上述条件的,则属于在某一时点履行的履约义务,并在该时点确认收入。在客户能够使用某项知识产权许可并开始从中获益之前,企业不能对此类知识产权许可确认收入。如企业授权客户在一定期间内使用软件,但是在企业向客户提供该软件的密钥之前,客户都无法使用该软件,不应确认收入。

需要注意的是,在判断某项知识产权许可是属于在某一时段内履行的履约义务还是在某一时点履行的履约义务时,企业不应考虑该许可在时间、地域或使用方面的限制,也无需考虑企业就其拥有的知识产权的有效性以及防止未经授权使用该知识产权许可所提供的保证。

比如,J为一家宾馆连锁公司,某年1月1日授权G加盟J连锁,准许G使用J商标符号,时间为5年,J一次性收取商标使用费500万元,并指导G的业务及管理活动。为了配合旅游旺季市场的需要,J会适时开展一些宣传活动,并导致向G转移商品或服务。根据构成单项履约义务在某一时段内履行的履约义务确认收入的三个判断条件,J应该在5年内确认相关收入。

此外,企业向客户授予知识产权许可并约定按客户实际销售或使用情况收取特许权使用费的,应当在下列两项孰晚的时点确认收入:一是客户后续销售或使用行为实际发生;二是企业履行相关履约义务。这是估计可变对价的例外规定,该例外规定只有在下列两种情形下才能使用:一是特许权使用费仅与知识产权许可相关;二是特许权使用费可能与合同中的知识产权许可和其他商品都相关,但是与知识产权许可相关的部分占有主导地位。企业使用该例外规定时,应当对特许权使用费整体采用该规定,而不应当将特许权使用费进行分拆。如果与授予知识产权许可相关的对价同时包含固定金额和按客户实际销售或使用情况收取的变动金额两部分,则只有后者能采用该例外规定,而前者应当在相关履约义务履行的时点或期间内确认收入。对于不适用该例外规定的特许权使用费,应当按照估计可变对价的一般原则进行处理。

(六) 售后回购

售后回购是指企业销售商品的同时承诺或有权选择日后再将该商品(包括相同或几乎相同的商品,或以该商品作为组成部分的商品)购回的销售方式。对于不同类型的售后回购交易,应区分两种情形进行会计处理:

(1) 企业因存在与客户的远期安排而负有回购义务或企业享有回购权利的,表明客户在销售时点并未取得相关商品控制权,企业应当作为租赁交易或融资交易进行相应的会计处理。若回购价格低于原售价的,应当视为租赁交易,按租赁准则进行会计处理;若回购价格不低于原售价的,应当视为融资交易,在收到客户款项时确认金融负债,并将该款项和回购价格的差额在回购期间内确认为利息费用等。企业到期未行使回购权利的,应当在该回购权利到期时终止确认金融负债,同时确认收入。

【例11-22】 2020年8月1日,恒易公司根据合同向Y公司销售M产品一批,销售价格100万元,增值税额为13万元,实际成本为80万元,当日收到全部款项。合同约定,恒易公司于同年12月31日以105万元(不含增值税)的价格购回。恒易公司的会计处理如下:

(1) 发出商品。

借:发出商品　　　　　　　　　　　　　　　　　　　　　　　800 000.00
　　贷:库存商品　　　　　　　　　　　　　　　　　　　　　　800 000.00

借：银行存款	1 130 000.00	
贷：其他应付款——Y公司		1 000 000.00
应交税费——应交增值税(销项税额)		130 000.00

（2）分配回购价大于原售价之差（回购前4个月的会计处理相同）。

借：财务费用	10 000.00	
贷：其他应付款——Y公司		10 000.00

（3）回购商品。

借：库存商品	800 000.00	
贷：发出商品		800 000.00
借：其他应付款——Y公司	1 040 000.00	
应交税费——应交增值税(进项税额)	136 500.00	
财务费用	10 000.00	
贷：银行存款		1 186 500.00

（2）企业负有应客户要求回购商品义务的，应当在合同开始日评估客户是否具有行使该要求权的重大经济动因。客户具有行使该要求权重大经济动因的，企业应当将售后回购作为租赁交易或融资交易，按照上述情形进行会计处理；否则，企业应当将其作为附有销售退回条款的销售交易进行会计处理。在判断客户是否具有行权的重大经济动因时，企业应当综合考虑各种相关因素，包括回购价格与预计回购时市场价格之间的比较以及权利的到期日等，如果回购价格明显高于该资产回购时的市场价值，则表明客户有行权的重大经济动因。

比如，某公司向S公司销售其生产的某产品一台，销售价格为X_1，双方约定，S公司5年后有权要求该公司以X_2（$X_1 > X_2$）的价格回购该产品。该公司预计该产品在回购时的市场价值将远低于X_2。假定不考虑时间价值的影响，该公司回购价低于原售价，但远高于该产品在回购时的市场价值，应判断S公司有重大的经济动因行使其权利要求回购该产品。因此，该公司应当将该交易作为租赁交易进行会计处理。

（七）客户未行使的权利

企业向客户预收销售商品款项的，应当首先将该款项确认为负债，待履行了相关履约义务时再转为收入。当企业预收款项无需退回，且客户可能会放弃其全部或部分合同权利时，如放弃储值卡的使用等，企业预期将有权获得与客户所放弃的合同权利相关的金额的，应当按照客户行使合同权利的模式按比例将上述金额确认为收入；否则，企业只有在客户要求其履行剩余履约义务的可能性极低时，才能将上述负债的相关余额转为收入。企业在确定其是否预期将有权获得与客户所放弃的合同权利相关的金额时，应当考虑将估计的可变对价计入交易价格的限制要求。如果有相关法律规定，企业所收取的与客户未行使权利相关的款项须转交给其他方的（如法律规定无人认领的财产需上交政府），企业不应将其确认为收入。

（八）无需退回的初始费

企业在合同开始（或接近合同开始）日向客户收取的无需退回的初始费（如俱乐部的入会费等）应当计入交易价格。企业应当评估该初始费是否与向客户转让已承诺的商品相关。该初始费与向客户转让已承诺的商品相关，并且该商品构成单项履约义务的，企业应当在转让该商品时，按照分摊至该商品的交易价格确认收入；该初始费与向客户转让已承诺的商品相关，但该商品不构成单项履约义务的，企业应当在包含该商品的单项履约义务履行时，按照分摊至该单项履约义务的交易价格确认收入;该初始费与向客户转让已承诺的商品不相关的,该初始费应当作为未来将转让商品的预收款,在未来转让该商品时确认为收入。

企业收取了无需退回的初始费且为履行合同应开展初始活动,但这些活动本身并没有向客户转让已承诺的商品的,如企业为履行会员健身合同开展了一些行政管理性质的准备工作,该初始费与未来将转让的已承诺商品相关,应当在未来转让该商品时确认为收入,企业在确定履约进度时不应考虑这些初始活动;企业为该初始活动发生的支出应当按照合同成本的要求确认为一项资产或计入当期损益。

比如,某公司经营一家会员制健身俱乐部,该俱乐部与客户签订了为期 x 年的合同,客户入会之后可以随时在该俱乐部健身。除俱乐部的年费如 5 000 元之外,还向客户收取了入会费,用于补偿俱乐部为客户办理相关手续的成本。俱乐部收取的入会费和年费均无需返还。因为俱乐部承诺的服务是向客户提供健身服务,而为会员入会所进行的初始活动并未向客户提供其所承诺的服务,只是一些内部行政管理性质的工作。所以,该俱乐部虽然为补偿初始活动向客户收取了入会费,其实质上是客户为健身服务所支付的对价的一部分,应作为健身服务的预收款,与收取的年费一起在 x 年内分摊确认为收入。

第二节 费 用

一、费用概述

(一)费用的概念及其特点

费用有广义和狭义之分。广义的费用包括生产费用,狭义的费用是指企业在日常经营活动中发生的、会导致所有者权益减少的、与所有者分配利润无关的经济利益的总流出。狭义的费用具有以下特点:

(1)费用是企业日常活动经济利益的流出,费用最终会导致企业经济资源的减少,具体表现为企业的资金支出或资产耗费。

(2)费用可能表现为资产减少、负债增加或两者兼而有之,费用最终会减少企业的所有者权益。

(二)费用的分类

1. 按照费用的经济内容进行分类

(1)外购材料费用,包括企业为生产或经营购入的原材料、半成品、辅助材料、包装物、修理用备件和低值易耗品等。

(2)外购燃料费用,包括企业为生产或经营购进的各种燃料。

(3)外购动力费用,包括企业为生产或经营而购进的各种动力。

(4)职工薪酬费用,包括企业为生产或经营发生的职工工资等。

(5)折旧费用,包括企业对所拥有或控制的固定资产计提的折旧费用。

(6)利息费用,包括企业为筹集生产经营资金而发生的利息支出。

(7)税金,包括企业为经营管理所发生的各种税金,如房产税、车船税、土地使用税等。

(8)其他费用,指不属于以上各项目的费用。

2. 按照费用的经济用途进行分类

(1)构成产品成本的费用,具体分为直接材料、直接工资、其他直接支出和制造费用。

① 直接材料,是指构成产品主要组成部分的材料成本,包括企业生产经营过程中所耗用的原材料、半成品、辅助材料、修理用备件、外购半成品、燃料、动力、包装材料和其他直接材料。② 直接工资,是指直接从事产品生产人员的工资、奖金、津贴和补贴等。③ 其他直接支出,是指直接从事产品生产人员的职工福利费。④ 制造费用,是指企业为生产产品而发生的各项间接费用。

上述费用构成产品的制造成本项目,简称成本项目。

(2) 期间费用。期间费用是指企业当期发生的必须从当期收入中得到补偿的费用,包括销售费用、管理费用和财务费用。期间费用应当直接计入当期损益,并在利润表中分项目列示。

我国企业会计准则所界定的费用包括营业成本和期间费用。

(三) 费用的确认原则

由于确认费用的同时也确认了资产的减少或负债的增加,因此,合理地确认费用对于如实反映企业的财务状况和经营成果具有重要意义。对费用的确认必须遵守以下三个原则:

(1) 权责发生制原则,它要求计入本期的费用一定是在本期发生或应由本期负担的费用。

(2) 划分资本性支出与收益性支出原则,它要求计入本期的费用必须是为获得本期收入而发生的支出。

(3) 配比原则,它要求在当期的营业收入确认后,必须同时确认为获取营业收入而发生的相关耗费。

二、期间费用

(一) 销售费用

销售费用是指企业在销售商品过程中所发生的费用,包括运输费、装卸费、包装费、保险费、展览费和广告费以及为销售本企业商品而专设的销售机构(含销售网点、售后服务网点等)的职工工资、类似工资性质的费用、业务费等经营费用。

为了核算销售费用的发生及结转情况,企业应设置"销售费用"科目,并按费用项目进行明细分类核算,分别反映各项销售费用的支出情况,以便于分析和考核销售费用计划的执行情况。企业发生各项销售费用时借记"销售费用"科目,贷记"库存现金""银行存款""应付职工薪酬"等有关科目;每月月末应将"销售费用"科目借方归集的各项费用转入"本年利润"科目借方,结转后"销售费用"科目期末无余额。

【例 11-23】 2020 年 12 月份,恒易公司发生下列销售费用:

(1) 1 日,以银行存款支付广告费 5 000 元,增值税 300 元。

借:销售费用——广告费	5 000.00
应交税费——应交增值税(进项税额)	300.00
贷:银行存款	5 300.00

(2) 16 日,以现金支付应由本公司负担的销售 M 产品的运输费 800 元,增值税进项税额为 72 元。

借:销售费用——运输费	800.00
应交税费——应交增值税(进项税额)	72.00
贷:库存现金	872.00

(3) 31 日,分配本月专设销售机构的职工工资 4 000 元、社会保险费 960 元、住房公积金 420 元、工会经费 80 元和职工教育经费 60 元。

借：销售费用——工资		4 000.00
——其他工资性费用		1 520.00
贷：应付职工薪酬——工资		4 000.00
——社会保险费		960.00
——住房公积金		420.00
——工会经费		80.00
——职工教育经费		60.00

(4) 31日，将销售费用结转本年利润。

借：本年利润　　　　　　　　　　　　　　　　　　　　　11 264.00
　贷：销售费用——广告费　　　　　　　　　　　　　　　　5 000.00
　　　　　　　——运输费　　　　　　　　　　　　　　　　　744.00
　　　　　　　——工资　　　　　　　　　　　　　　　　　4 000.00
　　　　　　　——其他工资性费用　　　　　　　　　　　　1 520.00

（二）管理费用

管理费用是指企业为组织和管理生产经营活动而发生的各项费用，包括企业的董事会和行政管理部门在企业的经营管理过程中发生的或者应由企业统一负担的公司经费（包括行政管理部门职工工资、修理费、材料消耗、低值易耗品摊销、办公费和差旅费等）、工会经费、待业保险费、劳动保险费、董事会费（包括董事会成员津贴、会议费和差旅费等）、聘请中介机构费、咨询费、业务招待费、技术转让费、矿产资源补偿费、无形资产摊销、职工教育经费、研究与开发费、排污费等。

为了核算管理费用的发生及结转情况，企业应设置"管理费用"科目，并按费用项目进行明细分类核算，分别反映各项管理费用的支出情况，以便于分析和考核管理费用计划的执行情况。企业发生各项管理费用时借记"管理费用"科目，贷记"库存现金""银行存款""原材料""应付职工薪酬""累计摊销""累计折旧"等科目；每月月末，应将"管理费用"科目借方归集的各项费用转入"本年利润"科目借方，结转后"管理费用"科目期末无余额。

（三）财务费用

财务费用是指企业为筹集生产经营所需资金而发生的各项费用，包括利息支出（减利息收入）、汇兑损失（减汇兑收益）、相关手续费等。

为了核算财务费用的发生及结转情况，企业应设置"财务费用"科目，并按费用项目进行明细分类核算，分别反映各项财务费用的支出情况，以便于分析和考核财务费用计划的执行情况。企业发生各项财务费用时借记"财务费用"科目，贷记"银行存款""应付利息""长期借款"等科目；企业发生利息收入、汇兑收益时借记"银行存款"等科目，贷记"财务费用"科目；每月月末，应将"财务费用"科目借方归集的各项费用转入"本年利润"科目借方，结转后"财务费用"科目期末无余额。

有关生产性费用的核算请参见"成本会计学"等相关课程。

第三节　利得与损失

一、利得

（一）利得的含义

利得通常是企业从偶发的或边缘性的经济业务中获得、与企业经营过程无关或者是企业不曾期望获得的收益,如企业接受捐赠、取得与日常活动无关的政府补贴、收取违约罚款收入等,这些收益往往带有偶然性,因而,在利润表中通常以净额(净损益)反映。

利得是除收入增加和资本变化之外的净资产的增加(直接计入所有者权益项目外的经济利益的净流入)。

(二) 利得的确认与计量

由于利得和营业收入仅是分类的结果,因此,有关利得的确认与营业收入的确认大致相同。

确认利得的时间与确认营业收入的时间并无多大区别,也就是说,利得一般也是在交易或销售发生时才确认。

基于谨慎性会计信息质量要求的考虑,财务会计并不确认持有利得,如物价上涨而引起的升值。其原因是,此类价值的增加具有不确定性和短暂性,且其增长并不会带来可用于分配的可变现资产,与收入实现的原则相悖。但在某些特定的情况下,如果某项持有资产的升值存在明显的可核性和可计量性,或者此项升值已经到了不可逆转的地步,也可以将该项升值确认为利得,如交易性金融资产用公允价值计量即是如此。

金融工具和投资性房地产,允许在符合一定条件时按照公允价值计量,确认持有期间实现的利得和损失,不再强调实现的概念。例如,某企业某项金融资产的取得成本为 10 000 000 元,其取得当期的期末市价为 11 500 000 元,如果作为交易性金融资产,在当期利润表中应确认持有利得 1 500 000 元;如果作为持有待售金融资产,在当期所有者权益中应确认持有利得 1 500 000 元。

(三) 利得的会计处理

利得的会计处理应通过"营业外收入""公允价值变动损益"等科目进行核算。

"营业外收入"科目核算企业发生的与其经营活动无直接关系的各项净收入,主要包括债务重组利得、罚没利得、与日常活动无关的政府补助利得、确实无法支付而按规定程序经批准后转作营业外收入的应付款项等,企业应按营业外收入项目进行明细核算。发生营业外收入时借记"库存现金""银行存款""应付账款""待处理财产损溢""固定资产清理"等科目,贷记"营业外收入"科目;期末应将其余额转入"本年利润"科目,结转后本科目应无余额。

"公允价值变动损益"科目核算企业在初始确认时划分为以公允价值计量且其变动计入当期损益的金融资产或金融负债(包括交易性金融资产或金融负债和直接指定为以公允价值计量且其变动计入当期损益的金融资产或金融负债),以及采用公允价值模式计量的投资性房地产、衍生工具、套期业务中公允价值变动形成的应计入当期损益的利得或损失。企业应当按照交易性金融资产、交易性金融负债、投资性房地产等进行明细核算。资产负债表日,企业应按交易性金融资产或采用公允价值模式计量的投资性房地产的公允价值高于其账面余额的差额借记"交易性金融资产——公允价值变动""投资性房地产——公允价值变动"科目,贷记"公允价值变动损益"科目,公允价值低于其账面余额的差额作相反的会计处理;出售交易性金融资产或采用公允价值模式计量的投资性房地产时,应按实际收到的金额借记"银行存款"等科目,按其账面余额贷记"交易性金融资产——成本""交易性金融资产——公允价值变动"科目或"投资性房地产——成本""投资性房地产——公允价值变动"科目,贷记或借记"投资收益"科目。同时,按"交易性金融资产——公允价值变动"科目或"投资性房地产——公允价值变动"科目的余额,借记或贷记"公允价值变动损益"科目,贷记或借记"投资收益"科目;期末应将本科目余额转入"本年利润"科目,结转后本科目应无余额。

【例 11-24】 2020年6月12日,恒易公司收到某企业支付的违约罚款2 000元。恒易公司的会计处理如下:

借:银行存款　　　　　　　　　　　　　　　　　　　　　　　　　2 000.00
　　贷:营业外收入　　　　　　　　　　　　　　　　　　　　　　　　2 000.00

二、损失

(一) 损失的含义

损失是企业发生的边缘性或偶发性交易及其他交易、事项的权益(净资产)的减少,如因自然灾害造成的损失等。

损失是除费用增加和资本变化之外的净资产的减少(直接计入所有者权益项目外的经济利益的净流出)。

(二) 损失的确认与计量

与费用相比,虽然损失也是在经营活动过程中发生的、与企业管理者的行为有关,但它不是经常发生,并且也不是企业从事正常的经营活动所必然发生的。比如,企业某项固定资产报废的处理损失。作为偶发性的损失,一般解释为与任何某一期间收入都无关的成本耗用或注销。例如,本来预计销路很好而购入的商品,后来却发现销路不佳,这些商品的成本就可以当作该期的损失予以确认。

按谨慎性会计信息质量的要求,损失应该提前确认。因此,任何损失只要有可靠的证据能够估计其发生的时间,同时又能合理地预计其所要发生的金额,就应该确认入账(如计提资产减值准备)。由于损失的发生不会直接带来任何收入,因此,损失的确认不需要考虑与收入配比,而应该在其发生时或能可靠地预计其将要发生时计入当期损益。

如果某项资产在取得时就预期会发生损失,在会计上通常是作为费用处理的,只有那些在取得资产时不期望发生减损的,才作为损失处理。在任何情况下,损失都不可以故意结转到以后各期。如果对损失的金额缺乏合理估计,则可以在资产最终处置时确认损失。

与损失密切相关的概念是"非常项目",即偶然的意外损失、意外事件,如发生地震、台风等自然灾害,国家宏观调控政策的变化等,这些"非常项目"的发生,既可能给企业带来巨大损失,也可能给企业带来利得,按照谨慎性要求,在利得变成现实之前不予确认,应予确认的主要是非常损失。因此,一般将其归入"损失"。

在利润表内确认损失时,常常以扣除其相应收益后的净额分项列示。

(三) 损失的会计处理

损失的会计处理应通过"营业外支出""资产减值损失""信用减值损失"等科目进行核算。

"营业外支出"科目核算企业发生的与其经营活动无直接关系的各项净支出,主要包括债务重组损失、罚款支出、捐赠支出、非常损失等,企业应按支出项目进行明细核算。发生营业外支出时借记"营业外支出"科目,贷记"待处理财产损溢""库存现金""银行存款""固定资产清理"等科目;期末应将其余额转入"本年利润"科目,结转后本科目应无余额。

"资产减值损失"科目核算企业计提各项非金融资产减值准备所形成的损失。计提资产减值准备时借记"资产减值损失"科目,贷记有关科目;期末应将本科目余额转入"本年利润"科目,结转后本科目应无余额。

"信用减值损失"科目的内容见第四章。

【例 11-25】 2020年4月1日,恒易公司按环保部门开出的环保未达标罚款通知单支付罚款28 000元。恒易公司的会计处理如下:

| 借：营业外支出 | 28 000.00 |
| 贷：银行存款 | 28 000.00 |

第四节 利 润

一、利润的概念

利润是企业在一定会计期间的经营成果,包括收入减去费用后的净额、直接计入当期损益的利得和损失等。利润可以反映企业在一定会计期间的经营业绩和获利能力,反映企业的产出与投入的差额,有助于投资人、债权人等据以进行盈利预测,评价企业经营绩效。

利润的确认主要依赖于收入和费用以及直接计入当期损益的利得和损失的确认。利润的计量主要取决于收入和费用以及直接计入当期损益的利得和损失的计量。利润的确认和计量,应体现配比性要求。

利润的确定方法有资产负债表法和利润表法两种。资产负债表法是通过对照前后期资产负债表的所有者权益净额来确定企业在一定期间所实现利润的方法,也称净资产法;利润表法是通过设置收入、成本费用类科目,遵循配比原则计算当期利润的方法。我国采用利润表法计算结转利润。

二、利润的构成

利润与收入、费用一样都是比较宽泛的概念。在财务会计中,最主要的利润概念有营业利润、利润总额和净利润三个,它们反映了利润形成过程中的三个主要环节。

（一）营业利润

营业利润是企业在日常经营活动所产生或实现的利润,包括企业从事生产、销售、投资等活动所实现的利润。其计算公式如下：

营业利润＝营业收入－营业成本－税金及附加－销售费用－管理费用－研发费用
　　　　－财务费用－资产减值损失－信用减值损失＋投资收益＋净敞口套期收益
　　　　＋公允价值变动收益＋资产处置收益

其中：

营业收入＝主营业务收入＋其他业务收入

营业成本＝主营业务成本＋其他业务成本

（二）利润总额

利润总额是在营业利润的基础上,加上其他非正常事项的利得或损失(非正常利润)后的利润。其计算公式如下：

利润总额＝营业利润＋营业外收入－营业外支出

（三）净利润

净利润是利润总额减去所得税费用后的净额。其计算公式如下：

净利润＝利润总额－所得税费用

三、利润的会计处理

企业利润的会计处理方法有表结法和账结法两种。

表结法即结表不结账,每年各月(12月份除外)月末计算本月利润时,只是将全部损益类科目的余额(累计),按"利润表"的填制要求,填入利润表的相应项目中去,在利润表中计算出本月利润及截至本月月末的本年累计利润,各月(12月份除外)损益类科目不必进行转账结算,年末时,一次结转至"本年利润"科目。

账结法即结表结账,每月月末都要将所有损益类科目的余额转入"本年利润"科目,通过"本年利润"科目结出当月利润和截至当月的本年累计利润。结转后,若"本年利润"科目为贷方余额,表示本年的累计净利润额;若为借方余额,表示本年的累计净亏损额。年度终了,应将"本年利润"科目余额转入"利润分配——未分配利润"科目,若本年实现净利润,应借记"本年利润"科目,贷记"利润分配——未分配利润"科目;若本年产生净亏损,应借记"利润分配——未分配利润"科目,贷记"本年利润"科目。结转后,"本年利润"科目应无余额。

实际工作中,表结法和账结法都有使用,选择账结法的企业相对多一些。

【例11-26】 恒易公司采用账结法进行利润的核算。2020年12月各损益类科目结转前的余额和2020年1—11月各损益类科目结转前累计余额如表11-2所示。

表11-2 恒易公司2020年各损益类科目结转前余额表　　　　单位:元

科目	借方余额		贷方余额	
	11月末累计数	12月末数	11月末累计数	12月末数
主营业务收入			2 352 358 260.00	224 034 120.00
其他业务收入			92 668 658.78	8 825 586.50
公允价值变动损益			3 763 773.25	358 454.59
投资收益			49 399 523.46	4 704 716.52
营业外收入			470 471.61	44 806.82
主营业务成本	1 693 697 947.20	161 304 566.40		
其他业务成本	61 161 314.76	5 824 887.12		
税金及附加	11 757 086.57	1 119 722.53		
销售费用	23 523 582.60	2 240 341.20		
管理费用	92 342 448.68	4 032 614.16		
财务费用	18 818 866.08	1 792 272.96		
资产减值损失	11 291 319.69	1 075 363.78		
营业外支出	705 707.52	67 210.28		

恒易公司12月份结转本年利润的会计处理如下:

借:主营业务收入　　　　　　　　　　　　　　　　　224 034 120.00
　　其他业务收入　　　　　　　　　　　　　　　　　　8 825 586.50
　　公允价值变动损益　　　　　　　　　　　　　　　　　358 454.59
　　投资收益　　　　　　　　　　　　　　　　　　　　4 704 716.52
　　营业外收入　　　　　　　　　　　　　　　　　　　　44 806.82
　　贷:本年利润　　　　　　　　　　　　　　　　　237 967 684.43

借：本年利润	177 456 978.43
贷：主营业务成本	161 304 566.40
其他业务成本	5 824 887.12
税金及附加	1 119 722.53
销售费用	2 240 341.20
管理费用	4 032 614.16
财务费用	1 792 272.96
资产减值损失	1 075 363.78
营业外支出	67 210.28

第五节　所得税

一、会计利润与应纳税所得额之间的差异

在我国，企业会计核算规范和税法同属政府的法律法规，但是，会计核算规范和税法存在诸多差异，其本质区别在于两者的目标导向不同。企业会计核算必须遵循基本会计准则、具体会计准则、会计核算制度等对实务的要求，其目的是为了真实、完整地反映企业在某一特定时点的财务状况、某一会计期间的经营成果和现金流量等方面的情况，从而向政府有关部门、股东、债权人、企业管理当局等提供有助于决策的信息。税法是国家凭借其权力，利用税收工具的强制性、无偿性、固定性等特征，参与社会产品和国民收入分配的法律规范，其目的是为了保障国家利益和纳税人的合法权益，维护正常的税收秩序，保证国家财政收入。从所得税角度考虑，企业所得税是国家凭借其社会事务管理者的身份对企业的生产、经营所得和其他所得依法征收的一种税。企业会计核算规范和税收法规的差别主要表现为收益及费用的确认标准、确认时间不尽相同。财务会计主要依据会计核算规范确认收入、费用、利润、资产、负债等，税务会计按照税收法规确认收入、费用、利润、资产、负债等，因此，按照会计核算规范计算的利润与按照税法规定计算的应纳税所得额之间会存在一定差异。

按照会计核算规范计算的利润称为会计利润，按照税法规定计算的利润称为应纳税所得额，两者之间产生的差异有永久性差异和暂时性差异两种类型。

（一）永久性差异

永久性差异是指在某一期间发生、以后各期不能转回或消除、不影响其他会计期间利润的差异。产生永久性差异的原因是会计准则与税法在收入、费用确认和计量的口径上存在差异，即会计上作为会计利润的构成项目确认和计量而税法上不作为应纳税所得额的构成项目确认和计量，或税法上作为应纳税所得额的构成项目确认和计量而会计上不作为会计利润的构成项目确认和计量。因此，永久性差异通常有以下四种类型：

1. **会计收益非应税收益**

会计收益非应税收益是指会计上作为收益计入利润表，但在计算应纳税所得额时不作为收益。例如，企业购买国债的利息收入，会计上作为投资收益，包含在税前会计利润中，但按照税法规定，国债利息收入免征所得税不计入应纳税所得额。

2. **应税收益非会计收益**

应税收益非会计收益是指按税法规定应计入应纳税所得额，但按照会计准则规定不确认收

入不计入利润表。

3. 会计费用非应税费用

会计费用非应税费用是指按会计准则规定确认为费用或损失计入利润表，但在计算应纳税所得额时不确认为费用或损失而不允许扣减。具体有两种情况：

(1) 范围不同，即会计上作为费用或损失的项目，税法规定不作为费用或损失而不允许扣除的项目。主要有：

① 违法经营的罚款和被没收财物的损失。企业生产、经营因违反国家法律、法规和规章被有关部门处以的罚款以及被没收财物的损失，会计上作为营业外支出处理，但税法不允许抵减应纳税所得额。

② 各项税收的滞纳金和罚款会计上列作营业外支出，但税法规定不得抵减应纳税所得额。

③ 各种非公益性、救济性捐赠和赞助支出，会计上作营业外支出，但税法规定不得抵扣应纳税所得额。

(2) 标准不同，即会计上作为费用或损失的项目，税法也允许扣减应纳税所得额，但规定了扣减应纳税所得额的标准限额，超限额部分会计上仍列为费用或损失处理，但税法不允许抵减应纳税所得额。主要有：

① 利息支出，会计上在财务费用中据实列支，但税法规定向非金融机构借款的利息支出高于按照金融机构同类、同期贷款利率计算的数额部分，不准抵减应纳税所得额。

② 业务招待费，会计上记作管理费用，但税法规定超过限额部分不允许抵减应纳税所得额。

4. 应税费用非会计费用

应税费用非会计费用是指按照会计准则规定不确认为费用或损失，但税法规定在计算应纳税所得额时允许扣减应纳税所得额。

所得税的计税基础是应纳税所得额而不是会计利润，在不考虑暂时性差异时，应纳税所得额、会计利润和永久性差异的关系如下：

$$\begin{aligned}应纳税所得额 &= 会计利润 \pm 永久性差异 \\ &= 会计利润 - 会计收益非应税收益 + 应税收益非会计收益 \\ &\quad + 会计费用非应税费用 - 应税费用非会计费用\end{aligned}$$

(二) 暂时性差异

暂时性差异是指资产或负债的账面价值与其计税基础不同产生的差异，该差异的存在将影响未来期间的应纳税所得额。对资产而言，其计税基础是资产在未来期间可予税前扣除的金额；对负债而言，其计税基础代表的是账面价值在扣除税法规定未来期间允许税前扣除的金额之后的差额。企业在取得资产、形成负债时应当确定其计税基础。

1. 资产的计税基础

资产的计税基础是指企业收回资产账面价值过程中，计算应纳税所得额时按照税法规定可以自应税经济利益中抵扣的金额，即某一项资产在未来期间计税时按照税法规定可予税前扣除的金额。

一般情况下，企业在取得资产时实际支付的成本即实际成本在未来期间准予税前扣除，即资产在初始确认时其实际成本(入账价值)与计税基础是相同的。对于按摊余成本计量的资产来说，其计税基础是指资产的取得成本减去以前期间按照税法规定已经从税前扣除的金额后的余额,此余额代表的是按照税法规定相关资产在未来期间计税时仍可以从税前扣除的金额。如固定资产、无形资产等在某一资产负债表日的计税基础,则是其取得成本扣除按照税法规定已在以前期间从税前扣除的累计折旧额或累计摊销额后的金额。

资产在后续计量过程中,因企业会计准则的规定与税法的规定不同,可能导致资产的账面价值与其计税基础之间产生差异。

(1) 固定资产。企业以不同方式取得固定资产的初始入账价值税法是认可的,即固定资产账面价值与计税基础相同。但固定资产在持有期间反映的账面价值是"原始价值－累计折旧－固定资产减值准备"的差额,而税法规定的计税基础是"实际成本－按照税法规定已在以前期间从税前扣除的累计折旧"的差额,由此产生固定资产账面价值与其计税基础之间的差异。产生差异主要表现在两个方面:

一是折旧方法及折旧年限不同导致的差异。企业可以按照会计准则的规定选择折旧方法,但税法一般只认可直线法,只有技术进步等原因确需加速折旧的方可采用加速法计提折旧。同时,企业可以根据固定资产性质及使用情况合理确定折旧年限,而税法则对每一类固定资产的最低折旧年限作出了明确规定。如果企业进行会计处理时采用的折旧方法、折旧年限与税法规定不同,将导致固定资产的账面价值与其计税基础之间产生差异。

例如,某企业 2019 年 12 月 20 日购入一套流水线设备,实际成本为 8 100 000 元,预计使用年限为 8 年,假设预计净残值为 0,采用年数总和法计提折旧,未计提减值准备;税法规定,该流水线设备应采用平均年限法计提折旧。假定税法对折旧年限和净残值的规定与会计相同。以 2020 年 12 月 31 日的账面价值和计税基础为例分析如下:2020 年 12 月 31 日的账面价值为 6 300 000 元(8 100 000－8 100 000×8÷36),计税基础为 7 087 500 元(8 100 000－8 100 000÷8),相差 －787 500 元,即账面价值小于计税基础,产生的原因是企业计提的折旧额大于税法规定计提的折旧额 787 500 元(8 100 000×8÷36－8 100 000÷8)。该项差异将于未来期间减少企业的应纳税所得额和相应的应交所得税,称为可抵扣暂时性差异。

假设该企业选择了平均年限法计提折旧,依然按 8 年作为预计使用年限,但税法规定该流水线设备的使用年限为 6 年。仍以 2020 年 12 月 31 日的账面价值和计税基础为例进行分析:2020 年 12 月 31 日的账面价值为 7 087 500 元(8 100 000－8 100 000÷8),计税基础为 6 750 000 元(8 100 000－8 100 000÷6),相差 337 500 元,即账面价值大于计税基础,产生的原因是企业计提的折旧额小于税法规定计提的折旧额 337 500 元(8 100 000/8－8 100 000÷6)。该项差异将于未来期间计入企业的应纳税所得额,产生未来期间应交所得税的义务,称为应纳税暂时性差异。

二是计提固定资产减值准备导致的差异。企业在持有固定资产期间发现其价值减值的,应计提固定资产减值准备,减值准备的计提减少了固定资产的账面价值;税法规定,计提减值准备的固定资产在发生实质性损失前不允许税前扣除,即固定资产计税基础不考虑减值准备,由此产生了固定资产账面价值必定小于其计税基础的现象。

例如,某企业 2019 年 12 月 30 日交付使用的一套管理设备,实际成本为 1 000 000 元,预计使用年限为 5 年,假设预计净残值为 0,采用平均年限法计提折旧;税法对该类设备规定的折旧方法、折旧年限和净残值与企业会计处理相同。2020 年 12 月 31 日,该企业发现该设备已经贬值,经计算确定了 200 000 元的减值准备。因此,该企业该项固定资产的账面价值为 600 000 元(1 000 000－1 000 000÷5－200 000),计税基础为 800 000 元(1 000 000－1 000 000÷5),即账面价值小于计税基础,产生的原因是企业计提了 200 000 元减值准备而税法没有计提,其差异为可抵扣暂时性差异。

(2) 无形资产。企业除内部研究开发形成无形资产以外,通过其他方式取得无形资产的初始入账价值与税法规定的计税基础之间一般也不存在差异。无形资产账面价值与其计税基础之间的差异主要表现在三个方面：

一是内部研究开发形成无形资产导致的差异。对企业内部研究开发形成无形资产的处理，会计准则确定的账面价值与税法确定的计税基础均为该符合资本化条件以后至达到预定用途前发生的支出，即一般情况下两者是相同的。但税法规定，企业（科技型中小企业除外）研究开发费用的税前扣除，如为开发新技术、新产品、新工艺发生的、未形成无形资产而计入当期损益的，可在据实扣除的基础上按研究开发费用的50%加计扣除，但形成无形资产的，则按无形资产成本的150%计算每期摊销额，也就是说，其计税基础应在会计确定的入账价值的基础上加计50%确定，由此产生了无形资产在初始确认时账面价值与计税基础的差异。但由于该无形资产的确认不是产生于合并交易，同时在确认时既不影响会计利润也不影响应纳税所得额，因此，会计准则规定不确认该项暂时性差异的所得税影响。

例如，某公司2019年为开发新技术而发生研究开发支出为20 000 000元，其中，研究阶段支出为6 000 000元，开发阶段符合资本化条件前发生的支出为5 000 000元，符合资本化条件后至达到预定用途前发生的支出为9 000 000元。假设该公司内部研究开发形成的该项无形资产在2019年12月31日已达到预定用途，并从2020年度起开始摊销。因此，该公司2019年应费用化的研究开发支出为11 000 000元，资本化计入无形资产成本的为9 000 000元。按照税法规定，可在当期税前扣除的金额为16 500 000元（11 000 000×150%），形成无形资产在未来期间可予税前扣除的金额为13 500 000元（9 000 000×150%），即其初始确认时的计税基础为13 500 000元，由此形成了暂时性差异4 500 000元（13 500 000－9 000 000）。但会计上不确认该项暂时性差异的所得税影响。

二是使用寿命不确定的无形资产导致的差异。企业取得的使用寿命不确定的无形资产不进行摊销，税法规定，所有的无形资产均应按一定期限进行摊销。对会计上不摊销的无形资产，税法规定应按一定期限进行摊销，从而导致该类无形资产的账面价值大于计税基础，形成应纳税暂时性差异。

例如，某公司2020年1月1日取得一项无形资产，取得成本为1 000 000元，由于无法合理预计其使用寿命而不进行摊销，如不发生减值现象，其账面价值一直为1 000 000元；税法规定，对该无形资产应按10年进行平均摊销，其计税基础会随着时间的推移而发生减少，如2020年12月31日的计税基础为900 000元，该无形资产账面价值大于计税基础，形成应纳税暂时性差异。

三是计提无形资产减值准备导致的差异，这一点与固定资产相同。

(3) 以公允价值进行后续计量的资产。企业以公允价值进行后续计量的资产在会计期末的账面价值是其当日的公允价值，而税法规定其持有期间公允价值的变动不计入应纳税所得额，只在实际处置或结算时，以处置取得的价款扣除其历史成本或以历史成本为基础确定的处置成本后的差额计入处置或结算期间的应纳税所得额。因此，会计上的账面价值为公允价值，而税法上的计税基础则为取得成本，由此可能会出现其账面价值大于或小于计税基础两种情况，从而形成应纳税暂时性差异或可抵扣暂时性差异。

例如，某公司2020年4月1日购入B公司股票100万股作为交易性金融资产，初始投资成本为4 800 000元。2020年12月31日，B公司股票市价下跌至3 600 000元。会计上的账面价值为3 600 000元，税法上的计税基础为4 800 000元，其差异1 200 000元为可抵扣暂时性差异。

除此之外，企业以权益法核算的长期股权投资、存货及其他计提了减值准备的资产等，因会计准则规定与税法规定不同，均可能造成其账面价值与其计税基础之间存在差异。例如，采用权益法核算的长期股权投资,其账面价值会随着初始投资成本的调整、投资损益的确认、获得现金股利、应享有被投资单位其他权益变动的确认而发生相应的变动,但税法要求长期股权投资在处置时按照取得投资时确定的实际投资成本予以扣除,即长期股权投资的计税基础为实际投资成本,因而长期股权投资的账面价值与其计税基础之间产生差异。但如果企业准备长期持有,一般情况下不确认相关的所得税影响,只有改变持有意图拟近期对外出售时才确认相关的所得税影响。

2. 负债的计税基础

负债的计税基础是指负债的账面价值减去未来期间计算应纳税所得额时按照税法规定可予抵扣的金额。

一般情况下,负债的确认与偿还既不会影响企业的损益,也不会影响企业的应纳税所得额,负债的账面价值等于计税基础。但下列情况将会影响企业损益,进而影响不同期间的应纳税所得额,出现计税基础与账面价值不同而产生差异:

(1) 预计负债。企业因提供产品售后服务而预计将会发生的支出,在满足预计负债确认条件时,应于销售商品当期确认预计负债,同时确认相关的费用。税法规定,与产品售后服务相关的支出应于发生时税前扣除,此时,该类事项产生的预计负债在期末的计税基础是其账面价值与未来期间可予税前扣除的金额之间的差额,若发生的相关支出全部准予税前扣除,则其计税基础为0。也就是说,负债的账面价值大于计税基础,形成可抵扣暂时性差异。

例如,某公司2020年12月31日资产负债表"预计负债"项目的期末余额为800 000元,假设全部为销售产品承诺的售后服务费。税法规定,该项承诺费用于实际发生时在税前扣除。因此,预计负债的账面价值为800 000元,计税基础为0,负债账面价值大于负债计税基础的差异800 000元即为可抵扣暂时性差异。

其他交易或事项中确认的预计负债,应按照税法规定的计税原则确定其计税基础。

(2) 预收账款。正常情况下,企业预收客户的款项因不符合收入确认条件而将其确认为负债,由于税法对收入确认的原则与会计准则的规定基本相同,因而,预收账款的账面价值与其计税基础是相等的,不会产生差异。但如果某些因不符合收入确认条件而未确认为收入的预收款项,按照税法规定应计入收款当期应纳税所得额时,则该预收款项的计税基础为0,其预收账款的账面价值必定大于其计税基础,形成可抵扣暂时性差异。

此外,还有一些特殊项目也会产生暂时性差异。如某些交易或事项发生后,因不符合资产或负债确认条件而未确认为资产或负债,但按照税法规定能够确定其计税基础的,其账面价值与其计税基础之间的差异也构成暂时性差异。

假设某公司2019年广告费总额为10 000 000元,公司按照会计准则规定全部计入销售费用并列入利润表,资产负债表中未形成资产。而税法规定,企业发生的符合条件的广告费应不超过当年销售净收入的15%,15%以内的部分准予税前扣除,超过部分准予在以后纳税年度结转扣除。假设该公司当年实现销售净收入为60 000 000元,则准予税前扣除的广告费为9 000 000元(60 000 000×15%),另1 000 000元则可在2020年度内税前扣除。此时,资产的账面价值为0,其计税基础为1 000 000元。

再如,按照税法规定可以结转以后年度的未弥补亏损及税款抵减,虽不是因资产、负债的账面价值与其计税基础不同产生的,但与可抵扣暂时性差异具有同样的作用,均能够减少未来期间的应纳税所得额和相应的应交所得税,应视同可抵扣暂时性差异,在符合确认条件的情况下,确认与其相关的递延所得税资产。假设某公司(非高新技术、科技型中小企业)2020年发生经营亏损10 000 000元,税法规定该亏损准予向以后年度结转,用不超过5年时间的税前所得进行弥补。

如果该公司预计未来5年期间能够产生足够的应纳税所得额弥补该亏损,则未来5年期间的应纳税所得额因此而减少10 000 000元,对此,应视同可抵扣暂时性差异。

综上所述,暂时性差异按照对未来期间应纳税所得额的不同影响,分为应纳税暂时性差异和可抵扣暂时性差异。应纳税暂时性差异产生于资产的账面价值大于其计税基础和负债的账面价值小于其计税基础;可抵扣暂时性差异产生于资产的账面价值小于其计税基础和负债的账面价值大于其计税基础。

二、所得税的会计处理方法

如果会计利润与应纳税所得额之间的差异仅为永久性差异,则直接根据确定的应纳税所得额和适用的所得税税率计算本期应交所得税,并确认为本期的所得税费用。但如果存在暂时性差异,则所得税的会计处理方法有应付税款法和纳税影响会计法可供选择。

(一) 应付税款法

应付税款法是指企业按照当期计算的应交所得税确认当期所得税费用,不确认暂时性差异对所得税的影响金额的方法。

应付税款法不需要区分永久性差异和暂时性差异,本期发生的差异对所得税的影响金额,均在当期确认为所得税费用或抵减所得税费用,不将暂时性差异对所得税的影响金额递延和分配到以后各期。因此,应付税款法当期确认的所得税费用与当期应交所得税是相等的。

应付税款法的会计处理相对比较简便,但不符合权责发生制核算基础的要求,我国只有《小企业会计准则》规定采用这种方法。

(二) 纳税影响会计法

纳税影响会计法是指企业按照当期应交所得税和暂时性差异对所得税影响金额的合计确认所得税费用的方法。

纳税影响会计法采用跨期摊配的方法逐渐确认和依次转回暂时性差异对所得税的影响金额,对尚未转销的暂时性差异而影响的所得税金额,反映在资产负债表中,表现为一项资产或一项负债。

在采用纳税影响会计法进行所得税的会计处理时,按照税率变动时是否需要对已入账的递延所得税项目进行调整,又可以分为递延法和债务法两种具体处理方法。

1. 递延法

递延法是指在产生暂时性差异时,均按当期的适用税率计算对所得税的影响金额并作为递延所得税项目确认入账,在税率发生变动的情况下,不需要按新的适用税率调整已入账的递延所得税项目,待转回暂时性差异对所得税的影响金额时,按照原确认递延所得税项目时的适用税率计算并予以转销的一种会计处理方法。

采用递延法进行会计处理,递延所得税项目的账面余额是按产生暂时性差异时的适用税率而不是按现行适用税率计算确认的,使得递延所得税项目的账面余额不能完全代表企业未来收款的权利或付款的义务,不符合资产或负债的定义,因而只能视其为一项递延所得税借项或递延所得税贷项。因此,我国企业会计准则规定不采用这种方法进行所得税的会计处理。

2. 债务法

债务法是指在产生暂时性差异时,均按当期的适用税率计算确认对所得税的影响金额并作为递延所得税项目确认入账,在税率发生变动的情况下,需要按现行适用税率调整已入账的递延所得税项目,待转回暂时性差异对所得税的影响金额时,均按照现行适用税率计算并予以转销的一种会计处理方法。

采用债务法进行会计处理,由于在税率发生变动时需要对已入账的递延所得税项目按现行适用税率进行调整,因而其账面余额均是按现行适用税率计算的,递延所得税项目的账面余额所代表的是企业未来收款的权利或付款的义务,符合资产或负债的定义,分别称为递延所得税资产或递延所得税负债。

在债务法下,按照确定暂时性差异对未来所得税影响的目的不同,又分为利润表债务法和资产负债表债务法。

(1) 利润表债务法。利润表债务法是从利润表出发,将暂时性差异对未来所得税的影响看作本期所得税费用的一部分,首先据以确定本期的所得税费用,并在此基础上倒推出递延所得税负债或递延所得税资产的一种方法。利润表债务法以"收入费用观"为理论基础,目的是合理确认利润表中的所得税费用,递延所得税资产或递延所得税负债是由利润表间接得出来的。

在利润表债务法下,递延所得税资产和递延所得税负债直接抵销后以净值列示,混淆了资产和负债的内涵,违背了财务报表中资产和负债项目不得相互抵销以净额列报的基本要求,使得资产负债表无法真实、完整地揭示企业的财务状况,也降低了会计信息的可比性,不利于财务报表使用者对企业财务状况的判断和评价。因此,我国企业会计准则已不再允许采用利润表债务法。

(2) 资产负债表债务法。资产负债表债务法是从资产负债表出发,通过分析暂时性差异产生的原因及其性质,将其对未来所得税的影响分别确认为递延所得税负债和递延所得税资产,并在此基础上倒推出各期所得税费用的一种方法。资产负债表债务法以"资产负债观"为理论基础,其主要目的是合理确认资产负债表中的递延所得税资产和递延所得税负债,所得税费用是由资产负债表间接得出来的。

在资产负债表债务法下,递延所得税项目分别设置"递延所得税资产"和"递延所得税负债"科目核算,并以"递延所得税资产"和"递延所得税负债"项目分别列示于资产负债表中,这就将递延所得税资产和递延所得税负债区分开来,使资产负债表可以清晰地反映企业的财务状况,有利于财务报表使用者的正确决策。

综上所述,所得税的会计处理方法包括应付税款法和纳税影响会计法。其中,纳税影响会计法又有递延法和债务法之分,而债务法具体又分为利润表债务法和资产负债表债务法。应付税款法和纳税影响会计法对永久性差异的会计处理是一致的,两者的主要区别是:应付税款法不确认暂时性差异对所得税的影响金额,直接以本期应交所得税作为本期的所得税费用;而纳税影响会计法确认暂时性差异对所得税的影响金额,在资产负债表中单独作为递延所得税项目列示,同时在利润表中增加或抵减本期的所得税费用。对纳税影响会计法的递延法与债务法,如果税率没有变动,则两种方法的会计处理程序是相同的,两者的区别仅在于税率发生变动时是否需要对已入账的递延所得税项目按现行适用税率进行调整。目前,我国现行企业会计准则只允许采用资产负债表债务法进行所得税的会计处理。

(三) 资产负债表债务法的基本核算程序

在资产负债表债务法下,企业一般应于每一资产负债表日进行所得税的相关会计处理。如果发生企业合并等特殊交易或事项,则应在确认所取得的资产、负债的同时,确认相关的所得税影响。资产负债表债务法的基本核算程序如下:

1. 确定资产和负债的账面价值

资产、负债的账面价值是指企业按照会计准则的相关规定对资产、负债进行会计处理后得出的在资产负债表中应列示的金额。资产和负债的账面价值可以直接根据有关账簿的记录确定。

2. 确定资产和负债的计税基础

资产和负债的计税基础应按照会计准则中对于资产和负债计税基础的确定方法,以适用的税收法规为基础进行确定。

3. 确定递延所得税

比较资产、负债的账面价值和计税基础,对于两者之间存在差异的,分析其性质,除准则中规定的特殊情况外,应分别按照应纳税暂时性差异和适用税率确定递延所得税负债的期末余额,按照可抵扣暂时性差异和适用税率确定递延所得税资产的期末余额,并与递延所得税负债和递延所得税资产的期初余额进行比较,确定当期应予进一步确认或应予转回的递延所得税负债和递延所得税资产金额,同时,将两者的差额作为利润表中所得税费用的一个组成部分——递延所得税。

4. 确定当期所得税

按照现行税法规定计算确定当期应纳税所得额,以应纳税所得额乘以适用的所得税税率计算确定当期应交所得税,同时作为利润表中所得税费用的另一个组成部分——当期所得税。

5. 确定所得税费用

利润表中的所得税费用包括当期所得税和递延所得税两个组成部分。企业在计算确定了当期所得税和递延所得税后,将两者之和(或之差)作为利润表中的所得税费用。

从资产负债表债务法的基本核算程序可以看出,所得税费用的确认包括当期所得税的确认和递延所得税的确认;当期所得税可以根据当期应纳税所得额和适用税率计算确定,而递延所得税则要根据当期确认(或转回)的递延所得税负债和递延所得税资产的差额予以确认;递延所得税负债和递延所得税资产,取决于当期存在的应纳税暂时性差异和可抵扣暂时性差异的金额,而应纳税暂时性差异和可抵扣暂时性差异是通过分析比较资产和负债的账面价值与计税基础确定的;资产和负债的账面价值可以通过会计核算资料直接取得,而其计税基础则需要根据会计人员的职业判断,通过合理的分析和计算予以确定。因此,所得税会计的关键问题之一是确定资产和负债的计税基础。

三、所得税费用的会计处理

资产负债表日,企业应通过比较资产、负债的账面价值与计税基础,确定应纳税暂时性差异和可抵扣暂时性差异,以确认递延所得税负债和递延所得税资产。

(一)递延所得税负债和递延所得税资产

1. 递延所得税负债的确认和计量

应纳税暂时性差异在转回期间将增加企业的应纳税所得额和相应的应交所得税,导致经济利益流出企业,因而在其产生期间,其所得税影响金额构成一项未来的纳税义务,应确认为一项负债,即递延所得税负债产生于应纳税暂时性差异。

【例11-27】 2015年12月30日,恒易公司交付使用一套生产设备,实际成本为1 390 500元,预计使用年限为5年,预计净残值为40 500元,采用平均年限法计提折旧,未计提减值准备。税法规定的折旧年限和净残值与公司选择的会计政策相同,但税法允许使用该生产设备的企业采用加速折旧法中的年数总和法计提折旧。假设除此之外无其他会计与税收的差异,并假设恒易公司2015年12月31日"递延所得税资产"和"递延所得税负债"科目的余额均为0,适用的所得税税率为25%。

根据上列资料,恒易公司有关递延所得税的确认情况如表11-3所示。

表11-3　递延所得税确认情况表　　　　　　　　　　　单位:元

年　度	2016年	2017年	2018年	2019年	2020年
资产实际成本	1 390 500	1 390 500	1 390 500	1 390 500	1 390 500
会计累计折旧	270 000	540 000	810 000	1 080 000	1 350 000
资产账面价值	1 120 500	850 500	580 500	310 500	40 500
计税累计折旧	450 000	810 000	1 080 000	1 260 000	1 350 000
资产计税基础	940 500	580 500	310 500	130 500	40 500
应纳税暂时性差异	180 000	270 000	270 000	180 000	0
递延所得税负债期末余额	45 000	67 500	67 500	45 000	0

根据表11-3的计算结果,恒易公司各年资产负债表日确认递延所得税负债的会计处理如下(有关所得税费用的结转暂略):

(1) 2016年12月31日:

借:所得税费用　　　　　　　　　　　　　　　　　　　　　　45 000.00
　　贷:递延所得税负债　　　　　　　　　　　　　　　　　　　　　45 000.00

(2) 2017年12月31日:

2017年资产负债表日,递延所得税负债期末余额应为67 500元,递延所得税负债期初余额为45 000元,因而本期应进一步确认递延所得税负债22 500元(67 500-45 000)。

借:所得税费用　　　　　　　　　　　　　　　　　　　　　　22 500.00
　　贷:递延所得税负债　　　　　　　　　　　　　　　　　　　　　22 500.00

(3) 2018年12月31日:

2018年资产负债表日,递延所得税负债期末余额应为67 500元,递延所得税负债期初余额为67 500元,因而本期不需确认递延所得税负债。

(4) 2019年12月31日:

2019年资产负债表日,递延所得税负债期末余额应为45 000元,递延所得税负债期初余额为67 500元,因而本期应转回原已确认的递延所得税负债22 500元(45 000-67 500)。

借:递延所得税负债　　　　　　　　　　　　　　　　　　　　22 500.00
　　贷:所得税费用　　　　　　　　　　　　　　　　　　　　　　　22 500.00

(5) 2020年12月31日:

2020年资产负债表日,递延所得税负债期末余额应为0,递延所得税负债期初余额为45 000元,本期应将递延所得税负债账面余额全部转回。

借:递延所得税负债　　　　　　　　　　　　　　　　　　　　45 000.00
　　贷:所得税费用　　　　　　　　　　　　　　　　　　　　　　　45 000.00

特别注意:有些情况虽然资产、负债的账面价值与其计税基础不同,产生了应纳税暂时性差异,但基于多方面考虑,会计准则明确规定不确认相关的递延所得税负债,主要包括:

(1) 商誉的初始确认。非同一控制下企业合并成本大于合并中取得的被购买方可辨认净资产公允价值份额的差额,会计上确认为商誉,税法对此不认可商誉的价值,即商誉的计税基础为0,商誉的账面价值大于其计税基础,形成应纳税暂时性差异。但会计准则明确规定,商誉账面价值与其计税基础不同产生的应纳税暂时性差异,不确认与其相关的递延所得税负债。

(2) 除企业合并外的其他交易或事项中,如果该项交易或事项发生时既不影响会计利润,也不影响应纳税所得额,则所产生的资产、负债的初始确认金额与其计税基础不同形成应纳税暂时性差异的,交易或事项发生时不确认相关的递延所得税负债。在我国会计实务中,一般情况下有关资产、负债的初始确认金额均为税法所认可,不会产生两者之间的差异。

(3) 与子公司、联营企业、合营企业投资等相关的应纳税暂时性差异,一般应确认相关的递延所得税负债,但同时满足以下两个条件的除外:① 投资企业能够控制暂时性差异转回的时间;② 该暂时性差异在可预见的未来很可能不会转回。

资产负债表日,递延所得税负债应根据税法规定,按照预期清偿该负债期间的适用税率计量,即递延所得税负债应以相关应纳税暂时性差异转回期间的适用税率计量。无论应纳税暂时性差异的转回期间如何,相关的递延所得税负债均不要求折现。

2. 递延所得税资产的确认和计量

可抵扣暂时性差异在转回期间将减少企业的应纳税所得额和应交所得税,导致经济利益流入企业,因而在其产生期间,其所得税影响金额应确认为一项资产,即递延所得税资产产生于可抵扣暂时性差异。

资产、负债的账面价值与其计税基础不同产生可抵扣暂时性差异的,在估计未来期间能够取得足够的应纳税所得额用以利用该可抵扣暂时性差异时,应当以很可能取得用来抵扣可抵扣暂时性差异的应纳税所得额为限,确认相关的递延所得税资产。

递延所得税资产能够给企业带来的经济利益表现在可以抵减可抵扣暂时性差异转回期间的应交所得税。因此,该项经济利益是否能够实现,取决于在可抵扣暂时性差异转回的未来期间内企业是否能够产生足够的应纳税所得额用以利用可抵扣暂时性差异。如果企业有明确的证据表明在可抵扣暂时性差异转回的未来期间能够产生足够的应纳税所得额,使得与可抵扣暂时性差异相关的经济利益能够实现的,则应以很可能取得的应纳税所得额为限,确认相关的递延所得税资产。如果企业无法产生足够的应纳税所得额,使得与可抵扣暂时性差异相关的经济利益无法实现的,就不应确认递延所得税资产。在判断企业于可抵扣暂时性差异转回的未来期间是否能够产生足够的应纳税所得额时,应考虑企业在未来期间通过正常的生产经营活动能够实现的应纳税所得额以及以前期间产生的应纳税暂时性差异在未来期间转回时将增加应纳税所得额两方面的影响。

采用权益法核算的长期股权投资账面价值与计税基础产生的可抵扣暂时性差异,若同时满足暂时性差异在可预见的未来很可能转回和未来很可能获得用来抵扣可抵扣暂时性差异的应纳税所得额两个条件的,应确认相关的递延所得税资产。

对于按照税法规定可以结转以后年度的未弥补亏损和税款抵减,应视同可抵扣暂时性差异处理。在预计可利用可弥补亏损或税款抵减的未来期间内很可能取得足够的应纳税所得额时,应当以很可能取得的应纳税所得额为限,确认相应的递延所得税资产。

在有些情况下,企业发生的某项交易或事项不属于企业合并,并且交易发生时既不影响会计利润也不影响应纳税所得额,则该项交易中产生的资产、负债的初始确认金额与其计税基础不同产生可抵扣暂时性差异的,在交易或事项发生时不确认相关的递延所得税资产。如企业的研究开发形成无形资产时确定的账面价值,与税法规定的计税基础相差账面价值的50%,由此形成可抵扣暂时性差异。对此,会计准则规定不确认相应的递延所得税资产。

资产负债表日,递延所得税资产应当根据税法规定,按照预期收回该资产期间的适用税率计量。无论可抵扣暂时性差异的转回期间如何,递延所得税资产均不进行折现。

企业应当于资产负债表日对递延所得税资产的账面价值进行复核。如果未来期间很可能无法取得足够的应纳税所得额用以利用可抵扣暂时性差异带来的经济利益,应当直接减记递延所得税资产的账面价值,同时,除原确认时计入所有者权益的递延所得税资产的减记金额应计入所有者权益外,其他情况均应增加当期的所得税费用。因无法取得足够的应纳税所得额用以利用可抵扣暂时性差异而减记递延所得税资产账面价值的,继后期间根据新的环境和情况判断能够产生足够的应纳税所得额利用可抵扣暂时性差异,使得递延所得税资产包含的经济利益预计能够实现的,应相应恢复递延所得税资产的账面价值。

3. 特定交易或事项中涉及的递延所得税的确认

一般情况下,暂时性差异确认的递延所得税负债或递延所得税资产而影响的所得税,构成了利润表中所得税费用的组成部分,但某些特定交易或事项导致产生的暂时性差异在确认递延所得税负债或递延所得税资产的同时,相关的所得税影响不构成利润表中的所得税费用,如直接计入所有者权益的交易或事项产生的递延所得税、企业合并中产生的递延所得税等。

(1) 直接计入所有者权益的交易或事项产生的递延所得税。直接计入所有者权益的交易或事项,相关资产、负债的账面价值与计税基础之间形成暂时性差异的,应当确认递延所得税负债或递延所得税资产,同时计入所有者权益。直接计入所有者权益的交易或事项如金融资产的公允价值变动计入其他综合收益、会计政策变更采用追溯调整法调整期初留存收益、前期差错更正采用追溯重述法调整期初留存收益。

【例 11-28】 2020 年 6 月 10 日,恒易公司在二级市场买入丙公司债券作为其他债权投资,初始投资成本为 6 000 000 元。企业会计准则规定,其他债权投资以公允价值计量且其变动计入其他综合收益;税法规定,企业在未来处置其他债权投资期间,计算应纳税所得额时应按初始投资成本抵扣,即该其他债权投资的计税基础为 6 000 000 元。假设恒易公司适用 25% 的所得税税率,未发生其他影响递延所得税确认的因素。恒易公司的会计处理如下:

① 假定该其他债权投资 2020 年 12 月 31 日的公允价值为 6 800 000 元,则:

借:其他债权投资——公允价值变动	800 000.00
贷:其他综合收益	800 000.00

应纳税暂时性差异 = 6 800 000 - 6 000 000 = 800 000(元)

递延所得税负债 = 800 000 × 25% = 200 000(元)

借:其他综合收益	200 000.00
贷:递延所得税负债	200 000.00

假定恒易公司在 2021 年 3 月 1 日将该其他债权投资全部转让,实际收到价款 7 200 000 元,则:

借:银行存款	7 200 000.00
贷:其他债权投资——成本	6 000 000.00
——公允价值变动	800 000.00
投资收益	400 000.00
借:其他综合收益	600 000.00
递延所得税负债	200 000.00
贷:投资收益	800 000.00

② 假定该项其他债权投资 2020 年 12 月 31 日的公允价值为 4 800 000 元,则:

借：其他综合收益	1 200 000.00	
贷：其他债权投资——公允价值变动		1 200 000.00

可抵扣暂时性差异＝6 000 000－4 800 000＝1 200 000(元)

递延所得税资产＝1 200 000×25%＝300 000(元)

借：递延所得税资产	300 000.00	
贷：其他综合收益		300 000.00

假定恒易公司在2021年3月1日将该其他债权投资全部转让，实际收到价款5 000 000元，则：

借：银行存款	5 000 000.00	
其他债权投资——公允价值变动	1 200 000.00	
贷：其他债权投资——成本		6 000 000.00
投资收益		200 000.00
借：投资收益	1 200 000.00	
贷：其他综合收益		900 000.00
递延所得税资产		300 000.00

(2) 企业合并中产生的递延所得税。由于企业会计准则与税法对企业合并的处理不同，可能会造成企业合并中取得的资产、负债的入账价值与其计税基础之间产生差异。企业合并产生的应纳税暂时性差异或可抵扣暂时性差异，在确认递延所得税负债或递延所得税资产的同时，相关的所得税影响应调整购买日确认的商誉或是计入合并当期损益的金额。

企业合并产生的可抵扣暂时性差异，在购买日因不符合递延所得税资产的确认条件而未确认相关递延所得税资产的，以后期间在预计能够取得足够的应纳税所得额用以利用该可抵扣暂时性差异时，应确认相关的递延所得税资产，减少利润表中的所得税费用。同时，将商誉降低至假定在购买日即确认了该递延所得税资产的情况下应有的金额，减记的商誉金额作为利润表中的资产减值损失。按照上述要求确认递延所得税资产时，原则上不应增加因企业合并成本小于合并中取得的被购买方可辨认净资产公允价值的份额而计入合并当期利润表的金额。

【例11－29】 2020年1月1日，恒易公司以增发2 000万股普通股票作为合并对价，吸收合并P公司，股票面值每股1元，市值每股5元，合并前恒易公司与P公司不存在关联关系。购买日，P公司可辨认资产公允价值总额为125 000 000元，其计税基础总额为107 500 000元，可辨认负债公允价值总额为50 000 000元，其计税基础为42 500 000元。假设该项合并符合税法规定的免税合并条件，所得税税率为25%，且预计未来期间能够取得足够的应纳税所得额用以利用企业合并中产生的可抵扣暂时性差异，并假设增发股票未发生相关费用。恒易公司的会计处理如下：

取得P公司可辨认净资产公允价值(购买日账面价值)总额＝125 000 000－50 000 000
＝75 000 000(元)

取得P公司可辨认净资产计税基础总额＝107 500 000－42 500 000
＝65 000 000(元)

应纳税暂时性差异＝资产购买日账面价值－资产计税基础＝125 000 000－107 500 000
＝17 500 000(元)

可抵扣暂时性差异＝负债购买日账面价值－负债计税基础＝50 000 000－42 500 000
＝7 500 000(元)

恒易公司合并成本	(5×20 000 000)100 000 000
P公司可辨认资产公允价值	75 000 000
递延所得税影响前的商誉	25 000 000
递延所得税资产	(7 500 000×25％)1 875 000
递延所得税负债	(17 500 000×25％)4 375 000
递延所得税影响商誉价值	(4 375 000－1 875 000)2 500 000
递延所得税影响后的商誉	(25 000 000＋2 500 000)27 500 000

根据计算结果，恒易公司购买日的会计分录为：

借：相关资产类科目　　　　　　　　　　　　　　125 000 000.00
　　递延所得税资产　　　　　　　　　　　　　　　1 875 000.00
　　商誉　　　　　　　　　　　　　　　　　　　　27 500 000.00
　　贷：有关负债类科目　　　　　　　　　　　　　50 000 000.00
　　　　递延所得税负债　　　　　　　　　　　　　 4 375 000.00
　　　　股本　　　　　　　　　　　　　　　　　　20 000 000.00
　　　　资本公积——股本溢价　　　　　　　　　　80 000 000.00

如果恒易公司在企业合并日预计未来期间无法取得足够的应纳税所得额用以利用企业合并中产生的可抵扣暂时性差异，则不确认相关的递延所得税资产。

恒易公司合并成本	(5×20 000 000)100 000 000
P公司可辨认资产公允价值	75 000 000
递延所得税影响前的商誉	25 000 000
递延所得税负债	(17 500 000×25％)4 375 000
递延所得税影响商誉价值	4 375 000
递延所得税影响后的商誉	(25 000 000＋4 375 000)29 375 000
未确认递延所得税资产	(7 500 000×25％)1 875 000

根据计算结果，恒易公司购买日的会计分录为：

借：相关资产类科目　　　　　　　　　　　　　　125 000 000.00
　　商誉　　　　　　　　　　　　　　　　　　　　29 375 000.00
　　贷：有关负债类科目　　　　　　　　　　　　　50 000 000.00
　　　　递延所得税负债　　　　　　　　　　　　　 4 375 000.00
　　　　股本　　　　　　　　　　　　　　　　　　20 000 000.00
　　　　资本公积——股本溢价　　　　　　　　　　80 000 000.00

同时：

借：递延所得税资产　　　　　　　　　　　　　　　1 875 000.00
　　贷：所得税费用　　　　　　　　　　　　　　　1 875 000.00
借：资产减值损失　　　　　　　　　　　　　　　　1 875 000.00
　　贷：商誉　　　　　　　　　　　　　　　　　　1 875 000.00

假设该项企业合并1年以后恒易公司预计未来期间可以取得足够的应纳税所得额用于

利用企业合并中产生的可抵扣暂时性差异,则恒易公司应对合并日的会计处理作如下追溯调整:

借:递延所得税资产　　　　　　　　　　　　　1 875 000.00
　　贷:商誉　　　　　　　　　　　　　　　　　　　　　1 875 000.00

4. 适用税率变动时对已确认递延所得税项目的调整

递延所得税负债和递延所得税资产的实质是应纳税暂时性差异和可抵扣暂时性差异于未来期间转回时导致的企业应交所得税的增加和减少金额。当适用所得税税率发生变动时,按照债务法的核算要求,企业应对已确认的递延所得税负债和递延所得税资产按照新的税率进行重新计量,调整原已确认的递延所得税负债及递延所得税资产金额。

除直接计入所有者权益的交易或事项产生的递延所得税负债及递延所得税资产,相关的调整金额应计入所有者权益以外,其他情况下因税率变动产生的递延所得税负债及递延所得税资产调整金额,应确认为税率变动当期的所得税费用或收益。

(二)所得税费用的会计处理

所得税会计主要是确定当期应交所得税和当期所得税费用。在资产负债表债务法下,所得税费用由当期所得税和递延所得税两部分组成。

1. 当期所得税

当期所得税即当期应交所得税,是指企业按照税法规定计算确定仅针对当期发生的交易和事项而应交纳给税务部门的所得税。

企业在确定当期应交所得税时,对于当期发生的交易或事项,会计处理与税收处理不同的,应在会计利润的基础上,按照适用税收法规的规定进行调整,计算出当期应纳税所得额,按照应纳税所得额与适用所得税税率计算确定当期应交所得税。其计算公式如下:

应纳税所得额 = 会计利润 ± 永久性差异 ± 暂时性差异

$$= 会计利润 - \begin{pmatrix} 会计收益 \\ 非应税收益 \end{pmatrix} + \begin{pmatrix} 应税收益 \\ 非会计收益 \end{pmatrix} + \begin{pmatrix} 会计费用 \\ 非应税费用 \end{pmatrix} - \begin{pmatrix} 应税费用 \\ 非会计费用 \end{pmatrix}$$

$$- 应纳税暂时性差异 + 可抵扣暂时性差异$$

应纳所得税额 = 应纳税所得额 × 适用所得税税率

2. 递延所得税

递延所得税是指按照会计准则规定当期应予确认的递延所得税负债减去当期应予确认的递延所得税资产的差额,是递延所得税负债和递延所得税资产当期发生额的综合结果。其计算公式如下:

$$递延所得税 = (期末递延所得税负债 - 期初递延所得税负债) - (期末递延所得税资产 - 期初递延所得税资产)$$

$$= 当期递延所得税负债 - 当期递延所得税资产$$

其中:

期末递延所得税负债 = 期末应纳税暂时性差异 × 适用所得税税率

期末递延所得税资产 = 期末可抵扣暂时性差异 × 适用所得税税率

如果当期应予确认的递延所得税负债大于当期应予确认的递延所得税资产的差额,为当期应予确认的递延所得费用,递延所得税费用应当在确认当期递延所得税负债和递延所得税资产的同时,计入当期所得税费用;如果当期应予确认的递延所得税负债小于当期应予确认的递延所得税资产的差额,为当期应予确认的递延所得税收益,递延所得税收益应当在确认当期递延所得税负债和递延所得税资产的同时,抵减当期所得税费用。

但以下两种情况除外:

(1)某项交易或事项按照会计准则规定应计入所有者权益的,在确认由该交易或事项产生的递延所得税负债和递延所得税资产的同时,相应的递延所得税亦应计入所有者权益,不构成利润表中的递延所得税费用(或收益)。

(2)企业合并中取得的资产、负债,因其账面价值与计税基础不同而应确认相关递延所得税负债和递延所得税资产的,相应的递延所得税应调整合并中产生的商誉或是计入合并当期损益的金额,不影响利润表中的递延所得税费用(或收益)。

3. 所得税费用

确定了当期所得税和递延所得税后,两者相加即为所得税费用。其计算公式如下:

$$所得税费用=当期所得税+递延所得税$$

【例11-30】 恒易公司适用25%的所得税税率,2020年度按照税法规定计算的应交所得税为25 800 000元,确定的应纳税暂时性差异为43 000 000元,可抵扣暂时性差异为32 250 000元。假设恒易公司不存在可抵扣亏损和税款抵减,预计在未来期间能够产生足够的应纳税所得额用以抵扣可抵扣暂时性差异。恒易公司的会计处理如下:

(1)假设恒易公司"递延所得税资产"和"递延所得税负债"科目的期初余额均为0,则:

当期递延所得税负债=43 000 000×25%=10 750 000(元)

当期递延所得税资产=32 250 000×25%=8 062 500(元)

当期递延所得税=10 750 000-8 062 500=2 687 500(元)

当期所得税费用=25 800 000+2 687 500=28 487 500(元)

借:所得税费用	28 487 500.00
递延所得税资产	8 062 500.00
贷:应交税费——应交所得税	25 800 000.00
递延所得税负债	10 750 000.00
借:本年利润	28 487 500.00
贷:所得税费用	28 487 500.00

该笔会计分录后略。

(2)假设恒易公司"递延所得税资产"科目期初余额为6 450 000元,"递延所得税负债"科目期初余额为9 675 000元,则:

当期递延所得税负债=10 750 000-9 675 000=1 075 000(元)

当期递延所得税资产=8 062 500-6 450 000=1 612 500(元)

当期递延所得税=1 075 000-1 612 500=-537 500(元)

当期所得税费用=25 800 000-537 500=25 262 500(元)

借：所得税费用	25 262 500.00
递延所得税资产	1 612 500.00
贷：应交税费——应交所得税	25 800 000.00
递延所得税负债	1 075 000.00

（3）假设恒易公司"递延所得税资产"科目期初余额为 10 750 000 元，"递延所得税负债"科目期初余额为 11 825 000 元，则：

当期递延所得税负债＝10 750 000－11 825 000＝－1 075 000（元）

当期递延所得税资产＝8 062 500－10 750 000＝－2 687 500（元）

当期递延所得税＝－1 075 000－（－2 687 500）＝1 612 500（元）

当期所得税费用＝25 800 000＋1 612 500＝27 412 500（元）

借：所得税费用	27 412 500.00
递延所得税负债	1 075 000.00
贷：应交税费——应交所得税	25 800 000.00
递延所得税资产	2 687 500.00

（4）假设恒易公司"递延所得税资产"科目期初余额为 6 450 000 元，"递延所得税负债"科目期初余额为 12 900 000 元，则：

当期递延所得税负债＝10 750 000－12 900 000＝－2 150 000（元）

当期递延所得税资产＝8 062 500－6 450 000＝1 612 500（元）

当期递延所得税＝－2 150 000－1 612 500＝－3 762 500（元）

当期所得税费用＝25 800 000－3 762 500＝22 037 500（元）

借：所得税费用	22 037 500.00
递延所得税负债	2 150 000.00
递延所得税资产	1 612 500.00
贷：应交税费——应交所得税	25 800 000.00

（5）假设恒易公司"递延所得税资产"科目期初余额为 9 675 000 元，"递延所得税负债"科目期初余额为 8 600 000 元，则：

当期递延所得税负债＝10 750 000－8 600 000＝2 150 000（元）

当期递延所得税资产＝8 062 500－9 675 000＝－1 612 500（元）

当期递延所得税＝2 150 000－（－1 612 500）＝3 762 500（元）

当期所得税费用＝25 800 000＋3 762 500＝29 562 500（元）

借：所得税费用	29 562 500.00
贷：应交税费——应交所得税	25 800 000.00
递延所得税负债	2 150 000.00
递延所得税资产	1 612 500.00

【例 11-31】 恒易公司 2020 年度实现利润总额为 645 873 120 元（参见[例 11-26]），当年发生下列调整事项：

(1) 投资收益中有 260 000 元为国债利息。
(2) 管理费用中有业务招待费 5 350 000 元。
(3) 营业外支出中有赞助支出 1 000 000 元、非公益性捐赠 800 000 元。
(4) 资产、负债的账面价值与计税基础如表 11-4 所示。

表 11-4 资产、负债账面价值与计税基础比较表　　　　　　　单位：万元

项目	账面价值		计税基础		暂时性差异			
					应纳税暂时性差异		可抵扣暂时性差异	
	2019年期末	2020年期末	2019年期末	2020年期末	2019年	2020年	2019年	2020年
存货	10 350	9 200	10 695	9 775			345	575
固定资产	7 475	6 900	6 739	5 980	736	920		
无形资产	2 875	3 910	3 105	4 140			230	230
预计负债	345	345	0	0			345	345
合计	—	—			736	920	920	1 150

恒易公司适用的所得税税率为 25%，除上述事项外，其他均视为未发生，预计在未来期间能够产生足够的应纳税所得额用以抵扣可抵扣暂时性差异。恒易公司的会计处理如下：

(1) 确定当期所得税：

会计利润	645 873 120.00
减：国债利息	260 000.00
加：不准予扣除的业务招待费 (5 350 000×40%)	2 140 000.00
加：赞助支出	1 000 000.00
加：非公益性捐赠	800 000.00
减：应纳税暂时性差异	9 200 000.00
加：可抵扣暂时性差异	11 500 000.00
应纳税所得额	651 853 120.00

应交所得税 = 651 853 120 × 25% = 162 963 280(元)

(2) 确定递延所得税：

当期递延所得税负债 =（9 200 000 - 7 360 000）× 25% = 460 000(元)

当期递延所得税资产 =（11 500 000 - 9 200 000）× 25% = 575 000(元)

当期递延所得税 = 460 000 - 575 000 = -115 000(元)

当期所得税费用 = 162 963 280 - 115 000 = 162 848 280(元)

(3) 会计处理：

借：所得税费用	162 848 280.00
递延所得税资产	575 000.00
贷：应交税费——应交所得税	162 963 280.00
递延所得税负债	460 000.00
借：本年利润	162 848 280.00
贷：所得税费用	162 848 280.00

第六节 利润分配

一、利润分配的内容

企业当期实现的净利润,加上年初未分配利润(或减去年初未弥补亏损)后的余额,为可供分配的利润。可供分配的利润,一般按下列顺序分配:

(1) 提取法定盈余公积,是指企业根据有关法律的规定,按照净利润的10%提取的法定盈余公积。法定盈余公积累计金额达到注册资本的50%时,企业可以不再提取。

(2) 提取任意盈余公积,是指企业按股东大会决议提取的任意盈余公积。

(3) 应付现金股利或利润,是指企业按照利润分配方案分配给股东的现金股利,也包括非股份有限公司分配给投资者的利润。

(4) 转作股本的股利,是指企业按照利润分配方案以分派股票股利的形式转作股本的股利,也包括非股份有限公司以利润转增的资本。

二、利润分配的核算

企业应设置"利润分配"科目核算企业利润的分配(或亏损的弥补)和历年分配(或弥补)后的余额,其借方登记利润的分配,贷方登记亏损的弥补,年终"本年利润"科目的余额转入本科目后,期末余额在贷方表示未分配利润,期末余额在借方表示未弥补亏损。本科目是"本年利润"科目的调整科目。

为了核算企业利润分配的具体情况,公司制企业在"利润分配"科目下分别设置以下二级科目:提取法定盈余公积;提取任意盈余公积;应付现金股利;转作股本的股利;未分配利润。其中,"未分配利润"明细科目核算企业全年实现的净利润(或净亏损)、利润分配和尚未分配的利润(或尚未弥补的亏损)。年度终了,企业将全年实现的净利润(或净亏损)自"本年利润"科目转入"未分配利润"明细科目;将"利润分配"科目下的其他明细科目的余额转入"未分配利润"明细科目。结转后,除"利润分配"科目中的"未分配利润"明细科目外,其他明细科目均无余额。年度终了,"利润分配"科目中的"未分配利润"明细科目如为贷方余额,反映企业历年积存的尚未分配的利润;如为借方余额,反映企业累积尚未弥补的亏损。

企业按有关规定分配利润时,借记"利润分配"科目的相关明细科目,贷记"盈余公积"科目的相关明细科目,贷记"应付股利""股本"等科目。

【例11-32】 依[例11-31]资料,恒易公司2020年度按10%提取法定盈余公积,股东大会决议分配普通股现金股利60 000 000元。

借:利润分配——提取法定盈余公积	48 302 484.00
贷:盈余公积——法定盈余公积	48 302 484.00
借:利润分配——应付现金股利	60 000 000.00
贷:应付股利	60 000 000.00

【例11-33】 依[例11-26]、[例11-31]和[例11-32]资料,年终结转本年利润和利润分配。

(1) 结转本年利润:

借:本年利润	483 024 840.00
贷:利润分配——未分配利润	483 024 840.00

(2) 结转利润分配：

借：利润分配——未分配利润　　　　　　　　　　　108 302 484.00
　　贷：利润分配——提取法定盈余公积　　　　　　　48 302 484.00
　　　　　　　　——应付现金股利　　　　　　　　　60 000 000.00

第 12 章　财务报告

本 章 提 要

本章主要叙述资产负债表、利润表、现金流量表和所有者权益变动表的编制原理和基本编制方法,以及财务报告附注、中期财务报告等内容。通过本章的学习,应了解财务报告的种类及编制的基本要求,明确各种财务报告的作用,掌握资产负债表、利润表、现金流量表和所有者权益变动表的编制原理和编制方法,熟悉财务报告附注的内容。

重 点 难 点

资产负债表;利润表;现金流量表。

第一节　财务报告概述

一、财务报告的概念

财务报告是指反映企业财务状况、经营成果和现金流量的书面文件,主要包括资产负债表、利润表、现金流量表、所有者权益变动表和财务报告附注等内容。在日常会计核算中,对于企、事业单位在一定时期内所发生的各项经济业务及相关会计事项,都进行了必要的财务会计处理。但是,日常会计处理后的会计资料比较零星分散,不能集中、概括、相互联系地综合反映企、事业单位的经济活动及其财务收支的全貌,不便于管理当局了解、分析和评价一定时期的财务状况、经营成果及现金流量情况,更无法向企、事业单位外部利害关系者提供和披露相关财务会计信息资料。因此,需要将日常会计核算资料加以汇总编制成表格形式的会计信息资料。编制、报告并披露财务报告及相关信息是财务会计基本内容与方法之一。

二、财务报告的种类

财务报告分为年度财务报告和中期财务报告两种。年度财务报告是指年度终了编制的会计报告,它所涵盖的会计期间为一个完整的会计年度。中期财务报告是指以中期为基础编制的财务报告。所谓中期,是指短于一个完整的会计年度的报告期间。从财务报告所包括的内容来看,财务报告包括会计报表、会计报表附注和其他应当在会计报告中披露的相关信息和资料。

（一）会计报表

会计报表是财务报告的核心内容，也称会计报告。所谓会计报表，是指综合反映企业某一特定日期资产、负债和所有者权益及其结构情况、某一特定时期经营成果的实现及分配情况和某一特定时期现金流入、现金流出及净增加情况的书面文件，是对企业财务状况、经营成果和现金流量的结构性表述。主要包括资产负债表、利润表、现金流量表和所有者权益变动表。

会计报表按照不同的标准可以分为不同的类别，比较常见的分类标准及类别有以下 4 种：

（1）会计报表按其反映的内容可以分为动态会计报表和静态会计报表。动态会计报表是反映一定时期内经营成果和现金流量的会计报表；静态会计报表是反映企业在一定日期资产和权益总额的会计报表。

（2）会计报表按其编报的时间可以分为月度报表、季度报表、半年度报表和年度报表。月度报表是每月编报一次的会计报表；季度报表是每季度编报一次的会计报表；半年度报表是每半年编报一次的会计报表；年度报表是每年编报一次的会计报表。

（3）会计报表按其编制的单位可以分为单位报表和汇总报表。单位报表是企业在自身会计核算的基础上，对账簿记录进行加工而编制的会计报表；汇总报表是由总公司或主管部门（系统）根据所属单位报送的会计报表，连同本单位会计报表汇总编制的综合性会计报表。

（4）会计报表按其编制的范围可以分为个别会计报表和合并会计报表。个别会计报表是仅仅反映一个会计主体的财务状况、经营成果和现金流量情况的会计报表；合并会计报表是将多个具有控股关系的会计主体的财务状况、经营成果和现金流量情况合并编制的会计报表。

（二）会计报表附注

会计报表附注是对资产负债表、利润表、现金流量表和所有者权益变动表等报表中列示项目的文字描述或明细资料，以及对未能在这些报表中列示项目的说明等。会计报表附注是财务报告的重要组成部分，应当按照一定的方式披露，有关信息应当与会计报表项目相互参照。

会计报表附注提供的信息十分广泛，我国企业会计准则规定，会计报表附注应包括以下内容：会计报表的编制基础，遵循《企业会计准则》的声明，重要会计政策的说明，重要会计估计的说明，会计政策和会计估计变更以及差错更正的说明，对已在资产负债表、利润表、现金流量表和所有者权益变动表中列示的重要项目的进一步说明，或有和承诺事项、资产负债表日后非调整事项、关联方关系及其交易等需要说明的事项等。

三、财务报告列报的基本要求

按照财务报告具体准则的相关规定，编制、列报财务报告应遵循以下要求：

（1）企业应当以持续经营为基础，根据实际发生的交易和事项，按照基本会计准则和其他各项会计准则的规定进行确认和计量，在此基础上编制财务报表。企业不应以附注披露代替确认和计量，不恰当的确认和计量也不能通过充分披露相关会计政策而纠正。如果按照各项会计准则规定披露的信息不足以让报表使用者了解特定交易或事项对企业财务状况和经营成果的影响时，企业还应当披露其他的必要信息。

（2）在编制财务报表的过程中，企业管理层应当利用所有可获得信息来评价企业自报告期末起至少 12 个月的持续经营能力。评价时需要考虑宏观政策风险、市场经营风险、企业目前或长期的盈利能力、偿债能力、财务弹性以及企业管理层改变经营政策的意向等因素。

评价结果表明对持续经营能力产生重大怀疑的，企业应当在附注中披露导致对持续经营能力产生重大怀疑的因素以及企业拟采取的改善措施。

（3）企业如有近期获利经营的历史且有财务资源支持，则通常表明以持续经营为基础编制财务报表是合理的。企业正式决定或被迫在当期或将在下一个会计期间进行清算或停止营业的,则表明以持续经营为基础编制财务报表不再合理。在这种情况下,企业应当采用其他基础编制财务报表,并在附注中声明财务报表未以持续经营为基础编制的事实、披露未以持续经营为基础编制的原因和财务报表的编制基础。

(4) 除现金流量表按照收付实现制原则编制外,企业应当按照权责发生制原则编制财务报表。

(5) 财务报表项目的列报应当在各个会计期间保持一致,不得随意变更,但下列情况除外:① 会计准则要求改变财务报表项目的列报;② 企业经营业务的性质发生重大变化或对企业经营影响较大的交易或事项发生后,变更财务报表项目的列报能够提供更可靠、更相关的会计信息。

(6) 性质或功能不同的项目,应当在财务报表中单独列报,但不具有重要性的项目除外。性质或功能类似的项目,其所属类别具有重要性的,应当按其类别在财务报表中单独列报。某些项目的重要性程度不足以在资产负债表、利润表、现金流量表或所有者权益变动表中单独列示,但对附注却具有重要性,则应当在附注中单独披露。

(7) 重要性是指在合理预期下,财务报表某项目的省略或错报会影响使用者据此作出经济决策的,该项目具有重要性。重要性应当根据企业所处的具体环境,从项目的性质和金额两方面予以判断,且对各项目重要性的判断标准一经确定,不得随意变更。判断项目性质的重要性,应当考虑该项目在性质上是否属于企业日常活动、是否显著影响企业的财务状况、经营成果和现金流量等因素;判断项目金额大小的重要性,应当考虑该项目金额占资产总额、负债总额、所有者权益总额、营业收入总额、营业成本总额、净利润、综合收益总额等直接相关项目金额的比重或所属报表单列项目金额的比重。

(8) 财务报表中的资产项目和负债项目的金额、收入项目和费用项目的金额、直接计入当期利润的利得项目和损失项目的金额不得相互抵销,但其他会计准则另有规定的除外。一组类似交易形成的利得和损失应当以净额列示,但具有重要性的除外。资产或负债项目按扣除备抵项目后的净额列示和非日常活动产生的利得和损失以同一交易形成的收益扣减相关费用后的净额列示更能反映交易实质的,不属于抵销。

(9) 当期财务报表的列报,至少应当提供所有列报项目上一个可比会计期间的比较数据,以及与理解当期财务报表相关的说明,但其他会计准则另有规定的除外。财务报表的列报项目发生变更的,应当至少对可比期间的数据按照当期的列报要求进行调整,并在附注中披露调整的原因和性质以及调整的各项目金额。对可比数据进行调整不切实可行的,应当在附注中披露不能调整的原因。

(10) 企业应当在财务报表的显著位置至少披露编报企业的名称、资产负债表日或财务报表涵盖的会计期间、人民币金额单位、个别财务报表或合并财务报表等内容。

(11) 企业至少应当按年编制财务报表。年度财务报表涵盖的期间短于1年的,应当披露年度财务报表的涵盖期间、短于1年的原因以及报表数据不具可比性的事实。

(12) 应在财务报表中单独列报的项目应当单独列报或应当增加单独列报项目。

第二节 资产负债表

一、资产负债表的作用

资产负债表是综合反映企业某特定日期财务状况的会计报表。资产负债表以资产、负债、所有者权益及其相互关系来反映一个企业资金运动在某一特定时日的相对静止状况。财务状况是指资产、负债、所有者权益结构及其相互关系,它是资产负债表的基本构成内容。资产负债表的基本作用就在于能够提供财务状况的相关信息,具体包括:

(一) 资产规模及其分布

资产是企业所拥有或控制的经济资源,资产量的多少及其质量,表明一个企业拥有的经济实力。资产结构是否合理能够反映一个企业运用其资源的能力和潜力,进而能够反映并说明企业管理当局是否已经认真履行其应尽的受托责任。

(二) 权益结构

企业投资者十分关心其在被投资企业所拥有的权益数额、构成结构及其安全程度。由于所有者权益是剩余权益,所以,企业的权益结构是分析其投资安全的重要信息。权益结构是指企业在某一特定时日的各项权益在其总额中的比例关系。其具体含义:一是指企业权益总额与负债和所有者权益的相对比例关系;二是各类负债在负债总额中的相对比例关系以及各种所有者权益在所有者权益总额中的相对比例关系。如短期负债与长期负债的比例关系,实收资本、资本公积、盈余公积及未分配利润的比例关系等。如果在权益总额中所有者权益占的比例较高,表明企业的经营风险主要由企业所有者承担,特别是企业破产风险,对长期负债的偿债能力较强;反之,在权益总额中如果负债占的比重较大,则表明企业的经营风险主要由债权人承担,企业偿还长期债务的能力较弱。

(三) 偿债能力

偿债能力是指企业偿还到期债务的能力。偿债能力又称企业偿债风险状况。企业偿还债务能力的强弱是判断企业财务状况好坏的主要标准之一。由于以提供劳务抵偿债务受到很多主客观因素的限制,因而不是偿还债务的常见方式,主要应以资产偿还债务。在全部资产中,除现金(指货币资金及其等价物)外,其他资产则常常不是现时的直接偿付能力,进而需要观察资产的变现力,即企业各项资产转化成现金的能力,也就是企业一定时期的现金流入量。在一定期间,企业拥有的现金规模及资产变现力是企业偿还债务的承受能力或保证程度。具体而言,短期偿债能力主要观察资产的流动性,长期偿债能力主要观察资产的获利能力。总之,偿债能力要求企业资产和负债及所有者权益应成比例合理分布。

(四) 盈利能力

企业权益人对企业运用其投入资本而实现的增值价值部分的权益状况反映了企业的盈利能力。通常情况下,如果企业资产负债表中所有者权益期末数额减去期初数额,再扣除实收资本及资本公积增加数后的数额为正数,其实质也表明企业实现了盈利。因此,资产负债表不仅能够在一定程度上说明企业未来的获利能力,而且能够说明报告期是否已经实现了盈利。

二、资产负债表的基本结构

(一) 资产负债表整体结构

资产负债表整体结构分表首和表身两部分,表首即表头,包括单位名称、日期、货币单位等;表身即正表部分,包括资产、负债及所有者权益三部分内容,依据"资产=负债+所有者权益"平衡公式设计,按其流动性强弱排列各项目内容。

(二) 资产负债表正表的基本结构

资产负债表正表应当按照资产、负债和所有者权益(或股东权益,下同)分类列报。资产负债表按照资产、负债及所有者权益两大部分排列格式的不同,分为平行式和垂直式两种格式。平行式又称账户式,这种格式将资产与负债及所有者权益分左右两方平行排列,资产在左方,负债及所有者权益在右方,左右平衡。垂直式又称报告式,这种格式将资产、负债及所有者权益分上下排列,资产在上,负债及所有者权益在下,上下平衡。平行式资产负债表将资产与负债及所有者权益左右平行排列便于阅读和比较分析,因而我国企业会计准则规定采用平行式资产负债表。为了便于比较分析,资产负债表中的金额栏通常分别列示年初数和期末数两栏。资产项目按流动性强弱分为流动资产和非流动资产,具体包括货币资金、交易性金融资产、应收票据及应收账款、预付款项、存货、合同资产、持有待售资产、债权投资、长期股权投资、投资性房地产、固定资产、生产性生物资产、无形资产、递延所得税资产等项目;负债项目按偿还期限的长短分为流动负债和非流动负债,具体包括短期借款、交易性金融负债、应付票据及应付账款、预收款项、应付职工薪酬、应交税费、持有待售负债、长期借款、应付债券、长期应付款、预计负债、递延所得税负债等项目;所有者权益项目按其性质分为实收资本(或股本,下同)、其他权益工具、资本公积、其他综合收益、盈余公积和未分配利润等项目。

其中:

列作流动资产的项目应当符合下列条件之一:预计在一个正常营业周期中变现、出售或耗用的;主要为交易目的而持有;预计自资产负债表日起1年内变现;自资产负债表日起1年内用于交换其他资产或清偿负债的能力不受限制的现金或现金等价物。不符合上述流动资产条件的项目应作为非流动资产列报,非流动资产各项目应当按其性质分类列报。被划分为持有待售的非流动资产应当归类为流动资产。

列作流动负债的项目应当符合下列条件之一:预计在一个正常营业周期中清偿的;主要为交易目的而持有;自资产负债表日起1年内到期应予以清偿;企业无权自主地将清偿推迟至自资产负债表日后1年以上的。不符合上述流动负债条件的项目应作为非流动负债列报,非流动负债应当按其性质分类列报。被划分为持有待售的非流动负债应当归类为流动负债。企业对于自资产负债表日起1年内到期的负债,预计能够自主地将清偿义务展期至自资产负债表日起1年以上的,应当归类为非流动负债;不能自主地将清偿义务展期的,应当归类为流动负债。企业在资产负债表日后、财务报告批准报出日前签订了重新安排清偿计划协议的,该项负债仍然应当归类为流动负债;企业在资产负债表日或之前违反了长期借款协议条款,导致贷款人可随时要求清偿的负债,应当归类为流动负债;贷款人在资产负债表日或之前同意提供自资产负债表日起1年以上的宽限期,企业能够在此期限内改正违约行为,且贷款人不能要求随时清偿时,该项负债应当归类为非流动负债。其他长期负债存在类似情况的,比照上述原理处理。

资产负债表应当列报资产总计项目和负债及所有者权益总计项目。

资产负债表的格式如表12-3所示。

三、资产负债表的编制及其应用举例

(一)资产负债表的编制

资产负债表的编制一般要经过三个阶段:一是做好编制前的准备工作;二是计算并填列表内各项目;三是复核并办理签字等手续。

资产负债表的上年年末余额应根据上年资产负债表期末余额填列,期末余额的填列分三种情况:

(1)表内项目与日常会计核算的会计科目口径一致的,按有关总分类账户的期末余额直接填列,如短期借款、应付职工薪酬、应交税费、实收资本、资本公积、盈余公积等。

(2)表内项目与日常会计核算的会计科目口径不一致的,根据若干账户期末余额分析计算填列。分析计算填列有三种情况:

① 根据若干总分类账户期末余额相加后以合计数填列,其主要包括的项目有:货币资金、存货、其他应收款、其他应付款等。

② 根据若干总分类账户期末余额相减后以净额填列,其主要包括的项目有:应收票据及应收账款、存货、长期股权投资、在建工程、固定资产、无形资产等。

③ 根据若干明细分类账户的期末余额分析后填列,其主要包括的项目有:应收票据及应收账款、预收账款、应付票据及应付账款、预付账款等。

(3) 根据已填入表内的相关项目金额计算填列,如流动资产合计、非流动资产合计、资产总计、流动负债合计、非流动负债合计、所有者权益合计、负债及所有者权益总计等。

(二)资产负债表编制举例

【例 12-1】 恒易公司 2019 年有关账户余额如表 12-1 所示。

表 12-1 恒易公司有关账户年末余额表　　　　　　　单位:元

资　产	期初余额	负债及所有者权益	期初余额
库存现金	1 400	应付账款	3 000
银行存款	12 000	应付职工薪酬	2 000
应收账款	4 000	实收资本	800 000
坏账准备	−400	资本公积	50 000
原材料	247 700	盈余公积	45 000
库存商品	32 300		
周转材料	4 000		
固定资产	649 000		
累计折旧	−50 000		
资产合计	900 000	负债及所有者权益合计	900 000

恒易公司 2020 年发生下列经济业务:

(1) 购入材料,验收入库价值计 120 000 元,增值税税率 13%,货款尚未支付。另以支票支付运杂费 1 000 元(不考虑增值税)。该批材料计划成本 126 000 元。

(2) 生产领用材料计划成本 300 000 元,其中,甲产品领用 200 000 元,乙产品领用 100 000 元;车间领用材料 10 000 元。

(3) 本期应付工资 200 000 元,其中,生产甲产品工人工资 100 000 元,生产乙产品工人工资 50 000 元,车间管理人员工资 10 000 元,行政管理人员工资 40 000 元。

(4) 按工资额的 14% 计提其他应付工资性费用。

(5) 销售甲产品 1 600 件,每件售价 400 元,销售乙产品 1 000 件,每件 260 元。增值税税率均为 13%,收到购货方签发的银行承兑汇票 10 000 元,其余款项收到存入银行。

(6) 以银行存款 8 000 元支付管理部门办公费用 5 000 元、车间办公费用 3 000 元。

(7) 向银行借款 100 000 元存入银行,利息率 6%,期限 8 个月。

(8) 购入低值易耗品价值 2 000 元,货款以存款支付,当日交付使用,采用一次摊销法摊销,其中管理部门应摊销 1 000 元,车间应摊销 1 000 元。

(9) 计提固定资产折旧,其中,房屋按综合折旧率 5% 计提,由管理部门负担;机器设备按双倍余额递减法计提,已知全部机器设备为第一年投入使用,预计使用年限 5 年,净残值率 2%,折旧费由车间负担。

(10) 已知"材料成本差异"为贷方余额,成本差异率为 5%,计算当期领用材料应负担的材料成本差异额并入账。

(11) 计算制造费用总额,甲产品、乙产品按 3∶2(按工时比例)的比率分摊计入产品生产成本。

(12) 甲产品 2 000 件、乙产品 1 000 件当期全部完工验收入库。

(13) 以银行存款购入于当年同日发行 3 年期企业债券 10 张,每张面值 10 000 元,发行价 10 900 元,票面利率 10%,每半年付息一次。另付佣金等费用 3 600 元。恒易公司将其分类为以摊余成本计量的金融资产。

(14) 从银行存款提取现金 200 000 元,发放全部工资。

(15) 对外销售设备一台,原值 10 000 元,已折旧 4 000 元,支付清理费用 600 元,售价收入 7 000 元存入银行,结转清理损益入账(假设不考虑增值税)。

(16) 将期限为 6 个月的不带息应收票据 10 000 元向银行贴现,已知票据开出日为 7 月 1 日,贴现日为 8 月 10 日,贴现息为 10%。(每年按 360 天计算)

(17) 以银行存款购入专利权一项,价值 20 000 元。该项专利摊销期为 5 年,计算摊销当年应负担费用,从 7 月 1 日开始达到预定可使用状态。

(18) 以合伙入股方式对外投资 300 000 元,款项以存款支付;拥有被投资企业 30%的股份,被投资企业此时所有者权益总额为 800 000 元。

(19) 年底被投资企业实现净利 140 000 元。

(20) 年底收到长期债券投资利息 5 000 元存入银行,同时确认长期债券投资收益入账,假设应摊销溢价 2 100 元。

(21) 以存款支付产品销售费用 10 000 元。

(22) 经计算,本期应交城市维护建设税 7 098 元,应交教育费附加 3 042 元。

(23) 以银行存款交纳增值税 101 400 元、税金及附加 10 140 元。

(24) 采用综合加权平均法结转已销商品成本,其中,甲产品期初库存 100 件,每件实际成本 323 元,乙产品无期初余额。

(25) 按应收账款余额的 20%计提坏账准备。

(26) 预提银行短期借款(4 个月)利息费。

(27) 将各项收支项目结转"本年利润"账户。

(28) 按税率 25%计算应交所得税(假设无调整项目)。

(29) 提取法定盈余公积金 10%,向投资者分配现金股利 20%。

(30) 结转"利润分配——未分配利润"账户。

试根据上述资料编制记账凭证并编制资产负债表。

根据上述资料编制相应会计分录(代记账凭证)如表 12-2 所示。

表 12-2 记账凭证

凭证字号	摘要	会计科目	借方金额	贷方金额
1	购料	材料采购	121 000.00	
		应交税费——应交增值税	15 600.00	
		应付账款		135 600.00
		银行存款		1 000.00
		原材料	126 000.00	
		材料采购		126 000.00
		材料采购	5 000.00	
		材料成本差异		5 000.00

续 表

凭证字号	摘 要	会 计 科 目	借方金额	贷方金额
2	领用材料	生产成本——甲产品	200 000.00	
		——乙产品	100 000.00	
		制造费用	10 000.00	
		原材料		310 000.00
3	分配工资	生产成本——甲产品	100 000.00	
		——乙产品	50 000.00	
		制造费用	10 000.00	
		管理费用	40 000.00	
		应付职工薪酬		200 000.00
4	计提工资性其他费用	生产成本——甲产品	14 000.00	
		——乙产品	7 000.00	
		制造费用	1 400.00	
		管理费用	5 600.00	
		应付职工薪酬		28 000.00
5	销售收入	银行存款	1 007 000.00	
		应收票据	10 000.00	
		主营业务收入		900 000.00
		应交税费——应交增值税		117 000.00
6	支付费用	制造费用	3 000.00	
		管理费用	5 000.00	
		银行存款		8 000.00
7	取得借款	银行存款	100 000.00	
		短期借款		100 000.00
8	购入低值易耗品交付使用	制造费用	1 000.00	
		管理费用	1 000.00	
		银行存款		2 000.00
9	计提折旧	制造费用	79 600.00	
		管理费用	22 500.00	
		累计折旧		102 100.00
10	分配材料差异	材料成本差异	15 500.00	
		生产成本——甲产品		10 000.00
		——乙产品		5 000.00
		制造费用		500.00
11	分配制造费用	生产成本——甲产品	62 700.00	
		——乙产品	41 800.00	
		制造费用		104 500.00
12	验收入库	库存商品——甲产品	366 700.00	
		——乙产品	193 800.00	
		生产成本——甲产品		366 700.00
		——乙产品		193 800.00

续 表

凭证字号	摘要	会计科目	借方金额	贷方金额
13	购入债券	债权投资——成本	100 000.00	
		——利息调整	12 600.00	
		银行存款		112 600.00
14	支付工资	应付职工薪酬	200 000.00	
		银行存款		200 000.00
15	处置固定资产	固定资产清理	6 000.00	
		累计折旧	4 000.00	
		固定资产		10 000.00
		固定资产清理	600.00	
		银行存款		600.00
		银行存款	7 000.00	
		固定资产清理		7 000.00
		固定资产清理	400.00	
		资产处置损益		400.00
16	票据贴现	银行存款	9 600.00	
		财务费用	400.00	
		应收票据		10 000.00
17	购入专利并交付使用	无形资产	20 000.00	
		银行存款		20 000.00
		管理费用	2 000.00	
		累计摊销		2 000.00
18	购入股票	长期股权投资——成本	300 000.00	
		银行存款		300 000.00
19	获得投资收益	长期股权投资——损益调整	42 000.00	
		投资收益		42 000.00
20	收到债券利息	银行存款	5 000.00	
		债权投资——利息调整		2 100.00
		投资收益		2 900.00
21	支付销售费用	销售费用	10 000.00	
		银行存款		10 000.00
22	计算城建税及教育费附加	税金及附加	10 140.00	
		应交税费——应交城市维护建设税		7 098.00
		——应交教育费附加		3 042.00
23	交纳税金	应交税费——应交增值税(已交税金)	101 400.00	
		——应交城市维护建设税	7 098.00	
		——应交教育费附加	3 042.00	
		银行存款		111 540.00
24	结转成本	主营业务成本	497 800.00	
		库存商品——甲产品		304 000.00
		——乙产品		193 800.00

续 表

凭证字号	摘 要	会 计 科 目	借方金额	贷方金额
25	计提坏账准备	信用减值损失	400.00	
		坏账准备		400.00
26	预提利息	财务费用	2 000.00	
		应付利息		2 000.00
27	结转利润	主营业务收入	900 000.00	
		投资收益	44 900.00	
		资产处置损益	400.00	
		本年利润		945 300.00
		本年利润	596 840.00	
		主营业务成本		497 800.00
		税金及附加		10 140.00
		销售费用		10 000.00
		管理费用		76 100.00
		财务费用		2 400.00
		信用减值损失		400.00
28	计算所得税并结转	所得税费用	87 115.00	
		应交税费——应交所得税		87 115.00
		本年利润	87 115.00	
		所得税费用		87 115.00
29	利润分配	利润分配——提取法定盈余公积	26 134.50	
		——应付现金股利	52 269.00	
		盈余公积——法定盈余公积		26 134.50
		应付股利		52 269.00
30	结转未分配利润	本年利润	261 345.00	
		利润分配——未分配利润		261 345.00
		利润分配——未分配利润	78 403.50	
		利润分配——提取盈余公积		26 134.50
		——应付现金股利		52 269.00

其中：

第16题：贴现天数 $=(31-10+1)+30+31+30+31=144$（天）

贴现息 $=10\ 000\times10\%\times144/360=400$（元）

第17题：本年应摊销 $=20\ 000\div5\div2=2\ 000$（元）

第24题：甲产品加权平均单价 $=(32\ 300+366\ 700)\div(100+2\ 000)=190$（元）

甲产品销售成本 $=1\ 600\times190=304\ 000$（元）

乙产品销售成本 $=1\ 000\times193.80=193\ 800$（元）

第25题：$4\ 000\times20\%-400=400$（元）

第26题：$100\ 000\times6\%\times4\div12=2\ 000$（元）

第28题：$348\ 460\times25\%=87\ 115$（元）

根据表12-2资料编制资产负债表如表12-3所示。

表 12－3 资产负债表

编制单位：恒易公司　　　　　2020 年 12 月 31 日　　　　　　　　　　　　会企 01 表　　单位：元

资　产	期末余额	上年年末余额	负债和所有者权益（或股东权益）	期末余额	上年年末余额
流动资产：			流动负债：		
货币资金	376 260.00	13 400.00	短期借款	100 000.00	
交易性金融资产			交易性金融负债		
衍生金融资产			衍生金融负债		
应收票据			应收票据		
应收账款	3 200.00	3 600.00	应付账款	138 600.00	3 000.00
应收款项融资			预收款项		
预付款项			合同负债		
其他应收款			应付职工薪酬	30 000.00	2 000.00
存货	173 200.00	284 000.00	应交税费	87 115.00	
合同资产			其他应付款	54 269.00	
持有待售资产			持有待售负债		
一年内到期的非流动资产			一年内到期的非流动负债		
其他流动资产			其他流动负债		
流动资产合计	552 660.00	301 000.00	流动负债合计	409 984.00	5 000.00
非流动资产：			非流动负债：		
债权投资	110 500.00		长期借款		
其他债权投资			应付债券		
长期应收款			其中：优先股		
长期股权投资	342 000.00		永续债		
其他权益工具投资			租赁负债		
其他非流动金融资产			长期应付款		
投资性房地产			预计负债		
固定资产	490 900.00	599 000.00	递延收益		
在建工程			递延所得税负债		
生产性生物资产			其他非流动负债		
油气资产			非流动负债合计		
使用权资产			负债合计	409 984.00	5 000.00
无形资产	18 000.00		所有者权益（或股东权益）：		
开发支出			实收资本（或股本）	800 000.00	800 000.00
商誉			其他权益工具		
长期待摊费用			其中：优先股		
递延所得税资产			永续债		
其他非流动资产			资本公积	50 000.00	50 000.00
非流动资产合计	961 400.00	599 000.00	减：库存股		
			其他综合收益		

续 表

资　产	期末余额	年初余额	负债和所有者权益（或股东权益）	期末余额	年初余额
			专项储备		
			盈余公积	71 134.50	45 000.00
			未分配利润	182 941.50	
			所有者权益（或股东权益）合计	1 104 076.00	895 000.00
资产总计	1 514 060.00	900 000.00	负债和所有者权益（或股东权益）总计	1 514 060.00	900 000.00

编制说明：

1."上年年末余额"栏各项目应根据上年末资产负债表"期末余额"栏对应项目填列。

如果本年度资产负债表的相关科目名称、内容同上年度不一致，应对上年末资产负债表相关项目金额按照本年度的规定进行调整，按调整后的金额填列；如果本期发生了会计政策变更、前期差错更正而追溯调整或重述的，应按照追溯调整或重述后的金额填列。

2."期末余额"栏的填列方法如下：

(1)"货币资金"项目，反映资产负债表日企业库存现金、银行存款和其他货币资金等的合计数。本项目应根据"库存现金""银行存款"和"其他货币资金"科目期末余额的合计数填列。

(2)"交易性金融资产"项目，反映资产负债表日企业分类为以公允价值计量且其变动计入当期损益的金融资产，以及企业持有的指定为以公允价值计量且其变动计入当期损益的金融资产的期末账面价值。该项目应根据"交易性金融资产"科目的相关明细科目期末余额分析填列。自资产负债表日起超过1年到期且预期持有超过1年的以公允价值计量且其变动计入当期损益的非流动金融资产的期末账面价值，在"其他非流动金融资产"项目反映。

(3)"衍生金融资产"项目，反映资产负债表日企业持有的衍生金融资产的期末账面价值。本项目应根据"衍生金融资产"科目的期末余额填列。

(4)"应收票据"项目，反映资产负债表日以摊余成本计量的、企业因销售商品、提供劳务等收到的商业汇票，包括银行承兑汇票和商业承兑汇票。经营活动应收取的款项以及收到的商业汇票。本项目应根据"应收票据"科目的期末余额，减去"坏账准备"科目中相关坏账准备期末余额后的金额分析填列。

(5)"应收账款"项目，反映资产负债表日以摊余成本计量的、企业因销售商品、提供劳务等经营活动应收取的款项。本项目应根据"应收账款"科目的期末余额，减去"坏账准备"科目中相关坏账准备期末余额后的金额分析填列。

(6)"应收款项融资"项目，反映资产负债表日以公允价值计量且其变动计入其他综合收益的应收票据和应收账款等。

(7)"预付款项"项目，反映资产负债表日企业按照购货合同规定预付给供应单位的款项等。本项目应根据"预付账款"和"应付账款"科目所属各明细科目的期末借方余额的合计数，减去"坏账准备"科目中有关预付款项计提的坏账准备期末余额后的净额填列。"预付账款"科目所属明细科目的期末贷方余额应反映在"应付票据及应付账款"项目。

(8)"其他应收款"项目，应根据"应收利息""应收股利"和"其他应收款"科目的期末余额合计数，减去"坏账准备"科目中相关坏账准备期末余额后的金额填列。其中的"应收利息"仅反映相关金融工具已到期可收取但于资产负债表日尚未收到的利息。基于实际利率法计提的金融工具的利息应包含在相应金融工具的账面余额中。

(9)"存货"项目,反映资产负债表日企业在库、在途和在加工中的各种存货的可变现净值。本项目应根据"材料采购""原材料""库存商品""发出商品""周转材料""委托加工物资""生产成本""受托代销商品"等科目的期末余额及"合同履约成本"科目所属明细科目中初始确认时摊销期限不超过1年或一个正常营业周期的期末余额合计数,减去"受托代销商品款""存货跌价准备"科目期末余额及"合同履约成本减值准备"科目中相应的期末余额后的金额填列。如果存货按计划成本核算或售价金额核算的,还应按加(或减)"材料成本差异""商品进销差价"科目的期末余额。

(10)"合同资产"项目,反映资产负债表日企业已向客户转让商品而有权收取对价的权利,且该权利取决于时间流逝之外的其他因素。本项目应根据"合同资产"明细科目的期末余额分析计算填列,同一合同下的合同资产和合同负债应当以净额列示。当净额为借方余额时,应视其流动性在"合同资产"或"其他非流动资产"项目中反映,已计提减值准备的还应减去"合同资产减值准备"科目中相应的期末余额;当净额为贷方余额时,应视其流动性在"合同负债"或"其他非流动负债"项目中反映。

(11)"持有待售资产"项目,反映资产负债表日企业划分为持有待售类别的非流动资产及划分为持有待售类别的处置组中的流动资产和非流动资产的期末账面价值。本项目应根据"持有待售资产"科目的期末余额,减去"持有待售资产减值准备"科目的期末余额后的金额填列。

(12)"一年内到期的非流动资产"项目,通常反映预计自资产负债表日起一年内变现的非流动资产。对于按照相关会计准则采用折旧(或摊销、折耗)方法进行后续计量的固定资产、使用权资产、无形资产和长期待摊费用等非流动资产,折旧(或摊销、折耗)年限(或期限)只剩一年或不足一年的,或预计在一年内(含一年)进行折旧(或摊销、折耗)的部分,不得归类为流动资产,仍在各非流动资产项目中填列,不转入"一年内到期的非流动资产"项目。

(13)"其他流动资产"项目,反映资产负债表日企业除货币资金、交易性金融资产、应收票据及应收账款、存货等流动资产以外的其他流动资产的金额。本项目应根据有关科目的期末余额分析计算填列。"应收退货成本"科目中在1年或一个正常营业周期内出售的应收退货成本,以及"合同取得成本"科目的明细科目初始确认时摊销期限不超过1年或一个正常营业周期的,其期末余额在本项目中填列。已计提减值准备的,还应减去"合同取得成本减值准备"科目中相关的期末余额。

(14)"债权投资"项目,反映资产负债表日企业以摊余成本计量的长期债权投资的期末账面价值。本项目应根据"债权投资"科目的相关明细科目期末余额,减去"债权投资减值准备"科目中相关减值准备的期末余额后的金额分析填列。自资产负债表日起1年内到期的长期债权投资的期末账面价值,在"一年内到期的非流动资产"行项目反映。企业购入的以摊余成本计量的1年内到期的债权投资的期末账面价值,在"其他流动资产"项目反映。

(15)"其他债权投资"项目,反映资产负债表日企业分类为以公允价值计量且其变动计入其他综合收益的长期债权投资的期末账面价值。本项目应根据"其他债权投资"科目的相关明细科目期末余额分析填列。自资产负债表日起1年内到期的长期债权投资的期末账面价值,在"一年内到期的非流动资产"行项目反映。企业购入的以公允价值计量且其变动计入其他综合收益的1年内到期的债权投资的期末账面价值,在"其他流动资产"项目反映。

(16)"长期应收款"项目,反映资产负债表日企业融资租赁产生的应收款项和采用递延方式具有融资性质的销售商品和提供劳务等产生的长期应收款项等的期末账面价值。本项目应根据"长期应收款"科目的期末余额,减去相应的"未实现融资收益"科目和"坏账准备"科目中有关长期应收款计提的坏账准备期末余额后的净额填列。长期应收款 1 年内到期的金额应在"一年内到期的非流动资产"项目中反映。

（17）"长期股权投资"项目，反映资产负债表日企业持有的对子公司、联营企业和合营企业的长期股权投资的期末账面价值。本项目应根据"长期股权投资"科目的期末余额，减去"长期股权投资减值准备"科目期末余额后的净额填列。

（18）"其他权益工具投资"项目，反映资产负债表日企业指定为以公允价值计量且其变动计入其他综合收益的非交易性权益工具投资的期末账面价值。本项目应根据"其他权益工具投资"科目的期末余额填列。

（19）"其他非流动金融资产"项目，反映自资产负债表日起超过 1 年到期且预期持有超过 1 年的以公允价值计量且其变动计入当期损益的非流动金融资产的期末账面价值。本项目应根据"交易性金融资产"科目的有关明细科目期末余额分析填列。

（20）"投资性房地产"项目，反映资产负债表日企业持有的投资性房地产的期末账面价值。企业采用成本模式计量投资性房地产的，本项目应根据"投资性房地产"科目的期末余额，减去"投资性房地产累计折旧（摊销）"和"投资性房地产减值准备"科目期末余额后的净额填列；企业采用公允价值模式计量投资性房地产的，本项目应根据"投资性房地产"科目的期末余额直接填列。

（21）"固定资产"项目，反映资产负债表日企业固定资产的期末账面价值和企业尚未清理完毕的固定资产清理净损益。本项目应根据"固定资产"科目的期末余额，减去"累计折旧"和"固定资产减值准备"科目的期末余额后的金额，以及"固定资产清理"科目的期末余额填列。

（22）"在建工程"项目，反映资产负债表日企业尚未达到预定可使用状态的在建工程的期末账面价值和企业为在建工程准备的各种物资的期末账面价值。本项目应根据"在建工程"科目的期末余额，减去"在建工程减值准备"科目的期末余额后的金额，以及"工程物资"科目的期末余额，减去"工程物资减值准备"科目的期末余额后的金额填列。

（23）"生产性生物资产"项目，反映资产负债表日企业持有的生产性生物资产的期末账面价值。本项目应根据"生产性生物资产"科目的期末余额，减去"生产性生物资产累计折旧"和"生产性生物资产减值准备"科目期末余额后的金额填列。

（24）"油气资产"项目，反映资产负债表日企业持有的矿区权益和油气井及相关设施的原价减去累计折耗和累计减值准备后的净额。本项目应根据"油气资产"科目的期末余额，减去"累计折耗"科目期末余额和相应减值准备后的金额填列。

（25）"使用权资产"项目，反映资产负债表日承租人企业持有的使用权资产的账面价值。本项目应根据"使用权资产"科目的期末余额，减去"使用权资产累计折旧"和"使用权资产减值准备"科目期末余额后的金额填列。

（26）"无形资产"项目，反映资产负债表日企业持有的无形资产的期末账面价值。本项目应根据"无形资产"科目的期末余额，减去"累计摊销"和"无形资产减值准备"科目期末余额后的金额填列。

（27）"开发支出"项目，反映资产负债表日企业开发无形资产过程中能够资本化但尚未形成无形资产成本的支出部分。本项目应根据"研发支出"科目中所属的"资本化支出"明细科目期末余额填列。

（28）"商誉"项目，反映资产负债表日企业合并中形成的商誉的期末账面价值。本项目应根据"商誉"科目的期末余额，减去"商誉减值准备"科目期末余额后的净额填列。

（29）"长期待摊费用"项目，反映资产负债表日企业已经支付但应由本期和以后各期共同负担的分摊期限在1年以上的各项费用。长期待摊费用中在1年内(含1年)摊销的部分反映在"一年内到期的非流动资产"项目中。本项目应根据"长期待摊费用"科目的期末余额减去将于1年内(含1年)摊销的金额后的金额填列。

(30)"递延所得税资产"项目,反映资产负债表日企业确认的可抵扣暂时性差异产生的递延所得税资产的期末账面价值。本项目应根据"递延所得税资产"科目的期末余额填列。

(31)"其他非流动资产"项目,反映企业除长期股权投资、固定资产、在建工程、无形资产等资产以外的其他非流动资产。本项目应根据有关科目的期末余额分析计算填列。"应收退货成本"科目中在1年或一个正常营业周期以上出售的应收退货成本,以及"合同取得成本"和"合同履约成本"科目的明细科目初始确认时摊销期限超过1年或一个正常营业周期的,其期末余额在本项目中填列,已计提减值准备的,则扣除"合同取得成本减值准备"和"合同履约成本减值准备"科目中相关的期末余额。

(32)"短期借款"项目,反映资产负债表日企业向银行或其他金融机构等借入的期限在1年以下(含1年)的各种借款。本项目应根据"短期借款"科目的期末余额填列。

(33)"交易性金融负债"项目,反映资产负债表日企业承担的交易性金融负债,以及企业持有的指定为以公允价值计量且其变动计入当期损益的金融负债的期末账面价值。本项目应根据"交易性金融负债"科目的相关细账科目的期末余额填列。

(34)"衍生金融负债"项目,反映资产负债表日企业承担的衍生金融负债的期末账面价值。本项目应根据"衍生金融负债"科目的期末余额填列。

(35)"应付票据"项目,反映资产负债表日以摊余成本计量的、企业因购买材料、商品和接受服务等开出、承兑的商业汇票,包括银行承兑汇票和商业承兑汇票。本项目应根据"应付票据"科目的期末余额填列。

(36)"应付账款"项目,反映资产负债表日以摊余成本计量的、企业因购买材料、商品和接受服务等经营活动应支付的款项。本项目应根据"应付账款"和"预付账款"科目所属的明细科目的期末贷方余额合计数填列。

(37)"预收款项"项目,反映资产负债表日企业按照购销合同规定预收的客户的款项。本项目应根据"预收账款"和"应收账款"科目所属各明细科目的期末贷方余额合计数填列。如"预收账款"科目所属各明细科目期末有借方余额,应在"应收账款"项目内填列。

(38)"合同负债"项目,反映资产负债表日企业已收或应收合同对价而应向客户转让商品的义务。本项目应根据"合同负债"明细科目的期末余额分析计算填列,同一合同下的合同资产和合同负债应当以净额列示。其中净额为贷方余额的,应根据其流动性在"合同负债"或"其他非流动负债"项目中反映。

(39)"应付职工薪酬"项目,反映资产负债表日企业根据有关规定应付给职工的各种薪酬。本项目应根据"应付职工薪酬"科目所属明细科目的期末余额分析填列。

(40)"应交税费"项目,反映资产负债表日企业按照税法规定计算应交纳的各种税费。企业代扣代交的个人所得税也在本项目中列示。不采用预计方式交纳的税金如印花税、耕地占用税等不在本项目列示。本项目应根据"应交税费"科目的期末贷方余额填列(如为借方余额,则以"—"号填列)。

(41)"其他应付款"项目,本项目应根据"应付利息""应付股利"和"其他应付款"科目的期末余额合计数填列。其中的"应付利息"仅反映相关金融工具已到期应支付但于资产负债表日尚未支付的利息。基于实际利率法计提的金融工具的利息应包含在相应金融工具的账面余额中。

(42)"持有待售负债"项目,反映资产负债表日处置组中与划分为持有待售类别的资产直接相关的负债的期末账面价值。本项目应根据"持有待售负债"科目的期末余额填列。

(43)"一年内到期的非流动负债"项目,反映资产负债表日企业非流动负债中将于资产负债表日后1年内到期部分的金额。本项目应根据"长期借款""应付债券"等有关科目所属明细科目的期末余额分析计算填列。

(44)"其他流动负债"项目,反映资产负债表日企业除短期借款、交易性金融负债、应付票据及应付账款、应付职工薪酬、应交税费等流动负债以外的其他流动负债。本项目应根据有关科目及其所属明细科目的期末余额分析计算填列。"预计负债"科目下的"应付退货款"明细科目中在1年或一个正常营业周期内清偿的,也在本项目中反映。

(45)"长期借款"项目,反映资产负债表日企业向银行或其他金融机构借入的期限在1年以上(不含1年)的各项借款。本项目应根据"长期借款"科目的期末余额,减去"长期借款"所属明细科目中将在资产负债表日起1年内到期、且企业不能自主地将清偿义务展期的长期借款后金额计算填列。

(46)"应付债券"项目,反映资产负债表日企业为筹集长期资金而发行的债券本金和利息。本项目应根据"应付债券"科目的期末余额,减去将于1年内偿还的应付债券后的净额填列。

(47)"租赁负债"项目,反映资产负债表日承租人企业尚未支付的租赁付款额的期末账面价值。本项目应根据"租赁负债"科目的期末余额填列。自资产负债表日起1年内到期应予以清偿的租赁负债的期末账面价值,在"1年内到期的非流动负债"项目反映。

(48)"长期应付款"项目,反映资产负债表日企业除长期借款和应付债券以外的其他各种长期应付款项的期末账面价值。本项目应根据"长期应付款"科目的期末余额,减去相关的"未确认融资费用"科目的期末余额后的金额,以及"专项应付款"科目的期末余额填列。如果"长期应付款"科目的期末余额中有将于1年内(含1年)到期的长期应付款,应在"一年内到期的非流动负债"项目中反映。

(49)"预计负债"项目,反映资产负债表日企业因对外提供担保、未决诉讼、产品质量保证、重组义务、亏损性合同等确认的预计负债的期末账面价值。本项目应根据"预计负债"科目的期末余额分析填列。对于"预计负债"科目下的"应付退货款"明细科目中超过1年或一个正常营业周期清偿的,也在本项目中反映。

(50)"递延收益"项目,反映资产负债表日企业已收客户对价而应向客户转让商品的义务及总额法下取得的与资产相关的政府补助的期末账面价值。本项目应根据"递延收益"科目的期末余额直接填列。摊销期限只剩1年或不足1年的,或预计在1年内(含1年)进行摊销的部分,不得归类为流动负债,仍在该项中填列,不转入"1年内到期的非流动负债"项目。

(51)"递延所得税负债"项目,反映资产负债表日企业确认的应纳税暂时性差异产生的所得税负债的期末账面价值。本项目应根据"递延所得税负债"科目的期末余额填列。

(52)"其他非流动负债"项目,反映资产负债表日企业除长期借款、应付债券等负债以外的其他非流动负债。本项目应根据有关科目的期末余额减去将于1年内(含1年)到期偿还数后净额填列。非流动负债各项目中将于1年内(含1年)到期的非流动负债,应在"一年内到期的非流动负债"项目中反映。

(53)"实收资本(或股本)"项目,反映资产负债表日企业各投资者实际投入的资本(或股本)总额。本项目应根据"实收资本"(或"股本")科目的期末余额填列。

(54)"其他权益工具"项目,反映资产负债表日企业发行在外的除普通股以外分类为权益工具的金融工具的期末账面价值。对于资产负债表日企业发行的金融工具,分类为金融负债的,应在"应付债券"项目填列,对于优先股和永续债,还应在"应付债券"项目下的"优先股"项目和"永续债"项目分别填列;分类为权益工具的,应在"其他权益工具"项目填列,对于优先股和永续债,还应在"其他权益工具"项目下的"优先股"项目和"永续债"项目分别填列。

(55)"资本公积"项目,反映资产负债表日企业资本公积的期末余额。本项目应根据"资本公积"科目的期末余额填列。

(56)"库存股"项目,反映资产负债表日企业持有尚未转让或注销的本公司股份金额。本项目应根据"库存股"科目的期末余额填列。

(57)"其他综合收益"项目,反映企业根据企业会计准则规定未在损益中确认的各项利得和损失扣除所得税影响后的金额。本项目应该根据具体经济业务分析填列。

(58)"专项储备"项目,反映高危行业企业按国家规定提取的安全生产费的期末账面价值。本项目应根据"专项储备"科目的期末余额填列。

(59)"盈余公积"项目,反映资产负债表日企业盈余公积的期末余额。本项目应根据"盈余公积"科目的期末余额填列。

(60)"未分配利润"项目,反映资产负债表日企业尚未分配的利润。本项目1~11月份应根据"本年利润"科目和"利润分配"科目的余额计算填列;12月年报则应根据"利润分配"科目的余额直接填列(未弥补亏损在本项目内以"一"号填列)。

第三节 利润表

一、利润表的作用

利润表是反映企业一定期间(如年度、季度、月份)经营成果的会计报表。利润是企业所得扣除所耗后的剩余,是经济效益的综合体现。企业追求利润是现代企业经营的主要目的,因而利润表受到投资者、债权人及其他关注企业未来现金流入的使用者的重视。利润表的主要作用是:

(1)为企业外部投资者以及债权人作出投资决策及贷款决策提供依据。通过利润表,可以计算利润的绝对值指标和相对值指标,如投资报酬率、资金利润率等,把前后两个时期以及同一时期不同行业或企业的同类指标进行比较分析,可以了解该企业的获利水平、利润增长趋势等,从而决定是否投资或是否追加投资以及是否改变投资方向。

(2)为企业内部经营决策提供依据。利润表综合地反映了企业营业收入、营业成本以及期间费用等信息,披露了利润组成的各要素之间的关系。通过比较分析利润的增减变化及其差异,可以分析产生差异的根本原因所在,以便在价格、品种、成本、费用及其他方面揭露矛盾,明确今后工作重点,从而作出正确的决策。

(3)为企业内部业绩考核提供重要的依据。利润表中的利润总额综合反映了企业各部门工作的结果,为制订各部门工作计划提供参考依据,同时又为考核各部门计划执行情况提供重要依据。因此,利润表内所提供的相关数据可以评判各部门工作的业绩,以便作出正确的奖罚决策。

二、利润表的基本结构

(一)利润表整体结构

利润表整体结构分表首和表身两部分。表首即表头,包括单位名称、日期、货币单位等;表身即正表部分,包括营业利润、利润总额、净利润、每股收益和综合收益五部分内容,依据"收入一费用＝利润"平衡公式设计,以综合收益为理念,按损益各项目的配比关系及重要程度分步骤排列各项目内容。

(二)利润表正表的基本结构

利润表的格式有单步式和多步式两种。单步式利润表将全部收入项目列上半部分,费用项目列下半部分,一步计算利润;多步式利润表按损益各项目的配比关系及重要程度分步骤排列,便于分析利润的构成和损益形成情况。我国企业会计准则规定采用多步式利润表。

利润表的格式如表12-4所示。

三、利润表的编制及其应用举例

(一)利润表的编制

多步式利润表通过将不同性质的收入和费用分类进行对比,以清晰反映利润的形成过程,从而帮助会计信息使用者了解企业利润的来源。其步骤一般为6步:

第一步 计算营业利润

营业利润＝营业收入－营业成本－税金及附加－销售费用－管理费用－研发费用
　　　　－财务费用＋投资收益＋净敞口套期收益＋公允价值变动收益
　　　　－信用减值损失－资产减值损失＋资产处置收益

第二步 计算利润总额

利润总额＝营业利润＋营业外收入－营业外支出

第三步 计算净利润

净利润＝利润总额－所得税费用

第四步 确定其他综合收益

其他综合收益包括不能重分类进损益的其他综合收益和将重分类进损益的其他综合收益两个项目,均以扣除所得税影响后的净额列报。

第五步 计算综合收益总额

综合收益总额＝净利润＋其他综合收益税后净额

第六步 计算每股收益

每股收益包括基本每股收益和稀释每股收益两个项目,其中:

"基本每股收益"按照归属于普通股股东的当期净利润除以当期实际发行在外普通股的加权平均数计算确定。"属于普通股股东的当期净利润"是指企业当期实现的可供普通股股东分配的净利润或应由普通股股东分担的净亏损金额,发生亏损的企业以负数表示;"当期实际发行在外普通股的加权平均数"是指期初发行在外普通股股数根据当期新发行或回购的普通股股数与相应时间权数的乘积进行调整后的股数,其相应时间权数一般按天计算,也可按月计算。公司库存股不属于发行在外的普通股,应在计算时扣除。例如,某公司某年期初发行在外的普通股为2亿股,4月1日经批准增发普通股1亿股,12月1日回购普通股0.6亿股,当年实现净收益为6750万元。则发行在外普通股加权平均数为2.7亿股($2\times12/12+1\times9/12-0.6\times1/12$ 或 $2\times3/12+3\times8/12+2.4\times1/12$),基本每股收益为0.25元(6 750/27 000)。

"稀释每股收益"以基本每股收益为基础,假设企业所有发行在外的稀释性潜在普通股均已转换为普通股,从而分别调整归属于普通股股东的当期净利润以及发行在外普通股的加权平均数计算而得的每股收益。潜在普通股是指赋予其持有者在报告期或以后期间享有取得普通股权利的一种金融工具或其他合同,主要包括可转换公司债券、认股权证、股份期权等。稀释性潜在普通股则是指假设当期转换为普通股会减少每股收益的潜在普通股。如上例中该公司当年1月1日曾发行675万张可转换债券(持有2年后可按每张转换为面值为1元的普通10股),至年末该可转换债券未进行转换,则假设转换后普通股加权平均数为3.375亿股(2.7+10×0.067 5),稀释每股收益为0.2元(6 750/33 750)。

(二)利润表编制举例

【例12-2】 依[例12-1]资料编制利润表如表12-4所示。

表12-4 利润表

编制单位:恒易公司　　　　　　　2020年 月　　　　　　　　会企02表
　　　　　　　　　　　　　　　　　　　　　　　　　　　　　　单位:元

项　　　目	本期金额	上期金额
一、营业收入	900 000.00	(略)
减:营业成本	497 800.00	
税金及附加	10 140.00	
销售费用	10 000.00	
管理费用	76 100.00	
研发费用		
财务费用	2 400.00	
其中:利息费用	2 400.00	
利息收入		
加:其他收益		
投资收益(损失以"-"号填列)	44 900.00	
其中:对联营企业和合营企业的投资收益		
净敞口套期收益(损失以"-"号填列)		
公允价值变动收益(损失以"-"号填列)		
信用减值损失	400.00	
资产减值损失		
资产处置收益(损失以"-"号填列)	400.00	
二、营业利润(亏损以"-"号填列)	348 460.00	
加:营业外收入		
减:营业外支出		
三、利润总额(亏损总额以"-"号填列)	348 460.00	
减:所得税费用	87 115.00	
四、净利润(净亏损以"-"号填列)	261 345.00	
(一)持续经营净利润(净亏损以"-"号填列)	261 345.00	
(二)终止经营净利润(净亏损以"-"号填列)		

续 表

项 目	本期金额	上期金额
五、其他综合收益的税后净额		
（一）不能重分类进损益的其他综合收益		
1. 重新计量设定收益计划变动额		
2. 权益法下不能转损益的其他综合收益		
3. 其他权益工具投资公允价值变动		
4. 企业自身信用风险公允价值变动		
……		
（二）将重分类进损益的其他综合收益		
1. 权益法下可转损益的其他综合收益		
2. 其他债权投资公允价值变动		
3. 金融资产重分类计入其他综合收益的金额		
4. 其他债权投资信用减值准备		
5. 现金流量套期储备		
6. 外币财务报表折算差额		
……		
六、综合收益总额	261 345.00	
七、每股收益		
（一）基本每股收益		
（二）稀释每股收益		

编制说明：

1. "上期金额"栏各项目应根据上年同期利润表"本期金额"栏对应项目填列。如果本期利润表的相关项目名称、内容同上年同期不一致，应对上年同期利润表相关项目金额按照本期的规定进行调整，按调整后的金额填列。

2. "本期金额"栏的填列方法如下：

（1）"营业收入"项目，反映企业主要经营业务和其他业务本期实现的收入总额。本项目应根据"主营业务收入"和"其他业务收入"科目的发生额分析计算填列。

（2）"营业成本"项目，反映企业主要经营业务和其他业务本期发生的成本总额。本项目应根据"主营业务成本"和"其他业务成本"科目的发生额分析计算填列。

（3）"税金及附加"项目，反映企业经营业务应负担的消费税、城市维护建设税、资源税、土地增值税、土地使用税、房产税、车船税、印花税和教育费附加等。本项目应根据"税金及附加"科目的发生额分析填列。

（4）"销售费用"项目，反映企业在销售商品过程中发生的包装费、广告费等费用和为销售本企业商品而专设的销售机构的职工薪酬、业务费等经营费用。本项目应根据"销售费用"科目的发生额分析填列。

（5）"管理费用"项目，反映企业为组织和管理生产经营发生的管理费用。本项目应根据"管理费用"的发生额分析填列。

(6)"研发费用"项目,反映企业进行研究与开发过程中发生的费费用化支出,以及计入管理费用的自行开发无形资产的摊销。本项应根据"管理费用"科目下的"研发费用"明细科目的发生额,以及"管理费用"科目下的"无形资产摊销"明细科目的发生额分析填列。

(7)"财务费用"项目,反映企业筹集生产经营所需资金等而发生的筹资费用。本项目应根据"财务费用"科目的发生额分析填列。其中:"利息费用"反映企业为筹集生产经营资金而发生的应予以费用化的利息支出,应根据"财务费用"科目所属的相关明细科目的发生额分析填列;"利息收入"反映企业银行存款的利息收入,应根据"财务费用"科目所属的相关明细科目的发生额分析填列。

(8)"资产减值损失"项目,反映企业各项资产(不含金融资产)发生的减值损失。本项目应根据"资产减值损失"科目的发生额分析填列。

(9)"信用减值损失"项目,反映企业计提的各项金融工具减值准备所形成的预期信用减值损失。本项目应根据"信用减值损失"科目的发生额分析填列。

(10)"其他收益"项目,反映企业计入其他收益的政府补助等收益。本项目应根据"其他收益"科目的发生额填列。

(11)"投资收益"项目,反映企业以各种方式对外投资所取得的收益。本项目应根据"投资收益"科目的发生额分析填列。当为投资损失时则以"—"号填列。

(12)"净敞口套期收益"项目,反映净敞口套期下被套期项目累计公允价值变动转入当期损益的金额或现金流量套期储备转入当期损益的金额。本项目应根据"净敞口套期损益"科目的发生额分析填列。当为套期损失时则以"—"填列。

(13)"公允价值变动收益"项目,反映企业应当计入当期损益的资产或负债公允价值变动收益。本项目应根据"公允价值变动损益"科目的发生额分析填列。当为净损失时则以"—"号填列。

(14)"资产处置收益"项目,反映企业出售划分为持有待售的非流动资产(不含金融工具、长期股权投资和投资性房地产)或处置组(不含处置子公司和业务)时确认的处置利得或损失,以及处置未划分为持有待售的固定资产、在建工程、生产性生物资产及无形资产而产生的处置利得或损失。债务重组中因处置非流动资产产生的利得或损失和非货币性资产交换中换出非流动资产产生的利得或损失也在本项目反映。本项应根据"资产处置损益"科目的发生额分析填列。当为处置损失时则以"—"号填列。

(15)"营业利润"项目,反映企业日常经营业务所实现的利润。当为亏损时则以"—"号填列。

(16)"营业外收入"项目,反映企业发生的除营业利润以外的收益,包括债务重组利得、与企业日常活动无关的政府补助、盘盈利得、捐赠利得(不包括企业接受股东或股东的子公司直接或间接的捐赠,经济实质属于股东对企业的资本性投入)等。本项目应根据"营业外收入"科目的发生额分析填列。

(17)"营业外支出"项目,反映企业发生的除营业利润以外的支出,包括债务重组损失、公益性捐赠支出、非常损失、盘亏损失、非流动资产毁损报废损失等。本项目应根据"营业外支出"科目的发生额分析填列。

(18)"利润总额"项目,反映企业实现的利润总额。当为亏损时则以"—"号填列。

(19)"所得税费用"项目,反映企业应从当期利润总额中扣除的所得税费用。本项目应根据"所得税费用"科目的发生额分析填列。

(20)"净利润"项目,反映企业实现的净利润。当为亏损时则以"—"号填列。

(21)"重新计量设定受益计划变动额"项目,反映企业重新计量设定受益计划净负债或净资产所产生的变动计入其他综合收益的金额。本项应根据"其他综合收益"科目的相关明细科目的发生额分析填列。

(22)"权益法下不能转损益的其他综合收益"项目,反映企业按照权益法核算因被投资单位不能重分类进损益的其他综合收益变动,投资企业按持股比例计算确认的其他综合收益金额。本项目应根据"其他综合收益"科目的相关明细科目的发生额分析填列。

(23)"其他权益工具投资公允价值变动"项目,反映企业指定为以公允价值计量且其变动计入其他综合收益的非交易性权益工具投资发生的公允价值变动。本项应根据"其他综合收益"科目的相关明细科目的发生额分析填列。

(24)"企业自身信用风险公允价值变动"项目,反映企业指定为以公允价值计量且其变动计入当期损益的金融负债,由企业自身信用风险变动引起的公允价值变动而计入其他综合收益的金额。本项目应根据"其他综合收益"科目的相关明细科目的发生额分析填列。

(25)"权益法下可转损益的其他综合收益"项目,反映企业按照权益法核算因被投资单位可转损益的其他综合收益变动,投资企业按持股比例计算确认的其他综合收益金额。本项目应根据"其他综合收益"科目的相关明细科目的发生额分析填列。

(26)"其他债权投资公允价值变动"项目,反映企业分类为以公允价值计量且其变动计入其他综合收益的债权投资发生的公允价值变动。企业将一项以公允价值计量且其变动计入其他综合收益的金融资产重分类为以摊余成本计量的金融资产,或重分类为以公允价值计量且其变动计入当期损益的金融资产时,之前计入其他综合收益的累计利得或损失从其他综合收益中转出的金额作为该项目的减项。本项目应根据"其他综合收益"科目的有关明细科目的发生额分析填列。

(27)"金融资产重分类计入其他综合收益的金额"项目,反映企业将一项以摊余成本计量的金融资产重分类为以公允价值计量且其变动计入其他综合收益的金融资产时,计入其他综合收益的原账面价值与公允价值之间的差额。本项目应根据"其他综合收益"科目的相关明细科目的发生额分析填列。

(28)"其他债权投资信用减值准备"项目,反映企业分类为以公允价值计量且其变动计入其他综合收益的金融资产的损失准备。本项目应根据"其他综合收益"科目的"信用减值准备"明细科目的发生额分析填列。

(29)"现金流量套期储备"项目,反映企业套期工具产生的利得或损失中属于套期有效的部分。本项目应根据"其他综合收益"科目的"套期储备"明细科目的发生额分析填列。

(30)"外币财务报表折算差额"项目,反映企业对境外经营的财务报表进行折算时,产生的外币财务报表折算差额计入其他综合收益(合并财务报表中)的金额,企业处置境外经营时自其他综合收益项目转入处置当期损益的金额作为减项。本项目应根据合并财务报表中"其他综合收益"的金额分析填列。

(31)"综合收益总额"项目,反映企业净利润与其他综合收益的合计金额。

第四节 现金流量表

一、现金流量表的作用

现金流量表是综合反映企业某一会计期间内经营活动、投资活动及筹资活动的现金流入、现金流出及现金净流量的报表。它是以现金为基础编制的财务状况变动表,表明企业在一定会计期间获取现金及现金等价物的能力。

现金流量表的作用主要表现在以下几个方面:

(1) 现金流量表提供的现金流量信息是对企业整体财务状况的客观评价。市场经济的竞争激烈性,决定了企业必须想方设法把产品销售出去,并及时地收回销货款,以便为日后的经营活动提供足够的资金保障。同时,企业的投资及筹资活动也应关注现金流入、流出情况。经营活动、投资活动和筹资活动的现金净流量,都对企业的财务状况产生有利或不利影响。因此,通过观察企业的现金流量情况,可以对企业经营周转是否顺畅作出初步判断。

(2) 现金流量表可以为分析企业的支付能力和偿债能力以及企业对外部资金的需求情况作出客观分析,并以此作出可靠的判断。评估企业的支付能力、偿债能力,最直接的指标是现金流量。现金流量表披露的经营活动现金净流量,表明了企业自我创造现金的能力。尽管企业取得现金还可以通过对外筹资的途径,但债务本金的偿还最终取决于经营活动的净现金流入。因此,经营活动的现金净流量占现金净流量的比例越高,企业的财务基础越稳固,支付能力和偿债能力越强。

(3) 现金流量为预测企业未来的发展趋势提供依据。在正常情况下,现金流量表中各部分现金流量结构合理,现金流入和流出无重大异常波动,则说明企业财务状况基本良好;同时,企业发生财务困难、资金周转不灵等,都可以在现金流量表中反映出来;通过比较当期净利润与当期净现金流量,可以分析非现金流动资产吸收利润的情况,评价企业产生净现金流量的能力是否偏低。

(4) 便于利益相关者评估报告期内与现金有关和无关的投资及筹资活动。现金流量表除披露经营活动的现金流量、投资及筹资活动的现金流量外,还披露与现金无关的投资及筹资活动,这对利益相关者作出合理的投资与信贷决策、评估企业未来的现金流量同样具有重要意义。

二、现金流量表的基本结构及编报内容

(一) 现金流量表的编制基础

现金流量表是以现金为基础编制的。这里的现金包括广义上的现金及现金等价物。现金是指企业库存现金以及随时可以用于支付的存款,包括库存现金、银行存款、其他货币资金等,其中银行存款中不能随时支取的定期存款不能作为现金流量表中的现金;现金等价物是指企业持有期限短、流动性强、易于转换为已知金额的现金,价值变动风险很小的投资,如三个月或更短时间到期或即可转换为现金的短期债券投资等。

(二) 现金流量表整体结构

现金流量表整体结构分表首、表身和补充资料三部分,表首即表头,包括单位名称、日期、货币单位等;表身即正表部分,包括经营活动产生的现金流量、投资活动产生的现金流量、筹资活动产生的现金流量、汇率变动对现金及现金等价物的影响、现金及现金等价物净增加额和期末现金及现金等价物余额六部分内容,根据"现金流入量－现金流出量＝现金净流量"公式设计;补充资料主要从"将净利润调节为经营活动的现金流量""不涉及现金收支的重大投资和筹资活动"和"现金及现金等价物净增加情况"几个方面对正表作补充说明。

(三) 现金流量表正表的基本结构及编报内容

现金流量包括现金流入量、现金流出量和净现金流量,并将主要现金流量分为三类列示,即:经营活动产生的现金流量、投资活动产生的现金流量和筹资活动产生的现金流量。每一类都分

为流入量、流出量两部分分项列示。

经营活动产生的现金流量是指与购销商品、接受或提供劳务有关的活动产生的现金流量,包括企业投资活动和筹资活动以外的所有交易和事项产生的现金流量,如销售商品收到现金、购买商品支付现金以及经营性租赁、制造产品、广告宣传、交纳税款等现金的收付。经营活动产生的现金流量分为经营活动产生的现金流入量、经营活动产生的现金流出量以及经营活动产生的现金净流量。

投资活动产生的现金流量是指与非流动资产的取得或处置有关的活动产生的现金流量,包括企业长期资产的购建和不包括在现金等价物范围内的投资及其处置活动产生的现金流量,如购买股票或债券支付现金、销售长期投资收回现金以及购建或处置固定资产、无形资产等现金的收付。投资活动产生的现金流量分为投资活动产生的现金流入量、投资活动产生的现金流出量以及投资活动产生的现金净流量。

筹资活动产生的现金流量是指涉及企业财务规模的更改或财务结构组成变化的活动,也就是指导致企业资本及债务规模和构成发生变动的活动产生的现金流量,如向银行借入款项收到现金、归还银行借款支付现金以及吸收投资、发行股票、分配利润等现金的收付。筹资活动产生的现金流量分为筹资活动产生的现金流入量、筹资活动产生的现金流出量以及筹资活动产生的现金净流量。

现金流量表的格式如表 12-6 和表 12-7 所示。

三、现金流量表编制的列报方法

现金流量表编制的列报方法有直接法和间接法两种。我国现金流量表具体准则规定,现金流量表的基本部分用直接法编制、补充资料部分用间接法编制。

(一)直接法

直接法是指按现金收入和现金支出的主要类别直接反映企业各种活动产生的现金流量,并以此编制现金流量表的一种方法。

1. 直接法的基本原理

直接法的基本原理是以现金为起算点调整计算现金净流量,即分别计算经营活动产生的现金净流量、投资活动产生的现金净流量和筹资活动产生的现金净流量,然后合计计算现金净流量金额。

在以现金为起算点的情况下,如果将资产分为现金类资产和非现金类流动资产及长期资产,则有下列等式:

现金+非现金类流动资产+非流动资产=流动负债+非流动负债+所有者权益

移项调整后则有下列等式:

现金=流动负债+非流动负债+所有者权益−非现金类流动资产−非流动资产

就某一会计期间的现金净增加额来看,则有下列等式:

现金本期净增加额=流动负债本期净增加额+非流动负债本期净增加额
　　　　　　　　　+所有者权益本期净增加额−非现金类流动资产本期净增加额
　　　　　　　　　−非流动资产本期净增加额

其中:本期净增加额实质就是现金净流量,即现金流入量减去现金流出量的差额。
如资产负债表中举例的恒易公司 2020 年的现金净流量计算如下:

现金本期净增加额＝年末现金额－年初现金额＝376 260－13 400＝362 860(元)

即：流动负债本期净增加额404 984(409 984－5 000)＋非流动负债本期净增加额0＋所有者权益本期净增加额209 076(1 104 076－895 000)－非现金类流动资产本期净增加额－111 200[(552 660－376 260)－(301 000－13 400)]－非流动资产本期净增加额362 400(961 400－599 000)＝362 860(元)

2. 直接法下各主要项目的填列方法

直接法下各主要项目的具体调整方法是在资产负债表和利润表各项目相关资料的基础上，分别计算调整现金流量的各项目。具体填列方法如下：

(1)"销售商品、提供劳务收到的现金"项目。本项目反映企业销售商品、提供劳务实际收到的现金(含应向购买者收取的增值税销项税额)，具体包括本期销售商品、提供劳务收到的现金，前期销售商品、提供劳务本期收到的现金和本期预收的款项，以三项之和减去本期销售本期退回的商品和前期销售本期退回的商品支付的现金。企业销售材料和代购代销业务收到的现金，也在本项目反映。本项目的填列，可以根据账户记录的发生额填列，也可根据会计报表资料填列。

根据有关账户记录的发生额资料填列的计算公式如下：

销售商品、提供劳务收到的现金＝本期销售商品、提供劳务收到的现金＋以前期间销售商品、提供劳务在本期收到的现金＋以后将要销售商品、提供劳务在本期预收的现金＋本期收回前期已核销的坏账－本期销售退回支付的现金

【例12－3】 甲公司本期销售一批商品，开出的增值税专用发票上注明的销售价款为200 000元，增值税销项税额为26 000元，款项收到存入银行；应收票据期初余额为100 000元，期末余额为50 000元；应收账款期初余额为600 000元，期末余额为400 000元；年度内核销的坏账损失为20 000元；本期因商品质量问题发生退货，以银行存款支付退货款10 000元。则：

本期销售商品、提供劳务收到的现金＝226 000＋(100 000－50 000)
　　　　　　　　　　　　　　　　＋(600 000－400 000－20 000)－10 000
　　　　　　　　　　　　　　　　＝446 000(元)

根据利润表、资产负债表有关项目以及部分账户记录资料填列的计算公式如下：

销售商品、提供劳务收到的现金＝营业收入＋应收票据及应收账款项目(年初－期末)＋预收款项项目(期末－年初)－债务人以非现金资产抵债减少的应收账款和应收票据－本期计提坏账准备导致的应收账款项目减少数

【例12－4】 甲公司2020年有关资料如下：利润表中"营业收入"项目为8 600 000元；资产负债表中"应收票据及应收账款"项目年初余额为120 000元、期末余额为80 000元。本年度发生坏账20 000元已核销。则：

销售商品、提供劳务收到的现金＝8 600 000＋(120 000－80 000)＝8 640 000(元)

说明：资产负债表中"应收票据及应收账款"项目是根据"应收票据""应收账款"余额和"坏账准备"余额之差填列的，"应收票据及应收账款"项目的期末数已经包含了本年度核销的坏账，因此，该坏账20 000元不需要从"应收票据及应收账款"项目中扣减。

(2)"收到的税费返还"项目。本项目反映企业收到返还的各种税费,包括收到的增值税、所得税、消费税、关税和教育费附加返还款等。本项目应根据"库存现金""银行存款""税金及附加""营业外收入"等科目的记录分析填列。

(3)"收到其他与经营活动有关的现金"项目。本项目反映企业除上述各项目外收到的其他与经营活动有关的现金,如罚款收入、经营租赁固定资产收到的现金、流动资产损失中由个人赔偿的现金收入、除税费返还外的其他政府补助收入等。本项目如果价值较大的,应单列项目反映。本项目应根据"库存现金""银行存款""管理费用""销售费用"等科目的记录分析填列。

(4)"购买商品、接受劳务支付的现金"项目。本项目反映企业购买材料或商品、接受劳务实际支付的现金(含支付的增值税进项税额),具体包括本期购买商品、接受劳务支付的现金,本期支付前期购买商品、接受劳务的未付款项和本期预付款项,以三项之和减去本期发生的购货退回收到的现金。根据报表资料填列的计算公式如下:

购买商品、接受劳务支付的现金＝营业成本＋存货项目(期末－年初)
　　　　　　　　　　　　　　　＋应付票据及应付账款项目(年初－期末)
　　　　　　　　　　　　　　　＋预付账款项目(期末－年初)

需要注意的是:第一,与投资、交换非流动资产、抵偿非流动负债等有关的存货增减数,非现金抵债、非存货抵债引起的应付账款、应付票据减少数,直接购货业务应交增值税(进项税额)的发生额及营业成本中的非外购存货费用,在填列本项目时应一并予以考虑;第二,为购置存货而发生的借款利息资本化部分,应在"分配股利、利润或偿付利息支付的现金"项目中反映。

【例12-5】 甲公司本期购买原材料收到的增值税专用发票上注明的材料价款为500 000元,增值税进项税额为65 000元,款项已支付;本期以银行存款支付应付票据100 000元;以银行存款购买工程用物资400 000元。

购买商品、接受劳务支付的现金＝565 000＋100 000＝665 000(元)

【例12-6】 甲公司2020年度利润表中"营业成本"20 000 000元;资产负债表中"应付票据及应付账款"项目年初余额180 000元、期末余额120 000元,"预付账款"项目年初余额20 000元、期末余额100 000元,"存货"项目年初余额2 100 000元、期末余额2 400 000元;当年接受投资人投入存货200 000元。

购买商品、接受劳务支付的现金＝20 000 000＋(180 000－120 000)＋(100 000－20 000)
　　　　　　　　　　　　　　　＋(2 400 000－2 100 000)－200 000＝2 0 240 000(元)

(5)"支付给职工以及为职工支付的现金"项目。本项目反映企业实际支付给职工的现金以及为职工支付的现金,包括企业为获得职工提供的服务本期实际给予各种形式的报酬以及其他相关支出,如支付给职工的工资、奖金、各种津贴和补贴等以及为职工支付的其他费用。企业为职工支付的医疗、养老、失业、工伤、生育等社会保险基金、补充养老保险、住房公积金,企业为职工交纳的商业保险金,因解除与职工劳动关系给予的补偿,现金结算的股份支付,以及企业支付给职工或为职工支付的其他福利费用等,也在本项目中反映。但本项目不包括支付的在建工程人员的工资及相应的社会保险等,此工资及保险等在"购建固定资产、无形资产和其他长期资产支付的现金"项目中反映。本项目应根据"库存现金""银行存款""应付职工薪酬"等科目的记录分析填列。

(6)"支付的各项税费"项目。本项目反映企业按规定支付的各项税费,包括本期发生并支付的税费以及本期支付以前各期发生的税费和预交的税金,如支付的教育费附加、印花税、房产税、土地增值税、车船税、增值税、所得税等。但本期退回的增值税、所得税应在"收到的税费返还"项目中反映。本项目应根据"应交税费""库存现金""银行存款"等科目分析填列。

【例12-7】 甲公司本期向税务机关交纳增值税165 000元;本期应交所得税480 000元已全部交纳;年初未交所得税360 000元,期末未交所得税300 000元。

支付的各项税费=165 000+480 000+(360 000-300 000)=705 000(元)

(7)"支付其他与经营活动有关的现金"项目。本项目反映企业除上述各项目外支付的其他与经营活动有关的现金,如罚款支出、支付的差旅费、业务招待费、保险费、经营租赁支付的现金等。本项目如果金额较大的,应单列项目反映。本项目应根据有关科目的记录分析填列。

(8)"收回投资收到的现金"项目。本项目反映企业出售、转让或到期收回除现金等价物以外的交易性金融资产、债权投资、其他债权投资、其他权益工具投资、长期股权投资、投资性房地产而收到的现金。债权性投资收回的本金,在本项目反映,但债权性投资收回的利息不在本项目反映,而在"取得投资收益收到的现金"项目中反映。处置子公司及其他营业单位收到的现金净额应单设项目反映。本项目应根据"交易性金融资产""债权投资""其他债权投资、其他权益工具投资""长期股权投资""投资性房地产""库存现金""银行存款"等科目的记录分析填列。

【例12-8】 甲公司出售某项长期股权投资,收到款项200 000元存入银行;出售某项长期债权性投资,收到款项112 000元存入银行,其中债券利息12 000元。

本期收回投资所收到的现金=200 000+(112 000-12 000)=300 000(元)

(9)"取得投资收益收到的现金"项目。本项目反映企业因股权性投资而分得的现金股利,从子公司、联营企业或合营企业分回利润而收到的现金,因债权性投资而取得的现金利息收入,包括在现金等价物范围内的债权性投资的利息收入也在本项目中反映。但股票股利不在本项目中反映。本项目应根据"应收股利""应收利息""投资收益""库存现金""银行存款"等科目的记录分析填列。

【例12-9】 甲公司期初长期股权投资余额为20 000 000元,其中:12 000 000元系对A企业的联营投资,享有A企业25%的股份,采用权益法核算;5 000 000元系对B企业的股权投资,占B企业10%的份额,采用成本法核算;3 000 000元系对C企业的股权投资,占C企业2%的股份,采用成本法核算。当年A企业盈利8 000 000元,分配现金股利3 200 000元,B企业因亏损没有分配股利,C企业盈利2 000 000元,分配现金股利600 000元。上述股利全部收到存入银行。

取得投资收益收到的现金=3 200 000×25%+600 000×2%=812 000(元)

(10)"处置固定资产、无形资产和其他长期资产收回的现金净额"项目。本项目反映企业出售固定资产、无形资产和其他长期资产所取得的现金,减去为处置这些资产而支付的有关费用后的净额。由于自然灾害等原因所造成的固定资产等长期资产报废、毁损而收到的保险赔偿收入,在本项目中反映。如处置固定资产、无形资产和其他长期资产所收回的现金净额为负数,则应作为投资活动产生的现金流量,在"支付其他与投资活动有关的现金"项目中反映。本项目应根据"固定资产清理""库存现金""银行存款"等科目的记录分析填列。

【例12-10】 甲公司某露天货场已不需用,经批准出售,实际收到款项20 000 000元,该货场原值为6 000 000元,已提折旧4 800 000元,为出售货场发生清理费用100 000元。货场已办理移交手续。

处置固定资产、无形资产和其他长期资产收到的现金净额=20 000 000-100 000
=19 900 000(元)

(11)"处置子公司及其他营业单位收到的现金净额"项目。本项目反映企业处置子公司及其他营业单位所取得的现金减去子公司或其他营业单位持有的现金和现金等价物以及相关处置费用后的净额。本项目应根据有关科目的记录分析填列。

(12)"收到其他与投资活动有关的现金"项目。本项目反映企业除上述各项目外收到的其他与投资活动有关的现金。如果价值较大的,应单列项目反映。本项目应根据有关科目的记录分析填列。

(13)"购建固定资产、无形资产和其他长期资产支付的现金"项目。本项目反映企业购建固定资产、取得无形资产和其他长期资产支付的现金,包括购买机器设备所支付的现金及增值税款、建造工程支付的现金、支付在建工程人员的工资等现金支出。为购建固定资产、无形资产和其他长期资产而发生的借款利息资本化部分,在"分配股利、利润或偿付利息支付的现金"项目中反映;租入固定资产所支付的租赁费,在"支付其他与筹资活动有关的现金"项目中反映。本项目应根据"固定资产""在建工程""工程物资""无形资产""库存现金""银行存款"等科目的记录分析填列。

(14)"投资支付的现金"项目。本项目反映企业进行权益性投资和债权性投资所支付的现金,包括企业取得的除现金等价物以外的交易性金融资产、债权投资、其他债权投资、其他权益工具投资而支付的现金及其支付的佣金、手续费等交易费用。企业购买股票和债券时,实际支付的价款中包含的已宣告但尚未发放的现金股利或已到付息期但尚未领取的债券利息,在"支付其他与投资活动有关的现金"项目中反映,收到上述款项的,在"收到其他与投资活动有关的现金"项目中反映。本项目应根据"交易性金融资产""债权投资""其他债权投资""其他权益工具投资""投资性房地产""长期股权投资""库存现金""银行存款"等科目的记录分析填列。

(15)"取得子公司及其他营业单位支付的现金净额"项目。本项目反映企业取得子公司及其他营业单位购买出价中以现金支付的部分,减去子公司或其他营业单位持有的现金和现金等价物后的净额。本项目应根据有关科目的记录分析填列。

(16)"支付其他与投资活动有关的现金"项目。本项目反映企业除上述各项目外支付的其他与投资活动有关的现金。如果价值较大的,应单列项目反映。本项目应根据有关科目的记录分析填列。

(17)"吸收投资收到的现金"项目。本项目反映企业以发行股票、债券等方式筹集资金实际收到的款项净额(发行收入减去支付的佣金等发行费用后的净额)。由金融企业直接支付的手续费、宣传费、咨询费、印刷费等费用,从发行股票、债券取得的现金收入中扣除以净额列示。以发行股票等方式筹集资金而由企业直接支付的审计、咨询等费用,在"支付其他与筹资活动有关的现金"项目中反映。本项目应根据"实收资本(或股本)""资本公积""库存现金""银行存款"等科目的记录分析填列。

(18)"取得借款收到的现金"项目。本项目反映企业举借各种短期、长期借款而收到的现金。本项目应根据"短期借款""长期借款""交易性金融负债""应付债券""库存现金""银行存款"等科目的记录分析填列。

(19)"收到其他与筹资活动有关的现金"项目。本项目反映企业除上述各项目外收到的其他与筹资活动有关的现金。如果价值较大的,应单列项目反映。本项目应根据有关科目的记录分析填列。

(20)"偿还债务支付的现金"项目。本项目反映企业以现金偿还债务的本金,包括归还金融企业的借款本金、偿付企业到期的债券本金等。企业偿还的借款利息、债券利息,在"分配股利、利润或偿付利息支付的现金"项目中反映。本项目应根据"短期借款""长期借款""交易性金融负债""应付债券""库存现金""银行存款"等科目的记录分析填列。

(21)"分配股利、利润或偿付利息支付的现金"项目。本项目反映企业实际支付的现金股利、支付给其他投资单位的利润或用现金支付的借款利息、债券利息。本项目应根据"应付股利""应付利息""利润分配""财务费用""在建工程""制造费用""研发支出""库存现金""银行存款"等科目的记录分析填列。

(22)"支付其他与筹资活动有关的现金"项目。本项目反映企业除上述各项目外支付的其他与筹资活动有关的现金,如以发行股票、债券等方式筹集资金而由企业直接支付的审计、咨询等费用、融资租赁所支付的现金,以分期付款方式构建固定资产以后各期支付的现金等。如果价值较大的,应单列项目反映。本项目应根据有关科目的记录分析填列。

(二)间接法

间接法是以净利润为起算点,调整不涉及现金的收入与费用项目,以确定经营活动产生的现金流量净额,再调整不涉及现金收支的重大投资与筹资项目,进而编制现金流量表的一种方法。

1. 间接法的基本原理

(1)实际没有支付现金的费用。在计算利润时作为减少项但并不需要支付现金的项目再加回来,如计提各种资产减值准备、计提固定资产折旧、计提无形资产摊销、长期待摊费用摊销等。

(2)实际没有收到现金的收益。在计算利润时作为增加项但并没有现金流入的项目再返回去,如本期赊销收入增加的应收账款等。

(3)不属于经营活动的损益。影响净利润但不属于经营活动业务的项目应予以分别增减,如投资收益、处置固定资产的非现金收益。

(4)经营性应收应付项目的变动。不影响本期利润项目的增减变动但却影响现金收支的项目,如以前年度的经营性应收账款的收回、以前年度经营性应付账款的偿还等。

其关系为:

经营活动的现金流量净额=净利润+实际没有支付现金的费用-实际没有收到现金的收益+不属于经营活动的损失(减:收益)+经营性应收项目的减少(减:增加)+经营性应付项目的增加(减:减少)

在我国,间接法主要用于编制现金流量表的补充资料部分,即仅列报经营活动的现金流量内容。

2. 间接法下各主要项目的填列方法

采用间接法编制现金流量表,主要以资产负债表、利润表及相关明细资料的相关内容进行编制。

(1)"资产(信用)减值准备"项目。本项目包括坏账准备、存货跌价准备、投资性房地产减值准备、长期股权投资减值准备、债权投资减值准备、固定资产减值准备、在建工程减值准备、工程物资减值准备、生物性资产减值准备、无形资产减值准备、商誉减值准备等。企业计提的各项资产减值准备均包括在利润表中,属于利润的扣减项目,但它们并没有发生现金流出。因此,在将净利润调节为经营活动现金流量时应予以加回。本项目可根据"资产减值损失""信用减值损失"科目的记录分析填列。

(2)"固定资产折旧、油气资产折耗、生产性生物资产折旧"项目。企业计提的固定资产折旧,计入管理费用的部分作期间费用在计算净利润时从中扣除,但没有发生现金流出,在将净利润调节为经营活动现金流量时应予以加回;计入制造费用已经变现的部分,在计算净利润时通过销售成本予以扣除,但没有发生现金流出,计入制造费用没有变现的部分,既不涉及现金收支也不影响企业当期净利润,但在调节存货时已经从中扣除,均应予以加回。同理,企业计提的油气资产折耗、生产性生物资产折旧也应予以加回。本项目可根据"累计折旧""累计折耗""生产性生物资产折旧"科目的记录分析填列。

(3)"无形资产摊销"和"长期待摊费用摊销"项目。企业对使用寿命有限的无形资产计提摊销时计入管理费用或制造费用,对长期待摊费用摊销时计入管理费用或销售费用或制造费用。计入管理费用或销售费用或制造费用的上述摊销,在计算净利润时已从中扣除或在调节存货时已经从中扣除,因而在将净利润调节为经营活动现金流量时应予以加回。本项目可根据"累计摊销""长期待摊费用"科目的记录分析填列。

(4)"处置固定资产、无形资产和其他长期资产的损失(减:收益)"项目。企业处置固定资产、无形资产和其他长期资产发生的损益属于投资活动产生的损益,不属于经营活动产生的损益,因而在将净利润调节为经营活动现金流量时应予以剔除。如为损失则相加,如为收益则相减。本项目可根据"资产处置损益"等科目所属有关明细科目的记录分析填列。

(5)"固定资产报废损失"项目。企业发生的固定资产报废损益属于投资活动产生的损益,不属于经营活动产生的损益,因而在将净利润调节为经营活动现金流量时应予以剔除。如为净损失则相加,如为净收益则相减。本项目可根据"营业外支出""营业外收入"等科目所属有关明细科目的记录分析填列。

(6)"公允价值变动损失"项目。公允价值变动损失反映企业在初始确认时划分为以公允价值计量且其变动计入当期损益的交易性金融资产或金融负债、衍生工具、套期等业务中公允价值变动形成的计入当期的利得或损失。公允价值变动损益大多与企业投资活动或筹资活动有关,且不影响企业当期的现金流量,因而应将其从净利润中剔除。如为持有损失则相加,如为持有利得则相减。本项目可根据"公允价值变动损益"科目的记录分析填列。

(7)"财务费用"项目。企业发生的财务费用中不属于经营活动的部分应将其从净利润中剔除。本项目可根据"财务费用"科目的记录分析填列。

(8)"投资损失(减:收益)"项目。企业发生的投资损益属于投资活动产生的损益,不属于经营活动产生的损益,因而在将净利润调节为经营活动现金流量时应予以剔除。如为净损失则相加,如为净收益则相减。本项目可根据利润表中"投资收益"项目的数字填列。

(9)"递延所得税资产减少(减:增加)"项目。如果递延所得税资产减少使得当期所得税费用大于当期应交所得税,其差额没有发生现金流出,因而在将净利润调节为经营活动现金流量时应予以加回;如果递延所得税资产增加使得当期所得税费用小于当期应交所得税,其差额并没有发生现金流入,因而在将净利润调节为经营活动现金流量时应予以扣除。本项目可根据资产负债表"递延所得税资产"项目期初、期末余额分析填列。

(10)"递延所得税负债增加(减:减少)"项目。如果递延所得税负债增加使得当期所得税费用大于当期应交所得税,其差额没有发生现金流出,因而在将净利润调节为经营活动现金流量时应予以加回;如果递延所得税负债减少使得当期所得税费用小于当期应交所得税,其差额并没有发生现金流入,因而在将净利润调节为经营活动现金流量时应予以扣除。本项目可以根据资产负债表"递延所得税负债"项目期初、期末余额分析填列。

(11)"存货的减少(减:增加)"项目。期末存货比期初存货少,说明本期生产经营过程耗用的存货有一部分是期初的存货,耗用这部分存货并没有发生现金流出,但在计算净利润时已经扣除,因而在将净利润调节为经营活动现金流量时应予以加回;期末存货比期初存货增加,说明当期购入的存货除耗用外还有剩余,这部分存货发生了现金流出,但在计算净利润时没有包括在内,因而在将净利润调节为经营活动现金流量时应予以扣除。存货增减变化过程涉及应付项目的,在"经营性应付项目的增加(减:减少)"中反映。本项目可根据资产负债表中"存货"项目的期初数、期末数之间的差额填列。如果存货的增减变化过程属于投资活动的,应予以剔除,如在建工程领用存货。

(12)"经营性应收项目的减少(减:增加)"项目。经营性应收项目包括应收票据、应收账款、预付账款、长期应收款和其他应收款中与经营活动有关的部分以及应收的增值税销项税额等。经营性应收项目期末余额小于经营性应收项目期初余额,说明本期收回的现金大于利润表中所确认的销售收入,因而在将净利润调节为经营活动现金流量时应予以加回;经营性应收项目期末余额大于经营性应收项目期初余额,说明本期销售收入中有一部分没有收回现金,因而在将净利润调节为经营活动现金流量时应予以扣除。本项目应当根据有关科目的期初、期末余额分析填列。

(13)"经营性应付项目的增加(减:减少)"项目。经营性应付项目包括应付票据、应付账款、预收账款、应付职工薪酬、应交税费、应付利息、长期应付款、其他应付款中与经营活动有关的部分以及应付的增值税进项税额等。经营性应付项目期末余额大于经营性应付项目期初余额,说明本期购入的存货中有一部分没有支付现金,因而在将净利润调节为经营活动现金流量时应予以加回;经营性应付项目期末余额小于经营性应付项目期初余额,说明本期支付的现金大于利润表中所确认的销售成本,因而在将净利润调节为经营活动产生的现金流量时应予以扣除。本项目应当根据有关科目的期初、期末余额分析填列。

四、现金流量表编制的技术方法

现金流量表编制的技术方法有工作底稿法和T形账户法两种,由企业自行选择使用。

(一)工作底稿法

工作底稿法是在编制调整分录的基础上,通过编制工作底稿检验正确无误后进而编制现金流量表的一种方法。

1. 工作底稿法的基本步骤

第一步,将资产负债表年初数、期末数分别过入工作底稿的相应栏目。

第二步,根据资产负债表、利润表及其相关明细资料编制调整分录。按照先利润表项目后资产负债表项目的顺序,逐一编制调整分录。在编制调整分录时,将有关现金及现金等价物的事项及金额分别记入"经营活动的现金流量""投资活动的现金流量""筹资活动的现金流量"等有关调整性账户,借记表示现金流入,贷记表示现金流出。

第三步,将调整分录过入工作底稿的相应栏目。

第四步,核对调整分录。检查调整项目的借贷方合计数是否相等;资产负债表项目的年初数加减调整数后的数额应与期末数相符。

第五步,根据工作底稿中的现金流量表资料编制正式的现金流量表。

2. 工作底稿法的应用

【例12-11】 依[例12-1]资料,编制调整分录。

(1)分析调整营业收入:

借:经营活动的现金流量——销售商品收到现金	1 007 000.00
应收票据	10 000.00
贷:主营业务收入	900 000.00
应交税费——应交增值税	117 000.00

(2) 分析调整营业成本：

借：主营业务成本		497 800.00
贷：应付账款		135 600.00
存货		110 800.00
经营活动的现金流量——购买商品、接受劳务支付的现金		251 400.00

(3) 分析调整税金及附加：

借：税金及附加		10 140.00
贷：应交税费——应交城市维护建设税		7 098.00
——应交教育费附加		3 042.00

(4) 分析调整销售费用：

借：销售费用		10 000.00
贷：经营活动的现金流量——支付其他与经营活动有关的现金		10 000.00

(5) 分析调整管理费用：

借：管理费用		76 100.00
贷：经营活动的现金流量——支付其他与经营活动有关的现金		76 100.00

(6) 分析调整财务费用：

借：财务费用		2 400.00
经营活动的现金流量——销售商品收到的现金		9 600.00
贷：应付利息		2 000.00
应收票据		10 000.00

(7) 分析调整资产减值损失：

借：资产(信用)减值损失		400.00
贷：经营活动的现金流量——支付其他与经营活动有关的现金		400.00

(8) 分析调整投资收益：

借：长期股权投资——损益调整		42 000.00
贷：投资收益		42 000.00
借：投资活动的现金流量——收回投资收到的现金		2 100.00
——取得投资收益收到的现金		2 900.00
贷：债权投资——利息调整		2 100.00
投资收益		2 900.00

(9) 分析调整营业外收入：

借：投资活动的现金流量——处置固定资产收到的现金		6 400.00
贷：固定资产		6 000.00
资产处置损益		400.00

(10) 分析调整所得税：

借：所得税费用		87 115.00
贷：应交税费——应交所得税		87 115.00

(11) 分析调整坏账准备：

| 借：经营活动的现金流量——支付其他与经营活动有关的现金 | 400.00 |
| 贷：应收账款 | 400.00 |

（12）分析调整长期债券投资：

| 借：债权投资——成本 | 112 600.00 |
| 贷：投资活动的现金流量——投资支付的现金 | 112 600.00 |

（13）分析调整长期股权投资：

| 借：长期股权投资——股票投资 | 300 000.00 |
| 贷：投资活动的现金流量——投资支付的现金 | 300 000.00 |

（14）分析调整固定资产累计折旧：

借：经营活动的现金流量——购买商品支付的现金	22 500.00
——支付其他与经营活动有关的现金	79 600.00
贷：固定资产	102 100.00

（15）分析调整无形资产：

借：无形资产	20 000.00
贷：投资活动的现金流量——购建无形资产支付的现金	20 000.00
借：经营活动的现金流量——支付其他与经营活动有关的现金	2 000.00
贷：无形资产	2 000.00

（16）分析调整短期借款：

| 借：筹资活动的现金流量——取得借款收到的现金 | 100 000.00 |
| 贷：短期借款 | 100 000.00 |

（17）分析调整应付工资：

借：应付职工薪酬	200 000.00
贷：经营活动的现金流量——支付给职工以及为职工支付的现金	200 000.00
借：经营活动的现金流量——购买商品支付的现金	160 000.00
——支付其他与经营活动有关的现金	40 000.00
贷：应付职工薪酬	200 000.00

（18）分析调整应付其他工资性费用：

借：经营活动的现金流量——购买商品支付的现金	22 400.00
——支付其他与经营活动有关的现金	5 600.00
贷：应付职工薪酬	28 000.00

（19）分析调整应交税费（实际支付增值税 101 400＋15 600）：

借：应交税费——应交增值税	117 000.00
——应交城市维护建设税	7 098.00
——应交教育费附加	3 042.00
贷：经营活动的现金流量——支付的各项税费	111 540.00
——购买商品支付的现金	15 600.00

（20）结转利润：

借：净利润 261 345.00
　　贷：利润分配——未分配利润 261 345.00

（21）提取盈余公积及分配利润：

借：利润分配——未分配利润 78 403.50
　　贷：盈余公积 26 134.50
　　　　应付股利 52 269.00

（22）调整现金净变化额：

借：货币资金 362 860.00
　　贷：现金净增加额 362 860.00

将以上调整分录过入现金流量表工作底稿，如表12-5所示。

表12-5　现金流量表工作底稿　　　　　　　　　　　　单位：元

项　目	年初数	调整分录 借方	调整分录 贷方	期末数
一、资产负债表项目				
货币资金	13 400.00	(22) 362 860.00		376 260.00
应收票据		(1) 10 000.00	(6) 10 000.00	
应收账款	3 600.00		(11) 400.00	3 200.00
存货	284 000.00		(2) 110 800.00	173 200.00
债权投资		(12) 112 600.00	(8) 2 100.00	110 500.00
长期股权投资		(8) 42 000.00 (13) 300 000.00		342 000.00
固定资产	599 000.00		(9) 6 000.00 (14) 102 100.00	490 900.00
无形资产		(15) 20 000.00	(15) 2 000.00	18 000.00
资产总计	900 000.00			1 514 060.00
短期借款			(16) 100 000.00	100 000.00
应付账款	3 000.00		(2) 135 600.00	138 600.00
应付职工薪酬	2 000.00	(17) 200 000.00	(17) 200 000.00 (18) 28 000.00	30 000.00
应付股利			(21) 52 269.00	52 269.00
应交税费		(19) 127 140.00	(1) 117 000.00 (3) 10 140.00 (10) 87 115.00	87 115.00
应付利息			(6) 2 000.00	2 000.00
实收资本	800 000.00			800 000.00
资本公积	50 000.00			50 000.00
盈余公积	45 000.00		(21) 26 134.50	71 134.50
未分配利润		(21) 78 403.50	(20) 261 345.00	182 941.50
负债、所有者权益总计	900 000.00			1 514 060.00

续 表

项　目	年初数	调整分录 借方	调整分录 贷方	期末数
二、利润表项目		借　方	贷　方	本期数
营业收入			(1) 900 000.00	900 000.00
减：营业成本		(2) 497 800.00		497 800.00
税金及附加		(3) 10 140.00		10 140.00
销售费用		(4) 10 000.00		10 000.00
管理费用		(5) 76 100.00		76 100.00
财务费用		(6) 2 400.00		2 400.00
资产减值损失		(7) 400.00		400.00
加：投资收益			(8) 44 900.00	44 900.00
资产处置收益			(9) 400.00	400.00
减：所得税费用		(10) 87 115.00		87 115.00
净利润		(20) 261 345.00		261 345.00
三、现金流量表项目		借　方	贷　方	金　额
(一)经营活动产生的现金流量				
销售商品、提供劳务收到的现金		(1) 1 007 000.00 (6) 9 600.00		1 016 600.00
收到其他与经营活动有关的现金				
现金流入量小计				1 016 600.00
购买商品、接受劳务支付的现金		(14) 22 500.00 (17) 160 000.00 (18) 22 400.00	(2) 251 400.00 (19) 15 600.00	62 100.00
支付给职工以及为职工支付的现金			(17) 200 000.00	200 000.00
支付的各项税费			(19) 111 540.00	111 540.00
支付其他与经营活动有关的现金		(11) 400.00 (14) 79 600.00 (15) 2 000.00 (17) 40 000.00 (18) 5 600.00	(4) 10 000.00 (5) 76 100.00 (7) 400.00	−41 100.00
现金流出量小计				332 540.00
经营活动产生的现金流量净额				684 060.00
(二)投资活动产生的现金流量				
收回投资收到的现金		(8) 2 100.00		2 100.00
取得投资收益收到的现金		(8) 2 900.00		2 900.00
处置固定资产收到的现金		(9) 6 400.00		6 400.00
现金流入量小计				11 400.00
购建固定资产、无形资产和其他长期资产支付的现金			(15) 20 000.00	20 000.00
投资支付的现金			(12) 112 600.00 (13) 300 000.00	412 600.00

续表

项　　目	年初数	调整分录 借方	调整分录 贷方	期末数
现金流出量小计				432 600.00
投资活动产生的现金流量净额				−421 200.00
（三）筹资活动产生的现金流量				
吸收投资收到的现金				
取得借款收到的现金		(16) 100 000.00		100 000.00
现金流入量小计				100 000.00
偿还债务支付的现金				
分配股利、利润和偿付利息支付的现金				
支付其他与筹资活动有关的现金				
现金流出量小计				
筹资活动产生的现金流量净额				100 000.00
（四）现金及现金等价物净增加额			(22) 362 860.00	362 860.00
调整分录借贷合计		3 658 803.50	3 658 803.50	

（二）T形账户法

T形账户法是以T形账户为手段，以资产负债表和利润表数据为基础，对各项目进行分析并编制调整分录，然后过入各T形账户，进而编制现金流量表的一种方法。

T形账户法的基本步骤是：

第一步，为所有非现金项目（包括资产负债表项目和利润表项目）分别开设T形账户，并将各项目的期末期初变动数过入各相关账户。如果某项目的期末数大于期初数，则将其差额过入与该项目余额相同的方向；反之，过入相反的方向。

例如，存货项目年初数为284 000元，期末数为173 200元（表12-3），则变动数为110 800元，且期末数小于期初数，因此，应过入其相反的方向，如图12-1所示。

图 12-1　存货项目 T 形账户

再如，长期股权投资项目期末数为342 000元，期初无余额，因此，应过入借方，如图12-2所示。

图 12-2　长期股权投资项目 T 形账户

第二步,分别以"经营活动的现金流量""投资活动的现金流量"和"筹资活动的现金流量"为名称,开设三个 T 形账户,其左边记入现金流入,右边记入现金流出。其格式如图 12-3 所示。也可将三个账户合并为"现金及现金等价物"并以此开设 T 形账户。

经营活动的现金流量

销售商品收到的现金	(1) 1 007 000	购买商品支付的现金	(2) 251 400
	(6) 9 600		(9) 19 200
支付其他与经营活动有关的现金	(11) 400	支付其他与经营活动有关的现金	(4) 10 000
	(14) 79 600		(5) 76 100
	(15) 2 000		(7) 400
	(17) 40 000	支付给职工以及为职工支付的现金	(17) 200 000
	(18) 5 600	支付的各项税费	(19) 111 540
购买商品支付的现金	(14) 22 500		
	(17) 160 000		
	(18) 22 400		
经营活动的现金流入量	1 349 100	经营活动的现金流出量	665 040
经营活动现金流量净额	684 060		

图 12-3 "经营活动的现金流量"T 形账户

第三步,编制调整分录(同工作底稿法)。

第四步,将调整分录过入各 T 形账户并计算现金流入量、现金流出量和现金流量净额。

第五步,根据"经营活动的现金流量""投资活动的现金流量"和"筹资活动的现金流量"三个 T 形账户或"现金及现金等价物"T 形账户,编制正式的现金流量表。

五、现金流量表的应用举例

【例 12-12】 依[例 12-1]、[例 12-2]资料,按工作底稿法编制现金流量表。

其编制过程如下:

第一步,将资产负债表年初数、期末数分别过入工作底稿的相应栏目,如表 12-5 所示。

第二步,根据资产负债表、利润表及其相关明细资料编制调整分录,见[例 12-11]。

第三步,将调整分录过入工作底稿的相应栏目,如表 12-5 所示。

第四步,核对调整分录,如表 12-5 所示。

第五步,根据工作底稿编制现金流量表正表部分,如表 12-6 所示。

表 12-6 现金流量表

编制单位:恒易公司　　　2020 年　月　　　　　　　　　　会企 03 表
　　　　　　　　　　　　　　　　　　　　　　　　　　　　金额单位:元

项目	行次	本期金额	上期金额
一、经营活动产生的现金流量			(略)
销售商品、提供劳务收到的现金	1	1 016 600.00	
收到的税费返还	3		
收到其他与经营活动有关的现金	8		
经营活动现金流入小计	9	1 016 600.00	
购买商品、接受劳务支付的现金	10	62 100.00	

续 表

项　　目	行次	本期金额	上期金额
支付给职工以及为职工支付的现金	12	200 000.00	
支付的各项税费	13	111 540.00	
支付其他与经营活动有关的现金	18	−41 100.00	
经营活动现金流出小计	20	332 540.00	
经营活动产生的现金流量净额	21	684 060.00	
二、投资活动产生的现金流量			
收回投资收到的现金	22	2 100.00	
取得投资收益收到的现金	23	2 900.00	
处置固定资产、无形资产和其他长期资产收回的现金净额	25	6 400.00	
处置子公司及其他营业单位收到的现金净额	26		
收到其他与投资活动有关的现金	28		
投资活动现金流入小计	29	11 400.00	
购建固定资产、无形资产和其他长期资产支付的现金	30	20 000.00	
投资支付的现金	31	412 600.00	
取得子公司及其他营业单位支付的现金净额	32		
支付其他与投资活动有关的现金	35		
投资活动现金流出小计	36	432 600.00	
投资活动产生的现金流量净额	37	−421 200.00	
三、筹资活动产生的现金流量			
吸收投资收到的现金	38		
取得借款收到的现金	40	100 000.00	
收到其他与筹资活动有关的现金	43		
筹资活动现金流入小计	44	100 000.00	
偿还债务支付的现金	45		
分配股利、利润或偿付利息支付的现金	46		
支付其他与筹资活动有关的现金	52		
筹资活动现金流出小计	53		
筹资活动产生的现金流量净额	54	100 000.00	
四、汇率变动对现金及现金等价物的影响	55		
五、现金及现金等价物净增加额	56	362 860.00	
加：期初现金及现金等价物余额	57	13 400.00	
六、期末现金及现金等价物余额	58	376 260.00	

其中，汇率变动对现金及现金等价物的影响是指企业外币现金流量及境外子公司的现金流量折算成记账本位币时，所采用的是现金流量发生日的汇率，而现金流量表"现金及现金等价物净

增加额"项目中外币现金净增加额是按资产负债表日的即期汇率折算,这两者的差额为汇率变动对现金的影响。编制现金流量表时,应当将企业外币现金流量以及境外子公司的现金流量折算成记账本位币。现金流量表准则规定,外币现金流量以及境外子公司的现金流量,应当采用现金流量发生日的即期汇率折算,汇率变动对现金的影响额应当作为调节项目,在现金流量表中单独列报。

第六步,编制现金流量表补充资料部分。

现金流量表补充资料分为三部分:第一部分是"将净利润调节为经营活动的现金流量",第二部分是"不涉及现金收支的重大投资和筹资活动",第三部分是"现金及现金等价物净变动情况"等项目。按现金流量表准则的规定,企业应当采用间接法在现金流量表附注中披露将净利润调节为经营活动现金流量的信息。

资产减值准备=400(元)

固定资产折旧、油气资产折耗、生产性生物资产折旧=102 100(元)

无形资产摊销=2 000(元)

处置固定资产、无形资产和其他长期资产的损失(减:收益)=−400(元)

财务费用=2 000(元)

投资损失(减:收益)=−(42 000+2 900)=−44 900(元)

存货的减少(减:增加)=284 000−173 200=110 800(元)

经营性应收项目的减少(减:增加)=(3 600−3 200)−(800−400)=0(元)

经营性应付项目的增加(减:减少)=(138 600−3 000)+(30 000−2 000)+(87 115−0)
=250 715(元)

现金流量表补充资料部分如表12-7所示。

表12-7 现金流量表(补充资料)

补充资料	本期金额	上期金额
1. 将净利润调节为经营活动的现金流量		
净利润	261 345.00	
加:资产(信用)减值准备	400.00	
固定资产折旧、油气资产折耗、生产性生物资产折旧	102 100.00	
无形资产摊销	2 000.00	
长期待摊费用摊销		
处置固定资产、无形资产和其他长期资产的损失(收益以"−"号填列)	−400.00	
固定资产报废损失(收益以"−"号填列)		
公允价值变动损失(收益以"−"号填列)		
财务费用(收益以"−"号填列)	2 000.00	
投资损失(收益以"−"号填列)	−44 900.00	
递延所得税资产减少(增加以"−"号填列)		
递延所得税负债增加(减少以"−"号填列)		

续表

补充资料	本期金额	上期金额
存货的减少（增加以"—"号填列）	110 800.00	
经营性应收项目的减少（增加以"—"号填列）		
经营性应付项目的增加（减少以"—"号填列）	250 715.00	
其他		
经营活动产生的现金流量净额	684 060.00	
2. 不涉及现金收支的重大投资和筹资活动		
债务转为资本		
一年内到期的可转换公司债券		
融资租入固定资产		
3. 现金及现金等价物净变动情况		
现金的期末余额	376 260.00	
减：现金的期初余额	13 400.00	
加：现金等价物的期末余额		
减：现金等价物的期初余额		
现金及现金等价物净增加额	362 860.00	

从现金流量表的正表和补充资料的有关数据来看，存在以下平衡关系：

（1）现金流量表中用直接法填列的"经营活动产生的现金流量净额"等于现金流量表补充资料中用间接法调整得出的"经营活动产生的现金流量净额"。

（2）现金流量表中由"经营活动产生的现金流量净额""投资活动产生的现金流量净额""筹资活动产生的现金流量净额"以及"汇率变动对现金和现金等价物的影响"之和得出的"现金及现金等价物净增加额"，等于现金流量表补充资料中通过"库存现金""银行存款""其他货币资金"账户的期末、期初余额的差额以及现金等价物的差额得出的"现金及现金等价物净增加额"。

第五节 所有者权益变动表

一、所有者权益变动表的概念

所有者权益变动表是反映构成所有者权益的各组成部分在当期的增减变动情况的报表。所有者权益变动表反映各项交易和事项导致的所有者权益的增减变动以及所有者权益各组成部分增减变动的结构性信息。该表体现了对所有者权益的界定，体现了企业综合收益。编报所有者权益变动表对于考察、评价企业一定时期所有者权益的保全状况、正确评价管理当局受托责任的履行情况等具有重要的作用。

二、所有者权益变动表的基本结构

所有者权益变动表由表首和表身两部分组成。表首包括单位名称、日期、货币单位等；表身是所有者权益变动表的主体，反映企业所有者权益的增减变动及年初、年末余额情况。一般企业所有者权益变动表的具体格式如表 12-8 所示。

表 12-8 所有者权益（股东权益）变动表

编制单位：　　　　　　　　　　　　　年度　　　　　　　　　　　　　　　　　　　　　　　　　会企 04 表　单位：元

项目	本年金额									上年金额								
	实收资本（或股本）	其他权益工具			资本公积	减：库存股	其他综合收益	盈余公积	未分配利润	所有者权益合计	实收资本（或股本）	其他权益工具			资本公积	减：库存股	其他综合收益	盈余公积	未分配利润	所有者权益合计
		优先股	永续债	其他								优先股	永续债	其他						
一、上年年末余额																			
加：会计政策变更																			
前期差错更正																			
其他																			
二、本年年初余额																			
三、本年增减变动金额（减少以"-"号填列）																			
（一）综合收益总额																			
（二）所有者投入和减少资本																			
1. 所有者投入的普通股																			
2. 其他权益工具持有者投入资本																			
3. 股份支付计入所有者权益的金额																			
4. 其他																			
（三）利润分配																			
1. 提取盈余公积																			
2. 对所有者（或股东）分配																			
3. 其他																			
（四）所有者权益内部结转																			
1. 资本公积转增资本（或股本）																			
2. 盈余公积转增资本（或股本）																			
3. 盈余公积弥补亏损																			
4. 设定受益计划变动额结转留存收益																			
5. 其他综合收益结转留存收益																			
6. 其他																			
四、本年年末余额																			

三、所有者权益变动表的编制

所有者权益变动表各项目分为"本年金额"和"上年金额"两大栏,其中,"上年金额"栏各项目应当根据上年本表的"本年金额"栏填列。如果上年度所有者权益变动表规定的各个项目的名称和内容同本年度不一致,应对上年度所有者权益变动表各项目的名称和数字按本年度的规定进行调整,填入本表"上年金额"栏内。

所有者权益变动表"本年金额"栏各项目反映内容及填列方法如下:

(1)"上年年末余额"项目反映企业上年资产负债表中实收资本(或股本)、资本(或股本)溢价、库存股、其他综合收益、盈余公积、未分配利润的年末余额。

(2)"会计政策变更"和"前期差错更正"项目分别反映企业采用追溯调整法处理的会计政策变更的累积影响金额和采用追溯重述法处理的会计差错更正的累积影响金额。两个项目应根据"盈余公积""利润分配——未分配利润"和"以前年度损益调整"等科目的发生额填列。

(3)"本年年初余额"项目反映在上年年末余额的基础上加因会计政策变更和前期差错更正调整的金额产生本年年初余额的金额。

(4)"综合收益总额"项目反映企业当期的综合收益总额,本项目应当与利润表中的"综合收益总额"项目的金额相等。

(5)"所有者投入和减少资本"项目反映企业当期所有者投入的资本和减少的资本。其中:"所有者投资的普通股"项目和"其他权益工具持有者投入资本"项目反映企业接受投资者投入形成的实收资本(或股本)和资本(或股本)溢价,本项目应当根据"实收资本(或股本)""资本公积"科目的发生额分析填列,并对应列在"实收资本(或股本)"和"资本(或股本)溢价"栏;"股份支付计入所有者权益的金额"项目反映企业反映企业处于等待期中的权益结算的股份支付当年计入资本公积的金额,本项目应根据"资本公积"科目所属的"其他资本公积"子目的发生额分析填列,并对应列在"资本(或股本)溢价"栏。

(6)"利润分配"下各项目反映当年对所有者(或股东)分配的利润(或股利)金额和按规定提取的盈余公积金额,并对应填列在"盈余公积"和"未分配利润"栏。其中:"提取盈余公积"项目反映企业按照规定提取的盈余公积;"对所有者(或股东)的分配"项目反映对所有者(或股东)分配的利润(或股利)金额。

(7)"所有者权益内部结转"下各项目反映不影响当年所有者权益总额的所有者权益各组成部分之间当年的增减变动,包括资本公积转增资本(或股本)、盈余公积转增资本(或股本)和盈余公积弥补亏损等项金额。其中:"资本公积转增资本(或股本)"项目反映企业以资本公积转增资本(或股本)的金额;"盈余公积转增资本(或股本)"项目反映企业以盈余公积转增资本(或股本)的金额;"盈余公积弥补亏损"项目反映企业以盈余公积弥补亏损的金额。

(8)"本年年末余额"项目是在所有者权益本年年初余额的基础上,加上(或减去)本年增减变动金额计算得出的。本项目的金额应当与所有者权益各科目的本年年末余额相等。

第六节　会计报表附注

一、编报会计报表附注的意义

会计报表附注是指对在资产负债、利润表、现金流量表和所有者权益变动表等报表中列报项目的文字描述和明细资料,以及对未能在这些报表中列报项目的说明。

会计报表中所列报的内容具有一定的固定性和规定性,所提供的会计信息资料具有一定的局限性。为了便于会计报表使用者准确、全面、详细地阅读和理解及使用会计信息资料,对会计报表中不能包括的一些重要内容或者会计报表中披露不详尽的内容作进一步的解释与说明,有助于发挥会计报表的固有作用。

二、会计报表附注的基本内容

会计报表附注应当披露会计报表的编制基础,相关信息应当与资产负债表、利润表、现金流量表和所有者权益变动表等报表中列报的项目相互参照。一般应当按照以下顺序披露:

(1) 企业的基本情况。包括企业注册地、组织形式和总部地址;企业的业务性质和主要经营活动;母公司以及集团最终母公司的名称;财务报告的批准报出者和财务报告批准报出日,或者以签字人及其签字日期为准;营业期限有限的企业还应当披露有关其营业期限的信息。

(2) 财务报表的编制基础。

(3) 遵循企业会计准则的声明。企业应当声明编制的财务报表符合企业会计准则的要求,真实、完整地反映了企业的财务状况、经营成果和现金流量等有关信息。

(4) 重要会计政策和会计估计。重要会计政策的说明,包括财务报表项目的计量基础和在运用会计政策过程中所做的重要判断等;重要会计估计的说明,包括可能导致下一个会计期间内资产、负债账面价值重大调整的会计估计的确定依据等。企业应当披露采用的重要会计政策和会计估计,并结合企业的具体实际披露其重要会计政策的确定依据和财务报表项目的计量基础,及其会计估计所采用的关键假设和不确定因素。

(5) 会计政策和会计估计变更以及差错更正的说明。

(6) 报表重要项目的说明。企业应当按照资产负债表、利润表、现金流量表、所有者权益变动表及其项目列示的顺序,对报表重要项目的说明采用文字和数字描述相结合的方式进行披露。报表重要项目的明细金额合计,应当与报表项目金额相衔接。企业应当在附注中披露费用。按照性质分类的利润表补充资料,可将费用分为耗用的原材料、职工薪酬费用、折旧费用、摊销费用等。

企业应当在附注中披露下列关于其他综合收益各项目的信息:① 其他综合收益各项目及其所得税影响;② 其他综合收益各项目原计入其他综合收益、当期转出计入当期损益的金额;③ 其他综合收益各项目的期初和期末余额及其调节情况。

企业应当在附注中披露终止经营的收入、费用、利润总额、所得税费用和净利润,以及归属于母公司所有者的终止经营利润。所谓终止经营,是指满足下列条件之一的已被企业处置或被企业划归为持有待售的、在经营和编制财务报表时能够单独区分的组成部分:① 该组成部分代表一项独立的主要业务或一个主要经营地区;② 该组成部分是拟对一项独立的主要业务或一个主要经营地区进行处置计划的一部分;③ 该组成部分是仅仅为了再出售而取得的子公司。

同时满足下列条件的企业组成部分(或非流动资产,下同)应当确认为持有待售:该组成部分必须在其当前状况下仅根据出售此类组成部分的惯常条款即可立即出售;企业已经就处置该组成部分作出决议,如按规定需得到股东批准的,应当已经取得股东大会或相应权力机构的批准;企业已经与受让方签订了不可撤销的转让协议;该项转让将在一年内完成。

企业应当在附注中披露在资产负债表日后、财务报告批准报出日前提议或宣布发放的股利总额和每股股利金额(或向投资者分配的利润总额)。

(7) 或有和承诺事项、资产负债表日后非调整事项、关联方关系及其交易等需要说明的事项。

(8) 有助于财务报表使用者评价企业管理资本的目标、政策及程序的信息。

附录 各章练习题

第1章 总 论

一、单项选择题

1. 下列会计信息质量要求中,要求前后会计期间提供相互可比的会计信息的是( )。
   A. 谨慎性   B. 及时性   C. 可比性   D. 清晰性
2. 下列各项中,企业应选择的会计核算基础是( )。
   A. 配比性   B. 收付实现制
   C. 权责发生制   D. 划分收益性支出与资本性支出
3. 要求会计核算方法一经确定不得随意变更的会计信息质量要求是( )。
   A. 配比性   B. 权责发生制   C. 可比性   D. 及时性
4. 货币计量假设包含的会计核算前提条件是( )。
   A. 会计主体   B. 持续经营   C. 会计分期   D. 币值稳定
5. 全面表述财务会计目标的观点是( )。
   A. 节约成本观   B. 受托责任观
   C. 决策有用观   D. 决策有用、受托责任及节约成本综合观
6. 下列表述中,正确的是( )。
   A. 财务会计具有经济利益分割功能   B. 财务会计不具有经济利益分割功能
   C. 财务会计不具有经济后果   D. 财务会计不存在落实经管责任问题
7. 债权人作为企业的利益关系者,其对财务会计所提供信息资料的主要要求是( )。
   A. 资本保值增值   B. 授信决策、信贷安全
   C. 落实经管责任   D. 管理效率
8. 投资者作为企业的利益关系者,其对财务会计所提供信息资料的主要要求是( )。
   A. 资本保值增值   B. 授信决策、信贷安全
   C. 监管效果   D. 管理效率
9. 证券分析师对财务会计所提供信息资料的主要要求是( )。
   A. 资本保值增值   B. 授信决策、信贷安全
   C. 真实可靠   D. 管理效率
10. 注册会计师对企业财务会计所提供信息资料的主要要求是( )。

A. 真实、可靠、全面、谨慎 　　　　　　B. 授信决策、信贷安全
C. 落实经管责任 　　　　　　　　　　　D. 管理效率

11. 企业将非短期和低价值资产租赁方式租入固定资产视同自有固定资产核算,所体现的会计信息质量要求是( )。
    A. 客观性　　　B. 一贯性　　　C. 可比性　　　D. 实质重于形式

12. 下列各项中,不符合资产会计要素定义的是( )。
    A. 委托代销商品　　　　　　　　　　B. 委托加工物资
    C. 待处理财产损失　　　　　　　　　D. 尚待加工的半成品

13. 下列各项中,不属于会计信息质量要求的是( )。
    A. 会计核算方法一经确定不得随意变更
    B. 会计核算应当注重交易或事项的实质
    C. 会计核算应当以实际发生的交易或事项为依据
    D. 会计核算应当合理划分收益性支出与资本性支出的界限

14. 下列各项中,属于企业生产经营期间资本性支出的是( )。
    A. 聘请中介机构费　　　　　　　　　B. 生产工人劳动保险费
    C. 矿产资源补偿费　　　　　　　　　D. 在建工程人员薪酬费

15. 导致权责发生制的产生以及预提、摊销等会计处理方法运用的基本前提是( )。
    A. 会计主体　　　B. 持续经营　　　C. 会计分期　　　D. 货币计量

16. 企业管理部门使用的固定资产发生的下列支出中,属于收益性支出的是( )。
    A. 购入时发生的保险费　　　　　　　B. 购入时发生的运杂费
    C. 发生的日常修理费用　　　　　　　D. 购入时发生的安装费用

二、多项选择题

1. 下列各项中,属于收入要素内容的有( )。
   A. 商品销售收入　　B. 营业外收入　　C. 提供劳务收入　　D. 投资收益

2. 下列各项中,属于利润总额构成内容的有( )。
   A. 营业外收入　　B. 投资收益　　C. 营业利润　　D. 财务利息收益

3. 下列各项中,属于财务会计信息质量特征的有( )。
   A. 真实性　　　B. 有用性　　　C. 可比性　　　D. 可核性

4. 下列各项中,表述正确的有( )。
   A. 财务会计具有经济利益分割功能　　B. 财务会计具有决策功能
   C. 财务会计具有经济后果　　　　　　D. 财务会计具有落实经管责任功能

5. 下列各项中,属于财务会计目标常见的观点有( )。
   A. 决策有用　　B. 解脱受托责任　　C. 节约交易成本　　D. 制定决策

6. 下列各项中,称为会计中期的有( )。
   A. 年度　　　B. 半年度　　　C. 季度　　　D. 月度

7. 下列各项中,体现了谨慎性要求的有( )。
   A. 将非短期和低价值租赁租入固定资产视作自有资产核算
   B. 采用双倍余额递减法对固定资产计提折旧
   C. 对固定资产计提减值准备
   D. 将长期借款利息予以资本化

8. 下列各项中,违背可比性要求的有( )。

A. 鉴于利润计划完成情况不佳,将固定资产折旧方法由原来的双倍余额递减法改为直线法
B. 鉴于某项专有技术已经陈旧,将其账面价值一次性核销
C. 鉴于某项固定资产经改良性能提高,决定延长其折旧年限
D. 鉴于某被投资企业将发生重大亏损,将该投资由权益法核算改为成本法核算

三、判断题

1. 财务会计是一项经济管理活动。( )
2. 财务会计具有明显的经济利益分配功能。( )
3. 财务会计核算的完整性要求对企业单位发生的一切经济活动均应进行记录、计量和报告。( )
4. 资产只能是企业单位拥有的能以货币计量的经济资源。( )
5. 持续经营是企业财务会计确认、计量、记录和报告的基本前提条件。( )
6. 谨慎性原则对于债权人非常重要,但对于所有者不一定重要。( )
7. 确认费用的同时必须确认资产和负债。( )
8. 凡效益涉及几个会计年度的支出,均应作为资本性支出。( )
9. 企业采用的会计政策前后各期应当保持一致,一经选定则不得变更。( )
10. 企业为减少本年度亏损而调减应计提的资产减值准备金额,体现了会计核算的谨慎性原则。( )
11. 如果某项资产不能再为企业带来经济利益,即使是由企业拥有或者控制的,也不能作为企业的资产在资产负债表中列示。( )

四、思考题

1. 如何表述财务会计的性质?
2. 财务会计的目标是什么?
3. 财务会计信息质量特征有哪些?
4. 为什么说财务会计具有经管责任落实性质?

第 2 章 货币资金

一、单项选择题

1. 货币资金是企业生产经营过程中处于货币形态的资金,包括( )。
 A. 库存现金、银行存款、应收账款
 B. 银行存款、应收账款、其他货币资金
 C. 库存现金、银行存款、其他货币资金
 D. 库存现金、银行存款、现金等价物
2. 下列项目中,不属于其他货币资金的是( )。
 A. 外埠存款 B. 外币存款 C. 银行本票存款 D. 信用卡存款
3. 下列各种结算方式中,既可以用于同城结算,又可以用于异地结算的是( )。
 A. 汇兑结算方式 B. 委托收款结算方式
 C. 支票结算方式 D. 银行本票结算方式
4. 银行汇票的提示付款期为出票日起( )。
 A. 1个月 B. 3个月 C. 2个月 D. 半年
5. 托收承付结算方式每笔金额起点为( )元。

A. 1 000　　　　　B. 10 000　　　　C. 5 000　　　　D. 100 000

6. 商业汇票的付款期限最长不超过（　　）个月。

A. 3　　　　　　B. 6　　　　　　C. 9　　　　　　D. 2

7. 企业为了到外地进行临时或零星采购而汇往采购地所开立的采购专户的款项应通过（　　）科目进行核算。

A. 其他货币资金　B. 库存现金　　C. 银行存款　　D. 应收账款

8. 企业申请银行签发银行本票时，交存银行的款项应借记（　　）科目。

A. 库存现金　　　B. 银行存款　　C. 其他货币资金　D. 应收票据

9. 对于银行已经入账而企业尚未入账的未达账项，企业应当（　　）。

A. 在编制"银行存款余额调节表"的同时入账

B. 根据"银行对账单"的记录入账

C. 根据"银行对账单"编制自制凭证入账

D. 待结算凭证到达后入账

10. 下列情形中，不违背内部控制规范中规定的"确保办理货币资金业务的不相容岗位相互分离、制约和监督"原则的是（　　）。

A. 由出纳人员兼任会计档案保管工作

B. 由出纳人员保管签发支票所需全部印章

C. 由出纳人员兼任收入总账和明细账的登记工作

D. 由出纳人员兼任固定资产总账及明细账的登记工作

11. 现金清查中，无法查明原因的现金溢余应记入（　　）科目。

A. 管理费用　　　B. 营业外收入　　C. 其他应收款　　D. 其他应付款

12. 现金清查中，无法查明原因的现金短缺应记入（　　）科目。

A. 管理费用　　　B. 营业外收入　　C. 其他应收款　　D. 其他应付款

13. 不属于现金使用范围内的业务是（　　）。

A. 支付职工福利费　　　　　　　B. 结算起点以下的零星支出

C. 向个人收购农副产品　　　　　D. 支付银行借款利息

14. 零星支出的结算起点是（　　）元。

A. 1 500　　　　B. 500　　　　　C. 1 000　　　　D. 2 000

15. 在定额备用金制度下，报销时应编制的会计分录是（　　）。

A. 借记"管理费用"科目，贷记"库存现金"科目

B. 借记"备用金"科目，贷记"库存现金"科目

C. 借记"管理费用"科目，贷记"备用金"科目

D. 借记"库存现金"科目，贷记"备用金"科目

16. 在企业开立的诸多银行账户中，可以办理提现以发放工资的是（　　）。

A. 专用存款账户　B. 一般存款账户　C. 临时存款账户　D. 基本存款账户

17. 支票的提示付款期限自出票日起（　　）天。

A. 10　　　　　　B. 5　　　　　　C. 3　　　　　　D. 6

18. 在下列项目中，不属于其他货币资金的是（　　）。

A. 向银行申请的银行承兑汇票　　　B. 委托银行开出的银行汇票

C. 存入证券公司准备购买股票的款项　D. 汇到外地并开立采购专户的款项

19. 不能进行背书转让的结算方式是（　　）。

A. 转账支票　　　B. 银行汇票　　　C. 商业汇票　　　D. 汇兑
20. 没有结算起点要求的结算方式是(　　)。
A. 银行汇票　　　B. 银行本票　　　C. 转账支票　　　D. 汇兑

二、多项选择题

1. 下列各项中,属于其他货币资金的有(　　)。
A. 银行汇票存款　　B. 收到银行本票　　C. 信用卡存款　　D. 存出投资款
2. 下列结算方式中,只能用于同一票据交换区域的有(　　)。
A. 支票　　　B. 银行本票　　　C. 银行汇票　　　D. 委托收款
3. 按照《现金管理暂行条例》规定,下列选项中,可以用现金支付的有(　　)。
A. 购买材料 2 000 元　　　　　　B. 发放职工工资 500 000 元
C. 向农民收购农产品支付 100 000 元　D. 发放奖金 5 000 元
4. 下列结算方式中,既能用于同一票据交换区域又能用于异地的有(　　)。
A. 支票　　　B. 银行本票　　　C. 银行汇票　　　D. 商业汇票
5. 根据《银行账户管理办法》的规定,企业在银行开立的账户有(　　)。
A. 基本存款账户　B. 一般存款账户　C. 临时存款账户　D. 专用存款账户
6. 可以支出现金的业务是(　　)。
A. 向个人收购农副产品　　　　B. 各种劳保费用支出
C. 差旅费支出　　　　　　　　D. 缴纳税金
7. 现金溢缺的核算涉及的会计科目有(　　)。
A. 其他应收款　　　　　　　　B. 财务费用
C. 营业外收入　　　　　　　　D. 待处理财产损溢
8. 现金管理必须做到(　　)。
A. 出纳员兼管会计档案　　　　B. 日清月结
C. 现金收入当日入账　　　　　D. 出纳人员定期轮换
9. 下列不符合银行结算纪律要求的经济事项有(　　)。
A. 不影响企业自身利益可暂时将账户借给他人使用
B. 考虑到未来的现金收入,可以签发远期支票
C. 不论账户是否有足够的资金,是否付款都由企业决定
D. 支票必须由指定人员签发,其他人员一律不准签发
10. 银行存款日记账余额与银行转来的对账单余额不符的原因可能有(　　)。
A. 企业方面记账有错误　　　　B. 银行方面记账有错误
C. 企业没有收到收款通知　　　D. 持票人未到银行办理转账
11. 下列各项中,属于其他货币资金的项目有(　　)。
A. 收到债务人交来的银行汇票　B. 存入证券公司准备购买股票的款项
C. 银行本票存款　　　　　　　D. 信用证存款
12. 关于银行结算纪律,正确的说法有(　　)。
A. 条件具备时可以将银行账户转借给其他单位或个人使用
B. 不得签发没有资金保证的票据和远期支票
C. 不准任意占用他人资金
D. 不准违反规定开立和使用账户

三、判断题

1. 银行汇票只能用于转账,不能支取现金。（　）
2. 转账支票只能用于转账,不能用于支取现金。（　）
3. 企业支付现金,可以从本企业库存现金限额中支付或者从开户银行提取,不得从本企业取得的现金收入中直接支付,即不得坐支现金;如有特殊情况确需坐支现金的,则应事先报经开户银行审查批准,在银行批准的限额和使用范围内坐支现金。（　）
4. 现金清查时如发现现金短缺,待查明原因后按实际短缺的金额扣除应由责任人赔偿部分后的金额,经审批后借记"营业外支出"科目。（　）
5. 一个企业可以在不同的银行分别各开立一个基本存款账户。（　）
6. 银行本票可以用于转账,注明"现金"字样的银行本票可以用于支取现金。（　）
7. 为加强现金管理,一笔现金业务可由一人单独处理。（　）
8. 清点库存现金发现短缺时,如有"白条子"可以抵库。（　）
9. 企业日常结算和现金收付业务,都应通过基本存款账户办理。（　）
10. 填写银行结算的有关印鉴,应集中由出纳人员保管。（　）
11. 临时存款账户不能提取现金。（　）
12. 企业一笔交易确认在未来能够带来大量现金收入时,可以签发远期支票。（　）
13. 企业银行存款实有额通常需要通过编制"银行存款余额调节表"的方法进行确定。（　）
14. "银行存款余额调节表"调节后余额相等,不能肯定一方或双方记录是正确的。（　）

四、计算及账务处理题

2020年2月28日,华润机械公司银行存款日记账余额与当月银行存款对账单余额均为4 312 800元,3月份发生的相关经济业务如下:

(1) 1日,出纳员开出现金支票一张,向银行提取现金5 000元备用。

(2) 2日,采购员刘江山出差预借差旅费3 000元,以现金支付。

(3) 2日,收到B公司交来的转账支票一张,金额150 000元,用以归还上月所欠货款,支票已送存银行,取得进账单回单联。

(4) 3日,委托银行开出银行汇票80 000元,有关手续已全部办妥,采购员刘江山持票到外地M市采购材料。

(5) 4日,向C公司采购甲材料一批,价款200 000元,增值税进项税额26 000元,采用汇兑结算方式将款项如数汇出,材料已验收入库。

(6) 5日,采用汇兑结算方式,委托银行汇款100 000元至外地N市工商银行中心支行,开立采购账户。

(7) 8日,开出转账支票一张,归还前欠D公司货款50 000元。

(8) 9日,采购员刘江山到M市采购的乙材料已全部运达公司仓库并收到增值税发票,内列材料价款60 000元,增值税进项税额7 800元。

(9) 10日,收到原汇往M市采购材料80 000元的尾款12 200元存入银行。

(10) 10日,采购员刘江山报销差旅费2 100元,余款900元退回现金。

(11) 11日,向K公司销售产品一批,价款150 000元,增值税销项税额19 500元,已向银行办妥委托收款手续。

(12) 12日,出售废旧包装纸箱等,收到现金1 100元。

(13) 12日,将库存超限额现金2 000元送存银行。

(14) 15日,购买办公用品1 600元,开出转账支票支付款项。

(15) 16日,向外地E公司采购丙材料一批,价款180 000元,增值税进项税额23 400元,双方约定采用托收承付结算方式,验单付款,当日收到银行转来的托收承付结算凭证和所附单据,经审核无误予以承付,材料尚在运输途中。

(16) 17日,采购员张边疆从N市采购材料返回,所采购的甲、丙材料全部验收入库,增值税专用发票内列材料价款80 000元,增值税税款10 400元,张边疆同日报销差旅费1 400元。

(17) 18日,原汇往N市采购材料的余款8 200元收到存入银行。

(18) 19日,签发转账支票向D证券公司划出投资款500 000元,款项已通过开户行转入D证券公司银行账户。

(19) 22日,委托D证券公司购入A上市公司股票5万股,每股买价9元,该股票划分为交易性金融资产。

(20) 22日,向外地E公司采购的丙材料如数收到验收入库。

(21) 23日,收到银行转来的收款通知,K公司前欠货款及增值税共计169 500元,已收妥。

(22) 24日,向S公司销售产品一批,价款为200 000元,增值税为26 000元,收到金额为126 000元的转账支票一张并同日送存银行,另收到S公司开出并承兑的两个月期限的商业承兑汇票一张,面值为100 000元。

(23) 25日,购买办公用品2 000元,以信用卡支付款项,收到银行转来的信用卡存款的付款凭证及所付账单,经审核无误。

(24) 26日,签发转账支票3 000元,存入信用卡。

(25) 31日,销售产品一批,价款为100 000元,税款为13 000元,收到金额为113 000元的转账支票一张,当日送存银行取得进账单回单联。

(26) 31日,开出转账支票一张,支付前欠材料款50 000元。

(27) 31日,在现金清查中发现现金短缺200元,原因待查。

(28) 31日,上述现金短缺款原因已查明,系出纳员工作失职造成,当即交回现金200元作为赔偿。

要求:
(1) 根据上述经济业务编制会计分录。
(2) 登记银行存款日记账。
(3) 与银行进行对账(银行对账单如下),并编制银行存款余额调节表。

中国工商银行客户存款对账单

网点号:0202　　　　　　　　　　币种:人民币(本位币)　　　　　　　　　　单位:元

账号:3214030109200009127　　户名:华润机械股份有限公司　　上页余额:4 312 800.00

日 期	交易类型	对方户名	摘要	借方发生额	贷方发生额	余额	记账信息
2016-03-01	现金			5 000.00		4 307 800.00	(略)
2016-03-02	转账	B公司	货款		150 000.00	4 457 800.00	
2016-03-03	汇票			80 000.00		4 377 800.00	
2016-03-04	汇划	C公司	货款	226 000.00		4 151 800.00	
2016-03-05	汇划		货款	100 000.00		4 051 800.00	
2016-03-08	转账		货款	50 000.00		4 001 800.00	
2016-03-10	汇划		退尾款		12 200.00	4 014 000.00	
2016-03-12	缴款单		现金缴存		2 000.00	4 016 000.00	

续 表

账号：3214030109200009127			户名：华润机械股份有限公司		上页余额：4 312 800.00	
日　期	交易类型	对方户名	摘要	借方发生额	贷方发生额	余额	记账信息
2016-03-15	转账		办公用品款	1 600.00		4 014 000.00	
2016-03-16	托收	E公司	货款	203 400.00		3 811 000.00	
2016-03-18	汇划		退尾款		8 200.00	3 819 200.00	
2016-03-19	转账	D证券公司	投资款	500 000.00		3 319 200.00	
2016-03-23	托收	K公司	货款		169 500.00	3 488 700.00	
2016-03-24	转账	S公司	货款		126 000.00	3 614 700.00	
2016-03-26	转账		信用卡	3 000.00		3 611 700.00	
2016-03-30	委托	E公司	货款		24 600.00	3 636 300.00	
2016-03-30	委托	供电公司	电费	18 400.00		3 617 900.00	

截至 2020 年 3 月 31 日，账户余额：3 617 900.00，保留余额：0.00，冻结余额：0.00，透支余额：0.00，可用余额：3 617 900.00。

五、思考题

1. 库存现金管理的主要内容有哪些？
2. 简要说明备用金的核算方法。
3. 银行存款管理的主要内容有哪些？
4. 支付结算的基本规定有哪些？
5. 简要说明各种结算方式的主要内容。
6. 其他货币资金有哪些？怎样核算？
7. 简要说明货币资金管理与控制的主要内容。

第 3 章　存　货

一、单项选择题

1. 下列各项物资中，不属于企业存货的是(　　)。
   A. 购入的库存材料　　　　　　　B. 受托加工物资
   C. 周转材料　　　　　　　　　　D. 购入的工程物资
2. 一般纳税人下列项目中，可以计入存货成本的是(　　)。
   A. 增值税进项税额　　　　　　　B. 商业折扣
   C. 库存存货的合理损耗　　　　　D. 生产产品的间接费用
3. 在存货价格持续上涨的某会计期间，使期末存货账面价值最大的存货计价方法是(　　)。
   A. 移动加权平均法　　　　　　　B. 个别计价法
   C. 先进先出法　　　　　　　　　D. 月末一次加权平均法
4. 确认某项货物是否为企业的存货，应以(　　)为标志。

A. 存放地点　　　　　B. 法定所有权　　　　C. 用途　　　　　　　D. 获利能力

5. 下列项目中,一般不计入购入存货入账价值的是(　　)。
   A. 运输费　　　　　　　　　　　　　B. 买价
   C. 采购人员的差旅费　　　　　　　　D. 包装费

6. 在物价变动的情况下,采用(　　)可使结存材料的成本最接近现实成本水平。
   A. 个别计价法　　　　　　　　　　　B. 月末一次加权平均法
   C. 先进先出法　　　　　　　　　　　D. 移动加权平均法

7. 在分次摊销法下,生产车间领用低值易耗品时,应借记(　　)科目。
   A. 管理费用　　　　　　　　　　　　B. 制造费用
   C. 待摊费用　　　　　　　　　　　　D. 周转材料——低值易耗品(在用)

8. 某企业2020年1月1日甲材料账面实际成本为100 000元,结存数量500吨;1月4日购进甲材料500吨,每吨实际单价为210元;1月17日购进甲材料400吨,每吨实际单价为200元;1月5日和22日各发出甲材料600吨。如果该企业按移动加权平均法计算其发出甲材料的实际成本,那么2020年1月31日甲材料的账面余额应为(　　)元。
   A. 40 000　　　　　B. 40 500　　　　　C. 41 000　　　　　D. 42 000

9. 甲公司期末A材料的账面余额为120万元,数量为10吨。A材料专门用于生产与乙公司所签合同约定的20台M产品。合同约定:甲公司为乙公司提供M产品20台,每台售价12万元(不含增值税)。将A材料加工成20台M产品尚需加工成本总额为114万元。估计销售20台M产品尚需发生相关税费2万元(不含增值税)。本期期末市场上该原材料每吨售价为10.8万元,估计销售每吨原材料尚需发生相关税费0.2万元。期末A材料应按(　　)万元列入资产负债表的存货项目。
   A. 124　　　　　　　B. 107.8　　　　　C. 120　　　　　　D. 108

10. 2020年10月5日,甲公司与乙公司签订了一份销售合同,双方约定,2021年1月10日,甲公司按每台3万元的价格向乙公司提供A商品15台。2020年12月31日,甲公司A商品的单位成本为2.46万元,数量为20台,其账面价值(成本)为49.2万元,该日A商品的市场销售价格为2.8万元,若销售A商品时每台的销售费用为0.5万元。则2020年12月31日结存的20台A商品的账面价值为(　　)万元。
    A. 49　　　　　　　B. 49.2　　　　　　C. 50　　　　　　　D. 48.4

11. 企业外购存货的采购成本,通常不包括(　　)。
    A. 途中保险费　　　　　　　　　　　B. 运输途中的合理损耗
    C. 入库前的挑选整理费用　　　　　　D. 市内零星货物运杂费

12. 根据我国企业会计准则的规定,企业购货时取得的现金折扣应当(　　)。
    A. 冲减采购成本　　　　　　　　　　B. 冲减管理费用
    C. 冲减财务费用　　　　　　　　　　D. 冲减资产减值损失

13. 下列企业采购过程中发生的存货短缺中,应计入有关存货采购成本的是(　　)。
    A. 运输途中的合理损耗　　　　　　　B. 供货单位责任造成的存货短缺
    C. 运输单位责任造成的存货短缺　　　D. 意外事故等非常原因造成的存货短缺

14. 一般纳税企业委托加工存货所支付的下列款项中,不能计入委托加工存货成本的是(　　)。
    A. 支付的加工费　　　　　　　　　　B. 支付的往返运杂费
    C. 支付的增值税　　　　　　　　　　D. 支付的消费税

15. 企业以一台设备换入一批原材料,并支付部分补价,该补价应计入( )。
   A. 原材料成本　　　B. 管理费用　　　C. 资产处置损益　　　D. 营业外支出

16. 某企业通过债务重组取得一批 A 材料,公允价值为 100 000 元,可抵扣的进项税额为 13 000 元;重组债权的账面余额为 140 000 元,已计提的坏账准备为 10 000 元。该企业确认的债务重组损失为( )元。
   A. 17 000　　　B. 10 000　　　C. 13 000　　　D. 30 000

17. 存货计价采用先进先出法,在存货价格上涨的情况下,将会使企业( )。
   A. 期末存货升高、当期利润减少　　　B. 期末存货升高、当期利润增加
   C. 期末存货减少、当期利润减少　　　D. 期末存货减少、当期利润增加

18. 企业为自制固定资产(非不动产)而领用了本企业的产成品。该产成品生产成本为 100 000 元,正常售价为 120 000 元,增值税税率为 16%。企业领用该产成品应计入在建工程成本的金额为( )元。
   A. 100 000　　　B. 115 600　　　C. 120 000　　　D. 135 600

19. 企业的存货采用计划成本核算,2020 年年末,结存存货计划成本 300 万元,计提的存货跌价准备为 2 万元,材料成本差异为贷方余额 1 万元。该企业 2020 年 12 月 31 日资产负债表上存货项目应填列的金额为( )万元。
   A. 297　　　B. 298　　　C. 299　　　D. 300

20. 企业的存货如果已经计提了跌价准备,则存货的账面价值是指( )。
   A. 账面成本
   B. 现行市价
   C. 公允价值
   D. 账面成本减去已计提的跌价准备

二、多项选择题

1. 在发生的下列费用中,应计入材料采购成本的有( )。
   A. 外地运杂费
   B. 采购人员的差旅费
   C. 一般纳税企业支付的增值税进项税额
   D. 发票上所列的买价金额

2. 存货采用先进先出法进行核算的企业,在物价上涨的情况下,将会使企业( )。
   A. 期末存货价值升高　　　B. 期末存货价值降低
   C. 当期利润增加　　　　　D. 当期利润减少

3. 企业对于材料已到但结算凭证未到且货款尚未支付的采购业务,应作的会计处理有( )。
   A. 材料验收入库时入账　　　B. 材料验收入库时先不入账
   C. 月末按暂估价入账　　　　D. 下月初用红字冲回

4. 下列项目中不能作为企业存货的有( )。
   A. 已经转让所有权但尚未出库的已销商品
   B. 交受托方代销的商品
   C. 收到委托方交来的代销商品
   D. 出租出借给外单位的包装物

5. 下列项目中,应计入工业企业存货成本的有( )。
   A. 进口原材料支付的关税　　　B. 生产过程中发生的制造费用
   C. 原材料入库前的挑选整理费用　　　D. 自然灾害造成的原材料净损益

6. 对企业已计入待处理财产损溢的存货盘亏或毁损事项进行处理时,可以计入管理费用的有( )。
   A. 收发误差的存货盘亏　　　　　　B. 管理不善造成的存货盘亏
   C. 自然灾害造成的存货毁损损失　　D. 定额内损耗

7. 可以计入外购存货的采购成本的有( )。
   A. 专设采购机构的费用　　　　　　B. 购入存货时支付的增值税
   C. 采购人员的差旅费　　　　　　　D. 买价

8. 下列资产项目中,属于企业存货的有( )。
   A. 在途物资　　B. 发出商品　　C. 委托加工物资　　D. 工程物资

9. 企业发出的下列商品中,一定属于销售方存货的有( )。
   A. 委托代销的商品　　　　　　　　B. 分期收款销售发出的商品
   C. 售后回购的商品　　　　　　　　D. 采用托收承付方式发出的商品

10. 在公允价值计量模式下,企业以设备换入原材料,则原材料的入账价值包括( )。
    A. 设备的公允价值　　　　　　　　B. 支付的补价
    C. 支付的运杂费　　　　　　　　　D. 允许抵扣的增值税

11. 一般纳税企业委托其他单位加工物资,下列项目中可以计入委托加工物资成本的有( )。
    A. 发出原材料的成本　　　　　　　B. 支付的消费税
    C. 支付的加工费　　　　　　　　　D. 支付的增值税

12. 企业发出的下列原材料中,相关的增值税进项税额不予抵扣的有( )。
    A. 投资转出的原材料　　　　　　　B. 抵债转出的原材料
    C. 非货币性福利领用的原材料　　　D. 福利部门领用的原材料

13. 企业领用的下列周转材料中,应将其成本计入销售费用的有( )。
    A. 生产部门领用的周转材料　　　　B. 管理部门领用的周转材料
    C. 专设销售机构领用的周转材料　　D. 出借的周转材料

14. 根据企业会计准则的规定,发出存货的计价可以采用( )。
    A. 个别计价法　　　　　　　　　　B. 先进先出法
    C. 月末一次加权平均法　　　　　　D. 移动加权平均法

15. 企业发出的下列存货中,必须同时结转存货跌价准备的有( )。
    A. 管理部门领用的存货　　　　　　B. 非货币性资产交换转出的存货
    C. 投资转出的存货　　　　　　　　D. 抵债转出的存货

三、判断题

1. 存货的买价是指扣除现金折扣后的价格。　　　　　　　　　　　　　　　　( )
2. 存货是指已经完成全部生产过程并验收入库可对外销售的产品。　　　　　　( )
3. 先进先出法在物价持续上涨时,期末存货成本较低而发出成本较高,利润偏低,能贯彻谨慎性原则。　　　　　　　　　　　　　　　　　　　　　　　　　　　　　　　　( )
4. 企业购买的原材料已验收入库,但结算凭证尚未到达,货款尚未支付,到月末可按暂估价将这批材料入账,待下月初用红字冲回。　　　　　　　　　　　　　　　　　　( )
5. 原材料的采购成本就是指原材料的买价。　　　　　　　　　　　　　　　　( )
6. 确认某项物品是否为企业存货,要视企业是否对其拥有法定所有权而定。　　( )
7. 采用计划成本进行材料日常核算的,月末分摊材料成本差异时,无论是节约还是超支,均

记入"材料成本差异"的贷方。（　　）

8. 企业为固定资产建造工程购买的材料应在资产负债表的存货项目下列示。（　　）

9. 债务人以存货抵偿债务，债权人应以公允价值为基础对取得的存货计价入账。（　　）

10. 企业以非货币性资产交换取得的存货，均应以换出资产的公允价值为基础对换入存货计价入账。（　　）

11. 存货采购过程中发生的存货短缺、毁损等情况，报经批准处理后应计入有关存货的采购成本。（　　）

12. 委托加工应税消费品由受托加工方代收代交的消费税应计入委托加工存货的成本。（　　）

13. 非货币性资产交换以公允价值为基础进行计量，换出资产的公允价值与其账面价值之间的差额，均应计入营业外收入或营业外支出。（　　）

14. 非货币性资产交换以历史成本为基础进行计量时，无论是否发生了补价，均不确认损益。（　　）

15. 企业通过债务重组取得的存货，应当按照受让存货的公允价值作为入账成本。（　　）

16. 企业作为合并对价支付的商品应作商品销售处理，按其公允价值确认销售收入，同时按该商品的账面价值结转销售成本。（　　）

17. 企业没收的出租周转材料押金，应作为营业外收入入账。（　　）

18. 存货采用计划成本法核算时，期末资产负债表中的存货项目应按实际成本反映。（　　）

19. 企业计提的存货跌价准备、固定资产减值准备等，均应计入资产减值损失。（　　）

20. 企业每期计提的存货跌价准备金额应为该期期末存货的可变现净值低于成本的差额。（　　）

四、计算及账务处理题

1. 2020年12月份，华润机械公司从华庆公司购入甲材料一批，增值税专用发票上标明价款为10万元，增值税税率为13%。假设：

（1）材料已验收入库，款项也已支付。

（2）款项已经支付，但材料尚在运输途中：12月16日，支付款项；12月22日，材料运抵企业并验收入库。

（3）材料已验收入库，但发票账单尚未到达企业：12月24日，材料运抵企业并验收入库，但发票账单尚未到达；12月29日，发票账单到达企业，支付货款。

（4）材料已验收入库，但发票账单尚未到达企业：12月26日，材料运抵企业并验收入库，但发票账单尚未到达；12月31日，发票账单仍未到达，对该批材料估价10.2万元入账；2021年1月1日，红字冲回估价入账金额；1月5日，发票账单到达企业，支付货款。

要求：根据上述假设分别作出会计处理。

2. 2020年11月20日，华润机械公司向华丰公司预付货款60 000元，订购乙材料一批，2020年12月20日收到材料。假设：

（1）材料价款为100 000元，增值税税额为13 000元，华润机械公司补付货款53 000元。

（2）材料价款为50 000元，增值税税额为6 500元，华润机械公司收回多付货款3 500元。

（3）材料价款为60 000元，增值税税额为7 800元，双方约定，差额款下次购货时一并结清。

要求：按上述假设分别作出预付货款和原材料入库及结清尾款的会计处理。

3. 2020年12月4日，华润机械公司从华宇公司购入丙原材料，增值税专用发票上注明的原材料价款为200 000元，增值税税率为13%。购货合同规定的信用期限为30天，现金折扣条件为

4/10,2/20,N/30,其中增值税不予折扣。

要求：采用总价法对华润机械公司赊购原材料进行会计处理：

(1) 赊购原材料。

(2) 支付货款：① 假定 10 天内支付货款；② 假定 20 天内支付货款；③ 假定超过 20 天支付货款。

4. 2020 年 12 月 4 日，华润机械公司向华通公司购入丁材料 20 000 千克，不含税单位进价为 15 元，增值税税率为 13%，款项已电汇支付，材料尚在运输途中。另以银行存款支付邮电费 15 元。

要求：根据上述资料进行下列会计处理：

(1) 支付邮电费。

(2) 支付材料价税款，材料尚在运输途中。

(3) 材料运达企业，验收时发现短缺 300 千克，原因待查，其余材料入库。

(4) 短缺材料原因已查明，其原因是：10 千克为运输途中的合理损耗；200 千克供货方发货时少发，经协商由其补发；90 千克为运输途中丢失，运输公司全额赔付，款项尚未收到。

5. 2020 年 12 月 3 日，华润机械公司与 X 公司签订合同，委托 X 公司加工一批应税消费品 M，当日将原材料发出，其实际成本为 80 000 元；2020 年 12 月 22 日，以银行存款支付加工费 10 000 元和增值税 1 300 元；2020 年 12 月 27 日，以银行存款支付 X 公司代收代交的消费税 10 000 元；2020 年 12 月 28 日，收回委托加工存货入库。华润机械公司适用的增值税税率为 13%，应税消费品 M 适用的消费税税率为 10%。

要求：根据下列假设分别进行会计处理：

(1) 委托加工的 M 作为原材料收回后继续加工应税消费品。

(2) 委托加工的 M 作为库存商品直接对外出售。

6. 2020 年 12 月 10 日，华润机械公司收到华城机械股份有限公司作为资本投入的乙材料，双方约定以 2 260 000 元(含税价)开具增值税专用发票，税率为 13%。经股东大会批准，将其折换为每股面值 1 元的普通股股票 1 600 000 股，已办妥所有的增资手续。

要求：作出华润机械公司接受投资的会计处理。

7. 2020 年 12 月 21 日，华润机械公司与华港公司签订资产交换协议，华润机械公司以长期股权投资(Y 公司股份)与华港公司的乙材料进行交换。长期股权投资的账面余额为 1 000 000 元，已提长期股权投资减值准备为 100 000 元；乙材料的账面价值为 600 000 元，公允价值为 700 000 元，可抵扣的增值税进项税额为 91 000 元。华港公司换入长期股权投资后，与 Y 公司成为联营企业。另外，华润机械公司以银行存款支付股票交易税费 3 000 元，华港公司以银行存款支付乙材料运杂费 2 000 元(取得普通发票)。该项交换具有商业实质，且换入、换出资产的公允价值能够可靠计量。

要求：根据下列假设分别进行华润公司和华港公司的会计处理：

(1) 假设华润公司的长期股权投资公允价值为 791 000 元。

(2) 假设华润公司的长期股权投资公允价值为 850 000 元，华港公司支付补价 59 000 元。

8. 2020 年 12 月 10 日，华润机械公司与 Z 公司签订资产交换协议，华润机械公司以其生产的 N 产品与 Z 公司的丙材料进行交换。库存商品的账面价值为 198 000 元(其中，库存商品的实际成本为 200 000 元，存货跌价准备为 2 000 元)，公允价值为 250 000 元，增值税税额为 32 500 元；丙材料的账面价值为 200 000 元，公允价值为 220 000 元，增值税税额为 28 600 元。Z 公司以银行存款支付补价 33 900 元。该项交换具有商业实质，且换入、换出资产的公允价值能够可靠计量。

要求：分别对华润机械公司和Z公司进行会计处理。

9. 2020年12月15日，华润机械公司以一台设备换入H公司的一批丁材料。华润机械公司换出设备的账面原价为500 000元，累计折旧为100 000元，以银行存款支付设备清理费用5 000元；H公司换出丁材料的实际成本为300 000元，按市场价格计算的增值税税额为45 500元。假定该项交换不具有商业实质。

要求：分别对华润机械公司和H公司进行会计处理。

10. 2020年12月18日，华润机械公司与K公司签订资产交换协议，华润机械公司以厂房、设备和库存商品换入K公司的办公楼、小汽车和客车。华润机械公司换出资产的账面记录为：厂房原价2 700万元、累计折旧540万元、公允价值1 800万元，设备原价1 080万元、累计折旧864万元、公允价值180万元，库存商品账面余额540万元、公允价值630万元；K公司换出资产的账面记录为：办公楼原价3 600万元、累计折旧1 800万元、公允价值1 980万元，小汽车原价540万元、累计折旧342万元、公允价值180万元，客车原价540万元、累计折旧324万元、公允价值270万元。K公司另向华润机械公司支付现金154.8万元。假设交换双方均未对换出资产计提减值准备，未发生除增值税以外的其他相关税费，增值税税率均为13%，除K公司换入的库存商品作原材料核算外，其他均作固定资产核算。

要求：判断该交换是否属于非货币性资产交换，并分别对华润机械公司和K公司进行会计处理。

11. 华润机械公司2020年12月份甲材料收、发、存资料见下表。

原材料明细账

材料类别：
材料编号：
材料名称及规格：甲材料

计量单位：千克
最高存量：
最低存量：

2020年		凭证编号	摘要	收入			发出			结存		
月	日			数量	单价	金额	数量	单价	金额	数量	单价	金额
12	1		期初结存							2 236	20.00	44 720.00
	5	略	购进	2 800	19.90	55 720.00				5 036		
	7		发出				3 600			1 436		
	16		购进	3 500	19.80	69 300.00				4 936		
	18		发出				3 200			1 736		
	27		购进	2 500	19.60	49 000.00				4 236		
	29		发出				2 400			1 836		
12	31		本月合计	8 800			9 200			1 836		

要求：分别按照先进先出法、月末一次加权平均法和移动加权平均法计算发出甲材料的成本和期末结存甲材料的成本。

12. 2020年12月15日，华润机械公司各部门领用原材料一批，其中，基本生产领用1 000 000元，辅助生产领用100 000元，生产车间一般耗用50 000元，管理部门一般耗用10 000元。

要求：作出华润机械公司的会计处理。

13. 2020年12月15日，华润机械公司将多余的一批原材料销售，收到全部价税款124 300元(含税价)存入银行，增值税税率为13%，原材料实际成本为100 000元。

要求：作出华润机械公司的会计处理。

14. 2020 年 12 月 20 日，华润机械公司仓库在建工程领用一批生产用原材料，其实际成本为 200 000 元，增值税税率为 13%。

要求：作出华润机械公司的会计处理。

15. 2020 年 12 月 20 日，华润机械公司仓库在建工程领用库存商品一批，用于仓库工程，实际生产成本为 50 000 元。

要求：作出华润机械公司的会计处理。

16. 2020 年 12 月 20 日，华润机械公司销售 N 产品一批，总计价款为 100 000 元，增值税税率为 13%；随同产品领用包装木箱 60 个，单独作价计 18 000 元，增值税销项税额 2 340 元，产品销售时领用包装纸箱 60 个，不单独作价。N 产品的实际成本为 80 000 元，包装物的实际成本为：包装木箱 13 800 元，包装纸箱 900 元。收到不带息银行承兑汇票一张，面值为 133 340 元。

要求：作出华润机械公司的会计处理。

17. 2020 年 12 月 25 日，华润机械公司随货出租给购货单位包装木箱 50 个，单位实际成本 230 元，收取押金 13 560 元存入银行，租金 5 650 元在返还包装物时从押金中扣除。包装物采用一次摊销法摊销。

要求：按下列情况分别进行会计处理：

(1) 出租包装物。

(2) 收到包装物押金。

(3) 退回包装物，假设：① 仍可继续使用，退还包装物押金；② 租赁期满逾期未收到包装物，没收包装物押金。

18. 2020 年 12 月 1 日，华润机械公司单独出借给购货单位库存新包装物 20 只，借用期 2 个月，每月周转使用 4 次，单位实际成本为 500 元，收取押金 12 430 元存入银行。包装物按分次摊销法摊销（预计使用次数 8 次）。

要求：按下列情况进行会计处理：

(1) 出借包装物。

(2) 收取押金。

(3) 每月摊销包装物价值。

(4) 借用期满时，假设：① 包装物报废，残料 200 元入库作修理用备件；② 购货单位未退还包装物，没收押金。

19. 假设华润机械公司的原材料采用计划成本核算，材料成本差异逐笔结转。2020 年 12 月 1 日，"原材料"科目的借方余额为 549 500 元，"材料成本差异——原材料"科目的借方余额为 2 800 元。12 月份发生下列经济业务：

(1) 2 日，购入一批原材料，增值税专用发票上注明的价款为 100 000 元，增值税税额为 13 000 元。货款已通过银行转账支付。材料按计划成本 102 000 元验收入库。

(2) 6 日，购入一批原材料，增值税专用发票上注明的价款为 150 000 元，增值税税额为 19 500 元。货款已通过银行转账支付，材料尚在运输途中。

(3) 12 日，购入一批原材料，材料已经运达企业并已验收入库，但发票等结算凭证尚未收到，货款尚未支付。

(4) 13 日，收到 6 日购进的原材料并验收入库，其计划成本为 149 000 元。

(5) 19 日，收到 12 日入库原材料的发票等结算凭证，增值税专用发票上注明的材料价款为 120 000 元，增值税税额为 15 600 元，开出一张商业汇票抵付。该批原材料的计划成本为

119 500元。

(6) 24日,购入一批原材料,增值税专用发票上注明的价款为50 000元,增值税税额为6 500元,运输费561.35元(其中,准予抵扣增值税46.35元)。价税费均通过银行转账支付,材料尚在运输途中。

(7) 31日,已在28日入库的原材料的发票等结算凭证尚未收到,按计划成本80 000元估价入账。

(8) 31日,经汇总,本月共计领用原材料计划成本为564 000元,其中,基本生产领用456 000元,辅助生产领用76 000元,车间一般耗用12 000元,管理部门领用5 000元,销售15 000元。

(9) 31日,分摊本月领用原材料应负担的材料成本差异。

要求:作出华润机械公司的会计处理。

20. 2020年12月1日,假设华润机械公司接受华祥电子器材股份有限公司投入一批原材料,增值税专用发票上注明的材料价款为1 000 000元,增值税税额为130 000元,投资各方确认按该发票金额作为华祥电子器材股份有限公司的投入资本,折换为每股面值1元的股票800 000股。该批原材料的计划成本为1 005 000元。

要求:作出华润机械公司的会计处理。

21. 华润机械公司所属的综合物贸公司采用毛利率法进行发出存货和期末存货成本的核算。该公司甲类商品2020年第三季度的实际毛利率为20%,10月份期初结存货成本为4 236 600元,其10月、11月和12月商品进销情况如下:

(1) 10月份购进存货成本7 383 000元,销售收入9 844 000元,销售退回与折让44 000元。

(2) 11月份购进存货成本7 820 000元,销售收入9 315 000元,销售退回与折让115 000元。

(3) 12月份购进存货成本7 187 500元,销售收入8 970 000元,销售退回与折让70 000元,以月末一次加权平均法计算的甲类商品期末结存金额为3 726 000元。

要求:根据以上资料,计算第四季度各月发出存货和期末存货的成本并进行会计处理。

22. 假设华润机械公司所属的综合零售商场采用售价金额核算法,2020年12月1日,"库存商品"科目余额为3 625 000元,"商品进销差价"科目的余额为725 000元,12月份发生下列经济业务:

(1) 5日,以银行存款购进商品一批,总进价2 612 000元,增值税进项税额为339 560元,售价总额为3 265 000元,商品已验收入库。

(2) 15日,销售商品实现总收入2 480 000元,增值税销项税额322 400元,款项全部存入银行,同时结转销售成本。

(3) 20日,以银行存款购进商品一批,总进价为1 888 000元,增值税进项税额为245 440元,售价总额为2 360 000元,商品已验收入库。

(4) 31日,销售商品实现总收入3 670 000元,增值税销项税额477 100元,款项全部存入银行,同时结转销售成本。

(5) 31日,结转已销商品进销差价。

要求:根据以上资料进行会计处理并计算期末存货实际成本。

23. 华润机械公司假设从2017年开始对存货按成本与可变现净值孰低法进行计量。2017年至2020年,有关M产品期末计量的资料如下:

(1) 2017年12月31日,M产品的账面成本为8 320 000元,可变现净值为8 310 000元。

(2) 2018年销售M产品应结转相应的存货跌价准备6 000元;12月31日M产品账面成本为7 660 000元,可变现净值为7 654 000元。

(3) 2019年销售M产品应结转相应的存货跌价准备800元;12月31日M产品的账面成本为8 456 000元,可变现净值为8 455 000元。

(4) 2020年销售M产品应结转相应的存货跌价准备700元;12月31日M产品的账面成本为9 320 000元,可变现净值为9 325 000元。

要求:根据以上资料进行会计处理。

24. 2020年12月31日,华润机械公司在对存货清查时发现乙材料毁损5 000千克,账面单价为60元,增值税税率为13%。假设其毁损的原因是自然灾害造成的,经保险公司现场勘查,同意赔付250 000元,其残料已出售,收到款项10 000元存入银行,差额部分经批准作营业外支出处理。

要求:根据以上资料进行批准前和批准后的会计处理。

五、思考题

1. 存货的确认应具备哪些条件?
2. 如何确定外购存货的采购成本?
3. 如何确定非货币性资产交换取得存货的初始成本?
4. 如何确定通过债务重组取得存货的初始成本?
5. 发出存货的计价方法有哪些?简述每种计价方法的适用性。
6. 如何核算周转材料?
7. 简要说明计划成本法核算原材料的主要内容。
8. 什么是存货的可变现净值?确定可变现净值主要应考虑哪些因素?
9. 材料存货的期末计量有何特点?
10. 如何确定本期应计提的存货跌价准备金额?
11. 如何结转发出存货已计提的跌价准备?
12. 如何处理存货的盘盈和盘亏?

第4章 金融资产

一、单项选择题

1. A公司采用预期信用损失法计提坏账准备,根据历史信用损失率等因素确定账龄损失率为5%。2019年12月1日,"坏账准备"科目贷方余额为1万元。2019年12月10日,上个月已作坏账损失的某公司应收款项2万元又收回,2019年12月31日,"应收账款"科目借方余额为100万元,A公司2019年12月31日坏账准备应(   )。

 A. 冲销2万元　　B. 补提2万元　　C. 冲销4万元　　D. 补提5万元

2. B公司为增值税一般纳税人,适用的增值税税率为13%。2020年3月1日,A公司向甲公司销售一批商品,按价目表上标明的价格计算,其不含增值税额的售价总额为4万元。因属批量销售,A公司同意给予甲公司5%的商业折扣;同时,为鼓励甲公司及早付清货款,A公司规定的现金折扣条件(按含增值税额的售价计算)为:2/10,1/20,N/30。假定A公司3月8日收到该笔销售的价款(含增值税额),则实际收到的款项为(   )元。

 A. 42 081.20　　B. 39 200.00　　C. 44 296.00　　D. 37 240.00

3. B公司2019年7月1日将一张带息应收票据进行贴现,其票面金额为100万元,2019年6

月 30 日已计利息 5 000 元,贴现时尚未计提利息 1 万元,票据贴现息为 6 090 元,则票据贴现时应计入财务费用的金额为( )元。

  A. −8 910   B. −3 910   C. 10 000   D. 15 000

4. A 公司于 2019 年 1 月 1 日,以 11.1 万元的价格购入面值 10 万元、2018 年 1 月 1 日发行、票面利率 6%、期限 4 年、每年 12 月 31 日付息的债券分类为以摊余成本计量的金融资产。应记入"债权投资——成本"科目的金额为( )万元。

  A. 10   B. 10.5   C. 10.6   D. 11.1

5. A 公司应收甲公司货款 100 万元,计提坏账准备 0.5 万元。经双方协商,甲公司以其持有的每股市价为 3.10 元的股票 30 万股和支付 5 万元抵债,A 公司将收到的股票分类为以公允价值计量且其变动计入其他综合收益的金融资产,其初始投资成本为( )万元。

  A. 87.5   B. 92.5   C. 93   D. 100

6. 按照预期信用损失模型,如果某项金融工具的信用风险自初始确认后已显著增加,企业应当按照相当于该金融工具( )预期信用损失的金额计量其损失准备。

  A. 12 个月内   B. 一个会计年度内   C. 资产负债表日   D. 整个存续期内

7. 2019 年 4 月 15 日,A 公司将收到的出票日为 2 月 20 日、期限为 150 天的商业汇票向银行申请贴现。则该票据的贴现天数为( )天。

  A. 94   B. 95   C. 96   D. 150

8. 2019 年年末 A 公司应收 B 公司的账款余额为 500 万元,已提坏账准备 10 万元,经单独减值测试,确定该应收账款的未来现金流量现值为 494 万元,则 A 公司 2019 年年末应确认的信用减值损失为( )万元。

  A. −6   B. −4   C. 4   D. 6

9. A 公司 2019 年 3 月 8 日自证券市场购入 B 公司发行的股票 200 万股,共支付价款 1 720 万元,其中包括交易费用 8 万元。购入时,B 公司已宣告但尚未发放的现金股利为每股 0.10 元。A 公司将购入的 B 公司股票分类为以公允价值计量且其变动计入当期损益的金融资产。2019 年 11 月 20 日,A 公司出售该交易性金融资产,收到价款 1 920 万元。A 公司 2019 年利润表中因该金融资产应确认的投资收益为( )万元。

  A. 192   B. 200   C. 220   D. 228

10. A 公司 2019 年 1 月 20 日以每股 10 元的价格购入 B 上市公司股票 40 万股,A 公司将其分类为以公允价值计量且其变动计入当期损益的金融资产,另外支付购买股票手续费等 5 万元。同年 4 月 20 日,A 公司收到 B 上市公司发放的现金股利 10 万元。2019 年 12 月 31 日,该股票的市价为每股 9 元。2019 年 12 月 31 日该金融资产的账面价值为( )万元。

  A. 360   B. 370   C. 395   D. 405

11. A 公司 2019 年 1 月 1 日购进 B 公司当日发行的债券,共计支付 215 万元(其中:买价 210 万元,相关税费 5 万元),其面值为 200 万元,票面利率为 8%,期限为 5 年,到期一次性还本付息,A 公司将其分类为以摊余成本计量的金融资产。则"债权投资"科目的入账金额为( )万元。

  A. 200   B. 205   C. 210   D. 215

12. 2019 年 5 月,A 公司以一项无形资产与 B 公司持有的其他权益工具投资进行交换。A 公司无形资产的账面余额为 600 万元,累计摊销 120 万元,计提减值准备 30 万元,公允价值 500 万元;B 公司其他权益工具投资的账面价值为 470 万元(成本 440 万元,公允价值变动 30 万元),公允价值为 490 万元。B 公司另向 A 公司支付银行存款 10 万元,A 公司为换入的其他权益工具投资支付手续费 5 万元。假定该交换具有商业实质,则 A 公司换入的其他权益工具投资的入账价值为( )万元。

   A. 445 B. 455 C. 495 D. 505

13. 2019年12月31日,A公司持有的其他权益工具投资的公允价值为1 500万元,账面价值为2 600万元,该其他权益工具投资上年末已因公允价值下降减少账面价值1 400万元。A公司认为,信用风险自初始确认后开始显著增加,已经发生信用减值。A公司对该金融资产应确认的信用减值损失金额为( )万元。

   A. 100 B. 1 100 C. 1 400 D. 2 500

14. 企业应当以预期信用损失为基础,对有关金融工具进行减值会计处理并确认损失准备。以下不属于金融工具减值项目的是( )。

   A. 以摊余成本计量的金融资产
   B. 以公允价值计量且变动计入其他综合收益的金融资产
   C. 合同资产
   D. 以公允价值计量且变动计入当期损益的金融资产

15. A公司2019年1月1日购入B公司发行的2年期公司债券,面值为500万元,购买价格为518.860 9万元,每年末付息一次,到期还本,票面利率6%,实际利率4%,采用实际利率法摊销。则A公司2019年12月31日"债权投资——利息调整"科目的余额为( )万元。

   A. 9.245 564 B. 9.615 336 C. 18.860 9 D. 20.754 4

16. 2019年1月1日,A公司自证券市场购入B公司当日发行的债券,面值为800万元,实际支付价款831.59万元,另外支付交易费用4万元,A公司将其分类为以摊余成本计量的金融资产。债券期限5年,票面税率5%,实际利率4%,付息日为每年12月31日,债券到期一次性偿还本金。至2020年12月31日,其账面价值(以万元为单位保留两位小数)应为( )万元。

   A. 817.84 B. 822.17 C. 824.85 D. 829.01

17. A公司2019年3月20日以每股7.40元的价格(其中包含已宣告但尚未发放的现金股利0.4元)购进B公司股票80万股分类为以公允价值计量且其变动计入其他综合收益的金融资产,4月10日如数收到宣告发放的现金股利,6月15日以每股6.40元又购进该股票40万股,2019年12月31日该股票价格为每股6.7元,假设两次交易费用分别为3万元和1万元,该股票2019年末计入公允价值变动损益的金额为( )万元。

   A. −16 B. −12 C. 12 D. 16

18. 2019年1月1日,A公司从二级市场购入B公司分期付息、到期还本的债券9.6万张,以银行存款支付价款840万元,另支付相关交易费用9.6万元。该债券系B公司于2018年1月1日发行,每张债券面值为100元,期限为3年,票面年利率为5%,每年年末支付当年度利息。A公司将其分类为以摊余成本计量的金融资产,则A公司持有B公司债券至到期累计应确认的投资收益是( )万元。

   A. 96 B. 206.4 C. 216 D. 254.4

19. A公司2019年1月1日购入面值为100万元、票面利率为4%的B公司债券,支付价款104万元(含已宣告尚未发放的利息4万元),另支付交易费用0.5万元,A公司将其分类为以公允价值计量且其变动计入当期损益的金融资产;1月5日,收到B公司债券利息4万元;12月31日,B公司债券的公允价值为106万元。2020年1月5日,收到B公司债券2019年度债券利息4万元,同年4月20日,A公司以108万元的价格出售B公司债券。则A公司持有该项金融资产的累计损益为( )万元。

   A. 11.5 B. 12 C. 15.5 D. 16

20. A公司于2019年3月20日以每股10元的价格购入B公司股票60万股分类为以公允价值计量且其变动计入当期损益的金融资产,同时支付手续费等6万元。5月20日,收到B公司按每股0.5元发放的现金股利。12月31日该股票市价为每股9元,2019年12月31日该股票投资的账面价值为( )万元。

A. 540　　　　　B. 570　　　　　C. 576　　　　　D. 606

21. A公司2019年1月1日购入B公司2018年1月1日发行的3年期、面值50万元、票面利率为6%的到期还本付息债券,实际支付价款55万元(含相关交易费用),A公司将其分类为以摊余成本计量的金融资产。2020年5月1日以70万元的价格全部售出,则A公司该债券投资所取得的累计收益为( )万元。

A. 9　　　　　B. 12　　　　　C. 15　　　　　D. 20

22. A公司2019年1月10日购入B公司2018年1月1日发行的期限4年、面值500万元、票面利率6%、按年支付利息、到期还本的债券,购买价格560万元(含2018年已到付息期但尚未领取的利息),A公司将其分类为以摊余成本计量的金融资产。则A公司该项金融资产的初始投资成本是( )万元。

A. 470　　　　　B. 500　　　　　C. 530　　　　　D. 560

23. A公司于2019年1月1日购入B公司当日发行的面值为1 800万元、期限为5年、票面年利率为5%、到期一次还本、每年1月2日付息的公司债券,共支付价款1 880万元(含相关交易费用2万元),A公司将其分类为以摊余成本计量的金融资产。A公司每年末采用实际利率法摊销债券溢折价,实际利率为4%,则2020年12月31日该债权投资的摊余成本以万元为单位保留两位小数为( )万元。

A. 1 847.64　　　B. 1 849.81　　　C. 1 886.00　　　D. 1 888.20

24. 金融资产的摊余成本,应当以该金融资产的初始确认金额经一系列调整后的结果确定。以下不属于金融资产摊余成本计算的调整项目的是( )。

A. 扣除已偿还的本金

B. 加上或减去采用实际利率法将该初始确认金额与到期日金额之间的差额进行摊销形成的累计摊销额

C. 加上未偿还的本金

D. 扣除累计计提的损失准备

25. A公司于2019年1月1日购入B公司当日发行的债券分类为以摊余成本计量的金融资产,其公允价值为302.4万元,期限为3年、票面年利率为3%,面值为300万元,交易费用为0.3万元,实际利率为2.68%,每半年付息一次。采用实际利率法摊销,则2019年7月1日该债权投资的摊余成本为( )万元。

A. 301.504 32　　B. 301.812 36　　C. 301.952 16　　D. 302.256 18

26. A公司2019年1月1日购入B公司发行的3年期公司债券分类为以摊余成本计量的金融资产,购买价264.01万元,债券面值为250万元,每半年付息一次,到期还本,票面利率6%,实际利率4%。采用实际利率法摊销,则A公司2019年12月31日"债权投资——利息调整"科目的余额(精确到0.001万元)为( )万元。

A. 4.484　　　　B. 5.236　　　　C. 5.280　　　　D. 9.526

27. A公司为一般纳税企业,增值税率为13%,M产品的不含税销售价格每件600元。如果客户一次性购买10件以上可获得3%的商业折扣,一次性购买20件以上可获得5%的商业折扣。某客户购买该产品15件,双方约定的付款条件为2/10,1/20,N/30,且仅对货款折扣。该客户于

9 天内付款,则 A 公司应确认的财务费用为( )元。

A. 174.6　　　　B. 180　　　　C. 204.28　　　　D. 210.6

28. 若企业管理某项金融资产的业务模式是以收取合同现金流量为目标,且在特定日期产生的现金流量仅为对本金和以未偿付金额为基础的利息的支付,企业应当将其划分( )的金融资产。

A. 以重置成本计量

B. 以摊余成本计量

C. 以公允价值计量且其变动计入当期损益

D. 以公允价值计量且其变动计入其他综合收益

29. A 公司 2019 年 4 月 1 日销售给 B 公司产品一批,当日收到 B 公司交来的商业承兑汇票一张,其出票日为 4 月 1 日、面值为 292.5 万元,票面年利率为 3%,期限为 6 个月的商业承兑汇票一张;6 月 30 日计提了 3 个月的利息。A 公司于 7 月 1 日持票到银行贴现(不附追索权),贴现期为 3 个月,年贴现率为 4%,A 公司在贴现时应确认的财务费用为( )元。

A. −14 186.25　　B. 7 751.25　　C. 15 502.50　　D. 29 688.75

30. 10 月 5 日,A 公司将一张 8 月 20 日签发的 90 天到期的商业汇票到银行办理贴现手续,则贴现日数是( )天。

A. 44　　　　B. 45　　　　C. 46　　　　D. 47

二、多项选择题

1. 金融资产后续计量时,一般包括( )。

A. 实际成本　　B. 公允价值　　C. 摊余成本　　D. 合同成本

2. 商业汇票的期限若以月表示的,下列表述正确的有( )。

A. 应以到期月份中与出票日相同的那一天为到期日即对日

B. 到期日的确定不考虑相关月份实际日历的天数

C. 10 月 31 日签发的 4 个月期限的商业汇票,则到期日为次年的 2 月 28 日或 29 日

D. 2 月 28 日签发的 3 个月期限的商业汇票,则到期日为 5 月 31 日

3. 金融工具确认和计量准则规定对金融资产分类的依据有( )。

A. 持有意图　　　　　　　　B. 业务模式

C. 合同现金流量特征　　　　D. 持有时间

4. 2019 年 3 月 15 日,甲公司以 303 万元的价格购买乙公司 10% 的股份,分类为以公允价值计量且其变动计入当期损益的金融资产,实际支付的价款中包含乙公司已宣告尚未支付的现金股利 3 万元。2019 年 5 月 3 日,甲公司收到乙公司支付的上述现金股利 3 万元并存入银行。2019 年度,乙公司实现净利润 400 万元,2019 年 12 月 31 日甲公司持有乙公司的股份市价合计为 240 万元。下列表述正确的有( )。

A. 3 月 15 日,交易性金融资产初始入账价值为 300 万元

B. 5 月 3 日,收到的现金股利 3 万元应作冲减应收股利处理

C. 12 月 31 日,应确认公允价值变动损失 60 万元

D. 12 月 31 日,资产负债表中"交易性金融资产"项目期末数应按 240 万元列示

5. 在"其他权益工具投资"科目下应设置的明细科目有( )。

A. 应计利息　　B. 成本　　C. 利息调整　　D. 公允价值变动

6. 关于债权投资的会计处理,下列表述中正确的有( )。

A. 债权投资不需要计提减值准备

B. 债权投资期末应按摊余成本计量

C. 债权投资应按摊余成本和实际利率确认投资收益

D. 债权投资只能是债券不能是股票

7. 如果购入以摊余成本计量的金融资产,其债券的实际利率等于票面利率,且不存在交易费用时,下列各项中会引起债权投资账面价值发生增减变动的有( )。

  A. 确认到期一次付息债券的利息收益　　B. 出售该债权投资

  C. 计提债权投资减值准备　　　　　　　D. 原确认的信用减值损失转回

8. 关于金融资产的初始计量,下列说法中正确的有( )。

  A. 交易性金融资产应按取得时的公允价值作为初始确认金额,相关交易费用计入当期损益

  B. 以摊余成本计量的债权投资应按取得时的公允价值和相关交易费用之和作为初始确认金额

  C. 以公允价值计量且其变动计入其他综合收益的金融资产应按取得时的公允价值和相关交易费用之和作为初始确认金额

  D. 以公允价值计量且其变动计入其他综合收益的金融资产应按取得时的公允价值作为初始确认金额,相关交易费用计入当期损益

9. 关于交易性金融资产,下列会计处理方法中正确的有( )。

  A. 为了近期出售而购入的债券应按取得时的公允价值作为初始确认金额

  B. 支付的价款中包含已到付息期但尚未领取的债券利息应单列应收项目

  C. 持有交易性金融资产期间取得的利息或现金股利应确认为投资收益

  D. 处置交易性金融资产的公允价值与初始入账金额之间的差额应确认为投资收益

10. 下列各项中应确认投资收益的事项有( )。

  A. 债权投资在持有期间按摊余成本和实际利率计算确认的利息收入

  B. 其他债权投资在资产负债表日公允价值与其账面价值的差额

  C. 处置其他债权投资时其公允价值与初始入账金额之间的差额

  D. 购买以公允价值计量且其变动计入当期损益的金融资产时发生的相关交易费用

11. 下列各项中能够影响以摊余成本计量的金融资产的摊余成本的有( )。

  A. 债券投资成本、折价溢价和剩余期限　　B. 债券投资票面利率

  C. 债券投资实际利率　　　　　　　　　　D. 已确认债券投资的减值损失

12. 下列有关以公允价值计量且其变动计入其他综合收益的金融资产会计处理的表述中正确的有( )。

  A. 持有期间公允价值变动一般计入其他综合收益

  B. 取得时发生的交易费用计入其成本

  C. 期末应采用摊余成本计量

  D. 持有期间取得的现金股利应冲减资产成本

13. 关于金融资产的计量,下列说法中正确的有( )。

  A. 交易性金融资产应按取得时的公允价值和相关的交易费用之和作为初始确认金额

  B. 取得以公允价值计量且其变动计入其他综合收益的金融资产的公允价值和相关交易费用之和作为初始确认金额

  C. 取得以公允价值计量且其变动计入其他综合收益的金融资产的公允价值作为初始确认金额,相关交易费用应计入当期损益

  D. 以摊余成本计量的金融资产在持有期间应按期初摊余成本和实际利率计算确认利息收

入并计入投资收益

14. 以下属于金融资产发生信用减值的证据的有(　　)。

A. 发行方或债务人发生重大财务困难

B. 发行方或债务人财务困难导致该金融资产的活跃市场消失

C. 债务人违反合同

D. 以大幅折扣购买或源生一项金融资产,该折扣反映了发生信用损失的事实

15. 金融工具确认和计量准则对于金融资产的分类包括(　　)。

A. 以摊余成本计量的金融资产

B. 应收项目

C. 以公允价值计量且其变动计入其他综合收益的金融资产

D. 以公允价值计量且其变动计入当期损益的金融资产

16. 甲公司于2017年7月1日以每股25元的价格购入A公司发行的股票100万股,将其分类为以公允价值计量且其变动计入其他综合收益的金融资产。2017年12月31日,该股票的市场价格为每股27.5元。2018年12月31日,该股票的市场价格为每股23.75元。2019年12月31日,该股票的市场价格为每股22.5元。则2019年12月31日,甲公司所作会计处理错误的有(　　)。

A. 借记"信用减值损失"科目250万元

B. 借记"公允价值变动损益"科目125万元

C. 借记"其他综合收益"科目250万元

D. 借记"其他综合收益"科目500万元

17. 以下属于金融资产重分类的情形的有(　　)。

A. 以摊余成本计量的金融资产重分类为以公允价值计量且其变动计入当期损益的金融资产

B. 以摊余成本计量的金融资产重分类为以公允价值计量且其变动计入其他综合收益的金融资产

C. 以公允价值计量且其变动计入其他综合收益的金融资产重分类为以摊余成本计量的金融资产

D. 以公允价值计量且其变动计入其他综合收益的金融资产重分类为以公允价值计量且其变动计入当期损益的金融资产

18. 以下属于金融资产的有(　　)。

A. 企业持有的现金

B. 企业持有的其他方权益工具

C. 从其他方收取现金或其他金融资产的合同权利

D. 在潜在有利条件下与其他方交换金融资产或金融负债的合同权利

19. 关于金融工具,以下表述正确的有(　　)。

A. 金融工具是指形成一方的金融资产并形成其他方的金融负债的合同

B. 金融工具是指形成一方的金融资产并形成其他方的权益工具的合同

C. 金融工具合同可以采用书面形式,也可以不采用书面形式

D. 非合同的资产和负债不属于金融工具

20. 关于金融资产对企业财务状况和经营成果的影响,下列说法中正确的有(　　)。

A. 其他权益工具投资公允价值上升影响其他综合收益总额

B. 交易性金融资产公允价值的变动影响营业利润

C. 以公允价值计量且其变动计入当期损益的金融资产公允价值的变动影响利润总额

D. 以摊余成本计量的债权投资公允价值的变动不影响利润总额

21. 以下属于企业管理金融资产的业务模式的有（　　）。

A. 以收取合同现金流量为目标的业务模式

B. 以收取合同现金流量和出售金融资产为目标的业务模式

C. 以控制金融负债方经营规模的业务模式

D. 以共同控制金融负债方经营规模的业务模式

22. A公司于2019年11月5日从证券市场上购入B公司发行在外的股票200万股分类为以公允价值计量且其变动计入当期损益的金融资产，每股支付价款5元，另支付相关费用20万元，2019年12月31日，该股票的公允价值为1 050万元，A公司2019年12月31日应确认的公允价值变动损益，其表述不正确的有（　　）。

A. 公允价值变动损失50万元　　　　B. 公允价值变动收益10万元

C. 公允价值变动收益30万元　　　　D. 公允价值变动损失30万元

23. 2019年6月25日，甲公司以每股1.3元购入乙公司股票200万股，分类为以公允价值计量且其变动计入当期损益的金融资产；6月30日编制中期报告时股票市价为每股1.1元；7月9日，以每股1.4元的价格全部出售该股票。假定不考虑相关税费，甲公司出售该金融资产的会计处理正确的有（　　）。

A. 借记银行存款280万元　　　　B. 贷记交易性金融资产220万元

C. 贷记投资收益60万元　　　　D. 借记投资收益40万元

24. 企业发生的下列事项中，影响"投资收益"科目金额的有（　　）。

A. 取得交易性金融资产时发生的交易费用

B. 交易性金融资产在持有期间取得的现金股利

C. 期末交易性金融资产公允价值小于账面价值

D. 交易性金融资产持有期间收到的包含在买价当中的现金股利

25. 分类为以摊余成本计量的金融资产，必须具备的条件有（　　）。

A. 企业管理该金融资产的业务模式是以收取合同现金流量为目标

B. 企业管理该金融资产的业务模式既以收取合同现金流量为目标又以出售该金融资产为目标

C. 该金融资产的合同条款规定，在特定日期产生的现金流量，仅为对本金和以未偿付本金金额为基础的利息的支付

D. 取得相关金融资产的目的主要是为了近期出售

26. 分类为以公允价值计量且其变动计入其他综合收益的金融资产，必须具备的条件有（　　）。

A. 企业管理该金融资产的业务模式是以收取合同现金流量为目标

B. 企业管理该金融资产的业务模式既以收取合同现金流量为目标又以出售该金融资产为目标

C. 该金融资产的合同条款规定，在特定日期产生的现金流量，仅为对本金和以未偿付本金金额为基础的利息的支付

D. 取得相关金融资产的目的主要是为了近期出售

27. 甲公司2019年1月1日购入A公司发行的3年期债券，分类为以摊余成本计量的金融

资产,其公允价值为 10 560.42 万元,债券面值 10 000 万元,每半年付息一次,到期还本,票面利率为 6%,实际利率为 4%,采用实际利率法摊销。假定以万元为单位保留两位小数,则甲公司的会计处理或表述正确的有( )。

A. 2019 年 6 月 30 日应确认的实际利息收入为 211.21 万元
B. 2019 年 6 月 30 日"债权投资——利息调整"的余额为 471.63 万元
C. 2019 年 12 月 31 日应确认的实际利息收入为 209.43 万元
D. 2019 年 12 月 31 日应摊销溢价 90.57 万元

28. 以摊余成本计量的金融资产核算,需要设备的会计科目主要有( )。

A. 债权投资   B. 债权投资减值准备
C. 信用减值损失   D. 其他债权投资

29. 甲公司于 2019 年 2 月 10 日购买乙公司股票 300 万股,成交价格每股 9.4 元,分类为以公允价值计量且其变动计入其他综合收益的金融资产,购买时另支付手续费等 45 万元;4 月 20 日,收到乙公司按每 10 股派 6 元发放的现金股利;6 月 30 日该股票市价为每股 9 元,12 月 31 日以每股 8 元的价格将股票全部售出。甲公司的会计处理或表述正确的有( )。

A. 2019 年 2 月 10 日其他权益工具投资的入账价值为 2 865 万元
B. 2019 年 4 月 20 日收到的现金股利 180 万元应确认为投资收益
C. 2019 年 6 月 30 日股票价格下跌 120 万元应确认为信用减值损失
D. 2019 年 12 月 31 日应确认投资收益(借方)465 万元

30. 下列关于以公允价值计量且其变动计入其他综合收益的金融资产的表述,正确的有( )。

A. 作为"其他债权投资"核算的债务工具发生的减值损失应计入当期损益
B. 作为"其他权益工具投资"核算权益工具发生的减值损失应计入其他综合收益
C. 发生的交易费用应直接计入当期损益
D. 出售部分后剩余部分可重分类为交易性金融资产

三、判断题

1. 企业持有的以公允价值计量且其变动计入当期损益的金融资产,如果为债券且持有时间超过一年的,应将其重分类为以公允价值计量且其变动计入其他综合收益的金融资产。( )

2. 处置债权投资时,应将所取得价款与该投资账面价值之间的差额计入其他综合收益。( )

3. 已计提减值准备的以摊余成本计量的金融资产价值以后又得以恢复的,其恢复的价值不得转回。( )

4. 处置债权投资时应将所取得价款与该投资账面价值之间的差额计入当期损益。( )

5. 已计提减值准备的债权投资价值以后又得以恢复的,应当在原已计提的减值准备金额内予以转回,转回的金额计入营业外收入。( )

6. 债权投资应按期末账面价值低于公允价值的差额计提减值准备。( )

7. 企业在初始确认时将某项金融资产划分为以公允价值计量且其变动计入当期损益的金融资产后,以后情况变化也不可以将其重分类为债权投资。( )

8. 以公允价值计量且其变动计入其他综合收益的金融资产期末按公允价值计量,不涉及期末确认减值损失的问题。( )

9. 计算债权投资利息收入所采用的实际利率,应当在取得该项投资时确定,且在该项投资预期存续期间内保持不变。( )

10. 以摊余成本计量的金融资产在取得时发生的相关交易费用应记入"债权投资——成本"科目。（   ）

11. 以公允价值计量且其变动计入其他综合收益的金融资产应当按取得的全部支出作为初始确认金额。（   ）

12. 以公允价值计量且其变动计入其他综合收益的金融资产公允价值发生的增减变动额应当确认为当期损益。（   ）

13. "其他权益工具投资"发生的公允价值变动应通过"其他综合收益"科目核算,不计入当期损益。（   ）

14. 现行企业会计准则规定,实际发生坏账损失时应借记"坏账准备"科目,贷记"应收账款"科目。（   ）

15. 在初始确认时,为了提供更相关的会计信息,企业可以将金融资产指定为以公允价值计量且其变动计入当期损益的金融资产,前提是该指定能够消除或显著减少会计错配。（   ）

16. 按总价法核算存在现金折扣的交易,其实际发生的现金折扣作为当期的财务费用。（   ）

17. 不带息票据贴现所得一定小于票据面值,带息票据贴现所得则不一定小于票据面值。（   ）

18. 企业取得应收票据时,无论是否带息,均应按其到期值入账。（   ）

19. 企业作为交易性金融资产持有的股票投资,在持有期间对于被投资单位宣告发放的现金股利,应在实际收到被投资单位发放的现金股利时确认应收项目,并计入当期投资收益。（   ）

20. 资产负债表日,交易性金融资产应当按照公允价值计量,公允价值与账面余额之间的差额计入当期损益。（   ）

21. 当收取某项金融资产现金流量的合同权利终止时,企业应当终止确认该项金融资产。（   ）

22. 对于能够以现金结算的合同,企业可以将该合同指定为以公允价值计量且其变动计入当期损益的金融资产,但必须是在合同开始时做出该指定,并且必须能够通过该指定消除或显著减少会计错配。持有期间如果客观条件发生变化,该指定可以撤销。（   ）

23. 企业初始确认金融资产,应当按照公允价值计量。对于以公允价值计量且其变动计入当期损益的金融资产,相关交易费用应当直接计入当期损益。（   ）

24. 年末预提应收票据的利息应增加应收票据的账面价值,并冲减当期财务费用。（   ）

25. 企业的应收票据无论是带息还是不带息,在资产负债表中均应以原账面价值反映。（   ）

26. 企业将其按照销售商品、提供劳务的销售合同产生的应收债权出售给银行等金融机构,在进行会计核算时,应按照实质重于形式的原则,充分考虑交易的经济实质。（   ）

27. 企业改变其管理金融资产的业务模式时,应当按照会计准则的规定对所有受影响的相关金融资产和金融负债进行重分类。（   ）

28. 资产负债表日,交易性金融资产和其他债权投资均应按公允价值计量,且公允价值的变动计入公允价值变动损益。（   ）

29. 企业改变其管理金融资产的业务模式时,应当按照金融工具确认和计量准则的规定对所有受影响的相关金融资产进行重分类,并对相关金融资产以前已经确认的利得、损失(包括减值损失或利得)或利息进行追溯调整。（   ）

30. 企业管理某项金融资产的业务模式是既以收取合同现金流量为目标又以出售该金融资

产为目标,且该金融资产的合同条款规定,在特定日期产生的现金流量仅为对本金和以未偿付本金金额为基础的利息的支付,应将其分类为以公允价值计量且其变动计入当期损益的金融资产。
（　　）

四、计算及会计处理题

1. 恒易公司 2018 年度至 2020 年度对乙公司债券投资业务的相关资料如下：

(1) 2018 年 1 月 1 日,恒易公司以银行存款 900 万元购入乙公司当日发行的 5 年期公司债券,分类为以摊余成本计量的金融资产,该债券面值总额为 1 000 万元,票面年利率为 5％,每年年末支付利息,到期一次偿还本金,但不得提前赎回。恒易公司该债券投资的实际年利率为 7.47％。

(2) 2018 年 12 月 31 日,恒易公司收到乙公司支付的债券利息 50 万元。当日,该债券投资不存在减值迹象。

(3) 2019 年 12 月 31 日,恒易公司收到乙公司支付的债券利息 50 万元。当日,恒易公司获悉乙公司发生财务困难,对该债券投资进行了减值测试,预计该债券投资未来现金流量的现值为 700 万元。

(4) 2020 年 1 月 1 日,恒易公司以 701 万元的价格全部售出所持有的乙公司债券,款项已收存银行。

假定恒易公司持有至到期投资全部为对乙公司的债券投资。除上述资料外,不考虑其他因素。

要求：根据上述经济业务作出以下会计处理(除债权投资按规定设置明细科目外,其他不需要设置明细科目,会计分录以元为单位)。

2. 恒易公司需要编制中期财务报告,法定盈余公积提取比例为 10％,2019 年至 2020 年对乙公司股票投资有关的资料如下：

(1) 2019 年 5 月 18 日,恒易公司从存出投资款专户中划出款项 1 000 万元(其中包含乙公司已宣告但尚未发放的现金股利 40 万元)从二级市场购入乙公司 100 万股普通股股票,另支付相关交易费用 1 万元。恒易公司将该股票投资分类为以公允价值计量且其变动计入其他综合收益的金融资产。

(2) 2019 年 5 月 25 日,恒易公司收到乙公司发放的现金股利 20 万元划入存出投资款专户。

(3) 2019 年 6 月 30 日,乙公司股票收盘价为每股 9 元。

(4) 2019 年 7 月开始,由于产品不能适应市场需要造成资金困难,12 月 31 日乙公司股票收盘价为每股 4 元,恒易公司认为,该工具与初始确认时信用风险相比无显著增加,应按 12 个月内预期信用损失计量损失准备。

(5) 2020 年 1 月开始,经过产品结构调整,资金困难已基本化解,6 月 30 日乙公司股票收盘价为每股 7 元。

(6) 2020 年 10 月 20 日,恒易公司以每股 10 元的价格在二级市场售出所持乙公司的全部股票,同时支付相关交易费用 1 万元,款项均通过存出投资款专户中收付。

要求：假定不考虑所得税等因素,根据上述经济业务作出以下会计处理(除其他权益工具投资按规定设置明细科目外,其他不需要设置明细科目,会计分录以元为单位)。

3. 恒易公司 2020 年有关股票投资的资料如下：3 月 1 日以银行存款购入 A 公司股票 5 万股,将其分类为以公允价值计量且其变动计入当期损益的金融资产,每股买价 18 元,同时支付相关税费 0.4 万元。3 月 20 日 A 公司宣告发放的现金股利每股 0.4 元。3 月 25 日又购入 A 公司股票 5 万股,仍将其分类为以公允价值计量且其变动计入当期损益的金融资产,每股买价 19.4 元

(包含已宣告尚未发放的现金股利 0.4 元),另支付相关税费 0.6 万元。4 月 20 日收到 A 公司发放的现金股利 4 万元。6 月 30 日 A 公司股票市价为每股 17.4 元。7 月 18 日以每股 18.5 元的价格转让 A 公司股票 6 万股,扣除相关税费 1 万元后实得金额为 110 万元。

要求:根据上述经济业务作出以下会计处理(除交易性金融资产按规定设置明细科目外,其他不需要设置明细科目)。

4. 恒易公司为增值税一般纳税人,增值税税率为 13%,采用预期损失法确认坏账损失准备,需要编制中期财务报告。考虑到前瞻性因素,公司确定的各账龄预期损失率为:1 年以内 1%,1~2 年 10%,2~3 年 20%,3 年以上 50%。2020 年 1 月 1 日,"应收账款"科目借方余额为 500 万元,系 2019 年 8 月 20 日向甲公司赊销商品形成。恒易公司 2020 年发生的相关业务资料如下,要求作出会计处理(除债权、债务设置明细科目外,其他不需要设置明细科目,会计分录以元为单位)。

(1) 4 月 1 日,向乙公司赊销一批商品,增值税专用发票上注明的销售价格为 1 000 万元,增值税为 130 万元,合同约定的收款日期为当年 12 月 1 日。恒易公司当日将商品送至乙公司所在地,乙公司取得商品的控制权。

(2) 5 月 30 日,向丙公司赊销一批商品,增值税专用发票上注明的销售价格为 500 万元,增值税为 65 万元,合同约定采用商业承兑汇票结算方式结算,期限为 6 个月,不带息。丙公司当日取得商品控制权。

(3) 6 月 10 日,向丁公司赊销一批商品,增值税专用发票上注明的销售价格为 200 万元,增值税为 26 万元,合同约定的收款日期为当年 10 月 10 日。丁公司当日自行提货,取得该商品的控制权。

(4) 6 月 30 日,确认坏账损失准备(除上述业务外,假设未发生其他有关应收款项的业务)。

(5) 9 月 10 日,将应收丁公司的账款出售给中国工商银行,取得价款 190 万元。合同约定,中国工商银行在账款到期日不能从乙公司收回时不得向恒易公司追偿。

(6) 10 月 20 日,将 5 月 30 日收到的丙公司商业承兑汇票向中国工商银行贴现,贴现金额 561 万元。合同约定,中国工商银行在票据到期日不能从丙公司收到票款时,可向恒易公司追偿。

(7) 12 月 31 日,确认坏账损失准备(除上述业务外,假设未发生其他有关应收款项的业务)。

5. 恒易公司为增值税一般纳税企业,适用的增值税率为 13%,销售成本月末一次性结转。2020 年 3 月发生下列业务:

(1) 2 日,向 B 公司赊销某商品 100 件,每件不含税售价 200 元,已开增值税专用发票。商品已交付 B 公司,为 B 公司代垫运杂费 1 000 元。现金折扣条件为 2/10,1/20,N/30。

(2) 4 日,销售给 C 公司商品一批,增值税发票上注明价款为 20 000 元,增值税额 2 600 元,C 公司以一张期限为 60 天,面值为 22 600 元的无息商业承兑汇票支付。

(3) 8 日,收到 B 公司 3 月 2 日所购商品货款并存入银行。

(4) 11 日,恒易公司从甲公司购买原材料一批,价款 20 000 元,按合同规定先预付 40%购货款,其余货款验货后支付。

(5) 19 日,因急需资金,恒易公司将收到的 C 公司的商业承兑汇票到银行办理贴现,年贴现率为 10%。

(6) 21 日,收到从甲公司购买的原材料,并验收入库。增值税专用发票注明价款 20 000 元,增值税 2 600 元。

(7) 22 日,以银行存款支付甲公司材料的余款。

要求:根据上述业务作出会计处理(除应交税费按规定设置明细科目外,其他不需要设备明细科目)。

五、思考题

1. 金融资产的主要内容有哪些?
2. 企业管理金融资产的业务模式有哪些?
3. 简要说明金融资产的具体分类方法。
4. 以摊余成本计量的债权投资应设置哪些会计科目?
5. 以摊余成本计量的债权投资的初始计量怎样核算?
6. 以摊余成本计量的债权投资的后续计量怎样核算?
7. 以摊余成本计量的债权投资的期末计量怎样核算?
8. 如何进行债权投资重分类的会计处理?
9. 什么叫贴现?如何计算贴现额?
10. 怎样以预期信用损失法核算坏账损失?
11. 什么叫债务重组?不包括债务重组的事项有哪些?
12. 怎样进行以公允价值计量且其变动计入其他综合收益的金融资产的核算?
13. 怎样进行以公允价值计量且其变动计入当期损益的金融资产的核算?

第5章 长期股权投资

一、单项选择题

1. 非同一控制下企业合并取得的长期股权投资的入账成本是(　　)。
   A. 支付合并对价的账面价值
   B. 支付合并对价的公允价值
   C. 支付合并对价的账面价值加直接相关费用
   D. 支付合并对价的公允价值加直接相关费用

2. 2020年1月2日,A公司取得B公司55%的股权,采用成本法核算。B公司于2020年3月20日宣告派发2019年度现金股利,A公司对该现金股利的会计处理是(　　)。
   A. 作为投资收益　　B. 冲减财务费用　　C. 作为资本公积　　D. 冲减投资成本

3. 2020年1月5日,A公司取得B公司股票作为长期投资,投资成本为1 000万元,采用成本法核算。2020年3月25日,B公司宣告分派现金股利,A公司应享有50万元。2020年12月31日,A公司为B公司股票计提减值准备100万元。计提减值准备后,B公司股票的账面价值为(　　)万元。
   A. 850　　　　　　B. 900　　　　　　C. 950　　　　　　D. 1 000

4. A公司投资1 980万元,支付相关税费20万元,持有B公司有表决权股份的20%,采用权益法核算。A公司能够对B公司施加重大影响,B公司可辨认净资产公允价值为11 000万元,则A公司的股权投资成本为(　　)万元。
   A. 1 980　　　　　B. 2 000　　　　　C. 2 200　　　　　D. 2 220

5. A公司因追加投资而将股权投资的核算由权益法改为成本法。改为成本法前,长期股权投资各明细账户的余额为:成本借方余额2 000万元,损益调整贷方余额150万元,其他综合收益借方余额40万元。权益法改为成本法后的初始投资成本为(　　)万元。

A. 1 850 B. 1 890 C. 2 000 D. 2 190

6. 已经计提了减值准备的长期股权投资,如果以后价值得以恢复,应当( )。
   A. 冲减资产减值损失   B. 恢复投资的账面价值
   C. 增加资本公积   D. 不作账务处理

7. 企业持有的下列投资中,投资对象只能是债券而不能是股票的是( )。
   A. 交易性金融资产   B. 债权投资
   C. 其他权益工具投资   D. 长期股权投资

8. 企业能够对被投资单位实施控制,被投资单位为本企业的( )。
   A. 联营企业 B. 合营企业 C. 子公司 D. 合伙公司

9. 企业购入 A 公司股票支付价款 105 000 元,其中含有已宣告尚未发放的现金股利 5 000 元,另支付相关税费 2 000 元,则该长期股权投资的入账价值为( )元。
   A. 105 000 B. 100 000 C. 102 000 D. 107 000

10. 长期股权投资权益法核算下,初始投资成本小于应享有被投资单位可辨认净资产公允价值份额的差额计入( )。
    A. 资本公积 B. 营业外收入 C. 长期股权投资 D. 营业外支出

11. 投资企业因追加投资等原因对长期股权投资由权益法改为成本法时,下列各项中可作为成本法下长期股权投资的初始投资成本的是( )。
    A. 股权投资的公允价值
    B. 原权益法下股权投资的账面价值
    C. 在被投资单位所有者权益中所占份额
    D. 被投资方的所有者权益

12. 长期股权投资发生下列事项时,不能确认当期损益的是( )。
    A. 权益法下,被投资单位实现净利润时投资方确认应享有的份额
    B. 成本法下,被投资单位分配的现金股利中属于投资方的部分
    C. 收到分派的股票股利
    D. 处置长期股权投资时,处置收入大于长期股权投资账面价值的差额

13. 甲公司 2020 年 1 月 1 日以 6 000 万元的价格购入乙公司 30％的股份,另支付相关费用 30 万元。购入时乙公司可辨认净资产的公允价值为 22 000 万元(假定乙公司各项可辨认资产、负债的公允价值与账面价值相等),双方采用的会计政策、会计期间相同。2020 年 8 月 10 日,乙公司出售一批商品给甲公司,商品成本为 600 万元,售价为 800 万元,甲公司购入的商品作为存货管理。至 2020 年年末,甲公司仍未对外出售该存货。乙公司 2020 年实现净利润 1 200 万元。甲公司取得该项投资后对乙公司具有重大影响。假设不考虑所得税因素,该投资对甲公司 2020 年度利润总额的影响为( )万元。
    A. 330 B. 870 C. 930 D. 960

14. 2020 年 1 月 1 日,甲公司持有的乙公司长期股权投资的账面价值为 3 000 万元,甲公司持有乙公司 35％的股权且具有重大影响,按权益法核算(此项投资是在 2014 年取得的)。取得长期股权投资时,乙公司一项固定资产的账面价值为 500 万元,确认的公允价值为 800 万元,剩余使用年限为 5 年,净残值为零,按照年限平均法计提折旧。2020 年乙公司发生净亏损 1 000 万元,假设两个公司的会计期间和会计政策相同,投资双方未发生任何内部交易,不考虑所得税的影响。2020 年甲公司确认的投资损失为( )万元。
    A. 300 B. 329 C. 371 D. 350

15. 非企业合并中以发行权益性证券取得的长期股权投资,应当按照发行权益性证券的( )作为初始投资成本。
    A. 账面价值   B. 公允价值
    C. 支付的相关税费   D. 市场价格

二、多项选择题

1. 长期股权投资采用成本法核算时,不影响长期股权投资账面价值的情况有( )。
    A. 被投资单位派发现金股利   B. 被投资单位实现利润
    C. 被投资单位派发股票股利   D. 投资发生减值

2. 企业下列情况下的长期股权投资应当采用权益法核算( )。
    A. 控制   B. 共同控制
    C. 重大影响   D. 控制和共同控制

3. 长期股权投资采用权益法核算时,"长期股权投资"科目下应设置的明细科目有( )。
    A. 投资成本   B. 损益调整   C. 其他综合收益   D. 其他权益变动

4. 长期股权投资采用权益法核算时,应当调整股权投资账面价值的情况有( )。
    A. 被投资企业获得利润
    B. 被投资企业发生亏损
    C. 被投资企业分派现金股利
    D. 被投资企业发生除净损益以外的其他权益变动

5. 对长期股权投资采用权益法核算时,被投资企业发生的下列事项中,投资企业应该调整长期股权投资账面价值的有( )。
    A. 被投资企业发放股票股利   B. 被投资企业宣告分配现金股利
    C. 被投资企业接受捐赠   D. 被投资企业实现净利润

6. 在采用权益法核算的情况下,下列各项中不会引起长期股权投资账面价值发生增减变动的有( )。
    A. 被投资企业接受现金捐赠   B. 被投资企业提取盈余公积
    C. 被投资企业宣告分派现金股利 D. 被投资企业宣告分派股票股利

7. 企业处置长期股权投资时,正确的处理方法有( )。
    A. 处置长期股权投资时,持有期间计提的减值准备也应一并结转
    B. 采用权益法核算的长期股权投资,因被投资单位除净损益以外所有者权益的其他变动而计入所有者权益的,处置该项投资时应当将原计入所有者权益的部分按相应比例转入营业外收入
    C. 采用权益法核算的长期股权投资,因被投资单位除净损益以外所有者权益的其他变动而计入所有者权益的,处置该项投资时应当将原计入所有者权益的部分按相应比例转入投资收益
    D. 处置长期股权投资,其账面价值与实际取得价款的差额,应当计入投资收益

8. 下列有关A公司对B公司的长期股权投资,应采用成本法进行核算的有( )。
    A. A公司拥有B公司40%的表决权资本,同时根据协议,B公司的生产经营决策由A公司控制
    B. A公司拥有B公司25%的表决权资本,但对B公司不具有共同控制或重大影响,且相关股票在活跃市场上没有报价
    C. A公司拥有B公司15%的表决权资本,同时根据协议规定,由A公司负责向B公司提供生产经营所必需的关键技术资料

D. A公司拥有B公司40%的表决权资本,A公司的子公司拥有B公司30%的表决权资本

三、判断题

1. 非同一控制下企业合并形成的长期股权投资,初始投资成本取决于被投资单位净资产的账面价值和投资企业的持股比例。（ ）

2. 企业以非货币性资产交换取得的长期股权投资,在以公允价值为计量基础时,应以该股权投资的公允价值作为初始投资成本。（ ）

3. 企业以非货币性资产交换取得长期股权投资,"补价"金额的多少主要取决于双方所交换资产的公允价值,而不是账面价值。（ ）

4. 企业购入股票所支付的价款中,如果包含已宣告但尚未领取的现金股利,不管是交易性金融资产,还是长期股权投资,均应作为应收股利单独核算。（ ）

5. 企业以产成品换入长期股权投资,换出的产成品应作为销售处理,按公允价值确认销售收入,同时结转销售成本。（ ）

6. 长期股权投资采用权益法核算,应按被投资企业实现的净利润中投资企业应当分享的份额确认投资收益。（ ）

7. 长期股权投资采用成本法核算,实际收到的现金股利一般作投资收益处理。（ ）

8. 长期股权投资采用成本法核算,投资企业应于被投资企业报告年度利润时确认投资收益。（ ）

9. 长期股权投资采用权益法核算,应按被投资企业报告净收益中投资企业应当分享的份额确认投资收益,分得的现金股利应冲减投资的账面价值。（ ）

10. 长期股权投资采用权益法核算,应按被投资企业当期分派的现金股利中投资企业应当分享的份额确认投资收益。（ ）

11. 长期股权投资采用权益法核算,投资企业应于被投资企业分派现金股利时确认投资收益。（ ）

12. 长期股权投资的核算方法由权益法改为成本法时,应以股权投资的公允价值作为成本法下的初始投资成本。（ ）

四、计算及账务处理题

1. 甲公司2019年至2020年对乙公司股票投资的有关资料如下：

(1) 2019年1月1日,甲公司定向发行每股面值为1元、公允价值为4.5元的普通股1 000万股作为对价取得乙公司30%有表决权的股份。交易前,甲公司与乙公司不存在关联方关系且不持有乙公司股份;交易后,甲公司能够对乙公司施加重大影响。取得投资日,乙公司可辨认净资产的账面价值为16 000万元,除行政管理用W固定资产外,其他各项资产、负债的公允价值分别与其账面价值相同。该固定资产原价为500万元,原预计使用上限为5年,预计净残值为零,采用年限平均法计提折旧,已计提折旧100万元;当日,该固定资产的公允价值为480万元,预计尚可使用4年,与原预计剩余年限相一致,预计净残值为零,继续采用原方法计提折旧。

(2) 2019年8月20日,乙公司将其成本为900万元的M商品以不含增值税的价格1 200万元出售给甲公司。至2019年12月31日,甲公司向非关联方累计售出该商品50%,剩余50%作为存货,未发生减值。

(3) 2019年度,乙公司实现的净利润为6 000万元,因其他权益工具投资公允价值变动增加其他综合收益200万元,未发生其他影响乙公司所有者权益变动的交易或事项。

(4) 2020年1月1日,甲公司将对乙公司股权投资的80%出售给非关联方,取得价款5 600万元,相关手续于当日完成,剩余股份当日公允价值为1 400万元。出售部分股份后,甲公司对乙

公司不再具有重大影响,将剩余股权投资重分类为以公允价值计量且其变动计入其他综合收益的金融资产。

(5)甲公司和乙公司采用的会计政策、会计期间相同,假定不考虑增值税、所得税等其他因素。

要求("长期股权投资"科目应写出必要的明细科目):

(1)判断说明甲公司2019年度对乙公司长期股权投资应采用的核算方法,并编制甲公司取得乙公司股权投资的会计分录。

(2)计算甲公司2019年度应确认的投资收益和应享有乙公司其他综合收益变动的金额,并编制相关会计分录。

(3)计算甲公司2020年1月1日处置部分股权投资交易对公司营业利润的影响额,并编制相关会计分录。

2. A企业于2017年1月1日购买S公司的普通股股票900万股作长期股权投资,持股比例为30%,每股购买价格为5元,购买中发生手续费3万元,全部款项以银行存款支付。股票购买日S公司的可辨认净资产公允价值总额为16 000万元。2017年3月10日,S公司宣告2016年股利分配方案为每股分派现金股利0.10元,2017年4月20日,收到2016年的现金股利,2017年S公司实现净利润600万元;2018年3月10日,S公司宣告发放2017年现金股利300万元,2018年4月10日,收到2017年的现金股利,2018年S公司发生净亏损800万元;2019年3月10日,S公司宣告2018年不进行股利分配,2019年S公司发生净亏损400万元;2019年12月31日,A企业对S公司的股权投资进行定期检查,其市价已下跌至4 000万元,且在短期内难以恢复;2020年3月10日,S公司宣告发放2019年现金股利100万元,2020年4月10日,收到2019年的现金股利,2020年度S公司实现净利600万元;2021年3月10日,S公司宣告发放2020年现金股利200万元,2021年4月10日,收到2020年的现金股利,2021年度S公司实现净利900万元;2022年3月10日,S公司宣告发放2021年现金股利400万元,2022年4月10日,收到2021年的现金股利,2022年度S公司实现净利1 200万元;2023年2月1日,A企业将S公司股票全部出售,出售价款4 900万元,出售中发生相关税费10万元,出售款项存入银行。

要求:根据上述经济业务,编制A企业长期股权投资业务的相关会计分录。

3. M公司2019年度和2020年度与长期股权投资相关的资料如下:

(1)2019年度有关资料:1月1日,M公司以银行存款4 000万元自甲公司股东购入甲公司8%的股份。M公司在取得该项投资前与甲公司及其股东不存在关联方关系,取得该项投资后对甲公司不具有重大影响,因而M公司将其指定为其他权益工具投资。4月26日,甲公司宣告分派现金股利2 500万元。5月12日,M公司收到甲公司分派的现金股利,款项已收存银行。12月31日,甲公司股票市价升值100万元。

(2)2020年度有关资料:1月1日,M公司以银行存款9 810万元和一项公允价值为380万元的专利权(成本为450万元,累计摊销为120万元),自甲公司其他股东购入甲公司20%有表决权股份。当日,甲公司可辨认净资产的账面价值为50 500万元,公允价值为51 000万元。M公司取得甲公司该部分有表决权股份后,按照甲公司章程有关规定,派人参与甲公司的财务和生产经营决策。4月28日,甲公司宣告分派现金股利4 000万元。5月7日,M公司收到甲公司分派的现金股利,款项已收存银行。12月31日经计算,甲公司2020年度实现净利润8 000万元。

(3)其他资料:M公司除对甲公司进行上述投资外无其他长期股权投资,M公司和甲公司采用一致的会计政策和会计期间,M公司对甲公司的长期股权投资在2020年度未出现减值迹象,M公司与甲公司之间在各年度均未发生其他交易,M公司法定盈余公积的提取比例为10%。除上述资料外,不考虑其他因素。

要求("长期股权投资"科目要求写出明细科目):

(1) 编制 M 公司 2019 年度与长期股权投资有关的会计分录。

(2) 编制 M 公司 2020 年度与长期股权投资有关的会计分录。

4. 海光公司为增值税一般纳税人,适用的增值税税率为 13%。该公司 2017 年至 2020 年与投资有关的资料如下:

(1) 2017 年 9 月 2 日,海光公司与甲公司签订股权转让协议,购买甲公司所持有的 B 企业 40% 的股权,购买价款为 4 000 万元(不考虑相关税费)。该股权转让协议于 2017 年 11 月 1 日分别经海光公司临时股东大会和甲公司股东大会批准;股权过户手续于 2018 年 1 月 1 日办理完毕;当日,海光公司将全部价款支付给甲公司。海光公司取得上述股权后对 B 企业财务和经营政策有重大影响。2017 年,B 企业实现净利润 1 500 万元。2018 年 1 月 1 日,B 企业可辨认净资产公允价值为 9 000 万元。

(2) 2018 年 3 月 20 日,B 企业宣告发放 2017 年度现金股利 500 万元,并于 2018 年 4 月 20 日实际发放。2018 年度,B 企业实现净利润 600 万元。

(3) 2019 年 3 月 20 日,B 企业宣告 2018 年不分配现金股利;当年 12 月,B 企业因其他权益工具投资业务进行会计处理后,增加其他综合收益 300 万元。2019 年度,B 企业发生亏损 1 100 万元。经调查,出现减值迹象,海光公司预计长期投资的可收回金额为 3 650 万元。

(4) 2020 年 3 月 20 日,B 企业宣告 2019 年不分配现金股利;当年 8 月 21 日,海光公司与 C 公司签订协议,将其所持有 B 企业 40% 的股权全部转让给 C 公司。股权转让协议的有关条款如下:① 股权转让协议在经海光公司和 C 公司股东大会批准后生效;② 股权转让的总价款为 4 500 万元,协议生效日 C 公司支付股权转让总价款的 40%,协议生效后 2 个月内支付股权转让总价款的 40%,股权过户手续办理完成时支付其余 20% 的款项。2020 年 9 月 30 日,海光公司和 C 公司分别召开股东大会并批准了上述股权转让协议。当日,海光公司收到 C 公司支付的股权转让总价款 40% 的款项。2020 年 10 月 31 日,海光公司收到 C 公司支付的股权转让总价款 40% 的款项。2020 年 12 月 31 日,上述股权转让的过户手续办理完毕,海光公司收到 C 公司支付的股权转让总价款 20% 的款项。2020 年度,B 企业实现净利润的情况如下:1~9 月份实现净利润 300 万元;10 月份实现净利润 200 万元;11~12 月份实现净利润 400 万元。海光公司按 10% 提取法定盈余公积。

要求:

(1) 编制海光公司 2018 年对 B 企业长期股权投资有关的会计分录,并计算海光公司对 B 企业长期股权投资于 2018 年 12 月 31 日的账面价值。假设被投资单位公允价值难以取得,不考虑被投资单位净利润的调整。

(2) 编制海光公司 2019 年对 B 企业长期股权投资有关的会计分录,并计算海光公司对 B 企业长期股权投资于 2019 年 12 月 31 日的账面价值。

(3) 判断海光公司在 2020 年是否应确认转让所持有 B 企业股权相关的损益,并说明理由;如果可以确认转让损益,进行相应的账务处理。

5. 华润机械公司和华德公司为同一母公司所控制的两个子公司,双方达成合并协议,华润机械公司以一批原材料作为合并对价,取得华德公司 70% 的股权,原材料的账面价值为 2 000 万元,计税价格为 2 200 万元,增值税进项税额 286 万元。2020 年 12 月 1 日,华润机械公司将原材料送达华德公司,取得华德公司控制权,当日华德公司所有者权益账面价值为 3 000 万元,当日华润机械公司"资本公积——股本溢价"的余额为 300 万元。

要求：作出华润机械公司的会计处理。

6. 华润机械公司和华邦公司为非同一母公司所控制的两个独立公司，双方达成合并协议，华润机械公司以一批原材料作为合并对价，取得华邦公司60%的股权，原材料的账面价值为1 200万元，公允价值为1 500万元，增值税进项税额195万元。2020年12月10日，华润机械公司将原材料送达华邦公司，取得华邦公司控制权。

要求：作出华润机械公司的会计处理。

五、思考题

1. 什么是投资？怎样对投资进行分类？
2. 什么是企业合并？在什么情况下需要确定企业合并成本？怎样确定？
3. 如何确定同一控制下企业合并的初始投资成本？
4. 成本法与权益法各自的适应范围是什么？
5. 长期股权投资下投资方享有被投资企业权益类型有哪些？
6. 长期股权投资成本法和权益法的核算要点有哪些？其主要区别是什么？
7. 成本法与权益法相互转换怎样核算？

第6章 固定资产

一、单项选择题

1. 下列计价方法中，能作为固定资产基本计价标准的是(   )。
   A. 市价法　　　　B. 重置成本法　　　C. 历史成本法　　　D. 净值法
2. 下列各项中，一定不构成固定资产成本的是(   )。
   A. 增值税　　　　　　　　　　　B. 安装费
   C. 盘盈的旧资产的损耗价值　　　D. 为取得资产交纳的耕地占用税
3. 下列资产中，不应作为企业固定资产核算的是(   )。
   A. 出租的固定资产　　　　　　　B. 因大修停用的固定资产
   C. 经营性租入的固定资产　　　　D. 经营性租出的固定资产
4. 某大型生产线达到预定可使用状态前进行联合试车发生的费用，应记入的会计科目是(   )。
   A. 长期待摊费用　　B. 营业外支出　　　C. 在建工程　　　D. 管理费用
5. 下列项目中，不应计入固定资产入账价值的是(   )。
   A. 固定资产购入过程中发生的运杂费支出
   B. 固定资产达到预定可使用状态前发生的借款利息(符合资本化条件)
   C. 固定资产达到预定可使用状态后至竣工决算前发生的借款利息
   D. 固定资产改良过程中领用原材料负担的消费税
6. 甲公司为增值税一般纳税人，采用自营方式建造一条生产线，实际领用工程物资200万元；领用自产产品一批，账面价值240万元，计税价格260万元，增值税税率13%；应分配在建工程人员工资和福利费分别为130万元和18.2万元。假定该生产线已达到预定可使用状态，未发生其他相关税费。该生产线的入账价值为(   )万元。
   A. 622　　　　　　B. 642　　　　　　C. 588.2　　　　　D. 608.2

7. 甲公司将自产的一批应税消费品(非金银首饰)用于在建工程。该批消费品成本为300万元,计税价格为500万元。该批消费品适用的增值税税率为13%,消费税税率为10%。据此计算,应计入在建工程成本的金额为( )万元。
   A. 350　　　　　B. 365　　　　　C. 415　　　　　D. 615

8. 企业租入固定资产,其未确认融资费用的分摊额应计入( )。
   A. 财务费用　　　　　　　　　　B. 管理费用
   C. 营业外支出　　　　　　　　　D. 租入固定资产的入账价值

9. 某企业2019年11月1日购入一项固定资产。该固定资产原价为498万元,预计使用年限为5年,预计净残值为5万元,按双倍余额递减法计提折旧。该固定资产2020年应计提的折旧额是( )万元。
   A. 98.6　　　　B. 119.52　　　　C. 185.92　　　　D. 192.56

10. 某设备的账面原价为50 000元,预计使用年限为4年,预计净残值率为4%,采用双倍余额递减法计提折旧。该设备在第3年应计提的折旧额为( )元。
    A. 5 250　　　　B. 6 000　　　　C. 6 250　　　　D. 9 600

11. 在建工程项目达到预定可使用状态前,试生产产品对外出售取得的收入应( )。
    A. 冲减工程成本　　　　　　　B. 计入营业外收入
    C. 冲减营业外支出　　　　　　D. 计入其他业务收入

12. 承租方对于融资租赁过程中发生的初始直接费用应计入( )。
    A. 管理费用　　B. 财务费用　　C. 营业外支出　　D. 租赁资产成本

13. 2015年12月15日,甲公司购入一台不需安装即可投入使用的设备,其原价为1 230万元。该设备预计使用年限为10年,预计净残值为30万元,采用年限平均法计提折旧。2019年12月31日,经过检查,该设备的可收回金额为560万元,预计使用年限为5年,预计净残值为20万元,折旧方法不变。2020年度该设备应计提的折旧额为( )万元。
    A. 90　　　　　B. 108　　　　　C. 120　　　　　D. 144

14. 某设备的账面原价为800万元,预计使用年限为5年,预计净残值为20万元,采用年数总和法计提折旧。该设备在第2年应计提折旧额为( )万元。
    A. 208　　　　　B. 192　　　　　C. 187.2　　　　D. 124.8

15. 某企业对生产线进行扩建,该生产线原价1 000万元,已提折旧300万元,已提减值准备50万元。扩建生产线时发生扩建支出800万元,同时在扩建时处理废料发生变价收入10万元。该生产线新的原价应为( )万元。
    A. 1 440　　　　B. 1 790　　　　C. 1 490　　　　D. 1 840

二、多项选择题

1. 下列类别中属于按经济用途分类的固定资产的有( )。
   A. 生产经营用固定资产　　　　B. 租出用固定资产
   C. 土地　　　　　　　　　　　D. 非生产经营用固定资产

2. 固定资产的特征主要是指( )。
   A. 固定资产是有形资产　　　　B. 可供企业长期使用
   C. 不以投资和销售为目的而取得　D. 具有可衡量的未来经济利益

3. 采用自营方式建造固定资产的情况下,下列项目中应计入固定资产建造成本的有( )。
   A. 工程耗用原材料　　　　　　B. 工程人员的工资
   C. 工程领用本企业商品的实际成本　D. 工程耗用的工程物资

4. 下列各类机器设备应计提折旧的有( )。
   A. 短期租赁租入的机器设备　　　　B. 转入大修理的机器设备
   C. 季节性停用的机器设备　　　　　D. 已提足折旧继续使用的机器设备
5. 下列各项中,会引起固定资产账面价值发生变化的有( )。
   A. 计提固定资产减值准备　　　　　B. 计提固定资产折旧
   C. 固定资产改扩建　　　　　　　　D. 固定资产大修理
6. 企业在固定资产发生资本化后续支出并达到预定使用状态时进行的下列各项会计处理中,正确的有( )。
   A. 重新预计净残值　　　　　　　　B. 重新确定折旧方法
   C. 重新确定入账价值　　　　　　　D. 重新预计使用年限
7. "固定资产清理"科目的贷方登记的项目有( )。
   A. 转入清理的固定资产的账面价值　B. 变价收入
   C. 结转的清理净收益　　　　　　　D. 结转的清理净损失
8. 下列固定资产中应计提折旧的有( )。
   A. 季节性停用的机器设备
   B. 大修理停用的机器设备
   C. 未使用的机器设备
   D. 按规定单独估价作为固定资产入账的土地
9. 下列各项中,影响固定资产处置损益的有( )。
   A. 固定资产原价　　　　　　　　　B. 固定资产清理费用
   C. 固定资产处置收入　　　　　　　D. 固定资产减值准备
10. 一般而言,固定资产的计价标准有( )。
    A. 原始价值　　　B. 重置完全价值　　　C. 未来现金流量　　　D. 净值

三、判断题

1. 企业对自有固定资产改良的净支出应作为增加固定资产价值处理,调整固定资产的原始成本。( )
2. 固定资产是企业的一项重要资产,为便于利用,企业应对所有的固定资产均拥有所有权。( )
3. 已达到预定可使用状态但在年度内尚未办理竣工决算手续的固定资产,应按估计价值暂估入账,但不计提折旧。( )
4. 在建工程达到预定可使用状态前试运转所发生的净支出,应计入营业外支出。( )
5. 自行建造固定资产达到预定可使用状态前,该项目的工程物资盘盈应计入当期营业外收入。( )
6. 变更固定资产折旧年限时,只影响变更当期和该项资产未来使用期间的折旧费用,而不影响变更前已计提的折旧费用。( )
7. 按暂估价值入账的固定资产在办理竣工结算后,企业应当根据暂估价值与竣工结算价值的差额调整原已计提的折旧金额。( )
8. 企业固定资产折旧,一般应根据月初应计提折旧的固定资产账面原值和月折旧率,按月计算提取。当月增加的固定资产,当月不计提折旧;当月减少的固定资产,当月照提折旧。( )
9. 固定资产使用寿命如有确凿证据表明与原估计有差异的,应调整其使用寿命。( )
10. 固定资产出售、报废、毁损以及盘亏,均应通过"固定资产清理"科目,计算出处置固定资

产的净损益后转入本年利润。　　　　　　　　　　　　　　　　　　　　　　（　）

11. 因购建固定资产而发生的借款利息,在固定资产达到预定使用状态前的全部资本化,否则费用化。　　　　　　　　　　　　　　　　　　　　　　　　　　　　　（　）

12. 与固定资产有关的后续支出,如果使可能流入企业的经济利益超过了原先的估计,则应当计入固定资产账面价值,其增计后的金额不应超过该固定资产的可收回金额。（　）

13. 当月增加的固定资产,当月应计提折旧;当月减少的固定资产,当月不再计提折旧。
　　　　　　　　　　　　　　　　　　　　　　　　　　　　　　　　　　（　）

14. 如果一项固定资产的使用年限为5年,预计净残值为0,则能够使第一年折旧金额最多的折旧方法是年数总和法。　　　　　　　　　　　　　　　　　　　　　　　（　）

15. 年数总和法计提折旧可以使固定资产的使用成本各年保持大致相同。　　（　）

16. 短期租入的固定资产租赁期若超过1个月,折旧应由承租人计提。　　　（　）

17. 用双倍余额递减法计算折旧,开始时并不考虑预计的净残值。　　　　　（　）

18. 如果固定资产是在当月1日增加的,则在当月就应计提折旧。　　　　　（　）

19. 固定资产必须是在用的才能计提折旧。　　　　　　　　　　　　　　　（　）

20. 固定资产出售或报废的净损益都应计入营业外收入或营业外支出。　　（　）

四、计算及账务处理题

1. 甲股份有限公司(以下简称甲公司)为增值税一般纳税企业,适用的增值税税率为13%,假定不考虑其他相关税费。2019—2023年有关固定资产业务的资料如下:

(1) 2019年12月10日,收到捐赠的尚需安装的新设备一台,捐赠方提供的有关依据表明,该设备的价值为22 600 000元(含增值税税额)。在该设备安装过程中,领用自产商品一批,该批商品的实际成本为1 000 000元,发生安装人员工资费用26 000元。12月31日,该设备安装完工并交付使用。该设备预计使用年限为5年,预计净残值为776 000元,采用年数总和法计提折旧。

(2) 2023年4月11日,将该设备出售,收到价款4 500 000元及税款585 000元存入银行。另以银行存款支付清理费用20 000元。

要求:

(1) 编制接受设备捐赠、安装和交付使用的会计分录。

(2) 计算该设备2020年、2021年和2022年应计提的折旧额并编制会计分录。

(3) 编制出售设备的会计分录。

2. 甲公司2019年12月购入一台需安装的设备,增值税专用发票上注明的设备价款为70 000元,增值税税率为13%,发生运杂费为1 000元,全部款项已用银行存款支付;分配安装人员工资5 000元;安装工程领用生产用材料9 000元。该设备当月安装完毕交付使用。该设备预计净残值4 000元,预计使用年限为5年。

要求:

(1) 计算设备的入账价值并编制会计分录。

(2) 分别采用双倍余额递减法、年数总和法计算该设备各年应提折旧额。

3. 甲股份有限公司(以下简称甲公司)于2019年1月1日从乙租赁公司(以下简称乙公司)租入一台全新设备用于行政管理。租赁合同的主要条款如下:

(1) 租赁起租日:2019年1月1日。

(2) 租赁期限:2019年1月1日至2020年12月31日,租赁期满后将设备归还给乙公司。

(3) 租金总额:2 400 000元。

(4) 租金支付方式:在起租日预付租金1 400 000元,2019年年末支付租金400 000元,租赁期满时支付租金 600 000 元。

假设该租赁为短期租赁,采用直线法确认租金费用。

要求:编制甲公司与租金支付和确认租金费用有关的会计分录。

4. 某企业于 2019 年 9 月 5 日对一生产线进行改扩建,改扩建前该生产线的原价为 12 000 000 元,已提折旧 2 000 000 元,已提减值准备 500 000 元;在改扩建过程中领用工程物资 2 000 000 元,领用生产用原材料 500 000 元;分配改扩建人员工资 800 000 元;用银行存款支付其他费用 400 000 元。该生产线于 2019 年 11 月 20 日达到预定可使用状态。该企业对改扩建后的固定资产采用双倍余额递减法计提折旧,预计尚可使用年限为 10 年,预计净残值为 500 000 元。

要求:

(1) 编制上述与固定资产改扩建有关业务的会计分录。

(2) 计算改扩建后的固定资产 2020 年应计提的折旧额。

5. 乙公司是一家制造业企业,有关业务资料如下:2019 年 12 月,该公司自行建成了一条生产线,建造成本为 852 600 元,采用年数总和法按年度计提固定资产折旧,预计残值 48 500 元,预计清理费用 20 360 元,预计使用年限为 6 年。2022 年 1 月 1 日,由于生产的产品适销对路,现有生产线的生产能力已难以满足公司生产发展的需要,但若新建生产线成本过高、周期过长,于是公司决定对现有生产线进行改扩建,以提高其生产能力。2022 年 1 月 1 日至 3 月 31 日,经过 3 个月的改扩建,公司完成了对这条生产线的改扩建工程,共发生支出 450 000 元,取得变价收入 46 480 元,全部款项以银行存款收付。该生产线改扩建工程达到预定可使用状态后,预计使用年限延长 4 年。假定改扩建后的生产线的预计残值和预计清理费用不变,折旧方法改为平均年限法,仍按年度计提固定资产折旧(整个过程不考虑其他相关税费)。

要求:

(1) 编制 2020 年、2021 年固定资产折旧的会计分录。

(2) 编制有关改扩建过程中的会计分录。

(3) 计算改扩建完成后 2022 年和 2023 年固定资产折旧额。

6. 2020 年 2 月 20 日,由于乙公司发生财务困难,当日到期的 405 400 元的债务无力偿还。乙公司与甲公司达成债务重组协议,甲公司同意乙公司以一辆 2019 年 1 月 1 日以后购买的货运汽车抵付债务,货运汽车的原始价值为 420 000 元,已提折旧 70 000 元,公允价值为 320 000 元。乙公司以银行存款支付车辆过户费 5 000 元后当日办妥车辆过户手续,结清债务。乙公司适用的增值税税率为 13%。

要求:

(1) 分别编制甲公司和乙公司债务重组的相关会计分录。

(2) 假设甲公司对应收债权提取了 10 000 元的坏账准备,乙公司对固定资产提取了 5 000 元的减值准备,分别编制甲公司和乙公司债务重组的相关会计分录。

(3) 假设甲公司对应收债权提取了 50 000 元的坏账准备,乙公司对固定资产提取了 90 000 元的减值准备,分别编制甲公司和乙公司债务重组的相关会计分录。

7. 2020 年 10 月 10 日,A 公司与 B 公司签订资产交换协议,A 公司以一台设备与 B 公司的乙产品进行交换。设备的购买日期为 2019 年 10 月,原始价值为 800 000 元,已提折旧为 100 000 元,公允价值为 680 000 元,增值税税率为 13%;乙产品的账面成本为 6 000 000 元,公允价值为 700 000 元,增值税税率为 13%;A 公司以银行存款支付补价 22 600 元。

要求:

(1) 假设该交易具有商业实质,编制 A 公司的会计分录。

(2) 假设该交易不具有商业实质,编制 A 公司的会计分录。
五、思考题
1. 简述固定资产的概念、特征和确认标准。
2. 简述固定资产的分类方法和计价基础。
3. 不同来源渠道取得的固定资产,其入账价值如何确定?
4. 企业以各种方式取得的固定资产如何进行会计处理?
5. 固定资产折旧的计提范围是什么?哪些固定资产不提折旧?
6. 计提固定资产折旧通常有哪几种方法?各有什么特点?如何进行会计处理?
7. 固定资产的后续支出包括哪些?应如何进行会计处理?
8. 固定资产减值准备计提的条件有哪些?应如何进行会计处理?
9. 计提固定资产减值准备以后,应如何计算固定资产折旧?
10. 固定资产的报废和出售如何进行会计处理?

第7章 无形资产及其他长期资产

一、单项选择题
1. 企业计提的无形资产减值准备应计入( )。
   A. 管理费用　　　B. 财务费用　　　C. 营业外支出　　　D. 资产减值损失
2. 甲企业以一项账面原值为 120 万元、已摊销 30 万元的专利权投入 B 企业(B 企业首次发行股票),抵交认股款 80 万元,则 B 企业接受的该项无形资产应以( )万元入账。
   A. 80　　　　　　B. 90　　　　　　C. 120　　　　　　D. 10
3. 甲公司 2019 年 1 月以 300 万元的价格购入一项专利权,购入时该专利权预计使用年限为 10 年,法律规定的有效使用年限为 15 年。2022 年年末预计该项无形资产的可收回金额为 150 万元,则 2022 年年末该项无形资产应计提的减值准备是( )万元。
   A. 70　　　　　　B. 50　　　　　　C. 30　　　　　　D. 48.33
4. 企业出售无形资产发生的净损失应计入( )。
   A. 管理费用　　　B. 其他业务成本　　C. 资产处置损益　　D. 营业外支出
5. A 公司以 60 万元(不含税)的价格对外转让一项专利权,该项专利权系 A 公司以 180 万元的价格购入。购入时该专利权预计使用年限为 6 年,法律规定的有效使用年限为 8 年。转让时该专利权已经使用 3 年。该专利权适用的增值税税率为 6%,假定不考虑其他相关税费,该专利权已计提减值准备 30 万元。A 公司转让该项专利权所获得的净收益为( )万元。
   A. 0　　　　　　B. -3.6　　　　　C. -67.5　　　　　D. -92.5
6. 东风公司 2019 年 1 月 1 日购入一项专利权,实际支付的买价及相关费用共计 48 万元。该专利权的摊销年限为 5 年。2021 年 4 月 1 日,东风公司将该专利权的所有权对外转让,取得价款 20 万元(不含税)。转让交易适用的增值税税率为 6%。假定未计提无形资产减值准备。转让该专利权形成的净损失为( )万元。
   A. 4.8　　　　　B. 6.4　　　　　C. 7.2　　　　　D. 7.6
7. 按照企业会计准则的规定,下列各项中,股份有限公司应作为无形资产入账的是( )。
   A. 开办费

B. 广告费
C. 为获得土地使用权支付的土地出让金
D. 研究阶段发生的支出

8. 甲公司2019年1月1日购入一项无形资产。该无形资产的实际成本为500万元,摊销年限为10年。2023年12月31日,该无形资产发生减值,预计可收回金额为180万元。计提减值准备后,该无形资产原摊销年限不变。2024年12月31日,该无形资产的账面价值为( )万元。
   A. 270   B. 214   C. 200   D. 144

9. 下列表述中不正确的是( )。
   A. 无形资产的出租收入应确认为其他业务收入
   B. 无形资产摊销的时间为自无形资产可供使用时起至不再作为无形资产确认时止
   C. 无形资产的后续支出应在发生时予以资本化
   D. 无形资产的研究阶段的费用应在发生时计入当期损益

10. 决定无形资产摊销方法的因素是( )。
    A. 无形资产使用寿命的长短
    B. 无形资产是否可以辨认
    C. 企业预期消耗该项无形资产所产生的未来经济利益的方式
    D. 无形资产的取得方式

二、多项选择题

1. 下列可以确认为无形资产的有( )。
   A. 自创商誉   B. 购买的版权
   C. 企业经划拨无偿取得的土地使用权   D. 购入的一项专利权

2. 下列说法中错误的有( )。
   A. 为维护无形资产而发生的后续支出应计入无形资产价值
   B. 自行开发并依法申请取得专利权前发生的研究和开发费用于发生时确认为当期费用
   C. 自创商誉应按评估价入账
   D. 企业通过无偿划拨取得的土地使用权和有偿取得的土地使用权都应作为无形资产核算

3. 确定无形资产摊销年限的原则为( )。
   A. 合同规定受益年限但法律没有规定有效年限的,摊销期不应超过合同规定的受益年限
   B. 合同没有规定受益年限但法律规定有效年限的,摊销期不应超过法律规定的有效年限
   C. 合同规定了受益年限,法律也规定了有效年限的,摊销期不应超过受益年限和有效年限两者之中较短者
   D. 合同或法律没有规定使用寿命的,企业应当综合各方面情况判断,以确定无形资产能为企业带来未来经济利益的期限

4. 下列有关无形资产使用权转让的会计处理中,正确的有( )。
   A. 取得的收入应计入其他业务收入
   B. 摊销的价值应计入其他业务成本
   C. 出租方将无形资产账面价值于出租时一次摊销
   D. 承租方将无形资产账面价值登记入账

5. 下列各项中,会引起无形资产账面价值发生增减变动的有( )。
   A. 对无形资产计提减值准备   B. 发生无形资产后续支出
   C. 摊销无形资产成本   D. 转让无形资产所有权

三、判断题

1. 无形资产作为能为企业带来经济利益的一种长期资产,应在一定期限内平均摊销完毕,其摊销金额计入管理费用,同时冲减无形资产的账面价值。（　　）
2. 对自创的无形资产,应将发生的全部费用资本化。（　　）
3. 企业为提升其商标知名度而投入的广告费应计入商标成本。（　　）
4. 出租无形资产的所得是企业的营业收入。（　　）
5. 如果无形资产预期不能为企业带来经济利益,应该对无形资产计提减值准备。（　　）
6. 如果某项无形资产的预计使用年限没有超过相关合同规定的受益年限或法律规定的有效年限,则该无形资产应在其预计使用年限内分期平均摊销。（　　）
7. 工业企业为建造生产车间而购入的土地使用权在生产车间正式动工建造之前应作为工程物资核算。（　　）
8. 无形资产既包括可辨认的,也包括不可辨认的。（　　）
9. 企业只有在经济利益可以确定的情况下,才能考虑无形资产的确认问题。（　　）
10. 无形资产都应进行摊销,以正确确定企业损益。（　　）

四、计算及账务处理题

A 股份有限公司 2019—2025 年与无形资产业务有关的资料如下：

(1) 2019 年 1 月 1 日,以银行存款 300 万元购入一项专利权(不含税),适用的增值税税率为 6%。该无形资产的预计使用年限为 10 年。

(2) 2023 年 12 月 31 日,预计该无形资产的可收回金额为 142 万元。该无形资产发生减值后,原预计使用年限不变。

(3) 2024 年 12 月 31 日,预计该无形资产的可收回金额为 100 万元,调整该无形资产减值准备后,原预计使用年限不变。

(4) 2025 年 4 月 1 日,将该无形资产对外出售,取得价款 130 万元和税款 7.8 万元并收存银行。

要求：
(1) 编制购入无形资产的会计分录。
(2) 计算 2023 年 12 月 31 日无形资产的账面价值。
(3) 编制 2023 年 12 月 31 日无形资产计提减值准备的会计分录。
(4) 计算 2024 年 12 月 31 日无形资产的账面价值。
(5) 编制 2024 年 12 月 31 日调整该无形资产减值准备的会计分录。
(6) 计算 2025 年 3 月 31 日无形资产的账面价值。
(7) 计算无形资产出售形成的净损益。
(8) 编制无形资产出售的会计分录。

五、思考题

1. 简述无形资产的定义、特征及确认条件。
2. 简述无形资产的分类方法。
3. 简述无形资产使用寿命的确定方法。
4. 简述将无形资产账面价值全部转入当期损益的情况。
5. 简述无形资产计提减值准备的情况。
6. 无形资产转让所有权与转让使用权核算的主要区别是什么？

第8章 流动负债

一、单项选择题

1. 预收账款不多的企业,可以不设置"预收账款"科目,而直接将预收的货款记入( )。
   A. "应收账款"科目的借方   B. "应收账款"科目的贷方
   C. "应付账款"科目的借方   D. "应付账款"科目的借方

2. 商业承兑汇票到期无力偿付时,企业应将应付票据( )。
   A. 转入应付账款   B. 转入短期借款
   C. 不进行处理   D. 转入其他应付款

3. 某企业以一张期限为6个月的商业承兑汇票支付货款,票面价值为100万元,票面年利率为4%。该票据到期时,企业应支付的金额为( )万元。
   A. 100   B. 102   C. 104   D. 140

4. 某股份公司2019年4月1日开出面值100 000元、6个月到期的应付票据,票面利率5%,该应付票据6月30日的账面价值为( )元。
   A. 101 250   B. 100 000   C. 105 000   D. 102 500

5. 企业自销应税产品计算出的应交消费税应计入( )。
   A. 制造费用   B. 生产成本   C. 主营业务成本   D. 税金及附加

6. 月份终了,企业将本月应交未交增值税进行结转时,应借记的会计科目是( )。
   A. 应交税费——未交增值税
   B. 应交税费——应交增值税(进项税额转出)
   C. 应交税费——应交增值税(转出未交增值税)
   D. 应交税费——应交增值税(已交税金)

7. 根据现行规定,增值税一般纳税人在月份终了对本月应交未交的增值税的会计处理方法是( )。
   A. 保留在"应交增值税"明细科目的贷方
   B. 保留在"应交增值税"明细科目的借方
   C. 将其转入"未交增值税"明细科目的贷方
   D. 将其转入"未交增值税"明细科目的借方

8. 下列税金不通过"应交税费"科目核算的是( )。
   A. 消费税   B. 增值税   C. 所得税   D. 印花税

9. 某企业购进免税农产品实际付款10 000元,其进项税额为( )元。
   A. 1 700   B. 1 300   C. 1 000   D. 600

10. 下列项目中,不属于流动负债项目的是( )。
    A. 应交税费   B. 应付票据   C. 预付账款   D. 应付账款

11. 企业购进工程物资用于生产设备工程时,支付的增值税税额应当计入( )。
    A. 应交税费——应交增值税(进项税额)   B. 材料的采购成本
    C. 营业外支出   D. 管理费用

12. 某小规模纳税企业月初欠交增值税1 000元,本月购进材料成本为10 000元,支付的增值税为1 700元,产品含税销售收入为1 030 000元,则企业本月月末应交增值税为( )元。

A. 30 000　　　　B. 28 300　　　　C. 31 000　　　　D. 29 300

13. 委托加工应纳消费税的材料,材料收回后继续加工生产应纳消费税产品的,受托方对委托加工材料代扣代交的消费税应计入( )。

A. 生产成本　　　　　　　　　　B. 应交税费——应交消费税
C. 委托加工材料的成本　　　　　D. 主营业务成本

二、多项选择题

1. 下列各项税金中,构成相关资产成本的有( )。
A. 用于直接出售的委托加工应税消费品由受托方代收代交的消费税
B. 用于继续生产的委托加工应税消费品由受托方代收代交的消费税
C. 用于在建设备工程的库存原材料已支出的增值税进项税额
D. 收购未税矿产品代扣代交的资源税

2. 下列税金在"应交税费"科目核算的有( )。
A. 增值税　　　B. 资源税　　　C. 所得税　　　D. 消费税

3. 下列应确认为一项流动负债的业务有( )。
A. 董事会决议分派现金股利　　　　B. 董事会决议分派股票股利
C. 计提应计入本期损益的长期借款利息　D. 计提应计入本期损益的短期借款利息

4. 下列通过"其他应付款"科目核算的业务包括( )。
A. 应付租入固定资产的租金　　　B. 应付分期付息债券利息
C. 存入保证金　　　　　　　　　D. 应付股东的利润

5. 企业购入货物时即能确认其进项税额但不能抵扣的项目有( )。
A. 购进建造仓库的工程物资　　　B. 购入货物用于集体福利
C. 购入货物直接用于免税项目　　D. 购入货物用于在建设备工程

6. 下列项目按规定计征增值税的有( )。
A. 提供修理、修配劳务　　　　　B. 销售不动产
C. 转让无形资产　　　　　　　　D. 提供交通运输、建筑、金融保险等劳务

7. 下列项目中,企业应作为或有负债在会计报表附注中予以披露的有( )。
A. 已贴现商业汇票　　　　　　　B. 未决诉讼
C. 未决仲裁　　　　　　　　　　D. 为其他单位提供债务担保

8. 下列增值税直接计入有关资产成本的有( )。
A. 一般纳税人委托加工物资支付的增值税
B. 小规模纳税人购进原材料支付的增值税
C. 小规模纳税人购进固定资产支付的增值税
D. 一般纳税人购买轿车支付的增值税

9. 一般纳税人发生的下列业务中应确认为增值税"销项税额"的交易或事项有( )。
A. 将自产的产成品用于在建工程　　B. 将自产的产成品用于对外投资
C. 将自产的产成品用于职工福利　　D. 将自产的产成品用于对外捐赠

10. 一般纳税人发生的下列业务中不应确认为增值税"进项税额转出"的交易或事项有( )。
A. 在建厂房工程领用原材料　　　B. 原材料发生非常损失
C. 以原材料对外进行投资　　　　D. 以原材料发放职工福利

三、判断题

1. 流动负债要按实际发生数额记账,如果负债已发生而数额需要预计确定,则不可以预计,必须待实际数额确定后方可入账。   (   )
2. 在会计实务中,不论是带息的应付票据,还是不带息的应付票据,签发、承兑商业汇票时一律按票据的面值记账。   (   )
3. 购入固定资产所支付的增值税税额,应单独在"应交税费——应交增值税(进项税额)"科目中反映。   (   )
4. 一般纳税企业采购原材料支付的增值税,均不构成原材料的成本。   (   )
5. 某些视同销售的行为,如对外投资,实际上不是一种销售行为,但会计上要作为销售处理,通过销售收入、销售成本的核算,同时按规定计算缴纳增值税。   (   )
6. 由于消费税是价内税,所以,企业用应税消费品对外投资或用于在建工程、非生产机构等其他方面按规定缴纳的消费税,应记入"税金及附加"科目。   (   )
7. 我国会计实务中,流动负债应按照未来应付金额的现值记账。   (   )
8. 短期借款利息在预提或实际支付时不通过"短期借款"科目。   (   )
9. 企业在"应交税费"科目下设置"未交增值税"明细科目,核算企业月份终了从"应交税费——应交增值税"科目中转入的当月未交或多交的增值税。   (   )
10. 委托加工物资收回后用于连续生产的,委托方应将代收代交的消费税计入委托加工材料的成本。   (   )

四、计算及账务处理题

1. 某企业为增值税一般纳税人,原材料按实际成本核算,销售货物的增值税税率为13%,消费税税率为10%,该企业2020年发生如下经济业务(假设不考虑经济业务发生的具体时间):

(1) 采购A材料,增值税专用发票上注明的买价为850 000元,增值税税额为110 500元,材料尚在运输途中,全部款项以银行存款支付。

(2) 采购B材料,增值税专用发票上注明的买价为50 000元,增值税税额为6 500元,材料已经到达验收入库,企业开出承兑的商业汇票抵付全部款项。

(3) 销售甲产品5 000件,单位售价250元,单位生产成本150元。该产品按规定需缴纳消费税,货款尚未收到。

(4) 转让专利权一项,其账面余额为1 000 000元,累计摊销为800 000元,已计提减值准备50 000元,转让取得收入200 000元、增值税税款12 000元,价税款均存入银行。

(5) 购入一台设备,增值税专用发票上记载的货款为90 000元,增值税税额为11 700元,当日调试完毕交付使用,发生调试费3 000元,全部款项以银行存款支付。

(6) 收购农副产品一批,实际收购价160 000元以银行存款支付,农副产品已入库。

(7) 收购未税矿产品,普通发票注明的价款为80 000元,代扣代交的资源税15 000元,原材料尚未到达,价款以银行存款支付。

(8) 以现金购买印花税票500元。

(9) 在建厂房工程领用甲产品1 000件,实际成本为150 000元,计税价格为250 000元。

(10) 委托某企业加工应税消费品(非金银首饰),拨付原材料200 000元,支付加工费25 000元,材料已加工完毕验收入库,用于继续加工。加工费、增值税和消费税均以银行存款支付。

(11) 企业出口不需缴纳消费税的某产品,价格为650 000元,销售成本为400 000元,货已发出,款项尚未收到。企业收到出口产品退回的税款50 000元。

(12) 企业出售一栋办公用房,原价为15 000 000元,已折旧11 000 000元,出售所得收入为

9 550 000元,增值税税额为859 500元,清理费用支出为60 000元,房屋已清理完毕,收支均以银行存款收付。

要求:
(1) 根据上述资料,编制有关会计分录。
(2) 计算本期该企业需交纳的各项流转税额。

2. A公司为增值税一般纳税人,增值税税率为13%,2020年1—2月份发生下列部分经济业务(1月初"应交增值税——未交增值税"贷方余额为5 000元):

(1) 1月5日,以银行存款上交上月增值税5 000元。

(2) 1月10日,购入原材料一批,增值税专用发票上注明买价为200 000元,增值税税额为26 000元,款项全部支付,材料已入库。

(3) 1月15日,销售产品一批,开出增值税专用发票,销售价款为350 000元,增值税税额为45 500元,货款尚未收到,其生产成本为280 000元。

(4) 1月31日,以银行存款上交当月增值税10 000元。

(5) 2月3日,购进材料一批,增值税专用发票注明买价为15 000元,增值税税额为1 950元,材料已验收入库,全部款项以商业汇票抵付。

(6) 2月5日,以银行存款上交上月增值税。

(7) 2月18日,销售产品一批,开出增值税专用发票,销售价款为80 000元,增值税税额为10 400元,全部款项收到存入银行,其生产成本为64 000元。

(8) 用银行存款缴纳当月增值税12 000元。

要求:
(1) 编制上述经济业务的会计分录。
(2) 计算2月末未交或多交增值税并转出。

3. 某企业2020年有关短期借款经济业务如下:

(1) 1月1日,向银行借入期限9个月的短期借款100 000元,利率为6%,按季支付利息,款项转入存款账户。

(2) 1月31日,预提本月应付利息。

(3) 3月31日,以银行存款支付第一季度利息1 500元。

(4) 10月1日,以银行存款归还借款本金及最后3个月的利息。

要求:根据上述资料编制会计分录。

4. 宏兴工贸公司于2020年发生下列部分结算业务:

(1) 购买某钢厂冶炼的钢材10吨,每吨价格为3 600元,现已收到对方开具转来的增值税专用发票,除载明货款及13%的税款外,还注明代垫运杂费计3 400元(取得普通发票)。款项尚未付出,钢材已验收入库。

(2) 公司与某单位达成协议,以商业承兑汇票的方式向对方购入价款为30 000元的一批货物。面值30 000元的票据已开出并交给对方,对方也将价值30 000元的货物连同增值税专用发票同时转来。增值税专用发票载明材料价款30 000元,销项税额3 900元。对方垫付运杂费200元,公司开出4 100元的转账支票将税款和运杂费支付给对方。

(3) 企业开出一张面值44 080元,期限1个月,票面利率6%的银行承兑汇票抵付某钢厂款项(见本题第1小题),票据已交给对方。以银行存款支付承兑手续费500元。票据到期以银行存款支付票据的面值和利息。

(4) 收到某厂预付货款65 000元,合同约定销售甲产品100件。

(5) 开出增值税专用发票,向某厂如数发出甲产品,总售价 100 000 元,销项税额 13 000 元,以银行存款代垫运杂费 3 000 元。甲产品单位生产成本为 600 元。

(6) 收到某厂购买甲产品的补付款 51 000 元存入银行。

要求:编制各项经济业务的会计分录。

5. 某企业某月有关工资结算资料如下表所示(单位:元):

单位及人员类别	应 付 工 资	代 扣 款	实 发 金 额
车间生产工人	57 600	5 200	52 400
车间管理人员	8 540	980	7 560
企业行政管理人员	11 000	1 160	9 840
医务及福利人员	2 660	560	2 100
合　计	79 800	7 900	71 900

按规定分别按照职工工资总额的 10%、12%、2% 和 10.5% 计提医疗保险费、养老保险费、失业保险费和住房公积金;按工资总额的 2% 和 8% 计提工会经费和职工教育经费。

要求编制下列各项业务的会计分录:

(1) 提取现金准备发放工资。

(2) 发放工资(无待领工资)。

(3) 分配工资费用。

6. A 公司和 B 公司均为增值税一般纳税人,2020 年 A 公司、B 公司发生下列购销业务:

(1) A 公司于 3 月 31 日向 B 公司销售一批商品,增值税专用发票上注明的商品价款为 200 000 元,增值税税额为 26 000 元。当日收到 B 公司签发的带息商业承兑汇票一张,期限为 6 个月,利率为 6%。B 公司于当日收到商品,验收入库,并将购入的商品作为原材料使用,原材料按实际成本计价核算。

(2) 5 月 31 日,A 公司因资金需要,持 B 公司签发的商业汇票到银行贴现,银行的年贴现率为 9%,贴现收入存入银行。

(3) 9 月 30 日,A 公司已贴现的商业承兑汇票到期,因 B 公司的银行账户无款支付,贴现银行将已贴现的票据退回 A 公司,同时从 A 公司的账户中将票据款划回。

要求:

(1) 编制 A 公司收到票据、票据贴现和银行退回已贴现票据的会计分录。

(2) 编制 B 公司签发票据、中期期末计提利息和到期无力支付票据款注销应付票据的会计分录。

7. C 公司为增值税一般纳税人,适用的增值税税率为 13%,适用的消费税税率为 10%,2020 年 5 月 1 日"应交税费——未交增值税"科目余额为 149 000 元,本月份发生下列经济业务:

(1) 5 日,以银行存款缴纳上月未交增值税 149 000 元。

(2) 7 日,自营在建仓库工程领用属于存货的原材料 30 000 元。

(3) 10 日,自营在建仓库工程领用库存商品一批,成本价 70 000 元。

(4) 11 日,销售产品一批,售价 4 000 000 元(不含税),开出增值税专用发票,价税款收到存入银行。

(5) 14 日,购进原材料一批,买价 2 000 000 元,取得增值税专用发票,价税款以银行存款支付,材料已验收入库。

(6) 16日,以银行存款购入汽车一辆,价款150 000元,增值税进项税额19 500元,汽车直接交付使用。

(7) 18日,以银行存款支付委托加工材料的消费税(委托加工材料的成本为41 000元,加工费为4 000元),委托加工的材料继续生产。

(8) 20日,以银行存款支付本月增值税150 000元。

(9) 31日,计算本月未交增值税并予以转出。

要求:根据上述经济业务编制会计分录。

五、思考题

1. 负债有何特征?如何分类?
2. 流动负债具体包括哪些内容?
3. 应付职工薪酬核算的内容有哪些?
4. 应交税费核算的内容有哪些?
5. 什么是或有事项?有何特征?
6. 什么叫或有负债?什么叫预计负债?如何进行会计处理?

第9章 非流动负债

一、单项选择题

1. 企业以折价方式发行债券时,每期实际负担的利息费用是( )。
   A. 按票面利率计算的应计利息减去应摊销的折价
   B. 按票面利率计算的应计利息加上应摊销的折价
   C. 按实际利率计算的应计利息减去应摊销的折价
   D. 按实际利率计算的应计利息加上应摊销的折价

2. 甲公司2020年1月1日折价发行5年期一次还本付息的公司债券,债券面值为100万元,票面年利率为5%,发行价格为90万元。甲公司采用7.48%实际利率法进行折价摊销。该债券2020年度的利息费用为( )万元。
   A. 6.732   B. 7   C. 5   D. 1.732

3. 企业发行债券时,如果发行费用小于发行期间冻结资金所产生的利息收入,其差额的会计处理是( )。
   A. 计入溢价收入   B. 计入投资收益
   C. 计入营业外收入   D. 冲减财务费用

4. 下列有关借款费用停止资本化时点的表述中,正确的是( )。
   A. 固定资产交付使用时停止资本化
   B. 固定资产办理竣工决算手续时停止资本化
   C. 固定资产达到预定可使用状态时停止资本化
   D. 固定资产建造过程中发生正常中断时停止资本化

5. 下列各有关借款费用项目中,企业必须在会计报表附注中披露的是( )。
   A. 当期借款费用总额   B. 当期发生的借款辅助费用
   C. 当期资本化的借款费用金额 D. 当期计算的累计资产支出加权平均数

6. 乙公司2020年1月1日折价发行5年期一次还本的公司债券,实际发行价格为1 000万元(不考虑发行费用),债券面值总额为1 100万元,票面利率为6%。该债券于每年6月30日和12月31日支付利息,假设2020年6月30日确定的利息费用为50万元。2020年7月1日"应付债券"科目的余额为(　　)万元。

A. 1 017　　　　　B. 1 050　　　　　C. 1 117　　　　　D. 1 150

7. 某企业于2020年1月1日用专门借款开工建造一项固定资产,2020年12月31日该固定资产全部完工并投入使用。该企业为建造该固定资产专门借入的款项有两笔:第一笔为2020年1月1日借入的800万元,借款利率为8%,期限为3年;第二笔为2020年7月1日借入的500万元,借款利率为6%,期限为3年。该企业2020年计算资本化的借款费用时所使用的资本化率为(　　)(计算结果保留两位小数)。

A. 7.00%　　　　　B. 7.52%　　　　　C. 6.80%　　　　　D. 6.89%

8. A公司为建造厂房于2020年4月1日从银行借入2 000万元的专门借款,借款期限为2年,年利率为6%。2020年7月1日,A公司采取出包方式委托B公司为其建造该厂房,并预付了1 000万元工程款,厂房实体建造工作于当日开始。该工程因发生施工安全事故,在2020年8月1日至11月30日中断施工,12月1日恢复正常施工,至年末工程尚未完工。该项厂房建造工程在2020年度应予资本化的利息金额为(　　)万元。

A. 80　　　　　　B. 40　　　　　　C. 30　　　　　　D. 10

9. 某企业于2020年7月1日发行5年期面值总额为600万元的债券,债券票面年利率为12%,实际利率为10%,发行价格总额为700万元(不考虑手续费),到期一次还本付息。采用实际利率法计算各期利息费用。2020年12月31日,该应付债券的账面余额为(　　)万元。

A. 698　　　　　　B. 699　　　　　　C. 701　　　　　　D. 702

10. 2020年1月1日发行债券的面值为300万元,票面利率为10%,期限为3年,到期一次还本付息。该债券折价发行,收到价款为295万元。债券到期时应偿付的数额为(　　)万元。

A. 300　　　　　　B. 309　　　　　　C. 385　　　　　　D. 390

二、多项选择题

1. 下列各项借款费用中,属于借款辅助费用的有(　　)。

A. 借款承诺费　　　　　　　　　B. 发行债券折价摊销
C. 发行债券手续费　　　　　　　D. 外币借款汇兑损失

2. 下列为购建固定资产而发生的支出中,属于用于计算累计支出加权平均数的资产支出有(　　)。

A. 将自己生产的非现金资产用于固定资产建造
B. 自供应商处赊购(不带息)建造固定资产项目的物资
C. 以人民币专门借款向工程承包方支付进度款
D. 以外币专门借款支付在建工程所需设备购置

3. 下列项目中,属于借款费用的有(　　)。

A. 应付公司债券的利息　　　　　B. 发行公司债券的手续费
C. 发行公司债券的折价　　　　　D. 外币借款发生的汇兑差额

4. 企业为购建固定资产借入专门借款时,在固定资产建造期间,对于所发生的借款费用,应当在会计报表附注中披露的有(　　)。

A. 当期资本化的借款费用金额　　　B. 当期专门借款发生的借款费用金额
C. 当期固定资产购建项目的累计支出　D. 当期用于确定资本化金额的资本化率

5. 长期负债主要包括( )。
   A. 长期借款　　　B. 应付债券　　　C. 长期应付款　　　D. 应付票据
6. 决定公司债券发行价格的因素有( )。
   A. 债券面值　　　　　　　　　　　B. 债券票面利率
   C. 债券期限的长短　　　　　　　　D. 市场利率
7. 企业为了核算对外发行的债券,应当在"应付债券"科目下设置的明细科目有( )。
   A. 债券面值　　　B. 应计利息　　　C. 利息调整　　　D. 债券成本
8. 借款费用是指企业因借款而发生的利息及其他相关成本,包括( )。
   A. 借款利息　　　B. 应摊销的折价　　　C. 应摊销的溢价　　　D. 辅助费用

三、判断题

1. 企业为购建固定资产专门借入的款项,其当期借款利息资本化的金额,不得超过当期专门借款实际发生的利息总额。( )
2. 企业采用实际利率法对应付债券溢、折价进行摊销时,应付债券账面价值逐期减少或增加,应负担的利息费用也随之逐期减少或增加。( )
3. 企业购建符合资本化条件的资产而取得专门借款支付的辅助费用,应在支付当期全部予以资本化。( )
4. 在借款费用允许资本化的期间内发生的外币专门借款汇兑差额,应当计入以该专门借款所购建固定资产的成本。( )
5. 企业长期借款发生的利息支出,应在计入有关成本费用的同时,增加长期借款的账面价值。( )
6. 债券折价发行意味着其实际利率低于票面利率。( )
7. 债券溢价发行意味着企业以后各期多付的利息在事先得到了补偿。( )
8. "应付债券——利息调整"科目的贷方余额反映企业尚未调整的实际发行价格大于债券面值的差额。( )
9. 资本化期间内,如果固定资产购建活动发生非正常中断,中断期间发生的专门借款费用不应计入所购建固定资产的成本,而应计入当期损益。( )
10. 债券发行期间冻结资金的利息收入应增加发行收入。( )

四、计算及账务处理题

1. 大华股份有限公司发行债券进行购建生产设备的有关资料如下:

(1) 2020年1月1日,经批准发行2年期面值为800万元的公司债券,债券到期一次还本付息,票面年利率为6%,市场利率为5%,发行价格为814.875万元(假设不考虑发行费用);发行债券筹集的资金已收到。该债券的溢价采用实际利率法摊销。

(2) 2020年1月1日,以债券筹集的资金购置一台需要安装的设备,增值税专用发票上注明的设备价款为680万元,增值税税额为88.4万元,价款及增值税已由银行存款支付,同时支付设备运杂费20万元,设备当日交付安装。

(3) 2020年1月1日—3月31日进行设备安装,在设备安装期间领用工程物资65万元(不含增值税税额),领用生产用原材料一批,实际采购成本12万元,支付安装人员工资14万元,发生其他直接费用11万元。2020年3月31日,该设备安装完成并交付使用。设备预计使用年限为5年,预计净残值为9.686万元,采用双倍余额递减法计提折旧。

(4) 2022年3月31日,因调整经营方向,将该设备出售,收到价款306万元存入银行。另外,用银行存款支付清理费用0.4万元。假定不考虑与该设备出售有关的税费。

要求(计算结果取整数):

(1) 编制公司发行债券的会计分录。

(2) 编制购买设备、安装设备和设备交付使用的会计分录(假定设备安装完成并交付使用前的债券利息符合资本化条件全额资本化,且不考虑发行债券筹集资金存入银行产生的利息收入)。

(3) 计算 2020 年、2021 年和 2022 年该设备应计提的折旧额。

(4) 编制出售设备的会计分录。

2. 甲上市公司(以下简称甲公司)经批准于 2020 年 1 月 1 日以 52 310 万元的价格(不考虑相关税费)发行面值总额为 50 000 万元的可转换债券,期限为 5 年,票面年利率为 4%,每年 1 月 1 日付息。自 2021 年 1 月 1 日起,该可转换债券持有人可以申请按债券面值转为甲公司的普通股(每股面值 1 元),初始转换价格为每股 10 元,不足转为 1 股的部分以现金结清。其他相关资料如下:

(1) 2020 年 1 月 1 日,甲公司收到发行价款 52 310 万元,所筹资金用于某机器设备的技术改造项目。该技术改造项目于 2020 年 12 月 31 日达到预定可使用状态并交付使用。

(2) 2021 年 1 月 1 日,该可转换债券的 50%转为甲公司的普通股,相关手续已于当日办妥;未转为甲公司普通股的可转换债券持有至到期,其本金及最后一期利息一次结清。

假定:甲公司对债券的溢价采用实际利率法摊销,每年年末计提债券利息和摊销溢价,2020 年该可转换债券借款费用的 80%计入该技术改造项目成本,不考虑其他相关因素。

要求("应付债券"科目要求写出明细科目;答案中的金额单位用万元表示):

(1) 编制甲公司发行该可转换债券的会计分录。

(2) 计算甲公司 2020 年 12 月 31 日应计提的可转换债券利息和摊销的溢价。

(3) 编制甲公司 2020 年 12 月 31 日计提可转换债券利息和摊销溢价的会计分录。

(4) 编制甲公司 2021 年 1 月 1 日支付可转换债券利息的会计分录。

(5) 计算 2021 年 1 月 1 日可转换债券转为甲公司普通股的股数。

(6) 编制甲公司 2021 年 1 月 1 日与可转换债券转为普通股有关的会计分录。

(7) 编制甲公司 2023 年 12 月 31 日计提可转换债券利息和摊销溢价的会计分录。

(8) 编制甲公司未转换为股份的可转换债券到期时支付本金及利息的会计分录。

3. 2020 年 1 月 1 日,甲公司采用分期付款方式购入一批原材料,合同约定的购买价款为 1 000 万元,增值税进项税额为 130 万元。根据合同约定,甲公司应于购货时支付全部增值税税额和 20%的价款,其余价款于每年年末等额支付,分 4 年付清。该项购货具有融资性质,甲公司选择 6%作为折现率。

要求:作出甲公司采用分期付款方式购入原材料的下列会计处理(计算结果保留整数,会计分录金额以万元为单位):

(1) 计算材料的入账成本和未确认融资费用。

(2) 采用实际利率法编制未确认融资费用分摊表(4 期、6%的年金现值系数为 3.465)。

(3) 编制购入原材料的会计分录。

(4) 编制分期支付价款和分摊未确认融资费用的会计分录。

五、思考题

1. 长期负债较其他筹资方式的优缺点是什么?
2. 请简要阐述长期借款不同还本付息方式下的不同处理方式。
3. 简要叙述应付债券发行、债券费用和到期收回的会计处理方法。
4. 简要说明借款费用资本化的确认条件。

5. 简要说明借款利息费用资本化金额的确定方法。
6. 停止借款费用资本化和暂停借款费用资本化的条件各是什么？

第 10 章 所有者权益

一、单项选择题

1. 下列利润分配的顺序中正确的是(　　)。
   A. 提取法定盈余公积、提取任意盈余公积、分配优先股股利
   B. 提取任意盈余公积、提取法定盈余公积、分配优先股股利
   C. 提取法定盈余公积、分配优先股股利、提取任意盈余公积
   D. 分配优先股股利、提取法定盈余公积、提取任意盈余公积
2. 下列各项中,能够引起企业所有者权益减少的是(　　)。
   A. 以资本公积转增资本　　　　B. 股东大会宣告派发现金股利
   C. 提取法定盈余公积　　　　　D. 以盈余公积弥补亏损
3. 采用溢价发行股票方式筹集资本,其"股本"科目所登记的金额是(　　)。
   A. 实际收到的款项
   B. 实际收到的款项减去付给证券商的费用
   C. 实际收到的款项加上冻结资金期间利息收入
   D. 股票面值乘以股份总数
4. 有限责任公司在增资扩股时,如有新投资者加入,新加入的投资者交纳的出资额大于其在注册资本中所占的份额部分,不记入"实收资本"科目,而作为(　　)。
   A. 盈余公积　　B. 资本公积　　C. 未分配利润　　D. 营业外收入
5. 某企业年初未分配利润为 160 000 元,当年实现净利润为 320 000 元,该企业按净利润的 10%提取法定盈余公积,按净利润的 5%提取任意盈余公积,分配现金股利 80 000 元。则该企业年末未分配利润为(　　)元。
   A. 320 000　　B. 432 000　　C. 352 000　　D. 480 000
6. 下列各项中,会引起留存收益总额发生增减变动的是(　　)。
   A. 盈余公积转增资本　　　　B. 盈余公积补亏
   C. 提取盈余公积　　　　　　D. 用税后利润补亏
7. 甲公司收到乙公司作为资本投入的原材料一批,该批原材料投资合同约定的价值(不含进项税额)为 400 000 元,增值税进项税额为 52 000 元。乙公司已开具了增值税专用发票。假设合同约定的价值与公允价值相符,该进项税额允许抵扣,不考虑其他因素,甲公司应计入实收资本的金额为(　　)元。
   A. 400 000　　B. 452 000　　C. 424 000　　D. 366 000
8. 如果企业的法定盈余公积累计额已达到注册资本的(　　)时,可以不再提取。
   A. 20%　　B. 50%　　C. 80%　　D. 100%
9. 某企业委托券商代理发行股票 1 000 万股,每股面值 1 元,每股发行价格 6 元。按发行价格的 1%支付券商发行费用,该企业在收到股款时,应记入"资本公积"科目的金额为(　　)万元。
   A. 4 930　　B. 4 940　　C. 4 950　　D. 5 000

10. A公司当年盈利300万元,以前年度未弥补亏损40万元(已超过规定的弥补期限),企业用盈余公积弥补了30万元,另10万元可用(　　)。
  A. 资本公积弥补　　　　　　　　B. 投资收益弥补
  C. 所得税后利润弥补　　　　　　D. 所得税前利润弥补

二、多项选择题

1. 企业增加资本的方式有(　　)。
  A. 资本公积转增　　B. 盈余公积转增　　C. 新投资者投入　　D. 发放现金股利
2. 下列各项中,不会引起留存收益总额发生增减变动的有(　　)。
  A. 提取任意盈余公积　　　　　　B. 盈余公积弥补亏损
  C. 用盈余公积分配现金股利　　　D. 用未分配利润分配股票股利
3. 甲有限责任公司于2020年1月1日向乙公司投资1 000 000元,拥有乙公司20%的股份,并对乙公司有重大影响。甲公司对乙公司的"长期股权投资"采用权益法核算。2020年12月31日,乙公司净损益之外的所有者权益增加了100 000元,乙公司资产的账面价值与公允价值一致,不考虑其他因素,甲公司应作的会计处理为(　　)。
  A. 增加"资本公积——股权投资准备"20 000元
  B. 增加"长期股权投资"20 000元
  C. 增加"资本公积——其他资本公积"20 000元
  D. 增加"投资收益"20 000元
4. 下列各项中,会引起年末未分配利润数额变化的有(　　)。
  A. 企业减资　　　　　　　　　　B. 用资本公积转增资本
  C. 本年利润转入　　　　　　　　D. 提取盈余公积
5. 企业提取的盈余公积经批准可以用于(　　)。
  A. 弥补亏损　　B. 职工福利　　C. 转增资本　　D. 分配现金股利
6. 所有者权益是指企业资产扣除负债后由所有者享有的剩余权益,其内容包括(　　)。
  A. 实收资本　　B. 资本公积　　C. 盈余公积　　D. 未分配利润
7. 下列各项中,属于企业留存收益的有(　　)。
  A. 资本公积　　B. 法定盈余公积　　C. 任意盈余公积　　D. 未分配利润
8. 下列事项中,可能引起资本公积变动的有(　　)。
  A. 发放现金股利　　　　　　　　B. 发放股票股利
  C. 资本公积转增资本　　　　　　D. 资本溢价
9. 下列项目中,不会引起股份有限公司所有者权益发生增减变动的项目有(　　)。
  A. 用资本公积转增资本　　　　　B. 用盈余公积弥补亏损
  C. 分配股票股利　　　　　　　　D. 分配现金股利
10. 企业可用于弥补亏损的项目有(　　)。
  A. 税前利润　　B. 税后利润　　C. 盈余公积　　D. 资本公积

三、判断题

1. 企业用盈余公积弥补亏损,会导致留存收益减少。(　　)
2. 年度终了,"利润分配"科目所属明细科目中,除了"未分配利润"明细科目可能有余额外,其他明细科目均应无余额。(　　)
3. 用盈余公积转增资本或弥补亏损,均会影响所有者权益总额的变化。(　　)
4. 企业资产增加时,企业所有者权益必定会等额增加。(　　)

5. 在公司董事会确定利润分配方案后,必须进行账务处理。 ( )
6. 企业的注册资本和所有者投入资本总是相等的。 ( )
7. 对于有限责任公司而言,相同数量的投资,由于出资时间不同,其在企业中所享有的权利也不同。 ( )
8. 采用溢价方式发行股票筹集资本,其"股本"科目登记的金额为实际收到的款项。 ( )
9. 所有者权益的来源包括所有者投入的资本、直接计入所有者权益的利得和损失、留存收益等。 ( )
10. 企业按《公司法》的规定提取法定公积金时,会引起企业净资产总额发生增减变动。
( )

四、计算及账务处理题

1. A公司由B、C、D三方投资,假设A公司发生有关所有者权益的经济业务如下:
(1) 该公司按照规定将资本公积90 000元转增资本金,并办理了增资手续。该公司原有注册资金1 200 000元,其中B、C、D三家各占1/3。
(2) 该公司用盈余公积80 000元弥补以前年度亏损。
(3) 该公司从实现的利润中提取的法定盈余公积为40 000元。
(4) 接受新投资者E公司加入本公司,经投资各方协商,E公司愿意出资500 000元而仅占有该公司股份的25%。由于E公司投资,A公司经向工商部门申请变更注册资本至1 600 000元。
要求:根据上述资料编制有关会计分录。

2. 甲股份有限公司(以下简称甲公司)2012—2020年度有关业务资料如下:
(1) 2012年1月1日,甲公司股东权益总额为46 500万元,其中,股本总额为10 000万股,每股面值为1元;资本公积为30 000万元(均为股本溢价);盈余公积为6 000万元;未分配利润为500万元。2012年度实现净利润400万元,股本与资本公积项目未发生变化。2013年3月1日,甲公司董事会提出如下预案:① 按2012年度实现净利润的10%提取法定盈余公积,按5%提取任意盈余公积。② 以2012年12月31日的股本总额为基数,以资本公积(股本溢价)转增股本,每10股转增4股,计4 000万股。③ 2013年5月5日,甲公司召开股东大会,审议批准了董事会提出的预案,同时决定分派现金股利300万元。④ 2013年6月10日,甲公司办妥了上述资本公积转增股本的有关手续。
(2) 2013年度,甲公司发生净亏损3 142万元。
(3) 2014—2019年度,甲公司分别实现利润总额200万元、300万元、400万元、500万元、600万元和600万元。假定甲公司无暂时性差异,适用的所得税税率为25%,无其他纳税调整事项。
(4) 2020年5月9日,甲公司股东大会决定以法定盈余公积弥补2019年12月31日账面累计未弥补亏损。

假定2013年发生的亏损可用以后5年内实现的税前利润弥补;除前述事项外,其他因素不予考虑。
要求:
(1) 编制甲公司2013年5月提取2012年度法定盈余公积和任意盈余公积的会计分录。
(2) 编制甲公司2013年5月宣告分派现金股利的会计分录。
(3) 编制甲公司2013年6月资本公积转增股本的会计分录。
(4) 编制甲公司2013年度结转当年净亏损的会计分录。
(5) 计算甲公司2019年度应交所得税并编制结转当年净利润的会计分录。
(6) 计算甲公司2019年12月31日账面累计未弥补亏损。

(7) 编制甲公司2020年5月以法定盈余公积弥补亏损的会计分录。

3. 长江股份有限公司2020年实现净利润5 000万元,公司董事会提出如下议案:① 利润分配方案:提取法定盈余公积500万元,分配现金股利2 000万元,分配股票股利(分配2 000万股,每股面值1元)2 000万元;② 以2020年12月31日的总股本10 000万股为基数,使用资本公积中的股票发行溢价转增股本,每10股转增3股,计3 000万股。

2021年3月5日,公司召开股东大会,审议董事会提出的议案,决定将全部现金股利改为股票股利(2 000万股,每股面值1元),其余利润分配方案及资本公积转增股本方案保持不变,该方案于2021年3月10日实施。

要求:对股东大会通过的利润分配方案及资本公积转增股本方案进行账务处理。

4. 甲股份有限公司委托某证券公司代理发行普通股1 000万股,每股面值1元,每股发行价格4元。根据约定,甲公司按发行收入的1%向证券公司支付发行费用。假设发行收入已全部收到,发行费用已全部支付,不考虑其他因素。

要求:编制甲公司有关的会计分录。

5. 丙公司2020年年初未分配利润为250 000元,本年实现净利润为1 500 000元,本年提取法定盈余公积金150 000元,分配现金股利400 000元。因扩大经营规模的需要,经批准,丙公司决定将资本公积100 000元和盈余公积200 000元转增资本。

要求:
(1) 编制丙公司上述业务的会计分录。
(2) 计算丙公司2020年年末"利润分配——未分配利润"科目的期末余额。

五、思考题

1. 简要叙述所有者权益的含义及包含的内容。
2. 简要说明实收资本、投入资本、注册资本的含义及其区别和联系。
3. 资本公积的性质及其形成的原因是什么?
4. 资本公积包含哪些内容?
5. 什么是留存收益?留存收益包含哪些内容?

第11章 收入、费用和利润

一、单项选择题

1. 企业应当在履行了合同中的履约义务,即在( )时确认收入。
A. 客户取得相关商品控制权　　B. 商品的风险和报酬转移
C. 开具增值税发票　　D. 合同成立

2. 下列关于附有质量保证条款的销售履约义务识别说法错误的是( )。
A. 企业提供额外服务的,应当作为单项履约义务
B. 企业应当考虑该质量保证是否为法定要求、质量保证期限以及企业承诺履行任务的性质等因素
C. 客户能够选择单独购买质量保证的,该质量保证构成单项履约义务
D. 客户没有选择权的质量保证的条款,该质量保证构成单项履约义务

3. 下列关于可变对价的叙述中,错误的是( )。

A. 合同中存在可变对价的,企业应当按照期望值或最可能发生金额确定可变对价的最佳估计数

B. 包含可变对价的交易价格,应当不超过在相关不确定性消除时累计已确认收入极可能不会发生重大转回的金额

C. 企业在评估累计已确认收入是否极可能不会发生重大转回时,应当仅考虑收入转回的可能性

D. 每一资产负债表日企业应当重新估计应计入交易价格的可变对价金额

4. 下列关于合同中存在重大融资成分处理的叙述中,不正确的是( )。

A. 企业应当按照假定客户在取得商品控制权时以现金支付的应付金额确定交易价格

B. 企业应当按照假定客户在取得商品控制权时以应付金额的现值确定交易价格

C. 该交易价格与合同对价之间的差额,应当在合同期间内采用实际利率法摊销

D. 合同开始日,企业预计客户取得商品控制权与客户支付价款间隔不超过1年的,可以不考虑合同中存在的重大融资成分

5. 企业发生下列支出时,不应计入当期损益的是( )。

A. 企业为取得合同发生的且预期能够收回的增量成本

B. 非正常消耗的直接材料、直接人工和制造费用(或类似费用),这些支出为履行合同发生但未反映在合同价格中

C. 与履约义务中已履行部分相关的支出

D. 无法在尚未履行的与已履行的履约义务之间区分的相关支出

6. 下列关于对于附有销售退回条款的会计处理的叙述中不符合会计准则规定的是( )。

A. 企业应当在客户取得相关商品控制权时,按照因向客户转让商品而预期有权收取的对价金额确认收入

B. 企业按照预期因销售退回将退还的金额确认负债

C. 企业按照预期将退回商品转让时的账面价值(扣除收回该商品预计发生的成本)确认为一项存货资产

D. 企业应当每一资产负债表日重新估计未来销售退回情况

7. 企业向客户授予知识产权许可,应当作为在某一时段内履行的履约义务确认相关收入,企业不需要考虑的因素是( )。

A. 合同要求或客户能够合理预期企业将从事对该项知识产权有重大影响的活动

B. 该活动对客户将产生有利或不利影响

C. 该活动不会导致向客户转让某项商品

D. 该活动会导致向客户转让某项商品

8. 企业应当综合考虑其能够合理取得的全部相关信息合理估计单独售价,下列方法不属于企业会计准则规定的是( )。

A. 市场调整法   B. 成本加成法   C. 余值法   D. 现值法

9. 下列关于合同折扣的会计处理不符合会计准则规定的是( )。

A. 合同折扣是指合同中各单项履约义务所承诺商品的单独售价之和高于合同交易价格的金额

B. 企业应当在各单项履约义务之间按比例分摊

C. 有确凿证据表明合同折扣仅与合同中一项或多项履约义务相关的,企业应当将该合同折扣分摊至相关一项或多项履约义务

D. 合同折扣仅与合同中一项或多项履约义务相关,且企业采用余值法估计单独售价的,应当首先采用余值法估计单独售价,然后在该一项或多项履约义务之间分摊合同折扣

10. 下列关于售后回购交易的会计处理中,不符合企业会计准则规定的是( )。

A. 企业因存在与客户的远期安排而有回购义务或企业享有回购权利的,应当作为融资交易进行相应的会计处理

B. 企业到期未行使回购权利的,应当在该回购权利到期时终止确认金融负债,同时确认收入

C. 企业有应客户要求回购商品义务的,客户具有行使该要求权重大经济动因的,企业应将售后回购作为租赁交易或融资交易

D. 企业有应客户要求回购商品义务的,客户不具有行使该要求权重大经济动因的,应当将其作为附有销售退回条款的销售交易

11. 下列关于存在应付客户对价的情形的会计处理中,说法不正确的是( )。

A. 企业应付客户对价超过向客户取得可明确区分商品公允价值的,超过金额应当冲减交易价格

B. 企业应付客户对价是为了自客户取得其他可明确区分商品的,该应付客户对价应当冲减交易价格

C. 向客户取得的可明确区分商品公允价值不能合理估计的,企业应当将应付客户对价全额冲减交易价格

D. 在将应付客户对价冲减交易价格处理时,企业应当在确认相关收入与支付客户对价二者孰晚的时点冲减当期收入

12. A公司与客户签订一项合同,向其销售一套设备,合同价款60万元,成本40万元。客户在合同生效日后第30天取得设备控制权。合同约定,客户在合同生效日支付保证金6万元,其余54万元与A公司签订不附追索权的长期融资协议,但如果客户违约,A公司可重新拥有该设备,即使收回的设备不能覆盖所欠款项的总额,A公司也不能向客户索取进一步的赔偿。客户将设备用于某产品的加工,以偿还剩余合同款项,但由于市场估计不足,客户无法以其实现的收益偿还欠款。下列表述中正确的是( )。

A. 该合同不满足合同价款很可能收回的条件,A公司应将6万元确认为负债

B. 该合同不满足合同价款很可能收回的条件,A公司只需将6万元确认为收入

C. 即使该合同不满足合同价款很可能收回的条件,A公司也应确认60万元的收入

D. 即使该合同不满足合同价款很可能收回的条件,A公司也应确认6万元的收入

13. 对于附有客户额外购买选择权的销售,下列表述中不正确的是( )。

A. 额外购买选择权是指客户后续购买额外的商品或服务,可以享受免费或折扣的权利

B. 企业发生附有客户额外购买选择权的销售时,应将交易价格分摊至该履约义务

C. 分摊至履约义务的交易价格应在客户未来行使购买选择权取得相关商品控制权时确认相应收入

D. 分摊至履约义务的交易价格应在该选择权失效时冲减销售费用

14. 当存在第三方参与企业向客户提供商品时,企业向客户转让特定商品之前能够控制该商品的,应当作为主要责任人。其情形不包括( )。

A. 企业自该第三方取得商品或其他资产控制权后,再转让给客户

B. 企业能够主导该第三方代表本企业向客户提供服务

C. 企业自该第三方取得商品控制权后,通过提供重大的服务将该商品与其他商品整合成合同约定的某组合产出转让给客户

D. 企业有一定的定价能力

15. 关于附有销售退回条款的销售,下列会计处理中不正确的是(　　)。

A. 在客户取得相关商品控制权时按照因向客户转让商品而预期有权收取的对价金额确认收入

B. 按照预期因销售退回将退还的金额确认为预计负债

C. 按照预期将退回商品转让时的账面价值扣除收回该商品预计发生的成本的余额确认为应收退货成本

D. 按照所转让商品转让时的账面价值结转销售成本

16. 关于合同取得成本,下列表述中不正确的是(　　)。

A. 企业为取得合同发生的增量成本预期能够收回的,应当作为合同取得成本确认为一项资产

B. 如果确认的资产摊销期限不超过一年的,可以在发生时计入当期损益,但应当对所有类似合同一致采用

C. 企业为取得合同发生的除预期能够收回的增量成本之外的其他支出应当在发生时计入当期损益,除非这些支出明确由客户承担

D. 对于确认为资产的合同履约成本和合同取得成本,企业应当采用与该资产相关的商品收入确认相同的基础进行摊销,计入相关资产的成本

17. 合同变更是指经合同各方同意对原合同范围或价格作出的变更,其会计处理正确的是(　　)。

A. 合同变更增加了可明确区分的商品及合同价款,且新增合同价款反映了新增商品单独售价的,应当将该合同变更作为一份单独的合同进行会计处理

B. 合同变更增加了可明确区分的商品及合同价款,且新增合同价款反映了新增商品单独售价的,应当将该合同与原合同合并为一份合同进行会计处理

C. 合同变更增加了可明确区分的商品及合同价款,尽管新增合同价款没有反映新增商品单独售价,也应当将该合同变更作为一份单独的合同进行会计处理

D. 合同变更没有增加可明确区分的商品及合同价款,只变更了合同的其他条款,此时仍应当将该合同变更作为一份单独的合同进行会计处理

18. 合同变更是指经合同各方同意对原合同范围或价格作出的变更,其会计处理正确的是(　　)。

A. 合同变更没有增加可明确区分的商品及合同价款,且在合同变更日已转让商品与未转让商品之间可明确区分的,应当视为原合同终止

B. 合同变更没有增加可明确区分的商品及合同价款,且在合同变更日已转让商品与未转让商品之间可明确区分的,应当视为原合同继续履行

C. 在选项 A 的基础上,将原合同未履约部分与合同变更部分作为两项新合同进行会计处理

D. 在选项 B 的基础上,将变更后的合同作为新合同进行会计处理

19. 合同变更是指经合同各方同意对原合同范围或价格作出的变更,其会计处理正确的是(　　)。

A. 合同变更没有增加可明确区分的商品及合同价款,且在合同变更日已转让商品与未转让商品之间不可明确区分的,应当将该合同变更部分作为原合同的组成部分进行会计处理

B. 合同变更没有增加可明确区分的商品及合同价款,但在合同变更日已转让商品与未转让商品之间可明确区分的,应当将该合同变更部分作为原合同的组成部分进行会计处理

C. 合同变更没有增加可明确区分的商品及合同价款,但在合同变更日已转让商品与未转让商品之间可明确区分的,应视为原合同继续履行

D. 合同变更增加了可明确区分的商品及合同价款,且在合同变更日已转让商品与未转让商品之间可明确区分的,应合并为一项合同继续履行

20. 关于收入的确认,下列表述中不正确的是(   )。

A. 企业应当在履行了合同中的履约义务,即在客户取得相关商品控制权时确认收入

B. 收入确认的前提条件必须同时满足才可确认收入

C. 在合同开始日即满足收入确认条件的合同,在后续期间无需对其进行重新评估,除非有迹象表明相关事实和情况发生重大变化

D. 在合同开始日不符合收入确认条件时,企业应当将已收取的对价作为负债进行会计处理

21. 下列不属于收入确认的前提条件的是(   )。

A. 合同各方已批准合同并承诺将履行各自义务

B. 合同明确了合同各方与所转让的商品相关的权利和义务

C. 合同有明确的与所转让的商品相关的支付条款

D. 合同一方已经收取转让商品的对价

22. 关于合同约定权利和义务的法律约束力,下列表述中正确的是(   )。

A. 当合同一方有权单方面终止的尚未执行合同且无需对合同其他方作出补偿的合同视为不存在

B. 当合同一方有权单方面终止的合同且无需对合同其他方作出补偿的合同视为不存在

C. 当合同各方均有权单方面终止完全未执行合同且无需对合同其他方作出补偿的合同视为不存在

D. 当合同各方均有权单方面终止尚未执行合同且无需对合同其他方作出补偿的合同视为不存在

23. 企业与同一客户同时订立或在相近时间内先后订立的两份或多份合同,在满足相关条件时应当合并为一份合同进行会计处理,这些条件不包括(   )。

A. 该两份或多份合同基于同一商业目的而订立并构成一揽子交易

B. 该两份或多份合同中的一份合同的对价金额取决于其他合同的定价或履行情况

C. 该两份或多份合同中所承诺的商品构成两项或多项履约义务

D. 该两份或多份合同中所承诺的商品构成单项履约义务

24. 下列各项中,不属于表明企业向客户转让该商品的承诺与合同中的其他承诺不可明确区分的是(   )。

A. 合同增加了可明确区分的商品有合同价款

B. 企业需提供重大的服务以将该商品与合同中承诺的其他商品整合成合同约定的组合产出转让给客户

C. 该商品将对合同中承诺的其他商品予以重大修改或定制

D. 该商品与合同中承诺的其他商品具有高度关联性

25. 企业正常生产经营过程中发生的下列事项中不影响其利润表中营业利润的是(   )。

A. 无法查明原因的现金短缺

B. 期末计提带息应收票据利息

C. 外币应收账款发生汇兑损失

D. 有确凿证据表明存在某金融机构的款项无法收回

26. 下列项目中,按照现行会计准则的规定,销售企业应当作为财务费用处理的是( )。
   A. 购货方获得的现金折扣　　　B. 购货方获得的商业折扣
   C. 购货方获得的销售折让　　　D. 购货方放弃的现金折扣
27. 下列各项中,应列为管理费用处理的是( )。
   A. 自然灾害造成的流动资产净损失　　B. 退休人员的工资
   C. 固定资产盘盈净收益　　D. 专设销售机构人员的工资

二、多项选择题

1. 收入准则所称合同是指双方或多方订立有法律约束力的权利义务的协议,包括( )。
   A. 书面形式合同　　　B. 口头形式合同
   C. 其他形式合同　　　D. 只能是书面形式合同
2. 企业与客户之间的合同同时满足相关条件时才能判断为合同成立,这些条件包括( )。
   A. 合同各方已批准该合同并承诺将履行各自义务
   B. 该合同明确了合同各方与所转让商品或提供劳务相关的权利和义务
   C. 该合同有明确的与所转让商品相关的支付条款,且该合同具有商业实质
   D. 企业因向客户转让商品而有权取得的对价很可能收回
3. 对于不符合收入准则规定的合同成立的条件,企业将已收取客户的对价确认为收入的条件包括( )。
   A. 不再负有向客户转让商品的剩余义务　　B. 已向客户收取的对价无需退回
   C. 具有商业实质　　　D. 开具增值税发票
4. 企业与同一客户同时订立的两份或多份合同,应当合并为一份合同进行会计处理的有( )。
   A. 该两份或多份合同基于同一商业目的而订立并构成一揽子交易
   B. 该两份或多份合同中的一份合同的对价金额取决于其他合同的定价或履行情况
   C. 该两份或多份合同中所承诺的商品构成一项单项履约义务
   D. 该两份或多份合同在一个月内订立
5. 下列关于企业合同变更会计处理的叙述中,正确的有( )。
   A. 合同变更是指经合同各方批准对原合同范围或价格作出的变更
   B. 合同变更增加了可明确区分的商品及合同价款,且新增合同价款反映了新增商品单独售价的,应当将该合同变更部分作为一份单独的合同进行会计处理
   C. 新增合同价款不能反映新增商品单独售价,在合同变更日已转让的商品与未转让的商品之间可明确区分的,应当视为原合同终止,同时,将原合同未履约部分与合同变更部分合并为新合同进行会计处理
   D. 合同变更日已转让的商品与未转让的商品之间不可明确区分的,应当将该合同变更部分作为原合同的组成部分进行会计处理,由此产生的对已确认收入的影响,应当在合同变更日调整当期收入
6. 企业向客户承诺的商品同时满足相关条件的,应当作为可明确区分商品,这些条件包括( )。
   A. 客户能够从该商品本身受益
   B. 客户能够从该商品与其他易于获得资源一起使用中受益
   C. 企业向客户转让该商品的承诺与合同中其他承诺可单独区分
   D. 企业向客户转让该商品的承诺与合同中其他承诺不可以单独区分

7. 下列情形中,表明企业向客户转让该商品的承诺与合同中其他承诺不可单独区分的有( )。

　　A. 企业需提供重大的服务以将该商品与合同中承诺的其他商品整合成合同约定的组合产出转让给客户

　　B. 该商品将对合同中承诺的其他商品予以重大修改或定制

　　C. 该商品与合同中承诺的其他商品具有高度关联性

　　D. 该商品与合同中承诺的其他商品需要开在一张增值税发票中

8. 依据收入准则规定,下列属于在某一时段内履行履约义务的有( )。

　　A. 客户在企业履约的同时即取得并消耗企业履约所带来的经济利益

　　B. 客户能够控制企业履约过程中在建的商品

　　C. 企业履约过程中所产出的商品具有不可替代用途,且该企业在整个合同期间内有权就累计至今已完成的履约部分收取款项

　　D. 企业履约过程中履约进度能够可靠计量

9. 在判断客户是否已取得商品控制权时,企业应当考虑的迹象有( )。

　　A. 客户对该商品有现时付款义务

　　B. 客户已拥有该商品的法定所有权

　　C. 客户已实际占有该商品

　　D. 客户已取得该商品所有权上的主要风险和报酬

10. 依据收入准则的规定,在确定交易价格时,企业应当考虑的因素有( )。

　　A. 可变对价　　　　　　　　　　B. 合同中存在的重大融资成分

　　C. 非现金对价　　　　　　　　　D. 应付客户对价

11. 依据收入准则,企业可以采用余值法估计其单独售价的有( )。

　　A. 企业在商品近期售价波动幅度巨大

　　B. 未定价且未曾单独销售而使售价无法可靠确定

　　C. 公允价值不能可靠计量时

　　D. 单独售价无法直接观察的

12. 企业为履行合同发生的成本,不属于其他企业会计准则规范范围且同时满足( )条件的,应当作为合同履约成本确认为一项资产。

　　A. 该成本与一份当前或预期取得的合同直接相关

　　B. 该成本增加了企业未来用于履行履约义务的资源

　　C. 该成本预期能够收回

　　D. 该成本能够可靠计量

13. 甲公司2020年1月1日开始执行一项积分计划,约定客户每消费一元可积一分,满100分可抵现金1元。2020年共发生符合条件的销售额2 000万元,积分2 000万分;甲公司预计将有100%的积分被使用。当年没有客户使用所授予积分。下列关于甲公司积分业务的处理,表述正确的有( )。

　　A. 甲公司应按照销售额确认商品销售收入2 000万元

　　B. 甲公司应将积分价值20万元确认为收入

　　C. 2020年甲公司因该业务应确认收入总额为1 980.2万元

　　D. 客户实际使用积分时,甲公司应按照使用比例将积分对应的价值转入收入

14. 以下各表述中,与收入确认有关的有( )。

A. 识别与客户订立的合同 B. 识别合同中的单项履约义务
C. 确定交易价格 D. 将交易价格分摊至各单项履约义务

15. 以下各表述中,与收入计量有关的有( )。
A. 识别与客户订立的合同 B. 识别合同中的单项履约义务
C. 确定交易价格 D. 将交易价格分摊至各单项履约义务

16. 企业应当在履行了合同中的履约义务即在客户取得相关商品控制权时确认收入。取得商品控制权必须同时具备的要素有( )。
A. 能力 B. 主导商品的使用
C. 能够获得几乎全部的经济利益 D. 实现对外销售

17. 关于合同变更,下列表述中正确的有( )。
A. 合同变更增加了可明确区分的商品及合同价款,且新增合同价款反映了新增商品单独售价的,应当将该合同变更作为一份单独的合同进行会计处理
B. 合同变更没有增加可明确区分的商品及合同价款,且在合同变更日已转让商品与未转让商品之间可明确区分的,应当视为原合同终止,同时,将原合同未履约部分与合同变更部分合并为新合同进行会计处理
C. 合同变更没有增加可明确区分的商品及合同价款,且在合同变更日已转让商品与未转让商品之间不可明确区分的,应当将该合同变更部分作为原合同的组成部分进行会计处理
D. 合同变更增加了可明确区分的商品及合同价款,即使新增合同价款不能反映新增商品单独售价的,应当将该合同变更作为一份单独的合同进行会计处理

18. 企业向客户转让商品的承诺应当作为单项履约义务的情形有( )。
A. 企业向客户转让可明确区分商品的承诺
B. 企业向客户转让一系列实质相同且转让模式相同的、可明确区分商品的承诺
C. 企业向客户转让全部商品的承诺
D. 企业向客户转让的尽管实质不同但可明确区分商品的承诺

19. 企业为履行合同可能发生的各种成本,应作为合同履约成本确认为一项资产的条件包括( )。
A. 该成本与一份当前或预期取得的合同直接相关
B. 该成本增加了企业未来用于履行(或持续履行)履约义务的资源
C. 该成本预期能够收回
D. 与履约义务中已履行部分相关的支出

20. 可变对价最佳估计数的确定,下列表述中正确的有( )。
A. 企业应当按照期望值确定可变对价的最佳估计数
B. 企业应当按照最可能发生金额确定可变对价的最佳估计数
C. 企业应当按照实际取得的可变对价确定最佳估计数
D. 企业应当按照合同约定的可变对价确定最佳估计数

21. 在评估合同中是否存在融资成分以及该融资成分对于该合同而言是否重大时,企业应当考虑所有相关的事实和情况,包括( )。
A. 已承诺的对价金额与已承诺商品的现销价格之间的差额
B. 企业将承诺的商品转让给客户与客户支付相关款项之间的预计时间间隔
C. 相关市场的现行利率
D. 客户就商品支付了预付款,且可以自行决定这些商品的转让时间

22. 关于非现金对价,下列表述中正确的有( )。
   A. 非现金对价包括实物资产、无形资产、股权、客户提供的广告服务等
   B. 客户支付非现金对价的,企业应按照非现金对价合同开始日公允价值确定交易价格
   C. 非现金对价公允价值不能合理估计的,应参照其承诺向客户转让商品的单独售价间接确定交易价格
   D. 非现金对价的公允价值在合同开始日后发生的对价形式变动的,其变动金额不应计入交易价格

23. 在某一时段内履行的履约义务的,其收入确认的条件包括( )。
   A. 客户在企业履约的同时即取得并消耗企业履约所带来的经济利益
   B. 客户能够控制企业履约过程中在建的商品
   C. 企业履约过程中所产出的商品具有不可替代用途,且该企业在整个合同期间内有权就累计至今已完成的履约部分收取款项
   D. 企业就该商品享有现时收款权利,即客户就该商品负有现时付款义务

24. 在某一时点履行的履约义务,应在客户取得相关商品控制权时点确认收入。在判断客户是否已取得商品控制权时,应当考虑的迹象有( )。
   A. 企业就该商品享有现时收款权利,即客户就该商品负有现时付款义务
   B. 企业已将该商品的法定所有权转移给客户,即客户已拥有该商品的法定所有权
   C. 企业已将该商品实物转移给客户,即客户已实物占有该商品
   D. 企业已将该商品所有权上的主要风险和报酬转移给客户

25. "售后代管商品"除了考虑客户是否取得商品控制权的迹象之外,还应当同时满足相关条件才表明客户取得了该商品的控制权,这些条件包括( )。
   A. 该安排必须具有商业实质,如该安排是应客户的要求而订立的
   B. 属于客户的商品必须能够单独识别,如将属于客户的商品单独存放在指定地点
   C. 该商品可以随时交付给客户
   D. 企业不能自行使用该商品或将该商品提供给其他客户

26. 对于附有客户额外购买选择权的销售,下列表述中正确的有( )。
   A. 额外购买选择权是指客户后续购买额外的商品或服务,可以享受免费或折扣的权利
   B. 企业发生附有客户额外购买选择权的销售时,应将交易价格分摊至该履约义务
   C. 分摊至履约义务的交易价格应客户未来行使购买选择权取得相关商品控制权时确认相应收入
   D. 分摊至履约义务的交易价格应在该选择权失效时确认相应的收入

27. 企业发生的下列支出中,不能按实际支付金额于所得税前扣除的有( )。
   A. 支付的差旅费   B. 支付的固定资产租赁费
   C. 支付的公益性捐赠   D. 支付的业务招待费

28. 下列项目中,属于营业外收入核算内容的有( )。
   A. 固定资产盘盈收入   B. 无法归还的应付账款
   C. 出售无形资产净收益 D. 教育费附加返还款

29. 企业一定期间发生的下列损益项目中,构成利润总额的有( )。
   A. 税金及附加   B. 公允价值变动净损益
   C. 营业外收入   D. 营业外支出

30. 企业一定期间发生的下列损益项目中,属于营业利润构成因素的有( )。

A. 营业成本　　　　　　　　　　　　B. 资产减值损失
C. 公允价值变动净损益　　　　　　　D. 投资净损益

31. 在下列情况下,将导致产生应纳税暂时性差异的有(　　)。
A. 资产的账面价值大于其计税基础　　B. 资产的账面价值小于其计税基础
C. 负债的账面价值大于其计税基础　　D. 负债的账面价值小于其计税基础

三、判断题

1. 企业为履行合同而应开展的初始活动,通常构成单项履约义务。（　　）
2. 企业向客户转让一系列实质相同且转让模式相同的、可明确区分商品的承诺,也应当作为单项履约义务。（　　）
3. 依据收入准则,当履约进度不能合理确定时,企业已经发生的成本即使预计能够得到补偿的,企业也不应当确认收入。（　　）
4. 交易价格是指企业因向客户转让商品、合同约定预期收取的对价金额。（　　）
5. 客户支付非现金对价的,企业应当按照转让商品或服务的公允价值确定交易价格。（　　）
6. 非现金对价的公允价值不能合理估计的,企业应当参照其承诺向客户转让商品的账面价值间接确定交易价格。（　　）
7. 非现金对价的公允价值因对价形式的原因而发生变动的,应当作为可变对价处理。（　　）
8. 依据收入准则,单独售价就是指企业向客户销售商品的公允价值。（　　）
9. 企业应付客户对价的,应当将该应付对价冲减交易价格,并在确认相关收入与支付客户对价二者孰晚的时点冲减当期收入。（　　）
10. 企业不得因合同开始日之后单独售价的变动而重新分摊交易价格。（　　）
11. 对于已履行的履约义务,其分摊的可变对价后续变动额应当追溯调整以前期间的收入。（　　）
12. 企业为取得合同发生的增量成本预期能够收回的,应当作为合同取得成本确认为一项资产。（　　）
13. 企业为取得合同发生的、除预期能够收回的增量成本之外的其他支出,应当在发生时计入当期损益。（　　）
14. 与合同成本有关的资产,应当采用直线法进行摊销,计入当期损益。（　　）
15. 企业在向客户转让商品前能够控制该商品的,该企业为主要责任人,应当按照已收或应收对价总额确认收入。（　　）
16. 客户虽然有额外购买商品选择权,但客户行使该选择权购买商品时的价格反映了这些商品单独售价的,应当作为单项履约义务。（　　）
17. 依据收入准则,没有商业实质的非货币性资产交换,按照账面价值确认收入。（　　）
18. 合同资产是企业拥有的、无条件(即仅取决于时间流逝)向客户收取对价的权利。（　　）
19. 应收款项是指企业已向客户转让商品而有权收取对价的权利,且该权利取决于时间流逝之外的其他因素。（　　）
20. 企业收取了无需退回的初始费且为履行合同应开展初始活动,应当在收到款项时确认为收入。（　　）
21. 确定交易价格和将交易价格分摊至各单项履约义务与收入计量有关。（　　）
22. 履行各单项履约义务时确认收入与收入计量有关。（　　）
23. 合同约定权利和义务的法律约束力,应根据企业所处法律环境和实务操作进行判断,包括合同订立方式和流程、具有法律约束力的权利和义务的时间等。（　　）

24. 合同具有商业实质是指履行该合同将改变企业未来现金流量的风险、时间分布或金额。但非货币性资产交换没有商业实质也应确认收入。( )

25. 企业进行非货币性资产交换时,换出资产的公允价值与其账面价值之间的差额,应当计入营业外收入或营业外支出。( )

26. 影响营业利润的收支项目必然会影响利润总额,但影响利润总额的收支项目不一定会影响营业利润。( )

27. 营业利润是指营业收入扣减营业成本和税金及附加后的差额。( )

28. 根据企业会计准则对利润的定义,利润不仅仅指营业利润,还包括营业外收入与营业外支出等内容。( )

四、计算及账务处理题

1. 某企业销售A产品1 000件,每件售价为20元(不含增值税),增值税税率为13%。每件销售成本为14元。企业为购货方提供的商业折扣为10%,现金折扣的条件为2/10,1/20,N/30,该企业已于销售实现后的第18天收到购货方支付的货款(计算现金折扣时不考虑增值税)。

要求:编制有关业务的会计分录。

2. A公司为增值税一般纳税企业,适用的增值税税率为13%。2020年9月1日,A公司和B公司签订协议,向B公司销售一批商品,增值税专用发票上注明销售价格为200万元,增值税税额为26万元。协议规定,A公司应在11月30日将所售商品购回,回购价为215万元(不含增值税)。商品已发出,货款已收到,该批商品的实际成本为170万元。假设不考虑其他相关税费。

要求:

(1) 编制A公司发出商品时的会计分录。

(2) 编制A公司9月30日和10月31日计提利息的会计分录。

(3) 编制A公司11月30日回购商品的会计分录。

3. 中江股份有限公司(以下简称中江公司)为增值税一般纳税企业,适用的增值税税率为13%。商品销售价格均不含增值税,所有劳务均属于工业性劳务。销售实现时结转销售成本。中江公司销售商品和提供劳务均为主营业务。2020年12月,中江公司销售商品和提供劳务的资料如下:

(1) 1日,向A公司销售商品一批,增值税专用发票上注明销售价格为200万元,增值税税额为26万元。提货单和增值税专用发票已交A公司,A公司已承诺付款。为了及时收回货款,给予A公司的现金折扣条件如下:2/10,1/20,N/30(假定计算现金折扣时不考虑增值税因素)。该批商品的实际成本为150万元。18日收到A公司支付的款项存入银行。

(2) 2日,收到B公司来函,要求对当年11月8日所购商品在价格上给予10%的折让,中江公司在该批商品售出时已确认销售收入400万元,并收到款项。经查核,该批商品外观存在质量问题,中江公司同意了B公司提出的折让要求。当日,收到B公司交来的税务机关开具的索取折让证明单,开具红字增值税专用发票并支付折让款项。

(3) 2日,与C公司签订协议,向C公司销售商品一批,增值税专用发票上注明销售价格为200万元,增值税税额为26万元;该协议规定,中江公司应在2021年5月1日将该批商品购回,回购价为220万元(不含增值税)。商品已发出,款项已收到。该批商品的实际成本为160万元。

(4) 10日,与D公司签订合同,以分期收款方式向D公司销售商品一批。该批商品的销售价格为400万元,实际成本为320万元,提货单已交D公司。合同规定,该商品价款及增值税税额分

4次等额收取,每次收款时开具相同金额的增值税专用发票。第一笔款项已于当日收到存入银行。剩下款项的收款日期分别为2021年1月10日、2月10日和3月10日。

(5) 10日,与E公司签订一项设备维修合同。该合同规定,该设备维修总价款为50万元(不含增值税),于维修任务完成并验收合格后一次结清。12月31日,该设备维修任务完成并经E公司验收合格。中江公司实际发生的维修费用为26万元(均为修理人员工资)。12月31日,鉴于E公司发生重大财务困难,中江公司预计很可能收到的维修款为22.6万元(含增值税)。

(6) 20日,与F公司签订协议,委托其代销商品一批。根据代销协议,F公司按代销商品实际售价的10%收取手续费。该批商品的协议价为300万元(不含增值税),实际成本为240万元。商品已运往F公司。12月31日,中江公司收到F公司开来的代销清单,列明已售出该批商品的40%,款项尚未收到。

(7) 15日,企业销售材料一批,价款为80万元,该材料发出成本为65万元。当日收取面值为90.4元的银行承兑汇票一张。

(8) 22日,收到甲公司本年度使用本公司专有技术使用费60万元,增值税税率为6%。

(9) 31日,G公司向中江公司订购一批商品。按合同规定,商品总价款为100万元(不含增值税),自合同签订日起3个月内交货。合同签订日,收到G公司预付的款项60万元存入银行。商品制造工作尚未开始。

(10) 31日,与H公司签订协议销售商品一批,增值税专用发票上注明销售价格为200万元,增值税税额为26万元。商品已发出,款项已收到。该协议规定,该批商品销售价格的20%属于商品售出后2年内提供修理服务的服务费。该批商品的实际成本为120万元。

(11) 31日,收到A公司退回的当月1日所购全部商品。经查核,该批商品存在质量问题,中江公司同意了A公司的退货要求。当日,收到A公司交来的税务机关开具的进货退出证明单,并开具红字增值税专用发票和支付退货款项。

(12) 31日,转让一台设备,该设备原价为300万元,已提折旧为200万元,取得转让收入120万元,增值税税率为13%,清理费用为4万元,款项均已通过银行存款收付,设备已移交。

(13) 31日,转让一商标权,取得转让收入160万元存入银行,该商标权的账面余额为200万元,摊余价值为100万元,已提无形资产减值准备10万元,增值税税率6%。

要求:编制上述经济业务的会计分录("应交税费"科目要求写出明细科目)。

4. A企业委托B企业以视同买断方式代销商品,发生业务如下:

(1) A企业将甲商品200件交给B企业,协议价为100元/件,单位成本为60元,增值税税率13%,同时开出增值税专用发票。

(2) A企业收到B企业开来的代销清单,并收到B企业汇来款项计22 600元。

(3) B企业实际销售时开具的增值税专用发票上注明售价为24 000元,增值税为3 120元,款项收到存入银行。

要求:分别编制A、B企业有关的会计分录。

5. A股份有限公司为增值税一般纳税企业,适用的增值税税率为13%。该公司2019年度发生如下销售业务,销售价款不含应向购买方收取的增值税。

(1) A公司本年度销售给C企业一台机床,销售价款为50万元。A公司已开出增值税专用发票,并将提货单交与C企业,C企业已开出商业承兑汇票,商业汇票期限为3个月,到期日为次年2月3日。由于C企业车间内放置该项新设备的场地尚未确定,经A公司同意,机床待次年1月20日再予提货。该机床的实际成本为35万元。

(2) A公司本年度1月5日销售给D企业一台大型设备,销售价款为200万元。按合同规定,D企业1月5日支付20%的价款,其余价款分四次平均支付,于每年6月30日和12月31日支付,D企业每次支付款项时A公司开出相同金额的增值税专用发票。设备已发出,D企业已验收合格。该设备实际成本为120万元。

(3) A公司本年度委托X商店代销一批零配件,代销价款为40万元。本年度收到X商店交来的代销清单上列明已销售零配件的80%,X商店按代销价款的5%收取手续费。该批零配件的实际成本为25万元,代销款项随后通过银行收回。

(4) A公司本年度销售给F企业一台机床,销售价款为35万元,增值税专用发票已开出,F企业已支付全部价款。该机床本年12月31日尚未完工,已发生的实际成本为15万元。

要求:根据收入确认原则,编制A公司的会计分录。

6. 某企业2020年度实现的收支总额如下:

主营业务收入	112 800 000	其他业务收入	28 200 000
投资收益	33 840 000	营业外收入	5 640 000
主营业务成本	75 200 000	其他业务成本	18 800 000
税金及附加	3 760 000	销售费用	17 860 000
管理费用	12 220 000	财务费用	5 640 000
营业外支出	16 920 000	所得税费用	8 120 000

该企业按10%提取法定盈余公积,2020年度向股东分配现金股利5 500 000元。

要求:

(1) 将收支总额结转本年利润。
(2) 结转净利润。
(3) 提取法定盈余公积。
(4) 分配现金股利。
(5) 结转利润分配。
(6) 计算利润表中的营业利润、利润总额和净利润项目。

7. 某公司2020年有关会计利润与应纳税所得额之间的差异情况如下:

(1) 2020年1月1日购入的C公司债券(该企业划分为交易性金融资产)的初始投资成本为72万元,至当年年末,其公允价值升至96万元。

(2) 年末,因产品售后服务,该公司确认了32万元的预计负债。

除此之外,不存在其他差异。假设按税法规定计算的应纳税所得额为256万元,该公司适用的所得税税率为25%,本期确认所得税费用前,"递延所得税资产"和"递延所得税负债"科目余额均为0。

要求:

(1) 计算当期所得税、应纳税暂时性差异、可抵扣暂时性差异、递延所得税负债、递延所得税资产和所得税费用。

(2) 编制确认所得税费用的会计分录。

8. 2020年12月30日,某企业交付使用一套环保设备,原值为1 000万元,预计使用5年,预计净残值为5万元,采用平均年限法计提折旧。税法规定,该设备的使用年限和净残值与会计相同,折旧方法可选用加速折旧法,该企业纳税申报时,按双倍余额递减法填报折旧费用。2022年12月31日,该企业对该设备计提了112.5万元的减值准备。假设该企业2020年12月31日"递延所得税资产"和"递延所得税负债"科目余额均为0,未发生其他暂时性差异,2021年至2025年应纳税所得额分别为625万元、800万元、850万元、880万元和900万元,适用的所得税税率为 25%。

要求:

(1) 编制所得税费用确认明细表(格式如下)。

所得税费用确认明细表 单位:万元

项 目	2021年	2022年	2023年	2024年	2025年
固定资产原值					
已计提的资产减值准备					
会计累计折旧					
账面价值					
纳税累计折旧					
计税基础					
应纳税暂时性差异					
递延所得税负债期末余额					
当期确认的递延所得税负债					
递延所得税					
当期所得税					
所得税费用					

(2) 编制各年确认所得税费用的会计分录。

9. 海星股份有限公司(以下简称海星公司)为一家机电制造业,核定为增值税一般纳税人,适用 13%的增值税税率,所得税税率为 25%。该企业以表结法确定各月利润,年末转换为账结法,2020 年 11 月份利润表见下表。

利润表(简)

项 目	本 月 数	本年累计数
一、营业收入	991 850.00	11 601 740.00
减:营业成本	688 900.00	7 982 940.00
税金及附加	1 660.00	20 750.00
销售费用	19 090.00	240 700.00
管理费用	91 300.00	1 103 900.00
财务费用	29 880.00	352 750.00
资产减值损失		
加:公允价值变动收益(损失以"-"号填列)		
投资收益(损失以"-"号填列)	10 375.00	298 800.00
二、营业利润(亏损以"-"号填列)	171 395.00	2 199 500.00
加:营业外收入	24 900.00	352 750.00
减:营业外支出	30 295.00	145 250.00

续 表

项　　目	本月数	本年累计数
三、利润总额(亏损总额以"－"号填列)	166 000.00	2 407 000.00
减：所得税费用	54 780.00	794 310.00
四、净利润(净亏损以"－"号填列)	111 220.00	1 612 690.00

注：表中"营业收入"项目本年累计数包括主营业务收入 1 070.7 万元和其他业务收入 90.174 万元；"营业成本"项目本年累计数包括主营业务成本 726.25 万元和其他业务成本 72.044 万元。

2020 年 12 月份，海星公司发生以下产品销售业务：

(1) 海星公司与甲公司签订分期收款销售合同，向甲公司销售 A 产品 12 000 件，A 产品单位生产成本为 250 元，单位不含税售价为 450 元。合同规定，海星公司给予甲公司 10% 的商业折扣，甲公司在海星公司向其交付产品时，首期支付 20% 的款项(含税价款，下同)，其余款项分 2 个月(包括购货当月)于月末等额支付。12 月 1 日，海星公司开出增值税专用发票，发票标明价款为 486 万元，增值税税额为 63.18 万元，甲公司如约支付首期款项后将 A 产品提走。

(2) 海星公司与乙公司签订协议，向乙公司销售 A 产品 20 000 件，A 产品每件生产成本为 250 元，每件售价为 400 元(不含增值税)。协议规定，海星公司须于 2021 年 12 月 5 日前将所售 A 产品按每件 412 元(不含增值税)的价格购回。2020 年 12 月 4 日，海星公司开出增值税专用发票向乙公司销售 A 产品，乙公司如数支付货款。

(3) 2020 年 12 月 4 日，海星公司委托丙公司代销 B 产品 6 000 件，B 产品每件生产成本为 200 元，每件不含增值税售价为 260 元。代销协议规定，丙公司每月月末给海星公司开具产品代销清单，并按产品不含增值税售价的 5% 收取代销手续费。2020 年 12 月 31 日，丙公司给海星公司开来代销清单，B 产品已按约定的价格售出 4 000 件，海星公司开出增值税专用发票，发票标明售价 136 万元，增值税税额 17.68 万元；2021 年 1 月 31 日，丙公司给海星公司开来代销清单，剩余的 2 000 件 B 产品也已按约定的价格售出，海星公司开出增值税专用发票，发票标明售价为 68 万元，增值税税额为 8.84 万元。2021 年 2 月 2 日，丙公司从销货款中扣除代销手续费后如数将货款支付给海星公司。

(4) 2020 年 12 月 5 日，海星公司向戊公司赊销 B 产品 5 000 件，B 产品每件生产成本为 200 元，每件不含增值税售价为 340 元。合同规定，戊公司享受 5% 的商业折扣，赊销期为 30 天，现金折扣的条件是 2/10、N/30，折扣时不包括增值税。2020 年 12 月 15 日，戊公司付清全部货款。

(5) 2020 年 12 月 10 日，海星公司向乙公司销售 B 产品 2 000 件，B 产品每件生产成本为 200 元，每件售价为 330 元(不含增值税)。海星公司在销售时已获悉乙公司目前面临资金周转困难，近期内很难收回货款，但考虑到乙公司的财务困难只是暂时性的，将来仍有可能收回货款，为了扩大销售，避免存货积压，海星公司仍将 B 产品发运给了乙公司。乙公司经过一段时间的积极运作，资金周转困难逐渐得以缓解，于 2021 年 7 月 1 日给海星公司开出并承兑一张面值 74.58 万元、为期 4 个月的银行承兑汇票。2021 年 11 月 1 日如数收到票据款项。

(6) 海星公司与庚公司签订销售合同，向庚公司销售 C 产品 1 000 件。C 产品每件生产成本 320 元，每件售价 480 元(不含增值税)。合同约定，庚公司可于 2021 年 6 月 30 日之前，将未售出的 C 产品如数退还海星公司。2020 年 12 月 25 日，海星公司发出 C 产品，并收取全部价款。由于 C 产品为首次投放市场，目前尚无法合理估计退货的可能性。2021 年 6 月 30 日退货期满，庚公司共售出 C 产品 600 件，将剩余未售出的 400 件 C 产品退回海星公司，海星公司如数退还货款。

(7) 2020 年 12 月 31 日，海星公司除上述各项收支外，其他有关科目的发生额见下表。

会 计 科 目	借方发生额(元)	贷方发生额(元)
其他业务收入		156 750
公允价值变动损益		365 750
投资收益		635 360
营业外收入		168 700
其他业务成本	130 625	
税金及附加	5 225	
销售费用	54 340	
管理费用	250 800	
财务费用	89 870	
资产减值损失	313 500	
营业外支出	186 500	
所得税费用		

2020年度,海星公司除按规定提取法定盈余公积外,还提取5%的任意盈余公积,并按净利润的30%分配现金股利。

要求:编制全部有关会计分录。

五、思考题

1. 收入确认的原则和前提条件是什么?
2. 如何对合同变更进行会计处理?
3. 怎样识别合同中的单项履约义务?
4. 什么是售后回购?如何进行会计处理?
5. 什么是售后租回?如何进行会计处理?
6. 什么是现金折扣?如何进行会计处理?
7. 销售折让与销售退回的会计处理有何不同?
8. 什么是营业利润?营业利润由哪些损益项目构成?
9. 营业外收入和营业外支出包括哪些主要内容?
10. 会计利润与应纳税所得额有何主要区别?
11. 什么是暂时性差异?它包括哪些类型?
12. 什么是资产或负债的计税基础?
13. 如何确认递延所得税资产和递延所得税负债?
14. 什么是所得税费用?如何确认?

第12章 财务报告

一、单项选择题

1. 资产负债表是综合反映企业某一特定日期(　　)的报表。

A. 经营情况　　　　B. 财务状况　　　　C. 现金流量情况　　D. 财务变动情况

2. 利润表是综合反映企业一定时期的(　　)的报表。

A. 经营成果情况　　B. 财务状况　　　　C. 现金流量情况　　D. 财务变动情况

3. 我国常用的资产负债表格式为(　　)。

A. 单步式　　　　　B. 多步式　　　　　C. 账户式　　　　　D. 垂直式

4. 下列各项中,不属于资产负债表中"货币资金"项目内容的是(　　)。

A. 银行汇票存款　　B. 银行本票存款　　C. 信用卡存款　　　D. 有价证券

5. 用直接法和间接法编制现金流量表,是用来反映(　　)。

A. 经营活动现金流量　　　　　　　　　B. 投资活动现金流量
C. 筹资活动现金流量　　　　　　　　　D. 以上三种情况均有可能

6. 某企业年末有关账户余额分别为:"原材料"借方为 300 万元,"生产成本"借方为 200 万元,"材料采购"借方 50 万元,"受托代销商品"借方 100 万元,"代销商品款"贷方 100 万元,"材料成本差异"贷方 30 万元,"存货跌价准备"贷方 20 万元,则该企业年末资产负债表中"存货"项目的应填金额为(　　)万元。

A. 650　　　　　　　B. 500　　　　　　　C. 550　　　　　　　D. 520

7. 固定资产的保险索赔,通常作为(　　)。

A. 经营活动　　　　　　　　　　　　　B. 筹资活动
C. 投资活动　　　　　　　　　　　　　D. 投资活动或筹资活动

8. 下列各项中,不影响现金流量的业务是(　　)。

A. 收回以前年度核销的坏账　　　　　　B. 商业汇票贴现
C. 预提银行借款利息　　　　　　　　　D. 收到银行存款利息

9. 在间接法下计算经营活动的现金流量时,应作为净利润减少项的是(　　)。

A. 存货减少　　　　　　　　　　　　　B. 无形资产摊销
C. 计提的坏账准备　　　　　　　　　　D. 应付账款减少

10. 引起现金流量净额变动的是(　　)。

A. 将现金存入银行　　　　　　　　　　B. 用现金购买 1 个月到期的债券
C. 用现金支付购买材料款　　　　　　　D. 用一台设备清偿 50 万元的债务

二、多项选择题

1. 财务报表包括(　　)。

A. 资产负债表　　　　　　　　　　　　B. 财务报表附注
C. 利润表和现金流量表　　　　　　　　D. 财务报表附表

2. 以下各项中,属于不涉及现金收支的投资和筹资活动的项目有(　　)。

A. 以设备偿还债务　　　　　　　　　　B. 以存货偿还债务
C. 以设备对外投资　　　　　　　　　　D. 以存货对外投资

3. 以下各项中,属于投资活动的现金流量的有(　　)。

A. 购建固定资产支付的耕地占用税　　　B. 支付在建工程的资本化的利息
C. 取得投资收益收到现金　　　　　　　D. 发放股利支付的现金

4. 以下各项中,属于"支付其他与筹资活动有关的现金"的有(　　)。

A. 支付发行股票前的审计费用　　　　　B. 支付债券发行费
C. 支付现金股利　　　　　　　　　　　D. 捐赠现金支出

5. 以下各项中,不影响现金流量变动的有(　　)。

A. 接受固定资产投资　　　　　　　　B. 收回对外投资的固定资产
C. 以现金收回本公司股票　　　　　　D. 在建工程完工交付使用

6. 以下各项中,影响营业利润的项目有(　　)。
A. 管理费用　　　B. 投资收益　　　C. 税金及附加　　　D. 所得税费用

7. 在编制资产负债表时,可以根据有关总账账户余额直接填列的有(　　)。
A. 应收账款　　　B. 实收资本　　　C. 盈余公积　　　D. 未分配利润

8. 不能列入资产负债表的项目有(　　)。
A. 低价租赁方式租入固定资产　　　　B. 短期租赁方式租入固定资产
C. 受托代销商品　　　　　　　　　　D. 接受捐赠收到的存货

9. "实际没有支付现金的费用"包括(　　)。
A. 计提的坏账准备　　　　　　　　　B. 计提的固定资产折旧
C. 无形资产的摊销　　　　　　　　　D. 无形资产的取得成本

10. "实际没有收到现金的收益"包括(　　)。
A. 计提的坏账准备　　　　　　　　　B. 冲销的坏账准备
C. 冲销的存货跌价准备　　　　　　　D. 计提的存货跌价准备

三、判断题

1. 计提固定资产减值准备不影响经营活动的现金流量。　　　　　　　　　(　　)
2. 多步式利润表比单步式利润表所提供的信息详细具体。　　　　　　　　(　　)
3. 资产负债表中应收票据项目,应根据"应收票据"总账科目的余额填列。　(　　)
4. 企业将现金存入银行或从银行提取现金,是影响日常经营活动现金流量的业务。(　　)
5. 仅依据资产负债表资料,根本无法评价企业的盈利状况。　　　　　　　(　　)
6. 现金流量表对评价企业的盈利能力及盈利状况不起作用。　　　　　　　(　　)
7. 编制间接法下的现金流量表的附表不能增加信息量。　　　　　　　　　(　　)
8. 资产负债表中"在建工程"项目不包括已购入但尚未使用的工程物资。　(　　)
9. 现金流量表中的"财务费用"项目可以直接根据利润表中的"财务费用"项目金额填列。
　　　　　　　　　　　　　　　　　　　　　　　　　　　　　　　　　(　　)
10. 利息收入和利息支出均为筹资活动的现金流量。　　　　　　　　　　(　　)

四、思考题

1. 简述编制财务报表的主要作用。
2. 简述财务报表的基本概念及其包括的主要内容。
3. 简述资产负债表的基本格式及内容。
4. 试述现金流量表的直接法与间接法的区别与联系。

主要参考文献

[1] 企业会计准则编审委员会.企业会计准则 2015 年版[M].上海:立信会计出版社,2015.
[2] 企业会计准则编审委员会.企业会计准则应用指南[M].上海:立信会计出版社,2015.
[3] 企业会计准则编审委员会.企业会计准则案例讲解 2016 年版[M].上海:立信会计出版社,2016.
[4] 财政部,国家税务总局.关于全面推开营业税改征增值税试点的通知[EB].http://szs.mof.gov.cn/zhengwuxinxi/zhengcefabu/201603/t20160324_1922515.html.
[5] 高金平.营业税改征增值税政策解析与疑难 300 问[M].北京:中国财政经济出版社,2016.
[6] 路国平,黄中生.中级财务会计[M].3 版.北京:高等教育出版社,2018.
[7] 窦洪波,李贺,李园园.中级财务会计[M].北京:清华大学出版社,2016.
[8] 王君彩.中级财务会计[M].北京:经济科学出版社,2015.
[9] 宋珉珉,李俊倩.中级财务会计[M].北京:北京理工大学出版社,2015.
[10] 中国注册会计师协会.会计[M].北京:中国财政经济出版社,2018.
[11] 刘永泽,陈立军.中级财务会计[M].5 版.大连:东北财经大学出版社,2016.
[12] 财政部会计资格评价中心.中级会计实务[M].北京:经济科学出版社,2018.
[13] 财政部.关于修订印发 2018 年度一般企业财务报表格式的通知[EB].http://kjs.mof.gov.cn/zhengwuxinxi/zhengcefabu/201806/t20180626_2939529.html.
[14] 财政部.关于修订印发《企业会计准则第 14 号——收入》的通知[EB].http://kjs.mof.gov.cn/zhengwuxinxi/zhengcefabu/201707/t20170719_2653110.html.
[15] 财政部.关于修订印发《企业会计准则第 21 号——租赁》的通知[EB].http://kjs.mof.gov.cn/zhengwuxinxi/zhengcefabu/201812/t20181213_3092629.html.
[16] 财政部.关于印发修订《企业会计准则第 22 号——金融工具确认和计量》的通知[EB].http://kjs.mof.gov.cn/zhengwuxinxi/zhengcefabu/201704/t20170406_2575699.html.

郑重声明

高等教育出版社依法对本书享有专有出版权。任何未经许可的复制、销售行为均违反《中华人民共和国著作权法》，其行为人将承担相应的民事责任和行政责任；构成犯罪的，将被依法追究刑事责任。为了维护市场秩序，保护读者的合法权益，避免读者误用盗版书造成不良后果，我社将配合行政执法部门和司法机关对违法犯罪的单位和个人进行严厉打击。社会各界人士如发现上述侵权行为，希望及时举报，本社将奖励举报有功人员。

反盗版举报电话　（010）58581999　58582371　58582488
反盗版举报传真　（010）82086060
反盗版举报邮箱　dd@hep.com.cn
通信地址　北京市西城区德外大街4号　高等教育出版社法律事务与版权管理部
邮政编码　100120

高等教育出版社

教学资源索取单

尊敬的老师:

　　您好!

　　感谢您使用**吕学典、张俊民**主编的《**中级财务会计**》(第四版)。为便于教学,本书另配有课程相关教学资源,如贵校已选用了本书,您只要添加服务 QQ 号 800078148,或者把下表中的相关信息以电子邮件或邮寄方式发至我社即可免费获得。

　　我们的联系方式:

　　联系电话:(021)56718921/ 56718739　　　　电子邮箱:hbys@hepsh.com

　　服务 QQ:800078148(教学资源)　　　　　　会计教师论坛:116280562

　　传真:(021)56718517　　地址:上海市虹口区宝山路 848 号　　邮编:200081

姓　　名		性别		出生年月		专　　业	
学　　校				学院、系		教 研 室	
学校地址						邮　　编	
职　　务				职　　称		办公电话	
E-mail						手　　机	
通信地址						邮　　编	
本书使用情况	用于_____学时教学,每学年使用_____册。						

您对本书的使用有什么意见和建议?

您还希望从我社获得哪些服务?

☐ 教师培训　　　　☐ 教学研讨活动

☐ 寄送样书　　　　☐ 获得相关图书出版信息

☐ 其他_____